河南专门史大型学术文化工程丛书

主编 谷建全

执行主编 张新斌

# 河南家族史

陈建魁 陈习刚 魏淑民 著

中原出版传媒集团
中原传媒股份公司
大象出版社
·郑州·

**图书在版编目(CIP)数据**

河南家族史/陈建魁,陈习刚,魏淑民著. —郑州:大象出版社,2021. 11
(河南专门史大型学术文化工程丛书/谷建全主编)
ISBN 978-7-5711-1231-8

Ⅰ. ①河… Ⅱ. ①陈… ②陈… ③魏… Ⅲ. ①家族-史料-研究-河南 Ⅳ. ①K820. 9

中国版本图书馆 CIP 数据核字(2021)第 212705 号

河南专门史大型学术文化工程丛书

**河南家族史**

HENAN JIAZU SHI

**陈建魁　陈习刚　魏淑民　著**

---

**出 版 人**　汪林中
**选题策划**　王刘纯　张前进
**项目统筹**　李建平
**责任编辑**　王军敏
**责任校对**　张迎娟　毛　路　陶媛媛　李婧慧　马　宁
**装帧设计**　张　帆

---

**出版发行**　大象出版社(郑州市郑东新区祥盛街 27 号　邮政编码 450016)
发行科　0371-63863551　总编室　0371-65597936
**网　　址**　www.daxiang.cn
**印　　刷**　北京汇林印务有限公司
**经　　销**　各地新华书店经销
**开　　本**　720 mm×1020 mm　1/16
**印　　张**　36
**字　　数**　587 千字
**版　　次**　2021 年 11 月第 1 版　2021 年 11 月第 1 次印刷
**定　　价**　158.00 元



印厂地址　北京市大兴区黄村镇南六环磁各庄立交桥南 200 米(中轴路东侧)
邮政编码　102600　　　　电话　010-61264834

# 河南专门史总论

张新斌

河南专门史研究,是河南历史的细化研究,是河南历史的全面研究,是河南历史的深入研究,也是河南历史的综合研究。河南历史研究,不仅是地方史研究,也是中国史研究,是中国史的核心研究,是中国史的主干研究,更是中国史的精华研究。

## 一、河南称谓的区域变迁及价值

### (一)河南:由地理到政治概念的演变

河南是一个地理概念。河南概念的核心是“河”,以黄河为指向形成地理方位概念,如河南、河东、河西、河内、河外等。《史记·殷本纪》:“盘庚渡河南,复居成汤之故居。”又,《战国策·齐策》:“兼魏之河南,绝赵之东阳。”魏惠王徙都大梁(今开封),而河南地区为魏之重要区域。《史记·项羽本纪》:“彭越渡河,击楚东阿,杀楚将军薛公。项王乃自东击彭越。汉王得淮阴侯兵,欲渡河南。”这里的“河南”明显不是一个政区概念,而是一个地理概念。

河南也是一个政治概念。《史记·货殖列传》所云“三河”地区为王都之地。“昔唐人都河东,殷人都河内,周人都河南。夫三河在天下之中,若鼎足,王者所更居也。”可见河南为周之王畿之地。又,《史记·周本纪》:“子威烈王午立。考王封其弟于河南,是为桓公。”《史记·项羽本纪》:“故立申阳为河南王,都洛阳。”这也从一个侧面反映出河南在战国、秦汉之际与王都连在一起,无疑应为政治中心。《通志・都邑略》对河南有一个重要评价："故中原依大河以为固，吴越依大江以为固。中原无事则居河之南，中原多事则居江之南。自开辟以来皆河南建都，虽黄帝之都、尧舜禹之都于今皆为河北，在昔皆为河南。"

（二）河南：以洛阳为中心的政区概念

1. 河南郡。汉代始设，至隋唐之前设置。《汉书・地理志》云，河南郡，辖县22，有洛阳、荥阳、偃师、京、平阴、中牟、平、阳武、河南、缑氏、卷、原武、巩、谷成、故市、密、新成、开封、成皋、苑陵、梁、新郑。以上地区包括今洛阳市区周边，含今新安、孟津、伊川、偃师，今郑州市的全部，今开封市区，以及今原阳县，今汝州市。据《晋书・地理志》，河南郡领河南、巩、安、河阴、新安、成皋、缑氏、新城、阳城、陆浑。西晋时，汉河南郡东部析置荥阳郡，而西晋时的河南郡大致包括今洛阳市区及嵩县、新安、偃师、伊川等，以及巩义、登封、新密，还有荥阳的一部分和今汝州市。《宋书・州郡志》：南朝宋司州有三郡，包括河南郡，领河南、洛阳、巩、缑氏、新城、梁、河阴、陆浑、东垣、新安、西东垣等，其范围与西晋河南郡差不多。《魏书・地形志》说河南郡仅领县一个，其区划郡县叠加。《隋书・地理志》记述隋设河南郡，统领18个县，为河南、洛阳、桃林、阌乡、陕、熊耳、渑池、新安、偃师、巩、宜阳、寿安、陆浑、伊阙、兴泰、缑氏、嵩阳、阳城，涉及今三门峡市区及灵宝、渑池、义马等，今洛阳市区及新安、偃师、嵩县、宜阳等，今郑州所辖巩义、登封等。

2. 河南尹。东汉时洛阳为都，在都城设河南尹。《后汉书・郡国志》：河南尹，辖洛阳、河南、梁、荥阳、卷、原武、阳武、中牟、开封、苑陵、平阴、缑氏、巩、成皋、京、密、新城、偃师、新郑、平。其所辖范围与西汉河南郡基本相当。三国魏时亦有"河南尹"，如《三国志・魏志》：夏侯惇曾"转领河南尹"，司马芝于"黄初中，入为河南尹"。

3. 河南县。西汉时设县，沿至东汉、西晋、刘宋、北魏、隋、唐、宋等，金代已无河南县，洛阳的"河南""洛阳"双城结构正式瓦解。

4. 河南府。唐代始设，沿至宋、金、元，但元代已称之为路。据《旧唐书・地理志》，河南府辖河南、洛阳、偃师、巩、缑氏、告成、登封、陆浑、伊阙、伊阳、寿安、新安、福昌、渑池、永宁、长水、密、河清、颍阳、河阳、汜水、温、河阴、阳翟、济源、王屋。《新唐书・地理志》载，河南府共辖20县，有河南、洛阳、偃师、巩、缑氏、阳城、登封、陆浑、伊阙、新安、渑池、福昌、长水、永宁、寿安、密、河清、颍阳、伊阳、王屋。由此可以看出,其地含今洛阳绝大部分,今郑州的巩义、登封,甚至今豫西北的济源。《宋史·地理志》有河南府,辖河南、洛阳、永安、偃师、颍阳、巩、密、新安、福昌、伊阙、渑池、永宁、长水、寿安、河清、登封共16县。《金史·地理志》载,金时河南府仅辖9个县,即洛阳、渑池、登封、孟津、芝田、新安、偃师、宜阳、巩。以上县名与今县名比较接近,主要分布在今洛阳周边。《元史·地理志》载,在河南行省下有"河南府路",实相当于河南府,相关县有洛阳、宜阳、永宁、登封、巩县、孟津、新安、偃师,以及陕州的陕县、灵宝、阌乡、渑池,相当于今三门峡市一部分、洛阳市一部分及郑州市一部分。《明史·地理志》记录的河南省下有河南府,属地有洛阳、偃师、孟津、宜阳、永宁、新安、渑池、登封、嵩县、卢氏及陕州的灵宝、阌乡2县。其地较元代河南府稍大。

5. 河南道。仅在唐代、五代时实行。据《旧唐书·地理志》载,"河南道"辖河南府、孟州、郑州、陕州、虢州、汝州、许州、汴州、蔡州、滑州、陈州、亳州、颍州、宋州、曹州、濮州等,其范围"约当今河南、山东两省黄河故道以南(唐河、白河流域除外),江苏、安徽两省淮河以北地区"①。《新唐书·地理志》也讲到"河南道",相当于古豫、兖、青、徐四州之域。据《旧五代史·郡县志》载,五代时有"河南道",含河南府、滑州、许州、陕州、青州、兖州、宋州、陈州、曹州、亳州、郑州、汝州、单州、济州、滨州、密州、颍州、濮州、蔡州等,可见其范围是极大的。

### (三)河南:以开封为中心的政区概念

自元代开始,"省"成为地方最高级行政建制。元代正式设立"河南江北等处行中书省"。《元史·地理志》云,河南行省辖路12、府7、州1、属州34、属县182。其中,汴梁路,领录事司1(县17,开封一带),还领郑、许、陈、钧、睢等5州21县。河南府路,领录事司1(县8,洛阳一带),还领陕州及4县。南阳府,领南阳、镇平2县及邓、唐、嵩、汝、裕5州11县。汝宁府,领汝阳、上蔡、西平、确山、遂平5县及颍、息、光、信阳4州10县。归德府,领睢阳、永城、下邑、宁陵4县及徐、宿、邳、亳4州8县。襄阳路,领录事司1县6,还领均、房2州4县。蕲州

① 复旦大学历史地理研究所《中国历史地名辞典》编委会:《中国历史地名辞典》,江西教育出版社1988年版,第538页。

路,领录事司1县5。黄州路,领录事司1县3。以上仅为“河南江北道肃政廉访司”,所领范围已包括今河南省黄河以南部分,以及今湖北省江北部分地区,今苏北、皖北部分地区。

明代正式称河南行省(承宣布政使司),《明史·地理志》记录河南省辖府8、直隶州1、属州11、县96。府有开封府、河南府、归德府、汝宁府、南阳府、怀庆府、卫辉府、彰德府,以及直隶州汝州。总的来看,明代的河南省已经与现在的河南省大体范围相当,成为一个跨越黄河南北的省。

清代沿袭了相关的行政建制。需要注意的是,其治所在开封。直到民国及新中国成立初期,开封一直为省会所在。

从以上的史料罗列中可以看出,“河南”是一个重要的概念。先秦时期,河南是一个重要的地理概念,而这个概念中实际上包含了非常深刻的政治含义,河南实际上是天下政治中心的具体体现。从西汉开始到清代,河南成为一个非常重要的行政建制名称。隋唐之前是河南郡(尹),隋唐之后则为河南府(路)。元代之前,河南郡、府、道、尹、县的治所,以及地理概念、政治概念的核心,均在今洛阳。可以说,河南的范围时有变化,作为河南中心的洛阳地位始终是不变的,洛阳甚至是河南的代名词。元代以后行省设立,开封成为行省治所(省会)所在,数以百年。虽然如此,但河南的根源、灵魂在洛阳。

## 二、河南历史的高度与灵魂

### (一)河南历史的高度:河南史的实质就是中国史

河南是个大概念,不仅涉及地理、政区,也涉及政治,研究中国历史是绕不开以洛阳为中心的河南的。《元和郡县志》卷六对“河南”有一个解读:“《禹贡》豫州之域,在天地之中,故三代皆为都邑。”这里对夏至唐的洛阳为都有一个清晰的勾勒,如禹都阳翟、汤都西亳、成王都成周,东汉、曹魏、西晋、北魏等均都洛阳,隋炀帝号为东京,唐代号称东都或东京,“则天改为神都”,到了北宋则成为西京。可以说,一部王朝史,绕不开以洛阳为中心的河南。《说苑·辨物》载“八荒之内有四海,四海之内有九州,天子处中州而制八方耳”,而这个“中州”就是河南。

对于河南的认识,其战略地位的重要性不言而喻,还有另外一个角度的分析。《读史方舆纪要》卷四十六:“河南,古所称四战之地也。当取天下之日,河南在所必争;及天下既定,而守在河南,则岌岌焉有必亡之势矣。周之东也,以河南而衰;汉之东也,以河南而弱;拓跋魏之南也,以河南而丧乱。朱温篡窃于汴梁,延及五季,皆以河南为归重之地。以宋太祖之雄略,而不能改其辙也,从而都汴。都汴而肩背之虑实在河北,识者早已忧之矣。”在这里,作者将洛阳的战略地位定性为“四战之地”,讲到得天下者首先要得河南,反映了作者的敏锐性。但是,将洛阳定位于岌岌可危之地则有所不妥。河南对关中的承接,实际上反映了中国古代的两大政治中心相互补充完善的作用。中国历史上的统一王朝,基本上都经历了定都于关中长安和河洛洛阳两个阶段。所以,从某种意义上讲,河南历史既是河南地方的历史,也是中国古代的历史;从区域角度来看,可以说河南区域史是极为精练的中国史,是影响甚至决定王朝走向的关键历史;从中国历史的大视野考察,具备这种关键作用的区域,在中国这种大格局中,也就是那么一两个地区,而河南无疑是其中之一。

### (二)天地之中:中国历史最具灵魂的思维探寻

中国古代都城的选择是与中国人特定的宇宙观联系在一起的。在中国人的观念中,“中”具有极为特殊的意义。中国古代历史上最具影响力的都城中,最能体现这种观念的非洛阳莫属。①

周灭商之后,周公受命探寻“天地之中”。《太平寰宇记》卷之三云:“按《博物志》云:‘周在中枢,三河之分,风雷所起,四险之国也。昔周武王克殷还,顾瞻河、洛而叹曰:“我南望三涂,北望岳鄙,顾瞻有河,粤瞻雒、伊,毋远天室。”遂定鼎郏鄏,以为东都。’《周书》又曰:‘周公将致政,乃作大邑,南系于洛水,北因于郏山,以为天下之大凑也。’皇甫谧《帝王世纪》云:‘周公相成王,以丰、镐偏在西方,职贡不均,乃使召公卜居涧水东、瀍水之阳,以即中土。而为洛邑,而为成周王都。’”周朝建立后,最大的问题是“择中而居”。选择“天下之中”与“天地之中”,关键是“中”。《路史》卷三十:“古之王者,择天下之中而立国,择国之中而立官,择官之中而立庙。”又,《周礼订义》卷十五:“夫天不足西北,地不足东南,有余不足皆非天地之中,惟得天地之中,然后天地于此乎合土播于四时,所

① 张新斌:《“天地之中”与“天下之中”初论》,《中州学刊》2018年第4期。

以生长收藏万物一时之气，不至则偏而为害。惟得天地之中，然后四时于此而交，通风以散之，雨以润之，偏于阳则多风，偏于阴则多雨。惟得天地之中，然后阴阳和而风雨以序，而至独阴不生，独阳不成。阴阳之和不成则反伤夫形。”这里论述了天地之中的阴阳秩序。但从众多文献看，天地之合、四时之交、风雨之会、阴阳之和是个立体的概念。“天地之中”刻意强调了思想观念上的特殊性，着重关注了本质文化上的特质性，重点强化了政治统治上的正当性，具有综合意义。

“天地之中”所在地，以洛阳（洛、洛地、洛师、洛邑、洛之邑、洛河之邑、洛水之涯、洛邑之地、河洛等）之说为绝对主流观点；与“天地之中”对应的“天下之中”，则更多强调了位置适中，交通便利，其地方文献也多以洛阳为主。《河南通志》卷七：“河南居天下之中，嵩岳表其峻，大河、淮、济萦流境内。”这里所说的河南实则是大河南，河南的本质是洛阳。所以，洛阳为都的观念思想特征的探寻，反映了中国古代的思维方式与思维特点，其理论的深刻性极大丰富了中国古代的思想宝库，也是中国古都历史的灵魂所在。

## 三、河南历史：既是地方史也是区域史

河南地方史同时还是河南区域史，这是我们对河南专门史进行研究时时常要注意的关键性问题。我们应该如何对待我们的研究？

### （一）作为地方史的河南专门史

地方是相对中央而言的。每一个王朝，都有中央与地方。中央就是皇帝，以及三省六部；地方则是郡县、省府县。对中央而言，省及以下建置都是地方。地方史就是研究一定行政建制内的历史，比如县的历史、市的历史、省的历史。

关于地方史，有人认为“所谓地方史研究，就是专门考察、分析某一地区历史变迁的史学工作”①，或认为“地方史的书写往往是一种以国家宏大历史叙事为背景，又兼具本土地方特色的历史书写”，“地方历史的建构既是对国家宏大

---

① 叶舟：《地方文献与地方史研究》，载《上海地方志》编辑部编《2017年地方志与地方史理论研讨会论文汇编》，第199~203页。

历史叙事的补充，也是新时期国家与地方共同致力于民族地方形象、软实力及文化生态打造的努力”。[①] 一般而言，地方史是与一定级别的行政建置有关联的。河南长期为地方行政建置，从河南郡与河南县，到河南尹与河南县，到河南府与河南县，到河南路与河南县，再到河南省，作为省级建置也有七百余年的历史。相对王朝而言，河南的历史理所当然地就是地方史。换句话说，河南地方史就是研究河南地方的历史，就是研究在省的建置下河南这一特定范围内所发生的历史。河南地方史，就是对河南特定行政建置（省）内所有历史大事、历史人物、历史规制、历史机构、历史社会、历史文化等总的汇集、总的提炼、总的评价，是一部中国特定地方的小通史，是中国通史的河南卷。河南专门史，则是河南地方历史的细化，是河南专门历史的汇集，是作为地方的河南的历史的总的盘点。

河南地方史的研究，在河南是个“偏科”。河南史学界研究中国史，研究世界史，研究考古学，研究史学理论，当然，大家的研究无疑必然会触及河南，因为在中国史的研究范畴中，如果回避了河南，中国史肯定就不是完整的中国史。一方面，从夏到北宋，河南是王朝的政治中心所在，从某种意义上讲，这期间河南史中的重大事件无疑也是中国史中的重大事件，河南的历史也是中国的核心历史、中国的精英历史。另一方面，关键是要从河南的角度来研究中国的历史，从历史纵的时间轴来研究河南史，从历史横的空间区域比较中研究河南历史。所以，对于研究中国史的学者而言，河南地方史既是熟悉的，又是陌生的。

### （二）作为区域史的河南专门史

区域是相对总体而言的。区域可以是一个地方行政建置，如河南、郑州、新郑，也可以是一个地区，如豫北、河朔、齐鲁、三秦、华北。当然，区域也可以是永恒的，对全球而言，中国、东亚、远东，都是区域。在全球史的背景下，区域史是个很时尚的东西，研究中国史与世界史（世界各国的历史），实质上研究的都是区域史。

学界有关区域史的讨论，是非常复杂的。例如，将地方史等同于区域史就

---

① 杨旭东：《近年来地方史研究评述》，《中原文化研究》2016 年第 1 期。

是一种常见的声音,如:“地方史,或称区域史,是历史学科的一个重要分支。”[①]有的直接将区域史的研究范式等同于地方史的研究范式;[②]也有的将区域史作为地方史的支脉,“地方史内部也演化出了新的支系”[③]。尽管区域史和地方史有一定的契合点,但两者还不能完全画等号。区域史研究一般多关注区域的特殊性,但是,“区域史研究的意义不仅仅在于认识作为个案的区域本身,而且有助于对国家整体史的认识。于是,区域史研究的一个重要归宿还在于对中华帝国整体史的理解和把握,并不是局限于孤零零的区域个案,也非仅凭借一两个新线索的发现来填补漏洞、空白,而是从局部、微观、特殊性中找到一些带有普遍性的反映整体的现象和规则”[④]。区域史,就是由诸地理要素所构成的特定地理空间,有较长时段的经济交流与政治联系,以及内部所共生的以文化为纽带的规律性问题的研究。区域史更多关注点在基层社会,是对特定的人群、组织架构、民间信仰,以及形成的民风进行的研究。除利用正史、正志之外,区域史也要更多关注地方文献,如家谱、文书、契约、方志等,只有这样,区域史才会更加丰满。

河南历史,就河南而言,其起点是地理概念。从历代史志可以看出,行政区划的河南是立足于地理概念河南之上而设置的,在中国古代由特定地理概念而产生的政区并不多见,仅从这一点而言,河南历史既可以是地方史,又可以成为区域史,甚至由于以洛阳为核心的河南在历史上特殊的政治地位,河南史在某些时段可以上升为中国史。这就是河南历史的特殊价值所在。

## 四、河南历史的研究现状与努力目标

### (一)河南历史的主要研究成果

改革开放以来,河南省社会科学院及全省学界陆续推出了一系列河南历史

① 叶舟:《地方文献与地方史研究》,载《上海地方志》编辑部编《2017 年地方志与地方史理论研讨会论文汇编》,第 199~203 页。

② 段建宏:《地方史研究的思考》,《忻州师范学院学报》2007 年第 1 期。

③ 姚乐:《如何理解地方史与区域史?——以〈江苏通史·魏晋南北朝卷〉为例的分析》,《南京晓庄学院学报》2014 年第 3 期。

④ 孙竞昊、孙杰:《中国古代区域史中的国家史》,《中国史研究》2014 年第 4 期。

的研究成果：

一是通史类。如《简明河南史》（张文彬主编，1996）、《河南通史》（4卷本，程有为、王天奖主编，2005）。以上成果有首创意义，但分量不足，不足以反映河南历史文化的厚重与辉煌。

二是专门史类。如《河南航运史》（河南省交通厅史志编审委员会，1989）、《河南少数民族史稿》（马迎洲等，1990）、《河南陶瓷史》（赵青云，1993）、《河南新闻事业简史》（陈承铮，1994）、《河南考试史》（李春祥、侯福禄主编，1994）、《河南文学史·古代卷》（王永宽、白本松主编，2002）、《河南文化史》（申畅、申少春主编，2002）、《河南教育通史》（王日新、蒋笃运主编，2004）、《河南农业发展史》（胡廷积主编，2005）、《河南经济通史》（程民生主编，2012）、《河南生态文化史纲》（刘有富、刘道兴主编，2013）、《中原科学技术史》（王星光主编，2016），以及即将出版的《中原文化通史》（8卷本，程有为主编，2019）等。总体来讲，质量参差不齐，形成不了河南专门史体系类的成果。

三是市县通史类。如《驻马店通史》（郭超、刘海峰、余全有主编，2000）、《商丘通史（上编）》（李可亭等，2000）、《洛阳通史》（李振刚、郑贞富，2001）、《南阳通史》（李保铨，2002）、《安阳通史》（王迎喜，2003）、《嵩县通史》（嵩县地方史志编纂委员会，2016），以及我们即将完稿的《郑州通史》（张新斌、任伟主编，2020）等。

### （二）河南历史的研究机构与研究重点

河南历史研究以河南省社会科学院历史与考古研究所为核心。河南省社会科学院历史与考古研究所是专门从事河南历史研究的权威机构，该所前身为成立于1958年的河南省历史研究所。1979年河南省社会科学院成立之际，河南省历史研究所正式成为河南省社会科学院历史研究所，以后又成立了河南省社会科学院考古研究所，2007年正式合并为河南省社会科学院历史与考古研究所。该所现有工作人员19人，其中研究员4人、副研究员10人，博士或在读博士7人，其研究涉及中国历史的各个方面，尤以中国古代史研究实力最为雄厚，在省级社科院中位列前茅。该所主编的“河南历史与考古研究丛书”已出版第一辑（9本）、第二辑（6本），在中原文化、河洛文化、姓氏文化研究方面均有标志性成果。郑州大学的历史研究在以刘庆柱研究员领衔的中原历史文化重点学科、王星光教授为代表的中原科技史方向、吴宏亮教授为代表的河南与近现代中国方向、陈隆文教授为代表的河南史地方向等方面成果卓著。河南大学以黄河文明研究作为主轴,李玉洁教授的河南先秦史研究、程民生教授为代表的以汴京为核心的宋史研究等较为突出。河南师范大学、新乡学院立足新乡,开展牧野文化研究。安阳师范学院则形成了以甲骨文、殷商史为代表的特色学科。河南理工大学立足于焦作,研究太行文化、太行发展。河南科技大学、洛阳师范学院、洛阳理工学院及文物部门的徐金星、蔡运章、薛瑞泽、毛阳光、扈耕田等先生立足于洛阳,开展河洛文化和洛阳学研究。商丘师范学院立足于商丘,对三商文化与商起源的研究颇有建树。许昌学院对汉魏许都的研究、黄淮学院对天中文化的研究、南阳师范学院对东汉文化的研究则各具特色。信阳师范学院以尹全海教授为代表的根亲文化研究、以金荣灿教授为代表的淮河文化研究及三门峡职业技术学院李久昌教授的崤函文化研究等均独树一帜。这些都已经成为河南历史研究的重要力量,也总体反映出河南历史研究的特色。

（三）河南专门史大型学术文化工程运作的过程与目标

2007 年以来,为了进一步整合力量,推出标志性成果,我们在已完成的《河南通史》等研究成果的基础上,提出加大对河南历史研究的力度,并以“河南专门史”作为深化河南历史研究的重要抓手。河南专门史的研究工作得到了河南省社会科学院历任领导的重视。早在 2008 年,河南省社会科学院副院长赵保佑研究员就积极支持专门史研究的工作构想,积极推动该项工作的落实。2010 年,院长张锐研究员、副院长谷建全研究员,专门带历史与考古研究所的相关人员到北京社科院进行调研,向他们学习北京专史集成研究的工作经验。2015 年,院党委书记魏一明、院长张占仓研究员、副院长丁同民研究员积极推动,将河南专门史正式纳入河南省社会科学院重大专项工作,并于年底召开了河南专门史的正式启动会。在河南专门史创研期间,院领导积极关注工作进展,副院长袁凯声研究员统筹协调,有力地推动了后续工作。2019 年,院领导班子对河南专门史工作给予了大力支持,尤其是院长谷建全研究员更是将专门史作为院哲学社会科学创新工程的标志性成果,院办公室、科研处等相关部门为本套书的出版做了大量的后勤保障工作,使河南专门史第一批成果能够按时高质量地出版。河南省社会科学院历史与考古研究所在承担繁重的创研工作的同时，也承担了大量的学术组织工作，张新斌、唐金培、李乔、陈建魁多次在一起商议工程的组织与推动，唐金培在学术组织工作方面，在上下联动、督促、组织上付出了大量的艰辛。大家只有一个想法：尽快拿出一批高质量的学术成果。

为了有效推动河南专门史大型学术文化工程，我们在工作之初便编辑了《河南专门史研究编写实施方案》《河南专门史大型学术文化工程第一批实施方案》《河南专门史大型学术文化工程工作方案》《关于征集河南专门史重大专项书稿的函》等文件，成立了以魏一明、张占仓为组长的“河南专门史大型学术文化工程”领导小组，工程实行首席专家制，由河南省社会科学院历史与考古研究所所长张新斌研究员为首席专家。整个工程坚持“三为主、三兼顾”的原则，即以河南省社科院科研人员为主，兼顾河南史学界；以在职科研人员为主，兼顾退休科研人员；以团队合作为主，兼顾个人独著。在写作上，采用“三结合”的方法，即史实考证与理论提高相结合、学术价值与当代意义相结合、学术性与可读性相结合。

在第一批书稿创研中，我们结合各自的研究基础，自动组成团队，不但河南省社会科学院历史与考古研究所全体科研人员参与了该项工程，文学研究所、哲学与宗教研究所等单位的科研人员也都承担了相关的任务。河南大学、河南师范大学、河南农业大学、华北水利水电大学、郑州市委党校等同行均参与了创研。最终确定了第一批 15 本书稿的创研目标：《河南考古史》《河南水利史》《河南移民史》《河南园林史》《河南哲学史》《河南水文化史》《河南道教史》《河南城镇史》《河南行政区划史》《河南基督教史》《河南古都史》《河南家族史》《河南书院史》《河南诗歌史》《河南史学史》。我们的总体目标是推出 100 部具有学术意义的河南专门史成果。

从第一批 15 部书稿中我们归纳出以下几个特点：一是极大丰富了河南历史研究的内容。这些书稿所涉及的门类有大有小，其研究不仅梳理了相关门类的历史脉络，也丰富了通史类成果无法容纳的分量。如考古史、基督教史时段较短但内容更为丰满，有的甚至可以形成重大事件的编年。二是从更高的视角研究河南。现代考古学在河南的发展对中国考古学的分期具有标志性意义，实际上我们是从中国考古史的角度来研究河南考古史的。正因为这样，我们对河南考古学在中国考古学中的地位有了更为清晰的看法。三是从史料梳理中探寻发展规律。对于每一个专题的研究者，我们更多地要求大家在对史实进行研究的基础上,要探寻相关门类发展的规律,寻找兴衰的规律,以及决定这种兴衰规律的内在因素。我认为在这批成果中,有的已经超越了地方史的范畴,而进入区域史的研究探索之中。当然,研究是一个永无止境的过程,我们期待着河南专门史在以后的创研过程中不断有更多的学术精品问世。

2019 年 8 月

# 目 录

# 绪论

家族组织是社会中从事生产和其他各类社会活动的最基本的群体,在人类社会中占有重要的地位,因而家族研究便成为历史学、社会学和文化人类学的重要课题之一。河南地处中国之中,最早进入文明社会,河南史是中国史的一个缩影,河南家族史的研究亦因此具有了特别的意义。

## 一、家庭、家族与宗族

河南家族史是关于河南历史上的家族的产生、发展和消亡的历史,那么河南家族史的研究对象便是河南历史上的家族生发与灭亡的过程和规律。

### (一)家庭、家族和宗族的概念

当今,家庭是社会的基本细胞,但在中国古代历史上,家族的作用更为突出。在某些情况下,家族和宗族是难以彻底划分开的,尤其是对中国古代早期文献中各种“族”的划分,如王族、公族、子族、多子族等界限难以分清,因此,对家庭、家族和宗族这几个概念进行界定是十分必要的,这也是我们厘定本书研究对象的重要一环。

#### 1. 家庭

家庭是人类社会一定发展阶段出现的社会现象,随着人类物质资料生产方式的发展变化,家庭的结构和职能亦随之发展变化。蒙昧时代的原始人类,群居野处,刀耕火种。当时的人类为了生存,不得不以群体的力量与大自然进行搏斗,无所谓亲属和家庭。经过漫长的岁月,在自然选择规律作用下,出现了原始婚姻的萌芽,与此同时,作为社会细胞的家庭也逐渐形成。

最早出现的家庭是母系家庭。母系氏族公社形成于蒙昧时代的高级阶段,当时,一个母系氏族公社有一个共同的女祖先。由于全体氏族成员只能确认各自的生母,所以成年的妇女都一代一代地成为确定本氏族班辈世系的主体,成年的男子则分散到其他氏族寻求配偶,实行群婚。每个氏族公社内部存在着按照性别和年龄进行的不稳定的分工。妇女承担着主要的劳动任务,她们是氏族公社原始公有制经济的主持者,又对确定氏族的血亲关系起着主导作用,这是母系氏族社会的共同特点。河南安阳小南海旧石器时代晚期遗址就反映了当时母系氏族社会的发展情况。

在中国古代的早期文献中,“家”指家庭,家庭的意思是家的庭院。西方的“家庭”一词源于拉丁语,本义是居住在同一建筑物内的人们的共同体。这同汉语中的“家庭”一词意思相当。给“家庭”一词赋予今天人们通常理解的含义,则是较晚的事了。

在甲骨文中,“家”写作,即(宀,房屋)+(豕,猪),表示屋里养着一头大肚子的猪。有的甲骨文,如,将猪形简化成。猪是温顺、繁殖力旺盛的动物,对古人来说圈养的生猪能在食物方面提供安全感,因此畜养生猪便成了定居生活的标志。在金文中,“家”写作,突出了“豕”()的尾巴形象。在篆文中,“家”写作,承续金文字形。隶书“”,将篆文字形中的(豕)写成。许慎《说文解字》云:“家,居也。从宀,豭省声。,古文家。”也就是说,家是居住的地方。“家”的字形,采用“宀”作偏旁,采用省略了“叚”的“豭”作声旁。是古文写法的“家”字。

2. 家族

族,在甲骨文中写作,是会意字,即(旗,部落标志)+(矢,箭,借代武装力量)+(口,部落、村邑),表示有旗帜、有徽标的部落。有的“族”字在甲骨文中写作,省去村落。“族”字的造字本义是指聚集在同一旗号下行猎、作战的同宗同姓的群落。在金文中,“族”字写作,承续甲骨文字形。在篆文中,“族”字写作,将金文的(旗)写成。《说文解字》云:“族,矢锋也。束之族族也。从㫃从矢。”也就是说,族,箭头,将箭支捆绑时,箭头齐刷刷一片。

家族在英文中写作 family,与家庭相同,所以人类学家所称的“家族”,社会学家往往称为“家庭”。在中国古代典籍中讲到亲属组织时,往往习惯以“族”为称,用“家族”一词要比用“家庭”更符合中国文化传统。

家族是一种亲属团体。无论对于人类学家还是社会学家、民族学家来说,给家族下一个恰当的、普遍适用的定义,都是一个比较复杂的问题。因此,对家族的定义作广义的表述可能更好些。第六版的《辞海》在“家族”一词的解释中就是比较广义的表述:家族是“以婚姻和血缘关系结成的社会单位”。

美国著名人类学家乔治·彼德·默多克(G. P. Murdork)的表述也是广义的。1971 年,他在比较了 860 个以上的社会后,为家族做了这样的定义:“家族是一个社会团体,其内包括两个或更多个彼此结婚之不同性别的成人,并且包括已婚双亲之亲生的和收养的一个或更多个孩子。”[①]默多克的这种定义具有较为普遍的适用性,属于一种更为广义性的定义,在诸种形式的社会中都可能适合,重在强调家族中的婚姻与血缘关系,但在具体运用时仍相当不便。

也有相当一部分学者认为家族的定义必须要兼顾家族的其他构成要素,如居住方式、经济统一性、宗教功能等。如刘斌雄指出:“家族是生活在一起的亲属团体。”[②]卫惠林也认为:“家族是共同居住,共同生活的亲属群。”[③]强调的是家族的共居性。程德祺指出:“家族是完整统一的经济单元。一个亲族集团在经济上分离为若干部分,已不是一个完整的经济单元,它就不再是一个家族,而是各部分自称家族了;这若干家族之间的亲族关系已是宗族关系。”[④]这个解释可能更符合中国古代的实际情况。

也有西方学者考虑到中国的实际,力图为中国家族下一个比较全面也较狭义的定义。如奥尔加·兰在其所著《中国家庭与社会》一书中,为中国家族下了这样的定义:“一个由有血缘婚姻或收养关系的人们所组成的单位,他们有共同的生计和共同的财产。”[⑤]

家族强调同居共财,特别适合中国宋代时期的情况。两宋时期,大的家族提倡同居共财,有的家族十几代甚至二十余代同居共财,一起劳动,一起吃饭。从血缘关系上看,他们的亲缘关系有的已相当疏远,如果不是同居共财,恐怕连同宗的条件也不能满足。但他们是一个财产单位,有共同的祖先,被视为一个

① *Outline of Cultural Materials*(《文化资料纲要》), New Haven: Human Relations Area Files Inc., 1971.

② 刘斌雄:《沙阿鲁阿族的社会组织》,《民族学研究所集刊》第 21 期。

③ 卫惠林:《社会人类学》,台湾商务印书馆 1982 年版。

④ 程德祺:《我国古代的宗族》,《苏州历史学会论文选》,1983 年。

⑤ Developmental Process in the Chinese Domestic Group. In Family and Kinship in Chinese Society, Maurice Freedman, ed., Stanford: Stanford University Press, 1970, pp. 21-36.

家族也是理所应当的。

鉴于中国古代家族的复杂性,朱凤瀚先生在研究商周时期的家族形态时,把家族按结构大小分为三种类型:一是核心家族。核心家族又称为基础家族、小家族等,由一对已婚夫妇及其未婚子女组成。这是最基本的家族形态。在核心家族中,子女因血缘关系与其所出生之家族中的其他成员发生联系。二是多偶家族。多偶家族是由若干核心家族以共夫和共妻之类复数的婚姻联合而成,尚不具有多层次的等级结构。三是伸展家族。伸展家族是从单纯的核心家族逐渐繁衍出来的。其又可分为三种:一种是主干家族,一种是直系家族,一种是大型的伸展家族。[①] 大型的伸展家族是高层次的家族,有的在结构上非常复杂,与宗族的表征相近。

3. 宗族

中国古代典籍《左传》中已有宗族之称,但多数情况下称为"族",这个"族"有时候指的是家族,有时候指的是宗族。甲骨文中有"宗"字,本义是指供奉神主的庙。许慎《说文解学》云:"宗,尊祖庙也。"故而"宗族"本义是指有共同祖庙的亲族,也即是有明确父系祖先的家族。

古文中较早对"宗族"做出解释的是《尔雅 · 释亲》,称"父之党为宗族"。即是说,宗族是一种较大型的亲属组织。《辞源》"宗族"条下的解释为:"父系的亲属。又指同宗的人。宗族分言,族亲于宗。"[②]

在不同时期甚至不同语境中,家族和宗族有时候是统一的,有时候是不一样的。徐扬杰先生即认为:"家族又称宗族、户族、房头,古书中又常常直接称为族、宗,称家庭成员为族人、宗人。这些名词在当时包含的范围不很一致,也不很确定。"[③]

但是,我们还是有必要对家族和宗族做一个大致的区分。一般来说,五服以内为家族,五服以外为宗族,但像宋代那样"九世同居""十三世同居"的,由于其是共同生活、共同劳动,并且服从于统一的族长指挥的,我们仍称之为"家族"。

---

① 朱凤瀚:《商周家族形态研究》,天津古籍出版社 2004 年版,第 9—10 页。

② 广东、广西、湖南、河南辞源修订组,商务印书馆编辑部编:《辞源》(修订本),商务印书馆 1998 年版,第 814 页。

③ 徐扬杰:《中国宗族制度史》,武汉大学出版社 2012 年版,第 4 页。

### （二）中国古籍里的“族”“家族”和“宗族”

《尚书》中未提到“家族”和“宗族”，提到的“族”有“九族”“圮族”，还有“罪人以族，官人以世”（《周书·泰誓上》）、“官伯、族姓”（《尚书·吕刑》）这样的语句。

《国语》中未提到“家族”和“宗族”，提到的“族”有“王族”“公族”“旧族”“武族”“姻族”“分族”“别族”“三族”“少族”等。

《左传》中未提到“家族”，提到的“宗族”有两处：

王怒，将以狄伐郑。富辰谏曰：“不可。臣闻之，大上以德抚民，其次亲亲以相及也。昔周公吊二叔之不咸，故封建亲戚以蕃屏周。管蔡郕霍，鲁卫毛聃，郜雍曹滕，毕原酆郇，文之昭也。邘晋应韩，武之穆也。凡蒋邢茅胙祭，周公之胤也。召穆公思周德之不类，故纠合宗族于成周而作诗，曰：‘常棣之华，鄂不韡韡，凡今之人，莫如兄弟。’其四章曰：‘兄弟阋于墙，外御其侮。’……周之有懿德也，犹曰‘莫如兄弟’，故封建之。其怀柔天下也，犹惧有外侮，扞御侮者莫如亲亲，故以亲屏周。召穆公亦云。今周德既衰，于是乎又渝周、召以从诸奸，无乃不可乎？民未忘祸，王又兴之，其若文、武何？”王弗听。（《左传·僖公二十四年》）

叔向曰：“晋之公族尽矣。肸闻之，公室将卑，其宗族枝叶先落，则公从之。肸之宗十一族，唯羊舌氏在而已。肸又无子。公室无度，幸而得死，岂其获祀？”（《左传·昭公三年》）

《易经》中“族”字一见：“君子以类族辨物。”（《易经·同人卦》）

《论语》中“宗族”一见：“宗族称孝焉，乡党称弟焉。”（《论语·子路》）

《老子》中无“族”字。

《墨子》中未提到“家族”，提到的“宗族”“宗”有两处：

今王公大人之为刑政，则反此。政以为便譬，宗于父兄故旧，以为左右，置以为正长。（《墨子·尚同》）

内者宗族，外者乡里。（《墨子·明鬼下》）

《孟子》中“族”一见：“百官族人可谓曰知。”（《孟子·滕文公上》）

《荀子》中未提到“家族”和“宗族”，多处提到“族”字，如“族人”“族党”“三族”等。

《庄子》中未提到“家族”和“宗族”，多处提到“族”字，如：“聚族而谋曰”

(《庄子·逍遥游》),“是三者虽异,公族也”(《庄子·庚桑楚》),“夫与国君同食,泽及三族,而况父母乎”(《庄子·徐无鬼》),“客问其族。子路对曰:‘族孔氏。’”(《庄子·渔父》)

《韩非子》中未提到“家族”和“宗族”,三次提到“巷族”,另有“不与同族者共家”(《韩非子·外储说右上》)的语句。

《吕氏春秋》中未提到“家族”,有一处提到“宗族”:

是故诸侯失位则天下乱,大夫无等则朝庭乱,妻妾不分则家室乱,适孽无别则宗族乱。(《吕氏春秋·慎势》)

《大学》中无“族”字。

《中庸》中无“族”字。

《列子》中未提到“家族”,有三处提到“宗族”:

乘其名者,泽及宗族,利兼乡党,况子孙乎?(《列子·杨朱》)

奉养之余,先散之宗族;宗族之余,次散之邑里;邑里之余,乃散之一国。(《列子·杨朱》)

《淮南子》中未提到“家族”,有一处提到“宗族”:

昔共工之力,触不周之山,使地东南倾。与高辛争为帝,遂潜于渊,宗族残灭,继嗣绝祀。(《淮南子·原道训》)

《仪礼》中未提到“家族”和“宗族”,提到“族”字数处,如:“族曾祖父母,族祖父母,族父母,族昆弟”(《仪礼·丧服》),“族长莅卜,及宗人吉服立于门西,东面南上”(《仪礼·士丧礼》)。

《战国策》中未提到“家族”,有三处提到“宗族”:

齐孙室子陈举直言,杀之东闾,宗族离心。(《战国策·齐策六》)

臣之仇韩相傀。傀又韩君之季父也,宗族盛,兵卫设,臣使人刺之,终莫能就。(《战国策·韩策二》)

荆轲知太子不忍,乃遂私见樊於期曰:“秦之遇将军,可谓深矣。父母宗族皆为戮没。今闻购将军之首,金千斤,邑万家,将奈何?”(《战国策·燕策三》)

我们还统计了部分文渊阁《四库全书》中见有“家族”和“宗族”的条目数。《四库全书》中,“家族”一词共见 889 条,1035 个匹配;“宗族”一词共见 5224 条,7529 个匹配。具体就部分“二十四史”言之,“家族”在《史记》中未见,在

《汉书》中两见：

广利降匈奴，家族灭矣。(《汉书·外戚传》)

安世遂从狱中上书，告敬声与阳石公主私通，及使人巫祭祠诅上，且上甘泉当驰道埋偶人，祝诅有恶言。下有司案验贺，穷治所犯，遂父子死狱中，家族。(《汉书·公孙敬声传》)

但第二条中，“家族”并非指平常意义上的家族。此处，“族”是灭族的意思，“家族”意思是全家被灭族。

在《后汉书》中两见：

以致无辜之罪，身婴极诛，祸及家族，天下臣妾，咸为怨痛。(《后汉书·皇后纪下》)

往年诏书比下，开示恩信，勿以来歙、岑彭受害自疑。今以时自诣，则家族完全。(《后汉书·公孙述列传》)

在《三国志》中有2条，《晋书》中1条，《北史》中1条，《旧唐书》中14条，《新唐书》中3条，《旧五代史》中3条，《新五代史》中10条，《宋史》中20条，《金史》中4条，《元史》中1条，《明史》中5条。

而“宗族”一词，在《史记》中有16条，《汉书》中31条，《后汉书》中34条，《三国志》中19条，《晋书》中27条，《宋书》中3条，《南齐书》中8条，《梁书》中5条，《陈书》中6条，《魏书》中20条，《北齐书》中2条，《周书》中5条，《隋书》中14条，《南史》中17条，《北史》中24条，《旧唐书》中21条，《新唐书》中21条，《旧五代史》中5条，《新五代史》中7条，《宋史》中20条，《辽史》中3条，《金史》中18条，《元史》中19条，《明史》中23条。

现仅列《史记》所见“宗族”条目：

卷六《秦始皇本纪》：诸侯兵至，项籍为从长，杀子婴及秦诸公子宗族。遂屠咸阳，烧其宫室，虏其子女，收其珍宝货财，诸侯共分之。

卷三十五《管蔡世家》：晋文公重耳伐曹，虏共公以归，令军毋入釐负羁之宗族闾。

卷四十六《田敬仲完世家》：由此田氏得齐众心，宗族益强，民思田氏。

卷五十九《五宗世家》：齐有幸臣桑距。已而有罪，欲诛距，距亡，王因禽其宗族。

卷六十九《苏秦列传》：(苏秦)于是散千金以赐宗族朋友。

卷八十六《刺客列传》:臣之仇韩相侠累,侠累又韩君之季父也,宗族盛多,居处兵卫甚设,臣欲使人刺之,终莫能就。

卷八十六《刺客列传》:秦之遇将军可谓深矣,父母宗族皆为戮没。今闻购将军首金千斤,邑万家,将奈何?

卷八十七《李斯列传》:于是二世乃使高案丞相狱,治罪,责斯与子由谋反状,皆收捕宗族宾客。

卷九十《魏豹彭越列传》:于是吕后乃令其舍人告彭越复谋反。廷尉王恬开奏请族之。上乃可,遂夷越宗族,国除。

卷九十二《淮阴侯列传》:于汉家勋可以比周、召、大公之徒,后世血食矣。不务出此,而天下已集,乃谋畔逆,夷灭宗族,不亦宜乎!

卷九十七《郦生陆贾列传》:汉诚闻之,掘烧王先人冢,夷灭宗族,使一偏将将十万众临越,则越杀王降汉,如反覆手耳。

卷一百零七《魏其武安侯列传》:家累数千万,食客日数十百人。陂池田园,宗族宾客为权利,横于颍川。

卷一百一十一《卫将军骠骑列传》:今王夫人幸而宗族未富贵,愿将军奉所赐千金为王夫人亲寿。

卷一百一十三《南越列传》:又遥闻高后尽诛佗宗族,掘烧先人冢,以故自弃,犯长沙边境。

卷一百一十三《南越列传》:其相吕嘉年长矣,相三王,宗族官仕为长吏者七十余人,男尽尚王女,女尽嫁王子兄弟宗室,及苍梧秦王有连。

卷一百一十四《东越列传》:闽越王郢发兵距险。其弟余善乃与相、宗族谋。

以上我们不吝笔墨对中国古代文献中出现的“族”“家族”“宗族”进行较多引用,是为便于读者了解中国古代,尤其是秦汉以前各种“族”的复杂性,加深对家族等概念的理解。

## 二、河南家族史的研究范围

河南是中国文明的发祥地。从伏羲时代后期开始,中原首先进入了父系氏族社会,在考古学上大致相当于仰韶文化中晚期。在河南分布十分广泛的河南龙山文化,其时期处于中国父系氏族社会的鼎盛阶段,相当于古希腊、古罗马的英雄时代。夏、商、周三代,中原古国林立,这些古国也是一个个宗法家族所创立的,并不断发展和分化。中国封建社会前期,直至北宋,河南一直是中国的政治、经济和文化中心,中原也是历代重要家族纵横驰骋之地。北宋以后,随着中国历史的发展和家族制度的演变,中国大家族更多是在南方出现,直到晚清河南巩义康百万家族和近代河南项城袁氏家族的异军突起,河南的家族才再次进入大众视野,演绎了河南家族史一篇篇辉煌的篇章。

**(一)时间范围**

中国的家族是在原始社会末期个体家庭出现后在个体家庭的基础上结合而成的,自此以后,人们就或松或紧地在这类血缘关系的组织中生产和生活。因此,个体家族的产生是家族史研究时间范围的上限。一夫一妻制的婚姻是个体家庭产生的前提,在个体婚姻和个体家庭产生以前,人类经历了几种不同类型的婚姻形态和家庭形式。当然,这些不是家族史的研究对象。河南家族史的上限,只能从原始社会末期个体家庭和父权家长制家族的产生算起。在中国历史上,这相当于三皇五帝时代,距今大约 7000 年至 4000 年。

从中国父权家长制家族产生之后数千年的发展变化中,中国的家族制度也变换了多种形式。1840 年鸦片战争以后,由于中国社会结构和经济结构的变化,中国的家族制度开始走向衰落。到 1911 年辛亥革命后,中国家族进入平民化时代。1949 年中华人民共和国成立,古旧的家族制度受到进一步冲击而逐渐式微。因而本书的时间范围是从原始社会末期到中华人民共和国成立前。新中国成立后中国家族制度的变化和发展我们也将在后面简略述及。

**(二)地理范围**

我们主要考察在今河南省行政区划内的地区在数千年历史上所产生的家族的情况。由于历史上人口和家族的迁徙,以及经商、为官等原因,有些情况需要说明。譬如南朝谢氏等中国历史上非常著名的家族,籍贯在河南,但其鼎盛期不在河南,这些我们在书中会提及,只重点介绍其家族产生和发展期在河南的情况,对其全盛时代不作太多着墨。一些籍贯不在河南但主要活动在河南的名人家族,也是我们考察的对象,如曹操家族、范仲淹家族等。

夏商时期,河南是中国的主体,这时期的河南家族研究便具有全国意义。

## 三、河南家族史的研究概况

### （一）中国早期的家族史研究

封建时代对中国家族制度的研究，主要集中于对周代宗法制度的研究。这种研究可以追溯到汉代以来的经学研究。汉代经学大师郑玄为《诗经》《周礼》《礼记》《仪礼》所作的笺注，唐代孔颖达、贾公彦为之所作的疏，西晋杜预《春秋经传集解》、三国韦昭所作《国语注》等，为我们今日理解古代典籍中所见的周代家族制度和宗法制度等提供了重要参考。“北宋理学家张载写了《经学理窟·宗法》篇，这是历史上第一篇专门研究宗法制度的论文，首次对宗法制度作了全面的解释。”[①]清代乾嘉学派对经学的研究也使我们加深了对宗法制度的理解。

“五四”以后，中西学术交流的深入，马克思主义唯物史观与近代人类学、社会学、考古学、民族学理论与研究方法的引入，加之新的考古资料（如河南安阳殷墟甲骨的大规模发掘）的出土，促进了中国家族研究的发展，提高了中国家族研究的水平。

20世纪20—40年代，大体上是中国家庭、家族史研究的草创阶段。陈顾远《中国古代婚姻史》（商务印书馆1925年版）是当时最早的一部与家族制度有关的著作。徐益棠《中国古代之民族》（《民锋》第7卷第1期）是较早发表的论文。吕思勉的《中国宗族制度小史》（中山书局1929年版）虽然不到10万字，却称得上是我国第一部关于家族问题研究的专门史，后来吕思勉在其所写的《先秦史》《秦汉史》《两晋南北朝史》《隋唐五代史》等四部大型断代史中，都曾辟出专章专节，详细叙述家族制度和婚姻家庭形态。杨筠如《九品中正与六朝门阀》（商务印书馆1930年版）对魏晋南北朝时期的豪族进行了较为深入的研究。孙曜《春秋时代之世族》（上海中华书局1936年版）对春秋时期各诸侯国的主要家族进行了罗列，并简述了各诸侯国家族的发展过程。陶希圣《婚姻与家族》（商务印书馆1934年版）讲到了中国历史上的家族，其中讲到西周春秋的宗法制、

① 徐扬杰：《中国家族制度史》，武汉大学出版社2012年版，第12页。

战国至五代的大家族制，最后还讲到近三十年家族制之渐次分解，全书篇幅不大，却有一定深度。20 世纪 30 年代还有袁世裕所著《中国古代氏姓制度研究》（商务印书馆 1936 年版），对姓氏、封建与宗法等的关系进行了一定深度的研究。

到 20 世纪 40 年代，有关中国家族制度的相关研究多了起来，如胡厚宣《殷代婚姻家族宗法生育制度考》（成都齐鲁大学国学研究所专刊之一，1944 年版）、高达观《中国家族社会之演变》（正中书局 1944 年版）、林耀华《金翼：中国家族制度的社会学研究》（生活·读书·新知三联书店 1944 年版）、潘光旦《明清两代嘉兴的望族》（商务印书馆 1947 年版）、刘节《中国古代宗族移植史论》（正中书局 1948 年版）等。这一时期也有国外一些学者对中国家族研究产生了兴趣，特别是日本学者。其中加藤常贤《支那古代家族制度研究》（岩波书店 1940 年版）、诸桥辙次《支那的家族制》（大修馆 1940 年版）、清水盛光《支那家族的构造》（岩波书店 1942 年版）等都是研究较为深入的专著。

**（二）新中国成立以来的中国家族史研究**

新中国成立以来，在 20 世纪 80 年代之前，中国家族史研究的热点是利用卜辞与考古资料对商代家族制度进行考述，如陈梦家《殷虚卜辞综述》中对卜辞所反映出来的亲属称谓、宗法与宗庙制度进行了论述。此外，这方面的代表性著作还有张政烺《古代中国的十进制氏族组织》（《历史教学》第二卷第 3、4、6 期，1951 年）、丁山《甲骨文所见世族及其制度》（科学出版社 1956 年版）、李学勤《论殷代的亲族制度》（《文史哲》1957 年第 11 期）、林沄《从武丁时代的几种“子卜辞”试论商代的家族形态》（《古文字研究》第一辑，中华书局 1979 年版）等。

这一时期有关家族史研究的其他论著具有代表性的有杨希枚《姓字古义析证》（《历史语言研究所集刊》二十三本下册，1952 年 7 月）、金景芳《论宗法制度》[《东北人民大学学报》（人文科学版）1956 年第 2 期]、杨宽《试论西周春秋间的宗法制度和贵族组织》（《古史新探》，中华书局 1965 年版）、毛汉光《两晋南北朝士族政治之研究》（中国学术著作奖助委员会 1966 年版）、徐朝阳《中国亲属法溯源》（台湾商务印书馆 1968 年版）、罗香林《中国族谱研究》（香港中国学社 1971 年版）、何启民《中古门第论集》（台湾学生书局 1978 年版）等。

20 世纪 80 年代之后，关于中国家族史的研究多了起来，仅著作就有近百部，现择其重要者罗列于下。

**20世纪80年代之后有关中国家族史的部分研究**

| 著　者 | 书　名 | 出版社 | 出版时间 |
|---|---|---|---|
| 张光直 | 《中国青铜时代·商王庙号新考》 | 生活·读书·新知三联书店 | 1983年 |
| 朱　勇 | 《清代宗族法研究》 | 湖南教育出版社 | 1987年 |
| 王玉波 | 《中国家长制家庭制度史》 | 天津社会科学院出版社 | 1989年 |
| 钱宗范 | 《周代宗法制度研究》 | 广西师范大学出版社 | 1989年 |
| 田余庆 | 《东晋门阀政治》 | 北京大学出版社 | 1989年 |
| 谢维扬 | 《周代家族形态》 | 中国社会科学出版社 | 1990年 |
| 朱凤瀚 | 《商周家族形态研究》 | 天津古籍出版社 | 1990年 |
| 甘怀真 | 《唐代家庙礼制研究》 | 台湾商务印书馆 | 1991年 |
| 陈支平 | 《近500年来福建的家族社会与文化》 | 生活·读书·新知三联书店上海分店 | 1991年 |
| 钱　杭 | 《周代宗法制度史研究》 | 学林出版社 | 1991年 |
| 王沪宁 | 《当代中国村落家族文化——对中国社会现代化的一项探索》 | 上海人民出版社 | 1991年 |
| 徐扬杰 | 《中国家族制度史》 | 人民出版社 | 1992年 |
| 冯尔康等 | 《中国宗族社会》 | 浙江人民出版社 | 1994年 |
| 钱　杭 | 《中国宗族制度新探》 | 中华书局(香港)有限公司 | 1994年 |
| 徐扬杰 | 《宋明家族制度史论》 | 中华书局 | 1995年 |
| 冯尔康 | 《中国古代的宗族与祠堂》 | 商务印书馆国际有限公司 | 1996年 |
| 史凤仪 | 《中国古代的家族与身分》 | 社会科学文献出版社 | 1999年 |
| 许华安 | 《清代宗族组织研究》 | 中国人民公安大学出版社 | 1999年 |
| 李文治等 | 《中国宗法宗族制和族田义庄》 | 社会科学文献出版社 | 2000年 |
| 王善军 | 《宋代宗族和宗族制度研究》 | 河北教育出版社 | 2000年 |
| 钱　杭 | 《血缘与地缘之间——中国历史上的联宗与联宗组织》 | 上海社会科学院出版社 | 2001年 |
| 赵　沛 | 《两汉宗族研究》 | 山东大学出版社 | 2002年 |
| 崔向东 | 《汉代豪族研究》 | 崇文书局 | 2003年 |
| 朱凤瀚 | 《商周家族形态研究》 | 天津古籍出版社 | 2004年 |
| 秦　燕　等 | 《清代以来的陕北宗族与社会变迁》 | 西北工业大学出版社 | 2004年 |

（续表）

| 著　者 | 书　名 | 出版社 | 出版时间 |
|---|---|---|---|
| 阎爱民 | 《汉晋家族研究》 | 上海人民出版社 | 2005 年 |
| 常建华 | 《明代宗族研究》 | 上海人民出版社 | 2005 年 |
| 冯尔康 | 《18 世纪以来中国家族的现代转向》 | 上海人民出版社 | 2005 年 |
| 程维荣 | 《中国继承制度史》 | 东方出版中心 | 2006 年 |
| 张国刚主编 | 《中国家庭史》 | 广东人民出版社 | 2007 年 |
| 陈　絜 | 《商周姓氏制度研究》 | 商务印书馆 | 2007 年 |
| 冯尔康等 | 《中国宗族史》 | 上海人民出版社 | 2009 年 |
| 杨联陞 | 《东汉的豪族》 | 商务印书馆 | 2011 年 |
| 冯尔康 | 《中国宗族制度与谱牒编纂》 | 天津古籍出版社 | 2011 年 |
| 崔向东 | 《汉代豪族地域性研究》 | 中华书局 | 2012 年 |
| 阎爱民 | 《凑聚之道：古代的家族与社会群体》 | 天津古籍出版社 | 2012 年 |
| 常建华 | 《宋以后宗族的形成及地域比较》 | 人民出版社 | 2013 年 |
| [美]柏文莉 | 《权力关系：宋代中国的家族、地位与国家》 | 江苏人民出版社 | 2015 年 |
| 阎爱民 | 《宗族》 | 长春出版社 | 2016 年 |
| 田成方 | 《东周时期楚国宗族研究》 | 科学出版社 | 2016 年 |
| 贾先文 | 《农村宗族与农村社区建设研究》 | 经济科学出版社 | 2018 年 |
| 夏令伟 | 《南宋四明史氏家族研究》 | 科学出版社 | 2018 年 |
| [美]易劳逸 | 《家族、土地与祖先：近世中国四百年社会经济的常与变》 | 重庆出版社 | 2019 年 |
| 吴　凡 | 《晚唐郡望：杜氏家族传》 | 华中科技大学出版社 | 2019 年 |
| 谢思炜等 | 《唐氏荥阳郑氏家族：世系与婚姻关系考》 | 上海古籍出版社 | 2019 年 |

### （三）近年的河南家族史研究

目前，有关河南家族史的专门性研究专著尚未见到，但前述商周家族史的研究基本上可以涵盖河南家族史的研究。此外，现有河南家族史的相关研究成果还包括以下几个方面：

一是人物传记。黄帝、刘秀、曹操、司马懿、赵匡胤、赵佶、冯友兰等河南著名家族的代表人物都有多种版本的人物传记，这些传记中大多有对其家族来源、文化、发展、盛衰的记述。

二是相关姓氏文化书籍。中国100大姓中，有80个姓氏起源于河南，或者其中一支起源于河南。在姓氏文化研究方面，河南学者成果多、所占分量重。由于姓氏与家族的特别关系，这些书中对相关家族的文化、成就与传承都有论述。比如中共河南省委统战部与河南省社会科学院2009年编写的《中华姓氏河南寻根》一书，其中收录了起源于河南的80个姓氏，每个姓氏历史上的著名家族，其郡望、堂号、代表人物、事迹、来源、成就、世系、遗迹等，都在书中有所反映。

三是前述综合性家族研究论著里面关于河南家族史的记述。如崔向东所著《汉代豪族地域性研究》，书中对两汉南阳豪族做了重点研究，指出了其发展特点、发展脉络、著名家族等，为我们进一步研究提供了方便。

四是相关论文。这些论文比较集中于对河南历史上著名家族的研究。如春秋卫国宁氏、汉代汝南周氏、汉代堵阳韩氏、汉魏颍川陈氏、汉代至隋唐荥阳郑氏、宋代相州韩氏、近代项城袁氏等，相关论文颇多，张新斌、王大良、薛瑞泽、徐玉清、孟繁冶、石振平等学者都有专论发表，兹不赘述。

## 四、河南家族史的分期

对中国家族制度史的分期，专家学者有不同的看法。徐扬杰《中国家族制度史》把中国家族制度史分为四期：一是原始社会末期的父权家长制家族，二是殷周时期的宗法式家族，三是魏晋至唐代的世家大族式家族，四是宋代以后的近代封建家族组织。[1]

---

① 徐扬杰：《中国家族制度史》，武汉大学出版社2012年版，第17—18页。

冯尔康等所著《中国宗族史》根据“宗族领导权掌握在何种社会身份集团手中”、“宗族的内部结构及其成员的民众性”、宗族生活中宗法原则的强弱等三个标准分析中国宗族史，认为从殷周到现代，宗族经历了五个阶段的变化。这五个阶段，一是“先秦典型宗族制时代”，二是“秦唐间世族、士族宗族制时代”，三是“宋元间大官僚宗族制时代”，四是“明清绅衿平民宗族制时代”，五是“近现代宗族变异时代”。①

综合以上研究成果，根据河南历史的特点，我们把河南家族史分为六个阶段：一是三皇五帝时代河南的父权家长制家族，二是夏商西周与春秋时期河南的宗法制家族，三是战国秦汉至隋唐五代河南的世家大族式家族，四是宋辽金元时期河南的官僚家族，五是明清时期河南的绅衿制家族，六是民国时期河南的平民化家族。

## 五、河南家族史的研究任务

河南家族史的研究任务，即是我们写作这本书的目的。当然，要达到这些目的，我们的能力还是有所欠缺的，以后还要做更多的努力。

一是揭示个体家庭和家族产生、发展、演变和衰亡的过程和规律。家族制度在中国历史上影响甚巨，每当社会制度发生变革，家族制度亦会随之适应和变化，有时会受到极大冲击，甚至彻底瓦解，有时会以新的形式与时俯仰，在变化中求得新生。比如中国家族制度的宗法性，在中国两千多年的封建社会中一直发挥着作用，对家族和国家的稳定有积极作用，同时也对家族成员的思想是一种钳制。

二是揭示家族与社会发展和进步的关系。家族的发展是国家发展的重要表现，河南在中国历史上历来是较为发达的地区，但其发展超出限制，有时也会影响社会发展和进步。

三是揭示家族与国家政权的关系。河南历史上一些大的家族都与国家政权有这样或那样的联系，某些时候双方是合作关系，某些时候双方又有很深的

① 冯尔康等：《中国宗族史》，上海人民出版社 2009 年版，第 19—23 页。

矛盾。探讨家族与国家政权的关系,可以更好地理解中国历史上的改革为什么总是充满曲折,国家推行新的政策为什么要拉拢大的家族参与。

四是揭示家族和文化发展的关系。在中国历史上,大的家族不仅拥有先进的生产力,同时也拥有更高的文化水平,对中国传统优秀文化的传承和弘扬起着重大作用。

五是为海内外华人的寻根问祖提供便利,以助于中国传统优良家风的传承。海内外华人到故地河南寻根、投资兴业,可以促进河南旅游业的发展,对河南经济的外向型发展也是一个重大促进。

## 六、河南家族史的研究资料

家族研究的主要资料可分为三种:一种是文献资料,一种是考古资料,一种是民俗学资料。这里重点介绍一下文献资料和考古资料。

### (一)文献资料

文献资料是家族史研究的基础性材料,是家族史研究的基础,又分为以下几类。

#### 1. 儒家经典

儒家经典、先秦诸子著作及历代学者对其所作之笺、注、疏、解等。

#### 2. 历代正史

包括"二十四史"及《新元史》《清史稿》,即"二十六史"。

#### 3. 方志材料

古代一些重要家族正史上面的记载较少,而方志材料所记要详细得多。如汉代有"四世三公"之称的汝南袁氏,时汝南有"汝半朝"之誉,就是说当时在朝官员中出于汝南郡的占到全国的一半,形容当时汝南郡人为官之盛况。"汝半朝"这种说法在正史中没有提及,而在方志中可以找到。

#### 4. 家谱及姓氏学资料

《世本》可以说是中国第一部家谱资料和姓氏学著作。《汉书 · 艺文志》著录有“《世本》十五篇”，下有小注云：“古史官记黄帝以来讫春秋时诸侯大夫。”①之后，百家谱、姓氏志多有编纂。西晋贾弼之撰《百家谱》，记天下十八州一百一十六郡族姓。萧梁王僧孺在其基础上作《十八州谱》，共七百一十卷。《氏族志》，唐贞观中高士廉主编，系集“天下谱谍”勘定而成。②

在今天较有影响的古代姓氏学著作中，郑樵《通志·氏族略》、邓名世《古今姓氏书辩证》可为代表。

《通志》为南宋著名史学家郑樵所撰，宋高宗绍兴三十一年（1161）成书。《通志》为通史性的志书，共200卷，其中第一略《氏族略》为考辨、论述姓氏的专著，共收录姓氏2255个。该书参考《元和姓纂》，将姓氏以其起源分为32类，缀以总论，附以四声，并列举姓氏混淆实例13种，全书旁征博引，考释甚详。尤其是总论13篇，对姓氏的起源与发展做了系统的学术概括，对中国姓氏源流、氏族分合及世系衍派均有较详尽的论述，在中国姓氏学研究中有很高的学术价值，凡研讨姓氏文化者均以其为发凡起例之蓝本。

《古今姓氏书辩证》为两宋之交时人邓名世及其子邓椿历时20余年所编纂，成书于南宋绍兴四年（1134），比其他姓氏书著作更为详细、精确。此书是对汉唐以来姓氏谱牒书进行系统清理编纂并作事实考订的集大成之作，足以代表宋代谱学的最高水平。《古今姓氏书辩证》的编写资料，最重要的当然是《元和姓纂》和《新唐书·宰相世系表》，此外还包括《姓解》《熙宁姓纂》《宋百官公卿家谱》以及各类史书、文集、碑志等。《古今姓氏书辩证》引及的汉宋间姓氏书达数十种之多，其中大部分已经失传。因此，此书的重要价值在于保存了北宋以前极其丰富的士族谱系资料。书中对每个姓氏的郡望及此郡望下这一姓氏的起源、世系和迁徙载之甚详，是当代海内外华人寻根问祖的重要参考书。

**5. 唐宋以来名人笔记**

唐宋之后士人、文人多喜写随笔、札记以记心得，流传后世，还有人演绎出小说之类的作品。唐代河内人元稹《会真记》（又名《莺莺传》）叙述了张生与崔莺莺的爱情悲剧故事，文笔优美，刻画细致，为唐人传奇中之名篇，其中许多情节反映了清河崔氏作为当时全国名族的行为准则和方式。

---

① 〔汉〕班固：《汉书·艺文志》，中华书局1964年版，第1714页。

② 〔后晋〕刘昫等：《旧唐书·高士廉列传》，中华书局1975年版，第2443页。

### （二）考古资料

考古资料中，对家族研究最重要者有以下三类。

#### 1. 甲骨文、金文资料

中国20世纪40年代家族研究的热潮就是因甲骨文的大规模发掘而引起的。近年来，在殷墟多个地点发现甲骨文，如花园庄东地甲骨坑的发现，引发了全国甲骨文研究的又一轮热潮。由于文献资料对商代史实记载较少，所以从甲骨文中可以发现原生的历史信息。原来学界认为宗法制度是从西周开始的，近年来通过对甲骨文和金文资料的研究，学界认为，商代也有宗法制度，只是没有周代那么完备。

通过甲骨文、金文资料与文献资料的相互印证，还可发现许多上古氏族和邦国的信息。如在甲骨文中发现卢国的资料。卢国是一个古老族邦，是助力周武王灭商的八个方国之一。商周甲骨文、金文及殷墟妇好墓出土的一件玉戈上曾见“卢方”“卢”“卢白（伯）”“卢人”等文字。特别是妇好墓出土的一件长38.6厘米的商王武丁时代的玉戈上，有6字铭文“卢方剐（或作皆）入戈五”，意思是卢方进贡五件戈，而剐（皆）则为卢方首领。可见当时卢方与商王朝的关系相当密切。商王康丁时，卢方首领被杀，成为殷人祭祀的牺牲，从此双方交恶。

当时卢方所居地域，甲骨文中说大概需要5天时间才能到达，据此有学者推测卢方在今河南卢氏县一带。从地缘关系上看，推定卢方是时居于今河南卢氏县是合理的。在殷人压迫下，卢方在殷商末季南迁湖北西北一带。武王伐纣之时，卢方作为八个盟国之一参加了推翻商纣暴虐统治的战争。西周晚期，卢国实力仍很强大，据史密簋铭文记载，卢方、虎方曾联合杞夷、舟夷反叛周王朝，大举侵犯周朝东方国家。

春秋时期，史籍上常见的“卢戎”即是卢国后裔。卢戎迁徙无常，曾与罗国联手反击楚人进攻，大败楚军。其后在公元前7世纪灭于楚。在今安徽合肥发现有庐子国遗迹，庐子国或为卢戎支系东迁所建。

#### 2. 名人墓地与家族墓地的考古发掘资料

其实，甲骨文也多是在墓坑和祭祀坑中出土的。中国十大古都中，河南有洛阳、开封、安阳、郑州，许多为官者去世后都把墓地选择在都城附近。这些朝廷重臣的墓葬，新中国成立以来屡有发现。结合文献资料，可以对这些名人和家族进行较为深入的研究。这里略举几个近年来河南所发现的著名家族墓地。

2008 年在洛阳发现富弼家族墓。其中的墓志近 7000 字，书法精致，兼备楷、行、篆、隶，以鸿篇巨制居洛阳地区出土碑志之冠，从题盖到墓志撰写及书丹等又都出自北宋名家之手，在河南乃至全国都十分罕见。近 7000 字之碑文内容丰富，涉及北宋中期许多重大历史事件，是探讨北宋中后期的政治、经济、文化、艺术等方面的重要实物资料。①

2008 年在南阳市八一路发掘了楚国彭氏家族墓地。所发现的 4 座保存较好的春秋晚期的楚国贵族墓，出土了大量青铜礼器、兵器、车马器和玉器等。出土器物铭文显示，该墓地为楚国申公、申县彭氏家族墓地。墓地的发掘为研究楚国高级贵族墓地的随葬习俗、埋葬制度提供了实物资料，也对南阳地区楚国历史文化的发展、青铜器的制作工艺以及古代音乐研究具有参考价值。

2009—2010 年韩琦及其家族墓地的发掘。墓地位于今安阳市殷都区皇甫屯村西地，安阳市文物考古研究所配合南水北调工程建设对该墓地进行了考古发掘，共发掘韩琦及其子韩忠彦、韩纯彦、韩粹彦，孙韩治，夫人普安郡太君崔氏等大型宋代砖、石室墓葬 9 座，照壁、拜殿等大型宋代建筑基址 2 处，出土了韩琦及其子、孙、夫人墓志计 8 方，以及瓷器、铜镜、石刻等一批器物。韩琦及其家庭成员的墓志形体硕大，雕刻精美，内容翔实，书体优美，具有较高的文献价值、历史价值和书法艺术价值。韩琦家族墓地的发掘为研究宋代宰相一级的高级官员的墓葬形制、陵园布局以及宋代的丧葬文化等提供了科学的实物资料。

**3. 碑刻资料**

河南作为中华文化的发源地之一，碑刻遗存极其丰富。除遍布全省的石刻造像艺术外，丰富多彩的汉画像石及诸体皆备的碑志经石更是灿若繁星。这些石刻在印证古人生活轨迹、宗教意趣的同时，也塑造着民族精神，成为中国乃至世界艺术宝库中的一朵奇葩。据不完全统计，河南现存碑刻不下万通，主要分布在郑州、洛阳、开封、南阳、安阳、济源等地。在这上万通碑刻中，较有价值的当在 2000 通左右，比较有名的有 300 通左右，极为有名的当在 100 通左右。

近年来，河南碑刻研究成果丰硕。张世科编著的《河南碑刻类编》(大象出版社 2013 年版)收录了河南著名碑刻。如书中收录的部分两汉时期碑刻有：《冯孺人墓记》，西汉新莽天凤五年(18)刻，唐河出土；《赵蓟碑》，东汉建武四年

① 洛阳市第二文物工作队:《富弼家族墓地发掘简报》,《中原文物》2008 年第 6 期。

(28)刻,南阳出土;《姚孝经墓记》,东汉永平十六年(73)刻,偃师出土;《侍廷里父老僤买田约束石券》,东汉建初二年(77)刻,偃师出土;《袁安碑》,东汉永元四年(92)刻,偃师出土;《张禹碑》,东汉永初七年(113)刻,偃师出土;《子游残石》,东汉元初二年(115)刻,安阳出土。这些碑刻在全国都很有名,是历史研究的重要补充。《侍廷里父老僤买田约束石券》还记载了捐者名单,是家族史研究的重要资料。

近年河南所出墓志和碑刻影响较大者,一是《洛阳新获墓志二〇一五》,二是《清代河南碑刻资料》。

《洛阳新获墓志二〇一五》(中华书局 2017 年版),齐运通、杨建锋编,收录近年来洛阳及周边地区新出土的墓志(墓萠、经幢、镇墓石)拓本,凡 398 方。计东汉 7 方、西晋 2 方、北魏(含东魏、西魏)23 方、北齐 7 方、北周 5 方、隋 16 方、唐(含五代后梁、后晋、后周)312 方、宋 21 方、金 1 方、元 4 方。其纪年起自东汉永初元年(107),迄元至治元年(1321)。本书所收墓志之价值,涉及政治、军事、民族、文学、家族、宗教、艺术等诸多领域,多可补正史之缺。一些墓志书法精美,笔法讲究,堪称佳作。

《清代河南碑刻资料》(商务印书馆 2016 年版),王兴亚等编,共八册。其按照今河南省行政区划进行分类排序,并用括注的方式标明清代的行政区划,从而便于读者按照今地名来检索碑刻。在同一县市内的碑刻,则按照碑刻镌刻的年代来排序。共收录了 6300 余方碑刻,不仅包括现存于博物馆、文物管理所或田野、庙宇、祠堂里的碑刻,也包括现已不存或难以寻觅,但在方志、家谱、公私文集里记载的碑文。换言之,现存或已经灭失的清代河南碑刻,大部分均被收录进这部文献集里。其主要内容包括采矿业、文化教育、起义或冲突、河道治理、宗教信仰或民俗活动、民间纠纷调解等。其中有些碑刻,如刻于同治年间的鲁山《北来河里社规矩碑》、林县《禁止开场赌博立石》等,载有民间纠纷调解过程,以及乡村或宗族制定的行为规范,是家族史研究的重要资料。

# 第一章 原始社会末期河南父权家长制家族的起源与发展

家族的产生是一个长期发展的过程，家族是以家庭为基础的。河南在仰韶文化时期处在母系氏族社会向父系氏族社会的转变时期，而到河南龙山文化时期已处于父系氏族社会繁荣时期，也即历史上的三皇五帝时期，这时候普遍存在的父权家长制家族是推动社会进步的重要力量。

## 第一节　河南个体家庭的出现

家庭形态是由婚姻形态决定的。按照家庭发展的一般规律，人类社会一共经历了四种家庭形态：血缘家庭、亚血缘家庭、对偶家庭和个体家庭。与这四种家庭形态相对应的是血缘群婚、亚血缘群婚、对偶婚和一夫一妻制等四种婚姻形态。前三种是原始的群体家庭和群婚，后一种是现代的个体家庭和个体婚姻。

### 一、河南原始家庭的发展过程

原始社会初期，人们群居野处，“知母不知父，无亲戚兄弟夫妻男女之别”①，过着茹毛饮血的生活，不分血缘亲疏，不分长辈晚辈，生活在本能的自然状态之中。像这样的乱婚时代，无所谓婚姻和家庭。到原始社会末期，在自然

① 许维遹：《吕氏春秋集释·恃君览》，中华书局2009年版，第544页。

选择规律的作用下，出现了群婚制，形成了婚姻与家庭的萌芽。距今 10 万年前的许昌灵井人，已经有了原始家庭的出现。当时的婚姻形态是血缘群婚。所谓血缘群婚，就是在一个原始群之内，排除了父母与子女、祖孙之间的两性关系，实行兄弟姐妹之间的行辈群婚，同一辈的兄弟姐妹互为夫妻。实行血缘群婚，出现了人类历史上第一个家庭形态——血缘家庭。一个原始群内部有 3 个或 3 个以上的家庭，即祖辈的家庭、父辈的家庭和子辈的家庭等。这种婚姻家庭仅仅是一个婚姻生活单位，是为了把人们的两性生活限制在家庭内部。我国古代传说中，伏羲与女娲兄妹成婚，从而繁衍出了人类①；盘瓠与高辛氏女交配而生 6 男 6 女，男女自相婚配，传下后代②，都是血缘群婚制的反映。

随着生产力的发展，中原先民继血缘群婚制后，又相继出现了亚血缘群婚制和对偶婚制这两种婚姻形态。亚血缘群婚制或称族外群婚，这种婚姻形态不仅排除了父母与子女、祖孙之间的两性关系，而且进一步排除了兄弟姐妹之间的两性关系，即一个原始群内部的任何男女都禁止婚配。通婚是在两个族群之间进行的，而且仍然限于相当的行辈之内。

从群婚制一出现便组成了以母系氏族为中心的氏族大家庭。族外群婚制的实行，使人类的社会组织从原始群转变为氏族公社。血缘群婚制和亚血缘群婚制时期的氏族都是母系大氏族。中国的亚血缘家庭，绝对年代大约相当于距今五六万年至 6000 年之间。距今 17000 年的河南安阳小南海人过的就是母系氏族社会的生活。氏族内部已经有了按性别和年龄区分的不稳定的简单分工，妇女是氏族的组织者和领导者，氏族内部禁止通婚，实行一个氏族的一群兄弟与另一氏族的一群姐妹之间的相互群婚。

对偶婚，是一种向一夫一妻制过渡的婚姻形态。对偶婚制以前，都是母系大家庭。与对偶婚制相对应的家庭是对偶家庭。河南的对偶家庭可能在河南仰韶文化前期已十分流行。对偶婚仍然同亚血缘群婚一样，是一种群婚，是一种向个体婚姻过渡而又基本上属于群婚范围的婚姻形态。不过，随着社会的发展，婚姻形态也在进步。这时两性生活的对象不是经常地更换，而是相对地固定了。在对偶家庭中，婚姻关系还是比较松散的。对偶婚仍然是一种群婚，子

---

① 参阅徐宗元：《帝王世纪辑存》，中华书局 1964 年版，第 1—47 页。

② 《后汉书·南蛮列传》。

女们仍然只知其母,不知其父。

我国古代文献有丰富的关于群婚的材料。春秋战国诸子多认为历史上存在着一个知母不知父的阶段,如战国时的《庄子》《韩非子》《吕氏春秋》等书中都提到过。《庄子·盗跖》中说:"神农之世,卧则居居,起则于于;民知其母,不知其父;与麋鹿共处;耕而食,织而衣;无有相害之心。"汉代时人所著《白虎通德论》中也说:"古之时,未有三纲六纪,民人但知其母,不知其父。能覆前而不能覆后。卧之詓詓,行之吁吁,饥即求食,饱即弃余,茹毛饮血,而衣皮苇。"《诗经》中有"天命玄鸟,降而生商"[①],姜嫄履大人迹而生后稷[②]的记载,也说明了这种情况。《山海经》中谓华胥履大迹于雷泽而生伏羲[③],这种"古之神圣母感天而生子"的神话,也是母系氏族社会知母不知父情况的反映。《左传》《尔雅·释亲》等古籍中的亲属称谓制度也可反映出这种情况,如古人男子称姐妹之子为出,女子称兄弟之子为侄,称出之子为离孙,称侄之子为归孙。也就是说,姐妹之子要出嫁到别的氏族,所以称为出;兄弟之子随其母属于别的氏族,最终要嫁回来,所以称为侄,侄者,至也;出之子生于他氏族,故称离孙;侄之子生于本氏族,故称归孙。这正是典型的亚血缘群婚制的反映。

对偶婚制的后期,逐步转换为父系家庭。河南仰韶文化早期是母系氏族社会,当时母系氏族社会已经衰弱。而河南仰韶文化中晚期已经进入父系氏族社会。河南龙山文化时期是父系氏族社会的繁荣阶段,出现了城邦制等古代文明要素。

## 二、河南个体家庭的产生

个体家庭是人类社会第四个也是最后一个家庭形态。与此相对应,一夫一妻制的个体婚姻是人类社会第四个也是最后一个婚姻形态。恩格斯说,个体家庭和个体婚姻的产生是一个伟大的历史进步。它同奴隶制和私有制一起开辟

---

① 《诗经·商颂·玄鸟》:"天命玄鸟,降而生商,宅殷土芒芒。古帝命武汤,正域彼四方。"

② 《诗经·大雅·生民》:"厥初生民,时维姜嫄。生民如何?克禋克祀,以弗无子,履帝武敏歆,攸介攸止,载震载夙。载生载育,时维后稷。诞弥厥月,先生如达。"

③ 见郭璞注《山海经·海内东经》引《河图》,又见《水经·瓠子河注》。

了一个一直继续到今天的新时代。[①] 我国历史上的家族制度,是以个体家庭为基础的,是个体家庭产生以后才出现的一种社会组织形式,因此研究个体婚姻和个体家庭的形成过程,对于研究家族制度的产生具有重要意义。个体家庭是一种父系家庭,个体家庭发展的结果,是父权制大家族的出现。

个体婚制是从对偶群婚中产生的。在个体婚制下,男女双方的结合比较牢固和持久。除特殊情况外,一般都是终身的夫妻,而且夫妻之间是独占同居的关系。一夫一妻制个体婚制的主要内容是一个男子在同一时间内只能有一个妻子,一个女子在同一时间内也只能有一个丈夫。

男女之间劳动分工的变化,促进了个体家庭的产生。在原始社会末期,由于生产工具的改进、生产力的发展,男女在生产中所处的地位发生了根本变化。在农业、畜牧业和手工业这些主要生产部门中,男子的劳动占到主导地位,并且把妇女从这些社会生产部门中排挤了出去。妇女只能从事附带劳动,从而形成了男子主要从事生产、女子主要从事家务的男女之间的大体上的分工。这种社会生产中男子的主导地位,决定了他们必然谋求在家庭中的统治地位,谋求独占刚刚产生的私有财产,并企图把这些财产传给子孙。在群婚制下,知母不知父,要准确认出自己的子女,判断家庭财产的继承者,就必须进一步缩小婚姻的范围,抛弃难以辨别父子关系的对偶婚制,严格实行一夫一妻的个体婚制。恩格斯说,一夫一妻制是以经济条件为基础,而不是以自然条件为基础的婚姻形态。[②] 也就是说,生产力的发展和私有制的产生是个体婚制产生的社会经济条件。

个体家庭区别于群体家庭的特点,在于个体家庭是以一夫一妻制的个体婚姻为基础而产生的一种新的社会组织形式。在个体家庭中,一夫一妇及其父母、子女组成一个社会生活和经济生活单位。个体家庭产生的经济基础是个体生产。在过去生产力极度低下的情况下,人们如果脱离了氏族公社的集体协作,等待他们的只有饿死这一条路。到原始社会末期,生产力的发展使得人们有可能摆脱氏族公社的集体劳动,而以个体家庭为单位独立地进行生产,以取

---

① 中共中央马克思恩格斯列宁斯大林著作编译局编:《家庭、私有制和国家的起源》,《马克思恩格斯选集》(第四卷),人民出版社 1972 年版,第 63 页。

② 中共中央马克思恩格斯列宁斯大林著作编译局编:《家庭、私有制和国家的起源》,《马克思恩格斯选集》(第四卷),人民出版社 1972 年版,第 62 页。

得生活资料。这时,个体家庭的少数几个人以人的体力为动力,可以使用原始简单的工具独立地进行生产,因此个体家庭就变成了独立的经济生活单位,一种崭新的社会组织形式出现在历史舞台上。

个体家族区别于群体家庭的特点,除婚姻形态外,还在于个体家庭是纵系家庭,包括在家庭中的成员主要是直系亲属及其配偶,如父母、子女、孙子女等;群体家庭则是横系家庭,或者说是同辈家庭。个体家庭由夫妻双方及其父母、子女组成,这样,男女必有一方要脱离出生的氏族和家庭,到另一方的氏族和家庭去定居。由于男子社会地位的提高,男子在家庭中逐步居于统治地位,妇女居于从属地位,所以个体家庭一般都是女子出嫁,妇随夫居,并且以男子为本位来计算世系。在群体家庭中,全体家庭以女子为本位,子女随母,以女子为本位计算世系,丈夫晚上到妻子的氏族过婚姻生活,白天则回到自己的氏族劳动。

河南的新石器时代文化先后以裴李岗文化、仰韶文化和河南龙山文化为代表,此外,磁山文化、大汶口文化、屈家岭文化也曾在河南局部地区分布。近代学者根据社会发展史的新学说,把有巢氏、燧人氏、伏羲氏、神农氏作为中国远古原始氏族公社发展阶段的代表人物看待,分别将其视为巢居野处时代、取火熟食时代、渔猎时代、农业定居时代初期的首脑。而结合史载伏羲事迹及考古发掘成果来看,伏羲时代已开始由母系氏族社会向父系氏族社会转化,而裴李岗文化时期中原已进入定居农业时代,当时的氏族组织也正在由母系氏族社会向父系氏族社会转化。

裴李岗文化,以首先发现于河南新郑裴李岗而得名,年代大约为公元前5600—前4900年,广泛分布于豫中、豫北和豫南地区,至今已在河南发现裴李岗文化遗址150多处。典籍记载伏羲的各种贡献中,并没有伏羲时代已进入定居农业社会的信息。摩尔根在《古代社会》一书中指出:“在氏族名称假定的替换以后,而名祖的祖先也当然是一个时常变动的人物,在经过一个很长的时间以后,当时于以前的名祖人物的知识,渐次变得模糊而消失于过去的迷雾之中时,在氏族的历史上后来成为有名的某一人物,便取得其地位而代之了。”[1]由于神农炎帝是代伏羲而王的中国古代部族首领,因此把伏羲的部分功绩归于神农的情况也是有可能的。在中国古代典籍中,伏羲、神农、黄帝三个伟大人物的贡

① 摩尔根:《古代社会》,商务印书馆1971年版,第595页。

献就有许多记载是基本重合的。中国开始进入定居农业时代的文化范围很广，包括河南的裴李岗文化、河北的磁山文化、甘肃和陕西的大地湾文化等，这些文化大体与伏羲所留遗迹的文化范围相当，因此这些文化（有学者称之为前仰韶文化）应属伏羲文化的范畴。据推测，伏羲时代大约在距今 9000 年至 6000 年的年代区间内。以前仰韶文化遗址出土的文物来对照，当时的氏族生活似仍以渔猎为主，但有了原始的农牧业，有的已开始进入定居农业的生活。从发展水平看，裴李岗文化年代略早，发展水平也稍高于磁山文化，尤其是大地湾文化。

裴李岗文化的时间延续了一千多年。从裴李岗文化诸多遗址来看，当时人们对于居址的最佳选择是在河曲的台地上，这是古人从山洞出来以后，经过长期的生产生活实践总结出来的，其目的主要是方便生产和生活。而半穴居建筑技术的发明是他们得以来到河曲台地生活的条件之一。遗址中出土的生产工具主要有石斧、石铲、石镰和粮食加工工具石磨盘、石磨棒等。当时的生活用具主要有三足钵、三足壶、小口双耳壶等各种陶器。房址均为半地穴式建筑，有圆形和方形两种。已有公共墓地，从随葬品看，男性墓多随葬石斧、石铲，女性墓多随葬石磨盘、石磨棒，反映出当时男女已有社会分工。可见，裴李岗文化的居民已过着以农业为基础的定居生活。

在新郑沙窝李遗址中发现了粟的炭化颗粒，说明裴李岗文化的农业是以粟为主要作物。裴李岗文化遗址中还发现了狗、猪、鸡、牛的骨骼，说明当时已饲养家畜、家禽；发现了鱼镖、骨镞，说明居民还从事渔猎活动。长葛石固裴李岗文化遗址出土了各种形式的骨器，其中有两件管形骨器，有人认为是古代的乐器。舞阳贾湖裴李岗文化遗址的年代，经碳-14 测定（树轮校正），在距今 8500 年至 7500 年之间。贾湖遗址在随葬的龟甲、兽骨和石器上，发现了契刻符号，不少学者认为是原始文字。其中还发现了 16 支七孔骨笛，经鉴定测试，知其已具备音阶结构，可发七声音阶。贾湖遗址有的墓葬随葬龟甲，墓主人生前可能是当时的巫师，巫师往往是居民的管理者。从磁山文化出土的纺轮、骨针、骨梭来看，当时居民已知道纺织和缝制衣服。这些发现都可与古籍中所载伏羲事迹与发明相比照。

贾湖遗址面积约 55000 平方米，只发掘了 2300 多平方米，就发现各类灰坑 300 余座、房址 30 余座，清理 300 多座墓葬。推算这里应是一处部落甚至部落联盟的遗址。贾湖遗址的墓葬中，第 344 号墓很特殊，墓中为壮年男性，仰身直肢,随葬石器、骨器、牙器及龟甲等30多件。骨器包括骨笛2件,应是巫师举行祭祀活动的乐器,龟甲是巫师手中占筮的灵物。这是当时进入父系氏族社会的有力证据。

《论衡·齐世篇》载:“宓牺之前,人民至质朴,卧者居居,坐者于于,群居聚处,知其母不识其父。至宓牺时,人民颇文,知欲诈愚,勇欲恐怯,强欲凌弱,众欲暴寡,故宓牺作八卦以治之。”因此,伏羲时代应已开始进入野蛮社会的中级乃至高级阶段。

伏羲时代所处的裴李岗文化时期,河南已进入父系氏族社会,个体家庭是普遍存在的,甚至出现父权制大家族的萌芽。一些裴李岗文化遗址中,内部已有居住区、储藏区、墓葬区等功能划分。遗址多见半地穴式的房屋遗迹,大部分为圆形或椭圆形,有单间和多间两种。新郑唐户遗址中的裴李岗文化遗存面积达30万平方米,是目前所发现的面积最大的裴李岗文化的聚落遗址,发掘出土可以确认的裴李岗文化时期的房址63座、灰坑(窖穴)204座、沟4条(排水系统1条)、壕沟1道。这些房址中,单间式房址60座,双间式3座,分为四组布局。部分房址具有向心式和环壕布局的特征,表明当时已具备家族形态。① 在舞阳贾湖遗址发现房屋基址45座,不仅有半地穴式房屋,还有地面起建的建筑基址,以及两座带有穿斗式结构的干栏式建筑遗迹。在莪沟遗址发现有6座房屋,其中5座是圆形,1座为长方形,面积一般都很小,建筑也很原始,房屋做环形布局,中间为广场,这是氏族公社村落布局的一般形式。

光辉灿烂的裴李岗文化或为伏羲所创造。伏羲曾建都于陈(今河南周口淮阳区),有关伏羲的遗迹遍布河南、甘肃、陕西、山东、江苏等省的许多地区。其在河南者,有巩义的浮戏山、伏羲台、羲皇池,沁阳的始祖山、伏羲洞,范县与山东接界一带的雷夏泽等。河南各地为纪念伏羲而建筑的陵、台、庙、祠等数不胜数。河南周口淮阳区有伏羲陵,孟津、济源、沁阳、巩义、登封、荥阳、新密、上蔡等地有伏羲庙(始祖庙、补子庙、白龟庙、三皇庙)、伏羲祠(负图寺)或伏羲台(画卦台、亭)等。河南的方志著作中也有许多关于伏羲的描述。

伏羲文化涉及的内容非常丰富。从物理、医药、天文到生产工具的制造,从哲学、宗教、艺术到人们日常生活的习俗文化,都可以从伏羲文化中找到源头,

---

① 程有为:《河南史纲》,河南人民出版社2019年版,第30页。

而“正姓氏”是伏羲的重大贡献之一。伏羲根据各个部落和氏族的不同特点和爱好，给人们确定代号，这就是姓。伏羲氏认为风的威力很大，能飞沙走石，因此自姓为风。风姓是中国第一姓，于是姓氏逐步发展起来。春秋时，任、宿、须句、颛臾四国皆为风姓。据有关史料记载，出自风姓的有韦氏、庖氏、伏氏、宓氏、东方氏、典氏、皇氏等20多个姓。所以说伏羲是万姓之根。

## 第二节　河南父权家长制家族的形成与发展

在和平的环境中，个体家庭向父权家长制家族的转变需要一个较长的发展过程。而在战争的环境中，个体家庭发展到父权制大家族则是一个迅速的过程。在中国母系氏族社会向父系氏族社会发展的过程中，河南是一个中心区域。因此，古代河南父权制大家族的产生和发展，或可作为中国古代父权制家庭形成的典型案例。

### 一、父权家长制家族的形成

由于历史发展的不平衡性，河南在裴李岗文化时期，有些地方已经进入父系氏族社会，一些地方仍处于母系氏族社会，当时应处于母系氏族社会向父系氏族社会的转换期。

母系氏族社会转变为父系氏族社会，氏族内部的结构、制度以及氏族之间的关系并没有发生质的变化。父系氏族制度形成之始，人们仍然生活在原始共产主义的氏族公社之中，土地财产仍是氏族共有，集体劳动，按需分配。与过去不同的是，氏族长改由男子担任，血缘关系改按父系计算。由于确立了一夫一妻制的个体婚姻制度，子女的父亲已经能够确认。子女随父而居，长大以后，儿子留在本氏族，女儿嫁到外氏族。从母系制度到父系制度是人类历史上的一次伟大革命。这次革命的完成，经历了相当长的时间和十分激烈的斗争。由于父系制度的确立,血缘关系改按父系计算,父系氏族制度的确立,是父权家长制家族形成的前提。

父系氏族公社相比母系氏族公社生产力有了较大的提高,许多氏族公社有了剩余产品,这就使得人口更迅速地发展起来。父系氏族也比母系氏族更加频繁地发生分裂。但是生产力水平的提高,使得由几个甚至一个劳动力独立进行个体生产有了可能,到了父系氏族公社的后期,氏族的分裂不再是分裂出新的氏族,而是分裂成以父亲为家长的个体家庭。刚开始分裂出来的个体家庭,都是一支支按父系计算包括数代子孙在内的父系大家庭。大家庭再分裂的结果,就是众多的独立的个体小家庭。无论大家庭或是小家庭,都由父亲或者长辈担任家长,所以我们称之为父家长。这时,个体家庭成为独立的生产、消费和婚姻生活单位,由同一个父系大家庭分裂出来的各个小家庭都是同一个男性祖先的子孙,原来的大家庭的父家长对各个小家庭仍有约束作用,仍旧掌握部分经济权力。这种由一个父系大家庭分裂出来的各个小家庭结合而成的组织,就是我们说的父权家长制家族,或者称为父系大家族、家族公社。我们之所以称它为家族而不是大家庭,是因为它基本上已不是一个独立的生产和消费单位,而是家庭之上的一级按血缘关系结合而成的社会组织。[①] 包括在这个组织中的各个小家庭,并不同居,只是聚居在一个地方;也不共财,只有土地还是共有的;也不在一起做饭吃饭。

父权家长制家族是父系氏族公社的最后阶段,也是氏族公社向阶级社会的过渡阶段。这时,在氏族公社之下,出现了两级新的社会组织:家族和个体家庭。几个个体家庭组成一个父权家长制家族,几个父权家长制家族组成一个父系氏族公社。由于个体家庭变成了独立的经济生活单位,氏族公社的职能也发生了变化。它不再是一个经济生活单位,而变成了主要调节各个家族和家庭之间的关系,保护各个家族和家庭利益的半政治性组织,同它上面的胞族、部落相似。

父权家长制家族存在于父系氏族公社的后期。此时,除土地外,其他财产大都变成个体家庭的私有财产。父权家长对家庭成员的剥削现象已十分普遍,社会已经接近阶级社会的门槛。随着生产力的发展,私有财产和剥削现象发展

① 徐扬杰:《中国家族制度史》,武汉大学出版社 2012 年版,第 36 页。

成私有制度和剥削制度,父权家长就变成了剥削阶级,父系氏族公社就完全瓦解了,人类历史的新时代就要到来。

个体家庭发展为父权家长制家族,一般要经过一个很长的时期,但是在古代中原,这个过程被大大缩短了。

裴李岗文化在河南的发展是仰韶文化。公元前5000年前后,中原地区先后进入仰韶文化时期。仰韶文化因1921年首先发现于河南渑池县仰韶村而得名。仰韶文化从早期到晚期可以分为三个阶段:半坡类型,距今约6700年至6000年;庙底沟类型,距今约6000年至5500年;西王村或大河村类型,距今约5500年至4800年。迄今发现的仰韶文化遗址有千余处,分布地域遍及河南各地,尤其是三门峡、洛阳、郑州等沿黄地带最为集中。仰韶文化早期在河南主要分布于河南北部一带。在氏族社会的墓地中,墓圹排列有序,墓向一致,随葬品男女相差不大,说明当时社会上没有明显的贫富分化,氏族成员处于平等地位,社会组织处于父系氏族社会前中期。而到仰韶文化中期以后,情况发生急剧变化,父权家长制家族的出现应已成为当时社会普遍存在的现象。

## 二、父权家长制家族的形态结构

父权家长制家族存在于原始社会末期,是处于雏形阶段的家族制度,其形态结构虽然不很完备,但已具备了同一个男性祖先的子孙、若干世代聚族而居,以血缘关系为纽带,按照一定的规范结合在一起的这个家族组织的基本特点,是我国历史上最早的家族制度。由于社会条件的变化,后来在奴隶制社会和封建社会中出现的各种形式的家族组织,形态结构越来越完备,内部的关系也越来越复杂,可是上述家族组织的基本特点却一直延续下来。

从公元前4000年开始,仰韶文化发展到中期,称为庙底沟期,这时期是仰韶文化最为繁荣的阶段。庙底沟类型文化因首先发现于陕县(今三门峡陕州区)庙底沟遗址而得名。大约从公元前3500年到前2600年,仰韶文化进入晚期发展阶段。河南大部分地区处于黄土高原和黄土平原,土质疏松,便于耕作,有利于定居农业的发展,这为社会的急剧变化提供了重要的前提条件。从考古发掘来看,河南仰韶文化中晚期,父权家长制家族普遍存在,到公元前3300年左右，出现了最早的邦国，中原在中国历史上最早进入文明时代。

从墓葬的形制和随葬品来看，在仰韶文化中晚期，已经出现了较为明显的贫富和地位的变化。灵宝西坡庙底沟类型晚期遗址，从已发掘的 34 座墓葬来看，可以分为四个层级。最大的两座房址中，F105 占地面积 500 余平方米，F106 室内面积达 240 平方米。一些墓葬中还有玉钺的出土。钺是从石斧中分化出来的一种专门性武器，说明当时已经出现了真正意义上的战争，而领导人物则是握有极大权力的军事首领。"西坡墓地丧葬仪式反映的社会复杂化颇具特色：整体上随葬品数量少而简朴，高等级墓葬虽然有标志身份的大口缸等特殊物品，但这些物品数量少，也并不特别精致；与此形成鲜明对照的是，墓葬规模是社会身份的重要标志，与随葬品数量或'价值'相比，墓葬规模表现出的等级化趋势更加明确。"①

距今约 4800 年的仰韶文化晚期河南孟津妯娌遗址，由 55 座墓葬组成的一个比较完整的氏族墓地中，除 4 座无骨架、1 座为多人合葬外，其余的 50 座墓葬中有大型墓 1 座、中型墓 7 座、小型墓 42 座，"表明氏族成员间已划分为等级，出现了金字塔式的社会框架"②。河南淅川下王岗仰韶文化晚期遗址中，有一座长达 100 余米的长方形房子，共有 32 个单间，每间都有一个炉灶。③ 这显然是一个大家族的住房，包含在这个大家族内的 32 个个体小家庭世代聚居在这所大房子里。

在距今 5000 年前后，中原地区社会组织日益发生变化。根据考古研究，中原地区的仰韶文化遗址是以聚落群的形式按区域分布在河流沿岸的台地上，呈现出大型中心聚落、中型中心聚落、小型中心聚落的三级形态。一个大型遗址由不同数量、不同规模的聚落组合而成。而一个聚落群中，又是以小型聚落居多，中型聚落次之，大型聚落最少，甚至在某一区域内出现中心聚落，明显表现出聚落之间的差异，反映出聚落群内部的等级分化。这种分等级、分层次的聚落群在中原地区的普遍出现，说明了仰韶文化时期中原地区的整个社会出现分化，多层次的金字塔式的社会架构已经形成。

① 中国社会科学院考古研究所、河南省文物考古研究所编著：《灵宝西坡墓地》，文物出版社 2010 年版，第 297—298 页。

② 李德方：《伊洛地区新石器时代薄葬习俗述考》，《黄河科技大学学报》2010 年第 2 期。

③ 林耀华主编：《原始社会史》，中华书局 1984 年版，第 337 页。

郑州西山仰韶文化晚期城址面积约 34500 平方米，城周为夯土城墙，并设有护城壕沟，城内有建筑基址。距今 5300 多年的河南巩义双槐树仰韶文化中晚期遗址，残存面积达 117 万平方米。经过多年考古发掘，专家们认为，该遗址为距今 5300 年前后仰韶文化中晚期的巨型聚落，双槐树遗址性质为 5300 年前古国时代的一处都邑遗址，专家将其命名为“河洛古国”。及至龙山文化早中期聚落之间分化更加剧烈，具有中心地位的大型聚落或者超大型聚落与中小型聚落形成了主从关系的聚落群架构，许多聚落特别是中心聚落往往筑墙建城，出现了较多的城。

仰韶文化遗址中发现奴隶墓葬是新石器时代考古的重要成果。目前，河南仰韶文化遗址发现有灰坑葬的，有三门峡陕州区庙底沟、渑池西河庵，禹州谷水河，孟津妯娌，长葛石固，濮阳西水坡，汝州大张和中山寨，郑州西山和大河村，荥阳点军台和青台，洛阳王湾、西干沟和矬李等。这些灰坑葬遗迹的年代多在仰韶文化中晚期。这些灰坑葬的死者，或被抛尸于野，或与猪狗等牲畜混埋在一起，除个别正常死亡外，大多死于非命，或骨架凌乱，肢体残缺，有的上肢被捆绑，有的头部有刀砍痕迹，其中有的还可以确认是被杀殉的人牲。奴隶的出现是父权家长制家族的重要特征。摩尔根通过欧美民族学的资料进行研究，认为奴隶最早出现在由母权制向父权制过渡的家庭公社中。“将多数的人们，自由民与奴隶，为着土地的领有与牛羊群的牧养，在父权之下组成一个家族，则是这种家族制的基本特征。那些被沦为奴隶的，那些被雇用为仆役的，都生活于这种婚姻关系之中，并以家长作为他们的酋长，如此便形成为一个父权家族。家长支配家族成员的权力以及支配财产的权力，则为重要事实。”①

河南龙山文化时期奴隶墓葬更是普遍出现。在安阳后冈二期的河南龙山文化中期墓葬中，发现不少乱葬坑，所葬尸体数量不等，少则 1 具，最多的达到 10 具。有些骨架完整，葬式特殊，还有一些骨架凌乱，有的肢体残缺，有的身首分离。在河南淅川下王岗的河南龙山文化中期遗址中，发现 5 个灰坑中埋有人骨架，其中 1 个灰坑内有 2 个头骨和 1 具骨架，头骨均无下颌，一为青年女性，一为中年女性。乱葬坑中的死者，可能是被杀的家内奴隶，反映了当时已经出现阶级对抗的鲜明社会状况。

---

① 摩尔根：《古代社会》，商务印书馆 1971 年版，第 810—811 页。

## 三、父权家长制家族的婚姻状况

父系氏族社会,与其相适应的一夫一妻制的婚姻形态,从其产生之日起就不纯粹。在父权制强化的过程中,除一夫一妻制外,还出现了对后世有着巨大影响的从属于一夫一妻制的婚姻形态,即事实上父权大家长的多妻制和妾在上层社会中的较为普遍的存在。恩格斯曾经指出:“事实上,一夫多妻制,显然是奴隶制度的产物,只有占居特殊地位的人物才能办到。”①正是奴隶制与一夫一妻制的并存,正是完全受男子支配的年轻美貌的女奴隶的存在,一夫一妻制从一开始就具有了它特殊的性质,它成了只是对妇女而不是对男子的一夫一妻制。②

中国古代的纳妾制度是典型的一夫多妻制,也就是说一个丈夫可以娶若干妻子一起生活。中国古代的纳妾制度起源很早,是伴随着原始社会的夫权制的产生而出现的。如我国的大汶口文化(约前4500年或稍晚—前2500年)就出现了丈夫与妻妾合葬的现象。其特点是夫妻之间不平等,妻妾之间也不平等,妾往往处于家庭的最底层。《释名》中对“妾”的解释是:“妾,接也,以贱见接幸也。”“妾”的旁名还有“次妻”“旁妻”“副妻”“侧室”“外室”“小妻”“小妇”等。仰韶文化中晚期和河南龙山文化时期,在广大氏族成员实行一夫一妻制的同时,个别部落显贵拥有多妻的特权。五帝时期,这种一夫多妻的现象普遍存在,文献中也有记载。黄帝有四妃,《史记·五帝本纪》载“嫘祖为黄帝正妃”。唐司马贞《索隐》曰:“黄帝立四妃,象后妃四星。皇甫谧云:‘元妃西陵氏女,曰累祖,生昌意。次妃方雷氏女,曰女节,生青阳。次妃彤鱼氏女,生夷鼓,一名苍林。次妃嫫母,班在三人之下。’”宋高承《事物纪原·帝王后妃》载“四妃”之次为嫘祖、嫫姆、彤鱼氏、方雷氏。帝喾亦有四妃,《大戴礼记·帝系》:“帝喾卜其四妃之子,而皆有天下。上妃,有邰氏之女也,曰姜嫄氏,产后稷;次妃,有娀氏

① 中共中央马克思恩格斯列宁斯大林著作编译局编:《家庭、私有制和国家的起源》,《马克思恩格斯选集》(第四卷),人民出版社1972年版,第56页。

② 中共中央马克思恩格斯列宁斯大林著作编译局编:《家庭、私有制和国家的起源》,《马克思恩格斯选集》(第四卷),人民出版社1972年版,第58页。

之女也,曰简狄氏,产契;次妃,陈锋氏之女也,曰庆都氏,产帝尧;次妃,娵訾氏之女也,曰常仪氏,产帝挚。”《史记·五帝本纪》载“帝喾娶陈锋氏女”。张守节《正义》引《帝王纪》曰:“元妃有邰氏女,曰姜嫄,生后稷。次妃有娀氏女,曰简狄,生卨。次妃陈丰氏女,曰庆都,生放勋。次妃娵訾氏女,曰常仪,生帝挚。”虞舜有二妃,汉刘向《列女传》记载:“有虞二妃者,帝尧之二女也,长娥皇,次女英。”

在父权家长制时期,普遍存在一种抢婚的习俗,这在《周易》中亦有反映。《周易·屯卦》:“屯如邅如,乘马班如,匪寇,婚媾。”《周易·贲卦》:“贲如皤如,白马翰如。匪寇,婚媾。”意思是有一群人骑着白马,公开地来到自己的氏族,刚开始还以为是抢劫的盗匪,仔细看,原来是求婚的使者。

## 四、父权家长制家族的社会生活

父权家长制家族,作为一种以父系血缘关系为纽带而组成的社会组织,其成员都是兄弟、堂兄弟、从兄弟等父系方面的亲属关系。他们除有各自的小家庭及私有财产之外,还有着共同的经济文化生活,许多方面保留有原始共产主义的共财习俗。共同的经济文化生活是父系家长制家族形态结构的一个重要特点。

其一,家族的共财与个体家庭的各爨。组成父权家长制家族的各个个体家庭,都已经从氏族或大家族中分裂开来,另立门户,另起炉灶,有了完全属于家长自由支配的私有财产,是一个独立的生产和消费单位。河南淅川下王岗遗址的大房子,每个单间中都有自己的炉灶、火塘,说明包含在家族中的每个个体家庭都是单独起火做饭的,他们在经济上已同别的家庭完全分开。但是由于父权家长制家族刚刚从父系氏族中脱胎而来,还保留着原始共产主义的共财制度和习惯,这时的耕地、河流、森林、草场等仍为家族和整个氏族所共有,凡本氏族的成员都有权使用。起初,家族还保留着共同劳动平均分配的习惯,耕地由族长带领大家共同耕作,收获物按劳力平均分配给各户。家族成员之间常常互通有无,同财共济,人们的私有观念也不是那么严重。

在河南的仰韶文化晚期遗址中,发现有连间排房和分间式房屋。大河村遗址的房屋呈东西成排排列，每排房子中有单间，有双间，还有四间的。在这里，每一大排房屋就是一个父权家长制家族，每个大家族中又分成若干个大家庭，每一个大家庭居住在两三间连在一起的小排房和邻近的单间房内。单间房的存在表明在大家庭内，一部分已婚子女有相对独立的生活空间。郑州大河村遗址三期清理出 17 座房基，其中 16 座为地面建筑，平面多为长方形或方形，少数为梯形。地面上建筑的房基，工艺先进，坚固耐用，在布局上往往 2 间或 2 间以上紧密相连，东西并列成排。在结构上往往有外间和套间之分。每个房间的迎门处或房角处都建有 1 米见方的烧火台。① 荥阳青台遗址发现保存较好的排房，每间房内都设有一到两个火塘，成为独立生活的单元。淅川下王岗仰韶文化三期的长屋，共有居室、门厅 49 间，形成 17 个单元的套房，是中国史前房屋遗迹中最长、分间最多的。这一时期的房屋建筑，既体现了家庭分化，也反映了氏族和家族的集体观念。淅川黄楝树屈家岭文化遗址发掘出 25 座房基，其中 11 号房基是中间有隔墙的两间为一组的地面上建筑，屋内各有一圆形火塘。这些分间式房屋是适应以父系为基础、具有相对独立经济的个体家庭而建的。

在公元前 3000 年左右，黄河中下游地区出现了一种不同于仰韶文化的新石器文化，考古学界将发现于河南境内的龙山文化称为河南龙山文化。河南龙山文化分布于河南省大部分区域，在山东西南部、河北南部、安徽西北部、豫晋陕相邻地区也有较为广泛的分布。河南龙山文化在中原仰韶文化的基础上发展而来，并分化为诸多地方类型。河南龙山文化大约存在了 600 年时间。在汤阴白营河南龙山文化早期遗址中，发现 9 座房基，为圆形、椭圆形的单间或双间。房屋直径在 3—6 米之间，多有圆形灶面，自成一个生活单位。9 座房基可分为两组，或为两个父系家族的住地。聚落中的灰坑比较普遍而密集，坑壁经过整修，比较规整，是家族存放物资的仓库。

其二，家族有共同信仰，共同祭祀。父权家长制家族有着共同的信仰，经常举行全家族的祭祀活动，这是他们文化生活的重要组成部分。有些信仰甚至是整个氏族乃至整个部落的共同信仰，其中最重要的是图腾崇拜。图腾崇拜是指氏族对某一种自然物的崇拜，这是母系氏族形成时就已出现的一种现象。当时人们知母不知父，不懂得男女相交而生育的科学道理，认为自己的氏族是始祖

① 郑州市文物考古研究所编著:《郑州大河村》(上)，科学出版社 2001 年版，第 592 页。

母同某一种动物、植物等相交而生。母系氏族时代的人,十分信仰与崇拜某种动物或植物,并用它作为氏族的名称,这就是氏族的图腾。一般说来,本氏族的图腾是禁止本氏族的人捕杀和食用的,而且氏族还经常举行祭祀仪式,祈求图腾保佑、祝愿他能使子孙尽快繁衍。到父系氏族公社和父权家长制家族时期,图腾崇拜继续盛行,每个氏族都有一个图腾。传说黄帝与炎帝大战于阪泉之野,曾率领熊、罴、狼、豹、貙、虎为前驱,这大概是黄帝部落以猛兽为图腾的六个氏族。《诗经·商颂》所说的"天命玄鸟,降而生商"的故事,说明玄鸟是商族的图腾。太昊氏族崇拜龙,少昊氏族崇拜鸟,这些都是古代部落的图腾崇拜。

在仰韶文化和河南龙山文化遗址中发现有不少占卜用的骨头,说明占卜也是当时家族成员的共同信仰。其实,在距今9000—7800年的裴李岗文化的贾湖遗址的墓葬中就出土了许多加工过的龟甲,龟甲内装有数量不等的石子,有些龟甲上还刻有符号。经专家研究,这些龟甲和石子均为占卜时所用,表明当时的先民已有原始崇拜意识。原始人由于生产力水平低,在自然界面前显得软弱无力,认为有一种超自然的力量在支配着家族的安危。占卜术就是原始人发明的用于探测超自然力量的意志的一种方法。当时,所谓的占卜士用猪、牛、羊等兽骨作为卜具,在兽骨上钻孔烧灼,观察它的裂纹向什么方向发展,从而预测吉凶。河南淅川下王岗仰韶文化遗址发现大量用来占卜的牛、羊的肩胛骨和猪骨,汤阴白营河南龙山文化遗址发现有两片卜骨,表明当时有用兽骨占卜的习俗,占卜术十分盛行。

祖先崇拜并据此祭祀祖先是家族最重要的精神信仰和精神活动。祖先主要是指男性祖先,这是父权制确立以后才产生的信仰。在父权家长制时期,家族长具有支配一切的绝对权威,从而使家族成员对他们产生畏惧和崇敬的心理。家族长们为了加强对族众的控制,也往往把祖先说成是自己权力的源泉,自己是祖先的化身与代言人,极力渲染祖先崇拜。祖先崇拜用一定的仪式加以表现,就是祖先祭祀。祖先崇拜最初反映在对男性生殖器的崇拜上。许多地方把男性生殖器的造像做成陶祖、石祖,作为祖先的象征,顶礼膜拜。在河南仰韶文化和龙山文化遗址中发现有不少的石祖,都是男性生殖器的造像。汉字的"祖"字,在甲骨文中只写右边的"且",作男性生殖器的形状,可见"祖"字的本义就是指男性生殖器。祖先崇拜对我国传统文化有重大影响,春秋战国时期的百家争鸣有"法先王"与"法后王"之争,就是祖先崇拜在人们头脑中的不同反映。

其三,家族有公共墓地和埋葬制度。从母系氏族开始,每个氏族都有一个共同的墓地,父系家长制时期也是如此。三门峡陕州区的庙底沟龙山文化遗址,即发现有这种氏族的公共墓地。这个墓地位于遗址西部,占地 1100 平方米,共埋葬 145 座墓,十分密集。

死者不能随便杂乱地埋进墓地,而是要遵循一定的埋葬制度。父权家长制家族时期,埋葬制度有两个变化:一是随着男子地位的上升,男女合葬墓中,男左女右(当时以左为尊),男子仰身直肢,女子侧身屈肢。男子身旁有较多的随葬品,女子身旁没有或只有很少的随葬品。二是不同等级的墓地随葬品出现严重等级分化,反映出家族和氏族长的权力有了很大区别。河南濮阳西水坡仰韶文化遗址出土的大型墓葬 M45,葬制十分独特,随葬品十分丰富。墓穴平面南边为弧形,北边为方形。墓南端左右两侧有对称的弧边侧室,墓长 4. 1 米,宽 3. 1 米。墓主为壮年男性,位于墓室南部中心,两侧为蚌壳摆塑龙形、虎形图案。墓室北端和东西侧室各殉葬一人,通过鉴定,两人为 12—16 岁的少年,其中一人头部有明显的砍斫痕迹。墓穴南边 50 余米范围内的浅地穴和灰沟里用蚌壳摆塑骑龙人、龙、虎、鹿、飞禽、蜘蛛以及其他目前无法解读的图案,发掘者以为其中有疑似象征山川的图案。M45 及其三组蚌壳摆塑图案,属西水坡遗址第一阶段晚期,碳-14 测定其年代距今 5800 年左右,树轮校正年代在距今 6400 年左右。中国的父权制家族处于野蛮时代高级阶段,这一时期,“获得财富已成为最重要的生活目的之一”[①],同时随着财富、官职及奴隶的出现,“一种新要素,即贵族主义的要素,有着一显著的发展”,“逐渐地发展成了贵族的情感”[②]。这种对私有财产的贪欲和贵族情感的发展,必然强烈地反映在当时社会的埋葬习俗里。马克思指出,“生前认为最珍贵的物品,都与已死的占有者一起殉葬到坟墓中,以便他在幽冥中能继续使用”[③]。有专家认为,濮阳西水坡遗址 M45 墓室内的殉葬奴隶或为陪葬的奴隶、臣民和龙(或称鳄)、虎,以及墓域内的似山似水的山川与龙(应为马)、虎、鹿、飞禽、蜘蛛这些生活在山川里的飞禽、走兽、昆虫等

---

① 中共中央马克思恩格斯列宁斯大林著作编译局编:《家庭、私有制和国家的起源》,《马克思恩格斯选集》(第四卷),人民出版社 1972 年版,第 160 页。

② 摩尔根:《古代社会》,商务印书馆 1971 年版,第 966—967 页。

③ 马克思:《摩尔根〈古代社会〉一书摘要》,人民出版社 1965 年版,第 51 页。

生物,统统都是墓主生前的私有财富。而墓域里蚌壳摆塑的山川和山川里的生物、骑马人(臣民),则象征着墓主生前所统治的疆域。如此,则濮阳西水坡遗址M45墓主生前身份,既不是什么"部落或部落联盟的首领",也不是什么"巫觋",而是比黄帝时期更要早一些的奴隶制"古国"国君。①

## 第三节　三皇五帝时代河南的父权家长制家族

### 一、姓、氏的产生与家族

姓、氏的产生与中华人文始祖伏羲密切相关,"正姓氏"是其重大贡献之一。中国的姓氏习俗究竟产生于什么年代,现已很难确考。按理说,在遥远的史前时代,就已经有姓氏习俗了。同一氏族集团,为维护全体氏族成员的凝聚力,借以把各氏族区分开来,这样就出现了氏族的称号,也就是最原始的姓。因此,刚开始时氏族的名称就是姓氏的滥觞。但是,那时并没有发明文字,对于那些部落的名称,只有靠口头传说才能保存一些记忆。这些零星的传说与记忆,自然免不了有许多脱漏与错讹。而且即使它们是正确的,也只能是上古姓氏中极少的一个部分,更不可能是全部了。

姓的产生时间,在考古学上大约相当于旧石器时代晚期。当时,随着生产力水平和生活条件的发展和演变,先民的认识水平也逐步有所提高,对直系亲属之间的无限制的两性关系产生了厌恶,并逐渐地感受到了"同姓不婚,恶不殖也"的生物学道理。这些都是积累了母系时代长期经验的结果。先民大概是发现了同一血统交合不利于后代,于是首先要求对不同血统的各个氏族加以区分。同时,由于种族的不断繁衍,居住地域也开始分散。根据繁衍的亲疏、居住

① 叶万松:《史前五帝时期中原地区开始进入文明时代》,《黄河科技大学学报》2016年第4期。

地域的远近,一族之内自然也就有了若干个分支。这样,对各个氏族加以区分也就有了可能。对各个氏族若干分支加以区分的特殊标志,就是姓。从婚姻角度看,姓是从氏族的内婚制发展到氏族的外婚制的一个重要标志。“姓”就是用来“明世系”“别婚姻”的。古史记载中,伏羲有姓,为风姓,其称伏羲氏,应该是后人所称。伏羲是部落首领,与伏羲通婚的女娲也是风姓,说明他们最初可能属同一个部族。

由于姓的起源是以母系为中心的,与父系无关,因此初民取姓大都从“女”旁,如姬、姜、妫、姚、嬴、姒等。正由于姓脱胎于母系氏族社会,因而对姓的诠释也充满了母系的许多色彩。许慎《说文解字》对姓解释说:“姓,人所生也……从女从生。”可见,姓的意义就是女所生。姓字“从女从生”,表明了姓的血缘关系,直接说明了同姓的人都是同一位女性祖先的子孙。而这正是母系氏族社会每一个血缘关系人群的标志。

随着社会生产的发展和人口的繁衍,再加之氏族活动地域的不断扩展,氏族成员职业身份的不断变化,原先的氏族也就不断分化成若干新的氏族,继而原先由母系计算的血缘关系,也就逐步地发展到由父系来计算血缘关系了。这样,一个姓也就分成了若干分支,这便是氏。因此,氏最初出现的时候,不过是表示氏族和部落支系的居住地罢了。相传黄帝有25子,分为12个姓。这12个姓,散居到各地以后又不断地衍生,于是也就再生成若干个氏。

由于氏是由姓衍生出来的,是姓的分支,是父权社会的产物,姓、氏之间反映出一定的占有关系,因此当时普遍存在的父系家长制氏族都以氏来称谓。他们的首领也就是氏族的代表,也就用氏来专称。因此,氏在最初出现时,与姓处于混乱状态。伏羲“正姓氏”,就是改革姓氏制度,结束姓氏的混乱使用情况。可见,伏羲时社会正处于母系氏族社会与父系氏族社会的大更替时期。当时,社会处于野蛮时代中级阶段之后,社会生产力的发展日渐加速,男子的劳动在农业、畜牧业和手工业等主要的生产部门中逐渐居主导地位,生产效率不断提高,社会财富日渐增多。这些财富,一旦转归各个家庭私有并且迅速增加起来,就给了以对偶婚和母权制氏族为基础的社会一个有力的打击。于是对偶家庭逐渐向一夫一妻制家庭转化,母权制十分自然地过渡为父权制。父系氏族公社逐渐形成,这是人类所经历过的最激进的革命之一。从此,社会就进一步发展到野蛮时代的高级阶段,以父权为中心的个体家庭成为与氏族对抗的力量,原始社会逐渐趋于解体。

## 二、三皇五帝与河南的父权家长制家族

中国古史传说中,三皇五帝是“家天下”以前中国的英雄,所谓自从盘古开天地,三皇五帝到如今。

中国古代史籍对传说中的三皇五帝极为推崇。其中,“三皇”有七种说法:《史记·秦始皇本纪》以天皇、地皇、泰皇为“三皇”,《补史记·三皇本纪》引《河图》《三五历记》以天皇、地皇、人皇为“三皇”,《风俗通义·皇霸篇》引《春秋纬·运斗枢》以伏羲、女娲、神农为“三皇”,《白虎通》以伏羲、神农、祝融为“三皇”,《通鉴外纪》以伏羲、神农、共工为“三皇”,《帝王世纪》以伏羲、神农、黄帝为“三皇”,《风俗通义·皇霸篇》引《礼纬·含文嘉》以燧人、伏羲、神农为“三皇”。“五帝”有五种说法:《礼记·月令》《淮南子·天文训》《汉书·魏相传》以太昊、炎帝、黄帝、少昊、颛顼为“五帝”;《世本》《大戴记》《国语》《史记·五帝本纪》以黄帝、颛顼、帝喾、尧、舜为“五帝”;《尚书序》《帝王世纪》以少昊、颛顼、帝喾、尧、舜为“五帝”;《皇王大纪》以伏羲、神农、黄帝、尧、舜为“五帝”;《周礼·天官·大宰》以东方青帝、西方白帝、南方赤帝、北方黑帝、中央黄帝为“五帝”,东方青帝即伏羲,南方赤帝为炎帝。

结合中国古代史籍对传说中的我国帝王“三皇”和“五帝”的各种说法及古史中对中华文明开端时期中国英雄人物的记载,可把伏羲、炎帝、黄帝、蚩尤、颛顼、帝喾、少昊、尧、舜、禹称为中华民族的十大始祖,他们都是中国父系氏族社会时期的氏族首领,也是父权家长制家族的族长。

前面已述,伏羲时代开始向父系氏族社会过渡,在考古学上相当于裴李岗文化时期。而伏羲时代,也是中国古史上所谓后世所称的“世系”实际上的开始阶段。

关于伏羲时期的帝王,战国庄周《庄子·胠箧篇》载:“昔者容成氏、大庭氏、伯皇氏、中央氏、栗陆氏、骊畜氏、轩辕氏、赫胥氏、尊卢氏、祝融氏、伏羲氏、神农氏,当是时也,民结绳而用之,甘其食,美其服,乐其俗,安其居,邻国相望,鸡狗之音相闻,民至老死而不相往来。若此之时,则至治已。”西晋司马彪注曰:“此

十二氏，皆古帝王。”①

汉班固《汉书·古今人表》所记有20位古帝王，顺序为宓羲氏、女娲氏、共工氏、容成氏、大廷氏、柏皇氏、中央氏、栗陆氏、骊连氏、赫胥氏、尊卢氏、沌浑氏、昊英氏、有巢氏、朱襄氏、葛天氏、阴康氏、亡怀氏、东扈氏、帝鸿氏。

晋皇甫谧《帝王世纪》卷一记载：“太皞帝包牺氏，风姓也，母曰华胥。燧人之世，有大人迹出于雷泽，华胥履之，而生包牺，长于成纪，蛇身人首，有圣德，取牺牲以充包厨，故号曰包牺氏。后世音谬，故或谓之伏牺，或谓之虙牺，一号皇雄氏，在位一百一十年。包牺氏没，女娲氏代立为女皇，亦风姓也。女娲氏没，次有大庭氏、柏黄氏、中央氏、栗陆氏、骊连氏、赫胥氏、尊卢氏、混沌氏、皞英氏、有巢氏、朱襄氏、葛天氏、阴康氏、无怀氏，凡十五世，皆习包牺氏之号也。”②

唐徐坚《初学记》记载：“及女娲氏没，次有大庭氏、柏皇氏、中央氏、栗陆氏、骊连氏、赫胥氏、尊卢氏、混沌氏、有巢氏、朱襄氏、葛天氏、阴康氏、无怀氏，凡十五世，皆袭庖牺之号。”③

宋李昉《太平御览》引《遁甲开山图》曰：“女娲氏没，大庭氏王有天下，五气异色，次有柏皇氏、中央氏、栗陆氏、骊连氏、赫胥氏、尊卢氏、祝融氏、混沌氏、昊英氏、有巢氏、葛天氏、阴康氏、朱襄氏、无怀氏，凡十五代，皆袭庖羲之号。”④

宋郑樵《通志》记载：“女娲之后有大庭氏，有柏皇氏，有中央氏，有栗陆氏，有骊连氏，有赫胥氏，有尊卢氏，有混沌氏，有昊英氏，有朱襄氏，有葛天氏，有阴康氏，有无怀氏，据女娲氏，天子也，自大庭之后十三氏，皆臣于伏羲。”⑤

而记载古帝王最多的为清初学者钟渊映的《历代建元考》，此书把浑沌氏、东户氏、皇覃氏、启统氏、吉夷氏、几蘧氏、狶韦氏、有巢氏、燧人氏、庸成氏置于伏羲氏之前，而在伏羲氏之后，尚有史皇氏、柏皇氏、中央氏、大庭氏、昆连氏、炎氏、泰氏、成鸠氏、素皇氏、内嵛氏、轩辕氏、赫胥氏、葛天氏、尊卢氏、祝融氏、昊英氏、有巢氏、朱襄氏、阴康氏、无怀氏、女皇氏。之后是炎帝神农氏。⑥ 女皇氏

① 〔清〕王先谦：《庄子集解》，中华书局1987年版，第88页。
② 徐宗元辑：《帝王世纪辑存》，中华书局，1964年，第2页。
③ 〔唐〕徐坚：《初学记》卷九，文渊阁《四库全书》版。
④ 〔宋〕李昉等撰：《太平御览》卷七十八，文渊阁《四库全书》版。
⑤ 〔宋〕郑樵：《通志》卷一，文渊阁《四库全书》版。
⑥ 〔清〕钟渊映：《历代建元考》卷二，文渊阁《四库全书》版。

即是女娲氏，这样，从浑沌氏到女皇氏共32位帝王。考虑到此书晚出，可以说此书中关于上古帝王世系的说法是古代典籍中最为完备的集大成之说法，当然，这也从另一方面说明了顾颉刚"层累地造成的中国古史"的观点有一定的合理性。

著名历史学家吕振羽先生认为，作为上古氏族和部落首领的伏羲，他的名号既是个体，也代表着氏族群体，同时还代表着被其文化泽及的其他氏族群体。所以说，伏羲是中华先民的代表性人物，是那个历史时代的形象。因此，伏羲、伏羲氏、伏羲氏族并不是一回事。伏羲就是第一次叫伏羲的这个人，即做了"三皇"的第一皇的这个人叫伏羲。然后以他的名字命名的这个氏族的繁衍，形成一个新的氏族叫伏羲氏。伏羲氏然后又继续分支和繁衍，形成一个庞大的伏羲氏族的后裔。

氏族是一种流动性很大的个人集合体，或多或少是散居的，因而造成了其不可能永久定居于一个地域范围的情况。伏羲、女娲为风姓，伏羲序列其他帝王亦应是风姓，但他们以氏称，应是父系氏族社会的部落或部族首领。这十几个部族各自有其活动区域，在伏羲时代相继而起，成为整个伏羲部落的首领。从伏羲氏十几个部族的活动范围，如葛天氏活动于今河南长葛，朱襄氏活动于今河南柘城，共工氏活动于今河南辉县，等等，可以看出，伏羲部落或部落联盟主要在中原一带活动。

而除伏羲之外的其他"三皇"和"五帝"，应是与伏羲一样的父系氏族时代首领和父权制大家族的族长。他们在中原留下了很多活动的足迹和遗存。炎帝的都城，最早在陈，随着部落的东迁不断变化，后来又迁到了鲁（即山东曲阜）。沁阳神农山是神农氏在河南留下的遗迹，这里曾是炎帝神农辨百谷、尝百草、登坛祭天的圣地。有关女娲的遗迹在全国也有多处，在河南者，如灵宝市女娲陵，荥阳市汜水镇白玉岭上的女娲祠、洞，济源市王屋山主峰天坛山顶的女娲补天五色石，沁阳市的女娲山与女娲祠，信阳市鸡公山上的女娲祠，等等。在一些地方，大都伏羲、女娲共祀。特别是周口市淮阳区与西华县相邻，近在咫尺，一为羲皇故都与伏羲陵所在，一为娲皇故都与女娲陵之遗墟，充分反映出伏羲族中两个氏族或部落之间的亲密关系。当地百姓尊称伏羲为"人祖爷"，女娲为"人祖奶奶"或"人祖姑娘"，叫太昊伏羲陵为"人祖陵"，女娲庙为"人祖奶奶庙"或"人祖姑娘庙"，表明伏羲、女娲确为中华人文始祖。至今民间还流传着伏羲的由来、女娲娘娘、莲生伏羲女娲、龟为媒、女娲捏泥造人畜、伏羲演卦、人祖爷女儿宓妃等的传说故事。黄帝的遗迹在全国许多地方都有，即以黄帝陵来说，就有八种说法，除陕西黄陵县、河南新郑市外，山东、甘肃、河北等地也有黄帝的陵墓。此外，河南还有新密黄帝宫、灵宝铸鼎原等与黄帝有关的名胜古迹。河南内黄有二帝陵，即颛顼、帝喾二帝的陵墓，河南商丘也有帝喾陵。河南濮阳为虞舜出生之地，附近有雷泽等虞舜曾经活动的地方。大禹曾治理黄河，其所都阳城就在河南登封境内，登封市的大禹文化胜迹星罗棋布，而嵩山附近的大禹文化遗迹也有很多，如王城岗遗址、太室山、少室山、启母石、太室阙、少室阙、启母阙、轩辕山、试斧石、蛟王石、钧台、禹王锁蛟井、大禹山、诸侯山、三涂山等。

## 三、五帝时代河南父权家长制家族的逐步解体

人们一般认为的五帝时代是从黄帝开始的。黄帝部族在历史上活动的年代大约在距今6000—4500年之间，在考古学上相当于仰韶文化中晚期到河南龙山文化早期。

黄帝时期，定居农业已经发展到相当水平。定居生活是剩余财产积聚的重要条件，这时父权家长制家族普遍存在，社会分层逐步加剧。而促成这一切的是战争。

从生物学的角度说，没有一种高等生物会像人类那样自发地相互敌视，相互争斗，相互杀害。马克思在谈到氏族社会的战争时说，在原始社会，“一个共同体（指部落组织——引者）所遭遇的困难，只能由其他共同体所引起，后者或者是先已占领了土地，或者是到这个共同体已占领的土地上来骚扰。因此，战争就是为了占领生存的客观条件，或者是为了保护并永久保持这种占领所要求的巨大的共同任务、巨大的共同工作”①。恩格斯说，由于氏族制度没有超出部落的范围，故而“凡是部落以外的，便是不受法律保护的。在没有明确的和平条约的地方，部落和部落之间便存在着战争，而且这种战争进行得很残酷，使别的

① 马克思、恩格斯：《马克思恩格斯全集》第46卷上册，人民出版社1963年版，第475页。

动物无法和人类相比"①。

而在野蛮时代高级阶段,古代的部落战争也逐渐转化为阶级社会的战争,成为少数把持特权的阶级手中的政治暴力工具。恩格斯说:"以前进行战争,只是为了对侵犯进行报复,或者是为了扩大已经感到不够的领土;现在进行战争,则纯粹是为了掠夺,战争成为经常的职业了。"②中国历史上,伏羲时代大概属于野蛮时代中级阶段晚期,神农时代则属于野蛮时代中级阶段到高级阶段的过渡时期,黄帝时代则进入了野蛮时代高级阶段。在这几个时代,战争是愈来愈烈的。《庄子·肱箧篇》载,伏羲与神农时代,"当是时也,民结绳而用之,甘其食,美其服,乐其俗,安其居,邻国相望,鸡狗之音相闻,民至老死而不相往来。若此之时,则至治已"。大概是伏羲时代战争较少,给庄子一个非常好的印象,使之把伏羲时代作为了自己推崇的治世的典范。到黄帝时代,战争便多起来了。《史记·五帝本纪》记载:"轩辕之时,神农氏世衰。诸侯相侵伐,暴虐百姓,而神农氏弗能征。于是轩辕乃习用干戈,以征不享,诸侯咸来宾从。"③

共工氏是存在于中国上古时期数千年的一个部族,从共工氏与其他部族的战争记载也可看出当时战争的频繁性。相传共工为水神,《左传·昭公十七年》载:"共工氏以水纪,故为水师而水名。"共工所处的年代,《礼记·祭法》云:"共工氏之霸九州岛也,其子曰后土,能平九州岛,故祀以为社。"郑玄注曰:"共工氏无录而王谓之霸,在大昊、炎帝之间。"《国语·鲁语》韦昭注:"共工氏……在戏(牺)、农(神农)之间。"《淮南子·原道训》高诱注:"共工,以水行霸于伏牺、神农间。"《列子》张湛注亦说:"共工氏兴霸于伏羲、神农之间。"实际上,从古史材料看,共工之事迹与许多上古帝王都有交集。

共工与女娲的交集。司马贞《补史记·三皇本纪》:"当其(按指女娲)末年也,诸侯有共工氏,任智刑以强,霸而不王,以水乘木,乃与祝融战,不胜而怒,乃头触不周山崩,天柱折,地维缺。"《路史·后纪》卷之二《女皇氏》:"太昊氏衰,共工为始作乱,振滔洪水,以祸天下,隳天纲,绝地纪,覆中冀,人不堪命。于是

---

① 中共中央马克思恩格斯列宁斯大林著作编译局编:《马克思恩格斯选集》(第四卷),人民出版社 1972 年版,第 96 页。

② 中共中央马克思恩格斯列宁斯大林著作编译局编:《家庭、私有制和国家的起源》,《马克思恩格斯选集》(第四卷),人民出版社 1972 年版,第 162 页。

③ 〔汉〕司马迁:《史记·五帝本纪》,中华书局 1963 年版,第 3 页。

女皇氏役其神力,以与共工氏较,灭共工氏而迁之。然后四极正,冀州宁,地平天成,万物复生。”

共工与颛顼的交集。《淮南子·兵略训》:“颛顼尝与共工争矣。”《淮南子·天文训》:“昔者共工与颛顼争为帝,怒而触不周之山,天柱折,地维绝,天倾西北,故日月星辰移焉;地不满东南,故水潦尘埃归焉。”《史记·律书》:“颛顼有共工之陈,以平水害。”《太平御览》卷九百零八引《琐语》载郑子产说:“昔共工之御曰浮游,既败于颛顼,自没沉淮之渊……常为天下祟:见之堂上则王天下者死,见堂下则邦人骇。”

共工与帝喾的交集。《史记·楚世家》:“共工氏作乱,帝喾使重黎诛之而不尽。”

共工与帝尧的交集。《韩非子·外储说右上》:“尧欲传天下于舜,鲧谏曰:‘不祥哉!孰以天下而传之于匹夫乎?’尧不听……共工又谏曰:‘孰以天下而传之于匹夫乎?’尧不听,又举兵而诛共工于幽州之都。于是天下莫敢言无传天下于舜。”

共工与帝舜的交集。《淮南子·本经训》:“舜之时,共工振滔洪水,以薄空桑……民皆上邱陵,赴树木。”《韩非子·五蠹》记载说舜帝时有“共工之战”。战争的结果是舜帝取得了胜利。《尚书·舜典》:“流共工于幽州,放驩兜于崇山,窜三苗于三危,殛鲧于羽山,四罪而天下咸服。”《尚书·舜典》曰:“帝曰:‘俞,咨垂,汝共工。’”《史记·五帝本纪》载:“舜曰:‘谁能驯予工?’皆曰垂可。于是以垂为共工。”

共工与禹的交集。《荀子·议兵》载:“是以尧伐驩兜,舜伐有苗,禹伐共工,汤伐有夏,文王伐崇,武王伐纣,此四帝两王,皆以仁义之兵行于天下也。”《荀子·成相》载:“禹有功,抑下鸿,辟除民害逐共工。”《山海经·大荒西经》曰:“有禹攻共工国山。”《山海经·大荒北经》曰:“共工臣,名曰相繇……禹湮洪水,杀相繇。”

共工时代从伏羲到大禹持续数千年,可知共工不仅是一个人的称谓,也是一个部族的名称,是一个父权制大家族的族长。

当然,不唯共工,其他部族间的战争也是非常频繁的。古往今来,因为人类自己的战争,使得无数人死于非命。但是,人类这个种族却没有因为种族内的相互争斗而使得数量减少,相反,人类却因为战争的关系,而使得社会得到进步,历史得到延续,文明得到发展。这就是历史发展的辩证法。从这个意义上来说,战争是文明的催化剂。

《史记·五帝本纪》载,黄帝足迹“东至于海,登丸山,及岱宗。西至于空桐,登鸡头。南至于江,登熊、湘。北逐荤粥,合符釜山,而邑于涿鹿之阿。迁徙往来无常处,以师兵为营卫。官名皆以云命,为云师。置左右大监,监于万国。万国和,而鬼神山川封禅与为多焉”①。

黄帝“以师兵为营卫”,南征北讨,致“万国”和为一统,因得“黄帝”之号。黄帝时期“万国”“万诸侯”政治现象,历经尧舜直至夏禹仍没有改变,这就是文献记载的帝尧时“合和万国”(《史记·五帝本纪》),帝舜之时“众民乃定,万国为治”(《史记·夏本纪》),“野无遗贤,万邦咸宁”(《尚书·大禹谟》),以及“禹合诸侯于涂山,执玉帛者万国”(《左传·哀公七年》),等等。从黄帝开始的对各诸侯国的征战、统一中原的战争,历来被史家称颂为正义的战争。如《商君书·画策》云:“神农既没,以强胜弱,以众暴寡。故黄帝……外用甲兵……以战去战,虽战可也,以杀去杀,虽杀可也。”黄帝统一中原以后“置左右大监,监于万国”。

根据文献记载,在黄帝时期中国就出现了许多古国(邦国),这些古国的国君被称为诸侯,“黄帝时万诸侯,而神灵之封居七千”(《史记·封禅书》)。《史记·孝武本纪·集解》应劭曰:“黄帝时诸侯会封禅者七千人。”

上古之封国,就是该姓族起源地。顾颉刚先生《鸟夷族的图腾崇拜及其氏族集团的兴亡——周公东征史事考证四之七》即说:“当氏族社会趋于崩溃,国家雏形刚刚出现的时候,则一氏即为一国,或一氏即为一国的统治者,实甚可能,姓氏和国必有不能严格划分之处。”②以此来说,伏羲时代的十几个部族以及五帝时代的轩辕氏、陶唐氏、有虞氏等都是中国古代的邦国。

用于群体防御的“城”是氏族社会的对立物。中国古代的城在仰韶文化中晚期开始出现。20世纪90年代,考古工作者在郑州市惠济区古荥镇孙庄村西发掘西山遗址,这是仰韶文化晚期的一座城址,距今约5300—4800年,面积约

---

① 〔汉〕司马迁:《史记·五帝本纪》,中华书局1963年版,第6页。

② 顾颉刚:《鸟夷族的图腾崇拜及其氏族集团的兴亡——周公东征史事考证四之七》,《史前研究》,三秦出版社2000年版。此篇是顾颉刚先生所撰《尚书大诰译证》中《史事考证》的一部分。

34500 平方米。现存半圆形城墙,城墙用方块版筑法分段逐层逐块夯筑,四周有壕沟环绕。发现两座城门遗址和一条道路。城内发掘出大量的房基、窖穴、灰坑、墓葬,还发现有祭祀遗址。郑州西山城址是在中国北方发现的年代最早、建筑技术最先进的古城遗址。在河南淅川县滔河乡黄楝树村西龙山岗也发现始建于仰韶文化晚期,延续至屈家岭文化时期的城址,有两段城墙及房址、灰坑与祭祀等遗存。

黄帝的活动区域应该是以河南为中心,河南巩义双槐树遗址的发现,填补了中华文明起源关键时期、关键地区的关键材料。双槐树遗址位于黄河南岸以南 2 公里、伊洛河东 4 公里的黄河南岸高台地上,伊洛汇流入黄河处的巩义河洛镇,处于河洛文化中心区。遗址面积达 117 万平方米,发现有仰韶文化中晚阶段三重大型环壕、封闭式排状布局的大型中心居址、采用版筑法夯筑而成的大型连片块状夯土遗迹、三处经过严格规划的大型公共墓地、三处夯土祭祀台遗迹等,并出土了一大批仰韶文化时期丰富的文化遗物。该遗址的地理位置、规模、文化内涵及所处时代无不凸显了其重要性,应是仰韶文化中晚期至少是黄河流域的政治文明中心。经过郑州市文物考古研究院联合中国社会科学院考古研究所连续多年考古发掘,确认双槐树遗址是距今 5300 年前后的仰韶文化中晚期巨型聚落遗址。专家们一致认为,该遗址是迄今为止在黄河流域仰韶文化中晚期这一中华文明形成初期阶段发现的规格最高的具有都邑性质的中心聚落。其社会发展模式、承载的思想观念以及诸多凸显礼制和文明的现象,被后世所承袭和发扬,5000 多年中华文明正是赖此主根脉延续不断,瓜瓞绵绵,因而专家建议将该遗址命名为“河洛古国”。

双槐树遗址中心居址区已有典型的瓮城建筑结构,这里的居住者非同一般。遗址发现有 4 排大型房址,房址之间有巷道相通,其中最大的一个房子面积达 220 平方米,这所房子前面的门廊前摆有呈北斗星形状的 9 个陶罐。北斗九星天文遗迹的发现,表明 5000 多年前的北斗崇拜是当时仰韶先民的最高信仰之一。中国社会科学院学部委员、中国考古学会理事长王巍说:“这是一处经过精心选址和科学规划的都邑性聚落遗址,周边的青台、汪沟和洛阳的苏羊、土门等多个遗址,特别是西山、点军台、大河村仰韶文化城址组成的城址群对双槐树都邑形成拱卫之势。”①

筑城所需的大量人力、物力不是小规模社会组织可以胜任的,它为战争的增多和部落联盟的存在提供了实证。夯土城只是当时社会政治、经济、文化发展到一定历史阶段的产物,它宣告了一个长期稳定、繁荣统一的氏族社会的结束,开启了以后持续千年之久的群雄并起、万国林立、变革加剧的龙山文化时代的先河。

公元前2800年至前2300年的龙山文化时期,城址更多地被发现,共达14处,河南中部有登封王城岗、新密新砦与古城寨、平顶山蒲城店、漯河郝家台、新郑人和寨等,河南西北地区有温县徐堡、博爱西金城,河南北部地区有安阳后冈与柴库、辉县孟庄、濮阳高城与戚城等,河南东南地区有淮阳平粮台,证明了当时邦国林立和兼并战争加剧的历史事实。这些城址规模大小不一,小的有几千平方米,大的有100万平方米。安阳后冈河南龙山文化中期遗址,面积达10万平方米,遗址外围遗存长70余米、宽2—4米的夯土墙,是中国最早的龙山文化城址之一。登封王城岗城址由东西并列的两座略呈正方形的小城组成,两城的面积加起来共约2万平方米。淮阳平粮台城址也呈正方形,城内面积约3.42万平方米,城内南门的两边发现有东西对称的门卫房,城垣的御敌作用显而易见。新密古城寨龙山文化城址,面积17.65万平方米,高墙壁垒,南北仅两个城门缺口,显示了其封闭性和一定的军事色彩。漯河郝家台城址,呈正方形,面积3.28万平方米。辉县孟庄城址呈正方形,总面积约16万平方米,遗址城外侧一周有护城河。城垣和护城河等防御设施见证了当时战争的残酷与激烈。

恩格斯在《家庭、私有制和国家的起源》中说:“在新的设防城市的周围屹立着高峻的墙壁并非无故:它们的濠沟深陷为氏族制度的墓穴,而它们的城楼已经耸入文明时代了。内部也发生了同样的情形。掠夺战争加强了最高军事首长以及下级军事首长的权力;习惯地由同一家庭选出他们的后继者的办法,特别是从父权制确立以来,就逐渐转变为世袭制,他们最初是容忍,后来是要求,最后便僭取这种世袭制了;世袭王权和世袭贵族的基础奠定下来了。于是,氏族制度的机关就逐渐挣脱了自己在人民、氏族、胞族和部落中的根子,而整个氏族制度就转化为自己的对立物:它从一个自由处理自己事务的部落组织转变为

---

① 新华通讯社主办:《新华每日电讯》,2020年5月8日,第9版。

掠夺和压迫邻人的组织,而它的各机关也相应地从人民意志的工具转变为旨在反对自己人民的一个独立的统治和压迫机关了。”从登封王城岗遗址的城墙,到禹对四方的征伐,再到禹以启作为其继承人,公天下变为家天下,诚如恩格斯所言,氏族制度已“转化为自己的对立物”。

恩格斯指出:“国家和旧的氏族组织不同的地方,第一点就是它按地区来划分它的国民。”而禹划九州就是在宏观上以划分不同地区来治理国民的。恩格斯还指出,国家和氏族组织的“第二个不同点,是公共权力的设立,这种公共权力已不再同自己组织为武装力量的居民直接符合了。这个特殊的公共权力之所以需要,是因为自从社会分裂为阶级以后,居民的自动的武装组织已经成为不可能了”,而且,“为了维持这种公共权力,就需要公民缴纳费用——捐税。捐税是以前的氏族社会完全没有的”。禹之划五服、九州,根据道里远近担负不同的贡物,在一定意义上有捐税的性质。

另外,大禹治水的成功,一方面说明当时生产工具的改进,一方面说明社会管理的巨大进步。舜崩,三年丧毕,禹接受天下诸侯的朝觐,成为新的天子。此后,禹经过多年的南征北伐,威服万邦。这时,国家建立的条件已经具备。以登封王城岗遗址的年代看,该遗址应是大禹建立国家前后的定居地。因此,大禹既是中国野蛮时代最后一位部落联盟首领,也是中国文明时代和阶级社会的第一位君王。

# 第二章 夏商西周与春秋时期河南宗法制家族的形成与完善

从大禹开始,中国进入阶级社会。夏朝的统治中心,约在今河南西部和山西南部一带。大禹传位于其子启,开启了家天下的先河。夏代还保留有浓重的父权家长制残余。夏代,有无数古国存在,夏王朝在名义上是万国共主。商族灭夏建立的商朝,统治的中心区域在河南中部和北部,存世的甲骨文表明,商代后期,宗法制逐步确立。商代时仍是万国林立。周灭商,营建成周雒邑,作为统治关东广大地区的中心。周代建立了比较完备的宗法制度,对中国思想和文化产生了巨大影响。

## 第一节　夏代的家族组织

公元前2070年左右,大禹乘治水之威传位于其子启,建立了夏王朝。夏禹家族取得了对其他众多家族的控制权。中国历史由邦国进入王国,这是中国历史上一个划时代的变革。夏朝统治中心在今河南西部与山西南部一带,中原在中国的核心地位进一步显现。

### 一、夏家族统治地位的确立

夏王朝建立,我国进入奴隶制社会。当时在中原地区活动的各个父权家长制家族,以及以父系家族为基础组成的部落或部落联盟,并不是同步进入奴隶社会的。在这些众多的家族中,率先跨进奴隶制社会门槛的是大禹的夏家族。

公元前21世纪前后,中原地区遍布父权制大家族,以及以父权制大家族为基础的氏族、部落和部落联盟。其中大禹家族活动于今河南登封、禹州一带。大禹家族有着悠久的历史,是一个善于治水的家族。大禹家族归属于以轩辕氏为首的部落联盟。经过若干代的发展,到大禹的父亲鲧为首领时,正值尧担任中原部落联盟首领之位。当时大水泛滥,鲧遂受命治水,用堵塞之法无功而被流放(一说被处死)。虞舜接任尧为部落联盟首领后,继用鲧的后代禹治理洪水。大禹治水,改用"掘地而注之海"的疏导之法,使"水由地中行"(《孟子·滕文公上》),终于治服了洪水,成就了不世之功。大禹在治水过程中,威望不断提高。当舜年老,各个氏族和部落在推举部落联盟首领时,大家一致推选大禹继任。禹为夏后氏部落领袖,姓姒。古书上说禹"即天子位",实际上是禹接任方国联盟首领之位,大禹家族取得了对其他众多家族的控制权。

史载,禹都阳城(今登封东南),又迁阳翟(今禹州)。在今河南登封有大禹所都阳城遗址。阳城遗址位于登封市东南12公里告成镇东北。城址呈南北长方形。北墙沿丘陵筑,长约700米,中段保留宽13米的缺口为城门遗迹,墙外侧有宽约60米的护城壕沟。东墙沿小溪西岸长约2000米,存有部分城墙。西墙沿丘陵修筑,长约2000米,仅存北段,墙外侧有宽60米的护城壕。南墙临告成镇北侧沿颍河北岸长约1000米,现存几段城墙。周长约5700米,总面积140万平方米。

禹大会诸侯于涂山,斩杀没有按时到场的防风氏,又征服长江中游不服管制的三苗,为儿子启的继任打下了坚实基础。禹死后,大家推选伯益继任部落联盟首领。公元前2070年前后,启杀死伯益,建立夏朝,都于夏邑(今禹州),禅让制转为传子制,建立了家天下的夏王朝。

启践位不久,在甘地誓师,进军平服有扈氏,巩固了王朝政权,并在钧台(在今禹州南)宴飨诸侯。禹死后,其子"太康失国"。后来"少康中兴",巩固了夏王朝的统治,夏王朝奴隶制政权得以顺利发展。

夏国家政权是夏家族、夏部落的管辖和统治权力的扩大和延伸,是改造旧的氏族、部落机构并赋予它们新的社会职能的结果。对于从禹到启及其子孙来说,它是一个父权家长制家族,是以血缘关系为纽带,把姒姓子孙结合在一起,由族长禹、启、太康、少康等人率领进行家族活动,参与中原地区各个家族部落之间的会盟和战争。当禹从舜手中接过天子位置并传给自己的儿子启以后,夏后氏又是许多家族的联合体、部落的名称。夏家族就是那些自愿或者被迫参加联合的各个家族的领袖和统治者。禹、启等人又是这些家族的共同首领。至国家政权产生,夏王朝建立之后,夏后氏又成了统治全国所有家族或部落的家族,启及其继承人就成了全国臣民的国王。所以夏家族、夏部落、夏政权是合而为一的,夏族长、夏酋长、夏王三职兼于一身,夏政权不过是夏家族统治权的扩大和延伸罢了。

奴隶制家族是中国家族史上的第二种家族形态,后来发展成西周、春秋时的典型的宗法制家族,所以我们统称奴隶制社会的家族形态为宗法制家族。奴隶制家族与父权家长制家族的主要区别在于:家族内部已产生阶级分化,分裂为奴隶主和奴隶两个对立的阶级,有些被征服的家族则整族成为征服者家族的奴隶;族长从血缘关系方面看,虽仍是父权家长,但从阶级地位上看,却已是拥有剥削和奴役他人的特权的大小奴隶主了。夏代父权家长制家族转变为奴隶制家族,把中国家族制度推进到了一个新的阶段。

## 二、父传子继承制的形成

大禹传位于其子,开始家天下,反映了夏朝的世袭制度。禹死后,伯益按照部落联盟的传统,为禹举行丧礼,挂孝、守丧三年。三年的丧礼完毕后,伯益没有得到权位,而启在民众的拥护下,得到了权位。关于这一段历史的记载,说法不一。古本《竹书纪年》记载“益干启位,启杀之”;另一说,伯益继位后,有些部族并没有臣服伯益,反而拥护启,并对伯益的部族展开战争,最后启胜而夺得权位。[①] 之后伯益率领东夷联盟讨伐启,经过几年的斗争后,启确立了他在部族联盟中的首领地位,“公天下”变成了“家天下”。从此,禅让制被世袭制所取代。这标志着漫长的原始社会被私有制社会所替代,应该说是历史的一个进步。但是,一种新制度的建立,必然会遭到部分反对。随后不少倾向禅让传统的部族质疑启的权位,启都郊外的有扈氏仗义起兵,率领部族联盟向启都讨伐,与启军

---

① 《战国策·燕策一》:“禹授益而以启为吏,及老而以启为不足任天下,传之益也,启与支党攻益而夺之天下,是禹名传天下于益,其实令启自取之。”

大战于甘。启拥有中原民众的支持，在人数方面占有绝对优势，最终击败有扈氏，罚贬其族众为牧奴。这次胜利代表中原地区的主流社会观念已从原始的禅让制度转向了世袭制度。马克思曾经说过，世袭继承制最初出现的地方都是暴力篡夺的结果，而不是人民自由地表示许可的结果。① 所以启的“大人世及”的家天下，是用暴力掠夺来的。

夏王朝大约从公元前21世纪到公元前16世纪初，前后有500余年，经历了5个世纪，历14世，有17个帝王先后作为统治者。早在大禹治水之后，大禹深受拥护，根据禅让制而做了舜的继承人。他在位时，曾经将当时的中国划为九州。大禹还制定了各种制度，为夏朝的建立奠定了一定的基础。启的即位，打破了禅让制，成了历史上王位世袭继承制的开端，也就是“公天下”变成了“家天下”。夏朝统治的范围大约以今天河南省的西部为中心，北到河北，南到湖北；东到今天的河南、河北、山东的三省交界处，西到山西南部。其都城多次迁移，大都在今河南境内。河南偃师二里头遗址中大型宫殿、墓葬以及许多青铜器的出土，则从一个侧面揭示了作为奴隶制国家的夏王朝时期的政治、经济及社会文化、生活等各方面的情况。

在夏王朝的统治范围之内，即今黄河中下游地区，除了夏家族，还存在着许多夏的同姓家族和异姓家族，以及以家族为基础组成的部落。这些家族和部落的数量很多，而且一般比夏家族落后，多数处在父权家长制阶段。他们同夏家族的关系大致可以分为以下三类：一是夏之下的同姓宗族，如有扈氏、有男氏、斟鄩氏、杞氏、缯氏等。这些同姓家族，也有的与夏后氏为敌，如有扈氏，但多数同夏比较亲近。二是同夏联姻的家族，如有仍氏、有虞氏。三是同夏敌对的家族，如有穷氏、伯明氏等。

① 马克思：《摩尔根〈古代社会〉一书摘要》，人民出版社1965年版，第123页。

## 第二节 商代的家族制度

夏代之时,商族活动于河南东部和山东西部一带,后商汤灭夏建立商朝。商代的传位制度前后不一,传弟制逐步向传子制过渡。从商代出土的甲骨文看,商代存在着众多子姓家族和异姓家族。商代后期,宗法制度逐步萌生。

### 一、商代的王位继承制

商族为子姓,有夏一代生活于河南东部和山东西部一带。关于商族的起源地存在争议,有多种说法。近年在河北南部、河南北部发现的下七垣文化,相当于二里头文化二至四期,有学者认为是先商文化,商族即起源于这一地区。大禹治水时,简狄吞食了玄鸟卵而生契,是为商族始祖。契因助禹治水有功,被封于商(今商丘市西南)。从契到汤 14 代中,商曾 8 次迁都,是夏王朝时期强大的异姓家族。夏桀在位时,昏庸无度,商汤乘机起兵灭夏,建立了商王朝。

商王朝从成汤建国到殷纣亡国,共历 17 世、31 王,曾 5 次迁都,国祚延续 600 年左右,相当于公元前 17 世纪到前 11 世纪,在公元前 1046 年为周所灭。

对于商代的王位继承制,王国维指出:"商之继统法,以弟及为主,而以子继辅之,无弟然后传子。自成汤至于帝辛三十帝中,以弟继兄者凡十四帝。其以子继父者,亦非兄之子而多为弟之子。"[①]这种传递世袭制称为"兄终弟及",在商代前期和中期实行了几百年。对于商代的王位继承,学界有不同意见。郑慧生先生指出,自汤至祖甲,即商代的早中期,实行兄终弟及制。不过,自汤至南庚,弟死后传位于兄之子,中期自阳甲至祖甲,弟死后传位于弟之子。商代晚

① 王国维:《殷周制度论》,《观堂集林》卷十,中华书局 1959 年版,第 454—455 页。

期，即祖甲之后，由父死子继代替了兄终弟及。[①] 高光晶提出，商代王位继承，是由“父死子继”和“兄终弟及”的双轨制，逐渐转化为“父死子继”的单轨制，进而演化为嫡子继承。[②] 也有学者指出，商代王位继承的实质是“立壮”[③]，詹鄞鑫甚至提出商代的继统法是选举制。[④]

## 二、商代后期的宗族组织

商王盘庚自从公元前14世纪迁都殷（今安阳市西北小屯村）后，进入商代后期。从此到商朝灭亡的200多年间，商朝再未徙都。这个阶段是商王朝的鼎盛时期。从出土的15万片甲骨和带铭铜器中，我们或可看出商代家族组织和宗法制度的概况。

### （一）甲骨文中的商代家族

商代的甲骨文中，有不少事关家族的记录。在甲骨文中，家、族是两个独立的字或词，有各自的含义。“家族”是家和族这两个概念的合并。在商代，“家”的词义较为复杂，“族”则比较单纯。关于“家”，商卜辞曰：

父乙家。（《合集》13579）

贞：其……于上甲家？（《合集》13581）

贞：我家旧才臣亡它我？（《合集》3522）

我家祖辛弗佐王？（《合集》13584）

前两条卜辞中的家，显指一处可供祭祀先祖的灵位。后两条卜辞中的家，指在世之人的家，包括已故的人和在世之人。

关于“族”，商卜辞曰：

惟三族马令？（《合集》34136）

王惟次令五族戍羌方？（《合集》28053）

戊子卜，宾贞：令犬延族田于虎？（《合集》9479）

---

① 郑慧生：《从商代的先公和帝王世系说到他的传位制度》，《史学月刊》1985年第6期。

② 高光晶：《商代的王位继承与宗法制》，《湖南师范大学社会科学学报》1992年第1期。

③ 郑宏卫：《商代王位继承之实质——立壮》，《殷都学刊》1991年第4期。

④ 詹鄞鑫：《商代继统法新探》，《文史哲》2004年第5期。

呼子族先？（《合集》14922）

贞：唯多子族令比禀、蜀载王事？（《合集》5450）

丁酉卜：王族爰多子族立于乇？（《合集》34133）

这里有“王族”“子族”“多子族”“三族”“五族”“犬延族”等名称。同夏王朝一样，在商代的统治区域内也存在着许许多多的家族。《吕氏春秋·用民》说：“当禹之时，天下万国，至于汤而三千余国，今无存者矣。”《战国策·齐策四》亦曰：“古大禹之时，诸侯万国……及汤之时，诸侯三千。”这里所说的“国”和“诸侯”，都指的是为数众多的家族或以家族为基础的部落。

朱凤瀚先生分析了商代甲骨卜辞与铜器铭文中所见商人“族”的类型，对于商人宗族组织做了这样的推断：子姓商族分为三类，他们构成了商民族的骨干。一是王族，是由时王与其亲子（王卜辞中部分“子某”）为骨干联结其他同姓近亲组成的家族；二是子族——作为王子的“子某”所统领之族，也即由先王的部分未继王位的王子（王卜辞中亦称“子某”）在其父王卒后从王族中分化出去所建立的家族；三是不称“子某”的贵族所统率的商王同姓宗族，这其中有相当一部分属于上述“子族”的后裔，但其是否属于“子族”则难以推断。以上三类子姓亲族之间实际上形成了一种分层的网状结构，使他们相互联结的是彼此间的信任关系，但决定他们层级的则是其与商王的血缘关系的远近亲疏。除上述三类子姓商族骨干外，卜辞与商金文中还有一些未能确指性质的商人家族，其中除去部分子姓远亲家族外，还包括部分与子姓商族有姻亲关系的异姓家族，以及某些被征服后，在文化上与商人亲族相融合的异姓家族。商代晚期子姓商族诸家族与一定的地域相结合，以其所占据的一块土地作其生存之本，因而形成族名与地名的统一。①

**（二）金文中的商代家族**

商代铜器铭文比较简单：商代前期青铜器，有铭文者比较少见；商代中期青铜器，有铭文者字数比较少；商代后期青铜器，有铭文者出现一些较长的铭文，最长的有40多字。有的青铜器，铭末单独的一两个字，有专家认为是“族徽”，是家族的专有名称。王卜辞因为是王自己作为占卜主体，而且“王族”只有一个，不会与其他族氏相混，故而卜辞中仅有“王族”之称，出现王族之族氏名号的

① 朱凤瀚：《商周家族形态研究》，天津古籍出版社2004年版，第81页。

机会较少,而且也难以判断其是否为王族名号。因此,王族的氏名还要在青铜器铭文中去寻找。这类族氏发现多个,如□等。

□,青铜器上有此铭号者,有 250 余件;单铭此字的青铜器,也达 160 多件。可明确出土地点的,有 18 件,其中河南 9 件,以安阳殷墟出土者居多。[①] 出土于殷墟的带□铭者,以前中央研究院历史语言研究所发掘的西北冈 1550 号大墓中,在墓顶殉坑 1550:49 中出土的铜觚 1、爵 1 最为重要。根据发掘报告,此墓主人或为女性,随葬品较为丰富。从随葬品情况来看,殉者地位不低,不可能是奴隶,而可能是商王族内有一定地位的贵族妇女,如王妾、次妃之类。由此判断,带□字铭文的铜觚、铜爵,或为王族之器。□氏在武丁前期即已作为王族名号。1550 号大墓的年代,可能与武官村大墓接近,约属于武丁至祖庚、祖甲时期而偏后。[②]

## 三、商代宗法制度的初步形成

宗法制度是人们从实践中总结出来的一套反映与维护宗族制度的规范和方法。夏代建立起奴隶制以来,人们自然会不断地探索维护和巩固这种制度的方法。到商代后期,宗法制度已经萌生,虽然它还只是一种形式,很不完善,很不系统。根据甲骨文中常见大宗、大示和小宗、小示等词,可以判断出,在商的同姓家族中,已经划分成了大宗和小宗。大宗是直系祖先,小宗是旁系祖先,二者在祭祀的规格、次数和隆重程度上有着明显区别。[③] 此外,在商代后期,嫡长子继承制已经产生,即使在王位兄终弟及的商代前期和中期也已存在嫡庶的区分。商代的婚姻制度虽然是一夫一妻制,但实际上是一夫一妻多妾制,商王之妾很多,见之于甲骨文的也有很多。商王的儿子也一定是成群的,如果不分嫡庶依次传递,将会没完没了地传递下去。嫡长子继承制的确立在文献中也可以

① 邹衡:《关于夏商时期北方地区诸邻境文化的初步探讨》,《夏商周考古学论文集》,文物出版社 1980 年版,第 253—294 页。

② 朱凤瀚:《殷墟西北冈大墓年代序列再探讨》,《考古学报》2018 年第 4 期。

③ 裘锡圭:《关于商代的宗族组织与贵族和平民两个阶级的初步研究》,《文史》第 17 辑,中华书局 1983 年版。

得到证明。《史记·殷本纪》载:"帝乙长子曰微子启,启母贱,不得嗣。少子辛,辛母正后,辛为嗣。"①《吕氏春秋》则说,微子启、中衍、受德(纣)为同母兄弟,因其母生启和中衍时尚为妾的身份,到生纣前才立为后,所以纣才有继承王位的资格,而启与中衍则没有资格继承王位。

商代后期已经出现了记载直系祖先宗子名讳的世系表。一片甲骨上记载了"儿(倪)"的祖先从"吹"开始的11代的世系名讳,其中两代有兄弟二人,共13位先祖的名字。这应该是某个家族11代宗子的名讳及其传承关系的世系表,可能是因为害怕年代久远造成血缘关系的混乱而记录下来以供备忘的。13位宗子,其中两位是兄终弟及,故而共11代。陈梦家先生认为这是一份家谱。②不管是家谱还是一份简单的宗子世系表,这一族11代中有9代只记1人,显然只是记录了宗子(族长)的承继关系,说明宗法制度在商代后期已经产生。

商代宗族组织的分级在古史记载中也有反映。汤时有"诸侯三千",其实就是三千家族。根据《左传》《国语》《史记》等文献,我们能列出名称并能简单述其事迹者,只二三十个。据《史记·殷本纪》,殷氏、来氏、宋氏、空桐氏、稚氏、北殷氏、目夷氏是由商族直接繁衍出来的。周初大分封时,随封于鲁、卫的有"殷民六族"和"殷民七族"。周灭商后,周公辅佐成王,分封建国,分给周公之子伯禽"殷民六族,条氏、徐氏、萧氏、索氏、长勺氏、尾勺氏,使帅其宗氏,辑其分族,将其类丑,以法则周公,用即命于周"。"殷民七族"是封给卫国的,"分康叔以大路、少帛、綪茷、旃旌、大吕,殷民七族,陶氏、施氏、繁氏、锜氏、樊氏、饥氏、终葵氏,封畛土略,自武父以南,及圃田之北竟,取于有阎之土,以共王职"③。同商族联姻的家族还有汤妃母家有莘氏、纣妻妲己所在家族有苏氏等。

商代已初步建立了分封制度。商家族同夏家族一样,也是家族与政权的结合体。商王通过分封,把众多的子姓家族、联姻异姓家族及归附于商的其他家族分封到全国各地去做诸侯。商代对方国之长一概给以"侯"的称号,如周侯、九侯、鄂侯等。王国负责镇压边地部落的官吏,也号为侯,如崇侯虎。周族以小邦臣服于商,早在其远祖高圉、亚圉时期就已成为商王国的"诸侯"(《左传·昭

① 〔汉〕司马迁:《史记·殷本纪》,中华书局1963年版,第105页。

② 陈梦家:《殷虚卜辞综述》,中华书局1988年版,第499页。

③ 李梦生:《左传译注·定公四年》,上海古籍出版社1998年版,第1221页。

公七年》杜注)，称为周侯。当时周人势力很小，故称殷为“大邦”(《诗·大明》《尚书·周书·顾命》)、“大国”(《易·未济》)，而自称为“小国”(《尚书·周书·多士》)、“小邦”(《尚书·周书·大诰》)，并要向商朝纳贡(《竹书纪年》载“王季来朝”可说明之)。

商朝不但封异姓酋长为侯，而且商朝内部也实行了采邑制。商王分封大臣以采邑，作为他们为王供职的报酬。《史记·殷本纪》说：“契为子姓，其后分封，以国为姓；有殷氏、来氏、宋氏、空桐氏、稚氏、北殷氏、目夷氏。”采邑的性质，《公羊传·襄公十五年》何休注云：“所谓采者，不得有其土地人民，采取其租税尔。”《汉书·刑法志》注：“采，官也。因官食地，故曰采地。”盖商王掌有强大的武力作后盾，分封采邑也没有固定不变的制度，遂使后人猜测。其实，封主未必不拥有采地的所有权。殷商铜器铭文中就有世袭采邑的例子。商贵族子渔(鱼)、子央(英)、子奠(郑)等，皆是以地名为人名，而子郑亦称“侯郑”(林泰辅：《龟甲兽骨文字》，二、七、二)，可知其为采邑主。殷末周初的微子、微仲、箕子，商器有戍鼎，都是以采邑名为人名。商末铜器“戍嗣子鼎”所记的戍，显是贵族采邑主，戍亦以地名为人名。称其为嗣子，可见其世袭其父的采邑。

有人论定商代采邑主无土地所有权，其根据之一是缶鼎。鼎铭载，“王赐小臣缶漓责(积)五年，缶用作享大子乙家记”(罗振玉：《三代吉金文存》，二、三五、二)。小臣缶见于帝乙或帝辛时，又称“侯缶”，故其为采邑主无疑。商代采邑主多以地名为人名，但上引铭辞赐给缶的是漓，缶在商王征人方时战功显赫[①]，商王赐其漓责五年(即食漓地贡赋五年)，并非把漓赐给缶作采邑，而是具有赏赐的性质。当时官无禄俸，都是取得一定量的土地，获取土地上的收入。

商代的“三千诸侯”，有些是通过分封而来的，有些是商王名义上册封或承认的，还有一些则是不服商族统治的。这些分封到地方上的家族，从血缘关系来看，是一个家族组织；从政权来看，它们相当于商王朝的地方一级组织，族长就是诸侯。这些诸侯的等级是不一样的。《尚书·酒诰》提到商朝的“外服”(京畿之外的地方)，有侯、甸、男、卫、邦、伯等几个等级，这在甲骨文中也得到了部分证明。从甲骨文中数以千计的后缀爵位的人名看，像攸侯、禾侯、先侯、井白(伯)、宋白、雇白、毕子等，与商王朝有着较为友好的关系，这与和商朝为敌的

① 参见李学勤：《帝乙时代的非王卜辞》，《考古学报》1958 年第 1 期。

家族和部落不同。与商族敌对的家族和部落,甲骨文中一般称为“方”,如人方、卢方、土方、羌方等。

商代王畿中也存在分封的家族。《左传》所记“帅其宗氏,辑其分族,将其类丑”,其中“宗氏”“分族”的内涵及关系,《左传》孔颖达正义解释说:“使六族之长各自帅其当宗同氏。辑,合也。合其所分枝属族属也。”童书业先生说:“‘宗氏’者,宗族也,有‘大宗’率领。分族者,宗族之分支,盖有‘侧室’‘小宗’等之长率领,与‘大宗’相和辑,受‘大宗’管辖。”①

陈梦家先生认为,殷民六族是子姓下面的六个同姓氏族(同一个氏),每个氏族下面有若干同姓的宗族(宗氏)。宗氏下有若干同族的家族(分族)。以殷民六族之一的萧氏来说,其层次如下:

子姓—萧氏—宗氏—分族

姓族—氏族—宗族—家族②

朱凤瀚先生认为,姓与宗氏、分族是指亲属组织中的三个层次,姓之下有若干宗氏,每个宗氏又包括若干个分族。商人的家族组织存在以宗氏、分族这样分层的亲属组织结构。这种宗氏,是同宗的亲族,出自一个明确的父系祖先,其下又有若干分族,所以宗氏即所说的宗族。直到商朝亡国之时,商人仍保持着这样的亲属组织结构,且各宗族之长还能率领其宗族,并以此为基础辑合诸分族,因而这种亲族结构是很牢固的。

赵林先生则对商代家族的亲属结构关系作了这样的推论:两代商人间的血亲组织可以“双系多父多母家庭”来命名,商人三代及超过三代的父系继嗣组织分成族、宗、姓三级;族人、宗人间的亲属关系乃依据系谱,但是同姓间的亲属关系则可以是设定的或假定的。商人的母系只有两代的深度,且因为商人实行同姓双边交表婚,使商人在子女这一代,多出了“生”这种亲类,为后世所无。③

商代王畿内的家族很多,如以单名“戈”作为氏族名号的青铜器物多出于今安阳地区,说明戈主要活动于这一地区。戈之名号在殷墟卜辞中多见。卜辞中常见“戈人”之称,并有多个甲骨片,卜问戈人田猎、征伐等事,如:

① 童书业:《春秋左传研究》,上海人民出版社1980年版,第150页。

② 陈梦家:《殷虚卜辞综述》,科学出版社1956年版,第497、615、643页。

③ 赵林:《论商代家族的亲属结构关系》,《中国史研究》2006年第2期。

取羊于戈？(《合集》3521)

令戈归。(《屯南》991)

同时,“戈”还有一些复合氏名,与戈相复合的氏名,除青铜外,还有一些见于卜辞,如家、北单等。安阳侯家庄西北冈1001号大墓、武官村大墓、妇好墓,发现觚、爵、簋、鼎等器物上有两字或三字的与戈复合的氏名,如“戈北单”等,这些氏名在商代也活动于今河南安阳及邻近地区。可见,戈氏与商王室有着密切关系。这些复合氏名,表示的是从戈氏分衍出来的各个分支。而与戈氏有复合关系的诸氏名再与其他氏名相复合,则表示从戈氏的各个分支中再次分衍而形成的更小分支。这些戈氏或其分支大体居于一个较近的范围内。

商代家族结构的分层制,以及商人族人亲属的等级制,说明在商代宗法制度已经初步确立。

## 第三节　西周春秋时期河南的宗法制家族

中国奴隶制社会的宗法式家族制度,到西周时已经形成了一套非常完备的制度,这套制度的中心是宗法制与分封制的结合。西周春秋时期,河南存在不少分封国,这些封国都是家族与政权的结合体,而且是有等级之分的。一个家族扩大了,会再分出新的家族。

### 一、西周时期的分封制和宗法制

古代中国的“天子”将土地分给王室子弟、功臣或古代帝王的后裔,所封之地称为“诸侯国”“封国”或“藩国”等,统治封地的君主被称为“诸侯”“藩王”等,称之为分封制。分封制也称分封制度或封建制,即狭义的“封建”,由共主或中央王朝给宗族姻亲、功臣子弟分封领地,属于政治制度范畴。中国大规模的分封制是从西周开始的。周族是一个古老的家族,其始祖母为有邰氏家族之女姜嫄。姜嫄履巨人迹而生弃,弃为周族始祖。周族活动于商朝西部的陕西岐山一带,势力不断增长。公元前1046年,周武王攻灭商朝,建立周王朝。周以一个居于边陲的小邦国灭掉大邑商,为了有效控制广大地区,实行了分封制与宗法制相结合的政治制度和宗法制度。

周灭商前的分封,是仿商制进行的,并非新创,且把分封制发展、推行到灭商以后。周代分封的渊源即在于此,但商、周两代实行分封的目的是有很大不同的。商代的分封,是按与商王血缘关系的亲疏及军功而定的,在这一点上,两代是一致的。但商代分封的目的仅是使受封者更卖力地为王室服务,而周代分封则带有明显的藩卫王室的目的。其原因就在于周族势力弱小,无力控制全国广大的地盘,其若不想偏居一隅,只有在全国各地建立据点,形成一个互相保护的网络状结构,以此作为镇抚全国的手段,逐步扩大周人的势力范围。

关于分封制度,史书中有两段经典表述,一是《左传・桓公二年》所载师服之言:"吾闻国家之立也,本大而末小,是以能固。故天子建国,诸侯立家,卿置侧室,大夫有贰宗,士有隶子弟,庶人工商各有分亲,皆有等衰。"二是《左传・襄公十四年》所载晋乐师师旷的一段话:"天生民而立之君,使司牧之,勿使失性。有君而为之贰,使师保之,勿使过度。是故天子有公,诸侯有卿,卿置侧室,大夫有贰宗,士有朋友,庶人、工、商、皂、隶、牧、圉皆有亲昵,以相辅佐也。善则赏之,过则匡之,患则救之,失则革之。自王以下,各有父兄子弟,以补察其政。"师服、师旷所云,其立意均在于怎样巩固政权,将"天子建国,诸侯立家"或者说"天子有公,诸侯有卿"与"卿置侧室,大夫有贰宗,士有隶子弟"直接联系在一起,构成同一体系。说明西周春秋时代,自天子至士,他们虽有等级之分,但上下级之间的相互关系却是同一性质的,也就是说,从天子到士,都贯穿着反映政治关系的"君统"和反映宗法关系的"宗统","君统"建立在"宗统"的基础之上,"宗统"和"君统"只是贵族间相互关系的两个方面。周初实行了宗法分封制是造成这种"君统"与"宗统"合一的原因。因此,西周春秋时代,分封制是与宗法制紧密结合的。

宗法制度是由氏族社会父系家长制演变而来的,是王族、贵族按血缘关系分配国家权力,以便建立世袭统治的一种制度。其特点是宗族组织和国家组织合而为一,宗法等级和政治等级完全一致。周王正妻所生之子称嫡子,其他妻室所生之子为庶子。周王的嫡长子、嫡长孙一系有继承王位的权利,称其为大宗。次子、庶子的后裔相对于大宗称为小宗。而次子、庶子的嫡长子、嫡长孙于本支又是大宗，其次子、庶子之后裔又是小宗。小宗必须服从大宗。以此类推，形成一个庞大的宗族网。对于异姓有功的贵族，则通过联姻，与其成为甥舅关系，将其分封为诸侯，纳入宗法体系。“亲亲”“尊尊”在这里获得完备的、严格的体现，成了宗法制的精神支柱，从而又成为周礼的根本原则。

分封制和宗法制的关系十分密切，古代宗法制是分封制的基础，在家庭范围是为宗法制，在国家范围是为分封制。

分封制以宗法关系为基础，因此，在西周春秋时代分封过程中，“建国”“立家”在性质上总是与置侧室、分贰宗相一致的，分封即分宗。《左传·隐公八年》载：“无骇卒。羽父请谥与族。公问族于众仲。众仲对曰：‘天子建德，因生以赐姓，胙之土而命之氏。诸侯以字为谥，因以为族，官有世功，则有官族，邑亦如之。’公命以字为展氏。”童书业先生释之曰：“无骇，鲁之公族，盖孝公之后。‘谥’者称也，族者，大夫之宗族也。观众仲之言，‘宗法’与‘封建’确为一事。天子建德，即天子建国，因其所生以赐姓，如鲁公伯禽为周公之子，即为姬姓。宋祖微子为殷帝乙之子，即为子姓。齐太公出于姜族，即为姜姓。胙之土者，禄之以国土也。氏者，姓之分也。如鲁为姬姓，国于鲁，为鲁氏。宋为子姓，国于宋，为宋氏。齐为姜姓，国于齐，为齐氏。‘以字为谥’者，以其本人之字或父若王父之字为称也。……‘展氏’即‘展族’也。胥甲父之为胥，以胥臣，公子目夷之后，亦为目夷（墨台）氏！则亦以父之名为氏也。‘官族’者，谓取其旧官以为族名也，如司马氏、司城氏、士氏、中行氏之类。以邑为族者，以旧邑为族名，如韩氏、魏氏、赵氏、萧叔大心、卞庄子之类。”①

从《左传》记载和童书业先生的解释来看，周之分封，实乃分宗。诸侯的宗族增殖到一定程度，就要发生分化，从中分出新的宗族，即卿大夫之族。世族，在古籍中也称为“氏族”。春秋时期，分封已由“天子建国”进展到“诸侯立家，卿置侧室”的阶段，周天子已无力再分封新的诸侯。相反，那些各据一方的卿大夫之族受封称氏后，就成为有封邑、有民人、有官属、有军队的统治者，俨然是诸侯国的小国君。所以《逸周书·祭公》云：“天之所锡武王时疆土，丕维周之基……维我后嗣旁建宗子，丕维周之始并。”“旁建”即“封建”的另称。可见，

---

① 童书业：《春秋左传研究》，上海人民出版社1980年版，第146—147页。

"旁建宗子"与"建国""立家"具有同一性。特别值得注意的是,诸侯无论何姓,皆由天子"因生以赐姓,胙之土而命之氏"。此"赐"和"命",非为多余之举,实乃表明宗统之属和分,如此足证不管是封同姓诸侯还是异姓诸侯,均为周宗之分宗。至于诸侯以国为氏、大夫以官或邑为氏,更是直接表明了"建国""立家"即是分宗,"君统"与"宗统"本为一体。这样,在西周春秋的宗法分封制下,一方面是天子与诸侯大夫的君统臣属关系,另一方面又是"姓者,统其祖考之所自出……氏者,别其子孙之所自分"的宗统宗属关系。君统与宗统在分封的杠杆作用下联为一体,密不可分。也正因为如此,周代分封时,"官司、彝器"①并列;分封后,"社稷""宗庙"对举②;而诸侯的大子则同时享有"奉冢祀社稷之粢盛"③的权利和义务。一个宗族的宗庙被毁,社稷灭亡,封疆全部易主,即丧失其土地所有权,封疆部分易主则丧失部分所有权。《左传·昭公二十年》载:"齐侯使公孙青聘于卫……(卫君)辞曰:'亡人不佞,失守社稷,越在草莽。吾子无所辱君命。'"齐国使者提出复卫国的主张,卫君曰:"君若惠顾先君之好,照临敝邑,镇抚其社稷,则有宗祧在。"是社稷、宗庙亡则国亡,国兴则有宗庙、社稷。晋公子夷吾逃亡时,曰"亡人苟入扫宗庙,定社稷,亡人何国之与有"(《国语·晋语二》),也以宗庙、社稷作为国家的代称。此等情况,皆佐证分封与分宗、君统与宗统的一致性。这种一致性,再明显不过地反映出分封制与宗法制的紧密结合。西周春秋时代政权机构只建到大夫的"家",士何以没有政权机构?是因为士"食田"的"田"不大,不足以分封其土地,故不能继续分宗。不能分宗就不能建政,两者的关系如此,亦可证分封与分宗是一致的,而君统与宗统亦是一致的。

宗族组织和国家组织合而为一,宗法等级和政治等级完全一致。这就是宗法制的根本特征。这种制度萌发于夏朝,发展于商朝,完备于周朝,影响于后来的各封建王朝,甚至在今天宗法制度仍有着一定的影响。

---

① 李梦生:《左传译注·定公四年》,上海古籍出版社 1998 年版,第 1221 页。

② 《左传·襄公七年》:"群臣不忍社稷宗庙。"《国语·越语上》:"残汝社稷,灭汝宗庙。"《论语·乡党》:"其在宗庙朝廷。"《礼记·祭法》:"建国之神位,右社稷而左宗庙。"《礼记·大传》:"收族故宗庙严,宗庙严故重社稷。""社稷"乃国家的代名词,"宗庙"则是宗族的物质标志,两者并列,对举意味非常明显,即表示两者的同一性。

③ 李梦生:《左传译注·闵公二年》,上海古籍出版社 1998 年版,第 180 页。

分封制与宗法制的结合还反映在土地制度问题上。“天子建国,诸侯立家,卿置侧室,大夫有贰宗”,这样就形成了多层次的宗族土地所有制。卿大夫为其封邑之大宗,封邑即归其宗族。这就是所谓“天子有田以处其子孙,诸侯有国以处其子孙,大夫有采以处其子孙”(《礼记·礼运》)。士无封邑,只得靠分给自己的一点田地生活,称“士食田”,个别有较多土地的士,还可“隶子弟”,使臣属从其占田中取得一点余惠。士以下阶层之人无土地所有权也可以从当时人们的财富观念中得到解答。《礼记·曲礼》云:“问国君之富,数地以对,山泽之所出。问大夫之富,曰:‘有宰食力,祭器衣服不假。’问士之富,以车数对。问庶人之富,数畜以对。”说明诸侯领有土地及山林川泽,大夫有封邑。

当时,宗族为基本的社会单位,争夺土地的斗争是在族与族之间进行的。他们之间的兼并,仅仅戕杀对方的首领还不够,还要“尽灭其族”“尽逐其族”。如:

> 晋士蒍使群公子尽杀游氏之族。(《左传·庄公二十五年》)
>
> 宋文公……使戴、桓之族攻武氏于司马子伯之馆,尽逐武、穆之族。(《左传·宣公三年》)
>
> 郑子家卒。郑人讨幽公之乱,斫子家之棺而逐其族。(《左传·宣公十年》)

从西周晚期开始,随着一些诸侯国地盘的扩大,各国之间渐无隙地可供拓土,于是,在诸侯与诸侯之间争城略地的同时,诸侯国内部宗族与宗族之间的斗争开始萌发,并愈演愈烈。其结果是越来越多的宗族被消灭,各国的土地渐归一个宗族所有,由于这个宗族代表了整个国家,故而多层次的宗族土地所有制转变为土地国有制。在土地所有制由宗族所有到国家所有的转变过程中,官族起了很大的作用。而土地所有制的转变的完成,实与停止分封、设立郡县有不可分割的联系。

从分封封邑到设立郡县是历史的一大进步。实现这一进步,必须有一个先决条件,即分封采邑的危害明显地显露出来,从而使分封制的藩卫大宗的目的不能达到。否则,如果分封采邑能很好地达到分封者的预期目的,郡县之设便失去了必要。晋封曲沃伯于宗邑曲沃,致使其终代晋君,说明分封制的危害已见端倪。《左传·文公七年》载:宋“昭公将去群公子,乐豫曰:‘不可。公族,公室之枝叶也,若去之则本根无所庇荫矣。’”这一事实,反映在当时宗法问题上两种对立思想的斗争。它表明,这个时期宗族分封制对于国君来说已经害多利少了。但分封制仍未终止,而是以其惯性实行了一段时间之后逐渐减缓下来。这种情况,各国因条件不同,授予封邑、设立郡县的速度、程度也各不相同。

在西周时代,由于各级宗主的政治、经济、宗法地位的合一性,而且宗族呈现多层次性,故而土地买卖的现象是不大多见的。春秋时期,由于宗族斗争的影响,各级宗族受到上下级宗族的严格束缚,宗族土地更加固化,表现为一种垄断的而不是自由买卖与交换的宗族土地所有制。后儒遂根据春秋时期的情况,勾画出一个"田里不鬻"的时代——周代。

## 二、西周春秋时期的河南封国

周朝建立后,周天子分封天下,将土地连同人民分别授予先古圣王后裔、王族、功臣和贵族,让他们建立自己的领地,以拱卫王室。封国的面积大小不一,封国国君的爵位也有高低。分封国之君皆率领自己的宗族及被赐之物到封地建立城堡,服从周王室,按期纳贡,并随同作战,护卫王室。《诗·大雅·崧高》记载:"亹亹申伯,三缵之事。于邑于谢,南国是式。王命召伯,定申伯之宅。登是南邦,世执其功。王命申伯:'式是南邦。因是谢人,以作尔庸。'王命召伯,彻申伯土田。王命傅御,迁其私人。"即是让召伯协助申伯建立其封国,领有封地之土著,疆理封地之田土。因此所谓"封建",即授民授疆土,并有册封命诰,命其建国,使他"有其土地人民",正如受赐的弓矢车马一样。一个封君在始就是一个家族,随着其封地的扩张和人口的繁衍,会分出更多的家族。家族是西周春秋时期社会经济的基本单位。

西周春秋时期,河南主要封国如下:

聃:周文王之子季载封国。

雍:在今焦作市西南 15 里府城村,周文王第十三子封国,称雍伯。

原:在今济源市西北,周武王封其十六弟于原,称原伯。

邘:又称于国,在今沁阳市西北,始封之君是武王次子邘叔。

蒋:在今淮滨县东南,周公姬旦的第三子姬伯龄封国。

应:在今平顶山市西,武王第四子封国。

凡:在今辉县市西南,周公之子封国。

胙:在今延津县东北,周公之子封国。

祭:在今荥阳市东北,周公第八子封国。

陈:都城在今周口市淮阳区,虞舜后裔妫满封国。

杞:在今杞县,夏禹后裔东楼公封国。

许:在今许昌东,许文叔封国。

申:在今南阳市宛城区北,周宣王之舅申伯封国。

管:都城在今郑州市,周文王第三子管叔鲜的封国。管国为当时周朝之东方重镇。周公旦摄政后,管叔鲜因勾结蔡叔度、霍叔处、武庚叛乱被诛,管国由此而废。

蔡:在今上蔡县西南,系周文王第五子蔡叔度的封国。周武王以监武庚将其封于蔡。三监叛乱,周公率军平叛,杀死武庚,处死管叔,并将蔡叔放逐。蔡叔度的儿子蔡胡能改行向善,周公荐于成王,仍封于蔡,史称蔡仲。

卫:系周文王第九子康叔的封国。康叔获武王封畿内之康国,故称康叔。成王即位,周公旦平定武庚叛乱后,徙封康叔于卫(都今淇县),建立卫国。

单:在今济源市东南,为周成王之子的封国。系东都王畿内封国。

虢:西周初期的重要诸侯封国。周武王灭商后,周文王的两个弟弟分别被封为虢国国君,虢仲(一说虢叔)封东虢,虢叔(一说虢仲)封西虢。西虢国,西周初年所封诸侯国,位于现陕西宝鸡东,后随周平王东迁至今三门峡陕州区东南,地跨黄河两岸,河北称为北虢,河南称为南虢,实为一国,于公元前655年被晋国所灭。原地留有一小虢,公元前687年被秦国所灭。东虢国,西周初年所封诸侯国,位于现河南荥阳东北,公元前767年被郑国所灭。

郑:系周厉王幼子友的封国,别名奠国。西周末年,郑国徙都新郑,在今河南新郑。

刘:在今偃师市西南。刘康公为周顷王的小儿子,是周匡王和周定王的同母兄弟,食采于刘,于公元前599年前后建立刘国。

东周:东周惠公为西周威公少子。周显王二年(前367)西周威公卒,少子根与太子朝不和,赵成侯与韩共侯遂分周为二,根自立于巩(今巩义西),号东周惠公。秦庄襄王元年(前249)东周君与诸侯谋秦,秦使相国吕不韦诛之,尽灭其国。东周公国灭亡。

吕:姜姓羌人发展出四支胞族,即“四岳”,吕部族就是其中一支。该部落的首领在夏时被封为吕侯,建姜姓诸侯国吕国。春秋时,吕国被楚国所灭。东吕国是姜姓吕国分离出来的一个小国,也叫吕国,史称东吕,在今河南新蔡西南一带,后来在春秋时为宋国灭亡。

息:在今息县西南,春秋时为楚所灭。

邶:周武王灭商之后,为了安置殷商遗民,将商王畿之地分为邶、墉、卫三地,封商纣王子武庚于邶地,称邶国。西周设立的邶、墉、卫三国,后来因武庚串通管叔、蔡叔叛周而招致周公领兵东征,结果武庚、管叔被杀,原来的邶、墉、卫三国之地划归卫国所属,周王室封康叔于卫,领“以殷余民”。从此邶国之民和邶国之地转属卫国所有。邶国仅历武庚一代而终结,是周初封国中寿命最短的方国。

宋:都商丘(今商丘市睢阳区南),是微子启的封国。

江:嬴姓国,江人周初以前应在东方,周公东征伐淮夷、践奄后才南迁。周穆王时及其以后,溯淮河两岸西侵,渐入中土。西周晚期,召公平淮夷,江、黄等嬴姓诸族归附于周,各自所居即成为周王室承认的封土。江为小国,春秋早期先依附于楚,楚成王曾嫁妹于江。待齐国称霸时,江又改依于强齐。公元前624年,楚师围江。后因晋国出兵救江,楚师暂时撤走。第二年秋天,楚穆王再次出兵,一举灭掉江国。

黄:嬴姓国。《学林》载:“(夏)后相即位,二年,征黄夷。”商代黄夷已在淮水之滨建立国家,与商王的关系不是十分和谐,卜辞中有“伐于黄尹”的记载。周人灭商后,黄人归服,黄国得以保留。从出土的东周时期黄国及相关的青铜器看,嬴姓黄国与姬姓曾国等一直保持婚姻关系。黄国史实见于《左传》者,始于桓公八年(前704)。这时楚国方兴,在楚地约会诸侯,黄、随二国都没参加,结果汉阳的随国受到讨伐,淮水的黄国由于相距较远躲过一劫,但也遭到楚国的斥责。公元前648年夏,黄国终于被楚成王所灭。

苏:前身为夏时建立的温国,商汤灭之,而后同宗有苏氏居其地。商末,有苏氏助周伐商,周武王赐苏忿生家乡十二邑建苏国,都温。公元前396年后的春秋末期,苏国被狄族所灭,末代君苏明自尽,族人逃往卫国。

楚:芈姓国。鬻熊,是周文王的火师。周成王封鬻熊曾孙熊绎于楚蛮,封以子男之田,居丹阳,建立楚国。周定王十年(前597)楚庄王在邲(今河南荥阳北）大败晋军，称霸中原。秦王政二十四年（前 223）秦将王翦击破楚将项燕，掳楚王负刍，楚国灭亡。

胡：归姓国，在今漯河市郾城区西南一带，春秋初为郑国所灭。

## 三、春秋时期的河南家族

西周时期的河南封国，到春秋时期已所剩不多，主要有郑、宋、卫、陈等，在春秋时期，这些国家都是二流诸侯。郑国在春秋初期尚较有影响，后在晋国、楚国所迫下逐步衰弱。宋国在春秋初期尚有大国之威，宋襄公图霸不成，渐次衰落。除上述几国外，晋国在河南占有大块地盘，河南信阳一带则为楚国所据。河南还有不少戎人等少数民族之家族与部落。

### （一）河南诸国家族概略

#### 1. 郑国“七穆”

春秋时期，郑国有名于史册的家族莫过于郑国“七穆”。郑国“七穆”都是郑穆公的后代。郑穆公名姬兰，又称公子兰、郑伯兰，是郑文公的儿子。他早年在晋国为大夫，后被迎回郑国为太子，于公元前 628 年登基，在位 22 年。他在位期间和楚国结盟讨伐宋国，又与晋国结盟。公元前 606 年，郑穆公去世，其子郑灵公继位。史书上所显郑穆公有 13 子、1 女，其中 7 个儿子及其后代形成历史上有名的郑国“七穆”：良氏、罕氏、驷氏、国氏、游氏、印氏、丰氏。

郑穆公 13 子、1 女如下：

郑灵公，本名姬夷，春秋时郑国第十位、第十二任君主，郑襄公之兄。公元前 606 年冬十月，郑穆公去世后继任国君，公元前 605 年夏，因为开玩笑惹恼了公子宋（字子公）而被后者所杀。

郑襄公，名为姬坚，春秋时期郑国第十一位、第十三任国君，公元前 604—前 587 年在位。公元前 587 年，郑襄公去世，其子郑悼公即位。

姬去疾，公子去疾，字子良，郑襄公弟，其后为“七穆”之良氏。

姬喜，公子喜，字子罕，郑襄公弟，其后为“七穆”之罕氏。

姬騑，公子騑，字子驷，郑襄公弟，其后为“七穆”之驷氏。

姬发，公子发，字子国，郑襄公弟，其后为“七穆”之国氏。

姬嘉,公子嘉,字子孔,郑襄公弟,其后为郑国孔氏。

姬偃,公子偃,字子游,郑襄公弟,其后为“七穆”之游氏。

姬舒,公子舒,字子印,郑襄公弟,其后为“七穆”之印氏。

姬平,字子丰,郑襄公弟,其后为“七穆”之丰氏。

姬□,字子羽,郑襄公弟,其后为羽氏。

姬□,字子然,郑襄公弟,其后为然氏。

姬志,字子孔,又称公子志、士子孔,郑襄公弟。其后无考。

女儿夏姬(姬姓,因嫁夏御叔故称夏姬),嫁陈国大夫夏御叔,生夏徵舒。

**2. 宋之公族**

春秋时期,宋国王位传承如下:戴公—武公—宣公、穆公—殇公、庄公—湣公、桓公—襄公—成公—昭公、文公—共公—平公—元公—景公。

春秋列国之中,以宋国公族为最盛。活跃于春秋时期宋国舞台上的宋国公族有13个。

出自戴公者4个:华氏、乐氏、老氏、皇氏。

出自庄公者1个:仲氏。

出自湣公者1个:孔氏,自孔父嘉被杀后,无为卿者。

出自桓公者4个:鱼氏、荡氏、鳞氏、向氏。

出自文公者1个:灵氏。

出自共公者1个:石氏。

出自平公者1个:边氏。

以上13族,计出于7公之后,其他国君后裔虽有见于史书者,但都无以氏为称。宋国异姓大夫,如南宫长万、仇牧、雍氏等,其势力远不能与公族相抗。

春秋宋国公族,以戴、桓二公之族人多族盛,自鲁庄公十二年(前682)至哀公二十六年(前469)止,总计200余年间,“大抵两公之族更迭执政”①。

**3. 东周、卫国、陈国家族**

东周王室屈居于今河南洛阳一带,史籍所见春秋时期周王室有姬姓家族党氏、樊氏、刘氏、王叔氏等,己姓家族的苏氏,另有尹氏、武氏、叔氏、南氏、石氏、荣氏、家氏、巩氏、南宫氏等家族,族姓不详。

---

① 孙曜:《春秋时代之世族》,《民国丛书》第三编第63册,上海中华书局1936年版,第145页。

卫国为姬姓，两周之际的卫武公（姬和，前812—前758年在位）时一度强盛，为诸侯首领之一。进入东周时期后由于内乱频仍而衰弱，公元前660年被狄人残破，依赖齐桓公的援助方才得以继续存在，从此沦为小国。春秋时，卫国公族势力强盛。《潜夫论·志氏姓》载："卫之公族，石氏、世叔氏、孙氏、宁氏……皆卫姬姓也。"石氏建立者为石碏。据《左传·隐公三年》《通志·氏族略·以字为氏》等史籍，石碏为靖伯之孙，有大功于卫，世为卫大夫，为大义灭亲之"纯臣"。

陈国为妫姓国，史籍所载陈国著名家族，属妫姓的有辕氏、夏氏、孔氏，另有女氏、原氏、庆氏、邓氏、懿氏等，族姓不详。

**（二）春秋时期的大夫**

诸侯在初封时势力极小，《孟子·公孙丑下》曰："汤以七十里，文王以百里。"还说："不能五十里，不达于天子，附于诸侯，曰附庸。"《尚书》又言："公侯方百里，伯七十里，子男五十里。"《史记·十二诸侯年表》载："齐、晋、秦、楚其在成周微甚，封或百里或五十里（据顾炎武说，"古之百里，当于今六十二里"，见《日知录》卷三十三）。"文王之昭郕、霍、原的封国都来于春秋前期，其地皆一邑，想来其他诸侯国也不会很大。即使是著名的卫国，其灭亡时遗民只有730人，"益之以共、滕之民为五千人"（《左传·闵公二年》）。《史记·晋世家》载晋初封时，实只百里之国。其实周初之分封诸侯不过是指定一个地方让受封者带领自己的宗族去开拓、发展。分封国作为王室的屏障，分封时不可能划定受封者的地盘，而是各个诸侯根据自己宗族的实力占领一块地方，随着宗族力量的扩大，占地亦随之增加。孟子说的百里、七十里、五十里的等级分封制实出于其想象，但其所言诸侯初封时占地不多还是符合历史实际的。而《周礼》所言公、侯、伯、子、男分封时占地分别为五百里、四百里、三百里、二百里、一百里的等级分封制，就纯属向壁虚构了。可以肯定地说，周初分封国疆域的大小，是由各分封宗族的作战力量决定的。他们的势力所不及的地区，便是敌对者的天下。

随着分封国的发展，诸侯国的势力到春秋时期便大大扩展了。一些史书拿开拓后的情况比附诸侯始封之时的情况，恰好说明了分封初并无太大地盘。《礼记·明堂位》：成王"封周公于曲阜，地方七百里"。鲁国达到七百里之地，须是春秋中期才有可能的。《管子》所说齐的疆域，南至于岱阴，西至于济，北至于海，东至于纪随，地不过三百六十里。《史记·汉兴以来诸侯王年表》：周"封伯禽、康叔于鲁、卫,地各四百里……太公于齐,兼五侯地”。这些都是春秋时期才有的。

西周以前的文献,“大夫”二字出现不多,且出现“大夫”二字的篇章均系战国以后之人所写或经过后人的改订。西周金文中出现“大夫”二字的仅有“大夫始鼎”,著于薛尚功《历代钟鼎彝器款识》,但据王国维先生《宋代金文著录表》考证,此鼎为伪器。时入春秋,大夫这一名称始大量见诸文献记载。铜器铭文中,“大夫”二字也出现了不少,如《舍武编钟》《邾公华钟》《许子钟》等。但是,西周虽无大夫之名,亦未必没有大夫之实,后来意义上的大夫在当时也即是邦。

周宣王之后,王室衰微,不足以号令天下,诸侯们感到周王再也无力保护自己,于是便自建保护网,建立卿大夫之家。这些家与诸侯联系的密切程度与原来畿内诸侯与周王的联系大体相同,实则均为一些独立性较强的宗族城邦。

**(三)春秋时期的公族与官族**

宗族是周代社会的基本组织。自周初大分封时起,周代就存在两种宗族:一种可称为公族(在周王畿和楚国者称为王族),这是由族长与周天子或诸侯王的血缘关系决定的。这样的宗族都是一些社会单位和财产单位。就其社会性来说,当时社会关系是在族与族之间进行的;就其经济性来说,每支宗族都有自己的土地、奴隶、车马等财产,一个宗族俨然是一个小邦。因此,当时的土地所有制是宗族国家土地所有制。土地的计量、管理与分配都是以宗族为基本单位进行的。由于宗族是多层次的,故而这种宗族国家土地所有制也是多层次的宗族国家土地所有制。另一种可称为官族,这些宗族由公族设官而形成,在始为公族的附属物。他们没有自己的土地,而是靠从其所依附的公族那里领取一定量的官田作为酬劳。所以,宗族国家土地所有制中的宗族指的是公族而非官族。后来,随着时间的推移,血缘关系逐渐疏远,致使公族地位下降,官族地位上升。当一些官族取得周王或诸侯的信任,做了高官并受封立邑时,便逐渐取代了公族的地位。周初,公族作为社会结构的主体,公族之间血缘亲属关系的存在在整体上造成亲族、贵族联合执政的局面,官族则是作为公族的附属物而存在。但在这时,一些官族已开始独立于公族之外,渐次公族化。到春秋战国时期,由于官族逐步取代了公族,而且原来公族的内部机制也向官族转变,从而使官族登上了历史舞台,各诸侯国政体上的专制性大大加强,致使当时各国向中央集权的专制政体转变，待到官族基本取代公族在各诸侯国执政，各国也便开始了专制统治的历程。因此，春秋战国时期社会性质的转变，实与官族替代公族有不可分割的联系。同时，随着一个宗族执掌国家权柄代替诸多宗族联合执政，土地所有制也便从宗族国家土地所有制向封建国家土地所有制转变。

斗转星移，当公族土崩瓦解，不复有实力以控制全国局势时，强宗大族便登上了历史舞台，宗族斗争的大戏该由他们来唱了。这些大族也便开展了所谓灭族灭宗运动，致使各诸侯国土地被几个大族所瓜分，公室之土地亦被大族所侵吞，渐无衣食之着落了。当时各大族之间争夺土地的斗争正如诸侯国相互兼并一样，都是以实力作后盾的。没有强大的经济实力，所谓大宗亦对小宗无可奈何，甚而听任其摆布了。有些卿大夫宗族势力强大时，还分立“侧室”和“贰宗”，其时当在春秋中期，所谓“卿置侧室，大夫有贰宗”是也。侧室是与正室相对而言的，即卿立下级之卿或大夫，大夫立下级之大夫或属大夫。一个宗族内有许多小宗。侧室、贰宗盖卿大夫宗族中地位较高之小宗。他们分离出来，成为相对独立的宗族。这些宗族亦可有家臣而属于大宗，且受邑于大宗。这实际上是卿大夫之族的分封。

春秋时期，土地的交换与兼并并未改变宗族土地所有制的实质，新设的郡县原则上属诸侯国君控制，但有的诸侯国郡县的操纵权握在强宗大族手中，随着被灭宗族的增多及公族的衰落，一国的土地渐次集中于一个宗族，泯灭了中间的宗族层次。若说这时为宗族土地所有制，但这个宗族代表了国家，故而又可说是国家土地所有制，齐、韩、赵、魏即属这种情形，秦、楚、燕则是自上而下进行改革，在排除了宗法贵族的破坏、干扰后取得了或大或小的成功。

春秋时期，宗族之间的斗争日趋激烈，在斗争过程中，获胜的宗族把所得别国、别族的土地设县管理，遂开郡县制之端。分封者在设置县、郡以后，也有要把封邑改为郡县的要求和愿望，一些受封君势力弱小，得不到分封君的照顾，故其老死时被迫致邑还田。所以春秋时期，大夫封邑的二重性是在春秋中期开始出现的，这时正是县制实行渐盛之时。与宗族离散同时，平民称姓称氏、立社祭祀也兴盛起来，致使氏、社不再是大夫以上贵族的专利，社不复为土地所有权的标志。

### （四）虢国家族

虢国就是周朝分封的姬姓诸侯国，有东虢、西虢、北虢、南虢和小虢，其中东虢、西虢是周武王时所封，开国君主均为周文王的弟弟。东虢在今河南荥阳东北，是姬叔（亦称虢叔）的封地。其都曰制邑，在今荥阳境内。西周末年，周王室衰微，申侯勾结犬戎作乱，杀周幽王于骊山，周室被迫东迁。当时，郑武公与晋文侯在辅佐周平王东迁雒邑的过程中立下汗马功劳，深得平王倚重，所以平王同时把郑国从陕西迁到河南的虢（即东虢）、郐之间。为扩张势力，郑武公于平王二年（前769）攻灭郐国，平王四年（前767）郑武公又吞并了东虢，虢君死于制邑。从此郑国日渐强盛，引起各诸侯国的不满。当时，南方的楚国正欲向中原扩张，遂以平王无故灭虢为名，兴师问罪，率陆浑（今河南嵩县东北）之师一直打到雒邑附近。平王大为恐慌，只好把虢叔的后裔姬序找来，封之于夏阳，号称虢公。夏阳也称下阳，其地在今山西平陆县濒临黄河北岸的太阳渡附近。因滨河之北，故史称北虢。其后北虢因势力弱小，每况愈下。周惠王十九年（前658），晋献公假道于虞，出兵伐虢。虞君昏庸无能，贪图晋国的金玉良马，不顾大臣宫之奇的苦苦劝阻，答应了晋国假道的要求。于是晋献公派大将里克、荀息出兵伐虢，他们在灭掉北虢后，回师途中顺便把虞国也灭掉了，这就是历史上有名的"假道灭虢""唇亡齿寒"的故事。

西虢在今陕西宝鸡东，是姬仲（亦称虢仲）的封地，其都曰"虢镇"，即今陕西宝鸡市虢镇，也称为"城虢"。西周灭亡之后，西虢向东迁徙，其支族留于原地者称为"小虢"，于公元前867年为秦所灭。西虢东迁河南后建都上阳，其地在今河南三门峡市东，占有今河南三门峡和山西平陆一带，史称"南虢"。公元前655年，南虢为晋国所灭。

虢国首封之君是和文王同辈的虢仲和虢叔，"作为周王的直系亲属，和周、召家族一样，虢国历代均有以卿士之身份供职于王室的代表，他们决策或参与了王室大大小小的政治活动"①。《左传·僖公五年》宫之奇曰："虢仲、虢叔，王季之穆也，为文王卿士，勋在王室，藏于盟府。"《尚书·君奭》载，周公相成王，教育召公奭要以周初的贤臣虢叔、闳夭、散宜生、泰颠、南宫括为

---

① 景红艳、刘冬妮：《论虢国家族的政治品质和文化精神》，《山西师大学报（社会科学版）》2018年第6期。

榜样。

《国语·周语》载，周宣王时“不籍千亩”，作为卿士的虢文公及时进谏，“不可。夫民之大事在农，上帝之粢盛于是乎出，民之蕃庶于是乎生，事之供给于是乎在，和协辑睦于是乎兴，财用蕃殖于是乎始，敦庬纯固于是乎成”。宣王不听，以致威信大失，君臣离心、上下失和使对外战争出现一系列失败，“王师败绩于姜氏之戎”。“宣王既亡南国之师，乃料民于太原”，导致王朝急剧衰弱。

西周末年申侯之乱，诸侯国拥立太子宜臼在申国即位，虢国家族的虢公翰则出于对太子宜臼杀父弑君的不满，带领一帮大臣拥立幽王的弟弟余臣在携地即位，余臣被大臣称为“携王”。后周平王由申国东迁于雒邑，中国历史进入到春秋时期。周平王二十一年(前750)，晋文侯于携地杀掉了虢公翰拥立的王子余臣，姬周王朝“二王并立”的局面才得以结束。

西周时期，虢公多次带兵平定方国侵扰。周懿王六年(前894)，朝廷命令虢公率师北伐犬戎，败逋。周夷王之时，北方边境受到戎人的侵扰，虢公又受命前去戡乱抗击。《竹书纪年》载：“七年，虢公帅师伐太原之戎，至于俞泉，获马千匹。”周厉王即位不久，东南地区骚乱，时局动荡，虢公又带领军队奔赴前线。《竹书纪年》载：“三年，淮夷侵洛，王命虢公长父杀之，不克。”根据《虢季子白盘》铭文，宣王时期，有虢季子白“搏伐猃狁，于洛之阳，斩首五百，执讯五十”，取得了对猃狁战争的巨大胜利。周幽王七年(前775)，虢国出兵灭掉了焦国。因此，虢国家族是一个能征善战的家族，创下了辉煌的军事战绩。

春秋时期，虢国为小国，但在对抗犬戎入侵、捍卫中原安全时仍然能够保持强大的战斗力。《左传·闵公二年》载：“二年春，虢公败犬戎于渭汭。”

春秋初年，在周王室内部争夺皇位的政治斗争中，虢公也有突出表现。公元前676年，周惠王即位，以蒍国、边石、石速、詹父、子禽五大夫为代表的势力对惠王发动了军事叛乱，另立王子颓为王，联合卫国、燕国的军队进攻惠王。惠王孤立无援，逃亡到郑国。叛乱发生之后，大部分诸侯国持观望态度，只有和王室关系亲密的虢国和郑国积极出兵。《左传·庄公二十一年》载：“郑伯将王自圉门入，虢叔自北门入，杀王子颓及五大夫。”郑虢联军平定叛乱，保护惠王重新回到都城。叛乱平息之后，为了感谢郑国和虢国的平叛之功，周惠王专门巡狩到虢国，在虢国居住了半年之后才回到都城。作为回报，周惠王把虎牢之东的土地赏赐给郑国，把酒泉之地赏赐给虢国。

春秋初年，虢国的强邻晋国自晋献公时就致力于向外扩张。虞国、冀国、虢国是处于晋国周边的诸侯小国，形势十分危险。

《左传·僖公二年》载，晋献公派大臣荀息出面，以国宝“屈产之乘”和“垂棘之璧”为代价，请求“假道于虞以伐虢”。虞公不听大臣宫之奇“唇亡齿寒”的劝说，致“晋里克、荀息帅师会虞师伐虢，灭下阳”。“灭下阳”是虢国历史上的一个重要转折点。虢国失去了自己祖先的宗庙之地，对以尚武精神为荣的虢国是致命一击，其国力也必然受到重创。之后，周边的戎狄乘难而下，虢国的处境更加艰难。《左传·僖公二年》载：“虢公败戎于桑田。”面对戎人的入侵，虽然虢国失去了河北之地，但虢国家族依然取得了对戎战争的胜利。

一心想吃掉虢国的晋国，不断在诸侯国间散布不利于虢国的言论，说虢国当政者穷兵黩武、不恤百姓，虢国因此而将不出五年灭亡。另外，从虢国在失去河北之地后仍然有足够强大的军事力量取得对戎战争的胜利来看，虢国并不是一个在短期之内就可以被他国轻而易举灭亡的怯懦之国，也不是一个甘愿俯首帖耳、轻易和他国媾和的国家。据《左传·僖公五年》载，随着对外侵略扩张力度的进一步加大，晋国再一次将侵略目标锁定在虢国身上，为此，启动了新一轮的“假虞伐虢”计划。

面对晋国第二次假道于虞的政治请求，虞公不听大臣宫之奇苦苦劝谏，答应了晋国的假道请求。晋国和虞国联手对虢国的战争，双方军事实力悬殊。《左传·僖公五年》载：“八月甲午，晋侯围上阳……虢公其奔。……冬十二月丙子朔，晋灭虢，虢公丑奔京师。”这场灭亡虢国的战争从八月持续到十二月，前后持续了五个月，足见战事之惨烈和虢人之奋勇不屈。

综上所述，虢国家族培育了一批德高操洁、刚正不阿、恪尽职守、疾恶如仇的王室卿士。作为王室之封臣，虢国家族的成员是赳赳武夫，他们崇武尚勇，积极履行拱卫天子和捍卫边疆安全的政治责任。虢国虽小，但面对戎狄之入侵和大国之逼迫，虢国家族不惧外侮，奋而自卫，拼死一搏，御敌于国门之外，即使面临牺牲和亡国，也要捍卫国人的尊严和国家的主权，将周代礼乐文化培育的武士精神之慷慨和壮烈诠释得淋漓尽致。河南三门峡虢国墓地的发掘，或可想见全盛时期虢国家族勇武无敌的状况。

三门峡虢国墓地位于三门峡上村岭。虢国墓地是我国迄今为止发现的唯一一处规模宏大、等级齐全、排列有序、保存完好的西周春秋时期大型邦国公墓，总面积32.45万平方米。从1956年发现至今，探明各类遗址800余处，出土的车马遗骸，金、银、铜器，玉、石器等文物近3万件。尤其是20世纪90年代发掘的虢季、虢仲两座国君大墓，因出土文物数量多、价值高和墓主人级别高，连续两年被评为“全国十大考古新发现”之一，又被评为“中国20世纪100项考古大发现”之一。其中的铜柄铁剑，被誉为“中华第一剑”，是中国考古发掘史上的惊世成果。M2001墓主为虢季，七鼎墓，属国君一级，其车马坑除被近代墓和现代沟所损毁的车辆与马匹外，整个坑内共清理出车13辆、马64匹、狗6只。一号古墓和一号车马坑，1990年被列入“全国十大考古新发现”。虢国车马坑反映了虢国的军事实力和综合国力。一号车马坑是陪殉一号墓的，两者相距4米左右，车马坑长46米，宽5米多，殉葬有战车22辆、战马44匹，是我国当今考古发现的最大的一座车马坑，从中或可看出当年虢国的盛况。

**（五）郑国子罕家族**

郑国“七穆”是郑国世卿家族政治的突出表现。在这一集团中罕氏家族首先实现了对上卿职位的世袭，也是“七穆”中唯一一个实现世袭卿位制度化的家族。罕氏对上卿职位的世袭经历了子罕（公子喜）、子展（公孙舍之）两代人的努力，在子皮（罕虎）参政之初实现了“罕氏常掌国政，以为上卿”。自子皮之后，子齹（婴齐）、子姚（罕达）都世袭上卿之位。罕氏世袭上卿一职对郑国的政治和发展产生了极大的影响。①

“七穆”之说首见于《左传·襄公二十六年》，晋叔向语：“郑七穆，罕氏其后亡者也，子展俭而壹。”另据今人考证，“据杜注及孔疏，郑穆公十一子，子然、子孔、士子孔三族已亡，子羽不为卿，所存而当政者七族，至于此时，则子展公孙舍之为罕氏，子西公孙夏为驷氏，子产公孙侨为国氏，伯有良霄为良氏，子大叔游吉为游氏，伯石公孙段为丰氏，子石印段为印氏，故曰七穆”②。

郑国罕氏世系如下：

---

① 詹婷：《春秋时期郑国罕氏家族政治世袭考论》，《西安文理学院学报（社会科学版）》2015年第1期。

② 杨伯峻：《春秋左传注（修订本）》，中华书局1995年版，第1117页。

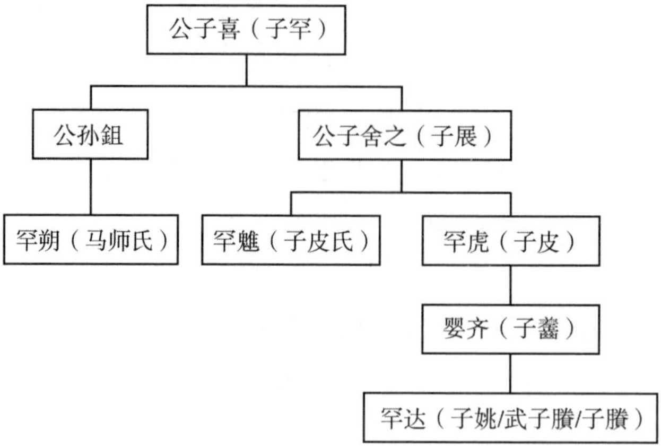


图 2-1 郑国罕氏世系

“七穆”中最早见于记载的是子良(公子去疾),子罕虽出现较晚,但却立下了卓越的功勋。他曾赂晋人使被其所执的郑成公归国,三次出师连战皆捷,保卫郑僖公之君位,因此在僖公年间得以当政。

子罕促成郑成公归国事载于《左传·成公十年》。时晋人执郑成公欲威胁郑国,郑人于十年伪立新君,晋人会诸侯伐郑,“郑子罕赂以襄钟,子然盟于修泽,子驷为质。辛巳,郑伯归”①。此后,子罕因迎郑成公归国之功受其重视。子罕还曾阻止子丰废黜郑僖公,这成为郑成公卒后僖公继位、子罕当国的重要原因。

子罕在战事中三战三胜。一次是成公十五年,“楚子侵郑,及暴隧。……郑子罕侵楚,取新石”②。第二次是成公十六年,“郑子罕伐宋……郑人覆之,败诸汋陵,获将鉏、乐惧”③。第三次是成公十六年,晋率诸侯之师伐郑,“郑子罕宵军之,宋、齐、卫皆失军”④。由此可以看出子罕的军事才能。卓著的战功为子罕奠定了雄厚的政治资本,所以郑成公卒后,“子罕当国”⑤,摄君事,为其子孙参政提供了有利的条件。

子展参政之初,并未继承父亲的显赫地位。这从郑简公时期的六卿排位次

① 杨伯峻:《春秋左传注(修订本)》,中华书局 1995 年版,第 849 页。
② 杨伯峻:《春秋左传注(修订本)》,中华书局 1995 年版,第 873 页。
③ 杨伯峻:《春秋左传注(修订本)》,中华书局 1995 年版,第 879 页。
④ 杨伯峻:《春秋左传注(修订本)》,中华书局 1995 年版,第 892 页。
⑤ 杨伯峻:《春秋左传注(修订本)》,中华书局 1995 年版,第 922 页。

序即可得到验证,子展虽贵为六卿之一,然居其末。其后,子展通过一系列的内外事功,终在子皮一代实现世袭上卿之位。其一,子展与子西成功遏止子孔一人独大之阴谋,并率国人讨伐子孔,“杀子孔,而分其室”①。当国后,“子展废良而立大叔”②,稳定了游氏家族,赢得其支持与好感,增加了自身的威望。其二,外交方面,促成萧鱼之会。在晋楚交相伐郑的情况下,子展针对诸大夫“不从晋,国几亡”的建议,提出具体的外交政策。于鲁襄公十一年促成萧鱼之会,为郑国迎来了长期的和平环境。子展还曾两次相郑伯如晋,在与晋国的交往中,受到了赵孟、叔向和赵文子的高度评价,在各国间显示了一定的影响力。其三,率师伐陈大胜而归。子展最大的战功莫过于与子产一起率师伐陈,在陈国几于亡国、郑国大获全胜的情况下,率师而还,使郑国声望大增。子展因功列为上卿。子罕、子展两代当国,成功取得上卿之位,壮大了家族势力,赢得了国内外声望,为罕氏后裔取得世袭上卿之位奠定了基础。

子展之子子皮打破“七穆”执政秩序,袭父位成为上卿,说明罕氏家族实现了对郑国上卿之位的世袭,打破了原有的传递秩序,是罕氏家族实力上升的真实表现。

子皮即位之初,在得郑民之心,实现“罕氏常掌国政,以为上卿”的同时,受到了良好的评价。在坐稳上卿之位后,子皮进行了选贤任能、扩充家族势力的一系列活动。子皮选贤任能表现在任用并支持子产。子产在其任内外结诸侯,内行改革,国力大增。子皮扩充家族势力主要表现在任用罕氏家族成员担任马师一职。

关于子皮的儿子子齹和孙子罕达的记载较少,但仍可看出罕氏家族世袭上卿之位已为常制。罕氏家族世袭上卿之位对郑国的政治和发展产生了深远的影响,破坏了“七穆”内部的卿权传递秩序,“七穆”共政局面被彻底打破。罕氏在世袭上卿之位制度化过程中,通过自身努力,扩大家族势力,其实力渐超其他家族,致使郑国君权下移。罕氏逐渐控制了郑国的国政,由于其实行错误的内外政策,最终导致了郑国的灭亡。

### (六)楚国彭氏家族

从 1974 年到 2008 年,考古工作者在南阳市宛城区八一路两侧多次进行勘

① 杨伯峻:《春秋左传注(修订本)》,中华书局 1995 年版,第 1050 页。
② 杨伯峻:《春秋左传注(修订本)》,中华书局 1995 年版,第 1070 页。

察和发掘，先后共发现彭氏家族墓葬8座，已发掘了7座。已发掘的彭氏家族墓葬分别是彭宇墓（西关煤场古墓）、彭无所墓（物资城M1）、彭射墓（名门华府小区M38）、彭射夫人墓（名门华府小区M35）、彭子寿墓（名门华府小区M44）、彭启墓（名门华府小区M1）、彭启夫人墓（名门华府小区M2），彭子寿夫人墓因被压在建筑物下，未发掘。这些墓葬属于同一个家族的墓区。

这8座墓，均为春秋时期楚国贵族墓，分布于前后五排之中，自北向南按年代顺序一字排开。目前已知彭氏家族墓地有五代人。其中，时代最早的是彭宇墓，在墓地的最北边；最晚的是彭启墓，在最南边。

见于《左传》的彭氏家族人物，有彭仲爽、彭名和彭生。

彭仲爽，见于《左传·哀公十七年》。彭仲爽为申国的俘虏，楚文王任其为令尹，其后，灭申、息以为县，使陈、蔡二国来朝，开拓楚之封疆至于汝水。

彭仲爽任楚国令尹，是春秋时期楚国的一个孤例。彭仲爽是春秋时期楚国28位令尹中唯一的异姓令尹。楚王不可能任命一个毫无社会根基和社会影响力的异姓俘虏为令尹，更不可能任命一个毫无社会根基和社会影响力的异姓人氏为申县的第一任申公。彭氏家族墓地中，发现两件簠。簠底和盖上都有铭文，提到彭宇为申公。申公彭宇，史籍无载。申指楚国申县，公指县公，申公即楚申县县尹。这表明彭仲爽与彭宇应该属于同一个彭氏家族，而在楚国灭申之前，彭氏家族已经是申国非常显赫的一个家族了。大概是彭氏家族对楚能顺利灭申起到了重要作用，所以楚国才会重用故申国的彭氏家族来巩固楚国在申县的统治。①

彭名，《左传》中凡四见，分别在宣公十二年（楚庄王十七年）、成公二年（楚共王二年）、成公十六年（楚共王十六年）、襄公四年（楚共王二十二年）。通过分析，可以看到，楚庄王、楚共王两代，彭名都参与楚国的重大军事活动，且其参与的军事活动都是发生在中原地带。彭仲爽为令尹时，拓展楚国的疆域到了汝水领域，这就说明彭氏的活动范围已经深入到了中原地区的中心地带。从彭名的活动范围来看，他应该也属于申县的彭氏家族。正因他出自申县彭氏，熟知中原形势，且其家族成员世代为楚之大夫，为楚王所信赖，故他才能参与这些重要的军事活动。

---

① 张丹：《〈左传〉及楚简所见彭氏家族人物考》，《社会科学论坛》2011年第8期。

彭生，仅见于《左传·昭公四年》，楚灵王灭掉赖国后，要把赖国迁到鄢地，而把许国迁移到赖国境内，派斗韦龟和公子弃疾去为许国筑城，完毕后再回国。到了冬天，东部地区发生水灾，不能筑城，彭生便停止了赖地军队的筑城任务。彭生能罢赖之师的筑城任务，大概是楚国统筹管理工事类的中央职官，从这件事发生的地理范围看，彭生应该也属于申县的彭氏家族。

战国楚简中的彭氏人物，有彭定、彭怿，分别见于新蔡简和包山简。

彭定，主要见于新蔡葛陵一号墓楚简。从几处涉及彭定的简文中可以看到，彭定主要从事一些占卜活动，主要是占卜"君"的吉凶。君是指平夜君。

新蔡葛陵一号楚墓的年代在战国中期前后，墓主人是楚国封君平夜君成。据简中历日推定年代为公元前 377 年。当楚肃王四年，彭定大概为平夜君成的卜尹一类属官。新蔡与宛郡相距不远，依然在彭氏家族活动范围内，所以我们将彭定也划归到彭氏家族范围内。彭定的生活年代大概在楚简王十五年至楚威王二年（前 417—前 338）。

彭怿，主要见于包山二号墓楚简，包山简 133。从简文中可见，彭怿听命于子宛公，应是宛郡长官的属官，活动范围依然在南阳地区，故同样可将其划归到彭氏家族范围内。包山二号墓的年代为战国中期偏晚，墓主曾担任楚国左尹，其卜葬年代为楚怀王十三年（前 316）。故而彭怿活动的时间大概在楚宣王十四年至楚顷襄王十二年（前 356—前 287）。

南阳市区发现的楚申县彭氏家族墓区，出土了大量彭氏贵族的有铭铜器，证明了在春秋战国时期，曾经存在一个非常显赫的彭氏家族。通过传世文献和出土文献所能见到的资料，只能推出彭氏家族大概的发展轨迹：春秋战国之世，彭氏家族活跃在楚国的政治舞台上，彭氏有一人官至令尹，二人任申公，二人任大夫，一人任封君的属官，一人任郡守的属官。春秋时彭氏家族居于楚国上层政权中，战国时彭氏在楚政权中的重要性较春秋时有所下降，这与南阳彭氏家族墓只从春秋早期延续到春秋晚期的现象是符合的，或与彭氏家族渐渐衰亡有关。

**（七）楚国沈氏家族**

春秋后期，叶公沈诸梁家族是楚国重要家族。沈诸梁之父为沈尹戌。《左传》一书中，"沈尹"一词共出现 16 次，除沈尹戌占 9 次外，还有沈尹 2 次，沈尹寿 1 次，沈尹射 2 次，沈尹赤 1 次，沈尹朱 1 次，时间从鲁宣公十二年到鲁哀公十

七年(前597—前478):

宣公十二年:楚子北,师次于郔。沈尹将中军,子重将左,子反将右,将饮马于河而归。

成公七年:楚围宋之役,师还,子重请取于申、吕以为赏田,王许之。申公巫臣曰:“不可。此申、吕所以邑也,是以为赋,以御北方。若取之,是无申、吕也。晋、郑必至于汉。”王乃止。子重是以怨巫臣。子反欲取夏姬,巫臣止之,遂取以行,子反亦怨之。及共王即位,子重、子反杀巫臣之族子阎、子荡及清尹弗忌及襄老之子黑要,而分其室。子重取子阎之室,使沈尹与王子罢分子荡之室,子反取黑要与清尹之室。

襄公二十四年:吴人为楚舟师之役故,召舒鸠人,舒鸠人叛楚。楚子师于荒浦,使沈尹寿与师祁犁让之。舒鸠子敬逆二子,而告无之,且请受盟。二子复命,王欲伐之。薳子曰:“不可。彼告不叛,且请受盟,而又伐之,伐无罪也。姑归息民,以待其卒。卒而不贰,吾又何求?若犹叛我,无辞有庸。”乃还。

昭公四年:冬,吴伐楚,入棘、栎、麻,以报朱方之役。楚沈尹射奔命于夏汭,箴尹宜咎城钟离,薳启强城巢,然丹城州来。

昭公五年:楚师济于罗汭,沈尹赤会楚子,次于莱山。薳射帅繁扬之师,先入南怀,楚师从之。及汝清,吴不可入。楚子遂观兵于坻箕之山。是行也,吴早设备,楚无功而还,以蹶由归。楚子惧吴,使沈尹射待命于巢,薳启强待命于雩娄,礼也。

昭公十九年:楚人城州来。沈尹戌曰:“楚人必败。昔吴灭州来,子旗请伐之。王曰:‘吾未抚吾民。’今亦如之,而城州来以挑吴,能无败乎?”

昭公二十三年:楚囊瓦为令尹,城郢。沈尹戌曰:“子常必亡郢,苟不能卫,城无益也。古者天子守在四夷。天子卑,守在诸侯。诸侯守在四邻。诸侯卑,守在四竟。慎其四竟,结其四援,民狎其野,三务成功,民无内忧,而又无外惧,国焉用城?今吴是惧而城于郢,守已小矣。卑之不获,能无亡乎?昔梁伯沟其公宫而民溃。民弃其上,不亡何待?夫正其疆埸,修其土田,险其走集,亲其民人,明其伍候,信其邻国,慎其官守,守其交礼,不僭不贪,不懦不耆,完其守备,以待不虞,又何畏矣?《诗》曰:‘无念尔祖,聿修厥德。’无亦监乎若敖、蚡冒至于武、文,土不过同,慎其四竟,犹不城郢。今土数圻，而郢是城，不亦难乎？”

昭公二十四年：楚子为舟师以略吴疆。沈尹戌曰：“此行也，楚必亡邑。不抚民而劳之，吴不动而速之，吴踵楚，而疆埸无备，邑能无亡乎？”

越大夫胥犴劳王于豫章之汭，越公子仓归王乘舟，仓及寿梦帅师从王，王及圉阳而还。

吴人踵楚，而边人不备，遂灭巢及钟离而还。沈尹戌曰：“亡郢之始，于此在矣。王一动而亡二姓之帅，几如是而不及郢？”

……

哀公十七年：王与叶公枚卜子良以为令尹。沈尹朱曰：“吉，过于其志。”叶公曰：“王子而相国，过将何为？”他日，改卜子国而使为令尹。

在120年当中，《左传》出现了6位“沈尹”，但是开沈尹先河者并无名字，那么这个“沈尹”叫什么呢？《吕氏春秋》等书给了我们答案。《吕氏春秋》中，“沈尹”出现12次：

仲春纪：齐桓公染于管仲、鲍叔，晋文公染于咎犯、郄偃，荆庄王染于孙叔敖、沈尹蒸，吴王阖庐染于伍员、文之仪，越王句践染于范蠡、大夫种。此五君者所染当，故霸诸侯，功名传于后世。

孟夏纪：神农师悉诸，黄帝师大挠，帝颛顼师伯夷父，帝喾师伯招，帝尧师子州支父，帝舜师许由，禹师大成贽，汤师小臣，文王、武王师吕望、周公旦，齐桓公师管夷吾，晋文公师咎犯、随会，秦穆公师百里奚、公孙枝，楚庄王师孙叔敖、沈尹巫，吴王阖闾师伍子胥、文之仪，越王句践师范蠡、大夫种。此十圣人、六贤者，未有不尊师者也。

先识览：荆威王学书于沈尹华，昭釐恶之。威王好制，有中谢佐制者为昭釐谓威王曰：“国人皆曰：王乃沈尹华之弟子也。”王不说，因疏沈尹华。中谢，细人也，一言而令威王不闻先王之术，文学之士不得进，令昭釐得行其私，故细人之言，不可不察也。

慎行论：沈尹戍（戌）谓令尹曰：“夫无忌，荆之谗人也，亡夫太子建，杀连尹奢，屏王之耳目，今令尹又用之，杀众不辜，以兴大谤，患几及令尹。”令尹子常曰：“是吾罪也，敢不良图。”乃杀费无忌，尽灭其族，以说其国。动而不论其义，知害人而不知人害己也，以灭其族，费无忌之谓乎！

齐桓公闻管子于鲍叔，楚庄闻孙叔敖于沈尹筮，审之也，故国霸诸侯也。吴王闻越王句践于太宰嚭,智伯闻赵襄子于张武,不审也,故国亡身死也。

不苟论:孙叔敖、沈尹茎相与友。叔敖游于郢三年,声问不知,修行不闻。沈尹茎谓孙叔敖曰:"说义以听,方术信行,能令人主上至于王,下至于霸,我不若子也。耦世接俗,说义调均,以适主心,子不若我也。子何以不归耕乎? 吾将为子游。"沈尹茎游于郢五年,荆王欲以为令尹,沈尹茎辞曰:"期思之鄙人有孙叔敖者,圣人也,王必用之,臣不若也。"荆王于是使人以王舆迎叔敖,以为令尹,十二年而庄王霸。此沈尹茎之力也,功无大乎进贤。

从《吕氏春秋》的"沈尹"可以看出,这12个"沈尹"包括三个人:一个是沈尹戌,即沈诸梁的父亲;一个是沈尹华,战国楚威王时名臣;一个名字错乱,称为沈尹茎、沈尹蒸、沈尹巫、沈尹筮,盖因字形相近而误。沈尹茎举孙叔敖为相,为楚庄王称霸立了大功,与《左传》相印证,《左传》中的前两个没有详细名字的"沈尹"当为沈尹茎无疑。

从《吕氏春秋·不苟论》看,沈尹茎并未任过令尹一职,《说苑·杂言》也说:"沈尹名闻天下,以为令尹,而让孙叔敖,则其遇楚庄王也。"但《韩诗外传》卷二却有这样的记载:

楚庄王听朝罢晏。樊姬下堂而迎之,曰:"何罢之晏也? 得无饥倦乎?"庄王曰:"今日听忠贤之言,不知饥倦也。"樊姬曰:"王之所谓忠贤者,诸侯之客欤? 中国之士欤?"庄王曰:"则沈令尹也!"樊姬掩口而笑。王曰:"姬之所笑,何也?"姬曰:"妾得于王,尚汤沐,执巾栉,振衽席,十有一年矣;然妾未尝不遣人之梁郑之间,求美人而进之于王也;与妾同列者十人,贤于妾者二人,妾岂不欲擅王之宠哉! 不敢私愿蔽众美,欲王之多见则娱。今沈令尹相楚数年矣,未尝见进贤而退不肖也,又焉得为忠贤乎!"庄王旦朝,以樊姬之言告沈令尹,令尹避席而进孙叔敖。叔敖治楚,三年,而楚国霸。楚史援笔而书之于策,曰:"楚之霸,樊姬之力也。"诗曰:"百尔所思,不如我所之。"樊姬之谓也!

另外,在《史记·循吏列传》、《韩诗外传》卷七、《新序》、《说苑》、《乐府诗集》等书中提到让位于孙叔敖的人则是虞丘子:

《史记·循吏列传》:孙叔敖者,楚之处士也。虞丘相进之于楚庄王,以自代也。

《韩诗外传》卷七：虞丘于天下以为令尹，让于孙叔敖，则遇楚庄王也；伍子胥前功多，后戮死，非知有盛衰也，前遇阖闾，后遇夫差也。

《新序·杂事第一》：樊姬，楚国之夫人也，楚庄王罢朝而晏，问其故。庄王曰："今旦与贤相语，不知日之晏也。"樊姬曰："贤相为谁？"王曰："为虞丘子。"樊姬掩口而笑。王问其故。曰："妾幸得执巾栉以侍王，非不欲专贵擅爱也，以为伤王之义，故所进与妾同位者数人矣。今虞丘子为相数十年，未尝进一贤，知而不进，是不忠也；不知，是不智也。安得为贤？"明日朝，王以樊姬之言告虞丘子，虞丘子稽首曰："如樊姬之言。"于是辞位，而进孙叔敖，孙叔敖相楚，庄王卒以霸，樊姬与有力焉。

《新序·杂事第五》：吕子曰："神农学悉老，黄帝学大真，颛顼学伯夷父，帝喾学伯招，帝尧学州文父，帝舜学许由，禹学大成执，汤学小臣，文王、武王学太公望、周公旦，齐桓公学管夷吾、隰朋，晋文公学咎犯、随会，秦穆公学百里奚、公孙支，楚庄王学孙叔敖、沈尹竺，吴王阖闾学伍子胥、文之仪，越王勾践学范蠡、大夫种，此皆圣王之所学也。"

《说苑·至公》：楚令尹虞邱子，复于庄王曰："臣闻奉公行法，可以得荣；能浅行薄，无望上位；不名仁智，无求显荣；才之所不著，无当其处。臣为令尹十年矣，国不加治，狱讼不息，处士不升，淫祸不讨，久践高位，妨群贤路……臣窃选国俊下里之士曰孙叔敖，秀羸多能，其性无欲，君举而授之政，则国可使治，而士民可使附。"庄王曰："子辅寡人，寡人得以长于中国，令行于绝域，遂霸诸侯，非子如何！"虞邱子曰："久固禄位者，贪也；不进贤达能者，诬也；不让以位者，不廉也。不能三者，不忠也。为人臣不忠，君王又何以为忠？臣愿固辞。"庄王从之，赐虞邱子菜地三百，号曰国老。以孙叔敖为令尹。少焉，虞邱子家干法，孙叔敖执而戮之。虞邱子憙，入见于王曰："臣言孙叔敖，果可使持国政。奉国法而不党，施刑戮而不骩，可谓公平。"庄王曰："夫子之赐也已。"

《乐府诗集》卷二十九相和歌辞四：刘向《列女传》曰："楚姬，楚庄王夫人也。庄王好狩猎毕弋，樊姬谏不止，乃不食禽兽之肉。王尝与虞丘子语，以为贤。樊姬笑之，王曰：'何笑也？'对曰：'虞丘子贤矣，未忠也。妾充后宫十一年，而所进者九人，贤于妾者二人，与妾同列者七人。虞丘子相楚十年,而所荐者非其子孙,则族昆弟,未闻进贤退不肖也。妾之笑不亦宜乎?'王于是以孙叔敖为令尹,治楚三年而庄王以霸。"

对于沈尹茎与虞丘子是一人或是二人,史家历来看法不一。唐人余知古《渚宫旧事》云:"令尹虞丘子言于庄王曰:臣闻奉行法,可以得政,能浅行薄,无望上位,不名仁智,无求显荣,才之所不著,无当其处,臣为令尹十年矣,国不加治,狱不息,处士不升,淫祸不讨,久践高位,妨群贤之路,臣之罪,当稽于理臣,窃选国俊,下里之士曰孙叔敖,秀羸多能,其性无欲,君举而授之政,则国可使理,而士民可使附。王曰:子辅寡人,得以长于中国,令行绝域,遂霸诸侯,非子如何?对曰:久固禄位者,贪也;不进贤能者,诬也;不让以位者,不廉也;不能三者,不忠也。为人臣不忠,君又何用之。固辞。王从之,赐虞丘子采田三百,号曰国老,以孙叔敖为令尹。……沈尹筮、孙叔敖相与交,叔敖至郢三年,声闻不知。沈尹筮曰:令主上至于王,下至于霸,我不如子;偶世接俗,说义均以适主心,子不如我。子可归耕乎?尹筮至郢五年,王悦之,欲以为令尹,辞曰:期思之鄙人有孙叔敖者,彼圣人也。王必用之,臣不若也。虞丘子亦进之,王乃以王舆迎叔敖为令尹。"

余知古谓沈尹茎与虞丘子为二人,或近是。按惯例,在同一期间不可能有两个令尹。沈尹茎并没有当过令尹,而虞丘子任过十年左右令尹。

考楚庄王执政的时期,共有六人任过令尹之职,即子孔、子扬、子越、虞丘、孙叔敖和子佩。史家中还有认为沈尹茎和虞丘子都没当过令尹的,如清人顾栋高《春秋大事年表》就认为,孙叔敖任楚令尹是继子越之位。考之《左传》,楚庄公诛令尹子越的时间为庄公九年(前605),孙叔敖首次在《左传》一书中出现是在公元前597年,而孙叔敖为相时间一般认为在公元前599年到公元前597年之间,因而在子越与孙叔敖二人为相期间尚有一个缺环,虞丘子为相十年左右,正可弥补这个缺失。

楚国的尹民官众多。许慎《说文解字》:"尹,治也。从又丿,握事者也。"释"尹"的本义为治理。比《说文解字》早出现的《尔雅》已对"尹"的意义进行了训释,《尔雅·释言》:"尹,正也。"郭璞注:"谓官正也。"因此,"尹""正""治"意义相通,都有治理、端正之义。"尹"在古代的常用文献义为官名,主要存在于先秦时代。甲骨卜辞有王令尹、多尹,为从事农作或王寝之官,还有族尹为一族之长。春秋时期,中原各国以"尹"为官者不多,现能见到的文献中尹多为较低职位的官职，如称关吏、门吏为关尹和门尹。而在楚国，长官多称“尹”，最高长官称令尹。顾炎武《日知录》中记载：“春秋时列国官名，若晋之中行，宋之门尹，郑之马师，秦之不更庶长，皆他国所无。而楚尤多，有莫敖、令尹、司马、太宰、少宰、御士、左史、右领、左尹、右尹、连尹、针尹、寝尹、工尹、卜尹、芋尹、蓝尹、沈尹、清尹、莠尹、嚣尹、陵尹、郊尹、乐尹、宫厩尹、监马尹、扬豚尹、武城尹，其官名大抵异于他国。”

“尹”前一两字，多指所掌管的事务或地点，有的已不可确考。学界对“沈尹”的解释就有很大不同，或说为姓氏，或说为沈地的尹官，或说为官职名称。宋郑樵《通志·氏族略》说到第二支沈氏：“又楚有沈邑。楚庄王之子公子贞封于沈鹿，故为沈氏。”有学者认为沈鹿系沈邑之误。公子贞，楚庄王的儿子，名贞，字子囊。公子贞死后多年，沈国才被蔡国所灭。而在公子贞政治生涯开始的同时，沈尹早已登上历史舞台，而沈鹿在今湖北之钟祥东，与沈子国及沈氏均毫无关联。因此，沈尹不可能是公子贞的后代，也不可能因公子贞封于沈地而得名沈尹。而《左传》中没有名字的“沈尹”显然是官职名称。

至于以官为氏者，郑樵《通志·氏族略·以官为氏》列有如下十数条：

左尹氏：楚左尹郤宛之后，宛字子恶。《穀梁》：有左尹子息。

右尹氏：楚公子辛为右尹，子孙氏焉。

门尹氏：宋门尹般之后。宋又有门尹沮渠。

箴尹氏：芈姓，楚箴尹克黄之后也。楚又有箴尹宜咎，本陈人。

工尹氏：楚工尹寿之后也。楚又有工尹齐、工尹余、工尹赤、工尹麇，并见《左传》。《礼记》又有楚工尹商阳，则工尹氏盛于楚矣，由其世官故也。

厩尹氏：芈姓。《姓纂》云：楚大夫厩尹然之后。

连尹氏：芈姓，楚屈氏之后也。连尹襄老。

沈尹氏：沈邑之尹官也，沈姓。沈尹之后世为之。

陵尹氏：楚大夫陵尹喜、陵尹招之后。

季尹氏：楚有季尹然，齐有季尹明。

芈尹氏：楚有大夫芈尹，申无宇之后。

蓝尹氏：楚大夫蓝尹亹之后也。

乐尹氏：楚昭王以钟建为乐尹。

监尹氏：楚监尹大心之后也。

清尹氏：楚大夫清尹弗忌之后也。又楚有大夫清尹午子叔。

占尹氏：齐有占尹德，又有占尹应坚。

这里，郑樵把沈尹列入以官为氏之列。《左传·昭公五年》载沈尹赤、沈尹射均参加了楚灵王伐吴之役，两人同时活动，不应当都是沈尹之官，即至少有一人是以沈尹为氏称。① 清人王梓材《世本集览》虽然把沈氏列入楚国公族，但也有"沈尹氏亦称沈氏"之语，在他看来，沈氏是出自沈尹的。

《新唐书·宰相世系表》记述沈姓的起源时说："沈氏出自姬姓。周文王第十子聃叔季，字子揖，食采于沈，汝南平舆沈亭，即其地也，春秋鲁成公八年为晋所灭。沈子生逞，字循之，奔楚，遂为沈氏。生嘉，嘉字惟良，二子：尹丙、尹戊。尹戊字仲达，奔楚隐于零山，为楚左司马。"这段话中错误颇多：沈国灭于蔡，而非灭于晋；尹戊应为《左传》中的尹戌；等等。但有两条信息不应忽视：沈尹戌为姬姓，"沈尹"在楚国为外来户。

有学者认为沈姓把始祖沈尹戌列入姬姓是为避蛮夷后人之称，然国人还有一个传统，即"行不更名，坐不改姓"，况且出于楚国芈姓的姓氏还有很多，没有必要刻意打造自己的身份。那么，沈尹是何时由沈入楚了呢？我们认为当在公元前7世纪末叶。

沈国位卑地小势弱，在春秋时代强国争霸中左右为难，因地近强楚，故多依附之，因而屡遭中原诸国的讨伐。公元前624年，晋、鲁、宋、陈、卫、郑等共伐沈，从此沈国一蹶不振。沈尹作为沈国的有识之士，为获得更大的发展空间，遂在沈国衰落后到楚国游说，并成为庄王的师友。由于其为沈国的代表，而楚沈联盟紧密，因而得到庄王的信任。沈尹可能担任过沈国的令尹，因而有书中称其为"沈令尹"，有的书中则称沈尹为相十年左右。沈尹初到楚国，出任楚国令尹的可能性不大，直到经过百年左右的发展，到沈诸梁时，这支沈姓才发展到了顶峰，并衍展出沈、叶二姓。

我们推测，最初的"沈尹"是庄王专为沈尹茎而设的官职，主要负责楚国与沈国的外交联络以及楚国的外交事宜。在沈尹茎一族的发展中，此族不但世代担任沈尹之职，而且随着沈尹茎族人的发展，沈尹后来便成为沈尹茎一族的徽号，即沈尹氏。由于楚沈联盟关系重大，以及沈尹茎杰出的军事才能，沈尹成为

---

① 尹宏兵《楚沈尹戌族氏族属考》论证两人都是中央官员，在中央机构不可能同时存在两个沈尹。

当时仅次于令尹、司马的官职。沈尹茎之后，沈尹仍是楚国重要的中央官吏。

有学者认为沈尹为太室占卜之官，然楚国占卜吉凶的官称为卜尹或开卜大夫。例如春秋晚期，观从对楚平王夺得王位起了重要作用，平王即位后"召观从，王曰：'唯尔所欲。'对曰：'臣之先，佐开卜。'乃使为卜尹"①。观氏其后即世代守其职，春秋末年有观瞻为开卜大夫，当是观氏的子孙。

楚国的沈尹一族发展到沈诸梁时，已在楚国百年左右，也迎来了沈尹族的鼎盛时期。沈诸梁平白公胜之乱，兼任令尹和司马，由沈尹姓改为沈姓，开沈姓之端。封于叶地，号叶公，后人以叶为姓，肇叶姓之始，成为中华沈、叶两支大姓的共同始祖。

---

① 李梦生：《左传译注·昭公十三年》，上海古籍出版社1998年版，第1043页。

# 第三章 战国秦汉时期河南宗法制家族向世家大族的转变

春秋战国时期各国公族逐渐官族化，中央集权的政治体制逐步确立，一大批军功地主在秦汉时期登上历史舞台，他们购田置地，互相联姻。发展到西汉后期，特别是东汉时期，社会上豪族林立，经济社会进入世家大族发展的新阶段，其影响持续至魏晋南北朝甚至隋唐时期。秦汉时期，河南是全国的政治、经济和文化中心，世家大族兴盛。特别是东汉一代，河南的豪族族大势重，对当时及以后的历史进程产生了重要影响。

## 第一节　战国秦汉时期血缘关系的松弛与家族组织的衰落

春秋时期的频繁战争，致使国破家亡，原先的宗法制度被打破，一夫一妻制的个体小家族占了统治地位。与此同时，不少强宗大族潜滋暗长，在两汉时期形成豪族，形成世家大族社会。

### 一、战国与秦代独立的个体小家族的普遍化

战国、秦时土地渐归国有，并派农夫耕种，一夫百亩，税率什五。这时由于国野之别不复存在，小农经营成为社会上普遍采用的劳动方式。国家征收租税合一的剥削，因多层次的宗族土地所有制已逐渐转化为封建土地国有制，秦行郡县制最彻底，故最终统一了六国。秦“令黔首自实田”，则表明农民有了土地，以后税率逐渐向什一转化，什一与什五的差别，正是土地私有权与土地使用权

的差别。

每一个宗族,即使是卿大夫宗族,看上去也俨然是一个小国,宗主享有宗族土地的分配权。任官者给以官邑,亲族子孙未受封者给以禄邑,有功者给以赏田,一般之族人给以百亩份地。剩余的耕地和山林川泽由宗主直接设官管理,收入归宗室。“野人”只有对自己小块土地的使用权。

随着春秋战国时期生产力的发展,战争规模扩大,兵制、税制也发生了变化,国野之别、公私田之别逐渐消失,离散之宗族人口被编入郡县簿册,每夫授以百亩之地,收以什五之税,遂使宗族土地所有制转变为土地国有制。

秦“令黔首自实田”,承认了小农对小块土地的所有权,封建土地国有制向土地私有制过渡,同时税率转变为什一,国家对土地租税合一的剥削转化为对小农私有土地的单纯税收。

## 二、战国秦汉时期的家族形态

从战国开始,作为独立的生产和消费单位的数口之家的个体小家庭成了在社会生活中占绝对统治地位的家族形态。家族制度或宗法制度的瓦解,把人们从宗族组织中分离了出来,变成了一个个独立的个体小家庭。这些个体小家庭,从其社会阶级成分来说,有的是地主,有的是残余的贵族势力,有的是大商贾、小商人,有的是小手工业者,但数量最多的是个体小农,包括自耕小农和佃耕小农。

这些个体小家庭是聚族而居的,这种聚族而居大致可分为两种性质:个体小农的聚族而居和强宗大族的聚族而居,其中前者在数量上要占绝大多数。一个村落主要居住着个体小农的小家庭,他们大多是一个祖先的子孙,同宗同族。强宗大族在战国时大都是七国国君和贵族的后裔,到西汉时强宗大族的势力有较快发展,许多六国时的地方不法势力、汉代新贵族以及上层地主都变成了强宗大族。战国时的强宗大族也是聚族而居的,聚族而居是家族组织存在的前提。战国时的农村组织结构大致都有两级或者三级,到了汉代,则统一叫作乡、里、亭。聚族小家庭之间族党相助,还要进行其他方面的联系和活动,如祭祀、宴饮等。

两汉时期,强宗大族的社会势力普遍存在,它们在文献中又有"强宗豪右""郡著姓""旧姓豪强""郡国豪杰"等名称。这些强宗大族,就其社会身份来说,是地主阶级的一部分,有的还是大奴隶主,是地主阶级中最腐朽的势力;从政治地位上看,有点类似于后代的恶霸地主。他们不仅比地主阶级中其他阶层更加残酷地压榨、掠夺农民和其他劳动者,而且还同地主阶级的其他阶层及封建国家存在着尖锐的矛盾。当然,这种矛盾的性质,是地主阶级内部如何分割与占有土地、财产和劳动者之间的矛盾。他们一般都聚族而居,血缘关系比较坚固,还保留着或残存着某种类似于历史上宗族的组织。魏晋以后的士族式的家族制度,就是从这种强宗大族演变发展而来的。

两汉时的所谓豪族,并不是单纯的同姓同宗的集团,而是以一个大家族为中心,有许多家、许多单人以政治或经济的关系依附而合成的豪族单位。有些豪族,是先有了政治地位,然后建立起经济势力,有的则是先有了经济势力,再取得政治地位,政治地位又帮助了其经济势力的发展。

两汉时期豪族遍布,史书上称"郡国往往有豪杰""郡国豪杰处处各有""街间各有豪族"等,但西汉时,见于史册的强宗大族还不是很多,且多集中于京师长安附近,其在河南者,有颍川原氏、褚氏等。东汉是一个豪族遍布的时代,这从东汉建立就开始了。光武帝刘秀建国,是地主政权即豪族政权的确立。他的左辅右弼、云台二十八将差不多都是豪族出身。

## 第二节　战国秦代的河南家族

战国时期,河南中部一带属韩国地盘,河南北部一部分地区为赵国所有,河南北部大部分地区属魏国国土,河南南部则是楚国地盘。宋、卫、郑彻底沦为小国,成为大国争夺的对象。这一时期,小农经济已基本确立,中央集权制逐步形成。秦朝在全国置有36郡,后来增加到40多个。郡治设在河南的有7个:南阳郡、三川郡、颍川郡、东郡、砀郡、河内郡、陈郡。郡下设县。河南的著名家族,除韩、魏王族外,像两汉那样,权倾朝野且多代仕宦的大族尚不多见。在秦代风光无比的李斯家族，也仅存三代而亡。

## 一、韩国王族

公元前633年，晋国设立六卿之位，韩厥为六卿之一，号为献子。韩献子死后，其子韩宣子（起）代父为晋国正卿，并从韩原徙居州（今河南温县东北）。韩宣子时，韩氏权势日大。韩宣子之子韩贞子（须）时，又从州徙居原羊舌氏之邑平阳（今山西临汾西南）。

公元前416年，韩康子之子韩武子（启章）时，开始向地处河南中部的郑国扩张，把都城从平阳迁到今河南宜阳西的韩城。公元前408年，韩武子之子韩景侯（虔）时，再迁韩都于阳翟（今河南禹州），并在公元前403年得到周天子承认，与赵、魏并为诸侯，成为战国七雄之一。韩景侯的曾孙韩哀侯（佚名）于公元前375年灭掉郑国，把都城迁至新郑（在今河南新郑）。韩哀侯之孙韩昭侯，是韩国最为著名的君主。公元前4世纪中叶在位。初立时，国力薄弱，遭到秦、魏、宋等诸侯国侵略，失地很多。公元前351年，他任用申不害为相进行改革，建立了因功行赏制度。他严格执行所定政策，不因个人感情去违背。申不害相韩15年，韩国大治，诸侯不敢来犯，国力大增，达到韩国的鼎盛时期。韩昭侯在位26年去世。韩昭侯以后，韩国遭到秦、魏、楚三国的进攻，地盘日削。公元前230年，秦灭韩，以其地置颍川郡（治今河南禹州）。

## 二、魏国王族

公元前453年，魏桓子魏驹伙同赵、韩灭智伯，剖分晋国。公元前403年（周威烈王二十三年），周威烈王封魏斯、赵籍、韩虔三大夫为诸侯，脱离晋国，此时晋只剩绛城与曲沃两处，史称“三家分晋”。魏斯，史称魏文侯。

魏国初都安邑（今山西夏县西北），至魏惠王时迁都大梁（在今河南开封），故又称梁国。公元前225年，秦将王贲攻魏，决河沟灌大梁城，虏魏王假，灭魏。

魏文侯时期，魏国独占中原。公元前430年，为了变法图强，称雄图霸，魏文侯把都城从安邑迁到洹水(今河北魏县西南)。魏文侯在战国七雄中首先实行变法,改革政治,奖励耕战,兴修水利,发展封建经济,北灭中山国(今河北西部平山、灵寿一带),西取秦西河(今黄河与洛水间)之地,成为战国初期最强大的国家。军事上,以吴起、乐羊为将,灭中山(魏文侯死后复国),联韩赵,败嬴秦,弱芈楚,攻姜齐,中原地区魏氏独大。魏文侯死后,魏武侯立,继续保持魏国的强盛。魏武侯在位26年间,任用军事家吴起进行改革,国力持续上升,不断东征西讨,夺取楚国在中原的大部分土地,为后来政治中心的东移打下基础。等到魏武侯之子魏惠王在位之时,魏国已经称霸中原长达百年。但魏、赵关系逐步紧张,三晋后院失火。魏武侯及其子魏惠王皆没有明确的战略目标,却一味穷兵黩武。

公元前376年,韩、赵、魏废晋静公,晋国最后灭亡。魏国疆域分布散漫,在今陕西省境内者,沿黄河有今韩城市的南部;在渭河以南有华阴市左右地;在今山西省境内者,有西南部,并伸入东南部;在今河南省境内者,有北部,并兼有黄河以南一部分沿河地;在今河北省境内者,有今大名、广平间地;并有今山东省冠县地。

公元前361年,魏惠王迁都大梁(今河南开封)。公元前354年,孙膑"围魏救赵",魏败于齐。公元前344年,魏国称王,盟友韩国不从。齐威王围魏救韩,在马陵之战中再败魏国。魏国实力受到严重削弱,从头号强国沦为二流强国,魏国称霸中原的局面一去不返。其后,魏国渐次衰弱。秦王政即位后,对魏国的压力不断加大。最后魏国国都大梁于公元前225年被秦国将军王贲以水淹之计攻破,魏王假降,魏亡。

## 三、洛阳苏秦家族

苏秦,己姓,苏氏,名秦,字季子,东周洛阳(今河南洛阳市东)人。战国时期著名的纵横家、外交家和谋略家。苏秦生年不详,约去世于公元前321年,《战国纵横家书》说他死于公元前284年,比张仪去世得晚。《战国纵横家书》与《史记·苏秦列传》有出入,《战国纵横家书》记载苏秦年辈晚于张仪。

苏秦出身寒门,却少有大志。据传他随鬼谷子学游说术多年,后见同窗庞涓、孙膑相继下山求取功名，便和张仪辞别鬼谷子下山。苏秦首先游说秦惠王，说以连横之法。游说秦王的书上了十次，但他的主张仍不被采用。黑貂的皮袍子也破了，一百两金币也用没了，资财用品断绝来路，他只好离开秦国，回到故乡洛阳。

外出游历多年，穷困潦倒，狼狈回家。兄嫂、弟妹、妻妾都私下讥笑他，说："周人之俗，治产业，力工商，逐什二以为务。今子释本而事口舌，困，不亦宜乎！"[①]苏秦听后，暗自惭愧、伤感，遂闭门不出，遍阅藏书。他感叹道：读书人从师受教，埋头读书，可又不能凭此获得尊荣，即使读书再多，又有什么用呢？于是找到一本周书《阴符》，伏案揣摩。一年后，悉求真谛，以为找到与国君相合之道，激动地说："此可以说当代之君矣。"他求见并游说周显王。可是显王周围的臣子一向了解苏秦的为人，都瞧不起他，故而也没有得到周显王信任。

于是，他向西到了秦国。时秦孝公已死，他游说惠王说："秦国四面山关险固，为群山环抱，渭水如带。东有险关大河，西有汉中，南有巴蜀，北有代郡胡马，此为天府。凭着秦国士民之众，士兵训练有素，足以吞并天下，称帝而治。"秦国刚刚处死商鞅，讳恨游说的士人，遂以鸟羽未丰之名婉拒苏秦。

苏秦无奈，遂东至赵国，又北游燕国。等待了一年多方才见到燕文侯。苏秦游说燕文侯，先从地理位置上分析了燕国与赵国的相依之势，批评燕国的战略错误，建议燕文侯合纵赵国，结为一体。燕文侯心动，允诺苏秦以合纵之计维持燕国安定，愿举国相报。

苏秦至赵，详细分析了赵国和其他诸侯国的关系，指出赵对韩、魏的战略相依关系，进而说明了自己的合纵主张：韩、魏、齐、楚、燕、赵六国联合起来，共同抗秦，如此，赵国霸主可成。赵肃侯采纳了苏秦的合纵主张，资助他去游说各诸侯国加盟，以订立合纵盟约。

此后苏秦说韩、魏、齐、楚，游说完各个诸侯后，六国达成合纵联盟，团结一致。苏秦被任命为从约长（合纵联盟的联盟长），并且担任了六国的国相，同时佩带六国相印。合纵成功后，苏秦自楚北上，向赵王复命，途经故乡洛阳，"车骑辎重，诸侯各发使送之甚众，疑于王者"。周显王闻之恐惧，为他清扫道路，并派

① 〔汉〕司马迁：《史记》卷六十九《苏秦列传》，中华书局1963年版，第2241页。

人到郊外犒劳。“苏秦之昆弟妻嫂侧目不敢仰视，俯伏侍取食。”[①]其嫂前倨后恭，委蛇蒲服，以面掩地。苏秦喟然叹曰：“此一人之身，富贵则亲戚畏惧之，贫贱则轻易之，况众人乎！且使我有洛阳负郭田二顷，吾岂能佩六国相印乎！”于是散千金以赐宗族朋友。

公元前288年，秦昭王自称西帝，尊齐湣王为东帝，秦齐联合伐赵之后，苏秦从燕到齐，向齐湣王建议，主张齐取消帝号，得到齐王赞许。然后苏秦邀约赵王和齐王在东阿（今山东阳谷东北）会见，约定“攻秦去帝”。接着，苏秦联合齐、赵二强发动五国合纵攻秦，因此苏秦一时声名鹊起，赵和齐先后都封苏秦为武安君，任以为相。《史记·苏秦列传》称苏秦约六国合纵并相六国，是出于后世策士的夸张，但是当五国合纵攻秦时，苏秦同时兼齐、赵、燕三国之相，并被同封为武安君，则是事实。五国合纵攻秦，迫使秦废帝号，归还一部分魏、赵之地。

后来，由于齐湣王过分宠信苏秦，引起齐国旧臣不满，苏秦被齐大夫派刺客刺死。苏秦临死前向齐湣王建议：我死之后，将我以燕国间谍的名义车裂示众，凶手即可找到。果然，苏秦被车裂后，凶手主动站出来请功。可惜还没有得到奖赏，他们的脑袋就搬家了。

苏秦发迹之后，其弟苏代、苏厉皆效法苏秦，成为有名的纵横之士。《汉书·艺文志》著录有苏秦所著《苏子》31篇，今佚。马王堆汉墓出土帛书《战国纵横家书》保存有苏秦的书信和游说辞16章，其中11章不见于现存传世古籍。

苏秦及他的兄弟苏代、苏厉均热衷于纵横之学，他们在纷乱的时局中以高超的智慧、顽强的实践、精辟的游说丰富了纵横学说，因此被时人称为“苏学”。

## 四、秦代李斯家族

李斯（？—前208），战国末期楚国上蔡（今河南上蔡西南）人，后期法家代表人物之一，秦代著名政治家、散文家、文字改革家和书法家。

李斯年轻的时候，曾在郡里当小吏，看到办公地点附近厕所里的老鼠在吃脏东西，每逢有人或狗走来时就受惊而逃。后来李斯又走进粮仓，看见粮仓里

---

① 〔汉〕司马迁：《史记》卷六十九《苏秦列传》，中华书局1963年版，第2261—2262页。

的老鼠大摇大摆地窜来窜去,吃的是囤积的粟米,住在大屋子里,根本不用担心被人或狗惊扰。于是李斯慨然叹息道:“人之贤不肖,譬如鼠矣,在所自处耳!”意思是说,一个人有没有出息,就如同老鼠一样,是由自己所处的环境决定的。后来,李斯拜荀子为师,学习帝王之术、治国之道。学业完成以后,他分析了当时的形势,认为“楚王不足事,而六国皆弱”,唯有秦国具备统一天下、创立帝业的条件,于是他决定到秦国去施展自己的才能与抱负。

公元前 247 年,李斯来到秦国,先在丞相吕不韦手下做门客,取得吕不韦的赏识后,被举荐为侍卫秦王嬴政的郎官。李斯利用经常接近秦王的机会,给秦王上了《论统一书》,劝说秦王抓紧当前的良机,灭诸侯,实现天下一统。嬴政欣然接受了李斯的建议,任命他为长史。在李斯的谋划下,秦国版图不断扩大,秦王就拜了李斯为客卿。

天有不测风云,人有旦夕祸福。秦国的间谍事件,差一点断送了李斯在秦国的仕途。公元前 237 年,韩国人郑国以修渠为名,来到秦国做间谍,不久被发现。这件事引起秦国朝野很大震动,秦国王族和大臣都请求秦王把六国客卿一概驱逐,李斯也在被逐之列。李斯写了《谏逐客书》,劝秦王收回成命。他在《谏逐客书》中,列举大量历史事实,用由余、百里奚、商鞅、张仪等客卿为例,说明客卿辅秦之功,力陈逐客之失,劝秦王为成就统一大业,要不讲国别,不分地域,广集人才。《谏逐客书》开骈体文之先河,成为后世奏疏写作的楷模。秦王看了《谏逐客书》之后深受感动,立即取消了逐客令,并恢复了李斯的官职,不久又提升他当了廷尉。

李斯重新受到重用后,以卓越的政治才能和远见,顺应历史发展的趋势,辅助秦王政制定了吞并六国、实现统一的策略和部署,并努力组织实施。结果仅仅用了十几年的时间,秦国就先后灭了六国,于公元前 221 年建立了中国历史上第一个统一的中央集权制的封建国家。

秦朝建立以后,李斯升任丞相。他继续辅佐秦始皇,在巩固秦朝政权,维护国家统一,促进经济和文化的发展等方面屡建奇功。他建议秦始皇废除周代的分封制,实行郡县制。把全国分为 36 郡(后增加到 40 余郡),郡下设县,郡守、县令都由中央直接统辖和任免。在中央设三公、九卿,分掌国家大事。这一整套封建中央集权制度,从根本上铲除了诸侯王国分裂割据的祸根,对巩固国家统一、促进社会发展起了积极作用。所以,这一制度在秦以后的封建社会里一直沿用了近两千年。

秦统一后,由于过去各诸侯国长期分裂割据,语言、文字有很大差异,对国家的统一和经济、文化的发展极端不利。李斯及时地向秦始皇提出了统一文字的建议,并亲自主持这一工作。他以秦国文字为基础,废除异体字,简化字形,整理部首,形成了笔画比较简单、形体较为规范而且便于书写的小篆(也称秦篆和斯篆),作为标准文字。他还亲自用小篆书写了一部《仓颉篇》,作为范本,推行全国。小篆的出现是汉字发展史上的一大进步。现在,中国国家博物馆还收藏有李斯亲书的《琅邪刻石》,山东泰安岱庙现存有李斯篆书的秦二世诏书刻石的残片,这些刻石虽已严重残损,但它是我国已发现的最早文字刻石,历来被视为我国石刻铭文和书法艺术的珍品。李斯还在统一法律、货币、度量衡和车轨等方面付出了巨大努力,作出了重大贡献。

当然,人们所熟知的"焚书坑儒"也是李斯建议的。这一措施,对于打击儒生以古非今、诽谤朝政的行为起了积极作用,但它毕竟是我国文化史上的一次大浩劫,对我国秦以前文化典籍的破坏是极其严重的。

公元前 210 年,秦始皇死后,李斯为保全自己的既得利益,附和赵高伪造遗诏,逼始皇长子扶苏自杀,拥立少子胡亥为帝,史称秦二世。后李斯遭赵高陷害,被诬"谋反",于公元前 208 年七月被腰斩于咸阳,并被夷灭三族。

## 第三节 两汉河南豪族概况

两汉时期,特别是汉武帝以后,河南豪族林立。东汉时期,南阳作为帝乡,存在众多世族大家,在汉代政治经济社会中起着举足轻重的作用。

### 一、两汉时期河南家族概况

汉初中原保留有秦时所立的颍川、南阳、东郡、河内 4 郡。汉高祖二年(前

205)，改三川郡为河南郡，郡治仍在雒阳(今洛阳东北)。汉高祖四年(前203)，新置汝南郡，郡治平舆(今河南平舆北)。汉初大封同姓诸王国，中原地区封有梁国与淮阳国。汉武帝时，从梁国分立陈留郡，治所在陈留(今开封东南)；还从河南郡西部分置弘农郡，治所在弘农(今灵宝)。

东汉王朝建都洛阳，在中原地区设有10郡：河南、河内、弘农、颍川、汝南、梁国、陈国、东郡、陈留、南阳。郡下设县，几个郡合为一州，全国实行州、郡、县三级行政体制，今河南境由司隶校尉部(相当于州，治洛阳，辖河南、河内、河东、弘农及京兆、左冯翊、右扶风等7郡)和豫州(治谯县，今安徽亳州，管辖颍川、汝南、梁国、沛国、陈国、鲁国等6个郡国)管辖。

西汉武帝以后，河南诸郡豪族势力逐渐增强，史书记载：

河南：羊陟字嗣祖……家世冠族。陟少清直有学行，举孝廉……三迁尚书令。……帝嘉之，拜陟河南尹。计日受奉，常食干饭茹菜，禁制豪右，京师惮之。会党事起，免官禁锢，卒于家。(《后汉书·党锢列传·羊陟传》)

洛阳：征拜洛阳令。下车，先问大姓主名，吏数闾里豪强以对。纡厉声怒曰："本问贵戚若马、窦等辈，岂能知此卖菜佣乎?"于是部吏望风旨，争以激切为事。贵戚局蹐，京师肃清。(《后汉书·酷吏列传·周纡传》)

颍川：迁颍川太守。郡大姓原、褚宗族横恣，宾客犯为盗贼，前二千石莫能禽制。广汉既至数月，诛原、褚首恶，郡中震栗。先是，颍川豪杰大姓相与为婚姻，吏俗朋党。广汉患之，厉使其中可用者受记，出有案问，既得罪名，行法罚之。(《汉书·赵广汉传》)

梁国：初，敞为京兆尹，而敞弟武拜为梁相。是时梁王骄贵，民多豪强，号为难治。(《汉书·张敞传》)

汝南：初，豪右大姓因缘陂役，竞欲辜较在所，杨一无听，遂共谮杨受取赇赂。晨遂收杨下狱，而械辄自解。(《后汉书·方术列传·许杨传》)

赵、魏：时赵、魏豪右往往屯聚，清河大姓赵纲遂于县界起坞壁，缮甲兵，为在所害。章到，乃设飨会，而延谒纲。纲带文剑，被羽衣，从士百余人来到。章与对宴饮，有顷，手剑斩纲，伏兵亦悉杀其从者，因驰诣坞壁，掩击破之，吏人遂安。(《后汉书·酷吏列传·李章传》)

陈留：夏馥字子治，陈留圉人也。少为书生，言行质直。同县高氏、蔡

氏并皆富殖,郡人畏而事之,唯馥比门不与交通,由是为豪姓所仇。(《后汉书·党锢列传·夏馥传》)

南阳:后拜宛令,政尚严猛,好发奸伏。人有盗其车盖者,昌初无所言,后乃密遣亲客至门下贼曹家掩取得之,悉收其家,一时杀戮。大姓战惧,皆称神明。(《后汉书·酷吏列传·黄昌传》)

寻拜南阳太守。前后二千石逼惧帝乡贵戚,多不称职。畅深疾之,下车奋厉威猛,其豪党有衅秽者,莫不纠发。会赦,事得散。畅追恨之,更为设法,诸受臧二千万以上不自首实者,尽入财物;若其隐伏,使吏发屋伐树,堙井夷灶,豪右大震。……郡中豪族多以奢靡相尚,畅常布衣皮褥,车马羸败,以矫其敝。(《后汉书·王龚传附子畅传》)

## 二、两汉时期河南豪族

史籍所见两汉时期河南主要豪族,如下表所示。

**表3.1 史籍所见两汉时期河南主要豪族**

| 籍贯 | 代表人物 | 出处 | 家世背景 |
|---|---|---|---|
| 颍川阳翟 | 薛氏 | 《史记·游侠列传》 | 以豪闻 |
| 颍川阳翟 | 原氏 | 《汉书·赵广汉传》《汉书·游侠传·原涉传》 | 豪杰、宗族横恣 |
| 颍川阳翟 | 褚氏 | 《汉书·赵广汉传》 | 宗族横恣 |
| 颍川阳翟 | 赵氏 | 《汉书·何并传》 | 多蓄宾客 |
| 颍川阳翟 | 李氏 | 《汉书·何并传》 | 多蓄宾客 |
| 颍川阳翟 | 郭躬 | 《后汉书·郭躬传》 | 家世衣冠 |
| 颍川颍阴 | 灌氏 | 《史记·魏其武安侯列传》 | 家累数千万 |
| 颍川颍阴 | 荀淑 | 《后汉书·荀淑传》 | 士族 |
| 颍川颍阳 | 王霸 | 《后汉书·王霸传》 | 率宾客 |
| 颍川颍阳 | 祭遵 | 《后汉书·祭遵传》 | 家富给 |
| 颍川舞阳 | 韩棱 | 《后汉书·韩棱传》 | 世为乡里著姓 |
| 颍川长社 | 钟皓 | 《后汉书·钟皓传》 | 为郡著姓 |

（续表）

| 籍　贯 | 代表人物 | 出　处 | 家世背景 |
|---|---|---|---|
| 颍川长社 | 申氏 | 《后汉书·章帝八王传·济北惠王寿传》 | 为郡著姓 |
| 颍川郏县 | 臧宫 | 《后汉书·臧宫传》 | 为郡著姓 |
| 颍川郏县 | 铫期 | 《后汉书·铫期传》 | 世官 |
| 颍川定陵 | 丁鸿 | 《后汉书·丁鸿传》 | 世官 |
| 颍川定陵 | 贾彪 | 《后汉书·党锢列传·贾彪传》 | 彪兄弟三人，并有高名 |
| 颍川父城 | 冯异 | 《后汉书·冯异传》 | 世官 |
| 颍川许昌 | 陈寔 | 《后汉书·陈寔传》 | 陈寔出于单微，至其孙陈群，已世代显宦 |
| 颍川襄城 | 李膺 | 《后汉书·李膺传》 | 世官 |
| 颍川阳城 | 杜密 | 《后汉书·杜密传》 | 官河南尹，太仆 |
| 颍川父城 | 冯异 | 《后汉书·冯异传》 | 世官 |
| 陈留 | 高氏 | 《后汉书·党锢列传·夏馥传》 | 富殖 |
| 陈留 | 蔡氏 | 《后汉书·党锢列传·夏馥传》 | 富殖 |
| 南阳 | 直不疑 | 《汉书·直不疑传》 | 官至御史大夫 |
| 南阳宛县 | 孔氏 | 《史记·货殖列传》 | 通商贾之利……家致富数千金 |
| 南阳宛县 | 何氏 | 《太平御览》卷一百三十七引《续汉书》 | 良家 |
| 南阳宛县 | 朱晖 | 《后汉书·朱晖传》 | 家世衣冠 |
| 南阳宛县 | 张堪 | 《后汉书·张堪传》 | 郡族姓 |
| 南阳宛县 | 李通 | 《后汉书·李通传》 | 闾里雄 |
| 南阳宛县 | 赵憙 | 《后汉书·赵憙传》 | 世官 |
| 南阳宛县 | 卓茂 | 《后汉书·卓茂传》 | 世官 |
| 南阳宛县 | 彭宠 | 《后汉书·彭宠传》 | 世官 |
| 南阳宛县 | 任隗 | 《后汉书·任隗传》 | 常以赈恤宗族 |
| 南阳穰县 | 宁氏 | 《史记·酷吏列传》 | 田千余顷……致产数千金 |
| 南阳穰县 | 郭丹 | 《后汉书·郭丹传》 | 郭丹父稚，成帝时为庐江太守，有清明 |

（续表）

| 籍　贯 | 代表人物 | 出　处 | 家世背景 |
|---|---|---|---|
| 南阳杜衍 | 杜周 | 《汉书·杜周传》 | 家訾累巨万 |
| 南阳湖阳 | 胡氏 | 《水经注·比水》 | 世官 |
| 南阳湖阳 | 马武 | 《后汉书·马武传》 | 世官食封 |
| 南阳湖阳 | 樊宏 | 《后汉书·樊宏传》 | 为乡里著姓;善农稼,好货殖 |
| 南阳湖阳 | 冯鲂 | 《后汉书·冯鲂传》 | 其先魏之支别,郡族姓 |
| 南阳湖阳 | 申屠氏 | 《后汉书·冯鲂传》 | 大姓 |
| 南阳湖阳 | 虞氏 | 《后汉书·冯鲂传》 | 大姓 |
| 南阳蔡阳 | 刘秀 | 《后汉书·光武帝纪》《后汉书·宗室四王三侯列传》 | 宗室贵族,长沙定王之后 |
| 南阳新野 | 阴识 | 《后汉书·阴识传》 | 有田七百余顷,宗族宾客千余人 |
| 南阳新野 | 邓禹 | 《后汉书·邓禹传》 | 世吏两千石 |
| 南阳新野 | 来歙 | 《后汉书·来歙传》《通志·氏族略》《三国志·蜀书·来敏传》 | 商之子孙,世代官宦 |
| 南阳西鄂 | 张衡 | 《后汉书·张衡传》 | 世为著姓 |
| 南阳堵阳 | 张释之 | 《汉书·张释之传》 | 文帝时以赀为郎,后任廷尉 |
| 南阳堵阳 | 陈氏 | 《后汉书·韩暨传》 | 豪右 |
| 南阳堵阳 | 韩暨 | 《后汉书·韩暨传》 | 大姓 |
| 南阳棘阳 | 岑彭 | 《后汉书·岑彭传》 | 将宾客 |
| 南阳舞阴 | 马成 | 《后汉书·赵憙传》 | 大姓 |
| 南阳安众 | 刘隆 | 《后汉书·刘隆传》 | 世官 |
| 南阳安众 | 宗资 | 《东观汉纪·宗资传》 | 世官 |
| 南阳杜衍 | 杜周 | 《汉书·杜周传》 | 御史大夫,家訾累巨万 |
| 南阳涅阳 | 左雄 | 《后汉书·左雄传》 | 名士 |
| 汝南汝阴 | 何比干 | 《后汉书·何敞传》引《何氏家传》 | 明经、代为名族 |
| 汝南汝阳 | 袁安 | 《后汉书·袁绍传》 | 四居三公位 |
| 汝南汝阳 | 周防 | 《后汉书·儒林列传·周防传》 | 世官家族 |
| 汝南平舆 | 何氏 | 《汉书·何并传》 | 吏两千石 |
| 汝南平舆 | 许劭 | 《后汉书·许劭传》 | 著姓、世官 |

（续表）

| 籍　贯 | 代表人物 | 出　处 | 家世背景 |
|---|---|---|---|
| 汝南平舆 | 陈蕃 | 《后汉书·陈蕃传》 | 世官 |
| 汝南南顿 | 应奉 | 《后汉书·应奉传》 | 世官家族 |
| 汝南细阳 | 张酺 | 《后汉书·张酺传》 | 世官家族 |
| 汝南安城 | 周嘉 | 《后汉书·独行列传·周嘉传》《新唐书·宰相世系表四》 | 世官、著姓 |
| 汝南慎阳 | 戴良 | 《后汉书·逸民列传·戴良传》 | 关东大豪 |
| 汝南征羌 | 范滂 | 《后汉书·范滂传》 | 世官 |
| 汝南长平 | 殷氏 | 《元和姓纂》 | 大族 |
| 汝南项城 | 蔡衍 | 《后汉书·党锢列传·蔡衍传》 | 豪族 |
| 河内朝歌 | 向栩 | 《后汉书·独行列传·向栩传》 | 为赵相 |
| 河内轵县 | 郭解 | 《史记·游侠列传》 | 豪侠 |
| 河内轵县 | 张禹 | 《汉书·张禹传》《汉书·游侠传》《后汉书·郭汲传》 | 至禹父徙家莲勺，禹为丞相，禹子为太常，禹弟为校尉 |
| 河内温县 | 石奋 | 《汉书·石奋传》 | 旧族 |
| 梁国睢阳 | 申屠嘉 | 《汉书·申屠嘉传》 | 关内侯 |
| 梁国下邑 | 平当 | 《汉书·平当传》 | 訾百万 |
| 梁国下邑 | 鲁氏 | 《后汉书·鲁恭传》 | 世吏两千石 |
| 魏郡繁阳 | 杜氏 | 《汉书·杜邺传》 | 祖、父世积功至郡守 |
| 淮阳阳夏 | 黄霸 | 《汉书·黄霸传》 | 豪杰 |
| 河南洛阳 | 贾光 | 《后汉书·贾逵传》 | 吏两千石 |
| 河南洛阳 | 桑弘羊 | 《史记·平准书》《汉书·食货志》 | 富商巨贾 |
| 河南洛阳 | 卜式 | 《汉书·卜式传》 | 羊至千余头，买田宅 |
| 河南洛阳 | 薛子仲 | 《汉书·货殖列传》 | 富商，訾十千万 |
| 河南洛阳 | 张长叔 | 《汉书·货殖列传》 | 富商，訾十千万 |

由上表可见，南阳、颍川、汝南三郡豪族众多，可谓“郡国处处有豪杰”。这一地区具备豪族成长的政治、经济、文化和社会环境等有利条件。南阳、颍川、汝南三郡豪族形成早、发展快，主要有四个原因：

一是这一地区经济较为发达，“南阳西通武关、郧关，东南受汉、江、淮。宛亦一都会也”①。

二是这一地区工商业十分兴盛，“南阳好商贾，召父富以本业”，“郡以殷富”②。宛孔氏“大鼓铸，规陂池，连车骑，游诸侯，因通商贾之利，有游闲公子之赐与名。然其赢得过当，愈于纤啬，家致富数千金，故南阳行贾尽法孔氏之雍容”③。

三是三郡尤其是南阳，是秦迁徙豪族的主要地区。

(秦昭襄王)二十七年，错攻楚。赦罪人迁之南阳。(《史记·秦本纪》)

秦既灭韩，徙天下不轨之民于南阳。(《汉书·地理志》)

秦末世，迁不轨之民于南阳。(《史记·货殖列传》)

宛孔氏之先，梁人也，用铁冶为业。秦伐魏。迁孔氏南阳。(《史记·货殖列传》)

冯鲂字孝孙，南阳湖阳人也。其先魏之支别，食菜冯城，因以氏焉。秦灭魏，迁于湖阳，为郡族姓。王莽末，四方溃畔，鲂乃聚宾客，招豪桀，作营壍，以待所归。(《后汉书·冯鲂传》)

来氏，本作郲，子姓，商之支孙。食采于郲，因以为氏。其后避难去邑。齐有来章，秦末，徙义阳之新野。(《通志》卷二十七《氏族略》)

(朱晖)其先宋微子之后也，以国氏姓。周衰，诸侯灭宋，奔砀，易姓为朱，后徙于宛。(《后汉书》卷四十三《朱晖传》注引《东观记》)

由上可知，所迁“不轨之民”主要是六国贵族、豪侠和私人豪富。这些社会势力的大量迁入，使这一地域豪族成长有着深厚的社会基础，如孔氏、冯氏、来氏、朱氏很快都演变为豪族。

四是东汉一代南阳为帝乡。新朝末年农民起义，随刘秀兄弟起事者众多，随着起义的胜利许多人成为豪族。据统计，光武帝时期，在东汉开国32位云台功臣中南阳豪族占据13位之多，远高于其他地域豪族。在建武元年至建武十三年(25—37)，光武帝所任命的63位将军中，南阳豪族有40人，约占三分之

① 〔汉〕司马迁：《史记》卷一百二十九《货殖列传》，中华书局1963年版，第3269页。

② 〔汉〕班固：《汉书》卷二十八下《地理志》，中华书局1964年版，第1654页。

③ 〔汉〕司马迁：《史记》卷一百二十九《货殖列传》，中华书局1963年版，第3278页。

二。光武帝时期共任命大将军17任，南阳豪族占9任，超过一半。[①] 南阳豪族在东汉中高级官僚体系特别是中央权力体系中处于最重要地位。据统计，东汉六百石以上官吏有籍贯可考者为1077人，南阳籍官吏为122人，占总数的11.3%，位居全国之首，仅东汉前期就有53人，占东汉南阳官吏的43.4%。[②] 据对《后汉书》诸传纪的统计，东汉南阳籍官吏达195人，任职三公的27人，任职九卿的38人，南阳人被封侯、王的120人。[③] 由此可见南阳豪族与东汉政权结合的紧密程度。

## 第四节　西汉时期河南著名家族

西汉时期的河南著名家族，有南阳樊重家族、颍川韩棱家族、河南郑当时家族、颍川郭弘家族及梁国刘氏王族等。

### 一、南阳樊重家族

春秋时期仲山甫受封的樊国位于周王室雒邑附近，国势弱小。其四邻皆是势力强大的诸侯国，它们都虎视眈眈地想将阳樊纳入自己的版图。周襄王十七年（前635）樊国为晋国所灭，但仲山甫的后人还在周王室中一直担任要职。《左传》记载周敬王时期有樊顷子即樊齐任周大夫之职，樊齐当为仲山甫后人。

樊齐的后人江苏沛县樊姓一支因西汉大将樊哙而闻名。樊哙早年在家乡以屠狗为业，后追随刘邦起兵反秦，立下赫赫战功，被封为舞阳侯。吕后死后，

---

① 廖伯源：《东汉将军制度之演变》附表一《东汉将军年表》，《历史语言研究所集刊》第60本第1分册，1991年，第172—179页。

② 李泉：《东汉官吏籍贯分布之研究》，《秦汉史论丛》（第五辑），法律出版社1992年版，第228—243页。

③ 刘太祥：《南阳汉文化的特色及形成原因》，《南都学坛》1997年第2期。

刘姓宗族联合反吕大臣趁机诛杀吕后一党，樊哙的妻子吕媭（吕后之妹）和其子樊伉被杀。到汉文帝时，樊哙的另一个儿子樊市人继承了樊哙的舞阳侯爵位。樊市人死后，其子樊佗广世袭爵位。有人上书天子说樊佗广不是樊市人的亲生子，于是汉景帝中元六年（前144）革去樊佗广爵位。直到汉平帝元始二年（2），皇帝又找到樊哙的后裔樊章继承舞阳侯的爵位。《元和姓纂》载，樊哙的曾孙樊嘉曾担任南阳太守，其后人遂定居今天河南南阳一带，迅速繁衍成为南阳地区的大姓。西汉末期，居住于南阳湖阳（治今河南唐河西南湖阳镇）的樊姓到樊重这一代，成为当地豪族。

樊重，字君云，善于经营，为人又乐善好施，不吝钱财，为乡里所敬重。其女樊娴都嫁给刘氏宗室刘钦，生子刘秀，为后汉开国皇帝光武帝。东汉建立后，刘秀非常照顾母族樊姓一家，先后封樊宏、樊丹、樊寻、樊忠、樊茂5人为侯，并追封外祖父樊重为寿张敬侯。樊重子樊宏，为东汉王室重臣，为人谦恭谨慎，被封为寿张侯。樊宏子樊儵，谦逊恭敬，有乃父风范。他精通儒学，教授门徒3000余人，时人称之为“樊侯学”。樊儵长子樊汜承其爵位，少子樊梵官至大鸿胪，族孙樊准官至光禄勋。到汉明帝永平年间，湖阳樊姓与其他外戚郭、阴、马姓掌握了东汉朝政大权，被称为“四大姓”。这一时期河南南阳地区的樊姓宗支还有新野人樊晔，字仲华，少年时为刘秀的同学。光武帝即位后，征为侍御史，累迁郡太守。樊晔崇尚法家，任职内打击不法豪强。其子樊融，有俊才，好黄老学说，不肯为官。

## 二、颍川韩棱家族

在秦末农民起义及随后的楚汉战争中，韩姓为灭秦兴汉建立了不可磨灭的功勋。汉初三杰之一的韩信为淮阴（今江苏淮安市淮阴区西南）人，他出自哪支韩姓史无明载。除韩信外，还有另一个韩王信，为韩国王室后裔，这支韩姓人在秦汉时期名显于世，并造就了韩姓的第二个郡望南阳。

韩昭侯之孙韩襄王（仓）生有三子：一为太子婴，未即位即死；二为公子虮虱；三为公子咎，后立为釐王。韩国末代君主韩王安即为公子咎之孙。韩王信为公子虮虱所生。他在楚汉战争中率领韩国王室后裔驰骋疆场，跟随刘邦袭取项羽。刘邦原答应封韩王信为颍川王，不久又以颍川为天下战略要地，改封于太原，为韩王。

西汉初年，韩王信在封地太原被匈奴大军包围，只得派使者与匈奴讲和。刘邦怀疑韩王信有反叛之心，不但不派兵援救，还写信痛斥韩王信。韩王信害怕被杀，与世子一起逃往匈奴，遭到汉室兵将追杀。韩王信逃至颓当城，生下一子，因而起名叫韩颓当。汉孝文帝时，韩王信已死，韩颓当与韩王信之孙韩婴率众归降汉室。韩婴被封为襄城侯，韩颓当被封为弓高侯。韩颓当传侯位至孙，无祀国绝，但其庶孙韩嫣及韩嫣之弟韩说受到皇帝宠幸。韩说还被封为龙頟侯，后又改为按道侯。韩说的孙子韩骞，官至河南尹。西汉末年，韩骞为避王莽之乱，迁居堵阳（今河南方城东），属南阳郡。韩颓当这支韩姓人，在东汉时期有很大发展。韩颓当的裔孙韩寻，为东汉陇西太守。韩寻生韩棱，韩棱曾任尚书令、司空等职。韩棱之孙韩演，也官至司徒。

南阳是韩姓最为著名的郡望。东汉后期，韩骞的后代名显史册。韩骞的九世孙韩术及韩术之子韩纯都曾任河东太守。韩纯的儿子韩暨，在三国时的魏国官至司徒，封南乡亭侯。

韩暨（？—238），字公至，曹魏时任丞相士曹、乐陵太守，后调任监冶谒者，专门负责管理冶铁之事。旧时冶铁多用马排和人排，他提倡水排（水力鼓风炉），并把杜诗发明的水排进行革新和推广，使之广泛应用于冶铁，大大提高了效率。水排的发明和推广，在我国科技史和世界科技史上占有一席之地。在欧洲，水力鼓风机的使用和推广在12世纪至14世纪，比我国要晚1000年左右。

韩暨的六世孙韩延之，也在后魏时被封为鲁阳侯。韩延之的儿子韩瑰为平凉太守，封安定公。韩瑰的儿子韩演，为常州刺史。韩演的儿子韩褒，为后周少保，徙居昌黎（治今辽宁义县）。韩褒之子韩仲良，徙居京兆三原（今属陕西）。韩仲良之子韩瑗，在唐高宗时官至宰相。

东汉司空韩棱所在的一支韩姓人，在东汉末年的大动乱中徙居安定安武（治今甘肃镇原西南）。不久，这支韩姓有人徙居武安（今属河北）。后魏时，有常山太守韩耆，被封安武成侯。韩耆后来又徙居九门（治今河北石家庄藁城区西北）。此后，这支韩姓人逐步飞黄腾达。韩耆的儿子韩茂，任后魏中书令、征南大将军、安定公。韩茂的曾孙韩睿素，为桂州长史。唐代大文豪韩愈就是韩睿素之孙。

## 三、河南郑当时家族

郑国灭亡后，郑国人以国名为氏。郑姓王室公子鲁等人以国为氏，寄居于陈、宋之间，正式得姓郑，经历近百年的沉寂，因此其后裔发展脉络不甚清楚，然而今天豫东地区的郑姓人士都以公子鲁为得姓始祖。

到秦时，郑姓出现四位名人：一是魏国人郑安平，因为推荐政治家范雎而受到秦昭王的重用；二是受韩王指派为秦国开凿郑国渠的郑国，使秦川变成了沃野；三是秦朝末年，被封为韩王的吴县令郑昌；四是楚霸王项羽属下名将郑荣。其中郑荣家族异军突起，并在两汉时期迅速发展成为天下郑姓人的主体，以至后人在说起这段历史的时候，纷纷把郑荣家族的人当作自己的祖先。

郑荣是郑氏家族的拓荒者，据《史记》记载，郑荣是陈（治今河南周口市淮阳区）人，虽然史籍难以勾勒出他与公子鲁之间的发展脉络，但可以肯定的是，郑荣是公子鲁的后裔。郑荣参加秦末陈胜、吴广起义，成为郑姓得姓后在郑国故地的第一个名人。其子郑当时在汉武帝时期得到显赫的官族地位，在家族成为名门望族的过程中起到了关键作用。西汉末年郑荣家族的郑稚从祖居地陈县迁居开封（治今河南开封市祥符区西南），成为开封郑氏一世祖。郑稚子郑宾，东汉时期官至御史大夫。郑宾子郑兴，任太中大夫，为著名的经学家。郑兴子郑众，东汉时官至大司农，此支郑氏从此成为官宦世家。东汉末期，其后裔郑泰与郑浑兄弟分别为扬州刺史与将作大匠，将家族发展更加壮大，成为世家大族。开封郑氏在两汉时期属河南郡管辖，三国魏正始三年（242）分河南郡设置荥阳郡，治所在荥阳（今河南郑州市惠济区西北古荥），辖今河南黄河以南，东至朱仙镇，西至荥阳，南至新密市、尉氏及黄河以北的原阳地，大部分在原郑国的疆域内，所以魏晋以后的郑氏后裔将开封郑氏称为荥阳郑氏，使荥阳郡成为郑氏第一大郡望地。

## 四、颍川郭弘家族

颍川郭氏是郭姓中最为辉煌的一支。颍川郭氏由阳翟(今河南禹州)人郭弘开基,其后数世皆以通晓法律著称,子孙至公者1人,廷尉7人,侯者3人,刺史、二千石、侍中、侍郎、中郎将等20余人,其他如侍御史等甚众,成为中国古代著名的法律世家。

颍川郭氏自东汉初年郭弘开基后人才辈出。东汉有郭躬,曾任廷尉,为郭弘之子。郭躬年少时即继承父业,讲授徒众常数百人。后来做了郡吏,召入公府。家世代掌法,务在宽平,他当典理官时,决狱断刑,多依矜恕的原则办事,将依照重刑可从轻发落的41件事奏之皇上,“事皆施行”,著于法令。

此支郭氏后裔,三国时有曹操著名谋士郭嘉,袁绍著名谋士郭图,曾任魏太子文学等职的郭奕,隋唐时有隋末唐初名将郭孝恪,唐初曾任宰相的郭待举。

## 五、梁国刘氏王族

刘邦建立西汉之后,丰沛刘氏一跃而成为国之显姓,被尊为汉朝皇室。刘邦确立分封祖制,把皇室的刘氏子弟分封到全国各地,以确保汉家天下牢牢地掌握在刘姓人的手中。此后的各代汉帝仍然遵循旧制,大肆分封,各诸侯王又在自己的势力范围内再行分封,这样,刘姓皇室枝繁叶茂。仅在西汉时期,刘姓就建立有30多个王国、40多个侯国。西汉末,可以享受免税特权的刘姓皇族就达到10万人之多。如果再加上东汉,刘姓封王和继承王位者更是数以千计,而封侯者和世袭为侯者更是数以万计。到了三国蜀汉的时候,刘姓已发展为当时世界上最庞大的宗族,人口超过百万,遍布中华大地,从此奠定了后世刘姓发展的基础。

西汉刘姓封国于河南者,主要是梁国与淮阳国。

刘武(?—前144),西汉梁国诸侯王,汉文帝刘恒嫡次子,汉景帝刘启同母弟,母亲为窦太后。汉文帝二年(前178)受封代王,汉文帝四年(前176)改封淮阳王。汉文帝十一年（前 169），梁怀王刘揖去世无嗣，第二年刘武继嗣梁王。七国之乱时，刘武率兵抵御吴楚联军死守梁都睢阳（治今河南商丘南），拱卫了国都长安，功劳极大，后仗窦太后的宠爱和梁国地广兵强，欲继汉景帝之位，病死未果。谥号“孝”，葬于芒砀山。

汉景帝前元四年（前 153），朝廷立刘荣为太子。刘武因是汉景帝的亲兄弟，立有大功，又受封于大国，据有天下肥沃的土地。其封地北以泰山为界，西达高阳，共有 40 余城，多数是大县。

刘武是窦太后的小儿子，很受宠爱，所得到的赏赐不计其数。于是，刘武建造方圆三百多里的东苑，扩展睢阳城至 70 里。大兴土木，建造宫殿，修筑架空通道，从宫殿连接到平台长达 30 多里。有天子赏赐的旌旗，外出随从千乘万骑。出入宫殿，清道禁绝行人。刘武揽四方豪杰，自崤山以东的游说之士，像齐人羊胜、公孙诡、邹阳等人，莫不尽归梁国。梁国铸造了许多兵器，弓箭、戈矛之类就有数十万件，府库的金钱近万亿，珠玉、宝器等比京师还多。

汉景帝前元七年（前 150）十月，刘武入京晋见汉景帝。汉景帝派使者拿着符节，驾着皇帝乘坐的驷马车，到关前迎候梁王。朝见汉景帝后，刘武呈上奏折请求留在京师，因为窦太后很宠爱刘武所以得以获准。刘武入宫陪侍汉景帝同乘步辇，出宫则同车游猎，到上林苑去射鸟兽。梁国的侍中、郎官、谒者只需在名簿上登记上姓名，便可以出入天子殿门，和朝廷的官员没有区别。

汉景帝中元六年（前 144）的冬天，刘武又入京朝见皇帝，呈上奏折请求留住京师，汉景帝没有答应。刘武回到封国后，心神恍惚，闷闷不乐，就到北方的良山打猎散心，有人献上一头背上长着脚的牛，刘武对它感到特别厌恶。当年的六月中旬，刘武得了热病，过了六天就死了。刘武自受封至去世，共为王三十五年，为梁王二十五年，死后梁国一分为五，为其五子封国。

## 第五节　东汉河南著名家族

东汉全国豪族最为集中的地区，尤以颍川、汝南、南阳三郡为盛。

## 一、南阳著名家族

南阳为东汉帝乡，世家大族众多。东汉时期南阳豪族为官人数在全国各区域豪族中占据较大优势，其担任三公人数达22人，占全国总数的13.66%；担任九卿的人数达35人，占全国总数的12.37%。这在全国各地豪族中比重最大。其最高峰期均在光武帝时期，可见在东汉建立之初，南阳豪族处于整个中央官僚体系的核心位置。①

**（一）新野邓晨家族**

西汉中叶，邓况自楚徙居南阳新野（治今河南新野），邓况本人因此被称为南阳邓氏开基祖。《古今姓氏书辩证》说："汉之中世，邓况始自楚徙居南阳新野，子孙以农桑为业。光武时，有车骑将军宏，建威将军寻，复汉将军晔，渤海太守、鄳侯邯廷尉、西华侯晨，太傅高密元侯禹。禹子平。寿敬侯训，生和熹太后。邓氏自中兴后，累世宠贵，凡侯者二十九人，公二人，大将军以下十三人，中二千石十四人，列校二十二人，州牧郡守四十八人。其余侍中、将、大夫、郎、谒者，不可胜数。"这说明，南阳邓氏在西汉中叶由邓况开基后，过了百余年默默无闻的农桑生活，直到东汉初年因家族中有人为东汉光武帝的中兴立下功勋而一跃成为钟鸣鼎食之家。可见，东汉时南阳邓氏已成为当地一大望族，其后邓氏所分出的许多支派即同属南阳望族支系。因此，"天下邓姓出南阳"早已在海内外邓姓人心中形成共识。

东汉时期南阳邓氏主要有两支：其一是廷尉、西华侯邓晨所在的支系。这支邓姓人在西汉时就已是累世簪缨的官宦之家。如邓晨曾祖邓隆曾任扬州刺史，祖邓勋官至交趾刺史，父邓宏又任豫章都尉。邓晨，字伟卿，南阳新野人，与刘秀交游甚密。西汉末年，邓晨娶东汉开国皇帝刘秀的姐姐刘元为妻。后随同刘秀率宾客起兵，反对王莽，其妻刘元在战乱中被杀，他则为刘秀筹集兵员粮饷支持刘秀经营河北，并为刘秀出谋划策。刘秀起兵讨伐王莽，起初因势单力薄常被打败，便到邓晨在新野的家中避难，致使新野邓氏全族受到牵连，甚至府第

① 崔向东：《汉代豪族地域性研究》，中华书局2012年版，第212页。

被焚烧，祖坟被挖掘，邓晨的妻子和3个女儿也都被杀害。同族的人抱怨邓晨“家自富足，何故随妇家人入汤镬中”。但邓晨初衷不改，多次救刘秀于危难之时，并跟随刘秀平定天下。建武三年(27)，被光武帝拜为光禄大夫，封为房子侯。邓晨喜好治理郡县，复任为中山、汝南太守。他为政清廉，两袖清风，颇得吏民称颂。建武十八年(42)，刘秀赐给他钱币数千万，置田数千顷，从而富甲一方。他死后与长公主刘元合葬于洛阳北芒，谥号惠侯。他的长子邓泛被封为吴房侯，少子邓棠袭爵西华侯，后又徙封武当侯。邓棠子邓固，邓固子邓国，邓国子邓福等都世代相袭，直到永建元年(126)，因邓福去世无子袭爵，这支邓姓人才失去爵位，以后便衰落不显。

**(二)新野邓禹家族**

南阳邓氏的另外一支是东汉太傅、高密侯邓禹所在的支系。邓禹13岁时曾到国都长安(今陕西西安)求学，遇到了也在长安游学的刘秀，便与他结为布衣之交。后来刘秀在河北举兵讨伐王莽，他弃学相从，并为刘秀出谋划策，此后还独自带兵平定了河北、山西、关中等地的叛乱。因为功高盖世，年仅24岁时便被封为万户侯、一品官(大司徒)。汉明帝即位后，封他为太傅，为云台二十八将之首。天下安定后，他又主动引退，在家教育子孙，使他们各学一种技艺，成为国家的栋梁之材，加上他“笃行淳备，事母至孝”“资用国邑，不修产利”，深得汉光武帝、汉明帝等人敬重。汉明帝时进位太傅，改封高密侯，食邑高密、昌安、夷安、淳于4县。

邓禹有子13人，其中知名者有邓震、邓袭、邓珍、邓鸿和邓训等人。邓震在邓禹去世后袭封高密侯，其子邓乾、其孙邓成、曾孙邓褒、玄孙邓某等人也都相继袭封了这一爵位，他的另一位玄孙邓昌则袭舞阴侯位。邓袭是邓禹侧室所生之子，在邓禹去世后别封从高密侯国分出的昌安侯，此后其子邓藩也袭此爵。邓珍在邓禹去世后另封从高密侯国分出的夷安侯，其子邓康也袭此爵。邓鸿是邓禹少子，汉明帝时称小侯，后来官至车骑将军。邓训是邓禹的第六子，在诸兄弟中最知名，为东汉朝廷戍守北部、西北部边境达10余年，对维护边境和平，增进各民族间的友好做出过积极的贡献。邓训有五子一女，其中五子即邓骘、邓京、邓悝、邓弘、邓阊，一女即东汉和帝皇后邓绥。南阳邓氏至这一辈人时，由于有父祖的功勋可以凭借，特别是因为邓绥被立为皇后，南阳邓氏在东汉王朝勋臣之家外，又多了一层外戚身份，从此家族势力更加强大。

邓绥早年精通史书，知书识礼。入选宫中后，因容貌妍丽、德行纯粹被立为和帝皇后。和帝继位时，由窦太后临朝称制，窦家外戚专权，后和帝与宦官郑众密谋诛灭了窦家。

元兴元年（105），身体虚弱的和帝染疾而死，邓氏便临朝听政，由其兄邓骘辅政。邓绥从窦家的覆灭中吸取了教训经验，为缓和外戚、宦官间的矛盾，对两方都重用，不偏重外戚。邓后临朝后，接连下诏，大赦天下，凡建武以来因罪遭禁锢者，统统赦免。她又下令减少宫内所供应的衣服食物，规定早晚只能吃一肉一饭，不得违反。地方郡县的贡献全部减半，所有掖庭侍女以及宗族家的官奴婢一律遣归，各令婚嫁。凡因暴雨受灾的郡县，皆免除田租。各地的淫祀，不合祀典的统统取缔。这些措施受到了百姓的欢迎。

邓太后重视经学，入宫后就一直随曹大家（gū）学习经书，从未懈怠。她礼贤下士，把名士尽力吸收到外戚这方面，借以取得舆论支持，邓氏政权得到了一时的巩固。

元兴元年，东汉和帝死后，邓皇后临朝听政，把相继即位的殇帝、安帝变为手中的傀儡，并控制东汉朝政大权达 16 年之久，因而使邓氏一门宠贵无比。邓骘兄弟五人也随之升迁，他们常在宫廷中决定国事，一时“宠灵显赫，光震都鄙”。元初二年（115）、五年（118），邓弘和邓悝、邓阊相继去世，朝廷不仅为他们举行了国葬，还让他们的后人袭封了爵位，此时邓氏门中五侯一太后，家族势力达到了顶峰。

永宁二年（121），邓绥积劳成疾去世，汉安帝便和宦官合谋诛灭了邓氏家族的其他成员，邓骘被迫自杀，邓氏势力从此一落千丈。

**表 3.2　南阳新野邓氏家族任职情况表**

| 代系 | 姓名 | 关系 | 主要官职及封爵食邑情况 |
|---|---|---|---|
| 第一代 | 邓禹 | | 前将军；大司徒；酂侯，食邑万户；更封为梁侯，食四县；定封为高密侯，食四县；显宗拜为太尉 |
| | 邓宽 | 邓禹弟 | 明亲侯 |
| 第二代 | 邓震 | 邓禹长子 | 嗣高密侯 |
| | 邓袭 | 邓禹子 | 昌安侯 |
| | 邓珍 | 邓禹子 | 夷安侯 |
| | 邓训 | 邓禹第六子 | 明帝时为郎中，章帝时为谒者、护乌桓校尉、张掖太守、护羌校尉 |
| | 邓鸿 | 邓禹少子 | 明帝时为将兵长史，章帝时为度辽将军、车骑将军 |

（续表）

| 代系 | 姓名 | 关系 | 主要官职及封爵食邑情况 |
|---|---|---|---|
| 第三代 | 邓乾 | 邓震子 | 嗣高密侯，尚显宗女沁水公主；永元间，因阴后巫蛊事国除，和帝时复封本国，拜侍中 |
| | 邓举 | 邓乾从兄 | 和帝阴后之舅 |
| | 邓藩 | 邓袭子 | 嗣昌安侯，尚显宗女平皋长公主，和帝时为侍中 |
| | 邓良 | 邓珍子 | 嗣夷安侯，无后 |
| | 邓康 | 邓珍子 | 诏封夷安侯，安帝时为越骑校尉、侍中，顺帝时为太仆 |
| | 邓骘 | 邓训子 | 郎中，三迁虎贲中郎将，车骑将军，仪同三司；上蔡侯，食邑万户；拜为大将军，后徙罗侯 |
| | 邓京 | 邓训子 | 黄门侍郎 |
| | 邓悝 | 邓训子 | 黄门侍郎，虎贲中郎将，城门校尉，叶侯，食邑万户 |
| | 邓弘 | 邓训子 | 黄门侍郎，侍中，虎贲中郎将，西平侯，食邑万户 |
| | 邓阊 | 邓训子 | 黄门侍郎，侍中，西华侯，食邑万户 |
| | 邓绥 | 邓训女 | 和帝和熹皇后 |
| | 邓豹 | 邓骘从弟 | 河南尹 |
| | 邓遵 | 邓骘从弟 | 度辽将军，舞阳侯 |
| | 邓畅 | 邓骘从弟 | 将作大匠 |
| 第四代 | 邓成 | 邓乾子 | 嗣高密侯 |
| | 邓广德 | 邓弘子 | 西平侯 |
| | 邓甫德 | 邓弘子 | 都乡侯，开封令 |
| | 邓珍 | 邓京子 | 黄门侍郎，阳安侯，邑三千五百户 |
| | 邓广宗 | 邓悝子 | 叶侯 |
| | 邓忠 | 邓阊子 | 西华侯 |
| | 邓凤 | 邓骘子 | 侍中 |
| | 邓嗣 | 邓豹子 | 桓帝时官至屯骑校尉 |
| | 邓万世 | 邓遵子 | 甫乡侯，河南尹 |
| | 邓香 | 邓禹曾孙 | 邓绥从兄子，桓帝邓后之父，追封车骑将军，安阳侯 |

(续表)

| 代系 | 姓名 | 关系 | 主要官职及封爵食邑情况 |
|---|---|---|---|
| 第五代 | 邓褒 | 邓成子 | 嗣高密侯,尚安帝妹舞阴长公主,桓帝时为少府 |
| | 邓猛女 | 邓香女 | 桓帝皇后 |
| | 邓演 | 邓香子 | 南顿侯 |
| 第六代 | 邓某 | 邓褒长子 | 嗣高密侯 |
| | 邓昌 | 邓褒少子 | 袭母爵为舞阳侯,拜黄门侍郎 |
| | 邓康 | 邓演子 | 嗣南顿侯 |
| | 邓统 | 邓演子,邓康弟 | 袭封昆阳侯,为侍中 |
| | 邓会 | 邓统从兄 | 袭安阳侯,虎贲中郎将 |
| | 邓秉 | 邓统弟 | 淯阳侯 |

邓太后去世,邓氏家族开始走向衰落。南阳邓氏家族遭受这次灭顶之灾后,从此便一蹶不振。尽管在邓骘等人自杀后不久邓氏宗亲的人都官复原职,甚至邓骘的从兄之子邓香之女还被汉桓帝立为皇后,邓后的父祖兄弟子侄都得加官进职,但南阳邓氏毕竟是在大难之后,枝叶凋零,无法再重振家声。特别是至延熹八年(165)时,邓后被废,邓后从父邓万世及从子邓会皆下狱死,其他人也都被免官夺爵,"归本郡,财物没入县官"(《后汉书·桓帝邓皇后纪》),此后南阳邓氏便彻底败落下去了。

据新野县档案馆所藏《邓氏家谱》载,以邓禹、邓训、邓骘等人为代表的南阳邓氏家族,东汉以后虽然成为天下大多数邓姓人的血缘母族,但在新野一带的发展却极其艰难。其中如邓骘长子邓凤一支,在邓骘、邓凤自杀后便落籍于邓骘的封国上蔡县,此后虽然出了三国蜀汉阳武亭侯、将军邓芝(邓凤孙),唐袁州知府邓超(邓禹19世孙)、宋吏部员外郎邓书(邓禹30世孙),廪贡生邓芙(邓禹47世孙),清信阳州学正邓崚(邓禹56世孙)等人,但一则他们大多不再以新野为家,二则其也多是中下级甚至低级官吏,形不成大的势力和影响。

## 二、汝南著名家族

### (一)袁安家族

春秋时期,袁氏世代为陈国大夫,所以在陈地形成了陈郡阳夏袁氏聚集地。袁姓定姓虽晚,但由于定姓后陈郡阳夏袁氏后代高官辈出,名垂史册,家族子孙的繁衍在史籍中留下了清晰的世系脉络。《古今姓氏书辩证》记载:"九世孙袁生,玄孙干,封贵乡侯,复居陈郡阳夏。八世孙良,二子:昌、璋。昌,成武令,生汉司徒安,字邵公,三子:赏、京、敞。京,蜀郡太守,二子:彭、汤。汤字仲河,太尉、安国康侯,三子:成、逢、隗。成,左中郎,生绍。绍中子熙,其后居乐陵东光。熙裔孙令喜,同州治中,生异弘、异度、异式。异弘,唐泸州参军,生恕己,相唐中宗。恕己生淮阳太守建康。建康生给事中高,尝封驳卢杞复官制书,知名。璋生汉司徒滂,字公熙。滂生涣,字曜卿,魏御史大夫,四子:罕(《新唐书》为侃)、遇(《新唐书》为寓)、奥、准。准,字孝尼,晋给事中。生冲,字景玄,光禄卿。生耽,字彦通,历阳太守。耽生质,字道和,东阳太守,二子:湛、豹。豹字士蔚,丹阳尹,二子:洵、淑。淑,宋吴郡太守,谥曰正,二子:觊、觊。觊字国章,宋雍州都督,二子:戬、昂。昂字千里,梁司空、穆正公,三子:君正、敬、泌。君正字世忠,吴郡太守,生宪、颖。颖,后周骠骑大将军。颖生子温,字君恪,隋左卫大将军。温生士政,南州刺史。士政生当阳令伦。伦生石州司马知玄。知玄生咸宁令煜(《新唐书》为晔)。煜生滋,字德深,相唐宪宗,五子:垌(《新唐书》为炯)、寔、均、都、郊。"《新唐书·宰相世系表》记载类似。

袁氏早期主要是以其发源地陈郡为中心,在河南发展繁衍,尤其是汝南袁氏最为兴旺。涛涂的世孙颇,《左传》称之为辕颇,曾任陈国司徒。颇的九世孙生,在汉王刘邦手下担任谋士。生之玄孙干,西汉时被封为贵乡侯。干的八世孙袁良,汉平帝时(1—5)举明经,任太子舍人,负责太子的安全保卫工作。东汉时,袁良迁居汝南汝阳(今河南商水县西北),光武帝时任成武令。袁良有 2 子:袁昌、袁璋。袁昌居洛阳,生子袁安。自袁昌之子袁安起,汝南袁氏开始大露锋芒。袁安入仕后历官太仆、司空、司徒,食邑于汝南,其子孙兴旺发达,形成望族。汉和帝即位后,太后窦氏临朝,其兄弟窦宪等横行朝野,袁安不避权贵,冒死直谏,曾多次弹劾窦氏的专横跋扈,为时人所称道。袁安的儿子袁京继承了家学孟氏《易经》,著有《难记》30万言,曾任蜀郡太守;另一子袁敞任东郡太守,和帝时位居司空。袁京的儿子袁汤少传家学,为诸儒所称道,出仕后一直身居高位,初为司空,桓帝时累迁司徒、太尉。袁汤长子袁成早卒,儿子袁绍为汉末豪强,官渡之战败于曹操。袁汤的二子袁逢位居三公,为人以宽厚笃信著称,汉灵帝时为司空。袁逢的儿子袁术,自幼以侠义闻名乡里,入仕后曾任河南尹、虎贲中郎将等职。董卓专权时袁术出奔南阳,后辗转于江淮之间,自称皇帝,后败于曹操。袁术之子袁曜在吴国做郎中。袁汤的三子袁隗年轻时就出任要职,献帝初年为太傅。

据《唐贞观八年条举氏族事件》载,豫州汝南郡七姓有袁氏;《太平寰宇记》谓,豫州汝南郡九姓有袁氏;《新集天下姓望氏族谱》云,豫州汝南郡二十六姓有袁氏;等等。在漫长的历史演变过程中,由于战乱、官职调迁等原因,汝南袁氏又派生出许多支脉,向外发展。因此我们说发端于袁安的汝南袁氏始终是中华袁氏中最为兴旺的一支。袁氏望族,根在汝南,袁安就是汝南袁氏郡望的始祖。

袁安的叔叔袁璋一支,在汉代也有很大发展。袁璋之子袁滂,汉灵帝时任司徒。袁滂之子袁涣,虽出身显贵却行动必以礼相待,他曾跟随袁术往来江淮间,袁术死后在魏为郎中令。袁涣的4个儿子中袁侃、袁寓早卒,袁准以精于儒学知名,在晋任给事中。袁奥任魏郎中令,袁奥孙袁瑰与弟弟袁猷及母亲为避乱迁往江淮一带。袁准之子袁冲,魏景元年间任光禄勋。袁涣还有三位堂兄弟:袁徽,三国时避乱至交州;袁敏,自幼习武,官河堤谒者;袁霸,魏国初为大司农,其子袁亮,学识过人,曾任河南尹、尚书等职务。

东汉时期是汝南袁氏的鼎盛时期,前后100余年间人才辈出,在官的高官厚禄,贵宠于朝廷,从文的以文章才华显名于世。因东汉十二朝中七朝都有汝南袁氏族人位居三公(司徒有袁安、袁汤、袁滂,司空有袁安、袁敞、袁汤、袁逢,太尉有袁汤、袁绍),袁氏以“四世三公”世家大族闻名天下。东汉时期也是袁氏繁衍发展的重要阶段,强盛的政治、军事地位使支脉不断繁衍播迁,子孙四处为官,大大扩大了活动范围,为后世的发展打下了良好基础。

据《重修汝南县志》《百家姓书库·袁姓》及有关资料记载,自袁安起其后的近200年时间里,汝南袁氏家族人才辈出,显盛于世,“四世五公”,“于东汉一代相终始”。民国袁世凯家族宗谱以“汝南家声旧,舜裔世泽长”自诩。

关于“四世三公”和“四世五公”的说法问题，意思是这样的：“四世三公”即四代人中都有人做司徒、司空、太傅这一级的官；“四世五公”即四代人中有五人做三公这一级的官。他们分别是：袁安，司空、司徒；袁敞，袁安子，司徒；袁汤，袁安孙，司徒、太尉；袁逢，袁汤子，司空；袁隗，袁逢弟，太傅，位列三公。

汝南袁氏不仅在政治上辉煌，在学术上的表现亦尤为人称道。当时的学术主流是经学，汝南袁氏则以专习孟氏《易经》见长。袁安的祖父袁良曾师从经学大师孟喜。孟喜与施仇、梁丘贺都同学《易经》于田王门下，后来这三个人各立门户，成为西汉易学三大家。袁安自幼在父亲的指导下得孟氏易学真传，使易学成为袁氏积养深厚的家传之学，这都为袁氏步入官场提供了得天独厚的条件。

东汉至三国汝南袁氏世系：

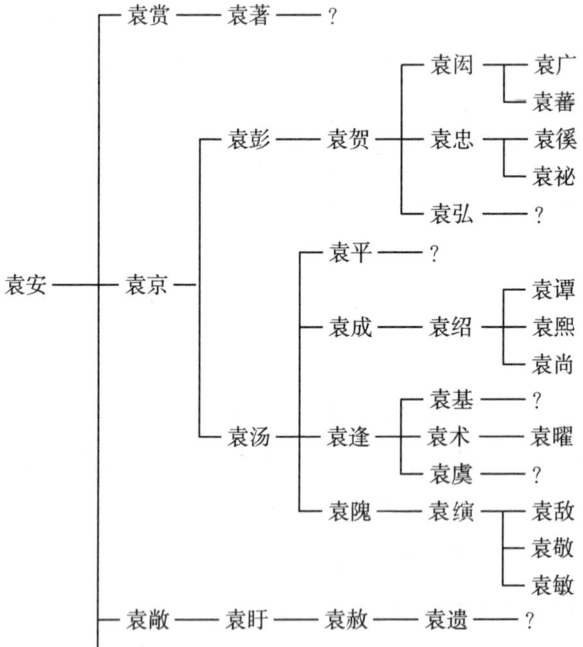


图 3-1 东汉至三国汝南袁氏世系

汝南袁氏“门生故吏遍天下”，成为官吏集团中的首脑人物。有大批故吏、弟子、门生出于其门，不过很少有实际授业关系。东汉时期选士唯“论族姓阀阅”，所以世家大族的子弟，在察举、征辟中照例得到优先。《三国志·袁绍传》便称：“自安以下四世居三公位，由是势倾天下。”《后汉书·杨震列传》说：“自震至彪，四世太尉，德业相继，与袁氏俱为东京名族云。”

**（二）平舆许劭家族**

汝南平舆的许氏家族，在东汉名闻全国，其中最有名的人为许劭。许劭一生所任官职并不大，但其所创月旦评却闻名遐迩。

许劭（150—195），字子将，汝南平舆（今河南平舆北）人。东汉末年著名人物评论家。曾任汝南郡功曹，后南渡投靠扬州刺史刘繇。刘繇被孙策击败后，许劭随其逃往豫章郡，并在豫章去世。据说他每月都要对当时人物进行一次品评，人称为“月旦评”。月旦评，是东汉时期汝南名士许劭与其从兄许靖两兄弟在其家乡汝南清河岛上开办的一个“谈论”类型活动。他们针对当时的政治现状、社会风尚和人才选拔的需求，借助这一平台，品评人物，裁量执政。因品评的时间定在每月初一，故称“月旦评”，又称“汝南月旦评”。

月旦评以许劭为首，由其与从兄许靖共同主持。许劭“少峻名节，好人伦，多所赏识”，是当时颇负盛名的人物品评大师，与清议名士郭泰、符融、樊子昭等齐名。许靖与从弟许劭俱知名，“好共核论乡党人物”。

月旦评虽由许劭、许靖开办并主持，但他们并不独霸论坛话语权，而是根据当时的社会问题和舆论热点，“每月辄更其品题”，邀请士子名流参与其中，畅所欲言，各抒己见。在品评风格上，不虚美，不隐恶，不中伤，朝廷用人，率多采用，所品评人物，“所称如龙之升，所贬如堕于渊，清论风行，所吹草偃，为众所服”。正是因为具备这样的公信力，月旦评一时引得四方名士慕名而至，以领“二许”一字之评为荣。即使当时的世家公子袁绍和后世“挟天子以令诸侯”的曹操，都十分在意月旦评之品评。月旦评因此在汝南一带蔚然成风，逐渐成为名士品评人物的代名词，被后人视为“天下第一评”。

因为特殊的地理位置，东汉时期，汝南是一个政治、经济、文化都相对发达的地区，学者应劭曾说：“汝南，中土大郡……养老劝学，化之至。”当时的汝颍地区，相继涌现出一批经学大师，如陈蕃、应劭、周举、许慎、许劭、张兴等，同时形成了一些一流的门阀士族，如“四世三公”的袁家、世家大儒的应家和“三世三公”的许家。这些世家大族与经学之士或招收子弟，成为一代宗师、经学世家，或入仕为官，世代显宦，文化传承长达百年，文化积淀之深厚是其他地区所无法比拟的。在这样的文化背景之下，作为经学世家的名士大儒，许劭、许靖主动开办并主持月旦评，核论政治、品评人物便不足为奇了。

汉末官场，社会问题在各个层面凸显出来，表现在官吏选拔方面，以外戚和宦官为代表的浊流豪强，置儒家道德于不顾，轮流把持朝政，随意安插浊流子弟和附庸人物进入政府机构，正常的选官秩序变得紊乱不堪，许多有才能无金钱、门路的底层士子，学优而不能仕。许劭、许靖依靠月旦评，对于品行端正、德才兼具的人，不遗余力地举荐，如“发明樊子昭于鬻帻之肆，出虞永贤于牧竖，召李叔才乡闾之间，擢郭子瑜鞍马之吏，援杨孝祖，举和阳士”。原本出身微贱的樊子昭、虞永贤、李叔才、郭子瑜、杨孝祖、和洽等人，正是经由许劭的推荐，才得以显名于世，被后世称为“六贤”。故范晔称颂“天下言拔士者，咸称许(劭)郭(泰)”，许劭也由此被尊为“拔士者”。由此看来，月旦评的兴起，为当时汝南一带的底层士人学子开辟了一条入仕之有效途径。当然，我们不宜过分夸大月旦评选贤拔士的功能，毕竟它对东汉末年腐朽黑暗的总形势作用有限，但是在政局动荡、阉党擅权的情况下，月旦评能任人唯贤，择善而举，这已经是非常难能可贵了。

在当时的社会制度下，月旦评不仅开辟了一个倡导公平的舆论渠道，同时也对魏晋九品中正制的形成有着重大影响。正如清人赵翼《廿二史札记》所评述：“其(指九品中正制)始乡邑清议，不拘爵位，褒贬所加，足为劝勉，犹有乡论余风。”曹操微时，常卑辞厚礼求为己目。许劭鄙其人而不肯对，曹操乃伺机威胁许劭，要求其对自己作一评价，迫不得已，许劭说：“君清平之奸贼，乱世之英雄。”曹操乃大悦而去。

许劭所创月旦评能够声名鹊起，与其显赫的家世有很大关系。许劭从祖许敬，许敬子许训，许训子许相，并为三公。许相与当时专权的宦官有交，“故自致台司封侯”。许相数次派人遣请许劭为官，许劭“恶其薄行，终不候之”。许劭之兄许虔亦知于名，“汝南人称平舆渊有二龙焉”[①]。

许劭，有子许混，清醇有鉴识，魏明帝时为尚书。

① 〔宋〕范晔：《后汉书》卷六十八《许劭传》，中华书局 1973 年版，第 2235 页。

## 三、颍川著名家族

### （一）许县陈寔家族

汉末魏晋时期是中国历史上士族门阀制度最为鼎盛的时期。颍川陈氏正是以汉末大名士身份起家成为当时的巨姓望族，世代传袭，名重魏晋。

汉末魏晋颍川陈氏家族成员史实见载于《后汉书》《三国志》《晋书》《宋书》及《世说新语》等书，其中陈寔、陈纪、陈群、陈泰并在《后汉书》《三国志》中列有专传。颍川陈氏作为当时的一流高门，在谱学兴盛的时代背景下，也撰有《陈氏谱》一部。根据这些历史记录，我们可以勾勒出一幅冠冕相承、名士风流的颍川陈氏家族史卷。

历史上陈氏的发展，大部分是从颍川开始的。颍川陈氏家族兴旺，人才辈出。陈轸子陈婴，在秦朝担任东阳令史，婴之子陈余为成安君。余之子陈轨，轨之子陈审，审之子陈安，安之子陈恒，恒之子陈愿。愿有四子，曰：清、察、齐、尚。齐之子陈源，源有三子，分别是：陈寔、陈鼒、陈邃。其中，陈寔名气最大，为战国末期齐王建第三子田轸的裔孙。汉桓帝和平元年（150）为太丘长，徙居颍水边，乡间间凡有争讼，辄求其判正，死后谥文范先生，建德星亭，碑文由著名文学家蔡邕书写。南北朝时期陈宣帝追封他为颍川郡公，被后世称为颍川陈氏之始祖。直到唐太宗时，颍川陈姓依旧为第一大姓。

陈寔（104—186或187），字仲弓，东汉颍川许（今河南许昌市建安区东）人。出身寒微，少年时曾做县吏，任差役，后为郡功曹。汉桓帝时出任尚书，后又任闻喜、太丘长。陈寔十分勤奋好学，曾经到太学中学习。陈寔为人心胸宽阔。有一桩人命案，同县有差役疑为陈寔所为，捕而拷之，终因无真凭实据而将其释放。此后陈寔担任督邮，却暗地里要县令以礼召此人。其宽宏大量若此，众皆叹服。在个人品德方面，陈寔品行高洁。太监中常侍侯览托太守高伦选用吏员，高伦委任他为文学掾，陈寔力辞不就，认为担任太监委任的官职是污损名望。陈寔最为人称道的则在于他在党锢之祸中的表现。在党锢之祸中，其他的人大多逃避求免，但他却说“吾不就狱，众无所恃”，毫无惧色地自请入狱。后遇赦出。中常侍张让父死之日，许多人为攀附权贵前去吊唁，但名士们厌恶张让，无人前去,唯独陈寔去了,这让张让很感激他。这一异于常人的举动却在以后的大诛党人的过程中,让名士们多免受其害。太尉杨赐、司徒陈耽和袁隗、大将军何进都很敬重他,相继荐他为高官,均被拒绝。此后便一直隐居。80 岁卒于家,前去吊唁者达 3 万余人。

陈寔有六子,为纪、夔、洽、谌、休、光。长子纪、四子谌,均以德高为人称道,与其父陈寔均是有操守的谦谦君子,时人谓之"三君"。陈纪之子陈群,三国魏明帝时官至司空、录尚书事,创立选官制九品中正制。陈谌后裔陈伯眕,西晋建兴年间渡江,迁居曲阿(治今江苏丹阳)新丰湖。南北朝时期,后裔陈霸先建立陈国。

颍川陈氏的真正发迹,还是要从陈群这位虽低调却对曹魏影响最大的真正"谋主"说起。陈群对曹魏及后世的影响,三国无人能及,著名的承上启下的九品中正制选才制度即出自陈群之手。曹丕继位后,陈群官至镇军大将军。曹丕去世后,陈群与司马懿、曹真一起接受遗诏,成为辅政大臣。陈群之子陈泰,官至征西将军,多次击败蜀国大将姜维。陈家与司马家关系极好,为司马氏的兴起出了不少力,所以在晋朝之后陈氏依旧枝繁叶茂。

**(二)汝阴荀淑家族**

汉代颍川荀氏家族,荀淑为最早载诸正史者。考诸史籍,荀淑之父,名遂,荀淑还有一兄,史佚其名,但兄子荀昱、荀昙在当时颇有名气,这一支在魏晋时家声不显,仅传七代。荀淑后代却在魏晋时更加兴旺发达,自东汉末年而曹魏而两晋,传承四百多年。

荀淑,字季和,颍川颍阴(今河南许昌)人,是荀子的第十一世孙。"少有高行,博学而不好章句,多为俗儒所非,而州里称其知人。"①其孙荀彧忆及祖父盛名:"祖父淑……当汉顺、恒之间,知名当世。"②当世称荀淑"清识难尚",他人难以企及。荀淑名声在外,品行高洁,在汉安帝时被征为郎中,后再迁当涂长。去职还乡里,当世名贤李固、李膺等皆师宗之。后任朗陵侯相,莅事明理,称为"神君"。"顷之,弃官归,闲居养志。产业每增,辄以赡宗族知友"③,年六十七卒。

① 〔宋〕范晔:《后汉书》卷六十二《荀淑传》,中华书局 1973 年版,第 2049 页。
② 〔晋〕陈寿:《三国志》卷十《荀彧传》,中华书局 1959 年版,第 307 页。
③ 〔宋〕范晔:《后汉书》卷六十二《荀淑传》,中华书局 1973 年版,第 2049 页。

李膺时为尚书，自表师丧。二县皆为立祠。

荀淑与陈寔为世交。一次，陈寔“诣荀朗陵，贫俭无仆役。乃使元方将车，季方持杖后从。长文尚小，载著车中。既至，荀使叔慈应门，慈明行酒，余六龙下食。文若亦小，坐著膝前。于时，太史奏：‘真人东行。’”①

荀淑有子八人：俭、绲、靖、焘、汪、爽、肃、专，皆为一时之选，并有称名，时人谓之“八龙”。

荀氏原居之所，旧里名“西豪”，颍阴令渤海人苑康以为昔高阳氏有才子八人，今荀氏亦有八子，故改其里曰“高阳里”。

“八龙”中以荀爽最为知名。荀爽，字慈明，一名谞。幼而好学，年十二，能通《春秋》《论语》。太尉杜乔称其“可为人师”。颍川人称：“荀氏八龙，慈明无双。”后得太常赵典举荐，拜为郎中。上长篇对策，旋弃官而去。后遭党锢，隐于海上，又南遁汉滨，十余年间，以著述为事，当世称为硕儒。党禁解除之后，五府并辟，不应。

董卓辅政，荀爽被迫出仕，任平原相、光禄勋、司空等职。荀爽见董卓残暴，虑其必危社稷，其所辟举皆才略之士，欲共图大事。会病卒，年六十三。

荀爽著《礼》《易传》《诗传》《尚书正经》《春秋条例》等书，又集汉事成败可为鉴戒者，称为《汉语》。荀爽与郑玄、虞翻并称为东汉易学三大家。荀氏易学在汉魏之际风行一时。

“八龙”之下一代，以荀悦、荀彧最为知名。

荀悦，字仲豫，荀俭之子，东汉史学家、政论家、思想家。他天资聪颖，十二岁就能说《春秋》，喜好读书，有过目不忘之能。汉灵帝时，宦官用权，士人多退身自保，避处陋巷，荀悦亦以有病为借口隐居。后汉献帝迁都许昌，曹操助力汉室，汉室中兴有望，遂在荀彧的推荐下，加入曹府，任黄门侍郎、侍中等职。荀悦因文采出众，颇得喜好文学的献帝赏识，经常与其堂兄弟荀彧以及少府孔融一起在宫中侍讲。其时，曹操大权在握，荀悦志在为汉献帝谋划，图兴汉室之志无法施展，只能一腔热血诉诸笔端。

献帝喜好典籍，觉得班固的《汉书》“文繁难省”，就下令让荀悦改编《汉书》，荀悦按照《左传》的体例，写成《汉纪》三十篇。唐代刘知幾《史通·六家》

① 刘义庆：《世说新语》，华文出版社 2018 年版，第 2 页。

列《汉纪》为“左传家”之首。宋王铚作《两汉纪后序》,亦称《汉纪》于朝廷纪纲,礼乐刑政,治乱成败,忠邪是非之际,指陈论著,每致意焉。反复辨达,明白条畅。启告当代,而垂训无穷。[①] 又写政论文章《申鉴》五篇,撰写的目的在于总结历史经验教训,以供君主借鉴之用。此外,荀悦还撰写了《崇德》《正论》及其他散论数十篇,但都没有流传下来。

荀彧,字文弱,荀绲之子。年少时,就被南阳名士何颙称为“王佐之才”,成为荀氏家族兴盛的中坚人物。荀彧初事袁绍,见其不能成大事,遂改投曹操,被曹操称为“吾之子房也”[②]。他足智多谋,作为曹操的首席谋臣,一心志在匡复汉室,在定兖州、迎天子、平袁绍等重大事件中,发挥了重大作用,为曹操统一北方奠定了基础。荀彧位高权重,他将所赐之物皆散给族人和朋友,家无余财。后因反对曹操专权,侵夺汉室,与曹操矛盾日显,被逼服毒自杀,其中兴汉室的宏愿最终也没有实现。卒后谥号敬侯。荀彧史籍可考者有五子,荀恽、荀俣、荀诜、荀觊、荀粲。荀恽袭父爵,后官至虎贲中郎将。

颍川荀氏家族自东汉末荀淑起家而走上仕途,其间绵延不绝,至魏晋时已成中原一流高门,荀彧、荀攸、荀觊、荀岳、荀勖、荀恺等官位显赫。晋室南迁后荀氏依然仕途不辍。但晋室南渡后,家族如浮萍之末,失去根基,家族人丁凋零,权势不彰,渐渐湮没无闻。

## 四、其他著名家族

### (一)陈留蔡邕家族

蔡邕是陈留蔡氏最有代表性的人物,而蔡氏最为兴盛显赫的望族济阳蔡氏是由陈留蔡氏发展而来的,两者同根同系。据《续汉书·郡国志》记载,兖州陈留下辖十七县,陈留、圉、考城、济阳都是它的属县。

蔡邕是东汉末年的著名学者、大书法家、大经学家。《蔡中郎集》载《让高阳侯印绶符策》称,“臣十四世祖肥如侯佐命高祖,以受爵赏”。据此可把陈留蔡氏

① 司马朝军编撰:《四库全书总目精华录》,武汉大学出版社 2008 年版,第 267 页。

② 〔晋〕陈寿:《三国志》卷十《荀彧传》,中华书局 1959 年版,第 308 页。

的先祖上推到十四世。《汉书·高惠高后文功臣表》记载了肥如侯蔡寅、子蔡戎、孙蔡奴、曾孙蔡福四代传承关系。郑樵《通志·氏族略》载:"《汉功臣表》肥如侯蔡演,演元孙丞相义,义元孙勋为长安邸长,累召不至,勋曾孙携。"自携以后,蔡氏的世系已基本清楚。

《后汉书·蔡邕列传》注引《蔡携碑》称:"携字叔业,有周之胄。昔蔡叔没,成王命其子仲使践诸侯之位,以国氏姓,君其后也。君曾祖父勋,哀帝时以孝廉为长安部长。及君之身,增修厥德,顺帝时以司空高弟迁新蔡长,年七十九卒。长子棱,字伯直,处俗孤党,不协于时,垂翼华发,人爵不升,年五十三卒。"从中知道蔡邕的六世祖蔡勋在西汉哀帝时被举过孝廉,并任过长安邸长;祖父蔡携在东汉顺帝时,以优异的对策成绩被任命为新蔡县县长;父亲蔡棱为人正直,不协于时,一生没有为官。另据《后汉书·蔡邕列传》及其他文献可知蔡携还有一个儿子,即卫尉蔡质。

蔡邕晚年因被迫参加董卓政权,受司徒王允迫害死于狱中,卒年61岁。蔡邕之死,"缙绅诸儒莫不流涕,北海郑玄闻而叹曰:汉世之事,谁与正之。兖州陈留间,皆画像而颂焉"。

蔡邕子嗣情况不详,有女名琰,字文姬,以《胡笳十八拍》和《悲愤诗》蜚声于世,是汉代著名文学家、女诗人,其才华得到曹操的赏识。蔡邕还有一女,也曾显赫一时,即司马师的岳母、晋景献羊皇后的母亲蔡氏。据《晋书·景献羊皇后传》记载:"后母陈留蔡氏,汉左中郎将邕之女也。"晋武帝泰始九年(273),"追赠蔡氏济阳县君",陈留蔡氏转为济阳蔡氏,这可能也是个契机,同时也说明了陈留蔡氏与济阳蔡氏的渊源关系。

蔡邕在《琅玡王傅蔡郎碑》中说:"昔叔度文王之昭,建侯于蔡,以国氏焉。迄于平襄,周祚微缺,王室遂卑。齐晋交争,强楚侵陵,昭侯徙于州来,公族分迁,氏家于圉。"此碑文简单介绍了蔡国的历史及得姓的由来,重要的是说明了昭侯迁都下蔡的时候,蔡国的部分公族就由新蔡迁居于圉了。

到东汉时期居住在圉县的,不仅有世代为官的蔡邕一支,而且还有与高氏齐名,"并皆富殖,郡人畏而事之"的蔡氏富人,说明陈留蔡氏,在东汉已成为族人众多、有钱有势的大户。正是这一支蔡氏大户,在魏晋南北朝时期,发展成为地位仅次于王、谢、袁、萧四大门阀而以济阳为郡望的显赫士族。

### （二）淮阳黄霸家族

淮阳黄氏兴起于秦汉之际，亦即传说中的黄石公生活的时期。该家族即西汉名臣黄霸所在的家族，人称淮阳阳夏黄氏。稍后的黄姓又出了个江夏郡望，人称江夏黄氏，与淮阳黄氏一样都是黄姓的著名大族。

据《汉书·循吏传》记载，淮阳黄氏的代表人物黄霸，字次公，淮阳阳夏（今河南太康）人。据《中湘黄氏四修族谱》记载，黄霸是春申君黄歇之兄黄开业的第七代孙。但大多数黄姓家谱都认为黄霸是春申君的直系后代，出自黄歇长子黄尚（一说是第四子黄向，一说是第十三子黄婉）之子黄广。谱称，黄广，字耀山，汉初官任总兵大元帅，娶妻吴氏，生五子：籍、荇、艾、荆、蒿。其中，幼子黄蒿字杂微，足智多谋，汉高祖时曾任真定太守，政绩卓著。但黄蒿生性喜静乐道，年 30 岁时便退隐，改行修道，并改名黄安。黄安娶妻蒋氏，生三子：定国、护国、平国。有家谱称，黄安时，家族自江夏迁居洛阳。黄定国，字正平，汉高祖十年（前 197）入仕，官任沛阳县令，汉文帝时摄河东太守。黄定国娶妻夏氏，生二子：嵩、崑。长子黄嵩，字中岳，汉文帝二年（前 178）官任司户曹掾，办事颇见成效。州牧因将其政绩上报，到景帝时累官至安定郡太守。夫人韩氏，封恭人，生三子：彬、彰、彩。其中，二子黄彰，字大文，曾官任河东太守，夫人柳氏，生一子，便是后来封侯挂印、任相五年的淮阳阳夏人黄霸。汉宣帝甘露三年（前 51），黄霸在丞相任上去世，谥号定侯。

黄霸最为人称道的业绩是在他任颍川太守任上。黄霸前后任颍川太守 8 年，由于“外宽内明”而“得吏民心”，其所制定的条例、文告在当时颁布实施后，确实收到了较好的效果。颍川郡经过一段时间的治理，“奸人去入它郡，盗贼日少”，同时“户口岁增”，“孝子弟弟贞妇顺孙日以众多，田者让畔，道不拾遗，养视鳏寡，赡助贫穷，狱或八年亡重罪囚”，这在当时是不多见的，堪称“治为天下第一”。宣帝因黄霸的突出表现，除下诏加以宣扬，称颂其“可谓贤人君子”外，还赐给其爵位关内侯，俸禄二千石，几个月后征召其为太子的师傅，尔后不久又升任御史大夫。以后，黄霸又当了 5 年丞相，是西汉一朝文官的典型。他一生持政宽和，施行德教，奉职守法，以廉为本，体察民情，至今仍为百姓所传颂。《汉书·循吏传》这样评价他：“自汉兴，言治民吏，以霸为首。”其任职期间为国为民做了许多有益之事，为西汉的中兴起了一定作用。

据族谱记载，黄霸娶妻巫氏，生一子黄宗，又娶陈氏、纪氏，生七子：容、宏、叔、季、刘、钊、剑。而据《汉书·外戚恩泽侯表》记载,黄霸长子黄宗又名黄赏。黄霸去世后,敕葬大陵山,御制碑文赞辞刻于墓。史称,黄霸的后裔非常兴盛,分支众多,第五子黄刘一支留居于淮阳阳夏,一支分居陕西云陵(治今陕西淳化县北),另一支徙居杜陵县(今陕西西安长安区东),还有一支则在其封地建成侯国(今河南永城东南)居住,也有一部分居住在他的成名之地颍川(治今河南禹州)。史载,黄霸"子孙为吏二千石者五六人",可见黄霸的后裔不仅人丁兴旺,而且家族荣显发达。其中,长子黄赏一支最显。黄霸去世后,黄赏嗣封为第二代建成侯,食邑增至二千户,官至关都尉。黄赏在位三十年,直至阳朔三年(前22)去世,谥为思侯。同年,黄赏之子黄辅嗣封为建成侯。黄辅,字子元,于元寿年间官任卫尉九卿。黄辅为建成侯二十七年去世,谥为忠侯,他的儿子黄忠嗣封为建成侯。直至王莽失败,刘秀建立东汉,建成侯国才被废除。黄忠的儿子,见于《汉书》记载的有黄沛,此后不知所终。

## 第六节　两汉河南家族的腾达之路

社会是由一个个家族和家庭构成的。一个家族的强族之路,是与当时的政治与社会环境分不开的。在两汉时期,特别是东汉,中原豪族林立,政治和社会的大环境以及当时的政治和社会需求决定了家族努力的方向和道路选择。在两汉的政治与社会氛围下,家族的地位和影响在很大程度上取决于家族入仕者的人数和品级,而要达到世家大族的层次是有很长的路要走的。对两汉中原豪族的生成与发展之路进行研究,有助于加深我们对两汉政治和社会深层次问题的认识。

### 一、外出游学,交往同道

树立远大的志向,是家族振兴的重要方面。两汉时期,中原学子多胸怀大志。汝南平舆人“陈仲举言为士则,行为世范,登车揽辔,有澄清天下之志”。汝南人范滂,“少厉清节……登车揽辔,慨然有澄清天下之志”①。其他如南阳人樊宏“少有志行”,长社人钟皓“少以笃行称”,定陵人杜安“少有志节”,阳城人杜密“为人沈质,少有厉俗”,等等,后来都成为其家族的代表人物。

有志者,事竟成。汉代士人要想出人头地,自小出外游学是最好的选择。光武帝刘秀也曾西游长安,受业太学。汉代很多家族的开基者都曾外出游学。颍川颍阳人王霸少时为狱吏,常慷慨不乐吏职,其父奇之,遣西学长安。颍川人晁错学申、商刑名于轵人张恢。南阳新野人阴识,“及刘伯升起义兵,识时游学长安,闻之,委业而归,率子弟、宗族、宾客千余人往诣伯升”②。鲁阳人樊英,少受业三辅。定陵人丁鸿从桓荣受《欧阳尚书》。刘陶汉桓帝时游太学。杜安年十三入太学,号称奇童。颍川人陈寔少从樊英学《易》章句,后受业太学。周党至长安游学。

出外游学,可以拓展视野,增长见识,更可结交同道。西汉乃至东汉前期,士人游学的目的主要是拜师求学,增长知识。汉顺帝以后,逐渐转为以交接名士、谋求名利为主。如西鄂豪族张衡游学京都,与崔瑗结为知友,与马融、窦章相互激扬名声。南阳襄乡人何颙“少游学洛阳。颙虽后进,而郭林宗、贾伟节等与之相好,显名太学”。何颙后又结识陈蕃、李膺、袁绍等人,“私与往来,结为奔走之友。是时党事起,天下多离其难,颙常私入洛阳,从绍计议。其穷困闭厄者,为求援救,以济其患。有被掩捕者,则广设权计,使得逃隐,全免者甚众”③。何颙能解脱那么多人,与其在太学时建立的交际网密不可分。

## 二、以才登仕,创建功业

汉代最得人者为察举,谋取察举名额便为家族振兴的必然选择。作为一般家族,自是要在学问或孝亲等方面名闻乡里,然后才有被举荐的可能。河南洛

① 〔宋〕范晔:《后汉书》卷六十七《党锢列传》,中华书局 1973 年版,第 2203 页。

② 〔宋〕范晔:《后汉书》卷三十二《阴识传》,中华书局 1973 年版,第 1129 页。

③ 〔宋〕范晔:《后汉书》卷六十七《党锢列传·何颙传》,中华书局 1973 年版,第 2217 页。

阳人种暠,“父为定陶令,有财三千万。父卒,暠悉以赈恤宗族及邑里之贫者”。时河南尹田歆的外甥王谌,以知人而名,田歆对他说:“今当举六孝廉,多得贵戚书命,不宜相违,欲自用一名士以报国家,尔助我求之。”次日,王谌送客于大阳郭,遥见种暠,“异之”,遂把种暠推举为孝廉,“辟太尉府,举高第”。[①]“多得贵戚书命”,意思是收了不少达官贵人亲戚的信,说明察举的名额特别紧俏,一般人不易拿到。而权贵把持选举,应该是经常发生的事情。

士子做官后,要有一番作为,建立事功,为任官者追求的“三不朽”立德、立功、立言之一。张衡家族世代为南阳西鄂大姓。其祖父张堪,自小志高力行,被称为圣童。张衡亦自小刻苦向学,16 岁以后便离开家乡,到三辅(今陕西西安一带)地区游学。和帝永元年间,被推举为孝廉。永初五年(111),被朝廷公车特征进京,拜为郎中,再升任太史令。刻苦研究阴阳、天文历算,制作浑天仪和地动仪,著有《灵宪》《算罔论》。颍川荀氏之荀昱“为沛相,昙为广陵太守。兄弟皆正身疾恶,志除阉宦。其支党宾客有在二郡者,纤罪必诛。昱后共大将军窦武谋诛中官,与李膺俱死。昙亦禁锢终身”[②]。

在任官期间有所建树,是家族发展的必要条件,一是可以获得升迁之资,二是能在同僚中建立威信。这些都是家族发展的重要保障。

## 三、买田置地,赈施宗族

入仕后,有了政治资本,再买田置地,扩张家族财力。西汉河内轵县人“(张)禹为人谨厚,内殖货财,家以田为业。及富贵,多买田至四百顷,皆泾、渭溉灌,极膏腴上贾。它财物称是”,“禹年老,自治冢茔,起祠室,好平陵肥牛亭部处地,又近延陵,奏请求之,上以赐禹”。[③] 南阳湖阳人樊宏,“世善农稼,好货殖。重性温厚,有法度,三世共财,子孙朝夕礼敬,常若公家。其营理产业,物无所弃,课役童隶,各得其宜,故能上下勠力,财利岁倍,至乃开广田土三百余顷。

① 〔宋〕范晔:《后汉书》卷五十六《种暠传》,中华书局 1973 年版,第 1826—1827 页。
② 〔宋〕范晔:《后汉书》卷六十二《荀淑传》,中华书局 1973 年版,第 2050 页。
③ 〔汉〕班固:《汉书》卷八十一《张禹传》,中华书局 1964 年版,第 3349—3350 页。

其所起庐舍，皆有重堂高阁，陂渠灌注。又池鱼牧畜，有求必给”①。

汉代重孝，有财力的家族，对宗族之贫困者多加优抚。汝南慎阳人戴遵，字子高，平帝时为侍御史，王莽篡位，称病辞归乡里。“家富，好给施，尚侠气，食客常三四百人。时人为之语曰：‘关东大豪戴子高。’”②宛人张堪“让先父余财数百万与兄子”③。宛人朱晖“尽散其家资，以分宗里故旧之贫羸者，乡族皆归焉”④。

在汉代儒风熏陶下，一些豪族以礼让为立身之本，重仁义、轻名利，深得社会舆论称赞，朝廷也常因此对这些人加以征辟任命，更推动了豪族仁义之风。

## 四、家族联姻，交际同好

生在大家族中的子女，婚姻一般是不能自主的。他们要作为家族发展的垫脚石，通过联姻，为家族换取更多的发展资源。在注重门当户对的中国古代，更是如此。

西汉重臣张禹，河内轵县人，他把女儿嫁于东海兰陵（今山东苍山西南兰陵镇）萧氏的萧咸。萧咸，是西汉大臣、经学家萧望之的儿子。禹每病，皇上往往亲临问候。一次，张禹对皇上说：“老臣有四男一女，爱女甚于男，远嫁为张掖太守萧咸妻，不胜父子私情，思与相近。”上即时徙咸为弘农太守。⑤

皇族是最大的家族，与皇族联姻向为豪族首选。以南阳邓氏为例，其开基祖为邓禹，为云台二十八将之首。据史料记载，其家族与皇族结亲者甚多：邓禹孙邓乾，尚显宗女沁水公主；邓禹孙邓藩，尚显宗女平皋长公主；其孙女邓绥，为和帝和熹皇后；邓禹玄孙邓褒，尚安帝妹舞阴长公主；邓禹玄孙女邓猛女，为桓帝皇后。⑥ 南阳邓氏也在邓绥为和帝皇后及邓猛女为桓帝皇后时，家族发展两

---

① 〔宋〕范晔：《后汉书》卷三十二《樊宏传》，中华书局 1973 年版，第 1119 页。

② 〔宋〕范晔：《后汉书》卷八十三《戴良传》，中华书局 1964 年版，第 2772—2773 页。

③ 〔宋〕范晔：《后汉书》卷三十一《张堪传》，中华书局 1973 年版，第 1100 页。

④ 〔宋〕范晔：《后汉书》卷四十三《朱晖传》，中华书局 1973 年版，第 1459 页。

⑤ 〔汉〕班固：《汉书》卷八十一《张禹传》，中华书局 1964 年版，第 3350 页。

⑥ 参见崔向东：《汉代豪族地域性研究》，中华书局 2012 年版，第 215—217 页。

至高潮。桓帝延熹八年(165)，邓后被废，“送暴室，以忧死。……从父河南尹万世及会皆下狱死。统等亦系暴室，免官爵，归本郡，财物没入县官”①，自此邓氏家族大势已去，逐渐衰落。从邓氏家族发展史可以看出，豪族要想实现世代权力的延续，与王权紧密结合，在王权支配下实现家族权力的延续，是一条最可靠的途径。

早在西汉时，“颍川豪杰大姓相与为婚姻，吏俗朋党”。东汉时更甚，跨地区与其他豪族通婚。颍川荀氏是汉晋时期重要士族之一。荀氏见于史籍记载者达100多人，汉末荀氏的婚姻对象基本上都是高门大族，魏晋时更是与皇室联姻。荀彧为荀淑之孙，父绲为济南相，绲畏惮宦官，乃为彧娶中常侍唐衡女。荀采，为荀爽之女，荀淑之孙。荀采聪慧敏捷而有才艺，十七岁时嫁给南阳阴瑜。两年后阴瑜去世，荀采不愿改嫁，但荀爽答应把荀采改嫁给同郡人郭奕。荀采趁人不备，自缢而死。荀彧之女，嫁于同郡人陈群，陈群为陈寔之孙，亦为颍川大族子弟。荀彧之子荀恽，尚曹操女安阳公主。

大族之间，相互援引。《世说新语·德行》载：“陈太丘(寔)诣荀朗陵(淑)，贫俭无仆役，乃使元方(陈寔之长子)将车，季方持杖后从，长文(群)尚小，载箸车中。既至，荀使叔慈应门，慈明行酒，余六龙下食，文若亦小，坐箸膝前，于时太史奏‘真人东行’。”颍川荀氏荀爽与汝南袁阆相见，论及国士，荀爽曰：“昔者祁奚内举不失其子，外举不失其仇，以为至公。”以此而言，荀爽对其家族子弟的宣扬，是家族之间相互交际、提升关系的重要手段，而且当时同区域大族间来往频繁，构建了一个个相对私密的交际圈。

## 五、家学传承，数世显宦

自汉武帝独尊儒术后，习儒通经成为豪族与权力相结合的重要通道，以经入仕的观念得到朝野认同。“士病不明经术；经术苟明，其取青紫如俯拾地芥耳。”②

---

① 〔宋〕范晔：《后汉书》卷十《皇后纪》，中华书局1973年版，第445页。

② 〔汉〕班固：《汉书》卷七十五《夏侯胜传》，中华书局1964年版，第3159页。

邓禹“有子十三人，各使守一艺。修整闺门，教养子孙，皆可以为后世法”①。《四民月令》中田园庄主对宗族子弟进行教育的史料，说明建立文化优势是家族权力延续的重要保障。

家学在世家大族的形成和发展中起到了重要作用。钱穆先生称：“自东汉以来，因有累世经学，而有累世公卿，于是而有门第之产生。自有门第，于是而又有累世之学业。”②

大的家族要维持家族的威势，自是对家学传承十分重视，从家族子弟少年时便开始加强对其的教育。如阳翟郭氏，自郭弘以后即以法律为家学，子孙多在少年时即通家学。郭躬少传父业，其弟子郭镇少修家业，郭镇弟子郭禧少习家业。当然，豪族对于其子弟的教育还包括礼仪、亲孝等日常生活准则。

家学和家风的传承，是豪族士族化过程中逐渐形成的特质。钱穆先生认为：“当时门第传统共同理想，所希望于门第中人，上自贤父兄，下至佳子弟，不外两大要目：一则希望其能具孝友之内行，一则希望其能有经籍文史学业之修养。此两种希望，并合成为当时共同之家教。其前一项之表现，则成为家风。后一项之表现，则成为家学。”③

家学的传统是父子相继，世代相传，发展成各具特色的家族文化。家族文化是世家大族数世显宦的文化保障，这种文化优势，在一定意义上比家族的经济势力更为重要。家学传承与世代显宦在一定程度上互为因果，是家族发展的终极目标。

综上所论，在两汉时期的政治和社会环境下，游学习经为官是中原家族子弟的自然选择。而在豪族形成和发展的过程中，家族文化的作用十分明显。如果一个世家大族几代没有通经大儒，其发展的过程便会渐趋中断，随之其家族也会湮灭在历史的长河之中。

---

① ［宋］范晔：《后汉书》卷十六《邓禹传》，中华书局 1973 年版，第 605 页。

② 钱穆：《略论魏晋南北朝学术文化与当时门第之关系》，《中国学术思想史论丛》（三），东大图书有限公司 1981 年版，第 176 页。

③ 钱穆：《略论魏晋南北朝学术文化与当时门第之关系》，《中国学术思想史论丛》（三），东大图书有限公司 1981 年版，第 171 页。

# 第四章 魏晋南北朝时期河南世家大族的兴盛

魏晋南北朝时期是自三国魏黄初元年(220)立国至隋开皇九年(589)灭南朝陈实现统一间的时期,包括魏、蜀、吴三国的鼎立,西晋的短暂统一,南部东晋与北部五胡十六国的南北割据,南北朝对峙时的北方北朝北魏及东魏、北齐和西魏、北周的分裂更替与南方南朝宋、齐、梁、陈的更替。魏晋南北朝分裂割据时期,是民族迁徙、人口流动最频繁的时期,也是世家大族兴灭、流徙、盛衰变化显著的时期。

## 第一节 河南家族概况

魏晋南北朝时期,家族势力进一步崛起,并呈现出由以区域性整体崛起走向单体性家族声誉显著的趋势。河南境内家族变化甚剧,世家大族、士族急剧涌现,此起彼伏,推动和影响着当时的政治、经济、社会、文化各方面的发展。

### 一、家族的地域分布与成因

魏晋南北朝时期,河南家族分布广泛,但有影响的世家大族和士族的分布是不平衡的。以下就河南境内豫中、豫东、豫西、豫北、豫南大致五大区域家族分布的情况作一简述(详见表 4-1)。

豫中地区,许昌地区所在的颍川郡是世家大族分布的重点地区,据统计,仅士族大致就有 22 姓,包括阳翟(今许昌禹州)郭、赵、辛、褚等氏,颍川(治今许昌

（续表）

| 地区 | 世家大族名称 | 时代 | 主要特征 | 今地 | 迁徙地（今地） | 备注 |
|---|---|---|---|---|---|---|
| 豫东地区 | 荥阳开封郑氏 | 东汉至隋 | 曹魏儒学、目录学、官宦<br>西晋官宦<br>十六国官宦<br>北朝官宦、儒学、文学、书法等 | 开封祥符区西南 | 丹阳郡秣陵（今属南京）<br>侯官（治所即今福州市）<br>陇西（今属甘肃定西） | 西晋末<br>东晋末<br>十六国<br>北魏“四海通望” |
| | 陈留济阳江氏（琼） | 西晋至北魏 | 西晋官宦、文字<br>北魏官宦、文字、书法 | 开封兰考东北 | 凉州（今甘肃武威）<br>平城（治今山西大同东北）<br>洛阳 | 西晋末<br>北魏 |
| | 济阳考城江氏（虨） | 西晋至隋 | 西晋文学、书法<br>北魏官宦、儒学、玄学<br>南朝官宦、文学 | 商丘民权东北 | 建康（今南京）<br>凉州（今甘肃武威） | 西晋末 |
| | 陈留外黄范氏（冉） | 东汉至西晋 | 曹魏官宦、高风亮节<br>西晋德操高洁、修养深厚 | 商丘民权西北 | | |
| | 济阳考城蔡氏（睦） | 东汉至南朝 | 曹魏官宦<br>西晋官宦<br>东晋官宦、史学<br>南朝官宦 | 商丘民权东北 | 建康（今南京） | 西晋末乔姓高门 |
| | 陈郡项县袁氏（翻） | 北魏至隋 | 官宦、文学 | 周口沈丘 | | |
| | 汝南南顿应氏（璩） | 东汉至东晋 | 曹魏文学、官宦<br>西晋儒学、官宦<br>东晋官宦 | 周口项城西南 | 建康（今南京） | 西晋末 |
| | 陈郡阳夏袁氏（涣） | 曹魏至南朝 | 曹魏、西晋官宦<br>东晋、南朝官宦 | 周口太康 | 建康（今南京） | 西晋末<br>南朝高门<br>南朝四姓之一 |
| | 陈郡阳夏何氏（夔） | 曹魏西晋至南朝 | 官宦<br>西晋文学 | 周口太康 | 建康（今南京） | 晋末 |

（续表）

| 地区 | 世家大族名称 | 时代 | 主要特征 | 今地 | 迁徙地(今地) | 备注 |
|---|---|---|---|---|---|---|
| 豫东地区 | 陈郡阳夏谢氏(安) | 西晋至南朝 | 西晋官宦、玄学、音乐<br>东晋官宦、军事、玄学、文学、书法<br>南朝官宦、文学、玄学、佛教 | 周口太康 | 建康(今南京) | 西晋末<br>东晋高门<br>南朝四姓之一 |
| | 陈郡长平殷氏(茂) | 东晋南朝 | 官宦 | 周口西华东北 | 建康(今南京) | 西晋末 |
| 豫西地区 | 洛阳鲜卑元氏(宏) | 北魏、东魏、西魏 | 皇族<br>儒学、孝悌、壁画、线刻画、书法、雕塑 | 洛阳少数民族 | 平城(治今山西大同东北)<br>洛阳<br>邺城(今河北临漳西南)<br>长安(今陕西西安) | 北魏 |
| | 洛阳鲜卑于、穆、陆、贺、刘、楼、嵇、尉等氏 | 北魏、东魏、西魏 | 官宦、壁画、线刻画、雕塑 | 洛阳少数民族 | 平城(治今山西大同东北)<br>洛阳<br>邺城(今河北临漳西南)<br>长安(今陕西西安) | 北魏 |
| | 河内温县司马氏(懿) | 东汉至南北朝 | 曹魏官宦、军事<br>西晋皇族、史学<br>东晋皇族<br>北魏官宦<br>东魏、北齐、西魏、北周官宦 | 焦作温县西南 | 洛阳<br>建康(今南京)<br>平城(治今山西大同东北)<br>洛阳<br>邺城(今河北临漳西南)<br>长安(今陕西西安) | 曹魏<br>西晋末<br>南朝宋<br>北朝 |

（续表）

| 地区 | 世家大族名称 | 时代 | 主要特征 | 今地 | 迁徙地（今地） | 备注 |
| --- | --- | --- | --- | --- | --- | --- |
| 豫南地区 | 南阳涅阳刘氏（虬） | 南朝 | 文学、佛学、金石 | 南阳邓州东北 | 江陵（今湖北荆州西北） | 东晋 |
| | 南阳安众刘氏（殷） | 曹魏至南朝 | 官宦 | 南阳邓州东 | | |
| | 南阳新野庾氏（信） | 东晋<br>南朝<br>北朝 | 东晋官宦<br>南朝文学、书法<br>北朝西魏官宦、文学 | 今属南阳 | 江陵（今湖北荆州西北）<br>长安（今陕西西安） | 西晋末<br>南朝梁末 |
| | 南阳新野邓氏（飏） | 曹魏 | 曹魏官宦 | 今属南阳 | | |
| | 南阳新野庾氏（滔） | 东汉至南北朝隋唐 | 东晋官宦<br>西魏、北周、南朝官宦、文学、艺术、天文历法、数学 | 今属南阳 | 江陵（今湖北荆州西北）<br>建康（今南京）<br>长安（今陕西西安） | 西晋末<br>南朝梁 |
| | 南阳宛县何氏（晏） | 曹魏 | 玄学、官宦 | 南阳 | | |

魏晋南北朝时期，河南境内家族的分布状况与当时的政治环境分不开。政治环境的变化影响着家族分布格局，如曹氏曹操家族在河南的崛起影响着河南家族分布的格局。汉末，中央集权弱化，地方军阀竞起，家族势力风起云涌，“缺乏儒雅之风、热衷于政治”的汝颍名士遂乘时而起，“雄居士林之首”。得力于颍川士族支持而建立起来的曹魏政权，颍川士族繁荣发展，一大批家族兴盛。受汉末政局影响，汝南地区士族很多逃亡江东，再加上袁绍败亡和曹操镇压等方面影响，汝南士族势力衰落，汝南士族家族大幅减少，“曹魏政权中少数汝南士，如和洽、孟建、周斐等在政治上均不具有重要地位。那些流寓江东的汝南士，随着时间的推移，逐渐落籍当地，失去了汝南士的资格”①。

都城所在地的重要影响。魏晋南北朝时期，曹魏、西晋、北魏先后以洛阳为

① 胡宝国：《汉晋之际的汝颍名士》，《历史研究》1991 年第 5 期。

都,洛阳作为当时重要的政治文化中心,是家族落籍的重要地区,包括主动迁移和强迫迁移而来的。如北魏汉化的推行,有鲜卑皇族、贵族大量家族的改姓落籍。

分裂、战乱等导致的家族迁移与兴灭。战乱导致一些家族的兴起,也致使另外一些家族的衰微、迁移、毁灭。如西晋的灭亡引起的晋室和大量家族的南迁及东晋在江南的重建。

## 二、家族的特点与地位

魏晋南北朝时期,中州门阀士族成为这一时期的政治主体。其实,这一时期,河南家族在政治、经济、社会、文化等方面都具有重大影响和重要地位。

### (一)河南士族地位突出

魏晋南北朝时期,河南士族地位突出,不仅体现在政治文化上,也体现在数量上。政治上的重要地位,在曹魏和两晋时期尤其显著。颍川颍阴荀氏荀彧是帮助曹操打败袁绍、统一北方的主要谋士,颍川长社枣氏枣祇兴立屯田的建议对北方经济的恢复具有重要意义,曹魏吏部尚书颍川郡许县(今许昌东)陈氏陈群在汉末汝南平舆(今河南平舆北)许氏许劭主持的月旦评基础上提出了影响后世极深的九品官人法,魏晋禅代进程始自由荀彧推荐而来的河内温县(今属焦作)司马氏司马懿。赵燕指出,“到了三国两晋时,汝、颍人士则成了曹魏及司马氏幕下中坚,中原多士更成为不争的事实”①。万绳楠认为,曹魏政权主要依靠了标榜儒学的汝颍旧世族和以武风见称的谯沛新官僚,汝颍集团通过在储位之争中支持曹丕,取得了对谯沛集团的优势,高平陵之变的实质是汝颍集团与谯沛集团的决战,最终以司马氏为代表的汝颍世族取得了胜利,控制了曹魏政权,为魏晋擅代奠定了基础。② 东晋则是西晋王朝在南方的重建,也是在以河南士族为主体的中原士族的支持下成立和延续的。

① 赵燕:《汉魏六朝颍川庾氏家族与文学》,厦门大学 2007 年硕士学位论文,第 8 页。

② 万绳楠:《曹魏政治派别的分野及其升降》,《历史教学》1964 年第 1 期。后修订收入万绳楠著《魏晋南北朝史论稿》,安徽教育出版社 1983 年版,第 78—92 页。

就是北朝时期,河南家族的影响也很明显。北朝时期主要的山东士族群体为清河(治今河北清河东南)崔氏、博陵(治今河北安平)崔氏、范阳(今河北涿州)卢氏、赵郡(今属河北)李氏及荥阳(今河南荥阳)郑氏,从社会声望、仕途发展及家族分支情况看,河北士族普遍较荥阳郑氏兴盛。荥阳郑氏以其礼法及乱政之失,社会声望大不如河北士族为贵;荥阳郑氏之乱政使其遭贬谪者较多,仕途上处于劣势;荥阳郑氏在仕途上的劣势,使其房系分化不可与河北士族同日而语。[①]

文化上,程有为指出,曹操依靠的汝颍文士集团不仅为他统一北方做出了重大贡献,也为魏晋时期中原文化的发展发挥了重要作用。[②]

崔建英曾作《中古主要士族一览表》[③],其中"士族"指门阀士族,"中古"指两汉至唐,但两汉只是士族的萌芽期。唐长孺指出,"汉末大姓、名士是魏晋士族的基础,而士族形成在魏晋时期,九品中正制保证士族在政治上的世袭特权,实质上就是保证当朝显贵的世袭特权,因而魏晋显贵家族最有资格成为士族"[④],因此,此表实际上是魏晋至隋唐主要士族一览表(表4-2)。

**表4-2　魏晋至隋唐主要士族一览表**

| | 河南 | 山东 | 河北 | 山西 | 安徽 | 江苏 | 陕西 | 甘肃 | 浙江 |
|---|---|---|---|---|---|---|---|---|---|
| 108家士族 | 29 | 18 | 14 | 11 | 11 | 5 | 5 | 4 | 4 |
| 32家重要士族 | 8 | 5 | 5 | 4 | 1 | 4 | 3 | 1 | 1 |
| 12家代表士族 | 2 | 2 | 3 | 2 | | | 2 | 1 | |
| 1 | | 琅邪临沂王氏 | | | | | | | |

① 顾乃武、冯华:《北朝山东四大士族家风的地域文化特点及影响——门阀士族兴衰的地域文化因素之个案考察》,《学理论》2010年第20期。

② 程有为、卫绍生:《中原文化通史·魏晋南北朝》第四卷,河南人民出版社2019年版,第4页。

③ 崔建英:《中古士族简论——基于数理统计方法》,《统计与管理》2014年第2期。

④ 唐长孺:《魏晋南北朝史论拾遗》,中华书局1983年版,第54页。

（续表）

| | 河南 | 山东 | 河北 | 山西 | 安徽 | 江苏 | 陕西 | 甘肃 | 浙江 |
|---|---|---|---|---|---|---|---|---|---|
| 2 | | 清河武城崔氏 | | | | | | | |
| 3 | | | 范阳涿县卢氏 | | | | | | |
| 4 | | | 博陵安平崔氏 | | | | | | |
| 5 | 陈郡阳夏谢氏 | | | | | | | | |
| 6 | | | | 河东闻喜裴氏 | | | | | |
| 7 | 荥阳开封郑氏 | | | | | | | | |
| 8 | | | | | | | 弘农华阴杨氏 | | |
| 9 | | | | 太原晋阳王氏 | | | | | |
| 10 | | | 赵郡平棘李氏 | | | | | | |
| 11 | | | | | | | 京兆杜陵韦氏 | | |
| 12 | | | | | | | | 陇西狄道李氏 | |
| 13 | | | | | 沛国龙亢桓氏 | | | | |
| 14 | | 兰陵萧氏 | | | | | | | |
| 15 | 陈郡阳夏袁氏 | | | | | | | | |
| 16 | | | | | | | 京兆杜陵杜氏 | | |
| 17 | 颍川鄢陵庾氏 | | | | | | | | |

（续表）

| | 河南 | 山东 | 河北 | 山西 | 安徽 | 江苏 | 陕西 | 甘肃 | 浙江 |
|---|---|---|---|---|---|---|---|---|---|
| 18 | | | | 河东解县柳氏 | | | | | |
| 19 | | | | 河东汾阴薛氏 | | | | | |
| 20 | | 高平金乡郗氏 | | | | | | | |
| 21 | | | 渤海蓨县高氏 | | | | | | |
| 22 | | | | | | 吴郡吴县陆氏 | | | |
| 23 | | 泰山平阳羊氏 | | | | | | | |
| 24 | | | | | | 彭城刘氏 | | | |
| 25 | 颍川颍阴荀氏 | | | | | | | | |
| 26 | 颍川许县陈氏 | | | | | | | | |
| 27 | | | 渤海蓨县封氏 | | | | | | |
| 28 | 陈郡长平殷氏 | | | | | | | | |
| 29 | | | | | | | | | 吴兴武康沈氏 |
| 30 | | | | | | 吴郡吴县顾氏 | | | |
| 31 | | | | | | 吴郡吴县张氏 | | | |
| 32 | 河内温县司马氏 | | | | | | | | |

说明：本表在崔建英《中古士族简论——基于数理统计方法》表1基础上稍作调整而成。

自上表可知，108家士族中，河南达29家，遥遥领先；32家重要士族中，河南达8家，亦居首位；12家代表士族中，河南有2家，即陈郡阳夏谢氏和荥阳开封郑氏；6家名门望族（琅邪王氏、清河崔氏、范阳卢氏、博陵崔氏、陈郡谢氏、河东裴氏）中有河南陈郡阳夏谢氏。重要的是，表内32家重要士族中，河南8家延续到隋唐的仅荥阳开封郑氏，又可以说此表是河南魏晋南北朝时期士族突出地位的反映。

**（二）家族兴衰与迁移的中心**

魏晋南北朝时期，长期分裂割据，战乱频仍，致使士族政治地位上升，家族势力加速发展变化，兴衰更替显著。河南是魏晋、北魏政权的主要中心，是家族变化兴替的集中地，也是家族迁移的集中地。曹魏、西晋时期，大量家族随曹魏、司马氏政权崛起而迁入；北魏迁都洛阳及汉化政策的大力推行，少数民族皇族、贵族落籍洛阳，世家大族急剧增长；西晋末的“八王之乱”、北魏末的“河阴之变”，河南大量家族的外迁和南迁，是东晋重建和延续的中坚力量，有力促进了江南乃至西北、东北地区社会经济文化的发展。

**（三）家族的地域性向家族的血缘性转变标志**

家族的地域性不是强调该家族的地理所在，而主要指该家族带给本家族所在地（州、郡）的声誉、影响及所确立的本家族所在地在全国的地位，强调家族对当地的建树、贡献。家族的血缘性指家族的宗族性，强调家族本身的声誉、影响、地位，虽然在家族所在地（州、郡）或全国有着重要声望或较高地位，但与本家族所在地关联不紧，甚至毫无关系。魏晋南北朝时期是家族的地域性向家族的血缘性转变时期，汉晋之际的“汝颖多奇士”的汝颖名士族群的兴起、分裂、衰落与消失则是其标志。胡宝国指出，进入魏晋，“历史的趋势是士族政治愈来愈发达，家族的活跃取代了地区的活跃。那些显赫如初的汝颖名士家族只是以当时社会上最具声望的诸家族之一的面目出现，而不再标志着汝颍地区的繁荣。在士族政治下，士族关心的不是地区，而是家族。他们标榜郡望，并非出自对故土的眷恋，而是为了说明血统”①。

**（四）河南家族在推进江南文化发展中的重大作用**

魏晋南北朝时期，文化的显著特征是文化的主体为世家大族文化。陈寅恪

---

① 胡宝国：《汉晋之际的汝颖名士》，《历史研究》1991年第5期。

指出,学术文化的“重心不在政治中心之首都,而分散于各地之名都大邑。是以地方之大族盛门乃为学术文化之所寄托。中原经五胡之乱,而学术文化尚能保持不坠者,固由地方大族之力,而汉族之学术文化变为地方化及家门化矣”①。西晋王室的南迁和以河南为中心的中原士族的南渡,有力促进了江南文化的发展,并使江南一度成为全国文化的中心。

## 第二节　三国魏时期累世公卿世家大族的发展

汉末三国时期,遍布各地的宗族已发生了分化,“出现了一批在各地有影响的豪族强宗与著姓冠族。而在宗族内部个体家庭已成为社会生产生活的核心,宗族已从组织退变为父系血亲的聚居集体,不过同族的富家对于贫户尚有一定的救助,人们观念中犹视宗族为整体”②。河南地区是这一时期世家大族产生和分化的重要之地。

### 一、三国魏时期的曹氏统治家族

曹操(155—220)家族是三国魏时期的统治家族。曹氏本是东汉沛国谯县(今安徽亳州)的一大家族,随着汉末曹操势力的崛起,而成为汉末三国魏时期的统治家族,进而也成为当时河南地区的一大家族。1974—1977 年、1982 年,安徽省亳县(今亳州市)博物馆先后在亳县城南郊一带考古发掘了汉魏时期曹操宗族墓群,共发掘清理了 6 座曹操家族墓葬。③ 据研究,亳州市曹操家族墓群是曹腾作为宦官进入东汉中央政权以后开始营建的,墓主的上限是曹腾及曹褒

---

① 陈寅恪:《金明馆丛稿初编》,生活 · 读书 · 新知三联书店 2001 年版,第 147—148 页。

② 刘仕慧:《浅议汉末三国两晋南北朝时期宗族与家庭的关系》,《电子科技大学学报(社科版)》2003 年第 1 期。

③ 安徽省亳县博物馆:《亳县曹操宗族墓葬》,《文物》1978 年第 8 期。

等曹操的祖父一辈，下限是曹操开始到他的儿子那一辈，墓主的辈分至多不超过3代或是4代。[①] 但汉魏之际及三国魏时期，曹操家族实际上已经是河南境内的北方统治家族。曹操在建安元年(196)二月占领颍川、汝南，随即在许县屯田，成功地解决了给养问题；又胁迫汉献帝迁都于许县，使颍川郡成为"丁壮荷戈，老弱负粮"[②]的王业所基之地。这一时期，曹操家族主要在许都。

建安九年(204)八月，曹操攻陷袁氏巢穴邺城，次年(205)正月剿灭袁谭，平定冀州，随即将"霸府"和中军主力的休整基地由许都迁往邺城，以冀州为王业之本，促进了北方统一战争的胜利。《三国志·魏书》载："颍川，先帝所由起兵征伐也。官渡之役，四方瓦解，远近顾望，而此郡守义，丁壮荷戈，老弱负粮。昔汉祖以秦中为国本，光武恃河内为王基，今朕复于此登坛受禅，天以此郡翼成大魏。"[③]这期间曹操家族又迁至邺城，跟随曹操起兵的宗族亲信曹洪等就在邺城。《太平寰宇记》卷五十五载安阳县有邺宫，又有曹洪宅，并引《隋图经》云："曹洪宅南有景穆寺，西有石窦桥。"[④]邺城虽然主要属今河北临漳县，但也包括今河南安阳北郊部分，如曹操高陵等就在安阳。

建安二十四年(219)、二十五年(220)，实际上已经以洛阳为都城了。[⑤] 就是说，曹操临终前两年，曹操家族又开始迁至洛阳，直至三国魏时期，曹氏家族则主要在洛阳。曹丕称帝后在洛阳、许昌设置首都与陪都，并把邺城附近的数万户士家徙居河南，稳定了与吴、蜀交兵的战局，使中原的社会经济得以顺利恢复，从而为后来魏晋灭蜀、平吴战争的获胜奠定了坚实的基础。[⑥]

曹氏统治家族在河南的崛起与衰落，在历史上有着重要的影响。曹操家族是"旷世的人才群落，他们对中华民族历史所作的贡献，应彪炳千秋"[⑦]。曹操家族的历史贡献主要有以下方面：

---

① [日]关尾史郎：《关于安徽曹氏一族墓葬的几个问题》，《许昌师专学报》1997年第3期。

② [西晋]陈寿：《三国志》，中华书局1959年版，第77页。

③ [西晋]陈寿：《三国志》，中华书局1959年版，第77页。

④ [北宋]乐史：《太平寰宇记》，中华书局2007年版，第1137页。

⑤ [清]王鸣盛：《十七史商榷》，凤凰出版社2008年版，第217页。

⑥ 宋杰：《从邺城到许、洛——曹魏军事重心区域的转移》，《许昌学院学报》2017年第6期。

⑦ 高星斗、许文秀：《旷世的人才群落 功业彪炳千秋——评曹操家族及其对中华民族历史的贡献》，《滁州学院学报》2013年第6期。

**（一）统一北方**

曹操家族三代以少胜多，造成了一个“外部动乱内部小安”的时代，天下虽三分，但却呈以他为中心的态势，江北广大地区的人民得到短暂的休养生息。曹操南征北讨仅以数千人军队起家，先后消灭了比他强大的吕布、袁术、袁绍、韩遂、刘虞、公孙瓒和刘表等封建割据势力，将北方广大地区统一起来，结束了东汉末年的长期分裂和动乱局面，人民得到了安定。曹操的儿子曹丕、孙子曹叡继承其志，先后灭蜀伐吴，使国家基本得到了统一。

**（二）打击豪强，抑制兼并，重视节俭**

曹操抑兼并令，重豪强兼并之法。汉末，曹操家族虽然为世家大族，但不为时人认可。因此，曹操在统一北方的时候，就实施打击豪强势力，讲求世法平等，力主节俭戒奢，使豪门不得兼并土地，断绝其奢靡之源。《三国志》卷一《魏书·武帝纪》载建安九年（204）九月曹操令：“令曰：‘河北罹袁氏之难，其令无出今年租赋！’重豪强兼并之法，百姓喜悦。”注引《魏书》载之更详：“有国有家者，不患寡而患不均，不患贫而患不安。袁氏之治也，使豪强擅恣，亲戚兼并；下民贫弱，代出租赋，衒鬻家财，不足应命。审配宗族，至乃藏匿罪人，为逋逃主；欲望百姓亲附，甲兵强盛，岂可得邪！其收田租亩四升，户出绢二匹、绵二斤而已，他不得擅兴发。郡国守相明检察之，无令强民有所隐藏，而弱民兼赋也。”①

曹操崇尚节俭，以俭率下。《三国志》卷一《魏书·武帝纪》注引《魏书》载：“（操）雅性节俭，不好华丽，后宫衣不锦绣，侍御履不二采，帷帐屏风，坏则补纳，茵蓐取温，无有缘饰。攻城拔邑，得美丽之物，则悉以赐有功，勋劳宜赏，不吝千金，无功望施，分毫不与，四方献御，与群下共之。常以送终之制，袭称之数，繁而无益，俗又过之，故预自制终亡衣服，四箧而已。”②“雅性节俭，不好华丽”概括了曹操的生活作风。

曹操针对当时盛行的厚葬之风厉行变革，推行薄葬，推动了魏晋之际薄葬风尚的流行。他还实行以俭取人的政策，促进了吏治的改观和社会风气的变化。

---

① 〔西晋〕陈寿：《三国志》，中华书局 1959 年版，第 26 页。

② 〔西晋〕陈寿：《三国志》，中华书局 1959 年版，第 54 页。

**（三）兴修水利，发展生产**

曹操先后在许县（后来的许都）、邺城实施屯田；在冀州兴修水利，开凿白沟运河。三国魏时期，邓艾不仅修治了荥阳石门和蒗荡渠上游渠道，“引河入汴”，而且疏浚了蒗荡渠下游的广槽渠，使由洛阳经黄河、蒗荡渠、颍河而达淮河的漕路更加畅通。[①] 这些措施促进了生产的恢复和经济的发展，也为北方的统一创造了条件。王夫之指出：“曹孟德始屯田许昌，而北制袁绍，南折刘表；邓艾再屯田陈、项、寿春，而终以吞吴；此魏、晋平定天下之本图也。”[②]

**（四）创建霸府**

汉末，曹操创立了霸府这种特殊的政治组织形态。霸府亦称“霸朝”，在学术界一般指魏晋南北朝时期“控制朝政，作称帝准备的权臣的府署”[③]。霸府的加强与完备，使曹操基本上完成了取代汉室的准备工作。曹操所开创的霸府政治模式，也为权臣篡夺政权提供了可资借鉴的范例；建安年间曹操的霸府政治，也是历史上出现的霸府政治中最为典型的实践。[④] 曹操所受的九锡礼成为后世的范本，后代的禅让往往称及汉魏故事，被史学家们所关注。清代学者赵翼有论：“每朝禅代之前，必先有九锡文，总叙其人之功绩，进爵封国，赐以殊礼，亦自曹操始。其后晋、宋、齐、梁、北齐、陈、隋皆用之。其文皆铺张典丽，为一时大著作，故各朝正史及南、北史俱全载之。今作者姓名尚有可考者。操之九锡文，据裴松之《三国志注》，乃后汉尚书左丞潘勖之词也。”[⑤]以后各朝九锡文，皆仿其文为式。

**（五）招贤纳才，创设“九品官人法”（详后）**

曹操四颁求贤令，建立“唯才是举”用人原则。建安十五年（210）春[⑥]、建安十九年（214）十二月[⑦]、建安二十二年（217）[⑧]，曹操先后三次颁布求贤令，后世

---

① 王鑫义：《淮河流域经济开发史》，黄山书社 2001 年版，第 303—304 页。

② 〔清〕王夫之：《读通鉴论》，中华书局 1975 年版，第 747 页。

③ 中国历史大辞典编纂委员会：《中国历史大辞典》，上海辞书出版社 2000 年版，第 3280 页。

④ 柳春新：《曹操霸府述论》，《史学月刊》2002 年第 8 期。

⑤ 〔清〕赵翼著，王树民校证：《廿二史札记校证》卷七“九锡文”条，中华书局 1984 年版，第 148 页。

⑥ 〔西晋〕陈寿：《三国志》，中华书局 1959 年版，第 32 页。

⑦ 〔西晋〕陈寿：《三国志》，中华书局 1959 年版，第 44 页。

⑧ 〔西晋〕陈寿：《三国志》，中华书局 1959 年版，第 49—50 页。

将这三令依次称为“求贤令”“举士令”“求逸才令”。如建安十五年春，曹操在邺城颁布求贤令：“自古受命及中兴之君，曷尝不得贤人君子与之共治天下者乎！及其得贤也，曾不出闾巷，岂幸相遇哉？上之人不求之耳。今天下尚未定，此特求贤之急时也。‘孟公绰为赵、魏老则优，不可以为滕、薛大夫。’若必廉士而后可用，则齐桓其何以霸世！今天下得无有被褐怀玉而钓于渭滨者乎？又得无盗嫂受金而未遇无知者乎？二三子其佐我明扬仄陋，唯才是举，吾得而用之。”

《三国志》卷十《魏书·荀彧传》注引《荀彧别传》载：“前后所举者，命世大才，邦邑则荀攸、钟繇、陈群，海内则司马宣王，及引致当世知名郗虑、华歆、王朗、荀悦、杜袭、辛毗、赵俨之俦，终为卿相，以十数人。取士不以一揆，戏志才、郭嘉等有负俗之讥，杜畿简傲少文，皆以智策举之，终各显名。荀攸后为魏尚书令，亦推贤进士。太祖曰：‘二荀令之论人，久而益信，吾没世不忘。’”[①]曹操求贤令的实质是“唯才是举”，不拘一格，招贤纳才，形成了以曹操为中心的国家政治、军事、文化等人才群落：有毛玠、荀彧、荀攸、郭嘉、钟繇、杜袭、赵俨、陈群等善于谋略之士，有张辽、乐进、于禁、张郃、徐晃、许褚、典韦等武艺精湛、治军有方、勇谋兼备的将领，有王粲、徐幹、陈琳、阮瑀、孔融等文章贯通古今的著名文学之士，等等。当然，有研究指出，“曹操的用人之道并非只有‘勿拘品行’‘唯才是举’，实际上他更重视人才的‘品行’。通过‘清议’‘品评’等‘乡闾品位’的途径与方式，曹操将其重视德行的用人政策贯彻到整个的用人实践中。不仅如此，曹操将过去民间‘乡闾品位’的‘私法’行为‘官方化’，既有效夺取了汉末士族在选官授职方面的隐形权力，又为此后曹魏时期的‘九品官人法’开其嚆矢，为士族政治上重新崛起奠定了社会基础”[②]。

### （六）文学艺术成就卓著

曹操家族人才群集，在文学上也是人才济济，成就卓著。除举世所知的曹操、曹丕、曹植外，曹操之子曹彪、曹丕的儿子曹叡都有作品传世。这是历史上所仅有的。

---

① 〔西晋〕陈寿：《三国志》，中华书局 1959 年版，第 318 页。

② 李俊恒：《曹操用人之道与曹魏“九品官人法”的关系》，《南都学坛》2008 年第 4 期。

曹操家族在中国文学上的功绩主要有四大方面。[①] 一是尊重和重视文学人才，提高他们的政治地位，转变了世人对文学的看法。曹操家族开创、统领了一代建安文学[②]。二是以曹丕的《典论·论文》为代表的文学理论及文学批评著作，在我国历史上第一次从理论上探讨了文学价值与作用，作品的风格与作者的关系。三是他们继承了《诗经》《楚辞》及汉赋的优秀传统，创造了叙事抒情相结合的诗体，形成了著名的“汉魏风骨”。何青春指出，最终在唐代形成的诗歌主要形式五言和七言，前者早在曹植手里就达到了成熟，后者在曹丕手中真正形成，曹操则把日渐衰退的四言诗推向了巅峰；三曹父子在诗体上各有所长，同时又都不局限于对某一种诗体的创作，而是尝试了多种诗体，体现出可贵的创新精神。[③] 钟嵘《诗品》收有曹操父子诗歌，并将三曹父子诗歌划分为三等：陈思王曹植上品，魏文帝曹丕中品，魏武帝曹操下品。有人提出不同看法，认为曹操诗歌格调高于曹丕诗歌，曹丕诗歌比曹植诗歌理性、简丽，操诗上品，丕诗中品，植诗下品。[④] 四是在书法上出现了著名的“魏碑体”。齐王曹芳正始二年（241）诏令刻经于石立于洛阳太学门前，包括《尚书》《春秋》《左传》等，每字有古文、篆、隶三种书体，史称“正始石经”“三体石经”，其魏隶成为两晋南北朝隶楷的渊源。清光绪年间，三体石经出土于洛阳龙虎滩，总 2576 字。曹操善书法，南朝梁庾肩吾《书品》将其书法作品列于上、中、下三品的中中之品，唐代张怀瓘《书断》列于神、妙、能三品的妙品。

曹氏家族大力提倡清商乐，推进了魏晋清商乐的飞跃发展，使魏晋清商乐成为音乐史上一个重要里程碑。曹丕之孙曹髦亦能书善画，唐人张彦远《历代名画记》评论其人物故事、山水画“独高魏代”。

魏文帝曹丕还诏命编修了我国古代最早的一部类书《皇览》，计 1000 余卷，依类划分 40 多部，每部数十篇，达 800 多万字。今仅存清人孙冯翼辑本数千字，《艺文类聚》《太平御览》有见引用。

在思想方面，儒学相对削弱，思想多元发展，名家、法家、道家思想再度流

---

① 高星斗、许文秀：《旷世的人才群落　功业彪炳千秋——评曹操家族及其对中华民族历史的贡献》，《滁州学院学报》2013 年第 6 期。

② 建安文学，一般指东汉献帝建安时期（196—220）及三国曹魏时期的文学。

③ 何青春：《三曹对中国诗体的贡献》，河南师范大学 2011 年硕士学位论文。

④ 张悦：《三曹诗品之我见》，《北方文学（下旬）》2017 年第 3 期。

行,魏晋玄学思想形成和发展,佛教和道教也得到有限的传播,曹植还撰有批判道术的《辩道论》。

总而言之,曹操家族在中国历史上具有一定地位。有研究指出,曹操家族的文才武略造就了一个时代,决定了那个时期的历史走向——结束动乱,国家统一。[①] 曹氏代汉,曹操虽被吴、蜀等敌国骂为“汉贼”,但《三国志·武帝纪》却对其高度评价,并无不恭之词,因为曹氏先有护佑汉献帝、续延汉祚20余年的大功,而后诛灭暴乱,削平诸侯,恃仗功业而代汉称帝。[②]

## 二、九品中正制的产生与累世公卿世家大族的大发展

曹魏时期吏部尚书、颍川郡许县(治今许昌东)人陈群所创置的官吏选拔任用制度“九品官人法”,包括两个内容:一是对现职官员进行品评,完善、发展为九品官制,对于九品官制的品第,人们习惯称之为“官品”,到南朝梁初年,官品制度始正式演化为官阶制度;二是对官吏的候补人进行品评,形成中正九品制,习惯称之为九品中正制,由于评品权力握于中正之手,品第之高低,常常系之于门第世资,一个人的宗族地位及父兄官爵,即“资”在品评中占据非常重要的地位,因此对由中正给予官吏候补人品评出的品第,称之为“资品”,实质上就是一种基于被品评者门资家格的任官“资格品第”。[③] 九品即上上、上中、上下,中上、中中、中下,下上、下中、下下九品。“九品官人法”促进了世族的发展和门阀的形成,“九品中正创立时尽管有将选举权收归中央的企图,事实上却加重了大族在地方上的威权,从而巩固了门阀的统治”,“但在门阀制度业已确立并为士庶区别制造了理论根据之后,这一种制度已不重要,只是例行公事而已”[④]。有学者将“九品官人法”作为门阀政治的重要标志

① 高星斗、许文秀:《旷世的人才群落　功业彪炳千秋——评曹操家族及其对中华民族历史的贡献》,《滁州学院学报》2013年第6期。

② 朱子彦:《司马懿拒辟与狼顾相考辨——兼论司马篡魏观念的滥觞与形成》,《社会科学战线》2019年第2期。

③ 陈长琦:《魏晋九品官人法再探讨》,《历史研究》1995年第6期;陈长琦:《魏晋南朝的资品与官品》,《历史研究》1990年第6期。

④ 唐长孺:《魏晋南北朝史论丛》,生活·读书·新知三联书店1955年版,第118、126页。

之一，认为“九品官人法”在设立州中正后开始出现门阀化倾向，门阀制度确立之后，成为巩固门阀政治和士族世袭特权的重要工具。[①] 魏末司马懿加置州大中正。

在曹操和曹魏时期，除曹氏皇族外，河南境内世家大族进一步发展，出现、形成了一些新的世家大族，颍川地区尤为突出。

东汉末年至曹魏初期，颍川荀氏家族地位得以提升，而同郡的钟氏、陈氏和辛氏亦为当地著名望族。曹魏政权的建立不仅使颍川陈氏这样的汉末寒族得以上升为士族特权阶层，还使这一时期其他颍川世家大族如荀氏、钟氏、庾氏、郭氏、赵氏、褚氏等转为士族。许县陈群家族因德行而由汉末一个并不太起眼的寒族发展为颍川地区的显赫士族之一。长社（今河南长葛东北）钟繇一族以家传刑律深得曹氏三代人的尊重，成为颍川地区又一著名士族。为曹氏政权的建立立下赫赫功勋的颍川地区颍阴（治所在今河南许昌）著族的荀氏，也成为颍川地区的显赫士族（表4-3）。颍川鄢陵（今河南鄢陵西北）庾氏和陈氏一样在东汉后期还是一个默默无闻的贫寒之族，在三国魏时期跻身到士族行列。阳翟（在今许昌禹州）褚氏大族，也演进为士族。

**表4-3 曹氏统治时期荀氏官宦表**

| 姓名 | 代际关系 | 朝代 | 官爵 | 官品 | 资料出处 |
|---|---|---|---|---|---|
| 荀棐 | 荀勖祖父 | 东汉末 | 射声校尉 | | 《晋书·荀勖传》 |
| 荀彧 | | 东汉末 | 侍中、尚书令、光禄大夫 | | 《三国志·荀彧传》 |
| 荀衍 | 荀彧三兄 | 东汉末 | 监军校尉、列侯 | | 《三国志·荀彧传》及注 |
| 荀谌 | 荀彧四兄 | 东汉末 | | | 《三国志·荀彧传》注、《三国志·袁绍传》 |
| 荀悦 | 荀俭之子 | | 秘书监、侍中 | 三品 | 《三国志·荀彧传》《后汉书·荀淑传》 |
| 荀愔 | 荀祈叔父 | 汉魏 | 丞相祭酒 | 五品 | 《三国志·荀攸传》 |
| 荀攸 | 荀彧从子 | 汉魏 | 中军师、尚书令、陵树亭侯 | 三品 | 《三国志·荀彧传》注、《三国志·荀攸传》 |
| 荀祈 | 荀攸从弟 | 汉魏 | 济阴太守 | 三品 | 《三国志·荀攸传》及注 |

① 张旭华：《试论西晋九品中正制的弊病及其作用》，《郑州大学学报（哲学社会科学版）》1999年第6期。

（续表）

| 姓名 | 代际关系 | 朝代 | 官爵 | 官品 | 资料出处 |
| --- | --- | --- | --- | --- | --- |
| 荀绍 | 荀衍之子，荀衍为荀谌兄 | 曹魏 | 太仆 | 二品 | 《三国志·荀彧传》及注 |
| 荀融 | 荀绍之子 | 曹魏 | 洛阳令、参大将军军事 | 六品 | 《三国志·荀彧传》及注 |
| 荀闳 | 荀谌子 | 曹魏 | 黄门侍郎 | 五品 | 《三国志·荀彧传》 |
| 荀恽 | 荀彧长子 | 曹魏 | 虎贲中郎将、万岁亭侯 | 五品 | 《三国志·荀彧传》 |
| 荀俣 | 荀彧二子 | 曹魏 | 御史中丞 | 四品 | 《三国志·荀彧传》 |
| 荀诜 | 荀彧之子 | 曹魏 | 大将军从事中郎 | 六品 | 《三国志·荀彧传》 |
| 荀顗 | 荀彧六子 | 魏晋 | 散骑侍郎、司空 | 一品 | 《三国志·荀彧传》《晋书·荀顗传》 |
| 荀粲 | 荀彧之子 | 曹魏 | | | 《三国志·荀彧传》注 |
| 荀缉 | 荀攸长子 | 曹魏 | | | 《三国志·荀攸传》 |
| 荀适 | 荀攸二子 | 曹魏 | 陵树亭侯 | | 《三国志·荀攸传》 |
| 荀彪 | 荀攸之孙 | 曹魏 | 丘阳亭侯 | | 《三国志·荀攸传》 |
| 荀甝 | 荀恽长子 | 曹魏 | 散骑常侍、广阳乡侯 | 三品 | 《三国志·荀彧传》 |
| 荀霬 | 荀恽二子 | 曹魏 | 中领军 | 三品 | 《三国志·荀彧传》 |

说明：该表在王莉娜《汉晋时期颍川荀氏研究》①表三魏晋时期荀氏子弟官品统计表和表四荀氏仕宦表及洪卫中《魏晋政权的演变与颍川地区士族及人才的发展——兼论九品中正制的影响》②表1曹氏统治时期颍川士人表的基础上更改和增补而成。

洪卫中研究指出，“颍川士人在汉末为曹操统一北方及曹魏政权的建立作出了重大贡献”，“在曹魏政权下他们获得高官厚禄，进而又拥有了士族身份，由此奠定了不为皇权转移而改变的社会特权，但曹魏九品中正制的实行也使颍川地区的人才发展趋于衰落”③。这一时期，颍川地区就逐渐形成了钟氏、陈氏、荀氏、庾氏、枣氏、褚氏等士族世家，如表4-4。

① 王莉娜：《汉晋时期颍川荀氏研究》，上海师范大学2013年博士学位论文，第82—87页。

② 洪卫中：《魏晋政权的演变与颍川地区士族及人才的发展——兼论九品中正制的影响》，《江汉论坛》2016年第10期。

③ 洪卫中：《魏晋政权的演变与颍川地区士族及人才的发展——兼论九品中正制的影响》，《江汉论坛》2016年第10期。

表 4-4　曹氏统治时期颍川士族士人表

| 姓名 | 籍属 | 任官 | 出处 | 备注 |
|---|---|---|---|---|
| 郭嘉 | 阳翟 | 司空军祭酒、洧阳亭侯 | 《三国志·郭嘉传》 | |
| 郭敞 | 阳翟 | 散骑常侍 | 《三国志·郭嘉传》 | 郭嘉之孙 |
| 郭伯益 | 阳翟 | | 《三国志·王昶传》 | 郭嘉之子 |
| 赵俨 | 阳翟 | 司空、都乡侯 | 《三国志·赵俨传》 | |
| 赵亭 | 阳翟 | 都乡侯 | 《三国志·赵俨传》 | 赵俨之子 |
| 辛毗 | 阳翟 | 卫尉、关内侯 | 《三国志·辛毗传》 | |
| 辛评 | 阳翟 | 袁绍谋臣 | 《后汉书·袁绍传》 | 辛毗兄 |
| 褚招 | 阳翟 | 汉末安东将军、扬州都督 | 《新唐书·宰相世系表·褚氏》 | |
| 钟繇 | 长社 | 太傅、定陵侯 | 《三国志·钟繇传》 | |
| 钟毓 | 长社 | 侍中廷尉、都督徐州诸军事 | 《三国志·钟繇传》 | 钟繇之子 |
| 钟邕 | 长社 | | 《三国志·钟会传》 | 钟毓之子 |
| 钟毅 | 长社 | | 《三国志·钟会传》 | 钟会养子 |
| 钟峻 | 长社 | | 《三国志·钟会传》 | 钟毓之子 |
| 钟辿 | 长社 | | 《三国志·钟会传》 | 钟毓之子 |
| 钟会 | 长社 | 司徒、县侯 | 《三国志·钟会传》 | 钟毓之弟 |
| 钟演 | 长社 | | 《三国志·钟繇传》 | 钟繇之弟 |
| 钟劭 | 长社 | | 《三国志·钟繇传》 | 钟繇之子 |
| 钟豫 | 长社 | | 《三国志·钟繇传》 | |
| 枣祗 | 长社 | 陈留太守、屯田都尉 | 《三国志·任峻传》 | |
| 枣处中 | 长社 | | 《三国志·任峻传》 | 枣祗之子 |
| 枣叔祎 | 长社 | 巨鹿太守 | 《晋书·枣据传》 | |
| 庾嶷 | 鄢陵 | 太仆 | 《三国志·胡昭传》 | |
| 庾遁 | 鄢陵 | 太中大夫 | 《三国志·胡昭传》 | 庾嶷弟 |
| 庾辉 | 鄢陵 | 安北长史 | 《晋书·庾阐传》 | |
| 陈纪 | 许县 | 大鸿胪 | 《后汉书·陈寔传》 | 陈寔子 |
| 陈谌 | 许县 | | 《后汉书·陈寔传》 | 陈纪之弟 |
| 陈群 | 许县 | 尚书令、司空、颍阴侯 | 《三国志·陈群传》 | 陈纪子 |

（续表）

| 姓名 | 籍属 | 任官 | 出处 | 备注 |
|---|---|---|---|---|
| 陈泰 | 许县 | 尚书左仆射 | 《三国志·陈群传》 | 陈群子 |
| 陈恂 | 许县 | | 《三国志·陈群传》 | 陈泰之子 |
| 陈温 | 许县 | | 《三国志·陈群传》 | 陈恂之弟 |
| 陈忠 | 许县 | 青州刺史 | 《新唐书·宰相世系表·陈氏》 | |
| 陈和 | 许县 | | 《新唐书·宰相世系表·陈氏》 | |
| 陈佐 | 许县 | 青州刺史 | 《三国志·陈群传》 | 陈谌之孙 |
| 陈坦 | 许县 | 廷尉 | 《三国志·陈群传》 | 陈佐之弟 |
| 杜袭 | 定陵 | 太中大夫、平阳乡侯 | 《三国志·杜袭传》 | |
| 杜基 | 定陵 | 关内侯 | 《三国志·杜袭传》 | 杜袭之兄 |
| 杜会 | 定陵 | 平阳乡侯 | 《三国志·杜袭传》 | 杜袭之子 |
| 戏志才 | 颍川（治阳翟） | | 《三国志·郭嘉传》 | |
| 淳于琼 | 颍川 | 袁绍大将 | 《后汉书·袁绍传》 | |
| 郭图 | 颍川 | 袁绍谋臣 | 《后汉书·袁绍传》 | |
| 周昭 | 颍川 | 中书郎 | 《三国志·步骘传》 | |
| 冯熙 | 颍川 | 中大夫 | 《三国志·吴主（孙）权传》 | |
| 赵敦 | 颍川 | 县令 | 《三国志·杨戏传》 | |
| 徐庶 | 颍川 | 御史中丞 | 《三国志·诸葛亮传》 | |
| 石韬 | 颍川 | 典农校尉 | 《三国志·诸葛亮传》 | |
| 繁钦 | 颍川 | 丞相主簿 | 《三国志·王粲传》 | |
| 胡昭 | 颍川 | | 《三国志·胡昭传》 | |
| 邯郸淳 | 颍川 | 博士给事中 | 《三国志·王粲传》 | |
| 郄俭 | 颍川阳城 | | 《三国志·华佗传》 | |

说明：该表在洪卫中表1曹氏统治时期颍川士人表①基础上作了调整、修改与补充。为避免重复，荀氏士族士人情况见表4-3。

曹魏时，豫中颍川士族之外，在豫东，荥阳郑氏家族进一步发展，有将作大

① 洪卫中：《魏晋政权的演变与颍川地区士族及人才的发展——兼论九品中正制的影响》，《江汉论坛》2016年第10期。

匠郑浑，光禄大夫郑泰子、郑浑侄郑袤；有郑冲支派兴起，郑冲在曹魏任职陈留太守、光禄勋等，拜太保，受封寿光侯。陈留尉氏(今属开封)阮氏以竹林名士和文学艺术兴起，陈留外黄(治今商丘民权西北)范氏名德远扬。济阳考城(今商丘民权东北)蔡氏有尚书蔡睦、子乐平太守蔡德。陈郡阳夏(今周口太康)有谢氏魏典农中郎将谢缵，其子国子祭酒谢衡以儒学显名。阳夏有袁氏魏御史大夫袁涣。阳夏何氏有魏太仆何夔、何夔子太仆卿何遵。汝南南顿(今周口项城西)应氏有侍中应璩，以文学驰名；其子散骑常侍应贞，其孙南平太守应詹。

豫西，河内怀(今焦作武陟西南)山氏以竹林名士、官宦起家。河内温县(治所在今焦作温县西南)司马氏在政治上崛起。常氏家族有太常卿常林。

豫北，东郡白马(今安阳滑县东)成公氏以文学知名。

豫南，汝南郡鄳(治所在今信阳罗山西南)孟氏在三国吴以孝行起家，孟宗(？—271)官拜司空，任丞相职；南阳宛县(今南阳)何晏，是魏晋玄学的创始人之一、正始名士、曹爽集团主要成员，官至侍中、吏部尚书，封列侯；南阳新野邓飏，官至侍中、尚书；汝南安成(治所在今驻马店汝南东南)周氏有御史中丞、折冲将军、扬州刺史周浚，安平太守周蕤。汝南安成周氏还有周纂南投孙吴，任吴威远将军，子周敏，官至吴左中郎将。南阳安众(治所在今南阳邓州东)刘氏有侍中刘殷、陈留相刘阜等。

当然，有些世家大族崛起，也有些世家大族衰落。唐长孺指出："东汉以来培养滋长的大姓、名士是构成魏晋士族的基础，但绝不是所有汉末大姓、名士都能在魏晋时成为士族……汉末在政治上最活跃的大姓、名士是所谓'党人'，我们看到很多权威人物，后来对他们的家族地位并无影响。颍川的荀、陈、钟三家固然出于党人名士，但党人中有极高威望的李膺、杜密却后嗣无闻。陈蕃、窦武、刘淑号称'三君'，三家都没有在魏晋士族中占一席地。'汝颍(泛指豫州)固多奇士'，汝南的陈蕃、范滂那样高的声望，而晋代的汝南高门却是周氏。……陈留蔡氏应当为蔡邕同族，也是东晋以下的侨姓高门，而《党锢传》中人士如陈留夏馥，汝南蔡衍、陈翔，颍川贾彪等的家族却不见记载。事实很清楚，颍川那么多大名士，只有荀、陈、钟和拔自卑微的庾氏成为士族(见后)，无非由于这几家魏晋时子孙贵显……"①李膺，颍川襄城(今属河南)人；杜密，颍川阳城

① 唐长孺：《魏晋南北朝史论拾遗》，中华书局1983年版，第53—54页。

(今郑州登封东南)人;陈蕃,汝南平舆(今驻马店平舆北)人;窦武,扶风平陵(今陕西咸阳西北)人;刘淑,河间乐城(治所在今河北沧州献县东南)人。在三国曹魏时期,有荀彧、陈群、钟繇、庾嶷等家族崛起为著名士族,也有已衰落或走向衰落的汉末河南世家大族,如李(膺)氏、杜(密)氏、陈(蕃)氏、范(滂)氏、夏(馥)氏、蔡(衍)氏、陈(翔)氏、贾(彪)氏等家族。

## 三、战乱与家族的频繁迁移

东汉末至三国时期,因战争及割据时势,家族的迁移频繁。如前所述,曹操建安元年(196)迎汉献帝都许,曹氏家族有从谯郡迁至许都者;建安十年(205)曹操将霸府由许都迁往邺城,曹氏家族又有随迁至邺城一带者,如安阳北部曹洪家;曹操临终前两年,曹操家族又开始迁至洛阳,直至三国魏时期,曹氏家族则主要在洛阳。

颍川家族的迁徙更有代表性。东汉末,颍川(治今许昌禹州)荀彧与他的兄长荀谌和辛评、辛毗兄弟二人及郭图、淳于琼等先后率亲族投附在冀州的汝南汝阳(今周口商水西北)袁氏袁绍。后荀彧与荀谌和辛评、辛毗兄弟二人又投奔曹操,荀彧宗族荀衍、荀悦、荀攸等亦相继归附了曹操。南阳许攸、逢纪,汝南南顿(今周口项城西)应劭也投附袁绍。蜀国和吴国也是河南家族迁移的要地,这从为刘备所用的赵敦以及为孙权所用的周昭等颍川士人身上都可得到很好的证明。汝南不少士人家族逃亡江东,如汝南许劭逃奔豫章(治今江西南昌),汝南固始(治所在今安徽临泉)胡综、汝南安成(治所在今驻马店汝南东南)周访曾祖避乱江南,吴尚书仆射屈晃、尚书令陈化等也都是避乱江南而投附孙吴的汝南人。

曹魏时期,人丁兴旺的陈留尉氏(今属河南)阮氏家族聚居在洛阳东郊瀍河岸边,人们称之“阮曲”。新蔡(今属河南)干氏迁至吴海盐(今属浙江)。

## 四、世家大族发展下的社会文化

世家大族的发展，给当时社会文化带来深刻的影响。陈寅恪指出："盖自汉代学校制度废弛，博士传授之风气止息以后，学术中心移于家族，而家族复限于地域，故魏、晋、南北朝之学术、宗教皆与家族、地域两点不可分离。"[①]所以，如果一个地区没有世家大族的出现或世家大族衰落，那么首先也就标志着这个地区的经济、文化没有什么大发展或文化、经济也随之衰落。王永平指出："汉季上层统治集团的激烈斗争和下层社会的巨大变乱，打破了原有的社会秩序。曹操乘隙而起，夺取了统治大权。这不仅造成了政治上的变动，而且在思想文化领域也必然带来明显的变异。曹操及其诸子在与世族的对抗中，皆行'通脱'，引发了汉晋之际社会文化新风尚的流行。"曹氏倡导"通脱"，"冲淡了礼法规范，直接促进了思想界玄风的兴起和文学艺术的发展，从而引发了中古社会与文化思潮的深刻变革"。[②]

### （一）社会变化

汉末三国时期遍布各地的宗族间已发生了分化，"出现了一批在各地有影响的豪族强宗与著姓冠族。而在宗族内部个体家庭已成为社会生产生活的核心，宗族已从组织退变为父系血亲的聚居集体，不过同族的富家对于贫户尚有一定的救助，人们观念中犹视宗族为整体"[③]。就是说家族观念在变化，家族地位升降变化也大。

曹魏时期，曹操家族推行的节俭、薄葬、通脱等政策、风尚，"直接影响到他们的取仕用人制度，并进而深刻地影响到当时世风与士风的变革。如名理思潮、玄学思潮的兴起，任诞士风的弥漫等，都能从曹氏的通脱风气中得到部分解

---

① 陈寅恪：《隋唐制度渊源略论稿》，中华书局1963年版，第17页。

② 王永平：《论曹操的政治举措、文化品格及其历史影响》，《江苏科技大学学报（社会科学版）》2010年第1期。

③ 刘仕慧：《浅议汉末三国两晋南北朝时期宗族与家庭的关系》，《电子科技大学学报（社科版）》2003年第1期。

释”[①]。当时父先君后的观念主导，宗族、家族重视祭祀祖先，通财互助，如为官分俸禄给宗族成员，荀彧和荀攸“并贵重，皆谦冲节俭，禄赐散之宗族知旧，家无余财”[②]。

魏晋南北朝时期，孝道成为维护家庭关系的准则。三国吴汝南郡鄳（治所在今信阳罗山西南）孟氏孟宗因恪尽孝道而名满天下，其中“孟宗哭竹”也成为“二十四孝”之一。

**（二）文化影响**

曹魏时期，河南地区文化全面发展兴盛。如颍川地区文化发展繁荣，以著书、在朝士人等来说，时颍川郡所在的豫州有 77 部、95 人，颍川郡则有 23 部、42 人。[③]

**1. 文学艺术**

许昌为汉末许都和曹魏时期五都之一。曹操迎汉献帝都许及曹氏父子对诗文创作的喜爱与提倡，在他们周围形成具有极高文学素养的建安诗派，促进了河南地区文化的发展和繁荣。南阳宛县何晏是正始名士的代表，有《何晏集》11 卷，今已佚失，其诗被钟嵘《诗品》列为中品，文章以论述玄理的论说文为主。荥阳郑氏郑袤有文集 2 卷，今已佚。陈留尉氏（今属开封）阮氏阮籍为“竹林七贤”的代表，诗赋书笺等样样皆精，原有文集 13 卷，后多散佚，明人有辑本《阮步兵集》，其中以 82 首《咏怀诗》成就为最。汝南南顿（今周口项城西）应氏应璩原有文集 10 卷，今存有辑本，其中诗作《百一诗》、文章 4 篇入选《文选》。钟会善文，如《蜀平上言》《刍荛论》《移蜀将吏士民檄》等。应璩子应贞善诗，曾在晋武帝华林园君臣宴上即席作《晋武帝华林园集诗》9 章，被称为佳作。

钟繇在中国书法史上留下了浓墨重彩的一页，是中国书法史上隶书向楷书转化的关键人物，被后世尊为正书（小楷）鼻祖、“楷法之祖”。阮籍著有《乐论》，将音乐提高到哲学的高度来认识，用音乐的和谐来说明天地万物的本性。

---

① 王永平：《论曹操的政治举措、文化品格及其历史影响》，《江苏科技大学学报（社会科学版）》2010 年第 1 期。

② 〔西晋〕陈寿：《三国志》，中华书局 1959 年版，第 316 页。

③ 卢云：《汉晋文化地理》，陕西人民教育出版社 1991 年版，第 541—563 页；周振鹤：《中国历史文化区域研究》，复旦大学出版社 1997 年版，第 245—269 页。

### 2. 家学与玄学思想

“九品官人法”在一定程度上推进了河南地区社会文化的发展。吴霓认为，“九品官人法”是选举制度史上的一大变迁，客观上促进了魏晋南北朝时期私学的发展：一是促进了包括医学、书法、天文、地理等在内的家学的兴盛，二是促进了家诫、家训这类家庭教育形式的发展，三是促进了儒经私学的兴盛。[①] 另外，这一时期谱牒学应时而生，包括私家家传、家谱，官家簿状、谱籍。陈寅恪指出：“东汉以后学术文化，其重心不在政治中心之首都，而分散于各地之名都大邑。是以地方之大族盛门乃为学术文化之所寄托。中原经五胡之乱，而学术文化尚能保持不坠者，固由地方大族之力，而汉族之学术文化变为地方化即家门化矣。故论学术，只有家学之可言，而学术文化与大族盛门常不可分离也。”[②]

颍川荀氏家族精通礼乐制度之士甚多，如荀彧之子荀顗，曹魏末，他曾奉诏与羊祜、任恺等共同修订晋朝的礼仪。[③]

荀氏后人秉承重视法治的传统，而且受到颍川区域文化中重视法治思想的浸染。长社钟氏家族是名法世家。南阳安众刘氏刘廙提出先刑后礼理论，其思想体现在所撰《政论》5 卷。

荥阳开封郑氏为儒学世家。朝中制定礼仪律令，都先征求郑冲的意见；郑冲与南阳宛县何晏、颍川颍阴荀顗等撰有《论语集解》10 卷，该书由何晏主持编纂，是魏晋时期玄学化经学成就代表之一，后有南朝梁人皇侃作义疏，北宋儒家邢昺作疏，分别称为《论语集解义疏》《论语注疏》，以“十三经注疏”之一流传于世；郑冲另撰有《甲乙问议》，见于《晋书・礼志中》，《全晋文》也有收录。何晏还撰有《孝经注》1 卷、《魏晋谥议》13 卷，已散佚。颍川鄢陵庾氏庾峻潜心儒典，曾为高贵乡公讲《尚书》，多有发明。

在史学方面，颍川颍阴荀顗、陈留尉氏阮籍等参与撰写过官修纪传体史书《魏书》，计 44 卷，反映曹魏史事，该书已佚。何晏也有《官族传》14 卷，今不存。郑袤长子郑默在曹魏青龙三年（235）撰成国家藏书目录《魏中经簿》14 卷，又称《中经簿》，该书目一变汉刘向、刘歆《七略》的六分法体系，分群书为甲、乙、丙、

---

① 吴霓：《论魏晋九品中正制与私学的关系》，《华东师范大学学报（教育科学版）》1996 年第 1 期。

② 陈寅恪：《金明馆丛稿初编》，上海古籍出版社 1980 年版，第 131 页。

③ 〔唐〕房玄龄等：《晋书》卷三十九《荀顗传》，中华书局 1974 年版，第 1151 页。

丁四类,是中国图书四部分类法的起源。

魏正始以后,玄学兴起,荀氏子弟或有受其影响者。南阳宛县何晏为魏晋玄学创始者之一、正始名士,研究《老子》《周易》,他所主持编纂的《论语集解》在倡导玄学方面起了重要作用;他还撰有《道德论》2卷,仅残存部分文字。《三国志》卷十《荀彧传》注引《晋阳秋》载,颍川颍阴荀粲"独好言道",为荀氏入玄风之人。① 荀粲在生活态度上受到道家自然思想的影响,他认为自己的父亲荀彧太过拘泥于礼仪,而欣赏荀攸谨慎行事而不注重外在形式的个性,这反映出他厌恶正统礼法约束而崇尚放任自然的生活态度。钟氏家族钟会时,开始由名法世家向玄学转变。钟会是以王弼为代表的正始名士中的重要人物,作为何晏、王弼玄学思想的积极追随者,以刑名研究丰富了早期玄学,对思想解放运动起了推波助澜的作用。②

率性任诞、放荡不羁、追求个性自由、蔑视世俗的"竹林七贤"中,有陈留尉氏(今属开封)阮氏阮籍、阮咸,河内怀(今焦作武陟西南)山氏山涛等,他们进一步促进了玄学的发展。阮籍和嵇康是"竹林七贤"的代表人物。阮籍不仅研究《老子》《周易》,还研究《庄子》,著有《达庄论》《通老论》《通易论》等。他主张"自然",批判"名教",倡导"逍遥",其玄学思想主要反映在《达庄论》和《大人先生传》里。

## 第三节 西晋门阀士族的形成

到西晋时,门阀制度正式确立,门阀士族开始勃兴起来。③ 河南地区一些世家大族也转为门阀,对当时的政治、经济、社会、文化产生巨大影响。

---

① 〔西晋〕陈寿:《三国志》,中华书局1959年版,第319页。

② 王晓毅:《钟会——名法世家向玄学转化的典型》,《中国史研究》1997年第2期。

③ 张旭华:《试论西晋九品中正制的弊病及其作用》,《郑州大学学报(哲学社会科学版)》1999年第6期。

## 一、建立晋朝的司马懿家族

司马懿(179—251),字仲达,河内温县孝敬里(今河南温县西南招贤镇)人①。起初,司马懿被迫受丞相曹操征召,为文学掾,后历职黄门侍郎、议郎、丞相东曹属、主簿。魏国初建时,司马懿为太子中庶子,封河津亭侯,转为丞相长史;曹丕称帝后,司马懿升任尚书,又转为督军、御史中丞,封为安国乡侯。黄初五年(224)、六年(225)曹丕东征孙吴,司马懿为抚军大将军,坐镇许昌,总理后方一切事务。黄初七年(226)与陈群、曹真同受托孤之命,辅佐魏明帝。魏明帝时,升大将军,迁太尉。魏明帝临死前,他又取得了同曹爽同辅幼帝曹芳的重任。魏正始十年(249),司马懿发动高平陵之变,控制了曹魏政局。杨晓东认为,司马懿的崛起过程就是代魏成晋政治格局形成的过程,曹操时期,他初步奠定了自己的政治地位;魏文帝即位之后,作为"太子四友"之一,他得到重用并稳步进入权力中心;魏明帝时期,他在展现自身谋略和军事才能的同时,利用明帝与其他辅政大臣的矛盾,再受顾托,与曹爽夹辅王室,代魏成晋的政治格局开始形成。②

司马师执政时,成功地克服了东关惨败所造成的政治危机,逐步扫除了中央与地方的反对势力,开始建立起一支支持魏晋禅代的政治力量,进而奠定了魏晋禅代的基本格局。魏咸熙元年(264),晋王司马昭为禅代做准备,"始建五等爵"③,以分封功臣来笼络人心,从而奠定了司马氏皇朝的雏形。经过司马懿父子的专权和对曹魏势力的清洗,咸熙二年(265),司马炎受魏禅称帝,改元泰始。

仇鹿鸣指出,司马懿家族"在两汉时代有一个'由武入文'的变化过程,在文化特质上属于东汉新兴的文化家族,崇尚博学兼通,经史并重,体现出东汉学术的新风气,在社会地位上则是河内乡里的地方大族,其婚姻、交往网络皆根植于地方社会,与河内乡里有着密切的联系。司马氏在汉末乱世中的崛起正是借助

---

① 又有人认为司马懿故里在博爱县孝敬镇孝敬村。参见魏美智:《司马懿故里博爱县孝敬村考》,《焦作大学学报》2018 年第 1 期。

② 杨晓东:《司马懿崛起之路试析》,《理论月刊》2009 年第 2 期。

③ 〔唐〕房玄龄等:《晋书》,中华书局 1974 年版,第 44 页。

了乡里评论网络的作用，获得名士的称誉，最终跻身曹魏的政治网络中。通过司马懿数十年官宦生涯的经营，其在曹魏政治中积累了广泛的人事资源，并与颍川荀氏、颍川陈氏这样具有全国性声望的政治家族建立了关系，其婚姻网络也突破了乡里地域的界限，先后与泰山羊氏、东海王氏这样的两汉名族、经学世家联姻。这一权势的网络的编织形成，标志着司马氏家族从一个地方性的大族逐渐成长为在曹魏政治中具有举足轻重地位的政治家族，司马懿在曹魏政治中所积聚的力量对于魏晋之际的政治变化具有深远的影响”①。

司马懿家族的代魏成晋影响深远。郑欣、杨希珍则肯定司马懿的历史功绩，认为司马懿是一个应该肯定的历史人物：一是大力推行军事屯田，对北方生产的恢复与发展起了积极作用；二是军事上，东抗孙吴，西拒蜀汉，北平辽东，挫败王凌叛乱，是一位智勇兼备、以谋略见长的军事家；三是和曹爽集团相对立的司马懿集团，是属于门阀地主中的事功派，他们大都在政治上有建树，它消灭曹爽集团和取代业已腐化的曹魏政权是有进步意义的。②

《晋书·宣帝纪》对司马懿的评价中出现有“三马同食一槽”“狼顾相”“猜忍”等严重的贬义词，是由于司马氏对曹魏王朝并无多大功劳可言，仅仅凭借暴力和权术，废弑魏主而登大位，司马氏弑主篡逆，得天下不正，颇不光彩。③ 付开镜认为司马懿父子的卑劣人格致使司马氏王朝根基的稳固性极差，④并成为魏晋南北朝历史走向黑暗化的先导，这种黑暗化体现在司马氏家族内部和王朝内外种种动荡下的西晋快速灭亡之路，国家分裂与民族仇视，用人贵族化和自私化，朝代更迭频繁等方面。⑤

## 二、占田荫户制与门阀士族制的形成

西晋承继“九品官人法”，如张旭华所论，魏末司马懿加置州大中正后，“九

---

① 仇鹿鸣：《魏晋之际的政治权力与家族网络》，复旦大学2008年博士学位论文，第59页。

② 郑欣、杨希珍：《论司马懿》，《史学月刊》1981年第6期。

③ 朱子彦：《司马懿拒辟与狼顾相考辨——兼论司马篡魏观念的滥觞与形成》，《社会科学战线》2019年第2期。

④ 付开镜：《司马懿父子的卑劣人格：晋王朝松软的立国根基》，《许昌学院学报》2005年第6期。

⑤ 付开镜：《曹操父子与司马懿之关系及历史走向的黑暗化》，《理论月刊》2018年第10期。

品官人法”开始出现门阀化倾向,门阀制度确立之后,又成为巩固门阀政治和士族世袭特权的重要工具。① 而西晋正是门阀制度的形成时期。“九品官人法”保证了士族政治上的特权,而占田荫户制则保证了士族经济上的特权。

西晋武帝太康元年(280),颁布占田令和课田令,规定了官吏的占田荫客荫族数目(表4-5),其中占田数:品第一者占五十顷,第二品四十五顷,第三品四十顷,第四品三十五顷,第五品三十顷,第六品二十五顷,第七品二十顷,第八品十五顷,第九品十顷。② 占田制所规定各级官吏“得荫人以为衣食客及佃客”数:

品第六已上得衣食客三人,第七、第八品二人,第九品及举辇、迹禽、前驱、由基、强弩、司马、羽林郎、殿中冗从武贲、殿中武贲、持椎斧武骑武贲、持鈒冗从武贲、命中武贲武骑一人。其应有佃客者,官品第一、第二者佃客无过五十户,第三品十户,第四品七户,第五品五户,第六品三户,第七品二户,第八、第九品一户。③

占田制所明确规定的士族荫亲属特权,“又各以品之高卑荫其亲属,多者及九族,少者三世”④。所谓的“荫其亲属”就是指官员可根据官品高低庇护其亲属、族人或门客,使其免向国家纳租税和服徭役,多者可荫庇九族(指上至高祖、曾祖、祖父、父亲,下至子、孙、曾孙、玄孙,再加上自己一代,共计九代),少者可荫庇三代(父辈、子辈和自己这一代)。这些荫亲虽不用向国家交租纳税,但是得向荫主交纳一定的课税。

**表4-5 西晋占田荫客荫族制内容表**

| 官品 | 一 | 二 | 三 | 四 | 五 | 六 | 七 | 八 | 九 |
|---|---|---|---|---|---|---|---|---|---|
| 占有田地数(顷) | 50 | 45 | 40 | 35 | 30 | 25 | 20 | 15 | 10 |
| 荫衣食客数(人) | 3 | 3 | 3 | 3 | 3 | 3 | 2 | 2 | 1 |
| 荫佃客数(户) | 50 | 50 | 10 | 7 | 5 | 3 | 2 | 1 | 1 |
| 荫依附民数 | 按官品高低,荫其亲属,多者九族,少者三世 | | | | | | | | |

资料来源:王莉娜《汉晋时期颍川荀氏研究》表六,上海师范大学2013年博士学位论文。

① 张旭华:《试论西晋九品中正制的弊病及其作用》,《郑州大学学报(哲学社会科学版)》1999年第6期。

② 〔唐〕房玄龄等:《晋书》,中华书局1974年版,第790页。

③ 〔唐〕房玄龄等:《晋书》,中华书局1974年版,第790—791页。

④ 〔唐〕房玄龄等:《晋书》,中华书局1974年版,第790页。

西晋时，河南是门阀士族的重地。入晋，颍川地区荀氏、陈氏仍为显盛家族。颍川荀氏家族由于坚定地支持司马氏代魏，在西晋政治占据了显要的位置，《荀氏家传》中不无自豪地宣称："惟我之先，生于有晋，人物盈朝，衮衣晖晔，六世九公，不亦伟乎？磊落瑰奇，光照合同。□独步于古今，拊万姓而骇之矣。"①其权势可见一斑。如荀彧之孙荀寓"少与裴楷、王戎、杜默俱有名京邑，仕晋，位至尚书，名见显著。子羽嗣，位至尚书"②。其他荀氏子孙也都身居显位。荀勖在晋武帝司马炎即位后，受封为济北郡公，太康中历职左光禄大夫、仪同三司、开府辟召、守中书监、侍中。荀顗最后官至太尉，荀藩为司空，荀藩子荀邃、荀闿也都为尚书。

**表 4-6　西晋荀氏官宦表**

| 姓名 | 代际关系 | 朝代 | 官爵 | 官品 | 资料出处 |
| --- | --- | --- | --- | --- | --- |
| 荀顗 | 荀彧六子 | 魏晋 | 司空、太尉、司徒、临淮公 | | 《晋书·荀顗传》 |
| 荀岳 | 荀祈之子 | 西晋 | 中书侍郎 | 五品 | 《汉魏南北朝墓志汇编》 |
| 荀寓 | 荀俣之子 | 西晋 | 尚书 | 三品 | 《三国志·荀彧传》及注 |
| 荀勖 | 荀肹子，荀肹为荀彧从子 | 西晋 | 侍中、济北郡公、守中书监、守尚书令、光禄大夫、赠司徒、开府仪同三司 | 一品 | 《晋书·荀勖传》 |
| 荀隐 | 荀岳之子 | 西晋 | 廷尉平、司徒左西曹掾 | 六品 | 《九家旧晋书·荀氏家传》《汉魏南北朝墓志汇编》 |
| 荀辉 | 荀闳从孙 | 西晋 | 太子中庶子 | 五品 | 《三国志·荀彧传》注 |
| 荀羽 | 荀寓之子 | 西晋 | 尚书 | 一品 | 《三国志·荀彧传》注 |
| 荀颋 | 荀彪之子 | 西晋 | 羽林右监、安陵乡侯 | 五品 | 《三国志·荀彧传》及注、《晋书·荀崧传》 |
| 荀憺 | 荀霬长子 | 西晋 | 少府 | 三品 | 《三国志·荀彧传》注 |
| 荀恺 | 荀霬二子 | 西晋 | 侍中、南顿子、征西大将军、尚书仆射、护军 | 三品 | 《三国志·荀彧传》《三国志·胡质传》《三国志·钟会传》 |
| 荀悝 | 荀霬三子 | 西晋 | 护军将军、赠车骑大将军 | 三品 | 《三国志·荀彧传》注 |
| 荀辑 | 荀藩之兄 | 西晋 | 卫尉、嗣爵济北侯 | 三品 | 《晋书·荀勖传》 |

① 〔北宋〕李昉等：《太平御览》卷四百七十引《荀氏家传》，文渊阁《四库全书》版。

② 〔西晋〕陈寿：《三国志》注引《世语》，中华书局 1959 年版，第 319 页。

（续表）

| 姓名 | 代际关系 | 朝代 | 官爵 | 官品 | 资料出处 |
|---|---|---|---|---|---|
| 荀藩 | 荀勖之子 | 西晋 | 尚书令、留台太尉、西华县公 | 三品 | 《晋书·荀藩传》 |
| 荀组 | 荀勖之子 | 西晋 | 司空 | | 《晋书·荀勖传》 |
| 荀显 | 荀勖之孙 | 西晋 | 颍阳亭侯 | | 《晋书·荀勖传》 |

说明：该表在王莉娜《汉晋时期颍川荀氏研究》①表三魏晋时期荀氏子弟官品统计表和表四荀氏仕宦表的基础上更改和增补而成。

颍川地区鄢陵（今许昌鄢陵西北）庾氏家族进一步崛起，庾嶷作为晋代开国功勋，在朝中形成了以庾纯为首的政治势力；长社（今许昌长葛东北）钟氏家族地位则有所下降，许县（治今许昌东）陈氏家族由盛趋衰。阳翟（今许昌禹州）褚氏家族由此走向辉煌。

荥阳开封（治今开封市祥符区西南）郑氏家族影响力进一步扩大。郑冲拜太傅，封寿光公。郑冲子郑徽官至散骑常侍，继承寿光公之爵。郑泰子郑袤在西晋时为司空，位居三公要职，并受封密陵侯。郑袤长子郑默历大司农、光禄勋等职，为西晋初名臣之一。郑默之弟郑质、郑舒、郑称、郑诩、郑予等均官至列卿。郑默子郑球官至尚书右仆射，领吏部，受封平寿公；郑球之弟郑豫官至尚书。郑质子郑畴为晋太子中书侍郎，郑畴后一世郑庠为三国吴东安太守。郑浑子郑哲历江州刺史、大司农，郑哲孙郑遵为尚书郎。

陈郡阳夏（今河南太康）有魏御史大夫袁涣子晋给事中袁准，袁准子光禄勋袁冲等。还有阳夏何氏晋开国功臣何曾，子晋太宰何劭。汝南南顿（今周口项城西）应氏有散骑常侍应璩子应贞，才学著称当时；南平太守应璩孙应詹。济阳考城（治今商丘民权东北）江氏有谯郡太守江蕤及其子南安太守江祚、太子洗马江春，其孙黄门侍郎江统、安东将军江济等。陈留济阳江氏有冯翊太守江琼。

汝南安成（治所在今驻马店汝南东南）周氏兴盛，为汝南高门士族。周氏有少府、安东将军周浚，周浚子护军将军、尚书周顗，周浚子御史中丞周嵩，周浚子侍中、中护军周谟，镇东将军周馥。《晋书》卷六十九《周顗传》载周顗享誉海内，与广陵（治今江苏扬州西北）戴若思并为“南北之望”。南阳安众（治所在今南

① 王莉娜：《汉晋时期颍川荀氏研究》，上海师范大学2013年博士学位论文，第82—87页。

阳邓州东）刘氏有镇东将军刘乔等。淯阳（今南阳南召南）乐氏有喜谈玄学的尚书令乐广等。南阳顺阳（治所在今南阳淅川）［一说南阳舞阴（治所在今驻马店泌阳西北）］范氏范晷历职少府卿、雍州刺史等。

## 三、世家大族的南迁

西晋末，因战乱特别是“永嘉之乱”，河南家族势力受到严重冲击，不少家族被屠灭，或被迫流徙。西晋八王之乱时，颍川（治今许昌禹州）人庾衮“率其同族及庶姓保于禹山”①，被推举为领袖，后又迁林虑（治所即今林州）。庾峻子庾敳是庾氏家族由儒入玄的第一人，与之同辈的庾琛在中原混乱之际举家南迁会稽（治今浙江绍兴）；东晋时，其子庾亮与东晋明帝联姻，之后形成庾氏、桓氏、谢氏与司马氏共天下的局面。司马皇室家族成员在“永嘉之乱”中被匈奴和刘汉政权大量屠杀，河南士人百姓纷纷向各地迁徙，或留居为官之地，主要为南迁与向西北和辽东迁徙。一是南迁，永嘉年间河南百姓等南迁众多，史称“永嘉南渡”，还有不少随晋元帝南渡；二是迁往西北，如凉州（今甘肃武威）；三是迁往辽东。以谢安为代表的陈郡谢氏、以庾亮为代表的颍川庾氏、荥阳郑氏、汝南袁氏、颍川荀氏等南迁，成为东晋时期的重要士族。新野庾氏庾滔随晋室南渡，受封遂昌侯，居江陵（今湖北荆州西北），诸弟亦在东晋任职。

荥阳郡阳武（今新乡原阳东南）毛宝，避乱江左，仕东晋。

西晋，荥阳开封郑庠历职东吴车骑长史、东安太守等，西晋永嘉元年（307）由寿春（治今安徽寿县）迁居丹阳郡秣陵县桑梓里（今属南京），为南渡始祖。随父南迁的郑庠次子郑昭历职泉州、建州刺史等，居泉州，后迁侯官（治所即今福建福州），为福建郑姓始祖，称“入闽始祖”；郑氏郑浑的一支后裔曾经迁移到黄河以北，后又返回荥阳，成为北朝荥阳郑氏的主体。

汝南南顿（今周口项城西）南平太守应詹南迁，在东晋历职光禄勋、平南将军等。陈郡长平（今周口西华东北）殷氏殷浩因父豫章太守殷羡而在东晋任职。陈郡阳夏（今周口太康）袁氏袁瓌南渡。济阳考城（治今商丘民权东北）江氏江

---

① 〔唐〕房玄龄等：《晋书》，中华书局1974年版，第2282页。

统子孙、蔡氏蔡谟家族南迁。

陈留济阳(治今开封兰考东北)江氏又有冯翊太守江琼迁凉州(今甘肃武威)投靠张轨。

## 四、世家大族兴盛下的社会文化

陈寅恪认为曹操颁发“求才三令”是改变两汉以来社会风气道德标准的根本原因,[①]但综观汉、魏、晋之间的沿革,司马氏对曹魏政权的篡夺相对于曹操发布的“求才三令”对社会风习以及儒家伦理道德准则的破坏则不啻千万倍,这才是对两汉以来儒教树立起来的社会道德风习的根本改变。如果说“西晋篡魏亦可谓之东汉儒家大族之复兴”[②],那么这种东汉儒家大族的复兴从两晋政治、社会的变迁和经济发展来看,它并没有带来多少社会的真正进步,反而带来社会思想精神层面的某种大倒退。

司马氏篡魏建晋过程中给颍川大族和其他大族如琅邪王氏、荥阳郑氏、陈郡何氏等带来的影响并不仅仅是给他们带来政治、经济地位上的升迁和荣耀,更多的则是破坏了这些家族固有的以儒家伦理道德为安身立命和精神归依的价值理念,从而儒家的道德观、价值观及儒学一整套思想由这些家族奉为安身立命的精神准则转而成为改朝换代换取现实权、名、利的最冠冕堂皇的手段,继而又因他们的地位、身份影响到整个士族阶层的思想和意识的分离和扭曲,儒家思想至此真正受到了最为彻底的摧毁和颠覆,以至社会意识“谓守道者为陆沈,以履径者为知变”[③],从而直接导致了玄学的产生和泛滥,进而又使得“朝寡纯德之人,乡乏不贰之老,风俗淫僻,耻尚失所,学者以老庄为宗而黜六经,谈者以虚荡为辨而贱名检,行身者以放浊为通而狭节信,进仕者以苟得为贵而鄙居正,当官者以望空为高而笑勤恪”[④]。

---

① 陈寅恪:《金明馆丛稿初编》,生活·读书·新知三联书店2001年版,第144页。
② 陈寅恪:《金明馆丛稿初编》,生活·读书·新知三联书店2001年版,第145页。
③ 杨明照:《抱朴子外篇校笺》,中华书局1991年版,第399页。
④ 〔唐〕房玄龄等:《晋书》,中华书局1974年版,第135—136页。

西晋时期，颍川文化上虽然没有完全衰落，但文化发展趋势及地位显著下降。[①] 西晋时期陈氏、荀氏、庾氏、褚氏等世家大族继续发展，使颍川地区的文化一定程度上得以延续。这一时期，从著书、在朝士人等方面来说颍川郡分别为38部、27人（时豫州分别为138部、95人），相对于曹魏时23部、42人（时豫州为77部、95人）来说，呈下降趋势。据西晋咸宁四年（278）《三临辟雍碑》所载西晋太学学籍士人共367人来说，颍川郡10人（加上襄城郡3人），远落后于平原国（治所在今山东平原县西南）的34人、高平国（治所在今山东巨野县南）的28人，排在16位。[②]

颍川鄢陵庾氏以儒学为主、出入玄儒的家风形成，[③]庾峻、庾纯好学尚儒，后世赞誉极高，庾峻常侍帝讲诗。庾峻《上疏请易风俗兴礼让》、庾纯《孙为祖持重议》都是有关儒家礼法的主张。庾氏还以孝悌闻名于世。

西晋玄学大盛，有研究指出，庾峻之子庾敳（262—311）“出入玄风，对当下流行的老庄玄语深相研习，是永嘉玄风代表人物。其独立的人格和乱世中的通达颇为人称道。庾敳是颍川庾氏由儒入玄第一人，对庾氏文化世家开创有发轫之功”[④]。庾敳现存《意赋》《幽人箴》皆玄言作品。陈留阮氏阮瞻、阮脩也是尚玄名士。南阳淯阳（今南阳南召南）乐广为当时谈玄名士，弘扬“以无为本”的思想，与琅邪临沂（今属山东）人王衍名重当时。陈郡阳夏（今周口太康）何氏晋太宰何劭善玄言，诗文多玄论。汝南安成（治所在今驻马店汝南东南）周氏周颉也是玄学名士。[⑤]

阮脩、阮瞻还提倡无神论思想。这一时期，佛教与玄学开始结合，庾敳、阮瞻等谈玄之士用老庄思想讲解阐释汉译佛教经典《般若经》，有益于佛教的传播。

西晋时，河南家族在礼乐家学、图书目录学上有显著影响。礼乐家学传承

---

① 洪卫中：《魏晋政权的演变与颍川地区士族及人才的发展——兼论九品中正制的影响》，《江汉论坛》2016年第10期。

② 卢云：《汉晋文化地理》，陕西人民教育出版社1991年版，第541—563页；周振鹤：《中国历史文化区域研究》，复旦大学出版社1997年版，第245—269页。

③ 赵燕：《汉魏六朝颍川庾氏家族与文学》，厦门大学2007年硕士学位论文，第13页。

④ 赵燕：《汉魏六朝颍川庾氏家族与文学》，厦门大学2007年硕士学位论文，第13页。

⑤ 胡宝国：《汉晋之际的汝颍名士》，《历史研究》1991年第5期。

方面有荀氏家族。荀氏子弟传承礼乐家学，荀彧之子荀顗，史载“时以《正德》《大豫》雅颂未合，命顗定乐。……明三礼，知朝廷大仪”①。荀爽之曾孙荀勖也谙熟礼乐制度，尤其对音律造诣精深。入晋之后，荀勖掌管宫廷乐事，他带领著作郎刘恭依照《周礼》仿制古尺，再依古尺铸造铜律吕，用来校正音律，即按十二律研制十二支笛，音调相应，以校正音律。据《世说新语·术解》，荀勖对音律能心领默识，时人称之为“暗解”。撰有《奏条牒诸律问列和意状》。

荀氏家族对图书目录学的发展也有较大贡献。荀勖领秘书监时整理图书，为中书监时参与整理“汲冢书”，且将其放入《中经新簿》全书之末，这既保存了图书，又保证了原书分类体系的完整性。“汲冢书”即“汲冢竹书”，是西晋武帝时汲郡汲县(今新乡卫辉西南)战国魏国贵族墓所出竹简古书的总称，计古书16种，总76卷，包括有《竹书纪年》13卷、《穆天子传》5卷、《国语》3卷、《琐语》11卷等，是我国最早发现的重要出土文献。目录学上，荀勖在图书分类法上沿袭郑默的《中经》，著成综合性的辑录体国家藏书目录《中经新簿》，又称为《晋中经簿》或《中经簿》，共计16卷。收录书目有1885部，20935卷。中国图书四部分类法发展于西晋荀勖，确定于东晋李充。《中经新簿》总括群书，分为四部，发展了我国图书四部分类法的体例，不仅将史部单独列出一部，还将史书区分为四小类，虽然荀勖四部分类法还很粗糙，仍以甲、乙、丙、丁为部次，而且子部列于史部之前，并且还未将各类目细分成小类，但是《中经新簿》为后世四分法的发展奠定了基础。《中经新簿》不仅收录流传于世的书籍，还记录大量亡佚的图书，开创了目录学辑录存亡之书的先河。荀勖所著《杂撰文章家集叙》10卷，是我国最早的文学目录专著，为文学创作总目录的渊源。他还编纂有《晋歌诗》总集。

史学、谱牒学有所发展。河内温县皇室司马氏司马彪著有《续汉书》《九州春秋》。《晋书》卷八十二《司马彪传》载司马彪“乃讨论众书，缀其所闻，起于世祖，终于孝献，编年二百，录世十二，通综上下，旁贯庶事，为纪、志、传凡八十篇，号曰《续汉书》”②。司马彪《续汉书》是在谯周所删削的后汉史书基础上，增补安帝、顺帝之后史事而成，也是蔡邕等《东观汉纪》外的首部东汉史书，其中《律

① 〔唐〕房玄龄等：《晋书》，中华书局1974年版，第1151页。
② 〔唐〕房玄龄等：《晋书》，中华书局1974年版，第2141—2142页。

历》《礼仪》《祭祀》《天文》《五行》《郡国》《百官》《舆服》"八志"就是在《东观汉纪》"十意"("意"即"志",因避讳所改)基础上整理所成。司马彪《续汉书》今已不存,其中"八志"幸宋人将其与范晔《后汉书》合刊,才得以流传。《隋书·经籍志》载有司马彪《九州春秋》10卷,今仅存清人辑本,是汉末幽、凉、司、冀、徐、兖、青、荆、益、扬州部群雄并起之事的记载。

荥阳中牟(今属郑州)潘岳撰有反映三秦地理和风土的《关中记》,已佚。汝南安成周氏周斐著《汝南先贤传》,记载了汝南郡主要历史人物事迹,存清人辑本。

西晋时期,颍川庾氏政治地位稳步上升,家族成员文学创作日渐增多,《全晋文》庾峻、庾儵、庾纯、庾旉、庾敳都有作品传世。庾峻有《全晋文》所收录《祖德颂》《上疏请易风俗兴礼让》。庾儵有《历代赋汇》所收录《冰井赋》《大槐赋》及《全晋文》辑录的《安石榴赋》。庾纯存有《上表自劾》《孙为祖持重议》。庾旉有《上表谏遣齐攸王就国》一文。庾敳一代是颍川庾氏文艺世家的发轫期,庾敳现存作品有《晋书》所载《意赋》及《全晋文》所收录《幽人箴》。《意赋》在赋史发展中占据重要地位,以赋谈玄是对表现领域的一个开拓,在表现手法上也体现出从写实、抒情到说理的变化。①

荀勖原有集3卷,今存有辑本,其文《为晋文王与孙皓书》为朝廷所用。东郡白马(今安阳滑县东)成公氏成公绥(231—273)是有名的辞赋家,他拓展了辞赋对象的范围,在咏物赋、音乐赋上成就显著。原有集10卷,明人辑有《成公子安集》。

陈郡阳夏(今周口太康)何氏何劭博学多才,在西晋中期,与渤海南皮(今河北南皮东北)石崇、吴郡吴县华亭(今上海市松江区)陆云、谯国谯县(治今安徽亳州)曹摅齐名,原有集2卷,今仅存文3篇、诗4首。

潘岳是与吴郡吴县华亭陆机齐名的文学家,钟嵘《历代诗话》有"陆才如海,潘才如江"之誉。他也是当时权贵贾谧周围的一个文人学士集团"二十四友"之一,擅长文、赋、诗,明人辑有《潘黄门集》,存文赋61篇、诗18首。其名赋《西征赋》句式以六言骈俪为主,对南北朝骈文有较大影响,推进了辞赋骈四俪六句式的定型化。其悼亡诗在我国悼亡诗发展史上具有承上启下的地位。潘岳侄子潘尼,亦擅长文、赋、诗,与潘岳时称"两潘",明人辑有《潘太常集》,存文26篇、

---

① 赵燕:《汉魏六朝颍川庾氏家族与文学》,厦门大学2007年硕士学位论文,第17页。

诗24首。

如前所述,荀勖精通音律,研制律吕,准确制造出调正律吕用的符合于三分损益律的竹笛。成公绥善音乐,著有《琴赋》《琵琶赋》《啸赋》等,《啸赋》被《文选》收录。荀勖还立书博士教弟子,将书法作为一门独立的艺术。陈留济阳江氏冯翊太守江琼擅长古文字"虫书"(篆书的一种变体)。成公绥亦有书论《隶书体》,在书法史上有一定影响。荀勖还善绘画,其画作被南朝齐人谢赫《古画品录》列为第一品。

## 第四节　东晋十六国时期与少数民族贵族联合统治的世家大族

东晋十六国时期,北方的河南家族在少数民族政权中逐渐成为有影响的家族势力,而南迁的河南司马氏皇族、荀氏、谢氏等家族,建立司马氏东晋政权。南迁的河南士族成为东晋重要的门阀士族势力,同时也反映出河南家族的广泛而重大的影响。另一方面,入主中原的少数民族也为河南带来了新的家族。

### 一、与少数民族贵族的联合

十六国时期,北方匈奴、鲜卑、羯、氐、羌族陆续入主中原,北方诸政权林立,少数民族与汉族、少数民族统治者之间的争斗持续不断,因为大规模的战争、残酷的屠杀、持续的动荡致使河南地区人口凋零,很多家族或湮灭,或迁徙,或流移,或被征发。留住原地的家族则建立坞堡等自保组织,或被迫参与少数民族政权。当然,少数民族的入主,同时也带来了少数民族家族的内迁,涌现出大量新的家族。

后赵石勒建都襄国(今河北邢台),统治包括河南在内的中原地区。后赵石勒重用的汉族士人主要有范阳卢谌、河东裴宪、渤海石璞、荥阳郑系、颍川荀绰、北地傅畅等人。史载:"时勒及季龙得公卿人士多杀之,其见擢用,终至大官者,唯有河东裴宪，渤海石璞，荥阳郑系，颍川荀绰，北地傅畅及群、悦、谌等十余人而已。”[①]荀绰是石勒在攻灭王濬之战中俘获的，石勒很看重荀绰并给予他极高的评价：“吾不喜得幽州，喜获二子。”[②]荀绰迫于生存不得已对石赵政权采取相对合作的态度，任石勒参军，参与后赵规章制度的建立与完善，后官至司徒。

后赵，郑系子郑略官至侍中。东晋太元九年(384)鲜卑人慕容垂在荥阳立国，定都中山(治今河北定州)，建立后燕，荥阳开封郑氏郑略子郑豁官至太常卿、太子少保，位登三公；郑豁子温为燕太子詹事。东晋末年，在西晋末北迁黄河以北后回迁荥阳的郑氏郑豁孙子辈郑涛、郑晔、郑简、郑恬兄弟四人，分别定居陇西[治襄武(今甘肃陇西南)]、古荥阳(治今郑州市惠济区古荥镇)、京县(在今荥阳东南)、大索(在今荥阳北)，形成了历史上著名的郑氏西祖、北祖、南祖、中祖等“郑氏四祖”。

东晋太元十年(385)，丁零人翟氏翟辽据有黎阳(今鹤壁浚县东)，到太元十三年(388)，自称魏天王，改元建光，史称翟魏，后迁都滑台(今安阳滑县东南)。子翟钊继位后，太元十七年(392)为后燕所灭。隆安二年(398)，后燕鲜卑人慕容氏王室慕容德迁滑台称燕王，史称南燕。次年，迁都兖州广固(今山东青州西北)，义熙六年(410)为东晋所灭。

当然，十六国时期的少数民族政权虽然任用了一些汉族士人等，但这些世家大族与处于统治的少数民族贵族的地位是不平等的。

## 二、南迁世家大族的兴衰与影响

东晋是建立在南迁司马氏皇族和中原世家大族等联合基础上的。门阀士族势力在东晋达到了顶峰，琅邪王氏、谯国桓氏、颍川庾氏、陈郡谢氏是最显要的门阀，主要代表人物有王导、王敦、庾亮、桓温、谢安、桓玄等，他们先后执掌东晋政权，形成与皇族司马氏共天下的局面。在门阀政治格局中，士族门阀与皇权同治天下，琅邪王氏王导、王敦兄弟与司马氏“共天下”，开创了东晋门阀政治

① 〔唐〕房玄龄等：《晋书》，中华书局 1974 年版，第 1691 页。

② 〔唐〕房玄龄等：《晋书》，中华书局 1974 年版，第 1051 页。这里的“二子”是指荀绰和裴宪。

的格局，建立了祭则司马、政在士族的政权模式，维持了一个世纪之久。当时与东晋皇族通婚的都是高门大族，如太原王氏、琅邪王氏、颍川庾氏、阳翟褚氏、谯郡桓氏、济阳虞氏、陈郡谢氏、杜陵杜氏、庐江何氏、颍川荀氏、泰山羊氏、沛国刘氏，共12门。[①] 在这种门阀政治格局中，侨姓士族的权力主要源于对政府的控制，例如，琅邪王氏、太原王氏、陈郡谢氏和殷氏以及颍川荀氏和庾氏等侨姓士族通过控制朝政，取得政治和经济上的特权。

在东晋初期，颍川鄢陵（今许昌鄢陵西北）庾氏发展成为一度执政朝廷的显赫家族，替代琅邪王氏的地位，为颍川士人在政治上最兴盛的家族。庾氏庾亮一生历仕元、明、成帝三朝，与琅邪王导一起左右东晋政坛20多年，是东晋初期政坛斗争主导力量之一。明、成帝时，庾氏势力达到全盛。庾亮妹文君为明帝皇后，庾亮迁给事中、散骑常侍等。到成帝时，庾后临朝摄政，庾亮以帝母舅身份辅政多年。庾亮诸弟并居高位，庾亮之弟庾冰、庾翼在庾亮之后，主导朝政，力保康帝、穆帝继位。庾氏家族历经桓温之乱后，逐渐被排挤出东晋政治格局，走向衰微。新野庾氏有庾滔官至散骑常侍。

颍阴（治所在今许昌）荀氏荀组洞察时局形势的发展，大兴初年（318）率领部属几百人从许昌渡江，拥立司马睿继位，被司马睿授以高官厚禄。荀藩的儿子荀邃（字道玄），官至侍中、尚书，卒赠金紫光禄大夫。荀藩的另一个儿子荀闿（字道明）历职御史中丞、侍中、尚书等，被封为射阳公（表4-7）。

**表4-7 东晋荀氏官宦表**

| 姓名 | 代际关系 | 朝代 | 官爵 | 官品 | 资料出处 |
|---|---|---|---|---|---|
| 荀组 | 荀藩之弟 | 两晋 | 临颍县公、太尉、司空、司徒、司隶校尉 | 一品 | 《晋书·荀勖传》 |
| 荀崧 | 荀頵子 | 两晋 | 光禄大夫、录尚书事、开府仪同三司、封平乐伯、领秘书监 | 一品 | 《晋书·荀崧传》 |
| 荀畯 | 荀辑第一子 | 两晋 | 袭爵济北侯、骑都尉 | 六品 | 《晋书·荀勖传》《晋书·贾充传》 |
| 荀邃 | 荀藩第一子 | 两晋 | 侍中、尚书、金紫光禄大夫、袭爵 | 三品 | 《晋书·荀勖传》 |
| 荀绰 | 荀辑第二子 | 后赵 | 石勒参军 | | 《晋书·荀勖传》 |
| 荀闿 | 荀藩第二子 | 东晋 | 侍中、尚书，封射阳公 | 三品 | 《晋书·荀勖传》 |

---

① 王莉娜：《汉晋时期颍川荀氏研究》，上海师范大学2013年博士学位论文，第91页。

（续表）

| 姓名 | 代际关系 | 朝代 | 官爵 | 官品 | 资料出处 |
| --- | --- | --- | --- | --- | --- |
| 荀奕 | 荀组之子 | 东晋 | 散骑常侍、侍中 | 三品 | 《晋书·荀勖传》 |
| 荀蕤 | 荀崧子 | 东晋 | 建威将军、吴国内史 | 四品 | 《晋书·荀崧传》 |
| 荀羡 | 荀崧子 | 东晋 | 北中郎将、徐州刺史、监徐兖青三州军事、假节 | 四品 | 《晋书·荀崧传》 |
| 荀序 | 荀崧堂弟荀馗子 | 东晋 | 嗣荀𫖮爵、临淮公 | | 《晋书·荀崧传》 |
| 荀识 | | 东晋 | 嗣荀畯爵 | | 《晋书·荀勖传》 |
| 荀汪 | 荀邃之子 | 东晋 | 嗣荀邃爵 | | 《晋书·荀邃传》 |
| 荀达 | 荀闿之子 | 东晋 | 嗣荀闿爵 | | 《晋书·荀闿传》 |
| 荀籍 | | 东晋 | 散骑常侍、大长秋 | 三品 | 《晋书·荀崧传》 |
| 荀猗 | 荀羡之子 | 东晋 | 秘书郎 | 六品 | 《宋书·荀伯子传》 |
| 荀恒 | 荀序之子 | 东晋 | 嗣荀𫖮爵 | | 《晋书·荀𫖮传》 |
| 荀龙符 | 荀恒之子 | 东晋 | 嗣荀𫖮爵 | | 《晋书·荀𫖮传》 |

说明：该表在王莉娜《汉晋时期颍川荀氏研究》①表三魏晋时期荀氏子弟官品统计表和表四荀氏仕宦表的基础上更改和增补而成。

阳翟（今河南禹州）褚氏家族势力兴盛，权倾朝野，霸据地方重镇。褚氏褚裒为穆帝时外戚，康献皇后褚蒜子之父，历职侍中、卫将军、录尚书事、征北大将军等，父武昌太守褚洽，子褚歆历职散骑常侍、秘书监。还有尚书左仆射褚爽、褚爽子豫章太守褚希等。颍川许县（治今许昌东）陈氏家族有子孙历职高官。

陈郡阳夏（今河南太康）谢氏，起家于西晋，到东晋中期开始显达，并成为东晋后期的重要门阀，但其政治地位维持时间很短，不过其社会地位仍维持到南朝后期，涌现了众多文化名人，因此与琅邪王氏并称“王谢”，是东晋南朝门阀的主要代表。谢安是谢氏家族发展的关键人物，他官至司徒、卫将军、开府仪同三司，成功地指挥东晋军队取得淝水之战的胜利，是东晋时的首席大臣。谢安之弟谢万也身居要职，官至豫州刺史、监司豫冀并四州军事、散骑常侍。谢氏兄弟控制东晋政治、军事大权，谢氏地位也得以进一步巩固和提高。谢安、谢万兄弟以后谢氏又历经三代的发展，家族的根基更为深厚，是南朝时期的核心士族。

---

① 王莉娜：《汉晋时期颍川荀氏研究》，上海师范大学2013年博士学位论文，第82—87页。

陈郡长平（今周口西华东北）殷氏兴盛起来，有晋太常殷茂、扬州刺史殷浩、晋陵太守殷师、荆州刺史殷师子殷仲堪、吴兴太守殷康等。汝南南顿（今周口项城西）应氏有光禄勋、平南将军、江州刺史应詹等。济阳考城（治今商丘民权东北）蔡氏有侍中、司徒蔡谟，抚军长史蔡系等。

淯阳（今南阳南召南）乐氏家族子孙多历要职，有乐广子益州刺史乐凯、吴郡内史乐谟、太傅掾乐肇等。南阳涅阳（治所在今南阳邓州东北）宗氏有宜都太守宗承等。[1] 南阳新野（今属南阳）庾氏有散骑常侍、遂昌侯庾滔，庾氏开始进入世族。[2] 南阳顺阳（治所在今南阳淅川南）[3]范氏家族兴盛，有中领军范汪、豫章太守范宁、太学博士范弘之、左光禄大夫范泰等。汝南安成（治所在今驻马店汝南东南）周氏周访家族五世为官。

虽然南迁的颍川士族如庾氏、荀氏、陈氏在东晋朝廷仍有不错的发展，甚至如庾氏、褚氏还得以与皇族联姻并一度掌控朝廷或霸据地方重镇，仍不缺高官厚禄和特权，但整体上看渐趋衰落之势。东晋中期庾氏家族迅速衰落，被谯国桓氏所取代，后来与谯国桓氏一样，在政治斗争中先后败亡。历经桓温之乱后，庾氏势力消亡殆尽。

荀氏、陈氏也都在政治上渐趋衰落。在东晋建立不久的时间里，荀氏家族很多人物相继谢世，这些荀氏子弟的过世必然会对家族的发展造成严重的影响。荀氏后人文献有记载的荀羡在晋穆帝（344—361 年在位）时仅为北中郎将，其子荀猗也仅为秘书郎。自荀羡死后，荀氏家族人丁凋零，家势也逐渐衰落。而陈氏更少有在政治上官重名显的。其他如钟氏、杜氏、韩氏、枣氏已趋向于衰落。[4]

十六国时期，南迁之外，流寓河西的家族也不少。河内温县（治所在今焦作

---

① 《中原文化通史》认为宗氏为叶县（治所在今南阳叶县南）人，其子宗繇名宗繇之。参见程有为、卫绍生：《中原文化通史·魏晋南北朝》第四卷，河南人民出版社 2019 年版，第 55 页。

② 庾滔子有庾会、庾方和庾玮。参见王大良：《南朝新兴世族：南阳新野庾氏研究——南阳古代家族史系列研究之四》，《南都学坛》1993 年第 4 期。《中原文化通史》中庾滔作庾淄，任官遂昌太守，第三子为庾璋，不知所据。参见程有为、卫绍生：《中原文化通史·魏晋南北朝》第四卷，河南人民出版社 2019 年版，第 55 页。

③ 一说南阳舞阴（治所在今驻马店泌阳西北）。参见程有为、卫绍生：《中原文化通史·魏晋南北朝》第四卷，河南人民出版社 2019 年版，第 55 页。

④ 胡宝国：《汉晋之际的汝颍名士》，《历史研究》1991 年第 5 期。

温县西南）常氏南平太守常珍留住凉州（今甘肃武威）。

## 三、世家大族兴灭迁移变化下的社会文化

河南世家大族的兴衰和迁徙，带来迁出和迁入地区政治、经济、社会、文化等多方面的变化与影响。这一时期，河南庾氏、荀氏、褚氏等颍川家族的南迁，导致颍川地区的经济、社会、文化发展出现急剧下降的状态，也标志着汉末三国曹魏时期许昌乃至颍川地区的辉煌一去不复返了。而在河南世家大族迁入的东晋地区，颍川庾氏东晋初期替代琅邪王氏的地位，东晋中期迅速衰落，被谯国桓氏所代。东晋末年陈郡袁氏社会地位上升。但整体上说，颍川士族在学术和文化发展上走着下坡路，与汉末和曹魏时期相比，差之甚远。①

颍川荀氏荀崧作为儒学世家的代表，意识到儒学在维护封建社会秩序的重要性，所以他极力促成儒学的发展。荀崧上书说："自丧乱以来，儒学尤寡，今处学则阙朝廷之秀，仕朝则废儒学之俊。昔咸宁、太康、永嘉之中，侍中、常侍、黄门通洽古今、行为世表者，领国子博士。一则应对殿堂，奉酬顾问；二则参训国子，以弘儒训；三则祠、仪二曹及太常之职，以得质疑。今皇朝中兴，美隆往初，宜宪章令轨，祖述前典。……伏闻节省之制，皆三分置二。博士旧置十九人，今五经合九人，准古计今，犹未能半，宜及节省之制，以时施行。今九人以外，犹宜增四。愿陛下万机余暇，时垂省览。宜为郑《易》置博士一人，郑《仪礼》博士一人，《春秋公羊》博士一人，《穀梁》博士一人。"②晋元帝下诏称赞荀崧考虑周全，并采纳其建议准备设置博士，但是由于王敦叛乱没有实行。颍川庾氏庾亮《武昌开置学官教》是为感于儒家礼教荒废而作的肺腑之言，庾冰《为成帝出令沙门致敬诏》再次强调儒家纲常伦理的重要性，认为沙门致敬王者才是为臣之道。

但东晋是一个玄学盛行的社会，玄学是东晋士大夫阶层文化思潮的主流。颍川庾氏儒玄兼修，推动玄佛合流。赵燕指出，作为东晋四大文艺世家之一的颍川庾氏促进了玄学、佛学的进一步发展融合，庾氏家族成员与佛教名僧广泛

---

① 胡宝国：《汉晋之际的汝颍名士》，《历史研究》1991 年第 5 期。

② 〔唐〕房玄龄等：《晋书》，中华书局 1974 年版，第 1977—1978 页。

交游,有力地促进了佛教与士族的结合;玄佛思想对庾氏家族成员文学创作影响深远,其家族中人所作的各种文体都有佛教教义印记。[①]

颍川庾氏文学创作繁荣,人才辈出,如庾亮、庾冰、庾翼、庾阐等都较有成就,而影响最大的是庾亮、庾阐。庾亮能诗善文,章表尤佳,有"为文之才"之称,《全晋文》收录其表、书、笺、疏、议、赞等散文体计 20 篇,《让中书监表》名垂千古,《文选》有录。而庾亮帐下文人集团的形成,对东晋文艺思潮的形成和发展产生不可忽视的作用,其帐下文人又成为兰亭雅集和桓温文人集团的中坚。据《隋书·经籍志四》,庾冰有集 7 卷(梁 20 卷)、录 1 卷,《全晋文》辑录其文 6 篇;庾翼有集 22 卷(梁 20 卷)、录 1 卷,《全晋文》辑录其文 14 篇,另《宣和书谱》选录其文 1 篇。

庾阐与曹毗被誉为"中兴之时秀"[②],《晋书·文苑传》有传;严可均《全晋文》收录有其文,逯钦立《晋诗》收录有其诗;其《扬都赋》名声显著,其诗歌创作在东晋文学史上意义重大,是山水诗创始人之一。[③] 庾阐子庾肃之"亦有文藻著称"[④],《全晋文》收录其赞文 5 篇。庾翼还是东晋著名书法家和史学家,庾怿也以书法见长。

后赵石勒参军荀绰著有反映西晋君臣之事的《晋后书》(又作《晋后略记》《晋后略》)15 篇及反映北方州郡风物的《九州记》(《冀州记》),今皆不传。荀绰还编纂有《古今五言诗美文》总集。济阳考城蔡氏蔡谟撰有《汉书集解》。

## 第五节　北朝时期鲜卑贵族世家大族的形成

北朝时期,影响最深远的是汉化鲜卑贵族士族化世家大族的形成,为河南

---

① 赵燕:《汉魏六朝颍川庾氏家族与文学》,厦门大学 2007 年硕士学位论文;赵燕:《颍川庾氏文学创作中的玄佛思想》,《平顶山学院学报》2007 年第 1 期。

② 〔唐〕房玄龄等:《晋书》,中华书局 1974 年版,第 2370 页。

③ 赵燕:《汉魏六朝颍川庾氏家族与文学》,厦门大学 2007 年硕士学位论文,第 41 页。

④ 〔唐〕房玄龄等:《晋书》,中华书局 1974 年版,第 2386 页。

洛阳增添了大批世家大族。北魏中期,汉族门阀受到沉重打击,至太和改制后得以复兴,确立了“四姓”,依次为范阳卢氏、清河崔氏、荥阳郑氏、太原王氏。北魏末年的六镇起义和河阴之变,给北方士族沉重打击,他们的经济和政治地位大不如前。南朝时期,河南南迁家族的影响则日渐式微。南朝只有王、谢二旧族得以延续,加上后来兴起的陈郡袁氏和兰陵萧氏,形成了南朝四姓。梁朝末年的侯景之乱和江陵之变后,南朝士族琅邪王氏日益衰败,陈郡谢氏更是一蹶不振。

## 一、士族化的鲜卑贵族世家大族

北朝时期,最显著的特征就是士族化的少数民族鲜卑贵族世家大族的形成。鲜卑贵族的士族化、门阀化,是与北魏的汉化改革分不开的,是北魏汉化改革的重要结果。北魏的改革,一般认为即孝文帝的改革,实际上是包括北魏冯太后第一次执政时的改革和孝文帝朝的改革。孝文帝朝的改革又包括冯太后第二次执政时的改革和孝文帝的改革,而孝文帝的改革又包括迁都洛阳前后的改革。[①]

冯太后第一次执政时的汉化改革措施是推广儒学教育,而夺取青、齐二州的举措为后来孝文帝迁都洛阳创造了条件。冯太后第二次执政时的改革,任用汉族文士,信任身边的宦官和“恩倖”,以此作为改革推行的政治条件;作《劝戒歌》给鲜卑族官员灌输中原文化精神,作《皇诰》阐述变革制度的主张,以此营造改革的气氛。改革的主要措施有:太和八年(484),颁布官员俸禄制;太和九年(485),颁布均田法令,确认耕地所有权,限制私有耕地买卖,规范空荒土地使用与占有;太和十年(486),设立三长制,民户五户置一邻长,五邻置一里长,五里置一党长,建立地方基层组织;将军事性质的镇、戍改为州、郡行政;仿照中原传统政权礼制,如按礼仪制定五品以上官员朝服,诏定乐章,祭天祀地;等等。[②] 冯太后第二次执政时的改革,还包括新租调制:“其民调,一夫一妇帛一匹,粟二

---

① 何德章:《北魏孝文帝朝的改革》,《文汇报》2017 年 4 月 7 日。

② 何德章:《北魏孝文帝朝的改革》,《文汇报》2017 年 4 月 7 日。

石。……大率十匹为公调,二匹为调外费,三匹为内外百官俸,此外杂调。”①

孝文帝迁都洛阳前的改革准备与改革措施,大致包括倡导中原文化,通过冯太后丧制之争宣传儒家孝道,确认北魏为华夏正统政权,将都城平城(今山西大同东北)建为华夏文化中心,按汉晋礼制重新确定祖宗庙号,规范和削减王、公、侯、将军等爵号、封号,颁布采用汉晋制度的《职员令》21 卷,筹划迁都于洛阳等。②

北魏太和十七年(493),孝文帝将都城由平城迁往洛阳,继续推进以鲜卑汉化为中心内容的一系列改革:1. 继续推行均田制。2. 正式迁都和持续建设洛阳。3. 革除旧俗。禁止“士民胡服”,一律改穿汉服;太和十九年(495),禁止朝臣说鲜卑语和其他民族语言,“一从正音(汉语)”;改变鲜卑人的姓氏和籍贯,皇帝拓跋氏改为元氏,迁洛本族功臣旧贵一律改从汉姓,“迁洛之民”一律改称河南洛阳人,“死葬河南,不得还北”③。革除旧俗中,还包括婚丧习俗的汉化。4. 推行拓跋贵族门阀化。5. 整齐典章制度,如改订官制朝仪,重订祀礼,设置乐官,重定律令,使《北魏律》初具规模等。孝文帝为顺利推行改革,也采取了一些有力措施,如:利用封建经济日益发展的条件,顺应了民族自然融合的趋势;亲任中州名士;在不损害改革大计的前提下,对反对改革的一部分鲜卑贵族做一定让步;对反叛势力加强镇压。北魏汉化改革,特别是孝文帝一朝的改革,在历史上具有重要地位。孝文帝改革,对北方政治安定、经济发展、文化复兴和鲜卑与汉的民族融合做出了巨大贡献,应予充分肯定。④

何德章认为孝文帝一直在历史记忆中占据重要地位,通过孝文帝一朝的改革,北魏政权在政治、经济制度上彻底转化为传统的中原政权,十六国以来的民族交融发展到一个新的高度。随着政治文化转型及迁都洛阳,北魏政权获得北方士人心理上的认同,南方政权文化心理上的优越感逐渐消失,南北政权之间在文化上互争雄长成为常态,南北统一的趋势逐步显现;经过调整的均田制、三长制等,一直到唐代中期,都是隋唐统一时期的基本制度;《职员令》体现的品阶

① 〔北齐〕魏收:《魏书》,中华书局 1974 年版,第 2855 页。

② 何德章:《北魏孝文帝朝的改革》,《文汇报》2017 年 4 月 7 日。

③ 〔北齐〕魏收:《魏书》,中华书局 1974 年版,第 178 页。

④ 余少华:《北魏孝文帝改革述论》,《历史教学问题》2000 年第 3 期。

制度与考核制度的结合，成为隋唐时期相关制度的渊源。[①]

当然，孝文帝改革也存在着不足之处。如余少华认为，改革是在“以贵承贵，以贱袭贱”的基础上进行的，根本没有触动胡、汉贵族地主的政治特权和经济地位，其在门阀化措施中尤为突出；改革的不彻底性，对反汉化贵族的妥协和让步，给改革带来了危害；在汉化过程中，不加选择地全盘吸收，也继承了汉文化的糟粕。[②] 还有研究认为汉化改革也导致鲜卑族在生活上的迅速腐化、贪污成风、吏治腐败、道德沦丧、能力下降等。[③]

实际上，北魏汉化改革还在家族发展史尤其在河南家族的发展史上也具有重要地位。北魏汉化改革，特别是迁都洛阳后的孝文帝改革，促进了士族化的少数民族鲜卑贵族世家大族的形成，河南地区新增了大量汉化的鲜卑世家大族。

北魏迁都洛阳后，孝文帝确立了北魏门阀体制，使门阀等级更加制度化。孝文帝制定遴选鲜卑姓族的条例，“定四海士族”，将鲜卑等草原人后裔家族据部落时代的地位，及其祖先在北魏时的功绩官爵情况，分为甲、乙、丙、丁四姓，其中规定皇族九姓最尊贵，勋臣八姓为最高门第，一般鲜卑族人民则为庶民的编户，中原士人家族则据家族的历史声望及对北魏的贡献，大致分为全国大姓及州大姓、郡大姓、县大姓几个等级。《魏书》卷一百一十三《官氏志》云：太和十九年(495)，孝文帝下诏定代人姓族，“代人诸胄，先无姓族，虽功贤之胤，混然未分。故官达者位极公卿，其功衰之亲，仍居猥任。比欲制定姓族，事多未就，且宜甄擢，随时渐铨。其穆、陆、贺、刘、楼、于、嵇、尉八姓，皆太祖已降，勋著当世，位尽王公；灼然可知者，且下司州、吏部勿充猥官，一同四姓。……原出朔土，旧为部落大人，而自皇始已来，有三世官在给事已上，及州刺史、镇大将，及品登王公者为姓。若本非大人，而皇始已来，职官三世尚书已上，及品登王公而中间不降官绪，亦为姓。诸部落大人之后，而皇始已来官不及前列，而有三世为中散、监已上，外为太守、子都，品登子男者为族。若本非大人，而皇始已来，三

---

① 何德章：《北魏孝文帝朝的改革》，《文汇报》2017 年 4 月 7 日。

② 余少华：《北魏孝文帝改革述论》，《历史教学问题》2000 年第 3 期。

③ 郝松枝：《全盘汉化与北魏王朝的速亡——北魏孝文帝改革的经验与教训》，《陕西师范大学学报(哲学社会科学版)》2003 年第 1 期；郝家兴：《略论北魏孝文帝改革对鲜卑族的影响》，《才智》2018 年第 28 期。

世有令已上，外为副将、子都、太守，品登侯已上者，亦为族。凡此姓族之支亲，与其身有缌麻服已内，微有一二世官者，虽不全充美例，亦入姓族；五世已外，则各自计之，不蒙宗人之荫也。虽缌麻而三世官不至姓班，有族官则入族官，无族官则不入姓族之例也”①。一至三品称“膏腴”，为一流高门，即四海大姓；四、五品称“甲、乙、丙、丁”或“四姓”，为一般高门，即州郡著姓。②

同时，鼓励鲜卑等少数民族家族与中原士人家族之间按各自等级通婚；确立了按照士族门第高下选拔与任命官吏的制度，即选拔官吏时，推重所谓的“汉魏旧门”，主要考虑其家族门第高低与通婚家族是否相类，并规定官分清浊，不得逾越，“清”官只能由高门大族子弟担任。汉化基础上的门阀制度的确立与推行，一定程度上促进了民族交融，也加速了鲜卑贵族的士族化和世家大族化，在都城洛阳出现了一批新的世家大族，包括皇室、“九姓帝族”、“勋臣八姓”和其他内入的余部诸姓，以及一些重要降臣等家族。

北魏汉化的改革使北魏鲜卑皇族拓跋氏迁都洛阳后改汉姓为元氏，注籍洛阳，成为洛阳皇族；北魏分裂，又成为东魏、西魏皇族。北魏“勋臣八姓”的门阀化的转变与发展，是鲜卑贵族士族化世家大族的典型代表。由前引可知，“勋臣八姓”指北魏自“太祖已降，勋著当世，位尽王公；灼然可知”的代北异姓门阀贵族集团，包括丘穆陵氏、步六孤氏、贺兰氏、独孤氏、贺楼氏、勿忸于氏、尉迟氏、纥奚氏八氏。太和十九年(495)，孝文帝定姓族时分别改汉姓为穆、陆、贺、刘、楼、于、尉、嵇八姓，政治地位等同于汉人“四姓”(北魏太和改制时，荥阳郑氏与清河崔氏、范阳卢氏、赵郡李氏列入“四姓”，是汉人第一等门阀)，被视作勋著当世的代人门第的代表，是鲜卑的第一等士族。北魏汉化改革，使“勋臣八姓”由原先的部落组织转变为家族组织，并士族化门阀化。彭超指出，随着北魏国家的不断汉化，“勋臣八姓的氏族组织逐渐解体。平城时期，以儒家伦理为核心的家族文化产生并缓慢发展。孝文帝迁都洛阳后，大力推行汉化改革，通过推行孝道、分定姓族等举措，加速了“勋臣八姓”家族文化的发展。北魏后期，“勋臣

① 〔北齐〕魏收：《魏书》，中华书局 1974 年版，第 3014—3015 页。

② 日本学者宫崎市定将士族“四姓”的基本层级区分为甲、乙、丙、丁，膏粱和华腴只是甲姓之最高等级的特例。参见［日］宫崎市定著，韩昇、刘建英译：《九品官人法研究——科举前史》，中华书局 2008 年版，第 267 页。刘军：《北魏于神恩墓志所见鲜卑勋臣于氏家族之盛衰——基于阀阅流品视角的考察》，《常州大学学报(社会科学版)》2019 年第 5 期。

八姓”家族逐渐形成了以儒家伦理道德、嫡长子继承、五服制为核心的家族文化，八姓家族整体的汉化程度不断加深”，“汉化改革促使‘勋臣八姓’从代人贵族向门阀士族转化”。[①] 如北魏洛阳于氏家族，开国元勋的一流门资赋予于神恩非比寻常的仕宦资格，“大致以宣武帝正始、永平之际为界，前段超品释褐、荣耀升迁，后段备受阻滞、持续低迷，个人境遇顺逆与其所出鲜卑勋臣于氏家族的盛衰基本同步，其从祖祖父于烈和堂伯叔父于忠居中发挥决定作用”[②]。于氏家族于神恩、从祖祖父于烈及于烈子于忠，在北魏曾居高位，其家族为北魏一流门阀。于神恩历职散骑侍郎、征东府长史等，于烈、于忠世袭领军职位。

## 二、北朝“四海通望”的荥阳郑氏及南北朝河南家族的变迁

北魏时期，郑氏西祖郑涛、北祖郑晔、南祖郑简、中祖郑恬四祖中，荥阳郑氏北祖郑晔一支又分出“七房郑氏”，即 7 个儿子郑白麟（一作郑白驎）、郑小白、郑叔夜、郑洞林、郑归藏、郑连山、郑幼麟（羲）。其中郑羲一门在北魏太和改制时与清河博陵二崔氏、范阳卢氏、赵郡李氏列入“四姓”，郑氏家族成为北朝山东四大士族之一，与北朝皇室保持着密切的婚姻关系（参见图 4-1）。

郑氏家族与少数民族统治者的关系经历了一个由对立到合作的过程。郑氏长期留居乡里，土著势力较强且稳固，在河洛一带维持着一定的社会影响力。通过与北魏高门大姓的联姻，以及孝文帝迁都洛阳借其乡里势力以稳定统治等因素的影响，郑氏由局促一隅的地方“乡豪”而上升为北朝的“四海通望”。荥阳郑氏与北魏皇室联姻较多。在孝文帝所纳的妃嫔中，就有郑晔子郑羲女和郑胤伯女两人。孝文帝还为其弟广陵王羽、北海王详分别婚娶了郑平城女和郑懿女。其后，郑氏与荥阳地域社会关系逐渐恶化，东、西魏的分裂也造成了郑氏家族的分裂，而隋唐间郑氏家族地位的重振则是由于来自次要地位的入关房支的复归。[③]

---

① 彭超：《北魏勋臣八姓家族文化演变考》，《古籍整理研究学刊》2016 年第 5 期。

② 刘军：《北魏于神恩墓志所见鲜卑勋臣于氏家族之盛衰——基于阀阅流品视角的考察》，《常州大学学报（社会科学版）》2019 年第 5 期。

③ 邢学敏：《近年来汉唐之间荥阳郑氏家族研究综述》，《中国史研究动态》2006 年第 3 期。

**两汉至南北朝郑氏世系图（两汉部分）：**

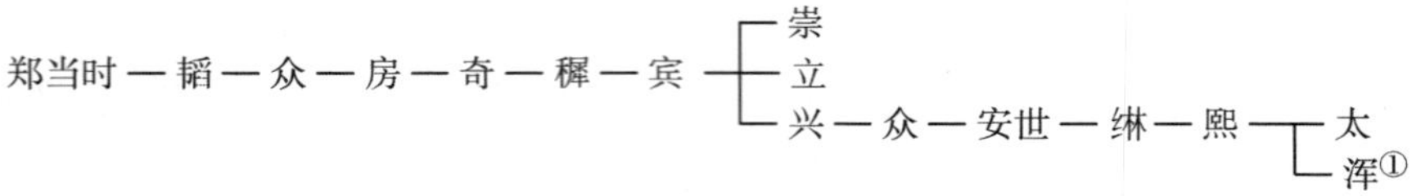


**两汉至南北朝郑氏世系图（魏晋部分）：**

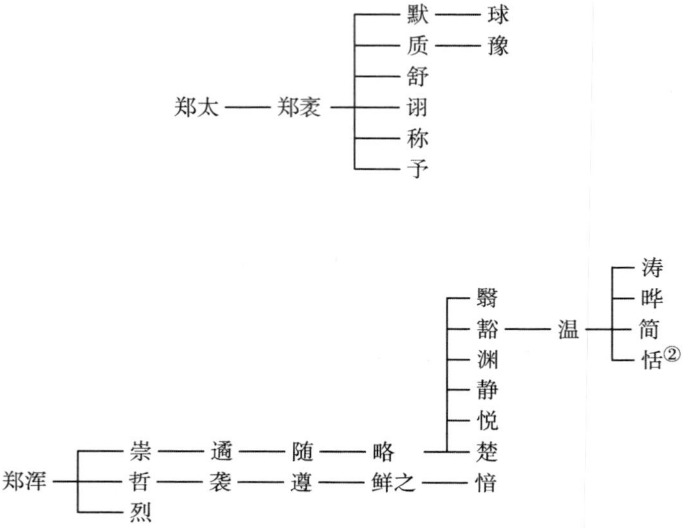


---

① 张寸:《荥阳郑氏与魏晋南北朝政治研究》,天津师范大学 2016 年硕士学位论文,第 50 页。按:吴江、刘顺安将郑众作郑仲;郑房与郑奇间有郑季一代;郑安世后为郑朝实,朝实为字,未列名字。杨艳敏将稺作稚,宾子中无崇、立二子,太作泰。分别参见吴江、刘顺安:《〈开封县郑胡铭〉墓志砖考——兼谈荥阳郑氏祖源在开封》,《开封教育学院学报》2013 年第 3 期;杨艳敏:《隋唐荥阳郑氏的衰落问题研究——以房系、仕宦和政风为对象的考察》,河北大学 2016 年硕士学位论文,第 12 页。

② 张寸:《荥阳郑氏与魏晋南北朝政治研究》,天津师范大学 2016 年硕士学位论文,第 50 页。按:吴江、刘顺安将郑太写作郑泰,其子有郑澄、郑褒,即郑袤作郑褒,又郑诩作郑翊,郑予作郑豫,郑质之子为郑畴,郑畴下一世有郑庠,郑恬又作郑怡。杨艳敏只列大宗郑浑一房世系,郑浑后也只列大宗郑崇一房,郑哲、郑烈二房未列,郑随后代有 6 房,即略、豁、渊、静、楚、悦,正温后代,恬居简前。分别参见吴江、刘顺安:《〈开封县郑胡铭〉墓志砖考——兼谈荥阳郑氏祖源在开封》,《开封教育学院学报》2013 年第 3 期;杨艳敏:《隋唐荥阳郑氏的衰落问题研究——以房系、仕宦和政风为对象的考察》,河北大学 2016 年硕士学位论文,第 12 页。

**两汉至南北朝郑氏世系图（南北朝部分）：**

- 郑煜（晔）
  - 白驎 — □ — 道慓
  - 小白
    - 胤伯
      - 希俊 — 道育
      - 幼儒
        - 敬道
        - 敬德
    - 平城
      - 伯猷
      - 仲衡
      - 辑之
      - 怀孝
  - 洞林
    - 敬叔
      - 籍
      - 琼 — 道邕
      - 俨 — 文宽
    - 士恭
      - 二贞
      - 子贞
      - 子湛
      - 昭伯
      - 子嘉 — 大护
  - 叔夜
    - 伯夏
      - 道忠
      - 豪
    - 谨 — 嵩宾
  - 连山
    - 思明 — 先护 — 伟
    - 思和 — 康业 — 彬
    - 季长 — 乔
  - 羲
    - 懿 — 恭业
    - 道昭
      - 严祖
        - 仲礼
        - 绍元 — 子翻
      - 敬祖 — 元礼
      - 述祖
        - 元德
        - 武叔
      - 遵祖
      - 顺（祖）

- 郑简（羲叔父）
  - □ — 尚
    - 贵宾 — 景裕
    - 次珍
    - 大倪
    - 小倪
  - □ — 云
  - □ — □ — 敬宾 — 士渊

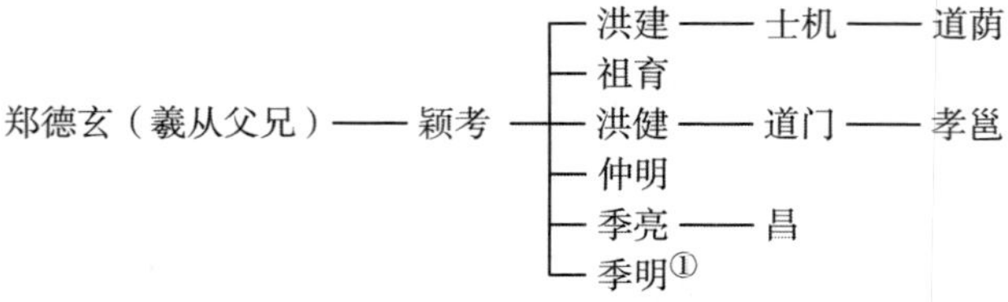


图 4-1　两汉至南北朝郑氏世系图

据杨艳敏，北祖七房中，郑小白一房内，郑伯猷有子郑蕴；第三房为郑叔夜；第四房为郑洞林，洞林房中，士恭无长子郑二贞；第五房为郑归藏，世系不详；郑羲即郑幼麟房，郑述祖无次子郑武叔，郑绍元无子郑子翻。南祖郑简世系，则显著不同，有郑灵虬、郑白虬、郑季方、郑季弱四个房支，其世系如下：

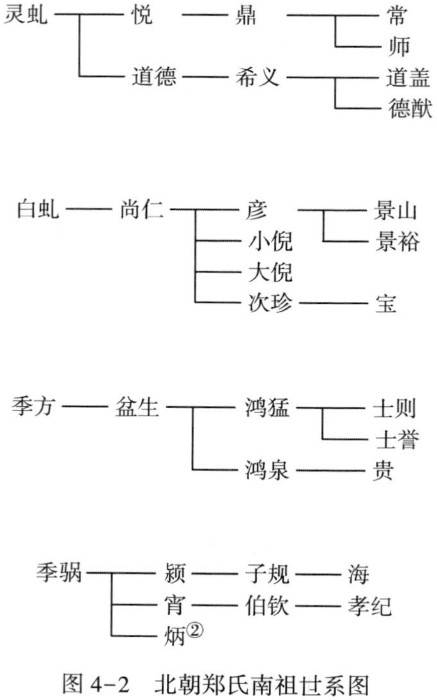


图 4-2　北朝郑氏南祖廿系图

其中，郑尚仁或即郑尚，郑彦或即郑贵宾。而中祖郑恬（字德玄）世系中，郑仲明列在郑洪健前，郑孝邕、郑道门则为郑洪健二子，郑昌为郑季亮子，郑士机

① 张寸：《荥阳郑氏与魏晋南北朝政治研究》，天津师范大学 2016 年硕士学位论文，第 51—52 页。
② 杨艳敏：《隋唐荥阳郑氏的衰落问题研究——以房系、仕宦和政风为对象的考察》，河北大学 2016 年硕士学位论文，第 15—16 页。

子未列入。①

据《魏书》《北史》统计，北魏时荥阳郑氏中仕魏者共计41(42)人，其中三品以上11人，四品至五品28人，五品以下者3人。② 如郑羲长子懿，北魏历职齐州刺史、太常少卿、太子中庶子等；次子道昭，北魏任秘书监，光、青二州刺史；道昭第三子述祖，官至北齐太子少师、仪同三司、兖州刺史等。

留仕于东魏、北齐的郑氏子孙的势力已远逊于北魏时期，而归仕于西魏、北周郑氏子孙的势力则日渐强大。如荥阳郑术于大统九年(543)归附西魏，受封赐爵，北周时也多有建树。为实现与关陇集团核心的迅速结合，郑术五个女儿中有三个分别嫁皇室宇文谐、宇文谈、宇文弘。③ 据杨艳敏统计，荥阳郑氏在北朝共传5代112人，5代中共有96人入仕，占其总人数的85.71%，其中郑氏北祖房、南祖房和中祖房每一房入仕率均在50%以上，尤以北祖房发展最盛，为当时荥阳郑氏的代表和象征；每一代官宦人员中，大多数都是中高级官员，低级官员所占比例较小，整体上来说，官宦发展较为昌盛(表4-8)。④

**表4-8　北朝时期荥阳郑氏仕宦等级分布表⑤**

<table>
<tr><td colspan="2">世　系</td><td colspan="2">第一世</td><td colspan="2">第二世</td><td colspan="2">第三世</td><td colspan="2">第四世</td><td colspan="2">第五世</td></tr>
<tr><td colspan="2">官员品秩</td><td>五品以上</td><td>五品以下</td><td>五品以上</td><td>五品以下</td><td>五品以上</td><td>五品以下</td><td>五品以上</td><td>五品以下</td><td>五品以上</td><td>五品以下</td></tr>
<tr><td rowspan="6">北祖房</td><td>郑白麟房</td><td rowspan="6">1</td><td rowspan="6">0</td><td></td><td></td><td></td><td></td><td>1</td><td>0</td><td></td><td></td></tr>
<tr><td>郑小白房</td><td>0</td><td>1</td><td>2</td><td>0</td><td>4</td><td>1</td><td>4</td><td>0</td></tr>
<tr><td>郑叔夜房</td><td></td><td></td><td>2</td><td>0</td><td>3</td><td>0</td><td></td><td></td></tr>
<tr><td>郑洞林房</td><td></td><td></td><td>2</td><td>0</td><td>3</td><td>3</td><td>1</td><td>1</td></tr>
<tr><td>郑连山房</td><td></td><td></td><td>1</td><td>2</td><td>2</td><td>1</td><td>1</td><td>1</td></tr>
<tr><td>郑幼麟房</td><td>1</td><td>0</td><td>2</td><td>0</td><td>2</td><td>3</td><td>3</td><td>1</td></tr>
</table>

① 杨艳敏：《隋唐荥阳郑氏的衰落问题研究——以房系、仕宦和政风为对象的考察》，河北大学2016年硕士学位论文，第12—16页。

② 黄细平：《北魏政权中的汉族士大夫研究》，湖北大学2013年硕士学位论文，第9页。

③ 罗新、叶炜：《新出魏晋南北朝墓志疏证》，中华书局2005年版，第261页。

④ 杨艳敏：《隋唐荥阳郑氏的衰落问题研究——以房系、仕宦和政风为对象的考察》，河北大学2016年硕士学位论文，第26页。

⑤ 杨艳敏：《隋唐荥阳郑氏的衰落问题研究——以房系、仕宦和政风为对象的考察》，河北大学2016年硕士学位论文，第25页。

（续表）

| 世　系 | 第一世 | | 第二世 | | 第三世 | | 第四世 | | 第五世 | |
|---|---|---|---|---|---|---|---|---|---|---|
| 官员品秩 | 五品以上 | 五品以下 | 五品以上 | 五品以下 | 五品以上 | 五品以下 | 五品以上 | 五品以下 | 五品以上 | 五品以下 |
| 北祖房 | 1 | 0 | 1 | 1 | 9 | 2 | 15 | 8 | 9 | 3 |
| 南祖房 | 1 | | 3 | 0 | 6 | 1 | 8 | 0 | 6 | 6 |
| 中祖房 | | | 1 | 0 | 1 | 0 | 4 | 2 | 1 | 2 |
| 入仕数 | 2 | | 6 | | 19 | | 37 | | 27 | |
| 总人数 | 2 | | 12 | | 20 | | 43 | | 30 | |

说明：品秩五品以上中包含五品在内。

但北朝四姓中，荥阳郑氏多居劣势。荥阳郑氏的家风就很难以通经义、励名行相称，清河博陵崔氏、赵郡李氏家风儒教化综合程度较高，而范阳卢氏的学业水准较高；学业上，荥阳郑氏以习文者为主，清河博陵赵郡士族之习经者比例稍高，范阳卢氏重经，其中有才学可考者，荥阳郑氏 8 人，较河北士族为低；礼法方面，荥阳郑氏礼法有声誉者比例较河北士族为低，违礼者比例较河北士族为高；政风上，荥阳郑氏的良政比例较河北士族为高，但荥阳郑氏的乱政比例不仅稍高于自身的良政，而且更高于同时期的河北士族。①

颍川荀氏在南北朝时期衰落。荀氏家族子弟仕于北朝的有荀仲举和荀济。荀济与梁武帝本是至交，后因不服气梁武帝为王而口出狂言，畏梁武帝诛杀而逃至北魏。荀仲举本来仕梁为南沙令，后随萧渊明在寒山被东魏俘虏，北齐时官至义宁太守。

北朝，新野庾氏完全超越颍川庾氏，取得相应社会地位。新野庾氏在北朝颇受优待，庾肩吾子庾信及族人庾季才都被帝王“深加优礼”②。梁亡后，庾诜后人入西魏、北周，如庾诜孙庾季才；庾信因出使留西魏，仕北周官至洛州刺史，文学上名冠当时，为南北朝后期最杰出的文学家。③ 颍川鄢陵庾氏有饶安令庾道。

河内温县（治所在今焦作温县西南）常氏常爽家族随北魏迁都洛阳而由平

---

① 顾乃武、冯华：《北朝山东四大士族家风的地域文化特点及影响——门阀士族兴衰的地域文化因素之个案考察》，《学理论》2010 年第 20 期。

② 〔唐〕李延寿：《北史》，中华书局 1974 年版，第 2947 页。

③ 王大良：《南朝新兴世族：南阳新野庾氏研究——南阳古代家族史系列研究之四》，《南都学坛》1993 年第 4 期。

城(治今山西大同东北)徙居洛阳。常爽子常文通官至西翼校尉,常文通子常景历职车骑将军、右光禄大夫、秘书监等,西魏时,随迁邺都,官至仪同三司。南朝宋河内温县司马氏司马楚之归顺北魏,居平城,受封琅邪王,官至云中镇大将、朔州刺史;子司马金龙袭爵,拜侍中、镇西大将军、开府仪同三司、云中镇大将、朔州刺史;司马金龙弟司马宝龙历职祠部尚书、颍川王师。子孙又随北魏迁都洛阳而由平城徙居洛阳,有司马悦官至太子左卫率。其后又分迁东魏都城邺城、西魏都城长安。司马悦子司马裔在西魏历职华阳郡守、蒲州刺史等,至北周历职信州刺史、潼州刺史等。司马悦孙司马鸿及其后裔则在东魏、北周为官。河内温县司马氏家族在北朝的兴替,程刚有较详细研究。①

北魏时陈郡项县(今周口沈丘)袁氏有都官尚书、抚军将军袁翻。

陈留济阳(治今开封兰考东北)江氏江强迁平城,任职中书博士。其子江绍兴历职秘书郎、赵郡太守。其孙江式官至著作郎,随北魏南迁洛阳。

东晋末以来,几家最高的门阀士族以陈郡阳夏(今周口太康)谢氏影响最深,潜力最大,所以谢氏人物参与政治的机会,也较其他家族为多,为南朝四姓之一。在晋宋皇权复兴之际,谢氏这样的家族,对于皇权说来,既最有利用的价值,又最具生事的危险。尽管谢晦是刘宋建国时的功臣,官至右卫将军、中领军、领军将军,又被加封建平郡公,一时权倾朝野,但是自东晋义熙年间刘裕当权以后,以迄刘宋之间,谢氏家族人物被刘宋杀戮者,比其他高门都要多,计有谢混、谢晦、谢灵运、谢综、谢约等人,其中谢混是谢琰之子,谢灵运是谢玄之孙。② 自此,谢氏家族势力受到沉重的打击,一蹶不振。

东晋末年陈郡阳夏袁氏社会地位上升,并于南朝确立其高级士族地位,成为南朝四姓之一,但到南朝末年也衰败下来。陈郡长平(今周口西华东北)殷氏也有在南朝历任显职者。济阳考城(治今商丘民权东北)江氏亦多任要职,人才济济。

颍川许县(治今许昌东)陈氏家族有子孙历职高官。阳翟(今许昌禹州)褚氏家族子孙多历显官。颍川庾氏在南朝进一步衰微,支系零落,家族中衰,社会影响力殆尽,以致后世湮灭无闻。

南朝时期,颍川荀氏明显衰落,权位有限。荀羡之子荀猗官至秘书郎,荀猗子

---

① 程刚:《北魏初至北周中的司马楚之家族兴替》,《中南大学学报(社会科学版)》2014 年第 3 期。

② 田余庆:《东晋门阀政治》,北京大学出版社 2012 年版,第 218 页。

荀伯子官至御史中丞，荀伯子之子荀赤松官至尚书丞，荀伯子族弟荀昶官至中书郎，荀昶之子荀万秋累官至御史中丞。荀勖九世孙（存疑）荀琼官至员外散骑侍郎，其子荀法超官至安复令，法超长子荀斐以郁林太守起家，次子荀匠以孝行被任命为豫章王国左常侍。不过，荀氏荀延祖一支门丁兴旺。荀延祖官至颍川太守，其子荀伯道为卫尉卿，荀伯道之子荀朗被授云麾将军、豫州刺史，爵兴宁县侯，朗兄昂为左卫将军，弟晷为太子右卫率。荀朗子荀法尚累官至都督郑、巴、武三州诸军事，郢州刺史，入隋相继为邵、观、绵、丰四州刺史，巴东、敦煌二郡太守（表 4-9）。

**表 4-9　南北朝时期荀氏官宦表**

| 姓名 | 代际关系 | 朝代 | 官爵 | 资料出处 |
|---|---|---|---|---|
| 荀伯子 | 荀猗之子 | 南朝宋 | 太仆、御史中丞 | 《宋书·荀伯子传》 |
| 荀赤松 | 荀伯子之子 | 宋 | 尚书左丞 | 《宋书·荀伯子传》 |
| 荀昶 | 荀伯子族弟 | 宋 | 中书郎 | 《宋书·荀伯子传》 |
| 荀万秋 | 荀昶之子 | 宋 | 御史中丞 | 《宋书·荀伯子传》 |
| 荀琼 | 荀显之子 | 宋 | 赠员外散骑常侍 | 《梁书·荀匠传》 |
| 荀法超 | 荀琼之子 | 齐 | 安复令 | 《梁书·荀匠传》 |
| 荀斐 | 荀法超长子 | 梁 | 郁林太守 | 《梁书·荀匠传》 |
| 荀匠 | 荀法超子 | 梁 | 豫章王国左常侍 | 《梁书·荀匠传》 |
| 荀延祖 | 荀组从子 | 梁 | 颍川太守 | 《陈书·荀朗传》 |
| 荀伯道 | 荀延祖子 | 梁 | 卫尉卿 | 《陈书·荀朗传》 |
| 荀昂 | 荀伯道第一子 | 陈 | 左卫将军 | 《陈书·荀朗传》 |
| 荀朗 | 荀伯道第二子 | 陈 | 使持节、安北将军、散骑常侍、都督三州诸军事、合州刺史、兴宁县侯 | 《陈书·荀朗传》 |
| 荀晷 | 荀伯道第三子 | 陈 | 太子右卫率 | 《陈书·荀朗传》 |
| 荀晓 | 荀伯道第四子 | 陈 | 官职无记载 | 《陈书·荀朗传》 |
| 荀法尚 | 荀朗之子 | 陈、隋 | 陈郢州刺史、隋四州刺史、二郡太守，嗣荀朗爵 | 《陈书·荀朗传》 |
| 荀仲举 | | 梁、北齐 | 南沙令、义宁太守 | 《北齐书·荀仲举传》 |

说明：该表在王莉娜《汉晋时期颍川荀氏研究》①表三魏晋时期荀氏子弟官品统计表和表四荀氏仕宦表的基础上更改和增补而成。

① 王莉娜：《汉晋时期颍川荀氏研究》，上海师范大学 2013 年博士学位论文，第 82—87 页。

南朝梁时，新野庾氏庾诜官居显位，庾氏家族成为累世为官的世族，新野庾氏地位日益与颍川庾氏接近。南朝宋时，新野庾氏有豫州刺史庾深之，子孙多有官职；有巴郡太守庾玫；有太常卿庾彦达、右军司马庾业父子等。到南朝梁后，有巴郡、梓潼二郡太守庾域；自庾滔次子庾方玄孙庾诜则世代贵显；庾玫之后，多有高官和才人，如文学家、书法理论家、江州刺史庾肩吾；等等。[①]

南阳安众（治所在今南阳邓州东）刘氏家族子孙多历显职。南朝宋时期，南阳涅阳（治所在今南阳邓州东北）宗氏[②]家族子孙开始显名，如有中国山水画论的奠基人之一的宗炳。南阳顺阳（治所在今南阳淅川南）[一说南阳舞阴（治所在今驻马店泌阳西北）]范氏家族兴盛，有宜都太守范暠、光禄大夫范晏、左卫将军范晔，宋以后有范缜，历职齐、梁二朝。

## 三、宗主督护制

北魏前期，基层社会组织制度有宗主督护制。关于宗主督护制，有不同的观点。李凭认为宗主督护制延北魏前期实行的以宗法关系为维系纽带的具有部分行政职能的生产与自保相结合的基层社会组织制度；确立的时间可能就在永兴五年（413）以后不久，并一直延续到太和十年（486）；是"唯立"于北方汉族地区的基层统治制度；其产生的社会背景为北方汉族社会中宗族组织的盛行，其实质是对于中原坞壁林立现状的认可，是北魏王朝羁縻汉族豪强地主政策的体现。[③] 高敏认为魏晋南北朝时期的基层乡里组织的宗主督护制产生于西晋末年，而不是人们通常认为的北魏初期，这一制度实行了近两个世纪，并且在北魏孝文帝废"宗主督护"，行"三长制"之后，北方地区的"宗主""坞主"仍然以各种形式顽强地存在着，并继续在控制宗族权力、笼络荫附人口、把持地方政权等方面发挥其影响力。其产生的社会背景和历史条件是：一方面有大量的人口流移，使原有

---

① 王大良：《南朝新兴世族：南阳新野庾氏研究——南阳古代家族史系列研究之四》，《南都学坛》1993年第4期。

② 《中原文化通史》认为宗氏为叶县（治所在今南阳叶县南）人。参见程有为、卫绍生：《中原文化通史·魏晋南北朝》第四卷，河南人民出版社2019年版，第55页。

③ 李凭：《论北魏宗主督护制》，《晋阳学刊》1986年第1期。

的乡里组织丧失控制居民的职能;另一方面是封建荫附关系迅速发展,依靠经济与宗族势力并建有坞、堡、垒、壁等军事自保组织的坞壁主大量涌现,众多的人口为逃避战乱而为坞壁主所控制。① 杨际平、李卿认为“宗主督护”应该是指一种取代乡里行政机构的地方行政制度,北魏太和十年以前乡里机构仍在正常运转,并无被“宗主督护”所取代之迹象,“唯立宗主督护”之说并无实据,不应将开李鱼川的李显甫“宗主”与所谓的“宗主督护”联系起来。② 高贤栋则认为宗主督护制是北魏前期(太和十年前)的一种户籍制度,宗主所督护的是一个拥有大量荫附人口的特殊大户,这些荫附人口在官方户籍上大都没有进行登记,也不向国家缴纳租税,户主就是宗主;它是统治者采用徙民等旨在加强中央集权的措施遭到大规模普遍反抗之后的一种妥协政策,主要原因在于中原地区强宗大族拥有强大的实力;这种政策直到均田制、三长制、新租庸调制的相继实施才废止。③

虽然关于宗主督护制产生和延续的时间、性质、存在与否等问题有不同的看法,但可以肯定的是,不管是否存在宗主督护制,这一时期中原地区强宗大族对基层社会的控制与影响是显而易见的。

## 四、世家大族变迁下的社会文化

南北朝时期,家族在社会文化上仍然起着主导作用。这一时期,朝代更迭,佛道盛行,奢靡成风,隆坟厚葬,变化不居的时代也推动着佛窟、石刻、造像、绘画等多方面的发展繁荣。

在北朝,河南洛阳皇族元善通晓儒学,尤精《左氏传》。河内温县(治所在今焦作温县西南)常氏常爽号称儒林先生,在家乡开馆办学教授儒经20多年,有《六经略注》传世。其子孙常文通、常景均是通儒。荥阳开封郑氏郑道昭撰有

---

① 高敏:《北魏“宗主督护”制始行时间试探——兼论“宗主督护”制的社会影响》,《广州大学学报(社会科学版)》2002年第1期。

② 杨际平、李卿:《李显甫集诸李开李鱼川史事考辨——兼论魏收所谓的太和十年前“唯立宗主督护”》,《厦门大学学报(哲学社会科学版)》2003年第3期。

③ 高贤栋:《〈魏书·李冲传〉“旧无三长,唯立宗主督护”辨析》,载中国魏晋南北朝史学会、武汉大学中国三至九世纪研究所编:《魏晋南北朝史研究:回顾与探索——中国魏晋南北朝史学会第九届年会论文集》,湖北教育出版社2009年版,第361—370页。

《求树汉魏石经表》，为北魏复兴儒家经学。

魏晋以后，“亲先于君、孝先于忠”的观念形成和发展，[①]世族“孝”的思想和实践进一步强化。[②] 北魏贵族墓出土大量雕刻有孝子节烈故事的石棺、石室，诸如“为母埋儿”的郭巨，“卖身葬父”的董永，“戏彩娱亲”的老莱子，“为父报仇”的眉间赤，“单衣顺母”的闵子骞，“刻木事亲”的丁兰，“怀橘遗亲”的陆绩，“哭竹成笋”的孟宗等“孝”题材。[③] 一些学者推测许多洛阳出土的北魏石葬具为皇家作坊制作，如元谧石棺，为帝王恩泽的葬具，属于由皇帝赏赐、官方制作的“东园秘器”[④]，有学者进而推测有没有可能北魏上层知识精英受皇室委托参与到石葬具的图像设计中来。[⑤]

陈留济阳（治今开封兰考东北）江氏江强精晓“古篆八体之法”[⑥]，孙江式擅长文字、训诂。延昌三年（514）三月，江式上表朝廷，详细论述了文字发展演变的历史，并请求编撰字书：“求撰集古来文字，以许慎《说文》为主，及孔氏《尚书》、《五经音注》、《籀篇》、《尔雅》、《三仓》、《凡将》、《方言》、《通俗文》、《祖文宗》[⑦]、《埤仓》、《广雅》、《古今字诂》、《三字石经》、《字林》、《韵集》、诸赋文字有六书之谊者，以类编联，文无复重，统为一部。其古籀、奇惑、俗隶诸体，咸使班于篆下，各有区别。诂训假借之谊，佥随文而解；音读楚、夏之声，并逐字而注。其所不知者，则阙如也。”上表得到宣武帝批准，江式于是撰集字书，号曰“《古今文字》，凡

---

① 唐长孺：《魏晋南朝的君父先后论》，载《魏晋南北朝史论拾遗》，中华书局 1983 年版，第 233—248 页。

② 蒙思明：《魏晋南北朝的社会》，上海人民出版社 2007 年版，第 128—131 页。

③ 黄明兰：《从洛阳出土北魏石棺和石棺床看世俗艺术中的石刻线画》，《中原文物》1984 年第 1 期。

④ 贺西林：《北朝画像石葬具的发现与研究》，载巫鸿主编：《汉唐之间的视觉文化与物质文化》，文物出版社 2003 年版，第 341—376 页。

⑤ 徐津：《美国纳尔逊博物馆藏北魏孝子石棺床围屏图像释读》，《中国国家博物馆馆刊》2019 年第 10 期。

⑥ 《晋书》卷三十六《卫恒传》载：“自秦坏古文，有八体，一曰大篆，二曰小篆，三曰刻符，四曰虫书，五曰摹印，六曰署书，七曰殳书，八曰隶书。王莽时，使司空甄丰校文字部，改定古文，复有六书。一曰古文，孔氏壁中书也。二曰奇字，即古文而异者也。三曰篆书，秦篆书也。四曰佐书，即隶书也。五曰缪篆，所以摹印也。六曰鸟书，所以书幡信也。及许慎撰《说文》，用篆书为正，以为体例，最可得而论也。”参见〔唐〕房玄龄等：《晋书》，中华书局 1974 年版，第 1063 页。

⑦ 原注：“祖文宗：疑有讹误。”

四十卷,大体依许氏《说文》为本,上篆下隶”①。但遗憾的是字书并未完成。

颍川鄢陵庾氏庾道为北朝书法名家,工隶书和草书。

龙门石窟古阳洞中,存有北魏皇族碑刻,如《北海王元详造像题记》(高 88 厘米,宽 42 厘米)以及《安定王元燮为亡祖亡考亡妣造像题记》,“龙门四品”之一的《辅国将军杨大眼为孝文皇帝造像题记》等。

郑道昭尤工书法,代表作品主要有北魏永平四年(511)刻于光州(治所在今山东莱州)天柱山、云峰山的《荥阳郑文公之碑》《论经书诗碑》。《荥阳郑文公之碑》的郑文公指其父郑羲,该碑有上下两碑,内容相近,又称《郑羲上下碑》,正书 51 行,行 29 字,字大 6 厘米,计存 1000 多完整字。上碑刻于天柱山顶;下碑刻于云峰山,有碑额《荥阳郑文公之碑》,文字稍大而多,多出上碑 300 余字。《荥阳郑文公之碑》集篆、隶、草之长于一身,有魏碑(北朝碑刻)之冠冕之誉。《论经书诗碑》刻于云峰山山阴,计 20 行,行 7 字至 21 字不等,字大 12 厘米。清人叶昌炽在其成于光绪二十七年(1901)的笔记体石刻通论性专著《语石》卷七中评价道:“郑道昭云峰山上下碑及论经诗诸刻,上承分篆,化北方之乔野,如筚路蓝缕,进于文明。其笔力之健,可以刲犀兕,搏龙蛇,而游刃于虚,全以神运。唐初欧虞褚薛诸家,皆在笼罩之内。不独北朝书第一,自有真书以来,一人而已。”②

陈留济阳(治今开封兰考东北)江式亦工篆书,洛阳宫殿诸门板题,都是江式所书。侄子江顺和也工篆书。

北魏皇族、贵族推进了壁画、石刻线画的发展。1989 年,洛阳孟津北陈村东南的北魏太昌元年(532)异姓贵族王温墓墓室出土有壁画,其中东壁壁画保存较好,画面长 2.8 米,高 1.6 米,“既有墓主人夫妇静坐,又有恭守的童子和女侍,更有极富动感的舞女和清新的园林景色,画面动静交揉,景情融汇,是一幅不可多得的北魏世俗画卷”③。

洛阳地区大量北魏皇室、贵族墓葬,出土有不少石棺、石棺床、石室、石门等石刻艺术品,如元融石棺、元谧石棺、秦洪石棺、元文石棺、王悦石棺、元华光陶棺、元玮石棺等画像石。画像石是在石面上先画后刻,是画刻结合的独特艺术。

---

① 〔唐〕李延寿:《北史》,中华书局 1974 年版,第 1281 页。

② 〔清〕叶昌炽:《语石》,辽宁教育出版社 1998 年版,第 192 页。

③ 朱亮、李德方:《洛阳孟津北陈村北魏壁画墓》,《文物》1995 年第 8 期。

洛阳出土的石棺和石棺床画像“作者以流畅奔放和绵绵不断的富有韵味的阴刻细线，将众多的人物、禽兽、山石树木，杂以云气和忍冬，有机地组织排列在石棺左右两帮和棺床上，恰似一条条横幅式画卷，其置陈布势杂而有章，紊而不乱，取得裙带当风，满壁飞动的艺术效果，基本上都具备了现实主义和浪漫主义相结合的特点，同时也显示了我国古代劳动人民——那些没有留下姓名的工匠画师们的艺术创造才能”[①]。如 1977 年 4 月洛阳市郊区瀍河公社上窑大队村东的机制砖瓦厂出土石棺一具，墓主可能为北魏皇室贵族，石棺线画采用阳刻减地和阳刻加阴线的雕法，左右两帮雕刻画为“凡人升仙图”，画面可分前、中、后三部，前部刻导引墓主人脱离人间飞升仙界的方士，中部是墓主人乘龙翱云腾空，后部是护送(迎接)墓主人升仙的乐队和仪仗。[②]

又如北魏宁懋[③]画像石室，该石室 1931 年 2 月 20 日在洛阳故城北半坡出土，今藏于美国波士顿美术馆，为横长方形单檐悬山式顶建筑，通高 1. 38 米，宽 2 米，进深 0. 78 米，外观仿木构建筑，用 8 块石板构成，每块石板厚约 0. 2 米，包括屋顶、围墙、基台三部。基台是用 2 块长方形大石平铺；前墙中部设 1 方门，宽 0. 88 米，高 0. 9 米，无门框和门扉，门的两侧竖立 2 块石板，上部承托着屋顶前面的房檐；后壁为 1 石竖立。门的两侧外壁分别刻有 1 幅武士像；左侧山墙外壁上下分别刻有“丁兰事木母”“舜从东家井中出去时”故事画，右侧山墙外壁上下分别刻有“董永看父助时”“董晏母供王寄母语时”故事画；《牛车出行图》刻在室内左侧的山墙上，高 1. 08 米，宽 0. 78 米，《铠马图》刻在室内右侧的山墙上，高、宽同右侧；后墙外壁左右刻有 2 幅庖厨图，后墙的内壁则刻有 3 组宁懋夫妇画像，高 0. 97 米，宽 1. 82 米。宁懋属北魏低级官吏，为南迁少数民族，太和十七年(493)迁居洛阳，死于景明二年(501)，孝昌三年(527)十二月十五日与妻荥阳郑氏合葬北邙。[④] 据邹清泉，3 组人物画像是刻画于石室外部后壁，郭建邦所述有误，并且邹清泉认为这 3 组人物画像根本不是宁懋或宁懋夫妇，宁懋石室并非宁懋

---

① 黄明兰：《从洛阳出土北魏石棺和石棺床看世俗艺术中的石刻线画》，《中原文物》1984 年第 1 期。

② 黄明兰：《洛阳北魏画象石棺》，《考古》1980 年第 3 期。

③ 研究者一般作宁懋，曹汛认为当为宁想。参见曹汛：《北魏宁想石室新考订》，载王贵祥主编：《中国建筑史论汇刊》第 4 辑，清华大学出版社 2011 年版，第 77—125 页。

④ 郭建邦：《北魏宁懋石室和墓志》，《中原文物》1980 年第 2 期。

遗物，实际上是由葬具画像石拼凑而成，故兼有祠堂和葬具的特点。①

北魏宁懋石室的线刻画一直被作为中国北朝美术史经典作品，特别是在北魏墓葬艺术的研究中，其意义尤显重要。宁懋石室石刻线画在中国美术史上有一定的历史价值，体现了写实性和浪漫主义相结合的表现手法，表现出动人的艺术效果；较同时期其他石刻线画在画面布局、空间表现上更注意疏密与节奏，为其后研究山水画空间处理作一个过渡性实例；突出了“线”的表现，是传统中国画线条的前朝探索，丰富了中国画线条的表现力和抒情功能；山水风格是外来文化和民族艺术融合的体现。②

北魏皇族、贵族推动了雕塑造像技术方面的发展。北魏皇家通过对“沙门统”的管理，也直接或间接地参与到主持的皇家造像中来。③ 北魏迁洛后开凿的龙门石窟，成为中国三大石刻艺术宝库之一。北魏景明初，世宗元恪为高祖元宏、文昭皇太后在龙门山营造皇室石窟 2 所，后来又为世宗增造 1 所，统称宾阳三洞。北魏时完成的中洞中，西壁为一佛二弟子二菩萨像；南壁及北壁为一佛二菩萨像；东壁为石窟入口，两侧刻有 4 层浮雕。第 1 层为维摩变；第 2 层为佛本生故事；第 3 层北面为皇帝礼佛图，南侧则为皇后礼佛图；最末层雕刻有十神王像。20 世纪 30 年代，帝后礼佛图被文物商贩盗掘贩卖至美国纽约大都会艺术博物馆及堪萨斯市纳尔逊-阿特金斯艺术博物馆。大都会博物馆所藏的帝王礼佛图是碎片状的皇帝礼佛图头部的拼贴复原，不过这些碎片的真伪也常被质疑，因为一部分帝王礼佛图残片真迹现在保存于上海博物馆以及欧洲博物馆之中；而堪萨斯市纳尔逊-阿特金斯艺术博物馆收藏的皇后礼佛图仅存原作前三分之二的部分，皇后礼佛图延伸至宾阳中洞西壁上的侍女形象完全消失。④

巩义石窟第 1 窟中也保存有帝后礼佛图。巩义石窟位于洛阳故城东面约 44 公里处的今河南巩义市寺湾村邙山东端大力山南麓，帝后礼佛图位于石窟南壁入口处两侧，分为三层展现，研究者认为，巩义石窟第 1 窟营建者为北魏皇室或荥阳郑氏家族。⑤

---

① 邹清泉：《图像重组与主题再造——“宁懋”石室再研究》，《故宫博物院院刊》2014 年第 2 期。

② 杨望舒：《北魏宁懋石室花木山林研究》，四川美术学院 2018 年硕士学位论文，第 31 页。

③ 焦琳：《帝后礼佛图研究》，中央美术学院 2015 年博士学位论文，第 38 页。

④ 焦琳：《帝后礼佛图研究》，中央美术学院 2015 年博士学位论文，第 1 页。

⑤ 焦琳：《帝后礼佛图研究》，中央美术学院 2015 年博士学位论文，第 3 页。

帝后礼佛图的出现完成了对帝后形象塑造从无到有的飞跃,严格的男女分立样式、手持仪剑的侍者、采取的出行样式,是关于帝王图像制作的一次创新,也打破了三代、秦汉以来不为生者画像的图像禁忌,实现了人们绘制自身形象的愿望,致使北朝时期墓主画像大量流行。大量供奉着在位皇帝像场景的出现,影响了后世朝代中皇帝肖像的制作、卷轴画中人物之间的画面关系、寺观石窟壁画制作中的图像样式,"在很大程度上扭转了中国人像的传统观念,并为随之而来蓬勃发展的人物画开创了新的局面,在唐代迎来了人物画的全盛时期",是图像史发展过程中影响深远的转折点之一。①

龙门石窟古阳洞中,还存有太和二十二年(498)的北壁元详龛以及南壁正始四年(507)和北壁永平四年(511)安定王元燮开凿的两个佛龛等。元详龛高138厘米,宽102厘米,深17厘米。

北魏陶俑,既是北魏贵族家族生活的写照,也是北魏雕塑技术的反映。洛阳北魏元邵墓,位于洛阳瀍河区瀍河回族乡盘龙冢村南0.25公里邙山半坡,1965年7月,洛阳博物馆共清理出土115件陶俑,其中9件文吏俑,1件扶盾武士俑,2件武士俑,16件持盾俑,8件铠马武士俑,4件骑马鼓吹俑,2件骑从俑,3件击鼓俑,8件无鼓俑,1件笼冠侍吏俑,42件侍俑,4件半浮雕侍俑,1件牵马俑,6件伎乐俑,1件舞俑,4件仆俑,2件长衣俑,1件童俑。陶俑为泥质青灰陶,头、身躯分别模制后,插合成整体,再略加修整;全身施粉彩,服饰、甲胄等又加涂朱彩。不同类型的陶俑所穿的衣服、甲胄,所持的器物等,形象逼真,对研究当时的社会习俗、服饰制度等,都是珍贵的资料;而陶俑的造型,上承汉晋风格,又比北魏早期的司马金龙墓出土的陶俑生动逼真,表明了当时的雕塑艺术较以前有更高的成就,是一批珍贵的北魏雕塑艺术品。② 这115件陶俑中,仪仗出行俑就有48件,气势庞大的仪仗出行俑形制组合影响深远,一直延续到隋唐时期;而武士俑具有镇恶驱邪的作用,是后世天王俑的前身;陶俑的胡人样貌和汉人风格,反映民族融合和多元文化并存的史实。③

北魏洛阳永宁寺木构佛塔是北魏王朝皇家首刹的中心建筑,永宁寺塔遗址

① 焦琳:《帝后礼佛图研究》,中央美术学院2015年博士学位论文,第65—67页。

② 黄明兰:《洛阳北魏元邵墓》,《考古》1973年第4期。

③ 杨硕:《洛阳地区汉晋及北魏墓葬出土陶俑研究》,郑州大学2018年硕士论文,第76—78页。

位于洛阳东15公里的汉魏洛阳故城内(偃师市首阳山镇龙虎滩村),建于北魏熙平元年(516),永熙三年(534)二月被火焚毁。1979—1994年中国科学院考古研究所洛阳工作队对永宁寺塔基进行了3次考古发掘,共出土2000多件彩色泥塑像的残件,都是当时塔内与敬佛有关的雕塑品,以人物塑像为主,也有一些景物塑件;人物塑像分为大、中、小型塑像和更小的半浮雕影塑像4类。半浮雕影塑像是永宁寺泥塑中的大宗塑像,数量多,种类丰富,内涵复杂,一般像高0.2米左右,身体一侧削成平面以贴附壁面,呈高浮雕效果;其中除了少量是佛、菩萨、飞天和金刚力士像,大量的是僧侣、着世俗服装的各类供养人以及侍从、仪仗等人物形象。[①] 如侍女头像,小巧而形神兼备,高7厘米,长发秀美,头梳单髻,头顶挽髻呈环状垂于一侧,发丝清晰流畅;五官集中秀丽,长弯眉,细长眼含笑,脸丰满圆润,小嘴自然闭合,恭敬安逸、含蓄可爱,是永宁寺小型头像中的精品。[②] 又如侍女影塑残立像,缺头及足,残高19.5厘米,内穿曳地长裙,外披帛由双肩垂于体后,腰束宽带;褒衣博带的长裙,虽采用的是粗突棱线形式刻出的衣纹,但衣纹圆转、流畅之阶梯形褶上又加粗细变化的阴线纹并紧贴身体,大有一种轻薄丝绸的衣裙随风飘动之感;整体造型上看,身体修长,曲线动人,体态优美,动作和谐,衣带飘拂,颇有顾恺之《洛神赋图卷》中神女的风韵。[③] 2001—2004年,考古工作者又在永宁寺塔基遗址清理出13件人物头像及1件小型头像的模范,为洛阳市汉魏故城遗址管理处收藏。[④]

通过与敦煌莫高窟北魏第248窟,天水麦积山北魏第133、142窟的影塑作品的造型风格和艺术特点的比较,杨泓认为永宁寺塔基出土的残像艺术造诣更高出一筹。[⑤] 李力指出,北魏洛阳永宁寺塔基出土的彩塑残件,反映和代表了北朝佛寺、塔中人像形体艺术的时代风尚和最高水准,其造像样式对东魏、北齐墓室壁画及随葬陶俑等产生了重要影响。[⑥]

---

① 钱国祥:《北魏洛阳永宁寺塑像的初步研究》,《中原文物》2005年第1期。

② 少目、程壮丽、吕建明:《北魏永宁寺出土的泥塑像》,《上海文博论丛》2013年第3期。

③ 少目、程壮丽、吕建明:《北魏永宁寺出土的泥塑像》,《上海文博论丛》2013年第3期。

④ 陈建军、王莉萍、余冰:《北魏洛阳永宁寺塔基遗址新出土的彩绘泥塑造像》,《文物天地》2018年第10期。

⑤ 杨泓:《"影塑"和"塔柱"——北朝佛教艺术札记之一》,《美术》1982年第2期。

⑥ 李力:《北魏洛阳永宁寺塔塑像的艺术与时代特征》,载巫鸿主编:《汉唐之间的宗教艺术与考古》,文物出版社2000年版,第353—376页。

河南迁徙外地家族，人才辈出，文化成就显著，影响较大。南阳新野庾氏，人才济济，著述丰硕。《文苑英华》卷六百九十九《庾信集序》云庾氏“七世举秀才”“五代有文集”。“七世举秀才”，即指自庾信八世祖庾滔至庾信父庾肩吾七世中都因令誉、博学而被举为俊秀之才；“五代有文集”，指庾信五世祖庾玫至庾信五代皆有文集传世。《梁书》卷五十一《庾诜传》载庾诜有续伍端休《江陵记》1 卷、《晋朝杂事》5 卷、《总抄》8 卷等；庾诜子庾曼倩有《丧服仪》《庄老义疏》等。《隋书》卷七十八《庾季才传》载庾曼倩子庾季才有《零台秘苑》120 卷。《梁书·庾于陵传》载庾于陵有文集 10 卷，《梁书·经籍志》载有《庾肩吾（庾于陵弟）集》10 卷。庾信善诗文辞赋，“降山岳之隆，缊烟霞之秀，妙善文词，尤工诗赋，诔夺安仁之美，碑有伯喈之情，箴似扬雄，书同阮籍”。[①] 安仁为潘岳之字，伯喈为蔡邕之字，可见，诗赋之外，庾信的诔、碑、箴、书均有名声。庾信在南朝梁时，与父庾肩吾及徐摛、徐陵父子以善写艳体诗齐名，诗文绮丽，多变旧体，时称“徐庾体”，因诗内容主要反映宫廷生活，别称“宫体诗”。到北朝，庾信诗风初步融合南北之胜，苍凉老成。如《哀江南赋》，将家族历史与国家兴亡结合在一起，是南北朝辞赋的代表作，有“赋史”之称。《北史·庾信传》载庾肩吾子庾信有文集 20 卷，明人辑有《庾子山集》。

新野庾氏有世代相传的天文历算家。《梁书》卷五十一《庾诜传》载有庾诜《帝历》20 卷、《易林》20 卷；庾诜子庾曼倩有《文字体例》，并注《算经》及《七曜历术》。南朝宋荀伯子撰有《荀氏家传》。

1974 年 2 月，河南洛阳孟津县向阳村西南北魏孝昌二年（526）元乂墓出土一幅星象图，这幅穹隆墓顶的“天象图”中“银河横贯南北，波纹呈淡蓝色，清晰细致。星辰约 300 余颗，星点大小相差不多，亮星之间附有连线，绝大多数的星宿名称可以辨识”，为我国目前考古发现的时代较早、幅度较大、星数较多的一幅“天象图”。“它比著名的《苏州石刻天文图》早约 700 年，比《新仪象法要星图》早约 500 年，比《敦煌星图》早约 400 年，这对于研究我国古代的天文学是一份十分珍贵的实物资料。”[②]该星象图“反映的不仅是一个象征性的星空，也是个实际星空”，银河东、西部星象均可证认，不过，也存在银河转向、星象图相对位置的偏差等问题。[③]

---

① 〔明〕张溥著，殷孟伦注：《汉魏六朝百三家集题辞注》，人民文学出版社 1963 年版，第 291 页。
② 洛阳博物馆：《河南洛阳北魏元乂墓调查》，《文物》1974 年第 12 期。
③ 王车、陈徐：《洛阳北魏元乂墓的星象图》，《文物》1974 年第 12 期。

# 第六节 魏晋南北朝时期河南家族举隅

魏晋南北朝时期河南大族众多，在政治、军事、社会、文化等各方面有着重大而深远的影响。以下选择几个代表性的家族略作概述，借此了解这一时期河南家族的风貌。其中，颍川长社钟氏是一个具有全面影响的家族代表，开封陈留阮氏是一个文化世家的代表，陈郡阳夏谢氏则是一个南迁的全面发展的反映河南家族影响的家族代表。

## 一、颍川长社钟氏

颍川长社钟氏，东汉中期已经成为当地著姓，到东汉末，名士、清议领袖钟皓又使钟氏家族由土豪步入士流。钟繇就是钟皓的孙子[①]，到钟繇父子时，钟氏家族更为显赫。王书才认为，钟繇世家世系绵长，官有世胄，谱有清显，俊才众多。[②] 钟氏家族，豪门士族[③]，影响全面，名副其实。兹在谢文学钟嵘家世表[④]的基础上制作钟氏家族世系图(图 4-3)如下：

① 王晓毅：《钟会——名法世家向玄学转化的典型》，《中国史研究》1997 年第 2 期。有人认为钟繇是钟皓的曾孙，参见靳喜来：《颍川三钟》，《开封教育学院学报》1997 年第 3 期。

② 王书才：《颍川长社钟繇世家》，载王树林主编：《中国文化世家 · 中州卷》，湖北教育出版社 2004 年版，第 107—117 页。本节撰写多有参考。

③ 谢文学：《钟嵘家世考》，《河南师范大学学报(哲学社会科学版)》1991 年第 1 期。

④ 谢文学：《钟嵘家世新证(下)》，《许昌学院学报》2004 年第 3 期。谢文学：《钟嵘家世考》，《河南师范大学学报(哲学社会科学版)》1991 年第 1 期。

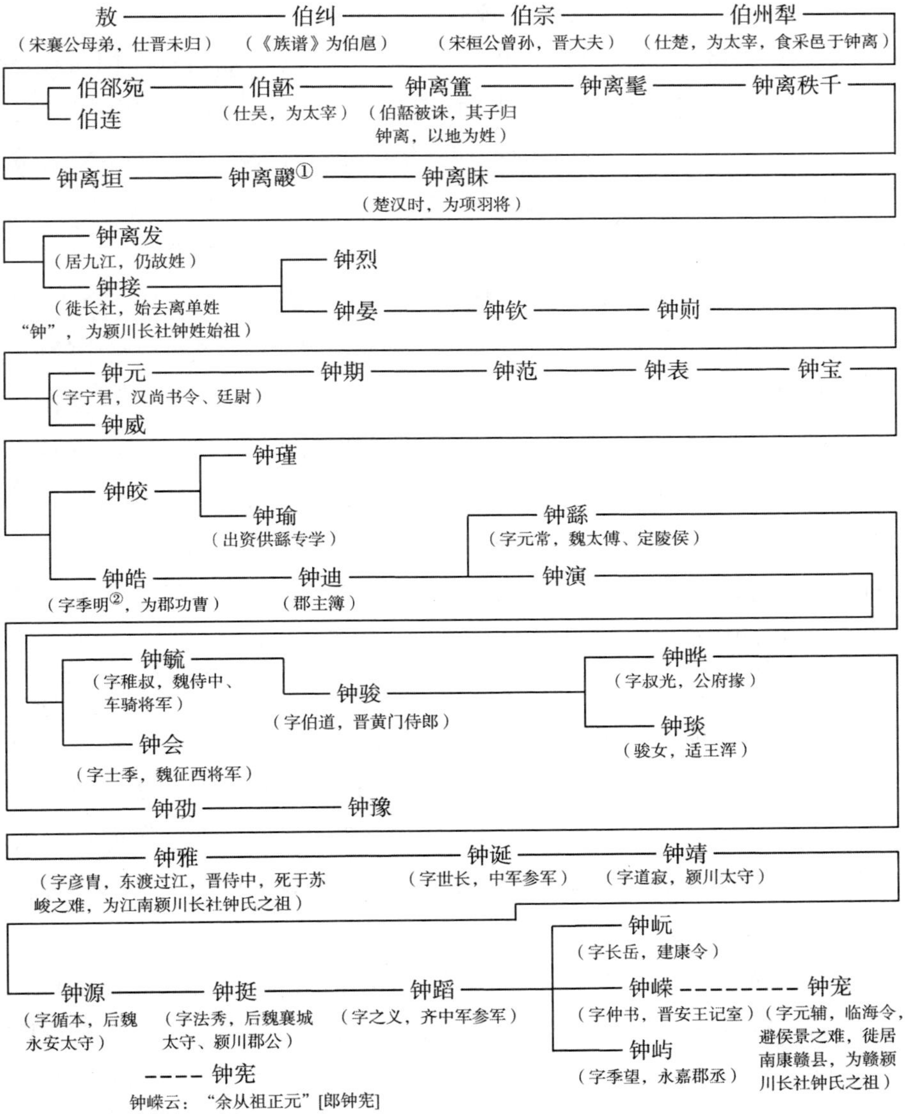


图 4-3　钟氏家族世系图

① 图中钟离垣之子钟离畷，据谢文学《钟嵘家世新证（上）》为钟宗。参见谢文学：《钟嵘家世新证（上）》，《许昌学院学报》2003 年第 3 期。

② 据谢文学《钟嵘家世新证（上）》为秀明。谢文学：《钟嵘家世新证（上）》，《许昌学院学报》2003 年第 3 期。

### （一）政治、军事上，官有世胄，功成声显

钟繇位极人臣。钟繇（151—230），字元常，三国魏颍川长社（今河南长葛东北）人。汉末，举孝廉，除尚书郎，任黄门侍郎。汉献帝入许后，除御史中丞，迁侍中、尚书仆射，封东武亭侯。又被曹操任为侍中守司隶校尉。魏国建国后，除大理，迁相国。魏代汉后，历廷尉、太尉，与司徒华歆、司空王朗并称“三公”，为“先世名臣”；封平阳乡侯、定陵侯；迁太傅。《三国志·魏书》卷十三有传。

从政治和军事上来说，钟繇依归曹操集团，自汉末至魏初，有功于曹氏三代，为曹魏势力的崛起与发展做出了一定贡献。钟繇说服在长安挟持汉献帝的李傕、郭汜，使其同意曹操使者向汉献帝通达使命；成功策划汉献帝脱离长安；受曹操委派，以侍中守司隶校尉身份督关中诸军事，经略关中。经略关中期间，官渡之战时，送曹操军队两千匹马，为曹操赢得官渡之战胜利提供了军援；平定河东匈奴、卫固之乱；迁移关中百姓充实洛阳，恢复农业生产；等等。钟繇死，谥“成侯”，魏明帝下诏赞其“功高德茂”。钟繇为曹魏政权的建立做出了很大贡献，甚至有认为钟繇“开创魏基，功比萧何”①。

钟繇子孙开始投靠司马氏家族。长子钟毓（？—263），字稚叔。历散骑常侍、黄门侍郎、侍中、魏郡太守、御史中丞、廷尉、青州刺史、都督荆州诸军事等。卒赠车骑将军，谥“惠侯”。钟毓曾谏魏明帝西蜀亲征；上疏开垦关中荒地，恢复农业生产；为司马昭参赞军机，谋助平定毌丘俭、文钦反叛。弟弟钟会谋反事件中，因钟毓忠于司马氏集团，钟毓子孙免于受诛灭。《三国志·魏书》卷十三有传。钟毓子钟豫，封列侯；钟骏，嗣为定陵侯；钟徽、钟辿，为黄门郎。

钟繇次子钟会（225—264），字士季，才华横溢，富有谋略，军事才能卓越。历秘书郎、尚书郎、中书侍郎、黄门侍郎、司隶校尉、司徒等，封县侯。征讨镇东将军毌丘俭、淮南诸葛诞反叛中，屡出奇谋。献策阻止曹髦削夺司马昭大权企图，成为司马氏心腹。进谗致名士嵇康等遇害。景元年间（260—264），力挺司马昭伐蜀计划，并作为三路伐蜀大军的主要统帅之一（另两路统帅分别为邓艾、诸葛绪），为灭蜀发挥重大作用，表现出杰出的军事才能。但钟会缺乏政治头脑，咸熙元年（264）在蜀谋叛，死于兵乱。《三国志·魏书》卷二十八有传。

西晋末，钟繇曾孙（一说钟繇弟钟常的曾孙）钟雅避乱江东。东晋时，迁临淮

---

① 靳喜来：《颍川三钟》，《开封教育学院学报》1997年第3期。

内史、振威将军，后历职尚书右丞、北军中候、宣城内史、御史中丞、骁骑将军、侍中等。咸和二年(327)，苏峻反叛，被害，追赠光禄勋。

**(二)文化上，才俊辈出，刑名、文学、书法名家**

**1. 刑名世家的钟氏家族**

钟繇世家儒、道兼综，注重古文经学与黄老刑名学的结合。钟繇世家易传家。钟繇精研《易经》，夫人张氏也特好《周易》《老子》，钟繇撰有《易纪》。除《周易》外，钟繇在刑名、法理等方面亦有造诣。南北朝时钟繇家族的钟嵘也精研《周易》。

钟氏家族是名法世家，擅长通过辨名析理等逻辑方法探讨“才理”和“法理”，即品评人物和研讨政治法律制度等问题。钟皓和钟繇都担任过郡人才品评与选拔工作职务。刑法方面，钟繇任过大理寺卿、廷尉等职，首倡废除死刑，魏文帝时，钟繇上了一道很长的奏章，阐明了他废除死刑恢复肉刑的主张。钟会“有才数技艺，而博学精练名理”，尤其精通刑名之学。

《三国志·魏书·钟会传》云“钟会精练策数”。但钟会时，开始由名法世家向玄学转变。正始年间(240—249)，以何晏为代表的中年政治实力人物在思想文化领域发起了一场取代汉儒魏法的玄学革命，他们聚众清谈、辨名析理，以儒道融合的新思想迅速风靡了士族上流社会，史称“正始之音”。而钟会是第二代以王弼为代表的青少年思想家正始名士的重要人物。作为何晏、王弼玄学思想的积极追随者，钟会以其刑名学特长，参加了“有无之辩”“象数义理之辩”“才性之辩”等系列论战，以形名研究丰富了早期玄学，对思想解放运动起了推波助澜的作用。[①] 钟会的著述即是反映，《隋书·经籍志》载有《老子道德经》注 2 卷、《周易无互体论》3 卷、《魏司徒钟会集》9 卷，《老子道德经》少量文字今存于《道德真经取善集》；《三国志·魏书》卷二十八《钟会传》载有《道论》《七录》，《隋书·经籍志》载有《刍论》5 卷，《刍论》即《道论》，今存有佚文[②]；《三国志·艺文志》载有《圣人无情论》，有人认为即《刍论》；钟会又有整理“才性四本”而成的《四本论》。

**2. 文学世家的钟氏家族**

钟氏家族的文学成就突出。严可均校辑《全三国文》卷二十四收录有钟繇文

---

① 王晓毅：《钟会——名法世家向玄学转化的典型》，《中国史研究》1997 年第 2 期。

② 王晓毅：《钟会——名法世家向玄学转化的典型》，《中国史研究》1997 年第 2 期。

章表、疏、书、议、书信、状、杂帖等19篇，这些文章大多是以法帖形式传下来的。[①]据《隋书·经籍志》和《旧唐书·经籍志》，钟毓著有文集5卷，今存疏、书、奏各1篇，动物赋《果然赋》仅存1句。[②] 钟会亦有以刑名见长的著作（见前）。两晋时的钟雅，严可均《全晋文》收录有《奏改太庙祝文》《奏劾尚书梅陶》二文。[③] 东晋时，钟毓孙女钟琰（生卒年不详），为晋司徒王浑妻，工诗、赋、颂、诔，以诗名。有文集5卷，已佚。今存《遐思赋》《莺赋》[④]及"洌洌季冬，素雪其霏"诗句[⑤]。

南北朝时，钟繇曾孙钟雅第4代钟宪任职萧齐正员外郎，擅诗，《诗品》将其诗作列入下品，并辑录其评论同代诗人言论1则。今存五言诗《登群峰标望海》1首。[⑥]

钟宪兄钟蹈孙子钟岏、钟嵘、钟屿在文学上均有作为，都有文集，并佚。钟岏撰有《良吏传》10卷，已佚；传世有1篇《食生物议》。钟屿曾参与梁武帝天监十五年（516）敕学士撰《华林遍略》。三人中文学成就以钟嵘最大，其《诗品》在中国文学批评史上与《文心雕龙》并称，占有重要地位。

钟嵘（469[⑦]—519？），字仲伟，先后为南北朝齐南康王侍郎、抚军行参军、安国县令、晋安王司徒行参军、中军临川王行参军、会稽太守衡阳王宁朔记室等。《梁书》《南史》都有传。钟嵘的作品除《全梁文》卷五十五收录的《上齐明帝书谏亲细务》和《上言军官》外，最重要的就是《诗评》，也称《诗品》，后以《诗品》称。

《诗品》是我国第一部自成体系的诗评著作，开后世诗话言诗风气之先，被视为历代诗话的不祧之祖。《诗品》3卷，分上、中、下三品，每品1卷，着重从体制风格方面评论了122位汉到梁代的五言诗作者的创作特色、优劣得失，甚至

---

① 〔清〕严可均校辑：《全上古三代秦汉三国六朝文·三国文》，中华书局1958年版，第1184—1186页。

② 〔清〕严可均校辑：《全上古三代秦汉三国六朝文·三国文》，中华书局1958年版，第1186—1187页。

③ 〔清〕严可均校辑：《全上古三代秦汉三国六朝文·全晋文》，中华书局1958年版，第2087—2088页。

④ 〔清〕严可均校辑：《全上古三代秦汉三国六朝文·全晋文》，中华书局1958年版，第2287页。

⑤ 逯钦立辑校：《先秦汉魏晋南北朝诗·晋诗》，中华书局1983年版，第578页。

⑥ 逯钦立辑校：《先秦汉魏晋南北朝诗·齐诗》，中华书局1983年版，第1473—1474页。

⑦ 谢文学：《钟嵘生年再考及其他》，《许昌学院学报》1990年第1期。

创作渊源,其中上品 11 人,中品 39 人,下品 72 人。原来每卷前各有序言,后来各卷序言合在一起,置于书首。序言可看作全书的总论,阐述了诗歌的发生论、五言诗发展简史,说明了该书写作的缘起、体例等,是其诗歌批评的理论纲领与指导思想。正文品评是其诗歌批评的具体实践,内容主要包括“致流别”“掎摭利病”“显优劣”三大方面,体现出战斗性、客观性和系统性的统一。[①]《诗品》在文学理论和文学批评方面具有重要的地位,是第一部专以文学批评为宗旨的著作,是中国诗歌学上的第一座丰碑。[②]

**3. 书法世家的钟氏家族**

钟繇在中国书法史上留下了浓墨重彩的一页,是中国书法史上隶书向楷书转化的关键人物。钟繇兼善各体(篆、隶、行、草等),尤精小楷。钟繇草书瘦劲,如“飞鸿戏海,舞鹤游天”,与汉代草圣张芝并称“钟张”。东晋王羲之《论书》评论说:“寻诸旧书,惟钟、张故为绝伦,其余为是小佳,不足在意。”[③]钟繇书体主要是隶书、行书和楷书。钟繇的书法理论著作有《隶势》(或称《隶书势》),对隶书有深刻的论述:“鸟迹之变,乃惟佐隶。蠲彼繁文,崇此简易。厥用既弘,体象有度。焕若星陈,郁若云布。其大径寻,细不容发。随事从宜,靡有常制。或穹隆恢廓,或栉比针列,或砥平绳直,或蜿蜒胶戾,或长邪角趣,或规旋矩折。修短相副,异体同势。奋笔轻举,离而不绝。纤波浓点,错落其间。若钟虡设张,庭燎飞烟。崭岩嵯峨,高下属连。似崇台重宇,增云冠山。远而望之,若飞龙在天;近而察之,心乱目眩。奇姿谲诡,不可胜原。研桑所不能计,宰赐所不能言。何草篆之足算,而斯文之未宣。岂体大之难睹,将秘奥之不传?聊俯仰而详观,举大较而论旃。”[④]东晋、刘宋之际人羊欣《采古来能书人名》载钟繇擅长铭石书、章程书、行狎书等三种书体:“钟有三体:一曰铭石之书,最妙者也;二曰章程书,传秘书、教小学者也;三曰行狎书,相闻者也。”[⑤]明人陶宗仪《书史会要》卷二亦载:“繇书有

---

① 刘溶:《我国古代卓越的文学理论家——钟嵘》,《南都学坛》1987 年第 1 期。

② 李炳勋、杨树:《中国诗歌学上的第一座丰碑——评钟嵘的诗歌理论》,《福建学刊》1988 年第 5 期。

③ 〔唐〕张彦远:《法书要录》卷一,上海书画出版社 1986 年版,第 4 页。

④ 〔唐〕房玄龄等:《晋书》卷三十六《卫瓘传》,中华书局 1974 年版,第 1065 页。

⑤ 上海书画出版社、华东师范大学古籍整理研究室选编校点:《历代书法论文选》,上海书画出版社 2014 年版,第 46 页。

三体:一曰铭石,谓正书;二曰章程,谓八分;三曰行狎,谓行书,三体皆世所推。”①

行书原称“行狎书”,是与从隶书系统演进出来的楷书正体相应的草体,东汉末年的刘德升以及胡昭、与胡昭同时的钟繇等人在行书的发展上起到了重要的推进作用,是早期行书三位代表人物。钟繇之后,行狎书已成为士人之间日常交往中尺牍往还的最主要的书体形式。钟繇与卫觊形成南北两派书风,其行书与以后的王羲之并称“钟王”。西晋荀勖为秘书监时,设置书博士教授行书,“置弟子教习,以钟(繇)、胡(昭)为法”②。“章程书”是从隶书演进出来的楷书正体之一,又称小楷,主要用于日常公务和教育,一般书写得规整、美观,实用性强。楷书正体形态中成熟较早的章程书,又促使行狎书从独立到楷书系统中的行书的转型。行狎书入东晋时已成熟,到了隋唐时期,这种转化的行狎书逐渐占据了行书书体的主导地位。“铭石书”是铭刻在碑石上的楷书正体之一,是隶、楷演进阶段中的书体,相较章程书,隶书性更强,北魏迁都洛阳时期始成熟。

钟繇在书法史上最大的贡献,就是使新书体楷书在自己的手中趋于成熟和完善,确立了楷书的重要历史地位,被后世尊为正书(小楷)鼻祖、“楷法之祖”。南朝梁庾肩吾在《书品》中将钟繇与张芝、王羲之并列品上之上,认为钟书“天然第一,工夫次之,妙尽许昌之碑,穷极邺下之牍”③。唐人孙过庭《书谱》云:“夫自古之善书者,汉、魏有钟、张之绝,晋末称二王之妙。王羲之云:‘顷寻诸名书,钟、张信为绝伦,其余不足观。’”④唐人张怀瓘《书断》卷中亦有高度评价:“真书绝世,刚柔备焉,点画之间,多有异趣,可谓幽深无际,古雅有余,秦、汉以来,一人而已。”⑤北宋后期著名金石学家、书法评论家、鉴赏家黄伯思《东观余论》中,十分推崇魏晋,尤重钟繇“古法”,认为钟繇的书法艺术水平在王羲之之上。⑥晚明书家在取法钟繇楷书、崇尚篆隶的复古之风的引领下走出了一条迥异于前

① 〔明〕陶宗仪:《书史会要》,上海书店出版社1984年版,第38页。

② 〔唐〕房玄龄等:《晋书》卷三十九《荀勖传》,中华书局1974年版,第1154页。

③ 上海书画出版社、华东师范大学古籍整理研究室选编校点:《历代书法论文选》,上海书画出版社2014年版,第87页。

④ 上海书画出版社、华东师范大学古籍整理研究室选编校点:《历代书法论文选》,上海书画出版社2014年版,第124页。

⑤ 上海书画出版社、华东师范大学古籍整理研究室选编校点:《历代书法论文选》,上海书画出版社2014年版,第178页。

⑥ 毛婷:《从〈东观余论〉看黄伯思对钟繇传统的接受》,《书法》2015年第12期。

人的浪漫主义书风。[①] 清刘熙载《艺概》卷五《书概》亦云:“钟繇茂密……茂密正能走马”,“正、行二体始见于钟书,其书之大巧若拙,后人莫及”。[②] 今人研究指出,钟繇“楷书无论从文字角度,还是书法史角度都有伟大的变革意义。是他建立起了与以往绝不相同的新体楷书为主体的书法体系,对后世书法艺术发展做出了划时代的贡献”[③]。

但钟繇书法真迹到东晋时已亡佚,今日所见多为临摹本,包括“五表”“六帖”“三碑”。“五表”即《宣示表》《荐季直表》《贺捷表》《调元表》《力命表》,“六帖”即《墓田丙舍帖》、《昨疏还示帖》、《白骑帖》、《常患帖》、《雪寒帖》、《长风帖》(其中后半部分又称《安厝帖》),“三碑”即《汉乙瑛置百石率史碑》《魏上尊号碑》《受禅碑》。据唐褚遂良《晋右军王羲之书目》,《宣示表》《墓田丙舍帖》是唐代所传王羲之临本,最能反映钟繇书法风格的总体特征。“六帖”全部为临本,《墓田丙舍帖》《昨疏还示帖》成就较高,也较接近钟体;《白骑帖》等四种则远离钟体。“三碑”全为刻本,无从考证是否为钟繇所作。这些临摹传世作中,书界一般认为《宣示表》《荐季直表》较具代表性。

据说今河南漯河市临颍县繁城镇有钟繇镌字的“三绝碑”,即宋洪适《盘洲集·隶释》所称誉的文表绝、书法绝、石刻绝三绝的钟繇《魏受禅表》《上尊号奏》二碑,立于曹魏黄初元年(220),此两通碑由司空王朗撰文,尚书梁鹄书丹,侍中钟繇镌字。[④] 但这“三绝碑”在学术界、书法界未被认可。今河南许昌长葛市东有钟繇洗砚池。

钟会在书法上也取得了巨大成就,与父钟繇史称“大小钟”。唐张怀瓘《书断》卷中将钟会之隶、行、章草列入妙品,载钟会“书有父风,稍备筋骨,兼美行草,尤工隶书,遂逸致飘然,有凌云之志”[⑤]。

---

① 侯东菊:《晚明书家对钟繇楷书的崇尚》,《人文杂志》2015 年第 4 期。

② 〔清〕刘熙载:《艺概》,上海古籍出版社 1978 年版,第 145 页。

③ 顾景云、张丽华:《精思味古 锐意创新——钟繇书法艺术探源》,《文艺生活(艺术中国)》2011 年第 6 期。

④ 靳喜来:《颍川三钟》,《开封教育学院学报》1997 年第 3 期。

⑤ 上海书画出版社、华东师范大学古籍整理研究室选编校点:《历代书法论文选》,上海书画出版社 2014 年版,第 185 页。

## 二、开封陈留阮氏

陈留阮氏家族里籍属今河南开封。曹魏时期,人丁兴旺的阮氏家族聚居在洛阳东郊瀍河岸边,人们称之"阮曲"。陈留阮氏家族官宦上虽然不显,但声名显赫,对当时文化发展的各个方面都产生过较大影响,"他们以满怀哲意的放达风度高标出一种超迈独立的精神品格,以博雅宏深的文化素养在文学领域取得了卓越的成就,也以妙解丝竹的音乐才华在我国古代音乐艺术史上获得了崇高的地位"①。阮氏家族自汉末至东晋,代有名士,又以文化名家。其世系见阮氏家族世系图(图4-4)。②

### (一)人少不显的官宦

阮氏家族虽然声名显赫,但官宦一般,为官者少,高官厚禄者更少。阮瑀子阮籍(210—263),字嗣宗。任过太尉蒋济属官、尚书郎、从事中郎、散骑常侍、东平相、步兵校尉等,高贵乡公(曹髦)即位,封其为关内侯。因恋步兵厨美酒而求任步兵校尉,世称"阮步兵"。

阮籍侄子阮咸曹魏时任过散骑侍郎,入西晋任过始平郡太守。政治上"清静无为",为竹林名士。阮咸子阮瞻(?—312)的从叔阮修(270—311)③先后任鸿胪丞、太傅参军、太子洗马。阮修族弟阮放(286—330),字思度,先后任太学博士、太子中舍人、庶子、黄门侍郎、吏部郎、交州军事、扬威将军、交州刺史等,卒赠廷尉。阮放之弟阮裕,字思旷,先后任太宰掾、主簿、溧阳令、尚书郎、抚军长史、吏部郎、临海太守。后来朝廷征以高官厚禄,阮裕皆不应召。阮瞻之弟阮孚,初辟太傅府,迁骑兵属;入东晋历职安东参军、将军府长史、黄门侍郎、散骑常侍、侍中、都督交广宁三州军事、镇南将军、领平越中郎将、广州刺史、假节,受

---

① 马予静:《陈留阮籍世家》,载王树林主编:《中国文化世家·中州卷》,湖北教育出版社2004年版,第134页。本节撰写亦有参考。

② 晋文:《阮咸的家族与家庭》,《许昌学院学报》2016年第1期。

③ 马予静:《陈留阮籍世家》,载王树林主编:《中国文化世家·中州卷》,湖北教育出版社2004年版,第143—144页。但据晋文,阮咸与阮修为堂兄弟关系。参见晋文:《阮咸的家族与家庭》,《许昌学院学报》2016年第1期。

赐南安县侯。①

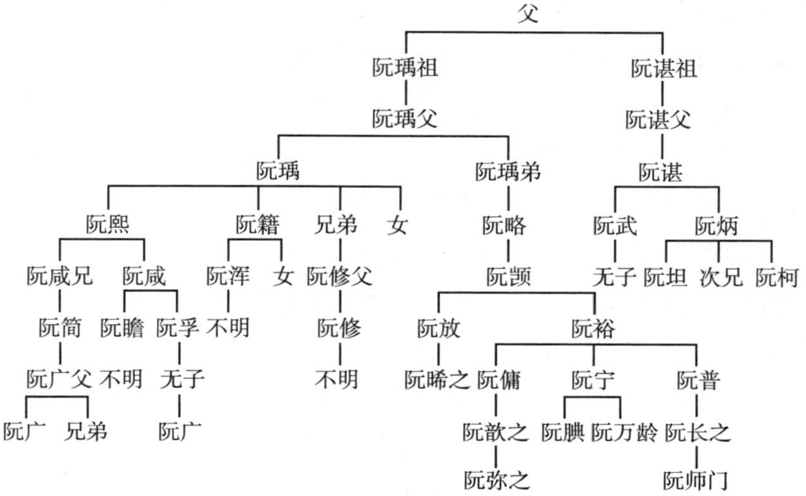


图 4-4　阮氏家族世系图

### （二）超脱独立的精神品格

阮氏虽然官宦不显，但超脱独立的精神品格却千古流芳。阮瑀（约 165—212），字元瑜。在汉末乱世，志欲退隐，多次征召不就。后受逼于曹操，为司空军谋祭酒，掌记室，与陈琳二人草拟书檄公文。后转任仓曹掾属，不久病逝。阮瑀子阮籍才情卓异，任性不羁，阮籍与嵇康、山涛、刘伶、阮咸、向秀、王戎友善，常集于竹林之下，清谈畅饮，世称"竹林七贤"，与嵇康一起，为"竹林七贤"的领袖人物。阮籍崇尚自然，追求个性自由，蔑视世俗，疾恶如仇，在险恶的政治环境下，寄情老庄，佯狂放诞。能为"青白眼"，对礼俗之士对以"白眼"。

阮籍侄子阮咸在嗜酒狂放、任达不羁上比阮籍有过之而无不及。阮咸的率性任诞、放荡不羁主要体现在四大方面：一是借从俗而反俗，二是蔑视世俗礼法，三是嗜酒放狂，四是道家清心率性的自然主义精神内核。② 阮咸有关于《周易》的《易义》及与阮浑合著的《难答论》2 卷，皆已散佚；收录于明何镗辑《汉魏丛书》中的《古三坟注》，是否为阮咸所作，仍有待考证；阮咸的言论，今存有"未

---

① 〔唐〕房玄龄等：《晋书》，中华书局 1974 年版，第 1365 页。

② 鲁庆中：《阮咸：一个才情卓异、行为骇俗的魏晋风度的个案》，《殷都学刊》2009 年第 2 期。

能免俗,聊复尔耳”“人种不可失”和“我虽失三公,然得遥集”三句及“客中月夜闻此声,使人断肠”一语,后一语见载于明人著作,其可信度值得怀疑。[①] 阮咸子阮孚也秉承阮氏家族纵情酣饮、放达不羁的传统。阮孚之兄阮瞻,亦得老庄之旨,恬淡寡欲,与世无争,崇尚无神论,谈论玄理言简意赅,著名典故“三语掾”就出自阮瞻。司徒王戎问及名教与老庄思想之别,阮瞻说“将无同”,就是说提倡名教的儒学与崇尚自然的道家本质上一样,揭示出玄学发展过程中儒道合流的倾向。王戎深为折服,并命人任阮瞻为掾。[②]

阮瞻的从叔阮修尚玄清谈,好《易》《老》,不信鬼神。简约任性,放达不羁。玄理辨析为当时清谈宗主太尉王衍叹服。

阮修族兄弟阮放,崇尚《老》《庄》,任性放达,为当时名士,比拟古代八骏之一“宏伯”,与诞伯阮孚、方伯郗鉴、达伯胡毋辅之等 8 人共称“兖州八伯”。阮放弟阮裕以德业知名,精于辨名析理,对魏晋钟会所撰有关玄学中重要命题“才性”的《四本论》中的四种观点(魏尚书傅嘏才性同、李丰才性异、钟会才性合、王广才性离)有独到辨析,认为傅嘏观点最为合理。

**(三)卓越的文学成就**

阮瑀属“建安七子”(包括孔融、王粲、陈琳、刘桢、徐干、应场、阮瑀)之一,他积极参与当时的集体文学活动,促进了当时文学的繁荣,加深了文人间的情谊。受到曹氏父子器重,阮瑀病逝后,曹丕代其妻儿写下《寡妇诗》。阮瑀所存诗仅 12 首,其诗体现出慷慨悲凉、刚健有力的对后世文学发展产生很大影响的“建安风骨”,如《驾出北郭门行》通过一个孤儿的不幸遭遇反映出建安时代(196—219)的民生疾苦和社会苦难。阮瑀还长于公牍文书,所存著名的有《为曹公作书与孙权》,为《文选》收录。据《隋书·经籍志》,阮瑀有集 5 卷,明人辑有《阮元瑜集》1 卷。

阮籍是魏正始时期(240—248)的代表作家。阮籍对五言诗的发展卓有贡献,是我国诗歌史上第一位专注创作五言诗的诗人。代表作是 82 首五言《咏怀诗》,艺术风格隐晦曲折,多借用比兴寄托、借古讽今等手法。这种风格后人称为“阮公体”,成为诗歌创作的一种艺术典范。诗之外,还有不少著名的散文和

---

① 卫绍生:《阮咸著述考论》,《河南师范大学学报(哲学社会科学版)》2010 年第 2 期。

② 《世说新语·文学》中作王衍与阮瞻从叔阮修的问答。

辞赋之作,如《大人先生传》《通易论》《通老论》《首阳山赋》等,在阐述老庄哲理的基础上,揭示出那种超越现实社会、世俗价值观念的理想人格追求。据《隋书·经籍志》,阮籍有集 10 卷,明人辑有《阮步兵集》。

阮咸原有文集 1 卷行世,元代尚存,后来散佚;存世作品《与姑书》则出自《世说新语》刘孝标注引《阮孚别传》,今存一句。[①] 阮瞻,《隋书·经籍志》著录有集 2 卷,已佚,仅存《上巳会赋》。阮修,《隋书·经籍志》著录有集 2 卷,已佚,有存《大鹏赋》等。阮放,《隋书·经籍志》著录有文集 11 卷,已佚。

**(四)艺术史上的崇高地位**

阮瑀精通音乐,善解音,能弹琴。阮籍亦"弹琴长啸",还写有《乐论》,提出音乐应有与天地万物相一致的和谐性,推崇"先王之乐",认为音乐不可妄自创作、妄自改动,反对民间音乐。开封尉氏有"三贤里"之称,三贤即尉缭子、蔡邕和阮籍,保留的"阮啸台"古迹,即是为纪念阮籍而修。后世画作"竹林七贤"中,阮籍长啸特征跃然画中。

阮咸的音乐成就主要体现在三方面。一是精通音律。据《世说新语·术解》,荀勖对音律能心领默识,有"暗解"之称,而阮咸赏辨音律能力更胜一筹,有"神解"之称:"荀勖善解音声,时论谓之暗解。遂调律吕,正雅乐。每至正会,殿庭作乐,自调宫商,无不谐韵。阮咸妙赏,时谓神解。每公会作乐,而心谓之不调。既无一言直勖,意忌之,遂出阮为始平太守。后有一田父耕于野,得周时玉尺,便是天下正尺。荀试以校己所治钟鼓、金石、丝竹,皆觉短一黍,于是伏阮神识。"[②]

二是善弹琵琶。阮咸器乐技巧则体现在丝弦乐器琵琶上,后世"竹林七贤"画中,阮咸的人物特征就是在演奏四弦琵琶的形象。到唐德宗时,经杜佑提议,一种古琵琶(即月琴)正式以其名字命名为"阮咸",又称"咸胡",亦简称为"咸",并有小咸、中咸、大咸、低咸四种之分。

三是音乐著作传世。阮咸著有《律议》,受阮籍《乐论》的影响,他认为音乐的最高境界当合于"雅"的音声,即要体现"中和"之性。《世说新语·术解二十》刘孝标注引晋秘书监傅畅的《晋诸公赞》云:"律成,散骑侍郎阮咸谓勖所造

① 卫绍生:《阮咸著述考论》,《河南师范大学学报(哲学社会科学版)》2010 年第 2 期。
② 余嘉锡撰,周祖谟、余淑宜整理:《世说新语笺疏》,中华书局 1983 年版,第 703 页。

声高,高则悲。夫亡国之音哀以思,其民困。今声不合雅,惧非德政中和之音,必是占今尺有长短所致。然今钟磬是魏时杜夔所造,不与勖律相应,音声舒雅,而久不知夔所造,时人为之。不足改易。勖性自矜,乃因事左迁咸为始平太守,而病卒。后得地中古铜尺,校度勖今尺,短四分,方明咸果解音,然无能正者。"[①] 阮咸崇尚"中和雅正"之音,而这正是儒家所倡导的"安以乐"的治世之"和"声。[②]

据记载,阮咸一生还创作了大量的琵琶曲谱,有说现在流传的琵琶古曲《三峡流泉》就是他的作品。《太平广记》引《中兴间气集》所载李秀兰故事、北宋末年的曹勋和郭茂倩《乐府诗集》所引《琴集》均载唐代流行的琴曲《三峡流泉》为阮咸所作,不过此说仍有待考证。另外,据考,阮咸还精通书法,但其书法作品不见传。[③] 阮咸子阮瞻也善弹琴,并有求必应,深为当时名士赞赏。

## 三、陈郡阳夏谢氏

陈郡阳夏(今河南太康)谢氏家族在谢鲲的带领下跟随晋室南渡,侨居江东。谢氏为六朝声名显赫的门阀士族,是既执掌朝政大权,又不失名士风流的高门望族,与琅邪王氏有"王谢"之称。[④]

### (一)政治上位高权重,为东晋王朝的政治支柱

东晋南朝,谢氏家族高官如云,出将入相者相踵。谢鲲(280—322)父谢衡在西晋时官至国子祭酒。谢鲲官至豫章太守,受封咸亭侯。谢鲲子谢尚(308—357)先后任历阳太守、中郎将、尚书仆射、豫州刺史、镇西将军、都督豫冀幽并四州。谢鲲弟谢裒子谢奕先后任剡令、安西司马、都督豫衮冀并四州军事、安西将军、豫州刺史,卒赠镇西将军。

谢安(320—385),先后任司马、吴兴太守、侍中、吏部尚书、中护军。简文帝

① 徐震堮:《世说新语校笺》,中华书局1984年版,第380页。

② 鲁庆中:《阮咸:一个才情卓异、行为骇俗的魏晋风度的个案》,《殷都学刊》2009年第2期。

③ 卫绍生:《阮咸著述考论》,《河南师范大学学报(哲学社会科学版)》2010年第2期。

④ 马予静:《陈郡阳夏谢安世家》,载王树林主编:《中国文化世家·中州卷》,湖北教育出版社2004年版,第241—263页。本节撰写多有参考。

死，与王坦之、桓温同受顾命。孝武帝时迁尚书仆射，领吏部，加后将军，总管中书事，集军政大权于一身。太元八年(383)淝水之战前，加封征讨大都督。淝水之战中大败前秦苻坚后，迁太保，都督十五州军事，加黄钺。后出镇广陵，卒赠太傅，谥"文靖"。谢安是东晋继王导之后的又一位贤相，为政宽和，处事善从长计议，兼具名士风度，有"风流宰相"之称。谢安之子谢琰(？—400)，先后任著作郎，秘书丞，散骑常侍，侍中，辅国将军，征虏将军，会稽内史，尚书右仆射，护军将军，右将军，卫将军，徐州刺史，督吴兴、义兴等五郡军事等，受封望蔡公。谢琰子谢混(？—412)，娶东晋孝武帝女儿晋陵公主为妻，袭封望蔡公，先后任中书令、中领军、尚书仆射、荆州刺史等。

谢安兄谢奕子谢玄(343—388)，先后任掾、司马、建武将军、兖州刺史、冠军将军、徐州刺史。淝水之战后，加督徐、兖、青等七州军事，受封康乐县公。卒于会稽内史任上。谢安弟谢万(320—361)，先后任司徒掾、辅军从事中郎、豫州刺史、领淮南太守、监司豫冀并四州军事。谢安六弟谢石(327—388)，先后任秘书郎、尚书仆射、假节征讨大都督、中军将军、尚书令、卫将军、散骑常侍、开府仪同三司等，受封兴平县伯、南康郡公，卒赠司空。

谢安侄子谢朗官至东阳太守，谢朗子谢重曾为会稽王司马道子骠骑长史。谢朗孙谢瞻(约383—421)，字宣远，历职楚台秘书郎、刘柳建威长史、宋武帝刘裕相国从事中郎、豫章太守等。

到南朝时，谢氏家族也是官宦绵延，势倾朝野。谢瞻弟谢晦(390—426)，字宣明，历职孟昶建威府中兵参军，刘裕太尉参军、主簿，右卫将军、侍中。入宋后，任中领军、中书令，封武昌县公，曾与徐羡之、傅亮共同辅政宋少帝。后被逼兴兵造反，兵败被杀。

谢安侄子谢玄孙谢灵运(385—433)，东晋时袭封康乐公，故有谢康乐之称。历职琅邪王大司马行参军、秘书丞、刘裕相国从事中郎、世子左卫率。入宋后，降公爵为侯，任太子左卫率、永嘉太守、秘书监、临川内史，后因兴兵反叛被杀。谢灵运孙谢超宗(？—483)，在宋历职奉朝请、新安王国常侍、尚书殿中郎，入齐后任过黄门侍郎。谢灵运曾孙谢几卿(476—547)，在齐为晋安王主簿，入梁历职尚书左丞、左光禄长史等。

谢灵运族弟谢惠连(397—433)，父谢方明在宋历职侍中、丹阳尹、会稽太守。谢灵运族侄谢朓(464—499)，字玄晖，先后为齐诸王幕僚、中书郎、宣城太守、尚书吏部郎，后受诬下狱死。

谢安弟谢万曾孙谢密(392—433)，字弘微，在东晋时袭封建昌县侯，授员外散骑侍郎、琅邪王大司马参军。入宋后，先后任黄门侍郎、尚书吏部郎、中庶子、侍中，与王华等号称“五臣”。谢密子谢庄(421—466)，字希逸，为官文帝、孝武帝、明帝三朝，官至中书令，加金紫光禄大夫。谢庄子谢朏(439—506)，为官宋、齐、梁三代，仕至侍中、左光禄大夫、开府仪同三司；子谢颢(生卒年不详)，宋末官至豫章太守，齐永明初为竟陵王萧子良友；子谢瀹(454—498)官至太子詹事。谢微(500—536)，在梁历职豫章王记室、中书舍人、南陵太守等。谢庄孙谢览仕梁为吏部尚书、吴兴太守等，谢庄孙谢举历职太子家令、吏部尚书、吴郡太守、侍中、尚书令等。

**(二)军事上战功卓著，为东晋王朝的军事支柱**

东晋太元初，前秦苻坚数犯边，谢玄前往抵御，回朝后拜建武将军、监江北诸军事等。后镇守广陵，招募勇士组建北府兵，成为抗御前秦的主力军。

太元八年(383)淝水之战中，谢安为征讨大都督，策划坐镇指挥；谢安六弟谢石任征讨大都督，谢玄为前线总指挥，谢琰为辅国将军，他们率军 8 万与前秦苻坚百万大军在淝水大战，最终以少胜多，取得巨大胜利。淝水之战也成为历史上以少胜多的著名军事战例。淝水之战既维护了东晋政权，也使谢氏家族的发展达到巅峰。

淝水之战后，谢玄又率军收复了兖、青、司、豫等州。谢琰督吴兴、义兴二郡军事，又与辅国将军刘牢之一同征讨孙恩起义军，孙恩败逃海岛。

**(三)善谈玄理，擅长儒经、佛经**

西晋时，谢鲲善谈玄理，并受到名士王澄、卫玠赞赏。

东晋，谢安侄子谢朗善谈玄理，有文集 16 卷。谢安侄女谢道韫机辩善谈，有竹林名士脱俗气质。

南朝，谢灵运曾孙谢几卿博学，善玄理儒经，有才辩。谢庄孙谢举擅长玄理与佛教经义，曾注释讲解《净名经》，隐士何胤一度出虎丘山参与其佛教经义辩论会，还与何胤讨论过三国魏徐干《中论》。

**(四)多才多艺，尤开创山水诗派和拓展山水诗歌**

谢氏家族重视文化建设，尤其是子弟文化教育与培养，使谢氏家族英才辈出，硕果累累，在谢安时代就形成了一个家族文学集团。谢安六弟谢石上书提出兴复国学、普修乡校的建议为东晋孝武帝采纳。谢安常招集子弟聚会讲诗论文、谈玄析理。谢氏家族多才多艺，尤开创山水诗派和拓展山水诗歌，在我国诗歌发展史上占有重要地位。

西晋时期，谢鲲父谢衡有文集 2 卷。谢鲲能歌善琴，有文集 6 卷。谢鲲子谢尚多才多艺，善音乐，为《鸲鹆舞》，招乐工造石磬，促使江南朝廷钟石雅乐的兴起，有文集 10 卷，现存诗赋 5 篇。

东晋时期，谢安善行书，有文集 3 卷，现存诗 3 首，其文《简文帝谥议》，有"安石碎金"之称。谢安弟谢万工诗文，有文集 16 卷。曾撰《八贤论》，评渔夫、屈原、季主、贾谊、楚老、龚胜、孙登、嵇康之事。现存《兰亭》诗 2 首，王夫之《古诗评选》誉之为王羲之、谢安所招集的兰亭游宴集会诗作的"兰亭之首唱"①。谢安侄女谢道韫诗赋名重当时，《隋书·经籍志》载文集 2 卷，现存诗 3 首。

谢琰子谢混，字叔源，是继谢安之后的谢氏家族文学集团的核心人物，常组织侄辈研讨诗文，因谢氏居乌衣巷，人称这种家族文学活动为"乌衣之游"。《隋书·经籍志》载有文集 5 卷，另著有《文章流别本》12 卷，现存诗 3 首。谢混诗开始改变了东晋以孙绰、许询为代表的玄言诗风，《宋书》卷六十七《谢灵运传》史臣云："仲文（殷仲文）始革孙、许之风，叔源大变太元之气。爰逮宋氏，颜、谢腾声。灵运之兴会标举，延年之体裁明密，并方轨前秀，垂范后昆。"②《游西池》一诗为《文选》收录。

谢朗孙谢瞻文学才华与从叔谢混、族弟谢灵运同负盛名，所作《喜霁诗》，谢混吟咏，谢灵运书丹，时称"三绝"。《隋书·经籍志》载有文集 3 卷，已佚；《文选》收录有诗 5 首。

南朝时期，谢万曾孙谢密（字弘微），《隋书·经籍志》《旧唐书·艺文志》《新唐书·艺文志》载有文集 2 卷。谢瞻弟谢晦受诛前与侄子谢世基曾共同作诗一首："伟哉横海鳞，壮矣垂天翼。一旦失风水，翻为蝼蚁食。功遂侔昔人，保退无智力。既涉太行险，斯路信难陟。"③其中前 4 句为谢世基所作。钟嵘《诗

---

① 〔清〕王夫之评选，张国星点校：《古诗评选》，河北大学出版社 2008 年版，第 111 页。

② 〔南朝梁〕沈约：《宋书》，中华书局 1974 年版，第 1778—1779 页。

③ 〔南朝梁〕沈约：《宋书》，中华书局 1974 年版，第 1361 页。

品》列为中品，胡应麟《诗薮》评论说：“虽一时口占，千载生气。”①

谢安侄子谢玄孙谢灵运，能文，善书画，文章与颜延之齐名，并称“江左第一”。谢灵运创作了大量山水诗，“打破了玄言诗长期统治诗坛的局面，开创了山水诗派，在我国诗歌发展史上占有重要地位”②。钟嵘《诗品》将他列为上品，誉他为“元嘉之雄”。《隋书·经籍志》载有文集19卷，《旧唐书·艺文志》《新唐书·艺文志》载有策集10卷、诗集50卷、诗集抄10卷、设论集5卷、连珠集5卷、新撰乐府集11卷、回文集1卷，多散佚。明人辑有《谢康乐集》，近人有黄节《谢康乐诗注》、叶笑雪《谢灵运诗选》等。谢灵运孙谢超宗善诗，有文采，约有50首郊庙歌辞传世，钟嵘《诗品》评论其诗“得士大夫之雅致”。谢灵运曾孙谢几卿有“神童”之号，曾有文集行世，已散佚。

谢灵运族弟谢惠连，能文章，有文集6卷，已散佚，明人辑有《谢法曹集》。《文选》收有《雪赋》等诗赋多首。

谢灵运族侄谢朓善山水诗，是永明体诗歌的代表，为齐竟陵王萧子良文学集团成员。其诗受谢灵运影响很深，后世将他与谢灵运并称为“二谢”或“大小谢”。与谢灵运山水诗相比，谢朓的诗情景交融、清新流丽，彻底革除了玄言诗风，大大推进了山水诗的发展，沈德潜《古诗源》评论两人诗有“康乐每板拙，玄晖多清俊”之别，沈约有“二百年来无此诗也”③之赞誉。永明体又称新体诗，是齐永明年间(483—493)流行的一种诗体，以“四声八病”为指导原则，讲求声律和对仗，为格律诗的开端。谢朓诗有唐诗风调，深受时人喜爱和后人赞赏，如当时名气很大的刘孝绰、梁武帝等都推崇他的诗，也得到唐人李白、杜甫等著名诗人的倾慕赞叹。《隋书·经籍志》著录有文集12卷，已散佚，明人辑有《谢宣城集》。

谢安弟谢万曾孙谢密子谢庄善诗赋，通声韵。一生作诗赋文章400多篇，代表作《月赋》比谢惠连《雪赋》更为后人赞誉。有文集19卷，已散佚，明人辑有《谢光禄集》。谢庄子谢朏、谢颢分别有文集15卷、16卷，均佚；谢瀹有文集10

① 〔明〕胡应麟：《诗薮·外编》卷二《六朝》，上海古籍出版社1958年版，第155页。按：“一旦失风水”，《诗薮》中为“一朝失风水”。

② 马予静：《陈郡阳夏谢安世家》，载王树林主编：《中国文化世家·中州卷》，湖北教育出版社2004年版，第256—257页。

③ 〔南朝梁〕萧子显：《南齐书》，中华书局1972年版，第826页。

卷传世。谢颢为齐竟陵王萧子良文学集团成员。谢微善诗赋，其友著名史学家、文学家王籍为他编有文集 20 卷，已散佚，现存诗 1 首。谢庄孙谢览善诗，谢庄孙谢举有文集 20 卷，多散佚。谢举子谢嘏、侄谢侨、从侄谢哲都有文集行世。谢安八世孙谢贞(534—585)，梁陈时人，多才多艺，有文名。善《左氏春秋》，工草隶虫篆，撰诗赋碑颂数十篇，8 岁所作《春日闲居》诗中“风定花犹落”句至今脍炙人口。①

① 〔唐〕李延寿：《南史》，中华书局 1975 年版，第 1846 页。

# 第五章

# 隋唐五代时期河南世家大族的由盛转衰

开皇元年(581),隋文帝杨坚建立隋朝,以大兴城(今陕西西安)为都,开皇九年(589)灭掉南朝陈,正式结束南北分裂局面。武德元年(618),唐高祖李渊在长安(今陕西西安)建立唐朝,天祐四年(907)藩镇朱温篡夺唐政权,建都汴(今河南开封),建立后梁,历史进入五代十国分裂时期。隋唐五代时期既是门阀士族的衰落时期,也是庶族上升发展的时期。

## 第一节　河南世家大族概况

隋唐五代时期,河南世家大族大量涌现,但因都城迁徙、科举仕进、政治集团争斗、安史之乱、农民起义、藩镇割据等影响,其分布是不平衡的。唐代东都洛阳所在的豫西、唐初统一主战场所在的豫北、五代汴京开封府所在的豫东是河南世家大族的主要迁居地和聚居地。这一时期,河南家族在政治、经济、社会、文化各方面都有着重要的影响,尤其在文化上占有突出的地位。

### 一、河南世家大族的地域分布与成因

隋唐五代时期,魏晋南北朝以来的士族家族逐渐衰落,新的庶族家族兴起发展。这一时期,河南重要家族的分布仍然是不平衡的。下面分豫东、豫西、豫中、豫北和豫南五大地区分述如下:

豫东地区。主要有:初唐宋州宁陵(今商丘宁陵东南)刘氏刘思立家族及迁

居东京开封府（今开封）的五代后汉统治家族沙陀族太原刘氏刘知远家族；盛唐汴州（治今开封）崔氏崔颢家族、宋州（治今商丘南）崔氏崔曙家族；中唐汴州乔氏乔潭家族；陈州宛丘（今周口淮阳）唐末五代赵氏赵犨家族、五代后晋王氏王仁寿家族；五代后梁开封府赵氏赵廷隐家族，至后唐时又迁到十国后蜀成都；唐末宋州砀山（今安徽砀山东）朱氏朱全忠家族，为灭唐在开封府建立后梁的统治家族；还有先后在开封府建立五代后唐的沙陀族太原石氏石敬瑭家族、建立五代后周的邢州尧山（今河北隆尧西南）郭氏郭威家族和邢州龙冈（今河北邢台）柴氏柴荣家族等统治家族。

豫西地区。都畿洛阳所在的豫西地区是家族分布的主要地区，其中又以东都洛阳所在的河南府为多，是士族家族的集中分布地。主要有：以东京洛阳为实际都城的隋朝弘农华阴（今属陕西）杨氏杨广统治家族；东都洛阳“初唐四杰”之一的杨氏杨炯家族；虢州弘农（今三门峡灵宝）杨氏有中唐杨凭家族、杨敬之家族，晚唐杨夔家族；初唐在东都洛阳的郑统治家族新丰（今陕西西安临潼区东北）王氏王世充家族；盛唐洛阳王氏王湾家族、王氏王季友家族；隋、初唐陕州陕县（今三门峡陕县老城）上官氏上官弘家族；唐代陕州硖石（今三门峡陕州区东硖石镇西石门）姚氏姚懿家族；初唐虢州弘农宋氏宋之问家族；初唐在东都洛阳的唐统治家族陇西成纪（今甘肃静宁西南）李氏李治家族；在洛京（今洛阳）的五代后唐统治家族沙陀族陇西成纪李氏李克用家族；中唐洛阳李氏李涉家族；与李益有“二李”之称的河南府福昌（今河南宜阳西）李氏李贺家族；与温庭筠、段成式号“三十六体”的晚唐怀州河内（今焦作沁阳）李氏李商隐家族；在东都、神都洛阳的初唐（武周）统治家族并州文水（今山西文水东）武氏武则天家族、河南缑氏（治今洛阳偃师东南）武氏武元衡家族；初唐东都（今洛阳）卢氏卢照邻家族；中唐洛阳卢氏卢仝家族；盛、中唐东都洛阳吕氏吕延之家族；初盛唐洛阳刘氏刘政会家族；中唐洛阳刘氏“五言长城”刘长卿家族、“诗豪”刘禹锡家族；唐五代十国南汉洛阳刘氏刘崇望家族；五代十国南唐洛阳刘氏刘崇远家族；中唐“有唐文宗”的洛阳独孤氏独孤及家族；隋朝河内张氏张衡家族；唐代三朝宰相、“燕许大手笔”的洛阳张氏张说家族；盛唐怀州河内张氏张谓家族；唐、五代张氏张全义家族；盛唐的田园山水诗派洛阳祖氏祖咏家族；盛唐怀州河内牛氏牛肃家族；盛中唐洛阳孟氏孟云卿家族；中唐“元白体”的河南（治今洛阳）元氏元稹家族、洛阳白氏白居易家族；中唐洛阳羊氏羊士谔家族、周氏周质家族；

中唐河阳(今焦作孟州南)韩氏韩愈家族;中唐河南陆浑(今洛阳嵩县东北)梁氏梁肃家族、洛阳贾氏贾至家族;晚唐段氏段公路家族;五代后唐、后晋洛阳桑氏桑维翰家族。

豫中地区。主要有:隋唐荥阳(今属郑州)郑氏郑万钧家族;河南巩县(今郑州巩义西南)杜氏初唐“文章四友”之一的杜审言、盛唐“诗圣”杜甫家族;初唐汝州(今属河南)刘氏刘希夷家族,初唐洛州巩县刘氏刘允济家族;盛唐河南府颍阳(今郑州登封西)李氏李颀家族、中唐“文章李益”的郑州李氏李益家族;中唐“张籍王建体”的许州(治今许昌)王氏王建家族、唐末五代十国前蜀的许州舞阳(今属河南)王氏王建家族;中唐颍川陈氏陈鸿祖家族;晚唐许州鄢陵(今属河南)马氏马殷家族,五代十国为楚统治家族;盛唐许州阳翟(今许昌禹州)吴氏“画圣”吴道子家族;盛唐汝州鲁山(今属平顶山)元氏元结家族、元德秀家族。

豫北地区。主要有:隋农民起义领袖东郡韦城(今安阳滑县东南)翟氏翟让家族,北朝至隋唐的相州(治今安阳)李氏李大师家族,初唐相州内黄(今安阳内黄西)沈氏沈佺期家族,初唐有“白话诗人”之称的卫州黎阳(今鹤壁浚县东)王氏王梵志家族、卫州卫县(今属鹤壁浚县)谢氏谢偃家族、郑州阳武(今新乡原阳东南)韦氏韦思谦家族,唐代汲县(今新乡卫辉西南)傅氏傅游艺家族。

豫南地区。主要有:隋唐南阳新野(今属南阳)庾氏庾季才家族;初唐光州固始(治所在今河南固始东北)陈氏陈政家族;中唐“大历十才子”之一的南阳韩氏韩翃家族;中唐景氏景审家族;中晚唐赵氏赵伉家族;中晚唐蔡州朗山(今驻马店确山)袁氏袁郊家族;唐末蔡州上蔡(今属驻马店)刘氏刘安仁家族,成为五代十国南汉(都广州,今属广东)统治家族;唐代光州固始王氏王潮家族,成为五代十国闽(都长乐,今福建福州)统治家族;唐代王氏王彦英家族,五代十国闽时迁至新罗等。(见表 5-1)

**表 5-1　隋唐五代时期河南重要家族情况简表**

| 地区 | 世家大族名称 | 时代 | 主要特征 | 今地 | 迁徙地（今地） | 备注(《大辞典》①页码) |
|---|---|---|---|---|---|---|
| 豫东地区 | 汴州崔氏(颢，？—754) | 盛唐 | 文学(诗)<br>《题黄鹤楼》为唐人七律之首 | 治今开封 | | 两唐书有传，717—718页 |
| | 宋州崔氏(曙，？—739) | 盛唐 | 文学(诗) | 治今商丘南 | | 717页 |
| | 梁(汴州)宋高氏(適，700？—765) | 盛唐 | 官宦、文学(诗)<br>“高岑”“高达夫体” | 开封、商丘 | | 两唐书有传，657—658页 |
| | 陈留(汴州)李氏(翱，772—836) | 中唐 | 官宦、文章<br>日记体著作开创者 | 开封 | | 两唐书有传，345—346页 |
| | 梁(汴州)乔氏(潭) | 中唐 | 文章 | 开封 | | 180页 |
| | 宋州宁陵刘氏(思立) | 初唐 | 官宦、文学 | 今属商丘 | | |
| | 沙陀族太原刘氏(知远) | 五代 | 后晋官宦，后汉统治家族 | | 东京开封府(今开封) | 后汉 |
| | 陈州宛丘赵氏(犨) | 唐末、后梁 | 官宦、绘画 | 周口淮阳 | | |
| | 开封府赵氏(廷隐) | 五代十国 | 后梁、后唐官宦，后蜀文学(词)<br>花间词派开创者 | 开封 | 成都(今属四川) | 后唐 |
| | 陈州宛丘王氏(仁寿) | 后晋 | 绘画 | 周口淮阳 | | |
| | 宋州砀山朱氏(全忠) | 唐、五代 | 唐官宦，后梁统治家族 | 安徽砀山东 | 东都(今开封) | 唐代 |
| | 沙陀族太原石氏(敬瑭) | 五代 | 后唐官宦，后晋统治家族 | | 开封府(今开封) | 后晋 |

① 周祖譔主编:《中国文学家大辞典·唐五代卷》，中华书局1992年版。本表制作有所参考，简称《大辞典》。

（续表）

| 地区 | 世家大族名称 | 时代 | 主要特征 | 今地 | 迁徙地（今地） | 备注（《大辞典》页码） |
|---|---|---|---|---|---|---|
| 豫东地区 | 邢州尧山郭氏（威），邢州龙冈柴氏（荣） | 五代 | 后汉官宦，后周统治家族 | 河北隆尧西南，河北邢台 | 汴京（今开封） | 后周 |
| 豫西地区 | 弘农华阴杨氏（广） | 隋 | 隋炀帝，皇族 | 今属陕西 | 东京（今洛阳） | 隋 |
| | 华阴杨氏（炯，650—？） | 初唐 | 文学<br>“初唐四杰”（王勃、杨炯、卢照邻、骆宾王）之一 | 今属陕西 | 东都（今洛阳） | 高宗、武后，两唐书有传，358 页 |
| | 虢州弘农杨氏（凭），弟凝、凌，杨凌子杨敬之 | 中唐 | 官宦，文学、书法，杨敬之为“清奇雅正主”李益入室者之一 | 三门峡灵宝 | | 与弟凝、凌号“三杨”，两唐书有传，355、360—361 页 |
| | 虢州弘农杨氏（虞卿），弟杨汝士 | 中唐 | 官宦、文学 | 三门峡灵宝 | | 两唐书有传，361 页 |
| | 虢州弘农杨氏（夔） | 晚唐 | 文章 | 三门峡灵宝 | | 《新唐书》有传，365—366 页 |
| | 新丰王氏（世充） | 隋、初唐 | 隋官宦，唐初郑统治家族 | 陕西西安临潼区东北 | 东都洛阳 | 隋末 |
| | 洛阳王氏（湾） | 盛唐 | 文学（诗） | | | 《新唐书》有附传，52 页 |
| | 洛阳王氏（季友） | 盛唐 | 文学 | | | |
| | 陕州陕县上官氏（弘） | 隋、初唐 | 隋官宦，初唐官宦、文学 | 三门峡西陕县老城 | | 上官体诗 |
| | 陕州硖石姚氏（懿） | 唐 | 初唐官宦、文学，中晚唐官宦、文学（诗） | 三门峡陕州区东硖石镇西石门 | | 子姚崇四朝宰相，姚合与贾岛称“姚贾”，“清奇雅正主”李益入室者之一，602 页 |

（续表）

| 地区 | 世家大族名称 | 时代 | 主要特征 | 今地 | 迁徙地（今地） | 备注（《大辞典》页码） |
|---|---|---|---|---|---|---|
| 豫西地区 | 虢州弘农宋氏（之问，约656—713），父宋令文 | 初唐 | 文学 | 三门峡灵宝 | | 两唐书有传，396页 |
| | 陇西成纪李氏（治） | 初唐 | 唐高宗，皇族 | 甘肃静宁西南 | 东都（今洛阳） | |
| | 沙陀族陇西成纪李氏（克用） | 唐、五代 | 唐官宦，后唐统治家族 | 甘肃静宁西南 | 洛京（今洛阳） | 后梁 |
| | 洛阳李氏（涉），弟李渤 | 中唐 | 官宦、文学 | | | "高古奥逸主"孟云卿之入室者，312—313、327页 |
| | 河南府福昌李氏（贺，790—816） | 中唐 | 文学（诗） | 河南宜阳西 | | 与李益并称"二李"，两唐书有传，305—306页 |
| | 怀州河内李氏（商隐，约813—约858） | 晚唐 | 文学（诗、骈文），与温庭筠、段成式号"三十六体" | 焦作沁阳 | | 与杜牧并称"小李杜"，两唐书有传，315—317页 |
| | 并州文水武氏（则天，624—705） | 初唐 | 唐外戚，武周皇族，兼涉文史，与唐高宗并称"二圣"，圣神皇帝 | 山西文水东 | 东都、神都（今洛阳） | 两唐书有纪，479页 |
| | 河南缑氏武氏（元衡，758—815），祖平一，父就，从弟儒衡 | 初唐至中唐 | 官宦、文学，官至门下侍郎同平章事，"瑰奇美丽主" | 治今洛阳偃师东南 | | 两唐书有传，477—478、480页 |
| | 幽州范阳卢氏（照邻，约630—680后） | 初唐 | 文学与王勃、杨炯、骆宾王称"王杨卢骆"，"初唐四杰" | 河北涿州 | 东都（今洛阳） | 对七言古诗发展多有贡献，题材自宫廷走到市井，两唐书有传，123—124页 |
| | 范阳卢氏（仝，约775—835） | 中唐 | 《春秋》经学，诗"卢仝体" | 河北涿州 | 东都（今洛阳） | 《新唐书》有传，113—114页 |

（续表）

| 地区 | 世家大族名称 | 时代 | 主要特征 | 今地 | 迁徙地（今地） | 备注（《大辞典》页码） |
| --- | --- | --- | --- | --- | --- | --- |
| 豫西地区 | 河南房氏（融），子房琯 | 初盛唐 | 官宦、文学 | 洛阳 | | 539页 |
| | 河南于氏（志宁，588—665），玄孙于休烈，休烈子于肃 | 初盛唐 | 官宦、儒学、文学、史学、医学，居相位 | 洛阳 | | 两唐书有传，4、5—6页 |
| | 河东吕氏（温，772—811），祖吕延之，父吕渭，弟吕恭、吕俭、吕让 | 盛中唐 | 官宦、文学 | 山西永济西南 | 东都洛阳 | 郡望东平（今属山东），两唐书有传，170—171，167、169页 |
| | 滑州胙城刘氏（政会） | 唐五代十国 | 官宦、文学，南汉官宦 | 治所在今新乡延津东北 | 洛阳 | 两唐书有传 |
| | 洛阳刘氏（言史） | 中唐 | 文学，工诗，大历以后“吾所深取者”诗人之一 | | | 196页 |
| | 河间刘氏（长卿，？—约789） | 中唐 | 文学（诗），“五言长城”，中唐第一人 | 今属河北 | 洛阳 | “钱（起）郎（士元）刘（长卿）李（嘉祐）”，189—190页 |
| | 洛阳刘氏（禹锡，772—842），子刘承雍 | 中唐 | 官宦、文学，“诗豪”，对“意境说”有贡献 | | | 与白居易称“刘白”，两唐书有传，202—204页 |
| | 洛阳刘氏（崇远） | 五代十国 | 南唐文学（小说）、官宦 | | | 两唐书有传，208—209页 |
| | 襄州襄阳席氏（豫，680—748），弟席晋 | 初盛唐 | 官宦、文学 | 今属湖北 | 河南（洛阳） | 667页 |
| | 洛阳独孤氏（及，725—777），子独孤郁 | 中唐 | 官宦、文学、艺术，唐代古文运动重要先驱之一 | | | “有唐文宗”，《新唐书》有传，591—592页 |
| | 河内张氏（衡） | 隋 | 官宦 | 焦作沁阳 | | |

（续表）

| 地区 | 世家大族名称 | 时代 | 主要特征 | 今地 | 迁徙地（今地） | 备注（《大辞典》页码） |
|---|---|---|---|---|---|---|
| 豫西地区 | 洛阳张氏（说，667—731），子张均 | 初盛唐 | 官宦、文学 | | | 与苏颋称“燕许大手笔”，两唐书有传，432—433 页 |
| | 怀州河内张氏（谓，？—约 778） | 盛唐 | 官宦、文学（诗） | 焦作沁阳 | | 438—439 页 |
| | 濮州临濮张氏（全义，852—926） | 唐、五代 | 官宦 | 山东鄄城西南 | 洛阳 | |
| | 京兆府泾阳牛氏（肃） | 盛唐 | 文学（小说） | 今属陕西 | 怀州河内（今焦作沁阳） | 91 页 |
| | 洛阳祖氏（咏） | 盛唐 | 官宦、文学（诗），田园山水诗派 | | | 与王维、韦应物、刘眘虚等为“大名家”，598 页 |
| | 洛阳孟氏（云卿） | 盛中唐 | 文学（诗），五言古诗 | | | 542 页 |
| | 河南元氏（稹，779—831），妻裴氏 | 中唐 | 官宦、文学（诗、小说）、书法，“元和体”“元白体” | 府治今洛阳 | | 与白居易并称“元白”，新乐府运动代表，首倡扬杜（甫）抑李（白），首创次韵诗，两唐书有传，66—68 页 |
| | 郑州新郑白氏（居易，772—846） | 中唐 | 官宦、文学（诗、词、文）、行书，“元白体”“元和体”“长庆体” | 今属郑州 | 东都洛阳 | 唐代与元稹称“元白”，与刘禹锡称“刘白”，新乐府运动领袖，“广大教化主”，两唐书有传，134—136 页 |
| | 洛阳羊氏（士谔） | 中唐 | 文学（诗、文），“广大教化主”白居易入室者之一 | | | 《旧唐书》附传，218—219 页 |
| | 洛阳周氏（质） | 中唐 | 文学（诗） | | | |

（续表）

| 地区 | 世家大族名称 | 时代 | 主要特征 | 今地 | 迁徙地（今地） | 备注（《大辞典》页码） |
| --- | --- | --- | --- | --- | --- | --- |
| 豫西地区 | 河阳韩氏（愈，768—824） | 中唐 | 官宦、儒学、文学，与柳宗元称文坛盟主“韩柳” | 焦作孟州南 | | “韩（愈）孟（郊）诗派”，“文起八代之衰”，两唐书有传，747—749 页 |
| | 河南陆浑梁氏（肃，753—793） | 中唐 | 文学、佛教 | 洛阳嵩县东北 | | 《新唐书》有传，730 页 |
| | 洛阳贾氏（曾），子贾至 | 中唐 | 官宦、文学，与苏晋号“苏贾” | | | 两唐书有传，624 页 |
| | 西河段氏（文昌） | 中晚唐 | 官宦、文学（小说） | 山西汾阳 | 洛阳 | 两唐书有传，582—583 页 |
| | 怀州河内穆氏（员），父穆宁，兄赞、质，弟赏 | 盛中唐 | 官宦、文学 | 焦作沁阳 | | 840 页 |
| | 洛阳桑氏（维翰） | 五代、后唐、后晋 | 后唐官宦，后晋军国重臣 | 洛阳 | | |
| 豫中地区 | 荥阳郑氏（万钧） | 隋唐 | 官宦、文学、艺术 | 今属郑州 | | |
| | 荥阳郑氏（繇），子郑审 | 初盛唐 | 官宦、诗、绘画 | 今属郑州 | | 529—530 页 |
| | 荥阳郑氏（絪，752—829），子郑祗德，孙郑颢 | 中唐 | 官宦、文学，居相位 | 今属郑州 | 河南河清（今洛阳孟津县东南） | 两唐书有传，522、531 页 |
| | 荥阳郑氏（余庆，745—820），子郑瀚，孙郑处诲 | | 官宦、文学、艺术，居相位 | 今属郑州 | | 两唐书有传，515—516、517、530 页 |
| | 荥阳郑氏（畋，825—887），父郑亚 | 中晚唐 | 官宦、文学 | 今属郑州 | | 两唐书有传，520—521 页 |

（续表）

| 地区 | 世家大族名称 | 时代 | 主要特征 | 今地 | 迁徙地（今地） | 备注（《大辞典》页码） |
| --- | --- | --- | --- | --- | --- | --- |
| 豫中地区 | 荥阳郑氏（仁表），祖父郑肃，兄郑仁规 | 晚唐 | 官宦、文学 | 今属郑州 |  | 两唐书有附传，514页 |
|  | 河南巩县杜氏（审言，约645—708），堂兄杜易简，孙杜甫 | 初盛唐 | 诗文书翰，与李峤、崔融、苏味道并称"文章四友"，号"崔李苏杜" | 郑州巩义西南 |  | 推进五律格式成熟，杜甫，两唐书有传，251—252、255—256页 |
|  | 汝州刘氏（希夷，651—约679） | 初唐 | 诗、琵琶 | 今属河南 |  | 《旧唐书》有附传，195页 |
|  | 洛州巩县刘氏（允济） | 初唐 | 官宦、文学（文章），与王勃齐名 | 郑州巩义西南 |  | 两唐书有传，191页 |
|  | 河南颍阳李氏（颀） | 盛唐 | 文学（诗） | 郑州登封西 |  | 309—310页 |
|  | 郑州李氏（益，748—约829） | 中唐 | 官宦、文学，"文章李益"，"清奇雅正主" | 今属河南 |  | 与李贺并称"二李"，七绝开元以下第一，两唐书有传，311—312页 |
|  | 许州王氏（建，约767—约830） | 中唐 | 文学（诗）"张籍王建体" | 治今许昌 |  | 与张籍世称"张王"，37—38页 |
|  | 许州舞阳王氏（建，847—918） | 唐末、五代十国 | 唐官宦，前蜀统治家族 | 今属河南 | 成都 | 新旧五代史有传，38页 |
|  | 颍川陈氏（鸿祖） | 中唐 | 文学（小说） | 许昌 |  |  |
|  | 许州鄢陵马氏（殷） | 唐、五代十国 | 唐官宦，五代十国楚统治家族 | 今属河南 | 潭州（治今湖南长沙） |  |
|  | 许州阳翟吴氏（道子） | 盛唐 | "画圣" | 许昌禹州 |  |  |

（续表）

| 地区 | 世家大族名称 | 时代 | 主要特征 | 今地 | 迁徙地（今地） | 备注（《大辞典》页码） |
|---|---|---|---|---|---|---|
| 豫中地区 | 汝州鲁山元氏（结，719—772） | 盛唐 | 官宦、文学、音乐 | 今属河南 | | 新乐府运动先驱，《新唐书》有传，64—65页 |
| | 鲁山元氏（德秀） | 盛唐 | 文学，新乐府运动先驱 | 今属河南 | | 与萧颖士、刘迅并称“三贤”，两唐书有传，68页 |
| 豫北地区 | 东郡韦城翟氏（让） | 隋 | 农民起义领袖 | 安阳滑县东南 | | |
| 豫北地区 | 滑州灵昌崔氏（日用，673—722），子崔宗之，从父兄崔日知 | 初唐 | 官宦、文学 | 安阳滑县 | | 两唐书有传，693—694页 |
| | 相州李氏（大师） | 北朝至隋唐 | 北朝官宦，隋官宦、文学，唐史学、文学 | 安阳 | | |
| | 相州内黄沈氏（佺期，约656—713），弟沈佺交、沈佺宇 | 初唐 | 官宦、文学，对五律、七律定型有贡献 | 河南内黄西 | | 与宋之问并称“沈宋”，两唐书有传，392页 |
| | 卫州黎阳王氏（梵志） | 初唐 | 文学（诗），白话诗 | 鹤壁浚县东 | | 46页 |
| | 卫州卫县谢氏（偃） | 初唐 | 文学（赋） | 今属鹤壁浚县 | | 时称“李（百药）诗谢赋”，771—772页 |
| | 郑州阳武韦氏（思谦） | 初唐 | 唐官宦、文学 | 新乡原阳东南 | | |
| | 汲县傅氏（游艺） | 唐 | 官宦 | 新乡卫辉西南 | | |
| | 濮州濮阳杜氏杜（鸿渐，709—769） | 盛唐 | 官宦、文学（工文），居相位 | 今属河南 | | 两唐书有传，258页 |
| | 洹水杜氏（羔，？—821），妻刘氏 | 中唐 | 官宦、文学（诗） | 新乡内黄县 | | 《新唐书》有传，258页 |

（续表）

| 地区 | 世家大族名称 | 时代 | 主要特征 | 今地 | 迁徙地（今地） | 备注（《大辞典》页码） |
|---|---|---|---|---|---|---|
| 豫南地区 | 南阳新野庾氏（季才） | 隋唐 | 隋官宦、天文历法，唐官宦 | 今属南阳 | 长安（今西安） | |
| | 光州固始陈氏（政） | 隋唐 | 官宦，善钟律 | 河南固始东北 | | 《隋书》有附传，466页 |
| | 南阳韩氏（翃） | 中唐 | 文学（诗） | 今属河南 | | "大历十才子"之一，744—745页 |
| | 南阳景氏（审） | 中唐 | 文学（诗）、书法 | 今属河南 | | "瑰奇美丽主"武元衡之及门，752页 |
| | 南阳赵氏（伉） | 中晚唐 | 官宦、文学（小说） | 今属河南 | | |
| | 南阳张氏（毅夫），父张正甫，子张祎 | 唐、五代 | 官宦、文学 | 南阳邓州 | | 《旧唐书》有传，445—446、424页 |
| | 蔡州朗山袁氏（郊） | 中晚唐 | 官宦、书法、诗、传奇 | 驻马店确山 | | |
| | 蔡州上蔡刘氏（安仁） | 唐、五代 | 唐官宦，南汉统治家族 | 今属河南 | 广州（今属广东） | |
| | 光州固始王氏（潮） | 唐、五代十国 | 唐官宦，闽统治家族 | 河南固始东北 | 长乐（今福建福州） | |
| | 光州固始王氏（彦英） | 唐、五代十国 | 闽官宦 | 河南固始东北 | 新罗（约今韩国东南部） | |

说明：此表制作亦参考了胡应麟《诗薮》①。

隋唐五代时期，河南重要家族的分布是以东都洛阳河南府为主中心，次中心便是汴京开封府（今开封）。都畿之地不仅是河南世家大族分布的中心地区，也是全国世家大族分布的中心地区。豫西地区又包括两京走廊部分，因此涵盖两京走廊部分和东都洛阳所在的豫西地区是隋唐五代世家大族分布的主要地

① 〔明〕胡应麟：《诗薮·外编》卷三《唐上》，上海古籍出版社1958年版，第167—170页。

区。延及唐末五代，汴京开封府所在的豫东地区也成为世家大族的重要分布区域。唐代河南家族的分布，从河南地区两唐书列传人物分布上也可见一斑。据史念海粗略统计，两唐书有本贯可稽考的列传人物计 1918 人，其中唐前期共 892 人，唐后期共 1026 人；在河南地区，共有 351 人，其中唐前期有 162 人，唐后期有 189 人。[1] 两唐书列传人物中，河南地区约占 18.59%。两唐书列传人物，河南境内各区域人物分布情况可作表 5-2。

**表 5-2　河南地区两唐书列传人物分布简表**

| 州(府) | 辖县 | 今治 | 唐前期人物 | 唐后期人物 | 备注 |
|---|---|---|---|---|---|
| 豫西 | | | 50(6*[2]) | 80 | |
| 河南道河南府(洛州) | 河南县(府治) | 洛阳 | 吉顼*、吉温、元行冲、席豫、陆据、元德秀、元仲文 | 房琯、房孺复、房式、卢迈、萧昕、于颀、蒋乂、蒋係、蒋伸、于頔、元稹、贾悚、曹确、豆卢瑑、蒋曙、蒋偕、房启、元结、于季友、孙儒、窦烈妇 | |
| | 洛阳县 | 洛阳 | 王晙*、张说*、张均、张垍、阳峤、万国俊、罗希奭、元万顷、元正、贾曾、许景先、张文仲、李祈纵、卢鸿一(卢鸿)、陆坚 | 李观、卢坦、独孤郁、独孤朗、贾至、卢仝、独孤及、独孤庠、元义方、元季方、刘禹锡[3] | |
| | 伊阙县 | 洛阳伊川 | | 刘迺、刘伯刍、刘宽夫、刘端夫、刘允章 | |
| | 偃师县 | 洛阳偃师东 | 徐有功、毕构、燕钦融、徐文远、孙季良、明崇俨、僧玄奘、毕栩 | 毕诚 | |
| | 缑氏县 | 洛阳偃师东南 | | 武元衡、武儒衡 | |
| | 陆浑县 | 洛阳嵩县东北 | 丘悦、吕向 | 梁肃 | |
| | 新安县 | 今属洛阳 | 赵鸿智 | 赵来章 | |

① 史念海：《两〈唐书〉列传人物本贯的地理分布》，《唐代历史地理研究》，中国社会科学出版社 1998 年版，第 373—467 页。

② ＊号表示居相之人及其人数。

③ 史念海置于徐州彭城县。参见史念海：《两〈唐书〉列传人物本贯的地理分布》，《唐代历史地理研究》，中国社会科学出版社 1998 年版，第 373—467 页。

（续表）

| 州（府） | 辖县 | 今治 | 唐前期人物 | 唐后期人物 | 备注 |
|---|---|---|---|---|---|
| 陕州 | 陕县（州治） | 三门峡陕县老城 | 常达、张齐贤、上官仪*① | 陆扆 | |
| | 硖石县 | 三门峡陕州区东硖石镇西石门 | 姚崇*、姚奕、姚闾 | 姚合、姚勖 | |
| 虢州 | 弘农县（州治） | 三门峡灵宝 | 宋之问 | 杨凭、杨於陵、杨景复、杨绍复、杨虞卿、杨师复、杨汉公、杨汝士、杨鲁士、杨知温、杨知远、杨知权、杨嗣复、杨授、杨损、杨技、杨拭、杨执、杨凝、杨敬之、杨瑍 | |
| | 阌乡县 | 三门峡灵宝西北 | 梁文贞、杨元琰、杨仲昌 | | |
| | 卢氏县 | 今属三门峡 | 张士贵 | | |
| 孟州 | 温县 | 今属焦作 | 司马锽、司马承祯 | 王智兴、王晏平、王宰 | |
| 怀州 | 河内县（州治） | 焦作沁阳 | 范履冰*、王琚 | 穆宁、穆赞、穆质、穆员、穆赏、温造、温璋、李商隐 | |
| | 武陟县 | 焦作武陟南 | 王友贞 | | |
| 孟州 | 济源县 | 济源市 | 张廷珪 | 裴休、裴俦、裴俅 | |
| 豫东 | | | 24（4*） | 16 | |
| 许州 | 扶沟县 | 今属周口市 | 甄权、甄立言 | | |
| 陈州 | | | | 殷侑、殷盈孙 | |
| | 宛丘县（州治） | 周口淮阳 | 刘道合 | 赵珝、赵昶、赵犨 | |
| | 项城县 | 周口沈丘 | | 李罕之 | |

① 史念海置于扬州江都县。参见史念海：《两〈唐书〉列传人物本贯的地理分布》，《唐代历史地理研究》，中国社会科学出版社 1998 年版，第 373—467 页。

（续表）

| 州（府） | 辖县 | 今治 | 唐前期人物 | 唐后期人物 | 备注 |
| --- | --- | --- | --- | --- | --- |
| 汴州 | | | 崔颢、汴女李 | 氏叔琮 | |
| | 开封县（州治） | 开封 | 郑钦说 | 刘昌、刘士泾、郑权 | |
| | 浚仪县 | 开封 | 格辅元*、吴兢、白履中 | 朱忠亮 | |
| | 尉氏县 | 今属开封 | 刘仁轨*、李登之、僧神秀 | 刘瑑 | |
| | 陈留县 | 开封东南 | 卢惟清妻徐氏 | | |
| | 雍丘县 | 开封杞县 | 李公逸 | | |
| 亳州 | 永城县 | 商丘永城 | 朱敬则*、朱仁轨 | | |
| 宋州 | | | 陈希烈、姜抚、程袁师 | | |
| | 宋城县（州治） | 商丘南 | 魏元忠*、郑惟忠 | 郑惟忠 | |
| | 楚丘县 | 北部属商丘梁园区 | | 曹华 | 南部属山东① |
| | 宁陵县 | 商丘宁陵东南 | 刘宪 | | |
| | 下邑县 | 商丘夏邑 | | 朱瑄（朱宣）、朱瑾 | |
| | 虞城县 | 商丘虞城北 | 刘师立、盛彦师 | | |
| 豫中 | | | 23（4*） | 40 | |
| 河南府（洛州） | 巩县 | 郑州巩义西南 | 刘允济、杜审言②、杜甫 | | |

① 《河南行政区划史》中“隋代梁郡”“唐代宋州”条目下不见楚丘县。参见赵炳清、伍小琴、张祥云：《河南行政区划史》，大象出版社2020年版，第320—321、356—357页。楚丘县南部，今属菏泽曹县。

② 史念海置于襄州襄阳县。参见史念海：《两〈唐书〉列传人物本贯的地理分布》，《唐代历史地理研究》，中国社会科学出版社1998年版，第373—467页。

（续表）

| 州（府） | 辖县 | 今治 | 唐前期人物 | 唐后期人物 | 备注 |
|---|---|---|---|---|---|
| 郑州 | 州治管城 | 郑州 | 李玄道 | 卢携 | |
| | 管城县（州治） | | | 李翱 | |
| | 荥阳县 | 属郑州 | 张亮*、李日知*、郑世翼、郑祈 | 李撰、郑云逵、李益、郑余庆、郑澣、郑允谟、郑茂休、郑处诲、郑从谠、郑絪、李逢吉、李巨川、郑祇德、郑颢、郑覃、郑朗、李训、郑肃、郑仁表、郑畋、郑凝绩、郑珦瑜、郑裔绰 | |
| | 荥泽县 | 属郑州 | 郑善果、郑元璹 | | |
| | 新郑县 | 郑州新郑 | 崔元综* | 徐彦若、徐商、徐彦枢、徐绾 | |
| | 中牟县 | 郑州中牟东 | | 卢徵 | |
| 河南府（洛州） | 颍阳县 | 郑州登封西 | | 李中敏 | |
| 汝州 | | | 刘希夷 | | |
| | 梁县（州治） | 河南汝州西 | 孟诜 | 王虔休 | |
| | 郏城县 | 平顶山郏县 | 孙处约、孙佺 | 马燧、马畅、马炫 | |
| | 叶县 | | | 韩泰 | |
| 许州 | | | 陈贞节、杜生 | 陈夷行、王博武 | |
| | 长社县（州治） | 许昌长葛东北 | 王求礼、张憬藏 | | |
| | 许昌县 | 许昌东 | | 王沛、王逢 | |
| | 阳翟县 | 许昌禹州 | 郭孝恪 | | |
| | 鄢陵县 | 今属许昌 | 崔知温*、崔知悌 | | |
| 汝州 | 襄城县 | 今属许昌 | 张善相 | | |
| 豫北 | | | 56（18*） | 36 | |

（续表）

| 州（府） | 辖县 | 今治 | 唐前期人物 | 唐后期人物 | 备注 |
|---|---|---|---|---|---|
| 滑州 | | | 薛颐 | | |
| | 白马县（州治） | 安阳滑县东 | 王恭、傅仁均 | | |
| | 卫南县 | 安阳滑县东南 | 李勣*、李敬业、李思文 | | |
| | 灵昌县 | 安阳滑县 | 卢怀慎*、卢奂、崔日用*、崔日知、卢奕 | 卢杞、卢元辅、崔光远、崔元翰 | |
| 相州 | | | 邓世隆、李延寿 | | |
| | 安阳县（州治） | 安阳 | 戴胄*、戴至德*、冯元常、冯元淑、王同皎、王丘 | 邵说、王潜 | |
| | 内黄县 | 今属安阳 | 沈佺期、沈佺交 | | |
| 滑州 | 匡城县 | 新乡长垣西南 | 李嗣真 | 刘玄佐、刘士宁、刘士幹、李万荣、韩弘、韩公武、韩充、邓惟恭 | |
| | 胙城县 | 新乡市延津县东北 | 刘政会、刘奇、刘寂妻夏侯碎金 | 刘崇望、刘崇龟、刘崇鲁、刘崇谟 | |
| 郑州 | 原武县 | 新乡原阳 | 杨再思*、娄师德*、杨季昭 | | |
| | 阳武县 | 新乡原阳东南 | 韦思谦*、韦承庆*、韦嗣立*、韦弘景、韦恒、韦济 | | |
| 卫州 | | | 甄济 | 崔宁、崔宽、崔蠡、崔荛、崔黯、高郢、高定 | |
| | 汲县（州治） | 新乡卫辉 | 傅游艺*、尚献甫 | 班宏、关播 | |
| | 卫县 | 今属鹤壁浚县 | 谢偃 | | |
| 濮州 | 濮阳县 | 濮阳市西南 | 杜暹* | 杜鸿渐、王栖曜、王茂元、吴溆、吴凑、吴士矩 | |

（续表）

| 州（府） | 辖县 | 今治 | 唐前期人物 | 唐后期人物 | 备注 |
| --- | --- | --- | --- | --- | --- |
| 魏州 | 昌乐县（繁水县） | 濮阳市南乐县西北 | 张公谨、张大素、张大安*、马嘉运、李义琰*、张文瓘*、张文琮、张文收、王义方、谷那律、僧一行、李巢、李义琛、张锡* | 谷从政 | |
| 澶州 | 观城县 | 濮阳清丰东南 | 刘祥道*、刘齐贤* | 刘从一 | |
| | 顿丘县（州治） | 濮阳清丰西南 | | 南霁云 | |
| 郓州 | 寿张县 | 濮阳台前 | 张公艺 | | |
| 豫南 | | | 9（4*） | 17 | |
| 蔡州（豫州） | 治汝阳 | 周口商水西北 | 许坦 | 周墀、赵德谭、赵匡凝、董昌龄母杨氏 | |
| | 安城县 | 驻马店汝南东南 | 周允元* | | 隋唐时已废① |
| | 朗山县 | 驻马店确山 | | 袁滋、刘建锋 | |
| | 上蔡县 | 今属驻马店 | | 刘知谦、秦宗权 | |
| 邓州 | 穰县（州治） | 南阳邓州 | 赵晔 | 赵宗儒 | |
| | 南阳县 | 南阳 | 韩思彦、韩琬、张巡 | 韩愈、张正甫、张毅夫、张祎 | |
| | 新野县（棘阳县） | 属南阳 | 岑文本*、岑羲*、岑长倩* | 庾敬休 | |
| | 临湍县（顺阳县） | 河南邓州西北 | | 范传正 | |

① 《河南行政区划史》中北魏时期汝南郡下有安城县，“隋代汝南郡”“唐代蔡州”条目下不见安城县。参见赵炳清、伍小琴、张祥云：《河南行政区划史》，大象出版社2020年版，第257—258、326—327、361—364页。

（续表）

| 州（府） | 辖县 | 今治 | 唐前期人物 | 唐后期人物 | 备注 |
|---|---|---|---|---|---|
| 光州 | 固始县 | 河南固始东北 | | 王潮、王审邽 | |
| 合计 | | | 162（36*） | 189 | 351 |

说明：此表在史念海《两〈唐书〉列传人物本贯的地理分布》[①]中表一唐代前期人物本贯分布表和表二唐代后期人物本贯分布表及赵炳清等《河南行政区划史》第五章第二节[②]的基础上制作的。

在表5-2基础上，可作河南地区两唐书列传人数分布分区统计表如下：

**表5-3　河南地区两唐书列传人数分布分区统计表**

| 地区 | 人数 | 唐前期人数 | 唐前期居相人数 | 唐后期人数 |
|---|---|---|---|---|
| 豫东地区 | 40 | 24 | 4 | 16 |
| 豫西地区 | 130 | 50 | 6 | 80 |
| 豫中地区 | 63 | 23 | 4 | 40 |
| 豫北地区 | 92 | 56 | 18 | 36 |
| 豫南地区 | 26 | 9 | 4 | 17 |
| 总计 | 351 | 162 | 36 | 189 |

河南地区两唐书列传人数分布，豫西地区最多，次多地区在豫北。整体上看，河南地区这种家族分布形成的主要原因有二。一是东都洛阳、汴京开封府长期为国家政治经济文化的中心，是世家大族迁居与聚居的主要地区，也是统治家族的所在地。二是科举仕进的重要影响。科举仕进促使士族的中央化，加速各地区世家大族向京城地区会聚，[③]也使京城地区本来居住的世家大族更少迁出。《通典》卷十七《选举五》载："隋氏罢中正，举选不本乡曲，故里闾无豪族，井邑无衣冠，人不土著，萃处京畿。"卷十四《选举二》载："则六品以下官吏，

① 史念海：《两〈唐书〉列传人物本贯的地理分布》，《唐代历史地理研究》，中国社会科学出版社1998年版，第373—467页。

② 赵炳清、伍小琴、张祥云：《河南行政区划史》，大象出版社2020年版，第335—368页。

③ 毛汉光：《从士族籍贯迁移看唐代士族之中央化》，《中国中古社会史论》，上海书店出版社2002年版，第234—333页。

咸吏部所掌。自是,海内一命以上之官,州郡无复辟署矣。”①

同时,在政治集团争斗、安史之乱、农民起义、藩镇割据等过程中,世家大族主要分布地区又成为世家大族毁灭与迁出的主要地区,大量的士族在动乱中或灰飞烟灭,或迁出避乱,或辟署藩镇使府。隋末唐初,豫北地区是农民起义和统一战争的主要地区,成为两唐书列传人物的重要来源地。

## 二、河南世家大族的特点与地位

隋唐五代时期,河南世家大族大量涌现,精彩纷呈,人才辈出,在政治、经济、社会、文化各方面都有着重要的影响力,尤其在文化上占有突出的地位。如唐前期宰相分省分布简表(表5-4),河南居相人数达到36位,居全国第2位,河南地区人物在政治上的影响可见一斑。② 河南家族的突出特点与重要地位主要体现在以下方面:

**表5-4　唐前期宰相分省分布简表**

| 序号 | 省别 | 居相人数 | 序号 | 省别 | 居相人数 | 序号 | 省别 | 居相人数 |
|---|---|---|---|---|---|---|---|---|
| 1 | 陕西 | 44 | 6 | 湖北 | 4 | 11 | 江西 | 1 |
| 2 | 河南 | 36 | 7 | 山东 | 3 | 12 | 湖南 | 1 |
| 3 | 河北 | 20 | 8 | 浙江 | 2 | 13 | 广东 | 1 |
| 4 | 山西 | 19 | 9 | 甘肃 | 2 | 合计 | | 143 |
| 5 | 江苏 | 8 | 10 | 安徽 | 2 | | | |

### (一)文化家族群星灿烂,成就辉煌

史学大师胡戟先生等主编的170余万字的《二十世纪唐研究》,是对20世纪唐研究的百年回顾,分政治、经济、文化、社会4卷,共32章,每卷均有概论,作为系统性的学术史式总结,其中第三卷文化卷概论二十世纪的唐代文化研究指出,唐代文化“涌现出玄奘、李白、杜甫、白居易、韩愈、柳宗元、吴道子、孙思

---

① 〔唐〕杜佑撰,王文锦、王永兴、刘俊文等点校:《通典》,中华书局1988年版,第417、342页。

② 据史念海统计,唐前期身居相位且有专传的总146人,但细检所论,稍有出入,实为143人,且个别宰相所属籍贯也有出入,表中进行了调整。宰相上官仪籍贯,史念海置于扬州江都县(今江苏扬州市西南),这里置于河南洛阳市,数字统计计入河南省。参见史念海:《两〈唐书〉列传人物本贯的地理分布》,《唐代历史地理研究》,中国社会科学出版社1998年版,第373—467页。

邈、僧一行和陆羽等一大批世界文化名人,创作了具有永恒魅力的诗歌、绘画、书法、雕塑、乐舞等不朽作品,在五千年的中华文明史上,书写了最精彩的一章,在世界文化史上,也是独具特色的瑰宝”①。这里所列举的10位唐代世界文化名人中就有6位是河南人,即玄奘、杜甫、白居易、韩愈、吴道子、僧一行,涵盖诗歌、散文、绘画、天文、宗教等领域,唐人所创造的辉煌成就中,河南文化成就可见一斑。袁行霈亦指出:“到了唐代,河南则是文学家集中涌现的地方,唐代著名诗人几乎一半出自河南,杜甫、韩愈、岑参、元稹、李贺、李商隐等人,为唐诗的繁荣发展做出了重大贡献。”②

**(二)家族创制纷呈,影响深远**

唐高宗时,宋州宁陵(今商丘宁陵东南)刘氏考功员外郎刘思立奏请科举考试增加明经帖、进士试杂文,由此明经科重经术、进士科重文辞得以实行,对选人和后世科举影响很大,也为盛唐政坛和文坛的繁荣储备了人才。从唐天复四年(904)蔡州上蔡(今属河南)人刘隐任清海军节度使至南汉光天元年(942)高祖刘龑死亡,兄弟二人据有岭南约40年。刘氏兄弟打破了武人任刺史的局面,均以士人出任刺史,以文吏治州县。刺史无武人,对五代十国时期武人因军功而升刺史、刺人多武人的现象,确实是一大突破。

**(三)家族在经济开发、文化传播上贡献突出**

初唐陈政、陈元光父子率军南下,成为在泉、潮、漳地区创业开基的基本力量。唐中宗时,陕州陕县(今三门峡陕县老城)上官氏上官婉儿建议朝廷增加书馆,增录学士,促进了文化的发展和人才的利用。许州舞阳(今属河南)人前蜀高祖王建实施了优礼文土、守境息民的政策,促进了当时社会经济文化的恢复和发展,文艺昌盛,人才辈出,都城成为繁华安定的经济文化中心。蔡州上蔡(今属河南)人南汉高祖刘龑初期,承兄长成法,瞩意延揽士人,推行中原文化。南汉建国,中朝南迁士人“为陈吉凶礼法。为国制度,略有次序”③,就得力于他们。

**(四)家族兴衰更替频繁**

隋唐五代以前的门阀士族延续下来的屈指可数,新的世家大族大量涌现,

---

① 胡戟、张弓、李斌城等:《二十世纪唐研究》,中国社会科学出版社2002年版,第513页。

② 袁行霈:《中国地域文化通览·总绪论》,载朱绍侯主编:《中国地域文化通览·河南卷》,中华书局2014年版,第5页。

③ 〔宋〕欧阳修:《新五代史》,中华书局1974年版,第810页。

但兴亡嬗替快速，长期绵延下来的亦为数稀少。

### （五）河南是世家大族的主要聚居地

美国学者谭凯根据出土墓志，对唐代大族的姓氏、分布等情况作了研究（见表5-5、表5-6），揭示出以洛阳为中心的河南地区是世家大族的主要分布地区。①

**表5-5　9世纪墓志所见（分区域）大族身份频率表**

| 地区 | 志主 | 志主或宗亲 | 志主、姻亲或宗亲 | 配偶 | 姻亲 |
|---|---|---|---|---|---|
| 洛阳 | 87%（871/998） | 94%（938/998） | 97%（964/998） | 72%（584/810） | 71%（1143/1621） |
| 两京走廊 | 82%（108/131） | 92%（121/131） | 95%（125/131） | 80%（106/132） | 66%（155/235） |
| 河朔 | 83%（111/134） | 86%（115/134） | 91%（122/134） | 60%（77/128） | 53%（108/203） |
| 长安 | 75%（464/620） | 85%（529/620） | 90%（557/620） | 49%（247/502） | 48%（395/830） |
| 昭义 | 92%（120/130） | 92%（120/130） | 95%（123/130） | 63%（81/129） | 43%（118/274） |
| 长江下游 | 91%（129/141） | 91%（129/141） | 95%（134/141） | 56%（75/133） | 53%（123/232） |
| 其他地区 | 87%（193/223） | 88%（197/223） | 95%（212/223） | 65%（142/218） | 56%（211/380） |

资料来源：［美］谭凯《中古中国门阀大族的消亡》第51页表1-2。顺序略作调整。

**表5-6　9世纪墓志所见（分区域）大族属性的相关声望统计表**

| 地区 | “禁婚家”所涉7个大族 | 拥有官职最多的16个家族 | 柳芳列表中的28个家族 | 姜士彬列表中的大族 | 数量 |
|---|---|---|---|---|---|
| 洛阳 | 51% | 68% | 65% | 89% | 2014 |
| 两京走廊 | 37% | 59% | 50% | 84% | 263 |
| 河朔 | 27% | 60% | 33% | 87% | 219 |
| 长安 | 30% | 57% | 50% | 87% | 862 |
| 昭义 | 30% | 50% | 31% | 86% | 238 |
| 长江下游 | 10% | 35% | 25% | 81% | 252 |
| 其他地区 | 24% | 49% | 30% | 85% | 404 |

资料来源：［美］谭凯《中古中国门阀大族的消亡》第53页表1-3。顺序略作调整。

① ［美］谭凯（Nicolas Tackett）著，胡耀飞、谢宇荣译：《中古中国门阀大族的消亡》，社会科学文献出版社2017年版。

表5-6中,“禁婚家”所涉7个大族,即唐高宗(649—682年在位)时所禁止相互间联姻,以削弱其声望的7个望姓家族,即赵郡李、陇西李、太原王、荥阳郑、范阳卢、清河崔、博陵崔。16个顶级的官宦大族,除了7个“禁婚家”,另有琅邪王、弘农杨、京兆韦、河东裴、南阳张、清河张、彭城刘、渤海高、天水赵。柳芳列表中的28个家族,指中唐人柳芳所撰《氏族论》中所列家族,包括7个“禁婚家”及来自代北地区的河南陆、河南元、河南宇文、扶风窦、河南于、河南源和河南长孙,原南迁出仕于南朝的陈郡谢、琅邪王、兰陵萧、陈郡袁,来自关中地区的京兆杜、河东柳、河东裴、河东薛、京兆韦和弘农杨,来自东南地区苏州一带的吴郡朱、吴郡陆、吴郡张和吴郡顾。姜士彬列表中的大族指A、C、E列表中的所有家族,A、C即敦煌藏经洞发现的两份可追溯至10世纪的郡望表手稿,一份(C)收录姓791个,另一份(A)收录姓258个;第三份列表(E)是日本人池田温根据一份宋初地理文本的数据重构的,收录姓362个,内容与收录姓258个的郡望表大体相近,都是天宝八载(749)宰相李林甫主持的官修大族目录的不同抄本。①

表中河南地区世家大族,除洛阳外,两京走廊、河朔地区中也有属河南的大族。从表中可知,在河南地区的大姓大族最多。

## 第二节 隋代河南世家大族的短暂复兴

北周大定元年(581)年二月,辅政的外戚、弘农华阴(今属陕西)杨氏杨坚废静帝宇文阐自立,改元开皇,国号隋。到隋开皇九年(589),灭掉割据江南一隅的南朝陈,统一了全国。大业十四年(618)五月初,李渊接受隋恭帝禅让,建立唐朝,隋朝灭亡。

---

① [美]谭凯(Nicolas Tackett)著,胡耀飞、谢宇荣译:《中古中国门阀大族的消亡》,社会科学文献出版社2017年版,第45—53页。

## 一、杨氏统治家族

仁寿四年(604)七月,隋炀帝杨广继位。隋炀帝即位后,开始着手营建东京洛阳,并使洛阳成为当时全国真正的政治、经济、文化中心,是事实上的首都。隋朝杨氏皇族成为河南的统治家族。大业十二年(616)七月隋炀帝离开东都洛阳下江都(今江苏扬州),大业十四年(618)三月在江都(今江苏扬州)为部下所弑,未曾北返洛阳。隋炀帝被杀后,在东都的王世充、元文都等拥立隋炀帝的孙子越王杨侗为帝,改元皇泰,史称皇泰主。皇泰二年(619)四月,太尉、尚书令王世充胁迫杨侗退位,自己称帝,国号为郑,在河南的杨氏统治家族统治结束。武德二年(619)五月,隋废帝杨侗亦为王世充所害。

杨氏统治家族在河南和中国历史上有着重要影响与地位,这主要体现在以下几大方面:

一是大力加强东都洛阳建设。隋炀帝认为以洛阳为中心最便于控制全国,仁寿四年七月即位后,下令大规模建设洛阳。

其一,洛阳四周掘堑置关防。仁寿四年十一月,隋炀帝下令征发丁男数十万人掘壕沟,自龙门(今山西河津西北)东接长平(郡治丹川,丹川在今山西晋城市东北)、汲郡(治今河南卫辉西南),抵临清关(今新乡市东北),渡黄河至浚仪(今开封市)、襄城(治所在今平顶山汝州),到上洛(今陕西商州),以置关防,对洛阳形成保卫之势。大业五年(609)正月,东京改称东都。

其二,营建东京洛阳城。大业元年(605)三月,隋炀帝下令以尚书令杨素为营建东京大监,纳言杨达、将作少匠宇文恺为副监,从全国各地征调民工200万人,正式营建洛阳城。次年正月,东京洛阳正式建成。大业十一年(615)三月,在宝城(皇城)造仪銮殿。武德四年(621)五月唐秦王李世民降服王世充后,进入洛阳城时就惊叹洛阳城宫殿的奢华,还下令拆掉端门楼,焚毁乾阳殿,毁弃则天门及阙,废掉诸道场。

其三,营建显仁宫。大业元年三月,隋炀帝诏宇文恺与内史舍人封德彝等在河南郡寿安县(今洛阳宜阳西南)营建显仁宫,“苑囿连接,北至新安,南及飞山,西至渑池,周围数百里”①。又下令征集长江以南、五岭以北的奇材异石、嘉木异草、珍禽奇兽运往洛阳,装饰美化园苑。

其四,筑洛阳西苑。大业元年三月,筑洛阳西苑。西苑,名芳华园。苑墙周围126里,北据北邙山,西至孝水,南带洛水支渠,谷、洛二水汇于其间。苑中间有人工造海,周围10余里,海内造山,为蓬莱、方丈、瀛洲诸山。山高出水面百余尺,相距各300步,台观殿阁,布置诸山上,风景非常壮观。苑北有龙鳞渠,萦纡注入海内。沿着渠边筑有16院,门皆临渠。西花园建筑富丽堂皇,是东都洛阳的一颗璀璨明珠。

其五,在东京洛阳周围置洛口仓、回洛仓。运河开通以后,南方粮食通过漕运源源不断地输往洛阳,原来的仓储不够用。大业二年(606)十月,在洛阳附近置洛口仓,周围20余里,凿通3000个仓窖,可容8000多石粮食,并置监官及士兵千人守卫。十二月,又在距洛阳城7里之外的北边置回洛仓,仓城周围10里,凿有300个仓窖。

二是开通以洛阳为中心的大运河。大业元年三月,隋炀帝命尚书右丞皇甫议征调河南、淮北诸郡民工百余万,开通济渠,全长1300公里,渠宽约40米,可以行驶龙舟。渠旁修筑有御道,道旁栽种有榆、柳等树木,并且每隔50里建一座行宫,供炀帝巡幸时使用。因炀帝经常巡游于这段河上,因此又称为御河。通济渠起自洛阳,通于江淮。从其自然形势看,全渠可分为三段:西段起自洛阳西苑,引谷水、洛水,东循阳渠故道,由洛水注入黄河;中段自洛口到板渚(今郑州荥阳市广武山北,已被黄河圮毁)是利用黄河的自然流向;东段起自板渚,引黄河水经荥泽县(今属郑州)入汴河,走汴渠故道,然后经蕲水故道注入淮水。②大业四年(608)开通永济渠。此年正月,隋炀帝下诏征发黄河以北诸郡男女百余万人,开永济渠。这段运河南起沁水入黄河处,北通涿郡(治所在今北京西南),全长1000余公里,是运河上最长的一段,即疏浚沁水下游,南达于黄河,在沁水下游则向东开道凿渠,拦截着沁水和清水、淇水,迫使其流入白沟,加大白沟的流水量。③ 漕运是由黄河入白沟,到达天津市附近。再由卫河转入潞河,直

---

① 〔唐〕魏徵、令狐德棻:《隋书》,中华书局1973年版,第686页。

② 关于通济渠往东的流向,由于史书记载不详,至今未成定论。

③ 关于永济渠在河南的一段,是利用的哪条旧河道,因史载不详,学术界仍存争议。

达涿郡附近。开凿这条渠时，因疏浚旧道，工程浩大，丁男不够，开始征发妇女服役。永济渠在河南境内流经的地区，首先有武陟（今属焦作）发源，然后经汲县（今新乡卫辉西南）、黎阳（今鹤壁浚县东）、临河（今鹤壁浚县东北）、内黄（今安阳内黄西）。出河南境，经今山东、河北、天津等省市，达于蓟城（今北京市）。通济渠、永济渠在开凿过程中，都动用了百万民工，仅用半年时间就顺利通航。这样巨大的工程是在官吏督役严急的情况下迅速完成的，掘河的民工，饥寒交迫、疾病侵袭，死亡者在半数以上。

隋代大运河的开凿，加强了政治中心与经济中心（江淮地区）的联系，促进了全国经济文化的交流和发展，对于维护国家统一发挥了巨大作用。河南正处运河中心地段，沿黄河与运河的城市和地区得到了很大发展，汴州（今开封市）成为仅次于扬州的国际经贸中心。舒乙《隋唐大运河：地下的辉煌》分析了隋代大运河六方面作用：一是沟通了中国大地的东西南北，实现了中国历史上第一次真正的融会贯通和大一统；二是一下子诞生了几十座沿河的繁荣城市；三是隋代大运河造就了扬州（含杭州）、西安（含洛阳、开封）、北京（含天津）这样三大世界都市，扬州是大运河的起点，西安是中点，北京是终点；四是把中原文化带到了北方，带到了南方，也把北方草原游牧文化、南方鱼米桑茶水乡文化带到了中原，实现了中华文化的多元化、互补化和共繁化；五是几大水系的串通促进了民族之间的融合与交流以及中外的国际交流；六是隋炀帝大运河迎来了唐代的贞观盛世，奠定了唐文化在世界上崛起的基础。①

当然，隋炀帝不断掘长堑、筑西苑、营洛阳、缮离宫、造豪船、凿山道、征高丽、游江南，耗费了大量人力、物力、财力，加重了人民负担，中原地区出现了“耕稼失时，田畴多荒”的惨景，农民起义风起云涌，隋朝迅速灭亡。

## 二、门阀士族的弱化

隋唐时期是门阀士族的衰落时期，但毕竟还有门阀制度的残余存在。孙国

---

① 舒乙：《隋唐大运河：地下的辉煌》，《瞭望》2008 年第 3 期。按：这种大运河起点、终点观点值得商榷，实际上，都城既是大运河开通的起点，也是大运河开通的终点。

栋认为,唐代以高门大族为中坚①,就是说唐代仍然是门阀士族主导的社会。孙氏说法更贴近隋代实际。隋时,河南士族虽有衰落的趋势,但仍然有着阀阅的巨大影响力,尤其是大量姓族开始兴起。

豫中地区:代表性士族荥阳郑氏家族稍有衰落。隋代荥阳郑氏房支、世系明确可考的有41人,但仕宦发展并不是很好,有33人入仕,与北朝时期相比,入仕率降低,各房支间的仕宦、代际间的仕宦发展都呈现衰落的趋势,且衰落幅度较大;高级官员所占比重亦降低,不过低级官员所占比重比北朝时期高。②

**表5-7 隋郑氏仕宦等级分布表**

| 世系 | 隋朝一代 | |
|---|---|---|
| 官员品秩 | 五品以上 | 五品以下 |
| 郑灵虬房 | 4 | 5 |
| 郑白虬房 | 1 | 1 |
| 郑季方房 | 1 | 1 |
| 郑季弱房 | 1 | 4 |
| 南祖房 | 7 | 11 |
| 郑幼麟房 | 0 | 2 |
| 郑洞林房 | 3 | 0 |
| 郑小白房 | 3 | 6 |
| 北祖房 | 6 | 8 |
| 中祖房 | 0 | 1 |
| 总计 | 13 | 20 |
| 入仕人数 | 33 | |
| 总人数 | 41 | |

说明:五品以上含五品。

资料来源:杨艳敏《隋唐荥阳郑氏的衰落问题研究——以房系、仕宦和政风为对象的考

① 孙国栋:《唐宋之际社会门第之消融——唐宋之际社会转变研究之一》,《唐宋史论丛》,上海古籍出版社2010年版,第337页。

② 杨艳敏:《隋唐荥阳郑氏的衰落问题研究——以房系、仕宦和政风为对象的考察》,河北大学2016年硕士学位论文,第40—48页。

察》表 10。①

豫北地区：隋末农民起义风起云涌，出现了一些因起义反隋而显名一时的家族。隋末东郡韦城（今安阳滑县东南）翟氏翟让家族一时崛起，成为隋末农民起义中瓦岗军前期领袖，控制中原地区达 3 年多，歼灭和牵制了隋王朝大量兵力，在推翻隋朝的统治中起了重要作用。大业十二年（616）十月，翟让在瓦岗（今安阳滑县东南）举起了反隋的大旗，取得荥阳（今属郑州）大捷。义宁元年（617）二月，攻占兴洛仓（在今郑州巩义），开仓济民。石子河（洛水东）之战后，同年二月二十九日，瓦岗军在洛口城（即兴洛仓所在地）正式建立政权。起义军成立“行军元帅府”，推李密为魏公，建元永平。李密拜翟让为上柱国、司徒，封东郡公，也置长史以下官属，数目减元帅之半。到十一月十一日，李密借饮宴设局杀害翟让、翟让兄翟弘及其子摩侯等，造成了瓦岗军内部的不和，隋末农民起义的进程受到严重影响。武德元年（618）六月，李密投降隋朝；九月，洛口城被王世充攻破；十月，李密率 2 万人马入关归唐，部将或以城邑或率众降唐；十一月，在黎阳（今鹤壁浚县东）据有李密以前所统治地区的徐世勣，被秘书丞魏徵成功劝降归唐。次年（619），李密因叛唐被熊州行军总管盛彦师所杀，传首长安（今陕西西安）；李密所置伊州刺史张善相降唐。翟让所创建的瓦岗军完全瓦解归唐。不过，瓦岗军中也涌现出一批军功家族，并成为唐初的大族。

豫西地区：河内（今焦作沁阳）张氏张衡官至御史大夫，甚得隋炀帝重用。大业三年（607）八月，炀帝巡幸北方，登太行山时专开 90 里的直道，抵张衡宅。九月，炀帝幸临张衡宅，悦其山泉，宴留 3 日。陕州陕县（今三门峡陕县老城）上官氏上官弘官至江都宫副监。

当然，在隋末农民战争中，也有大量家族衰落乃至灭失，一方面是不少世家大族遭受农民起义军沉重打击，另一方面是一些家族为隋朝镇压族灭。如大业九年（613）八月，杨玄感起兵反隋失败后，隋炀帝对杨玄感的一呼百应甚感恐惧，禁止数人聚集，有令不听者，尽加诛杀，以惩其后。所杀 3 万余人，皆籍没其家，枉死者大半，流徙者 6000 余人。杨玄感围东都时曾开仓济民，兵败后，凡接

---

① 隋至武周初期，另有房支、世系不明的郑氏 10 人，即郑广、郑满、郑赡、郑遘、郑玄果、郑俭、郑元璲、郑戎、郑温球、郑炅，10 人中应该有属隋代的，其仕宦未计入在内。杨艳敏：《隋唐荥阳郑氏的衰落问题研究——以房系、仕宦和政风为对象的考察》，河北大学 2016 年硕士学位论文，第 40、47 页。

受米粮的人，皆被坑杀于都城之南；杨玄感生前所交文士虞绰、王胄都发配边疆。

## 三、世家大族控制下的地方经济发展

隋的统一，为久经战乱的中原地区社会经济的恢复和发展创造了条件，给河南局部地区带来了一定繁荣。隋炀帝加强东京洛阳经济建设。大业元年(605)三月，隋炀帝下令兴建洛阳的同时，徙富户实洛阳，把天下的富商大贾、江南的“科上户”6000多家，以及洛阳郊外居民等迁入洛阳居住。王侯世族、富商大贾集中在洛阳，使洛阳的工商业迅速地繁荣起来。以洛阳为中心的大运河开通以后，洛阳商业更是欣欣向荣。洛阳有3个大市，东市叫丰都市，南市叫大同市，北市叫通远市。市场里天下商旅和四方物货云集，洛阳居民物资供应得到有效保证。洛阳城内富商大贾的迁入，促进了商业的繁荣，同时也刺激着手工业的发展。大业三年(607)十月，隋炀帝又徙工艺户实东都，敕河北(或说河南)诸郡送工艺户陪东都3000余家，于建阳东门道置12坊，北临洛水，给工艺户居住。这些专门技术人才的补充给洛阳手工业的发展奠定了良好的基础。

大业六年(610)正月，炀帝以西域诸国酋长毕集洛阳，便请诸国的客商入洛阳丰都市交易。炀帝为了夸耀国家的富庶，先命整饬店肆，屋檐如一，盛设帷帐，珍货充积，人物华盛，卖菜者的脚下也垫着龙须席，树以缯帛缠绕。胡商路过酒食店，全令邀延就座，醉饱而散，不取分文，并哄骗胡客道：“中国丰饶，酒食例不取直。”胡客都惊叹不已。虽然有粉饰富裕繁盛之意，但一定程度上也反映出当时东都洛阳经济发达的繁华景象。

河内张氏张衡官至御史大夫，大业三年(607)九月，炀帝幸临张衡宅，特赐张衡宅旁田30顷、良马1匹、缣彩600段、衣1套、御用食器1具等。

# 第三节 唐代前期河南新兴世家大族的兴起

隋唐时期是门阀士族的衰落时期，是士族、庶族势力消长的时期，门阀士族政治地位显著降低，庶族势力显著扩大，新兴世家大族涌现。

## 一、高宗武周时期的统治家族

并州文水（今山西文水东）武氏武则天（624—705），名曌，也称武后，唐女皇帝，690—705年在位。其父武士彟，唐开国功臣。武则天14岁入宫为唐太宗才人，太宗死后为尼。高宗时，王皇后因嫉妒萧淑妃得宠，知武则天为高宗所恋，乃阴令她蓄发，纳入后宫，以间淑妃。永徽三年（652）为昭仪，进号宸妃。永徽六年（655）十月当皇后。弘道元年（683），中宗即位，她当太后，临朝称制。嗣圣元年（684）二月，废中宗，立睿宗，杀大臣裴炎及唐宗室。载初元年（690），废睿宗，改国号为周，自称圣神皇帝，成为中国历史上唯一的女皇帝。至神龙元年（705）春正月传位皇太子李显。《旧唐书》卷六《则天皇后本纪》载："帝（高宗）自显庆已后，多苦风疾，百司表奏，皆委天后详决。自此内辅国政数十年，威势与帝无异，当时称为'二圣'。"[①]在临朝称制前，武则天参与国政，决百司奏事，辅政达28年。由此，在唐初，武则天辅政、主政近50年，并且，古人认为唐高宗因体弱惧内而成为武则天的傀儡，20世纪80年代前学术界基本上默认这一观点，其后一些学者如日人泽田瑞德仍坚持这一观点。[②] 所以一定程度上可以说，这50年是武则天主政的50年。

作为高宗武周时期统治家族的武氏武则天，在此期间，她注意发展经济，奖

① 〔后晋〕刘昫等：《旧唐书》，中华书局1975年版，第115页。

② 胡戟、张弓、李斌城等：《二十世纪唐研究》，中国社会科学出版社2002年版，第372页。

励农桑;广开言路,注意纳谏;改革吏治,重视选拔人才;打击旧门阀士族,发展科举制;注意开发边疆,巩固边防。

一是洛阳地位提升,为东都、神都。显庆二年(657)洛阳复称东都,高宗经常往来于西京长安和东都洛阳之间。武则天光宅元年(684)以东都为神都,宫名太初,自此久居其地,仅于长安元年(701)十月至长安三年(703)十月居西京,洛阳实际上已代长安作为都城,直到神龙元年(705)武则天病死。垂拱四年(688)元月,武则天在神都洛阳先立高祖、太宗、高宗三庙,与京师长安(今陕西西安)西庙祭祀制度一样,四时加以享祀;接着又在洛阳立崇先庙,用以祭祀武氏祖先。天授元年(690)九月,武则天御则天楼,赦天下,以唐为周,改元天授,上尊号为圣神皇帝。以皇帝李旦为皇嗣,赐姓武氏,以皇太子为皇孙,立武氏七庙于神都洛阳,尊周文王为始祖文皇帝。次年(691)正月,在万象神宫受尊号,旗帜尚赤,改置社稷于神都洛阳,纳武氏神主于太庙,长安的唐太庙更名为享德庙。又大享于明堂,祀昊天上帝,百神从祀,以武氏祖宗配飨,唐三帝也配飨。神龙元年正月,大臣张柬之诛杀张易之兄弟,拥李显复即皇位,武则天受尊号“则天大圣皇帝”。同年二月,恢复国号为唐,郊庙、社稷、陵寝、百官、旗帜、服色、文字与永淳以前一样;改神都为东都,北都为并州(今山西太原市西南)大都督府,老君为玄元皇帝。

二是东都及都畿建设继续加强。显庆五年(660)五月,洛阳苑内由八关宫改名的合璧宫修缮完成;麟德二年(665)三月,东都乾元殿建成。调露元年(679),司农卿韦弘机修建宿羽、高山、上阳等宫(前二宫均在东都禁苑中),十分华丽,尤其是上阳宫(在今洛阳西北侧洛水南),面临洛水作为长廊,长达1里。永淳元年(682)七月,高宗在嵩山(今郑州登封市境内)南修建奉天宫。垂拱四年二月,武则天诏令拆毁洛阳宫内的乾元殿,以白马寺主持薛怀义为使,役使数万人,以其地建明堂。十二月,明堂建成,高294尺,方300尺,共3层:下层效法四时,四方各随其色;中层效法12时辰,为圆盖,有9龙围捧;上层效法24节气,也为圆盖;圆盖之上施以铁凤,高1丈,饰以黄金。明堂内中央立有10围粗的巨木,上下贯通,作为梁柱等的支撑。明堂下又建有通水的铁渠,呈辟雍之形。武则天赐号“万象神宫”,在内大宴群臣,并让百姓参观。又在明堂北修建用以存放大佛像的5级天堂,至3级就能俯视明堂。天册万岁元年(695)正月,薛怀义秘密烧毁天堂,大火延及明堂,致使明堂亦毁,武则天命薛怀义再造明堂、天堂,又铸造九州铜鼎,以及12尊神像。神像高1丈,各置其方位。同年四月,武则天在洛阳命人制造的天枢完工。它像一根柱子,高105尺,直径12尺,八面各径5尺;下为铁山,周围175尺,以铜蟠龙麒麟缠绕;天枢上面为腾云承露盘,直径3丈,里面站着4个捧着火珠、高达1丈的龙人。天枢由工匠毛婆罗造模,武三思为文,上面刻有百官和四夷酋长的名字,武则天亲自题名,叫"大周万国颂德天枢"。万岁通天元年(696)三月,新明堂建成,规模小于旧明堂。上面铸有涂金铁凤,高2丈,因被大风损坏,改铸为被群龙捧着的铜火珠,号称"通天宫"。大赦天下,改元万岁通天。久视元年(700)一月,在告成(今郑州登封市告成镇)石淙修筑三阳宫;长安四年(704)正月,武则天下令拆毁三阳宫,将其材料运到万安山(今洛阳宜阳县西南)修建兴泰宫。这两座宫殿都是武三思建议修筑的,费功甚多,百姓苦其工役。

垂拱四年七月,因洛水出"宝图",武则天更名洛水为永昌洛水,封其神为显圣侯,加特进,禁止在洛水中捕钓,祭祀与四渎一样;名图所出处为"圣图泉",在泉侧置永昌县;又改嵩山为神岳,封其神为天中王,拜太师、使持节、神岳大都督,禁止放牧;改汜水为广武。同年十二月,洛阳宫内明堂建成,武则天赐号"万象神宫",因改河南县为合宫县(今洛阳西)。万岁通天元年十二月十一日,武则天封禅嵩岳(今郑州登封),大赦天下,改元万岁登封,下令免除天下百姓当年租税;二月,尊神岳天中王为神岳天中皇帝,天灵妃为天中皇后,夏启为齐圣皇帝,封启母神为玉京太后。

三是重大军国活动在东都展开。显庆五年(660)正月,苏定方击回纥,大获全胜,献俘于洛阳乾阳殿。龙朔元年(661)三月,高宗在洛阳宫西城门洛城门设宴,招待群臣与外夷,与他们一起观看新排练的军队乐舞"一戎大定乐"。上元二年(675)三月,百官及朝集史陪同武则天皇后在邙山(今洛阳市北)南祭祀先蚕。弘道元年(683)十二月,高宗崩于东都贞观殿,遗诏太子李显于灵柩前即位,国家大事有不能决定者,由则天皇后裁决;废止万泉、芳桂、奉天等宫。中宗李显即位后,武则天为皇太后,政事由她来裁决。嗣圣元年(684)二月,太后武则天废中宗为庐陵王,立雍州牧李旦为皇帝,是为睿宗,改元文明,随即皇帝率王公以下到武成殿(在洛阳宫内)为太后上尊号;太后临轩,遣礼部尚书武承嗣册嗣皇帝,自此常御紫宸殿(大明宫内),施以紫帐听政,一切军国大事皆决于太后。文明元年(684)九月,武则天改元光宅,旗帜皆从金色,八品以下官员,原着青色官服的改穿碧色;改尚书省为文昌台,左、右仆射为左、右相,六曹为天、地、四时六官;门下省为鸾台,中书省为凤阁,侍中为纳言,中书令为内史;御史台为左肃政台,增置右肃政台;其余省、寺、监、率等名相应更改。垂拱四年四月,武承嗣使人在白石上凿"圣母临人,永昌帝业"之文,抹以紫石药物后,派唐同泰奉表将它献给太后,谎称获于洛水。太后大喜,命其石叫"宝图",擢升唐同泰为游击将军;到五月,下诏亲拜洛水,受"宝图"。命诸州都督、刺史以及宗室、外戚,在拜洛水前10日到达神都,太后加尊号为"圣母神皇";七月,武则天更名"宝图"为"天授圣图";十二月,太后拜洛水受图,皇帝、皇太子皆从,文武百官和少数民族首领,各按方位站立,珍禽异兽奇宝排列于坛前,文物仪仗之盛,自唐朝以来所未见过。

四是发展科举制,重视选拔人才。天授元年二月,武则天创立殿试,在洛阳上阳宫内洛城殿亲自考贡士对策,贡士殿试自此开始。长寿元年(692)一月,武则天试官,召见存抚使所推举的人员,不论贤愚,都加擢用,考试高者用为凤阁舍人、给事中,次者用为员外郎、侍御史、补阙、拾遗、校书郎。试官由此开始,时人称之为"补阙连车载,拾遗平斗量;欋推侍御史,碗脱校书郎",举人沈佺交续之说:"糊心存抚使,眯目圣神皇。"御史纪先知劾其诽谤朝政,武则天笑着说:"但使卿辈不滥,何恤人言!宜释其罪。"①武则天虽然滥给禄位以收买天下人心,但对不称职的,或加以罢免,或加以刑诛。武则天运用刑赏之权驾驭天下,政由己出,明察善断,所以当时的英贤竞相为其所用。

五是加强关防,镇压反叛。武则天时期,在军事关防上,扩大洛阳王畿,增置折冲府;增设洛州关防。② 镇压豫、申等州李氏王、公反叛。武则天加紧篡唐,唐代李氏诸王深感不安。绛州刺史韩王李元嘉、豫州刺史越王李贞、申州刺史东莞公李融等,皆有匡复唐朝之志。垂拱四年八月,李贞之子博州刺史琅邪王李冲首先起兵,约诸王公共同起兵,分赴神都洛阳。越王李贞在豫州起兵响应,攻陷上蔡(今属河南)。九月,太后武则天以麹崇裕为中军大总管,以岑长倩为后军大总管,率兵10万征讨。加上新蔡(今属驻马店)令傅延庆所招募的2000余勇士,李贞将所得属县兵5000人分为五营,命汝南县丞裴守德等率领,又授

---

① 〔北宋〕司马光:《资治通鉴》,中华书局1956年版,第6477—6478页。

② 陈习刚:《论武则天时期关津的职能及其兴废》,《中州学刊》2007年第5期。

九品以上官500人,以裴守德为大将军。麹崇裕等军至豫州城东40里,李贞派少子李规及裴守德拒战,兵溃而归。麹崇裕等至城下,李贞、李规父子等自杀,被枭首东都阙下。以文昌左丞狄仁杰为豫州刺史,时豫州受株连当坐斩的六七百家,籍没者5000人,幸得狄仁杰申诉,均改流丰州(治今内蒙古五原县南)。狄仁杰亦因怒责官军掳掠、滥杀之暴,被贬谪为复州刺史。越王李贞起兵时曾遣使约李融,李融因仓促未备,便执使者上告,擢拜右赞善大夫。十月,事泄,被杀于市,全家籍没。

总体来说,武则天稳固并发展了贞观以来的新兴地主政权,对唐代政治、军事、社会、经济等起着积极作用,为其后玄宗"开元盛世"的新兴地主政权奠定了基础。因此,我们说武则天统治时期是"贞观之治"走向"开元盛世"的重要过渡阶段,[①]实不为过。当然,武则天也任用酷吏,奖励告密,被牵连冤杀者甚多。

## 二、新旧士族斗争下的新世家大族涌现

唐前期,旧的门阀士族的势力继续趋向衰落,新的士族和大族在形成和发展,成为唐前期新旧士族斗争下的突出特点。唐前期门阀士族家族的衰落,由战乱导致。垂拱四年(688)九月,豫州受豫州刺史越王李贞反叛之害的家族不少,如豫州刺史狄仁杰被贬为复州刺史。

严刑峻法也是家族败亡的重要因素。司仆少卿来俊臣大兴刑狱,严刑逼供,被他诬陷灭族者千余家。因民怨沸腾,神功元年(697)五月,来俊臣被弃市,全家籍没。

豫中地区:门阀士族荥阳郑氏继续衰落。杨艳敏将隋唐郑氏的研究分为三大时期,即隋至武周初期、武周至德宗朝前期、德宗朝后期至唐末,又分别对应郑氏隋、入唐一代、二代,入唐三代、四代、五代,入唐六代、七代、八代、九代。入唐一至四代,大致属于肃宗朝之前,为唐前期;五至九代则大致为唐后期。唐前期,荥阳郑氏房支、世系明确可考的,第一代有68人,其中46人入仕;第二代有

---

① 胡戟:《武则天本传》,三秦出版社1986年版,第129页。

111 人，其中 64 人入仕（表 5-8）；[①]与北朝相比，荥阳郑氏各房支间的仕宦、代际间的仕宦发展都呈衰落的趋势，且衰落幅度较大，每一代中高级官员所占比重均低于北朝时期，且有继续降低的趋势，而每一代仕宦者中的低级官员所占比重均高于北朝时期。[②] 除沧州郑氏和郑少邻房及具体世系不明确的人外，入唐后郑氏第三代有 176 人，有 101 人入仕，第四代 279 人，有 159 人入仕（表 5-9），[③]中祖房和北祖房中的郑洞林房已然衰落，世系难以考察，但又出现了郑少邻房。[④] 入唐后郑氏第三代中高级官员所占比重要高于第二代中高级官员所占比重，但随后又继续衰落；而每一代低级官员所占比重几乎全都低于隋至武周初期每一代低级官员所占比重，大体呈降低趋势。[⑤] 当然，这一时期，荥阳郑氏家族仍然有高官厚禄之人，如郑万钧官至秘书少监、驸马都尉，郑虔做过广文馆博士等。

---

① 隋至武周初期，另有房支、世系不明的郑氏 10 人，即郑广、郑满、郑赡、郑遣、郑玄果、郑俭、郑元璲、郑戎、郑温球、郑炅，10 人中应该有属唐代的，其仕宦未计入在内。入唐，沧州郑氏郑蒋、郑则、郑玄升、郑徇、郑愔四代 5 人，因由鄚姓改姓而来，不计入唐代荥阳郑氏人数。杨艳敏：《隋唐荥阳郑氏的衰落问题研究——以房系、仕宦和政风为对象的考察》，河北大学 2016 年硕士学位论文，第 40、44 页。

② 杨艳敏：《隋唐荥阳郑氏的衰落问题研究——以房系、仕宦和政风为对象的考察》，河北大学 2016 年硕士学位论文，第 46、48 页。

③ 郑少邻房在唐朝传六代 8 人，约相当于郑氏四至九代，其中有 1 人在郑氏四代入仕，总人数和入仕人数都未计入（详后）。入唐后郑氏三至五代间，世系不明的有郑虔、郑潜曜、郑云逵、郑芳、郑齐闵、郑瑨、郑晃、郑准、郑淮、郑滦、郑玉、郑憬、郑当等 13 人，其仕宦未计入在内，但据郑氏三至五代共 409 人入仕，入仕率为 52. 30%，则总人数为 782（769+13），总人数和入仕人数中都计入了此 13 人。这 13 人中，应该有属郑氏三至四代的。杨艳敏：《隋唐荥阳郑氏的衰落问题研究——以房系、仕宦和政风为对象的考察》，河北大学 2016 年硕士学位论文，第 65、67、69 页。

④ 杨艳敏：《隋唐荥阳郑氏的衰落问题研究——以房系、仕宦和政风为对象的考察》，河北大学 2016 年硕士学位论文，第 65 页。

⑤ 杨艳敏：《隋唐荥阳郑氏的衰落问题研究——以房系、仕宦和政风为对象的考察》，河北大学 2016 年硕士学位论文，第 72 页。

**表 5-8　入唐至武周初期郑氏仕宦等级分布表**

| 世系 | 入唐后第一代 | | 第二代 | |
|---|---|---|---|---|
| 官员品秩 | 五品以上 | 五品以下 | 五品以上 | 五品以下 |
| 郑灵虬房 | 3 | 8 | 2 | 6 |
| 郑白虬房 | 0 | 2 | 0 | 1 |
| 郑季方房 | 1 | 1 | 0 | 1 |
| 郑季驹房 | 2 | 7 | 0 | 11 |
| 南祖房 | 6 | 18 | 2 | 19 |
| 郑幼麟房 | | | 0 | 1 |
| 郑洞林房 | 2 | 0 | | |
| 郑小白房 | 3 | 17 | 13 | 29 |
| 北祖房 | 5 | 17 | 13 | 30 |
| 中祖房 | | | | |
| 总计 | 11 | 35 | 15 | 49 |
| 入仕人数 | 46 | | 64 | |
| 总人数 | 67 | | 112 | |

说明：品秩五品以上含五品。

资料来源：杨艳敏《隋唐荥阳郑氏的衰落问题研究——以房系、仕宦和政风为对象的考察》表 10。①

**表 5-9　武周至肃宗时期荥阳郑氏仕宦等级分布表**

| 世系 | 入唐后第三代 | | 第四代 | |
|---|---|---|---|---|
| 官员品秩 | 五品以上 | 五品以下 | 五品以上 | 五品以下 |
| 郑灵虬支 | 1 | 2 | 1 | 2 |
| 郑白虬支 | 0 | 0 | 0 | 0 |
| 郑季驹支 | 4 | 4 | 5 | 4 |
| 南祖总计 | 5 | 6 | 6 | 6 |
| 郑幼麟房 | 0 | 0 | 1 | 0 |

① 杨艳敏：《隋唐荥阳郑氏的衰落问题研究——以房系、仕宦和政风为对象的考察》，河北大学 2016 年硕士学位论文，第 40、47 页。

（续表）

| 世系 | 入唐后第三代 | | 第四代 | |
| --- | --- | --- | --- | --- |
| 官员品秩 | 五品以上 | 五品以下 | 五品以上 | 五品以下 |
| 郑连山房 | 1 | 2 | 0 | 0 |
| 郑小白房 | 22 | 65 | 25 | 121 |
| 北祖总计 | 23 | 67 | 26 | 121 |
| 总计 | 28 | 73 | 32 | 127 |
| 入仕人数 | 101 | | 159 | |
| 总人数 | 176 | | 279 | |

说明：品秩五品以上含五品。

资料来源：杨艳敏《隋唐荥阳郑氏的衰落问题研究——以房系、仕宦和政风为对象的考察》表18。①

旧的门阀士族势力趋衰的同时，庶族、士族和新的世家大族大量涌现。

豫中地区：唐高宗时宋州宁陵（今商丘宁陵东南）刘氏刘思立历官侍御史、考功员外郎，其子刘宪进士及第，官左台监察御史、太子詹事等。

豫西地区：有在洛阳短暂统治的王氏王世充家族。王世充是西域胡人，自祖父起移居新丰（今陕西西安临潼区东北），隋末为江都（今江苏扬州）通守，被调派征讨围攻洛阳的瓦岗军。大业十四年（618）三月，隋炀帝在江都为部下所弑；五月，王世充与元文都等拥立在东都的隋炀帝的孙子越王杨侗为帝，王世充为纳言、郑国公；七月，王世充发动兵变，将元文都等杀死，任尚书左仆射，总督内外诸军事，用其兄王世恽为内史令，入居禁中，王氏子弟皆掌兵马大权，势震朝野，皇泰主成了傀儡；九月，击破瓦岗军洛口城。皇泰二年（619）三月，王世充进爵郑王，加九锡，郑国置丞相以下官；四月，胁迫皇泰主退位，自己称帝，改隋为郑，改元开明，立其子玄应为太子，玄恕为汉王，其余兄弟宗族19人，皆封王；五月，杀害隋废帝杨侗；十月，率兵略地，到达滑台（今安阳滑县东南），亲临黎阳，黄河以南之地或归附或攻取。武德三年（620）三月，制定严刑峻法；七月，唐秦王李世民东征，自此王世充与之在洛阳及洛阳周围展开拉锯战，王世充所属州县纷纷降唐。武德四年（621）三月，窦建德应王世充之请，发兵救援；五月，在

① 杨艳敏：《隋唐荥阳郑氏的衰落问题研究——以房系、仕宦和政风为对象的考察》，河北大学2016年硕士学位论文，第72页。

虎牢关(在今郑州荥阳汜水镇西)一带为李世民所统唐军击溃,窦建德身受重伤被擒,王世充投降李世民;七月,王世充、窦建德等人被押归长安(今陕西西安),王世充被贬为庶人,与其兄弟子侄被流放到蜀地,窦建德被斩首。王氏王世充统治家族灭亡。

河南(今洛阳)刘氏家族刘政会为唐开国功臣,封邢国公;其子刘奇,武后时官至吏部侍郎;孙子刘微,历职吴郡太守、江南采访使;曾孙刘方平,退居不仕,善诗文、绘画。

陕州陕县(今三门峡陕县老城)上官氏上官仪,进士及第,历职弘文馆学士、秘书少监等,官至西台御史。上官仪孙女上官婉儿在武后朝,内掌诏命,为武后起草诏书,"其军国谋猷,杀生大柄,多其决"①。唐中宗时,专掌制命,升迁昭容。张说《〈唐昭容上官氏文集〉序》有云:"两朝专美,一日万机;顾问不遗,应接如响。虽汉称班媛,晋誉左嫔,文章之道不殊,辅佐之功则异。"②陕州硖石(今三门峡陕州区东硖石镇西石门)姚氏姚懿官巂州都督,其子姚崇武则天时为夏官侍郎同凤阁鸾台平章事,睿宗、玄宗朝官至兵部尚书同中书门下三品,玄宗时又迁紫微令,受封梁国公,是盛唐名相。姚崇曾侄孙姚合进士及第,官至杭州刺史。③

豫北地区:郑州阳武(今新乡原阳东南)韦氏韦思谦家族④一门四代为相,《旧唐书》卷八十八云:"善人君子,怀忠秉正。尽富文章,咸推谏诤。岂愧明廷,无惭重柄。子子孙孙,演承余庆。"韦思谦进士及第,历任尚书右丞、御史大夫等职,官至高宗朝宰相,《旧唐书》卷八十八有传。长子韦承庆(640—706)进士及第,历职太子司仪郎、天官侍郎、凤阁侍郎、黄门侍中、同凤阁鸾台平章事等。次

---

① 〔北宋〕李昉等:《太平广记》卷二百七十一,中华书局1961年版,第2133页。

② 〔唐〕张说:《张燕公集》卷十六,文渊阁《四库全书》版。

③ 关于姚氏姚懿家族里籍,还存在争议,如吴企明、郭剑冬、周祖譔等认为在吴兴(今浙江湖州),信应举认为在陕州硖石。这里取信应举的观点。分别参见吴企明:《〈全唐诗〉姚合传订补》,《杭州大学学报(哲学社会科学版)》1979年第4期;郭剑冬:《关于姚合的籍贯》,《社会科学战线》1982年第4期;周祖譔主编:《中国文学家大辞典 · 唐五代卷》,中华书局1992年版,第385—386页;信应举:《关于姚合的籍贯问题——兼与吴企明先生商榷》,《郑州大学学报(哲学社会科学版)》1988年第3期。

④ 韦思谦家族,有人认为是京兆杜陵(今陕西西安)人。参见周祖譔主编:《中国文学家大辞典 · 唐五代卷》,中华书局1992年版,第82—83页。

子韦嗣立(654—719)进士及第,历职凤阁舍人等,中宗时官至同中书门下三品,睿宗时拜中书令。韦嗣立长子韦恒历官给事中、陈留太守等。次子韦济历职户部侍郎、太原尹、尚书左丞等。韦嗣立孙韦弘景亦进士,历职给事中、吏部侍郎等,官至尚书左丞。

侍御史汲县(今新乡卫辉西南)傅氏傅游艺因率关中百姓900余人诣阙上书,请改国号为周,赐皇帝武氏,被太后武则天提拔为给事中。武则天即位后,又被升迁为鸾台侍郎、平章事,受赐姓武。傅游艺一年之内历衣青、绿、朱、紫,即自九品历至三品,时人谓之"四时仕宦"。

豫南地区:据《新唐书》卷一百四十五《庾准传》、卷一百六十一《庾敬休传》,《旧唐书》卷一百一十八《庾准传》,唐时新野庾氏高官布列朝廷。新野庾氏有大理少卿庾光烈、吏部侍郎庾兴先、工部尚书庾准、兵部郎中庾何、吏部尚书庾敬休、工部尚书庾简休等人。

## 三、世家大族的迁徙

唐代家族大规模的迁徙主要有三次:隋唐之际的迁徙是第一次,第二次在安史之乱爆发后,唐末及五代战乱所致的迁徙是第三次。[①] 据毛汉光对唐代10姓13家士族著房著支的迁徙情况考察,发现其迁徙最频繁的时期就在高宗、武后及玄宗期间,迁徙的目的地以两京为主,其中以河南府为最多,有47个,而又多迁徙到洛阳。[②]

初唐时期,如姚崇之祖父姚祥自吴兴(今浙江湖州)迁居陕州硖石(今三门峡陕州区东硖石镇西石门)。[③] 王勃、杨炯、卢照邻和骆宾王号称"初唐四杰",其中杨炯、卢照邻就是高宗、武后时期迁入的洛阳人。杨炯(650—?),行七,华州华阴(今属陕西)人,他在天授元年(690)秋至如意元年(692)秋在洛阳,任教

① 李浩:《唐代三大地域文学士族研究》,中华书局2002年版,第145页。

② 毛汉光:《从士族籍贯迁移看唐代士族之中央化》,《中国中古社会史论》,上海书店出版社2002年版,第234—333页。

③ 信应举:《关于姚合的籍贯问题——兼与吴企明先生商榷》,《郑州大学学报(哲学社会科学版)》1988年第3期。

武则天宫中习艺馆，死后归葬洛阳。[①] 卢照邻（约630—680后），字昇之，幽州范阳（今河北涿州）人，曾离蜀入洛，永隆二年（681）又转洛阳东门山，垂拱元年（685）移寓阳翟（今河南禹州）具茨山下，预为墓，次年投颍水自杀。从归葬之地来判断家族的迁徙地是一种重要的方法。陈寅恪指出，“吾国中古士人，其祖坟住宅及田产皆有连带关系”。李吉甫《元和郡县图志》“详载其祖先之坟墓住宅所在，是其例证”，“故其家非万不得已，决无舍弃其祖茔旧宅并与茔宅有关之田产而他徙之理”。[②] 可见杨炯、卢照邻都是迁入洛阳的家族。盛唐人牛肃（生卒年不详）著有小说集《纪闻》10卷，牛肃原籍京兆府泾阳（今属陕西），后徙居怀州河内（今河南沁阳）。牛肃可能也是这期间迁入河南的。郡望东平（今属山东）籍贯河东（今山西永济西南）吕氏吕延之（？—760）家族在开元天宝之际迁于东都洛阳，吕延之进士及第，历职明州刺史、越州刺史、浙江东道节度使等。[③]

官府的强力迁移。天授二年（691）七月，武则天迁徙关中百姓数十万户，充实神都洛阳。开元十年（722）朝廷曾迁徙河曲六州残胡5万余口到许、汝等州。[④] 在豫南地区，有唐前期的军事行动上的调遣。唐高宗总章二年（669）在闽、粤之交的区域发生了“獠蛮啸聚”，时任玉钤卫左郎将的光州固始（治所在今河南固始东北）人陈政[⑤]，受朝廷之命以岭南行军总管的身份率府兵3600人及副将123人入闽平叛。陈政所部一度曾陷入困境之中，陈政之兄陈敏、陈敷率58姓军校前来增援。在征战途中陈敏、陈敷病死，陈政之子陈元光率军南下与父会合。唐初随陈政、陈元光进入闽西的数十姓族，不仅成为戍守闽南的核心力量，而且成为在泉、潮、漳地区创业开基的基本力量。汤漳平亦认为陈元光平蛮开漳的性质实际上就是中原移民南迁入闽，也是三次中原移民南迁中对泉、潮之间的闽南地区影响最大的一次移民。[⑥]

---

① 傅璇琮：《杨炯考》，《唐代诗人丛考》，中华书局1980年版，第16页。

② 陈寅恪：《论李栖筠自赵徙卫事》，《金明馆丛稿二编》，上海古籍出版社1980年版，第2页。

③ 董超：《唐代吕温家族与文学》，西北大学2007年硕士学位论文，第20、23、26页。

④ 〔北宋〕司马光：《资治通鉴》，中华书局1956年版，第6752页。

⑤ 陈氏家族陈政籍贯有多重观点，至今仍没有一致的意见。大致有四种观点：一是河东说，二是揭阳说，三是颍川说，四是固始说。这里取固始说。参见陈习刚：《陈元光研究述略》，载杨崇汇主编：《河洛文化与闽南文化》，河南人民出版社2018年版，第504—511页。

⑥ 汤漳平：《陈元光研究的回顾与展望》，《闽台文化交流》2006年第1期。

家族的迁移,还包括家族的迁出。垂拱四年(688)九月,豫州受豫州刺史越王李贞反叛株连当坐斩的六七百家,籍没者5000人,幸得狄仁杰申诉,均改流丰州(治今内蒙古五原县南)。

## 四、世家大族与庄园经济的发展

世家大族是经济发展的重要力量。唐代,庄园经济发达,而庄园经济是以家族为中心的经济。武周时,对逃户在内的广大农民实施比较宽松的政策,这种政策对农业的振兴起了良好的作用。① 这从侧面证明,武则天时宽松的关禁政策是服务其经济政策的,并有益于经济的发展与地区间、"华夷"间的交流。

世家大族占有大量的土地,园林别墅分布广泛。如郑州阳武(今新乡原阳东南)韦氏韦嗣立在骊山鹦鹉谷建有别业,《全唐诗》卷九十一《偶游龙门北溪忽怀骊山别业因以言志示弟淑奉呈诸大僚》云:"幽谷杜陵边,风烟别几年。偶来伊水曲,溪嶂觉依然。傍浦怜芳树,寻崖爱绿泉。岭云随马足,山鸟向人前。地合心俱静,言因理自玄。"②

世家大族在地方经济的开发中也起着重大作用。汤漳平《从族谱资料看开漳》通过对漳州现有703个姓氏入闽肇漳的调查,从中发现唐初中原民众入闽的起因、过程、结局,以及陈政、陈元光率领中原府兵及58姓民众入闽,不仅成为开发建设闽南粤东的主力,还对福建社会稳定、经济发展、族群融合,闽南区域文化的形成,台湾的开发和海外的拓展等方面都产生了积极影响。③

---

① 胡戟、张弓、李斌城等:《二十世纪唐研究》,中国社会科学出版社2002年版,第41页。

② 〔清〕彭定求等编纂:《全唐诗》,中华书局1960年版,第986页。

③ 汤漳平:《从族谱资料看开漳》,载尹全海、余纪珍、乔清忠编:《中原与闽台渊源关系研究三十年(1981—2011)》,九州出版社2012年版,第163—176页。

# 第四节　唐后期五代河南门阀大族的瓦解

对于唐后期五代士族的变化,学术界有不同的认识。孙国栋认为,唐代以高门大族为中坚,到五代以军校出身的寒人为中坚,再到北宋以科举上进之寒人为中坚,是一个阶级消融的过程。[①] 就是说,五代时门阀士族已经瓦解。叶平认为,五代时期士族大姓的入仕途径、为官品秩大多已与庶族无异,其婚姻风尚重官品而不重阀阅,与唐代有很大的不同。[②] 这也是说到五代时门阀士族彻底消失了。韩昇认为,唐宋之际,门阀政治才真正走向衰落。[③] 邢铁指出,士族阶层在唐宋时期不完全是衰落,而是分化:有的衰落了,而更多的人则通过科举走上仕途,并与庶族中的精英融合在一起,形成了新的士大夫阶层。[④] 这是说士族并未衰落,而是转型了。唐后期五代,士族大姓的变化是显而易见的,大批旧士族转型或消失的同时,新的士族也大量兴起。

## 一、荥阳郑氏的短暂复兴

在唐朝,二李人物略多于二崔,郑氏人物略多于卢氏。“二李”即赵郡平棘李氏、陇西狄道李氏,“二崔”即清河武城崔氏、博陵安平崔氏,郑氏即荥阳郑氏,卢氏即范阳涿县卢氏,其中荥阳郑氏与清河博陵二崔氏、范阳卢氏、赵郡李氏是北朝“四海通望”的四姓,新增的陇西狄道李氏即唐朝皇族姓氏。

---

① 孙国栋:《唐宋之际社会门第之消融——唐宋之际社会转变研究之一》,《唐宋史论丛》,上海古籍出版社 2010 年版,第 337 页。

② 叶平:《五代墓志所见士族大姓仕宦与婚姻的变迁》,《河南师范大学学报(哲学社会科学版)》2014 年第 5 期。

③ 韩昇:《魏晋隋唐的坞壁和村》,《厦门大学学报(哲学社会科学版)》1997 年第 2 期。

④ 邢铁:《家学传承与唐宋时期士族的更新》,《中华文史论丛》2012 年第 2 期。

荥阳郑氏望出河南,毗邻京城,东汉末年党锢之祸后尚清谈,与河北士人有较大区别,北朝至唐前期人物较少,安史之乱后活跃于政坛,人物辈出,如唐代郑姓状元人数超过二崔之和,又如郑畋祖孙三代 4 人、郑余庆祖孙三代 5 人皆进士及第。

入唐后郑氏第五代处于玄宗朝末至德宗朝前期。① 唐后期,荥阳郑氏可考人物第五代 314 人,入仕者第五代有 136 人。② 中祖房和北祖房中的郑洞林房已然衰落,世系难以考察,但又出现了郑少邻房。③

德宗朝后期至唐末,荥阳郑氏中除具体世系不明确的郑少邻房外,北祖、南祖可考人物共有 186 人,入唐后第六代有 114 人,入仕有 43 人;第七代 38 人,入仕有 16 人;第八代 24 人,入仕有 14 人;第九代 10 人。每一代世系传承者都在逐渐减少,北祖房繁衍情况好于南祖房。相较于三至五代,此时期的荥阳郑氏可考房支有 6 支,南祖房中的郑白虬房和郑季方房以及沧州郑氏房 4 个房支都衰落了。④

荥阳郑氏在德宗朝后期至唐末(即六至九代)共有 89 人入仕,入仕率为 44.06%。⑤ 总人数即 202 人。此外,荥阳郑氏在此时期可考者还有郑肃、郑洎、郑仁规、郑仁表、郑綮、郑瑶、郑渍、郑□、郑恭楚、郑讷、郑恕己、郑少雅、郑参、郑

---

① 杨艳敏:《隋唐荥阳郑氏的衰落问题研究——以房系、仕宦和政风为对象的考察》,河北大学 2016 年硕士学位论文,第 70 页。

② 郑少邻房在唐朝传六代 8 人,前五代约相当于郑氏四至九代,其中有 1 人在郑氏五代入仕(详后),总人数和入仕人数都未计入。入唐郑氏三至五代间,世系不明的有郑虔、郑潜曜、郑云逵、郑艻、郑齐闵、郑瑨、郑晃、郑准、郑淮、郑滦、郑玉、郑憬、郑当等 13 人,其仕宦未计入在内,但据郑氏三至五代共 409 人入仕,入仕率为 52.30%,则总人数为 782(769+13),总人数和入仕人数中都计入了此 13 人。这 13 人中,应该有属郑氏五代的。杨艳敏:《隋唐荥阳郑氏的衰落问题研究——以房系、仕宦和政风为对象的考察》,河北大学 2016 年硕士学位论文,第 65、69 页。

③ 杨艳敏:《隋唐荥阳郑氏的衰落问题研究——以房系、仕宦和政风为对象的考察》,河北大学 2016 年硕士学位论文,第 65 页。

④ 郑少邻房在唐朝传六代 8 人,其中 6 人中有 4 人在郑氏六至八代入仕(详后),总人数和入仕人数都未计入。杨艳敏:《隋唐荥阳郑氏的衰落问题研究——以房系、仕宦和政风为对象的考察》,河北大学 2016 年硕士学位论文,第 81—82 页。

⑤ 杨艳敏:《隋唐荥阳郑氏的衰落问题研究——以房系、仕宦和政风为对象的考察》,河北大学 2016 年硕士学位论文,第 84 页。

溥、郑逢等15人,但其房系、世系均不详。[1] 186人加上此15人,为201人,仍缺少1人。据郑少邻房世系图(图5-1),郑畋晚年曾为相僖宗,郑畋曾祖至郑畋四代约相当于郑氏四至七代,郑毗、郑绍余仕宦不明,其他都为官,六至八代入仕有4人。[2] 显然郑少邻房人数、入仕人数都未加入郑氏总人数、入仕总人数统计。

图5-1　郑少邻房世系图

资料来源:杨艳敏《隋唐荥阳郑氏的衰落问题研究——以房系、仕宦和政风为对象的考察》图24。[3]

这样,隋代郑氏可考人数为41人,加上隋唐未明的入仕5人(10人按5人计),计46人;入仕人数为33人,加上隋唐未明的入仕5人(10人按5人计),计38人,仕宦率约为82.61%。唐代郑氏可考人数为一、二代179人,加上三至五代的782人,加上六至九代的202人,加上郑少邻房的8人,加上隋唐未明的入仕5人(10人按5人计),计1176人;入仕人数为一、二代110人,加上三至五代的409人,加上六至九代的89人,加上郑少邻房的6人,加上隋唐未明的入仕5人(10人按5人计),计619人(表5-10),仕宦率约为52.64%。[4]

---

① 杨艳敏:《隋唐荥阳郑氏的衰落问题研究——以房系、仕宦和政风为对象的考察》,河北大学2016年硕士学位论文,第81页。

② 杨艳敏:《隋唐荥阳郑氏的衰落问题研究——以房系、仕宦和政风为对象的考察》,河北大学2016年硕士学位论文,第65、81页。

③ 杨艳敏:《隋唐荥阳郑氏的衰落问题研究——以房系、仕宦和政风为对象的考察》,河北大学2016年硕士学位论文,第81页。

④ 李建华认为唐代荥阳郑氏有582人入仕,郑氏登科仅有138人。参见李建华:《唐代山东士族与文学》,南京师范大学2007年博士学位论文,第93页。

**表 5-10　隋唐郑氏各代可考人数及其仕宦统计表**

| 时期 | | 世系明确 | 世系明确入仕 | 世系不明确 | 世系不明确入仕 | 郑少邻房 | 郑少邻房入仕 | 备注 |
|---|---|---|---|---|---|---|---|---|
| 隋 | | 41 | 33 | 5 | 5 | | | 10 人,约隋、唐各 5 人计 |
| | 入唐一代 | 67 | 46 | 5 | 5 | | | |
| | 二代 | 112 | 64 | | | | | |
| 唐前期 | 三代 | 176 | 101 | 4 | 4 | | | 13 人,入唐三、四、五代约按 4、4、5 人分 |
| | 四代 | 279 | 159 | 4 | 4 | 1 | 1 | |
| | 合计 | 634 | 370 | 13 | 13 | 1 | 1 | |
| | 五代 | 314 | 136 | 5 | 5 | 1 | 1 | |
| | 六代 | 114 | 43 | | | 1 | 1 | |
| 唐后期 | 七代 | 38 | 16 | 16 | 16 | 3 | 2 | |
| | 八代 | 24 | 14 | | | 1 | 1 | |
| | 九代 | 10 | | | | 1 | | |
| | 合计 | 500 | 209 | 21 | 21 | 7 | 5 | |
| 合计 | 唐代 | 1134 | 579 | 34 | 34 | 8 | 6 | |

据表可知,唐前期郑氏可考人数约 648 人,仕宦人数约 384 人,仕宦率约为 59. 26%;唐后期郑氏可考人数约 528 人,仕宦人数约 235 人,仕宦率约为 44. 51%。郑氏唐前期仕宦率高于唐后期,但均低于隋代,隋唐时期,郑氏仕宦率下降趋势明显。

在唐后期,虽然荥阳郑氏的仕宦率下降了,但荥阳郑氏的仕宦发展呈现了复兴的势态:代际间的入仕率逐渐升高,六至九代荥阳郑氏南祖房和北祖房仕宦发展总体呈上升之势(表 5-11、表 5-12),中高级官员所占比重也在上升,出现了十几位官至宰相之人(表 5-13)。①

① 杨艳敏:《隋唐荥阳郑氏的衰落问题研究——以房系、仕宦和政风为对象的考察》,河北大学 2016 年硕士学位论文,第 82、86 页。

**表 5-11　肃宗至德宗朝前期荥阳郑氏仕宦等级分布表**

| 世系 | 入唐后第五代 | |
|---|---|---|
| 官员品秩 | 五品以上 | 五品以下 |
| 郑灵虬支 | 0 | 2 |
| 郑白虬支 | 2 | 0 |
| 郑季弱支 | 3 | 1 |
| 南祖总计 | 5 | 3 |
| 郑幼麟房 | 2 | 1 |
| 郑连山房 | 0 | 0 |
| 郑小白房 | 10 | 115 |
| 北祖总计 | 12 | 116 |
| 总计 | 17 | 119 |
| 入仕人数 | 136 | |
| 总人数 | 314 | |

说明:品秩五品以上含五品。

资料来源:杨艳敏《隋唐荥阳郑氏的衰落问题研究——以房系、仕宦和政风为对象的考察》表 18。①

**表 5-12　德宗朝后期至唐末荥阳郑氏仕宦等级分布表**

| 世系 | 入唐后第五代 | | 第七代 | | 第八代 | |
|---|---|---|---|---|---|---|
| 官员品秩 | 五品以上 | 五品以下 | 五品以上 | 五品以下 | 五品以上 | 五品以下 |
| 郑季弱支 | 6 | 4 | 5 | 2 | 0 | 4 |
| 南祖总计 | 6 | 4 | 5 | 2 | 0 | 4 |
| 郑幼麟房 | 1 | 0 | 0 | 0 | 0 | 0 |
| 郑连山房 | 1 | 1 | 0 | 0 | 0 | 0 |
| 郑小白房 | 8 | 22 | 8 | 1 | 9 | 1 |
| 北祖总计 | 10 | 23 | 8 | 1 | 9 | 1 |
| 总计 | 16 | 27 | 13 | 3 | 9 | 5 |
| 入仕人数 | 43 | | 16 | | 14 | |
| 总人数 | 114 | | 38 | | 24 | |

① 杨艳敏:《隋唐荥阳郑氏的衰落问题研究——以房系、仕宦和政风为对象的考察》,河北大学 2016 年硕士学位论文,第 72 页。

说明:品秩五品以上含五品。

资料来源:杨艳敏《隋唐荥阳郑氏的衰落问题研究——以房系、仕宦和政风为对象的考察》表 27。①

**表 5-13 荥阳郑氏宰相入仕情况表**

| 姓名 | 入仕方式 | 为相朝代 |
| --- | --- | --- |
| 郑珣瑜 | 进士 | 德宗、宪宗 |
| 郑余庆 | 进士 | 德宗、宪宗 |
| 郑细 | 进士 | 宪宗 |
| 郑覃 | 门荫 | 文宗 |
| 郑肃 | 进士 | 武宗、宣宗 |
| 郑朗 | 进士 | 宣宗 |
| 郑畋 | 进士 | 僖宗 |
| 郑从谠 | 进士 | 僖宗 |
| 郑延昌 | 进士 | 僖宗 |
| 郑綮 | 进士 | 昭宗 |
| 郑涯 | 不详 | 宣宗 |
| 郑昌图 | 进士 | 僖宗 |

资料来源:杨艳敏《隋唐荥阳郑氏的衰落问题研究——以房系、仕宦和政风为对象的考察》表 26。②

荥阳郑氏的复兴是短暂的,其衰落的总体趋势并没有改变,到五代宋初,荥阳郑氏已不见显宦,大多官职较低。③

## 二、五代王朝统治家族的更替

唐天祐四年(907),唐宣武军节度使、梁王朱全忠逼迫哀帝李柷禅位于己,

① 杨艳敏:《隋唐荥阳郑氏的衰落问题研究——以房系、仕宦和政风为对象的考察》,河北大学 2016 年硕士学位论文,第 89—90 页。

② 杨艳敏:《隋唐荥阳郑氏的衰落问题研究——以房系、仕宦和政风为对象的考察》,河北大学 2016 年硕士学位论文,第 89 页。

③ 王善军:《唐代高门士族入宋后裔考略》,《社会科学》2015 年第 8 期。

建立后梁,中国历史进入五代十国时期。从 907 年到 960 年宋朝建立的 53 年间,中原地区先后出现了后梁、后唐、后晋、后汉、后周五个朝代,史称五代。与此同时,南北地区也先后出现了十多个与中原小皇朝并存的地方割据政权,其中统治时间较长的有南方的前蜀、后蜀、吴、南唐、吴越、闽、楚、南汉、南平和北方的北汉,史称十国,与五代连称为"五代十国"。这一时期,河南境内有五代王朝统治家族的更替,十国政权内也有河南外迁家族的嬗变。

五代定都开封或洛阳,王朝统治者为河南地区的统治家族。后梁统治家族为朱全忠家族。唐天祐四年四月,梁王朱全忠篡唐即帝位,国号大梁,建都汴州(今河南开封),建元开平,改名朱晃,史称"后梁",是为后梁太祖。升汴州为开封府,称东都,以唐东都洛阳为西都,废唐西京长安,降京兆府为雍州,置佑国军。以唐哀帝李柷为济阴王,囚禁于曹州(今山东曹县西北),次年将其杀害。朱全忠(852—912),本名朱温,宋州砀山(今安徽砀山东)人,任黄巢大齐政权同州防御使时降唐,被赐名全忠,先后授为河中行营招讨副使、宣武军节度使等,爵至梁王。后梁经太祖、废帝(朱友珪)、末帝(朱友贞)三帝,历时 17 年。内政虽有整顿,但与晋王李克用父子年年不息的战争,使政治安定受到严重影响,方镇统治的色彩也较浓厚。后梁辖区是 5 个中原王朝中最小的一个,只有 78 州,包括今河南、山东两省,以及陕西、湖北大部,河北、宁夏、山西、江苏、安徽等省、自治区的一部分。

沙陀族李存勖建后唐。后梁龙德三年(923)四月,晋王李存勖称帝魏州(今河北大名东北),国号唐,史称"后唐",改元同光,庙号庄宗,升魏州为东京兴唐府,以太原为西京,以镇州(治所在今河北正定)为北都。灭梁后,迁都洛京(今河南洛阳)以为东都,废开封府为汴州,复北都为镇州,太原复为北都,改东京为邺都,复大安府(治所在今陕西西安)为京兆府,以为西都。李存勖(885—926),唐晋王李克用长子,沙陀族,陇西成纪(今甘肃静宁西南)人,后梁开平二年(908)袭位晋王,击溃梁军于潞州(治所在今山西长治)城下,奠定了取威定霸的基础。后经柏乡(今属河北)之战等系列战役,平定河北,入据魏州,建国称帝。同光元年(923)十月,奇袭汴梁(今开封),灭亡后梁,同光三年(925)又灭前蜀,达到后唐全盛时期,领有 165 州,包括今河南、山东、山西三省,四川、重庆、河北、陕西等省市的大部,甘肃、宁夏、湖北、江苏、安徽等省、自治区的一部分。但李存勖骄于骤胜,荒淫奢侈,贪暴聚敛,嫉贤害能,宠信宦官伶人,引起朝臣和藩镇的强烈不满，后唐政权陷入激烈的内部纷争之中，称帝 3 年而终至众叛亲离，身死族灭。其后虽又经过李嗣源、李从厚、李从珂三朝皇帝，但内忧外患的交织导致了后唐的短命，在立国 14 年后为后晋所灭。同光三年九月，后唐征伐前蜀，十一月兵临成都，前蜀后主王衍出降。后唐自出兵至灭亡前蜀，前后仅 70 天，取得巨大战果，获得 10 节度、64 州、249 县、3 万兵士，铠仗、钱粮、金银、缯锦成千上万。但后唐虽灭前蜀却未能定两川，反而加剧了内部矛盾和危机，加速了自身的崩溃。

沙陀族石敬瑭反后唐建后晋。石敬瑭（892—942），沙陀族，太原人。后唐清泰三年（936）五月，河东（镇太原府，今太原西南）节度使石敬瑭拒命移镇郓州（今山东东平西北），在晋阳举兵叛乱，以割地、称儿皇帝、重贿三条件取得契丹贵族的兵援，大败后唐晋阳围军，十一月被契丹主册立为大晋皇帝，是为后晋高祖，改后唐清泰三年为后晋天福元年（936），后进逼洛阳，末帝自焚而死，后唐亡。天福三年（938），自洛阳迁都汴州，将汴州升为东京开封府，以洛阳为西京。石敬瑭时期，虽采取了一定的政治、经济措施来巩固统治，但因臣附契丹，造成财力耗费，藩镇屡叛。侄石重贵继位，是为少帝（一作出帝），政局更为混乱，与契丹关系恶化，内部腐败不堪。开运三年（946），契丹攻入开封，出帝投降，后晋历 2 帝 11 年而亡。除割让幽（治所在今北京城区西南）、蓟（今属天津）等 16 州于契丹外，其余辖区与后唐基本相同，领 109 州。作为唐代以来的皇帝顾问机构的枢密院，到后晋时期，其及枢密使便愈来愈和军事决策相关。

沙陀族太原刘氏刘知远称帝建后汉。开运三年（946）后晋灭亡，次年二月，契丹主即位开封，改后晋为大辽，史称辽，号会同十年。同月，原后晋河东节度使刘知远也在太原称帝，仍以晋为国号，仍用石敬瑭天福年号，号天福十二年（947），至六月，始建都汴州（今开封），以为东京开封府，改国号大汉，史称后汉，庙号高祖。次年改元乾祐，更名刘暠。刘知远（895—948），沙陀族，冒姓刘，太原人。契丹南侵，他无心抗击，只守本境，扩充实力，伺机而动。契丹灭后晋，他称臣致贺，侦知辽（契丹）主必将北归，乃称帝建国。中原人民的抗辽斗争迫使辽太宗耶律德光弃开封北逃，他乘虚挥兵攻入开封，定都改国号。次年病死，子刘承祐继位，是为隐帝。后汉君臣暴虐，藩镇屡乱，政局动荡，民不聊生，历 2 帝 4 年而亡，是五代十国期间最短命的王朝。辖区 106 州，与后晋基本相同。

邢州尧山（今河北隆尧西南）郭氏郭威建后周。后汉乾祐三年（950）十一月,隐帝为摆脱顾命大臣的控制,与亲信定计,杀害在京城的史弘肇、杨邠、王章等权臣,又派密使去杀时为邺都(今河北大名东北)留守、天雄军节度使,并以枢密使名义节制河北诸州军事以防御和抗击辽军南侵的郭威等。郭威闻变,率军攻入汴京,隐帝为亲信所杀,提出迎立高祖侄、泰宁军节度使刘赟为帝后,仍北上抗辽。行至澶州(今濮阳县),诸军将士鼓噪,披黄旗拥立郭威为帝,郭威乃率军返回汴京,任监国。次年(951)正月即帝位,改国号周,史称后周,改元广顺,庙号太祖。后汉灭亡。郭威(904—954),字文仲,邢州尧山人。汴京事变,起兵邺都,代汉建周。在位3年,躬行节俭,革除积弊,与民休息,促进了生产的恢复和经济的发展;改革朝政,振饬纲纪,调整机构,加强了中央集权,推进了社会稳定;在守境的基础上,发展对外关系,收揽人心,为此后统一活动打下坚实基础。他初步奠定了统一中国的基业,堪称一名英明的君主。显德元年(954)正月,后周太祖病逝,养子柴荣即位,是为后周世宗。柴荣(921—959),邢州龙冈(今河北邢台)人。柴荣即位后,继承郭威重农恤民的政策和统一中国的大志,厉行改革,策划统一。政治上,惩治贪浊,调整机构,重用文臣,提倡文治,整顿司法,制定法典,严密基层组织,加强了中央集权,巩固了统治秩序。军事上,高平战役后,整编禁军,吸纳王朴《平边策》的战略思想,成功地发动了一系列统一兼并战争。显德二年(955)大败后蜀,取秦(今甘肃天水)、成(今属甘肃)、阶(今甘肃武都)、凤(今属陕西)4州。同年至显德五年(958)三度征伐南唐,取淮南,得14州、60县,南唐臣附。显德六年(959)北伐辽,兵不血刃取3州、17县,因染病班师,旋即病逝,未能完成统一大业。但他在位5年半的文治武功,已经为结束割据开创新局面奠定了基础,堪称五代时期最为杰出的政治家和军事家。后周显德六年,世宗病逝,年仅7岁的恭帝柴宗训无法管理政事,国家政局动荡不安,加上“点检做”的“神符”,引发了新任殿前都点检(禁军统帅)、归德军(镇宋州,今河南商丘南)节度使赵匡胤篡位夺权的野心,自编自导了一出陈桥兵变黄袍加身的闹剧。显德七年(960)正月,赵匡胤与其弟赵匡义、心腹赵普密谋,谎报北汉和辽朝会师来攻,顾命大臣、宰相范质等不加细察,仓促命赵匡胤统率诸军北上抵御。大军行至开封东北的陈桥驿(今河南封丘东南陈桥镇),赵匡义、赵普授意将士将黄袍加在赵匡胤身上,拥立他为皇帝。赵匡胤随即率军回师开封,迫使恭帝禅位,篡夺了后周政权。因所领归德军治所名宋州,改国号为宋,史称北宋,是为北宋太祖,改元建隆,仍都东京开封,以洛阳为西京。陈桥兵变致后周灭亡,五代至此结束。

地方割据政权十国中也有河南统治家族的政权。许州舞阳(今属河南)人[①]王建称帝建前蜀。907年九月,在后梁建立不久,蜀王王建也在成都自立称帝,国号大蜀(后曾一度改汉),史称前蜀,是为高祖,史称前主,仍用唐天复年号,是为天复七年(907),次年改元武成。王建(847—918),字光图,许州舞阳人。年轻时以屠牛、盗驴、贩私盐为业,人称"贼王八"。后在唐末农民起义时乘乱而起,历任忠武军(镇许州,今许昌)和神策禁军都将、壁州(治今四川通江)刺史、永平军(镇邛州,今四川邛崃)节度使等,随后攻占剑南东、西两川,山南西道(治兴元府,今陕西汉中东)之地及荆南(镇江陵府,今湖北荆州故江陵县城)5州,进封蜀王。他"留心政事,容纳直言,好施乐士,用人各尽其才,谦恭俭素"[②],割据川蜀期间,实施了"优礼文士、守境息民"的政策,促进了当时社会经济文化的恢复和发展,致使前蜀建国前后政局较为稳定,百姓安居乐业,文艺昌盛,人才辈出,成为繁华安定的经济文化中心。但他晚年渐趋奢侈,多内宠,重用宦官,杀戮功臣,加上用兵频繁,促使政权迅速走向腐朽,其子王衍即位不久,即为后唐灭亡。辖境有46州,置10节度使,大致包括今四川、重庆大部,陕西和甘肃南部,湖北西部地区。王建墓亦称前蜀永陵,在成都西郭老西门外的一段高地处,建造在一个汉代遗址上,曾被误作西汉司马相如琴台。王建墓1956年修复,1961年被国务院公布为第一批全国重点文物保护单位。

光州固始(治所在今河南固始东北)王氏王潮三兄弟建立闽政权。唐光启元年(885),王潮家族随秦宗权部将光州固始王绪所率兵士及吏民进入福建汀、漳两州。王潮在漳州杀掉王绪后称将军,攻占泉州,次年任泉州刺史。大顺二年(891),攻占福州,王潮被授福建观察使,其弟王审知为副使,管辖汀、漳、建、泉、福等五州。乾宁三年(896),王潮升为威武军节度使。898年,王潮病死,王审知接任,后加同平章事,封琅琊郡王。后梁开平三年(909),王审知被后梁授为闽王。王氏王审知兄弟主政福建期间,提倡节俭,礼贤下士,重视教育,加强农田水利建设,开辟商港发展经济文化交流,为福建的开发与发展作出了重要

---

① 或作陈州项城(今周口沈丘)人。参见周祖譔主编:《中国文学家大辞典·唐五代卷》,中华书局1992年版,第38页。

② 〔北宋〕司马光:《资治通鉴》,中华书局1956年版,第8420页。

贡献。《旧五代史》卷一百三十四《王审知传》评论说:“(王)审知起自陇亩,以至富贵,每以节俭自处,选任良吏,省刑惜费,轻徭薄敛,与民休息,三十年间,一境晏然。”[①]王氏统治后历王延翰、王延钧、王昶、王延羲、王延政五朝,天德三年(945)八月为南唐所灭,共历六主。

蔡州上蔡(今属河南)人刘岩称帝建南汉。后梁贞明三年(917),南海王刘岩自称皇帝,国号大越,定都广州,改元乾亨,铸钱“乾亨重宝”,升广州为兴王府,次年改国号为汉,史称南汉,庙号高祖。刘岩(889—942),清海军(镇广州)节度使、南海王刘隐之弟,又名陟(一说初名陟),称帝后,又取《周易》中“飞龙在天”之意更名龑。祖籍蔡州上蔡(今属河南)[②],后家于南海(今广州)。历任清海军节度副使,清海、静海(镇交州,今越南河内)两军节度使等,乾化三年(913)袭封南海王。建国后,仍禀后梁正朔,到后唐时,与中原断绝往来。初期,承兄长成法,属意延揽士人,招徕商贾,推行中原文化,但为人残暴嗜杀,后期又奢侈荒淫,宦官专政,税役繁重,致使各地人民纷纷起义反抗。嗣位君主刘玢、刘晟、刘𬬮,也都昏乱残暴,穷奢极欲,虽尚能奉行“保境息民”政策,但在割据诸国中统治最为腐败。南汉盛时领有潮(今广东潮安)、郴(今属湖南)、桂(今广西桂林)、邕(治所在今广西南宁)等 47 州,约包括今广东、广西、海南及湖南南部一部分,历 4 代君主,971 年为北宋所灭。

许州鄢陵(今属许昌)人[③]马殷建楚国。后唐天成二年(927)六月,马殷受封为楚国王,乃建国,立宫殿,置百官,升潭州(治今长沙)为长沙府作国都,用后唐年号。马殷(852—930),字霸图,唐末孙儒部将,孙儒死,残部挺进湖南,马殷任先锋指挥使、武安军(镇潭州)马步军都指挥使,乾宁三年(896)推为节度留后,随即被唐授为潭州刺史、判湖南(武安)军府事,开始割据湖南。不久升任武安军节度留后、节度使。后梁建立,臣附受封为楚王,开平四年(910)受封为天策上将军,开天策府,置官属,末帝时又加武安、武昌(镇鄂州,今属湖北)、静江(镇桂州,今广西桂林)等军节度使,洪(今江西南昌)鄂四面行营都统。臣附后

---

① 〔北宋〕薛居正等:《旧五代史》,中华书局 1976 年版,第 1792 页。

② 刘岩祖籍,一说彭城(今江苏徐州),据陈欣考证,刘岩祖籍为蔡州上蔡;刘岩族属,一说大食商人后裔,陈欣考证认为是汉人。参见陈欣:《南汉国史》,广东人民出版社 2010 年版,第 80—81、84—87 页。

③ 一说许州扶沟(今属周口)人。

唐,授为太师、兼尚书令、楚王等,不久建国。他采取“保境息民”政策,奖励农桑,提倡纺织,发展茶业,促进商贸,加强民族交往,人民得到休养生息。死后,内部倾轧,军政紊乱,战乱不停,历马希声、马希范、马希广、马希萼四代,保大九年(951)为南唐所灭。盛时据有潭、朗(治所在今湖南常德)等24州,武安、静江等5节度,相当于今湖南全省、广西大部和贵州、广东的一部分。

## 三、门阀士族制衰亡下世家大族的进一步衰落

唐后期地方藩镇政权之辟署打破了吏部铨选对士人入仕时间的限制,使庶族的入仕之途变得更加通畅与迅捷,门阀士族凭借的阀阅之资受此冲击而难以维持。五代十国是中国封建社会一个大震荡、大变革的时期,门阀士族残余势力彻底崩溃。这一时期,有影响的世家大族屈指可数。

唐后期,洛阳贾氏有贾曾贾至父子,贾曾官至礼部侍郎,贾至官至御史大夫、散骑侍郎。从河东(今山西永济西南)迁于东都洛阳的吕延之子吕渭(735—800),吕渭子吕温(772—811)、吕让(793—855),吕让子吕焜,均进士及第;吕渭历任舒州刺史、中书舍人、太子右庶子、礼部侍郎、潭州刺史、御史中丞、湖南都团练观察使等,吕温历职户部员外郎、司封员外郎、刑部郎中、侍御史、道州刺史、衡州刺史等。吕让曾任海州刺史、秘书少监、御史中丞、太子右庶子、秘书监。[①] 陕州硖石(今三门峡陕州区东硖石镇西石门)姚氏开元名相姚崇的曾侄孙姚合(777—843),进士及第,历职监察御史、殿中侍御史等,官至秘书监。唐后期五代,河南(治今洛阳)于氏家族于兢,在后梁太祖、末帝两朝任宰相。父于珪,唐宣宗时登进士第;叔于瑰,唐宣宗时状元;叔于琮,唐宣宗驸马。还有治洛阳的张氏张全义家族。张全义(852—926),初名居言,又名宗奭,字国维,濮州临濮(今山东鄄城西南)人。初在黄巢大齐政权中为官,后历仕唐、后梁、后唐三朝内外官职29种,领方镇7个,后梁进封魏王,后唐封齐王。但他一生基本上在洛阳主政。自光启三年(887)五月进据洛阳,他任河南尹治洛阳长达40年,政绩可称。五代河南府洛阳桑氏桑维翰,后晋军国重臣之一。进士及第,后唐

---

① 董超:《唐代吕温家族与文学》,西北大学2007年硕士学位论文,第24、26—27页。

节度掌书记。后晋历职枢密使、中书侍郎同中书门下平章事、集贤殿学士、晋昌军节度使、检校太傅、侍中等,封开国公。

赵犨兄弟,唐末陈州宛丘(今周口淮阳)人,赵珝由忠武军节度使徙同州匡国军节度使。兄弟三人继登将相。至北宋时,陈州还存有赵犨遗像,人们并为之重修祠堂,兄弟三人都受祭奠。①

唐后期,南阳赵氏赵璘,其父昭应尉赵伉。赵璘,进士及第,又举拔萃科,历职左补阙、金部郎中、汉州刺史等。蔡州朗山(今驻马店确山)袁氏袁滋官至宰相,其子袁郊历职祠部郎中、虢州刺史。

豫北地区有滑州胙城(今新乡延津东北)刘氏刘政会,其后刘崇望(838—899),进士及第,官至中书侍郎同平章事。刘崇望兄刘崇龟(?—895)登进士第,以检校户部尚书出任广州刺史、清海军节度使、岭南东道观察处置使等。刘崇望弟刘崇鲁(生卒年不详)登进士第,官至水部员外郎。

## 四、世家大族的迁移

唐后期五代时期,中原人口大量南迁,其中一些世家大族起着主导作用。河南家族的迁移,主要有随黄巢起义军南下的,避秦宗权之乱逃向南方的,避契丹铁骑的蹂躏而奔向南方的,还有避唐末藩镇之乱而迁移的。

唐末五代,家族的迁移更为频繁。如前所述,河南家族的迁移有河南地区外入驻河南的统治家族,如迁入的五代统治家族。迁出的割据统治家族有建立南汉的蔡州上蔡(今属河南)刘氏刘岩家族,其祖父刘仁安就是因中原战乱先后迁福建仙游,广东潮州、南海(今广州)②;建立楚国的许州鄢陵(今属许昌)马氏马殷家族;光州固始(治所在今河南固始东北)王氏王潮三兄弟闽政权的建立,在历史上影响深远。

唐光启元年(885),秦宗权部将光州固始王绪率所属光、寿两州兵5000人及驱吏民到福建汀、漳两州。随迁的光州固始王潮、王审知家族再迁福州(今属

① 〔北宋〕张方平:《乐全集》,文渊阁《四库全书》版。
② 陈欣:《南汉国史》,广东人民出版社2010年版,第81—84页。

福建）建立闽国。《宋史》卷三百零四《王彬传》："王彬，光州固始人。祖彦英，父仁侃，从其族人潮入闽。潮有闽土，彦英颇用事，潮恶其逼，阴欲图之。彦英觉之，挈家浮海奔新罗。新罗长爱其材，用之，父子相继执国政。"[①]王氏家族王彦英一支又迁至新罗（今韩国西南部）。

后晋开运三年（946），契丹攻占汴京开封府（今开封）灭后晋，次年建都开封，改国号辽，因遭汉人反抗，辽主北返，随迁中有一批河南家族："契丹主发大梁，晋文武诸司从者数千人，诸军吏卒又数千人，宫女、宦官数百人，尽载府库之实以行，所留乐器仪仗而已。"[②]

因藩镇之乱而迁徙更频繁。如唐末李氏宗族及朝臣家族自京城长安（今陕西西安）到东都洛阳的迁徙。又如士人辟置藩镇幕府的迁徙。滑州胙城（今新乡延津东北）刘氏刘政会，其后宰相刘崇望（838—899），刘崇望兄刘崇龟（？—895）、弟刘崇鲁（生卒年不详）迁居洛阳。五代十国时期，刘崇望之子刘濬被清海军（镇广州）节度使刘隐辟置幕府，待以宾客。

开封（今属河南）人赵廷隐，后梁时官至兵部尚书，后唐时官至左厢马步军都指挥使。随军迁至蜀，在后蜀累迁太师、中书令、宋王。长子赵崇祚（生卒年不详），历职大理寺少卿、银青光禄大夫、卫尉少卿等；次子赵崇韬，领洋州武定军节度使、山南武定缘边诸砦都指挥副使。[③]

自由的迁徙也存在。如中唐时，荥阳郑氏郑颢家族已经从荥阳迁居河南河清（今洛阳孟津东南）；段公路（生卒年不详），晚唐人，郡望临淄邹平（今属山东），西河人[④]，徙居河南（治今河南洛阳）。

## 五、经济的残破与有限恢复

安史之乱后，中原残破，兵连祸结，河南经济基础遭受重创，其在全国的经

① 〔元〕脱脱等：《宋史》，中华书局 1977 年版，第 10076 页。

② 〔北宋〕司马光：《资治通鉴》，中华书局 1956 年版，第 9350 页。

③ 房锐：《〈花间集〉编者赵崇祚考略》，《中华文化论坛》2015 年第 2 期。

④ 段公路祖父段文昌（773—835）官至唐穆宗时中书侍郎同平章事，为西河（今山西汾阳）人，那段公路原应为西河人。一说段公路为东牟（今山东烟台蓬莱区）人。参见周祖譔主编：《中国文学家大辞典·唐五代卷》，中华书局 1992 年版，第 582—583 页。

济地位明显下降。许州乃四战之地，社会经济遭受战乱天灾破坏严重。如至德元载（756）十二月安禄山遣兵攻颍川，"城中兵少，无蓄积"，"绕城百里庐舍、林木皆尽"。[①] 淮西吴元济作乱，"群众四出，狂悍而不可遏，屠舞阳，焚叶县，攻掠鲁山、襄城。汝州、许州及阳翟人多逃伏山谷荆棘间，为其杀伤驱剽者千里"[②]。唐代诗人白居易《许昌县令新厅壁记》亦云："许昌县居梁、郑、陈、蔡间，要路由于斯。当建中、贞元之际，大军聚于斯，兵残其民，火焚其邑，大田生荆棘，官舍为煨烬。"[③]"元和八年（813）五月，许州大水，坏庐舍，漂溺居人"，"水败军府"。[④] 黄巢自长安东撤围陈州期间，亦纵兵许州掳掠。[⑤] 黄巢起义失败后，秦宗权"命将出兵，寇掠邻道"，"屠翦焚荡，殆无孑遗"，"北至卫、滑，西及关辅，东尽青、齐，南出江、淮，州镇存者仅保一城，极目千里，无复烟火"。[⑥] 可见，战乱致使许州萧条凋残，人烟稀少。许州开元时户数 59717，乡 117，到元和时户数仅 5291，乡 57，元和时户数大幅度地下降，不及开元时的十分之一。

《资治通鉴》卷二百三十九宪宗元和九年（814）闰八月条载："少阳在蔡州，阴聚亡命，牧养马骡，时抄掠寿州茶山以实其军。"[⑦]《资治通鉴》卷二百四十宪宗元和十二年（817）二月条载："淮西被兵数年，竭仓廪以奉战士，民多无食，采菱芡鱼鳖鸟兽食之，亦尽，相帅归官军者前后五千余户；贼亦患其耗粮食，不复禁。"[⑧]

唐末黄巢起义军与唐军在淮西南周旋达 300 余日，地方军阀抢占地盘，秦宗权在蔡州（治今驻马店汝南）称帝，大肆掠夺烧杀，造成"极目千里无人烟，车载盐尸供寇粮"的惨象。寿州（今安徽寿县）地方势力王绪无奈南移入闽，光州数万吏民也随从南逃。同时中原流亡江南的吏民必经固始，黄滔《福州雪峰山故真觉大师碑铭》记载，入闽"僧尼士庶"一天就有 5000 多人。[⑨]

---

① ［北宋］司马光：《资治通鉴》，中华书局 1956 年版，第 7008 页。

② ［后晋］刘昫等：《旧唐书》，中华书局 1975 年版，第 3948 页。

③ 王秀文等修，张庭馥等纂：《河南省许昌县志（一）》卷六，成文出版社影印 1968 年版，第 1269 页。

④ ［后晋］刘昫等：《旧唐书》，中华书局 1975 年版，第 4057 页。

⑤ ［北宋］司马光：《资治通鉴》，中华书局 1956 年版，第 8296 页。

⑥ ［北宋］司马光：《资治通鉴》，中华书局 1956 年版，第 8318 页。

⑦ ［北宋］司马光：《资治通鉴》，中华书局 1956 年版，第 7705 页。

⑧ ［北宋］司马光：《资治通鉴》，中华书局 1956 年版，第 7731 页。

⑨ ［清］董浩等编：《全唐文》，上海古籍出版社 1990 年版，第 3858 页。

《旧唐书》卷二百下《秦宗权传》云:“巢贼既诛,宗权复炽,僭称帝号,补署官吏”,“贼首皆慓锐惨毒,所至屠残人物,燔烧郡邑。西至关内,东极青、齐,南出江淮,北至卫滑,鱼烂鸟散,人烟断绝,荆榛蔽野。贼既乏食,啖人为储,军士四出,则盐尸而从。关东郡邑,多被攻陷。唯赵犨兄弟守陈州,朱温保汴州,城门之外,为贼疆场”。[①] 可见,残暴的秦宗权集团对当时的社会经济造成极大的破坏,而河南地区的残破尤其惨烈。

许州经济恢复较快的时期则在秦宗权集团灭亡、忠武军依附宣武镇朱全忠之后。“由是中原尘静”,“陈、许流亡之民,襁负归业”。[②] 陈、许二州在赵犨兄弟的经营下,经济恢复,“民获其利”,“风化大行”。[③] 赵昶死后,接任的弟弟赵珝更注重经济建设,发展生产。“陈州土壤卑疏,每岁壁垒摧圮,工役不暇,珝遂营度力用,俾以甓周砌四墉,自是无霖潦之虞”,“又询邓艾故址,决翟王河以溉稻粱,大实仓廪,民获其利。珝兄弟节制陈、许,继拥旌钺,共二十余年,陈人爱戴,风化大行”。[④]

唐末五代,河南尹张全义治洛阳,使洛阳地区的社会经济得到恢复。唐末兵燹战乱,洛阳地区城邑灰烬,萧条荒芜,人烟稀少。他选派部属分赴河南府(今洛阳)18 属县招抚农户,安辑流民,劝课农桑,恢复生产。同时,重视生产督导,奖励耕桑,减省刑罚,免除租税,教民战阵以御盗。数年之后,“桑麻蔚然,野无旷土”[⑤],人口兴望。在此基础上,他又恢复了地方政权建置和统治秩序。他袭取了河阳(今河南孟州南),使洛阳地区免除了来自河阳节度使李罕之所索军粮及缣帛负担。他还主持修葺了洛阳都城,缮理了河南府署。洛阳地区社会经济的恢复和发展,使其成为后梁朝廷财政的重要基地,而洛阳城市经济的复苏亦为后唐建都洛阳奠定了基础。

沙陀族李存勖家族所建后唐,为解决军需,恢复营田,并恢复设置主管各类营田的营田务和营田使。后唐营田务亦称稻田务,隶属户部,由营田使主持,营田使多由刺史或军职兼任。后唐营田的范围和规模是五代十国时期最为突出

① 〔后晋〕刘昫等:《旧唐书》,中华书局 1975 年版,第 5398—5399 页。
② 〔北宋〕薛居正等:《旧五代史》,中华书局 1976 年版,第 194 页。
③ 〔北宋〕薛居正等:《旧五代史》,中华书局 1976 年版,第 197—198 页。
④ 〔北宋〕薛居正等:《旧五代史》,中华书局 1976 年版,第 197—198 页。
⑤ 〔北宋〕司马光:《资治通鉴》,中华书局 1956 年版,第 8359 页。

的，其范围几及全国各州府，西京(今陕西西安)、泾阳(今属陕西)三白渠一带，唐(治所在今河南泌阳)、邓(今属河南)、复(今属湖北)、郢(今属湖北)、瀛(治今河北河间)、莫(治今河北任丘北)等州，两河地区，洛阳城南地区都开置有营田，其中三白渠一带营田规模相当大，设置营田务达11个。后唐营田，主要是军事性质的营田，如边地及唐、邓、复、郢地区的营田，皆以士兵耕垦闲田，且战且耕，以供应军粮。但招募流民开垦营田在内地有所发展，成为一种解决农民土地问题的方式，并逐渐发展到取代军屯的地步。长兴二年(931)九月规定："应三京、诸道管(营)田，只耕佃无主荒田，禁召浮客。"①因与此类同，所以后唐庄宅务亦称庄宅营田务、营田庄宅务。后唐营田在解决军粮供应及流民土地方面起到一定积极作用。后唐明宗李亶时，革除弊政，关心民间疾苦。裁减宫人、伶人、宦官，诛杀宦官佞幸，惩治贪浊，精简机构，汰除冗滥等，有利于复苏民困。而减免赋税，废除变相增税的"纽配""省耗"，禁州县官吏以检括田地扰民，限制高利贷盘剥，禁富户规避丁徭等利民措施，减轻了农民负担。由是，几年之内，"年谷屡丰，兵革罕用，校于五代，粗为小康"②。

后晋经济也得到一定程度上的恢复。五代河南府洛阳桑氏桑维翰，后晋军国重臣之一。进士及第，后唐节度掌书记。后晋历职枢密使、中书侍郎同中书门下平章事、集贤殿学士、晋昌军节度使、检校太傅、侍中等，封开国公。《资治通鉴》卷二百八十一后晋高祖天福二年(937)正月条载："时晋新得天下，藩镇多未服从；或虽服从，反仄不安。兵火之余，府库殚竭，民间困穷，而契丹征求无厌。维翰劝帝推诚弃怨以抚藩镇，卑辞厚礼以奉契丹，训卒缮兵以修武备，务农桑以实仓廪，通商贾以丰货财。数年之间，中国稍安。"同书卷二百八十二后晋高祖天福六年(941)六月条载桑维翰密疏云："臣愿陛下训农习战，养兵息民，俟国无内忧，民有余力，然后观衅而动，则动必有成矣。"③

邢州尧山郭氏郭威建后周，在位3年，躬行节俭，革除积弊，与民休息，促进了生产的恢复和经济的发展。郭威内子后周世宗邢州龙冈(今河北邢台)人柴荣(921—959)，即位后，继承郭威重农恤民的政策，招集流亡，奖励耕垦，平均赋

① 〔北宋〕王溥：《五代会要》卷十五《户部》，文渊阁《四库全书》版。
② 〔北宋〕司马光：《资治通鉴》，中华书局1956年版，第9095页。
③ 〔北宋〕司马光：《资治通鉴》，中华书局1956年版，第9168、9224页。

税,减免苛敛,兴修水利,治理黄河,疏通漕路,扩建都城,禁佛及罢诸色课户、俸户等,促进了生产的恢复和经济的发展。

河南外迁家族所统治的地区经济也得到恢复与发展。河南家族许州鄢陵(今属许昌)马氏家族马殷采取"偃武息民"政策,促进了五代十国楚的经济发展。自唐乾宁三年(896)任潭州(治今长沙)刺史、判湖南军府事至后唐长兴元年(930)身死,马殷统治湖南地区35年,基本上施行"偃武息民"的政策。他臣服于中原王朝,借以阻遏来自吴的最大威胁,由此吴、楚很少战事,互通有无。对于荆南,只进行有限战争而已,存之以作捍蔽。与南汉虽屡兴干戈,但后来讲和,结为婚姻,平安相处。对境内诸族,注重招降安抚,加强交往,依俗而治,以期相安。他重视农业生产,兴修水利,发展特色经济,尤其是经济作物的生产得到长足发展。听民采茶、以帛代钱的措施,促进了茶叶和蚕桑丝织业的发展;一些作物的生产方法和品种也有所改进,出现了善种子母蔗的种蔗专家;不征商旅,铸铅铁为钱,在中原王朝汴(今开封)、襄(治所在今湖北襄樊)等数州置回图务等措施,推进了商贸的发展,特别是茶的贸易额甚大。马殷退兵休农政策的实施,使楚人民得到休养生息,政局亦较安定,经济也较发达繁荣。

唐末五代城市格局也在改变,汴州店铺"侵街"。唐末五代的战乱及社会经济的发展,打破了城市原来那种围有围墙、定时开关的封闭式的"坊(居民区)市(商业区)制",城市面貌发生变化。汴州在唐末五代已成为当时新的政治经济中心,城市经济迅猛发展,新的城市格局开始确立。作为一新兴起的都城,汴州城市肆商业与唐代长安、洛阳有明显的不同,不再限定在特定的"市"内,而是分布全城,与住宅区混杂,沿街开设各种店铺,形成熙熙攘攘的商业街,也有的商业街沿河布置,唐代封闭式的坊市分离制至此发展成敞开型的坊市合一,并且,坊已成为小的街区名,坊门只是悬挂坊名表明街区所在而并无围墙。另外,管理商业、手工业的政府机构亦分散设在城内各处,行政官府区也不像唐长安那样集中,只有最高行政机构及专管宫廷用品机构集中在宫城。城区在原址新扩建外城时,只定出官府仓库、军营地域,其余由私人营建,一般沿街店铺及贵族宅第后面,建造密集院落式住宅,整体布局不是十分方正规划,道路的划分也有自发倾向,而且并未与街坊划分统一规划。严格封闭式的坊市制逐渐退出中国城市历史舞台。

# 第五节 河南世家大族衰变之下的社会文化

隋唐五代时期,虽然门阀士族的政治特权衰落了,但家族传统及科举取士的制度促进了社会文化各方面的发展与繁荣。家族、家学与家风对这一时期文化的发展起着重大作用。《新唐书·宰相世系表》载:"唐为国久,传世多,而诸臣亦各修其家法,务以门族相高。其材子贤孙不殒其世德,或父子相继居相位,或累数世而屡显,或终唐之世不绝。呜呼,其亦盛矣!然其所以盛衰者,虽由功德薄厚,亦在其子孙。"[①]许州舞阳(今属河南)人、五代十国前蜀统治家族王建家族实施了优礼文士、守境息民的政策,促进了当时社会、经济、文化的恢复和发展,文艺昌盛,人才辈出,蜀地成为繁华安定的经济文化中心。

蔡州上蔡(今属河南)人、五代十国南汉统治家族刘岩家族,初期,刘岩承兄长成法,属意延揽士人,推行中原文化。南汉建国,"为国制度,略有次序"[②],就得力于他们。

## 一、社会风气的变化

隋唐前期,尚文风习形成与发展。如唐开元、天宝之际迁入东都洛阳的河东(今山西永济西南)吕氏吕延之家族,由武质而文质已成为吕氏吕延之家族发展的一大趋势,初盛唐时武质特点仍有保留,但从总体上看已不占主流,其在文学上的进步非常明显,自盛唐起多由科举入仕,还连续几代有进士及第。[③] 唐后期家族支配下的尚武风习存在。《旧唐书》卷一百五十七《马摠传》:"裴度宣慰

---

① 〔北宋〕欧阳修、宋祁:《新唐书》,中华书局1975年版,第2179页。

② 〔北宋〕欧阳修:《新五代史》,中华书局1974年版,第810页。

③ 董超:《唐代吕温家族与文学》,西北大学2007年硕士学位论文,第13页。

淮西,奏为制置副使。吴元济诛,度留愬蔡州,知彰义军留后。寻检校工部尚书、蔡州刺史、兼御史大夫,充淮西节度使。愬以申、光、蔡等州久陷贼寇,人不知法,威刑劝导,咸令率化。奏改彰义军曰淮西,贼之伪迹,一皆削荡。”①《资治通鉴》卷二百三十九宪宗元和十年(815)五月条载考功郎中、知制诰韩愈的话说:“闻陈、许、安、唐、汝、寿等州与贼连接处,村落百姓悉有兵器,习于战斗,识贼深浅,比来未有处分,犹愿自备衣粮,保护乡里。”②

## 二、学术思想的演进

这一时期,儒学礼法虽然衰落了,但在士族家族里还是有一定程度上的维持。陈寅恪指出:“山东士族之所以兴起,实用儒素德业以自矜异,而不因官禄高厚见重于人。降及唐代,历年虽久,而其家风礼法尚有未尽沦替者。”③

初唐相州(治今安阳)李氏李延寿曾参修《五经正义》。唐文宗(827—839)时,荥阳郑氏郑覃建议并负责将儒家经典刻成114块石壁九经,立于西京国子监,对儒学经典的统一起着重要的作用。中唐洛阳卢氏卢仝精通《春秋》经学,见解独到,韩愈《寄卢仝》有云:“春秋三传束高阁,独抱遗经究终始。”④

五代雕版刻印“九经”,推进了儒学发展。五代十国时期,雕版印刷开始盛行,雕版刻印“九经”便是由朝廷提倡和组织的较大规模的刻印书籍活动之一。后唐长兴二年(931),宰相冯道、李愚奏请令判国子监田敏依唐《开成石经》本校勘雕刻“九经”印版印卖。至后汉乾祐元年(948),仅校勘雕印了《周易》《尚书》《毛诗》《礼记》《左传》“五经”。因此,其年国子监奏请校勘余下的《周礼》《仪礼》《公羊》《穀梁》“四经”文字镂印,后周广顺三年(953)版成。这次雕版刻印“九经”,历经后唐、后晋、后汉、后周四朝。与此同时,后蜀宰相毋昭裔主持雕印的“九经”亦很著名。五代十国刻版印卖儒家群经,促进了印刷业和雕版印刷技术的发展,推进了文化的传播和发展,而雕印的“九经”亦成为儒生学习使

---

① 〔后晋〕刘昫等:《旧唐书》,中华书局1975年版,第4152页。

② 〔北宋〕司马光:《资治通鉴》,中华书局1956年版,第7712页。

③ 陈寅恪:《唐代政治史述论稿》,上海古籍出版社1982年版,第79页。

④ 〔清〕彭定求等编纂:《全唐诗》,中华书局1960年版,第3808页。

用的标准文本。

史学有所发展。唐初官修史书,河南家族是重要的参与者。陕州上官氏上官仪曾参修《晋书》,唐相州(治今安阳)李延寿参修《晋书》及《隋书》十志。郑州阳武(今新乡原阳东南)韦氏韦思谦长子韦承庆编有《则天实录》,为唐中宗赐爵扶阳县男。

五代后晋撰修《旧唐书》。后晋天福六年(941),高祖石敬瑭诏命户部侍郎张昭远、起居郎贾纬、秘书少监赵熙、吏部郎中郑受益、左司员外郎李为光等人修唐史,以宰相赵莹监修。赵莹罢相,宰相桑维翰、刘昫也相继担任监修。出帝开运二年(945)书成,计 200 卷,其中本纪 20 卷、志 30 卷、列传 150 卷,记述了唐代 21 君 290 年间史事,是现存最早的系统记录唐代历史的一部史籍。当时,因避讳石敬瑭而称《李氏书》,或称《前朝李氏纪志列传》,以时相刘昫署名,至北宋欧阳修、宋祁等人的唐书修成,才名之《旧唐书》。从正式编修到完成虽不过 4 年多,但实际上,后梁末帝龙德元年(921)已开始收集唐代史料,从收集史料到全书撰成,实经历了后梁、后唐、后晋三代,历时 25 年。其完成,以监修宰相赵莹居功为多,从收集史料、组织人力,到制订规划、确定体例、落实方案,用力极多。《旧唐书》是五代官修唐史成就的集中体现,保存了唐代的基本史料,尤其是原始材料,在《食货志》及民族关系的编撰方面亦有突破,但也存在编纂草率、记载不完备等问题,乃至北宋重修唐史。

私修史书也再度出现。唐相州(治今安阳)李大师着手撰写《北史》《南史》,至死事未成。其子李延寿是唐初一位利用官修史书之机而进行私修史书的史学家,他利用参修《五经正义》《晋书》及《隋书》十志之机收集资料,并在其父亲所整理资料和原有南北朝宋、齐、梁、陈、魏、北齐、北周、隋八书的基础上,删繁就简和增补,“更勘杂史于正史所无者一千余卷,皆以编入。其烦冗者,即削去之”[①],历时 16 年,将 130 卷的《魏书》、50 卷的《北齐书》、50 卷的《周书》和 85 卷的《隋书》等总 315 卷的北朝四史精简删削,增补成 100 卷的《北史》,将 100 卷的《宋书》、59 卷的《南齐书》、56 卷的《梁书》和 36 卷的《陈书》等总 251 卷的南朝四史精简删削,增补成 80 卷的《南史》。增补方面有整体性的增补和分散性的增补,《北史》整体性增补的人物不下百余个,《南史》整体性增补的人

① 〔唐〕李延寿:《北史》,中华书局 1974 年版,第 3344 页。

物列传不下数十个;《北史》与《南史》分散性增补各不下数百处,如增补几处有助于对东魏、北齐食干制度研究的食干制记载,增补了南朝诸史关于“典签”这一官职的来源、职掌、性质和演变的史料等。① 李延寿史书编撰上的增补和删繁就简之功受到历代史家肯定,但也存在着删削失当之处,包括不当删而删、因删致疑、因删致误、倾向性的删削等。如不当删而删的有史料价值的诏令、奏议、文章。又如倾向性的删削方面,《北史》有北魏前期战争所掳获生口、马牛羊并以之赏赐官吏、将士的史料,北魏前期边境少数民族起义、内属和内附问题史料,北朝四书中有关封爵食邑户数及“开国”字样,西魏、北周与东魏、北齐“别封”制度,各种战争的经过、状况和传主历官情况,东魏、北齐食干制度等;《南史》有“起家官”,入传传主享年数字,入传传主历官与战争情况,受封者封爵食邑户数,南朝统治者给官吏、将领赏赐奴婢、兵吏、扶侍、手力及钱物等史料,南朝官吏、将领、宗王的官衔等。② 李延寿还撰有《太宗政典》一书,为唐高祖褒奖。

谱牒学衰落。《通志略·氏族略第一》载:“自隋唐而上,官有簿状,家有谱系。官之选举必由于簿状,家之婚姻必由于谱系……自五季以来,取士不问家世,婚姻不问阀阅,故其书散佚,而其学不传。”③滑州灵昌(安阳滑县)崔氏崔日用撰有《姓苑略》1 卷。

《隋书》卷七十八《庾季才传》载庾季才有《地形志》87 卷。

后周世宗删订《大周刑统》。后周显德四年(957)五月,世宗命中书门下对当时行用的 7 种格式律令及编敕加以总结,重新删定,以制定简明易懂、适应时势的法典。中书门下侍御史知杂事张湜等 9 人负责法书的重编工作,次年(958)七月完成,又经兵部尚书张昭等 10 人“参详旨要,更加损益”,宰相范质、王溥“据文评议”,然后定名为《大周刑统》,诏行于全国。《大周刑统》计 21 卷,以律为主。律条有辞旨难解的,加以释文;义理简明易懂的,略其疏文。律条之后附有相近的式令,式令之下又附有相关的格敕。对于不适应现状或不完备的律条,则别立新条于其下;文理深古,令人疑惑者,则别以朱字训释。至于朝廷

① 高敏:《李延寿与〈南北史〉》,《学习与探索》2000 年第 2 期。
② 高敏:《论李延寿〈南、北史〉的规律性删削失当》,《史学史研究》2002 年第 2 期。
③ 〔南宋〕郑樵:《通志略》,上海古籍出版社 1990 年版,第 1 页。

的禁令、州县的常科，各以类分，悉令编附，颁布后与“律疏令式通行”。《大周刑统》的制定和实施，是后周世宗政治改革的一项重要内容，是后周健全立法以达到大治的有效措施。《大周刑统》后成为《宋刑统》的编纂基础。

## 三、文学艺术的繁荣

隋唐五代河南文化成就中，文学成就是非常重要的组成部分。唐高宗时，宋州宁陵刘氏考功员外郎刘思立奏请科举考试增加明经帖、进士试杂文，由此明经科重经术、进士科重文辞得以实行，对选人和后世科举影响很大，也为盛唐文坛的繁荣储备了人才。陕州陕县（今三门峡陕县老城）上官氏上官婉儿建议中宗广置昭文学士，盛引当朝词臣，又代朝廷品评天下诗文，在当时文坛产生很大影响。

### （一）诗歌

隋相州（治今安阳）李大师善诗赋，大多散佚。唐代是中国古典诗歌的黄金时代，诗歌作为这一时期文学的主流，大放光彩。河南文化圈里，家族竞出，奇才接踵，明星灿烂，成就非凡。袁行霈指出：“到了唐代，河南则是文学家集中涌现的地方，唐代著名诗人几乎一半出自河南，杜甫、韩愈、岑参、元稹、李贺、李商隐等人，为唐诗的繁荣发展做出了重大贡献。”①

初唐几大宫廷文人集团中最具代表性的诗人，河南文化圈中有高宗朝的上官仪，武后武则天时期“文章四友”中的杜氏杜审言，中宗时的宋之问、沈佺期等，他们在初唐律诗形式的完成过程中起了规范化和统领风气的作用，而其中杜审言、宋之问和沈佺期又是这一过程中成绩最显著的诗人。他们也是其家族文学成就的杰出代表。

陕州陕县（今三门峡陕县老城）上官氏上官仪（约605—665），字游韶，善诗文，工于五言诗，创造了“以绮错婉媚为本”的“上官体”，又归纳出六朝以来诗歌对仗方法，提出“六对”“八对”之说，于五言律诗的定型有积极意义。其子上官庭芝能诗文。上官仪孙女上官婉儿（664—710），通晓文辞，颇有诗名，是唐代

① 袁行霈：《中国地域文化通览·总绪论》，载朱绍侯主编：《中国地域文化通览·河南卷》，中华书局2014年版，第5页。

著名女诗人，她对当时诗人的提携、群臣应制赋诗文会的主持、律诗时代的形成等都发挥着突出作用。其诗在意境和形式上对上官体有继承和发展，也有所变革。上官婉儿的创作成果，唐玄宗时编为《唐昭容上官氏文集》20卷，张说作序，并撰碑铭，后散佚，序存北宋姚铉所编《唐文粹》，《全唐诗》辑存诗32首。

杜审言（约645—708），字必简，行五，河南府巩县（今郑州巩义西南）人，少与李峤、崔融、苏味道齐名，为“文章四友”，世号“崔李苏杜”。他工书翰，善五言诗，其诗属对谨严，对五律格式的成熟有所贡献。胡应麟将他的《和晋陵陆丞早春游望》推为初唐五律第一，评论说：“初唐无七言律，五言亦未超然。二体之妙，杜审言实为首倡。……少陵继起，百代模楷，有自来矣。”[①]宋之问（约656—约713），一名少连，字延清，行五，虢州弘农（今三门峡灵宝）人[②]，诗风华美，属对精工，对律诗形式的定型颇有影响。相州内黄（今安阳内黄西）沈氏沈佺期（约656—713），字云卿，行三，诗风靡丽，律体严谨精密，如锦绣成文，对五律、七律体制的定型颇有影响。所撰《独不见》为初唐完整的七律诗。沈、宋在中宗神龙、景龙年间（705—709），均以修文馆学士的身份频频出入宫廷文会，堪称词臣班首，文场勍敌，时人号为“沈宋”。他们的主要贡献在于“完成律诗的体制和扩大律诗的影响”，即先有他们的“合轨表率在前，尔后律诗一体才为人们所公认，从而确立其在诗坛的地位的。自齐永明以来两百多年，中国古典诗歌的格律化过程终于完成”。[③]

号称“初唐四杰”的王勃、杨炯、卢照邻和骆宾王，以文辞齐名海内，时称“王杨卢骆”，他们成就杰出，对诗歌创作的潮流产生重大影响。其中华州华阴（今属陕西）杨炯、幽州范阳（今河北涿州）卢照邻都是迁入的洛阳人。卢照邻工骈文、诗歌，诗的题材“由宫廷走到市井”[④]，在当时而言是一大变化。他特别长于七言歌行，对推动七言古诗发展贡献为多，《长安古意》为其代表作。杨、卢等“初唐四杰”在一定程度上扭转了“上官体”诗所带来的诗歌单纯追求形式对偶、以绮错婉媚为美的偏向。

---

① 〔明〕胡应麟：《诗薮》，上海古籍出版社1958年版，第67页。

② 宋之问籍贯一说汾州（治今山西汾阳）人。参见周祖谍主编：《中国文学家大辞典·唐五代卷》，中华书局1992年版，第396页。

③ 章培恒、骆玉明主编：《中国文学史》（中卷），复旦大学出版社1996年版，第25页。

④ 〔民国〕闻一多：《唐诗杂论·四杰》，古籍出版社1957年版，第28页。

汝州(今属平顶山)刘氏刘希夷(651—约679)也是初唐知名诗人,盛唐孙翌所编《正声集》收其诗为集中之最。

初唐卫州黎阳(今鹤壁浚县东)王氏王梵志(生卒年不详,约隋末唐初人)则是唐代著名的白话诗人,其诗语言浅近俚俗,在唐宋时代民间流传颇广,对文人诗作有一定影响,其诗风影响到自盛唐时期的寒山、拾得等至宋代黄庭坚、范成大等一大批诗人。[①] 王梵志、王绩是口语诗的先驱,包括中唐的元稹、白居易等推进了诗歌的口语化倾向,唐时还远传国外的日本。现敦煌遗书《王梵志诗集》和传世典籍中存有其诸诗近400首(390首),包括了三卷本《王梵志诗集》以外和以后托名诗作。[②] 宋州宁陵(今商丘宁陵东南)刘氏刘宪,有集30卷,散佚,《全唐诗》卷七十一辑有26首诗,如唐中宗时所写《奉和送金城公主入西蕃应制》。

约唐玄宗开元、天宝年间至安史之乱爆发之前的盛唐时期,唐诗到达全盛的高峰,河南家族中涌现出一大批才华横溢的优秀诗人,留下许多千百年来脍炙人口、广为传诵的诗篇。开元前期,身兼宰相和作家双重身份的张说、张九龄等,对扭转诗坛应制之风起了重要作用。洛阳张氏张说(667—731),字道济,又字说之,他前后三登相位,掌文学之任凡30年,他自身所做出的表率和对众多优秀诗人(包括张九龄、贺知章、王翰、王湾等20余人)的奖掖,使得唐诗的变革和发展得到有力的延伸和推进。其诗意气倜傥,风格鲜明,体现出盛唐诗歌最显著的内在精神,而其领袖群伦的特殊地位和影响,使其诗作的意义更为突出。而受其奖掖的张九龄是开元盛世最后一位名相,也是继其之后又一位既有权位又受人钦慕的文坛宗匠,并开创了孟浩然、王维等一路诗风。

盛唐诗坛上有一批位卑而名高的诗人,其中王之涣、王昌龄、李颀、崔颢等就是其中年辈较早的杰出代表。李颀(?—约753)郡望赵郡(治今河北赵县),但家居河南府颍阳(今郑州登封西)[③],长期在洛阳与时人交往。以古诗著称于世,尤擅长七古,其歌行笔力奔放,气势动荡开阖,风格在盛唐诗坛也颇为少见。时人殷璠在天宝后期选编的颇能反映盛唐诗歌风貌的《河岳英灵集》,辑录14

---

① 胡适:《白话文学史》,百花文艺出版社2002年版,第134—156、311—321页。

② 〔唐〕王梵志著,项楚校注:《王梵志诗校注·前言》,上海古籍出版社1991年版。

③ 傅璇琮:《李颀考》,《唐代诗人丛考》,中华书局1980年版,第92页。

首李颀诗,仅次于王昌龄、王维和常建。汴州(今开封)人崔颢(? —754)是开元、天宝年间的著名诗人,时人芮挺章辑录止于天宝三载(744)的诗集《国秀集》收录其诗7首,殷璠《河岳英灵集》选录其诗11首,时人往往将他与王维并称,宋人甚至将他与李白联系起来。他以娴熟的歌行手法入近体诗,写出了被南宋严羽《沧浪诗话·诗评》称为“唐人七律第一”的《黄鹤楼》,他的七言歌行中那种具有完整故事情节的叙事诗,则下启白居易《长恨歌》《琵琶行》、元稹《连昌宫词》、韦庄《秦妇吟》一路诗风,是歌行又一新变的先声。

洛阳人王湾(生卒年不详)词翰知名,是盛唐前期新旧诗风交替、盛唐著名诗人出现之前的一位重要诗人,其诗作《江南意》[①]受到时人重视,在盛唐诗歌发展史上占有重要地位,其中“潮平两岸失,风正一帆悬。海日生残夜,江春入旧年”二联,尤为著名,殷璠《河岳英灵集》誉为“诗人已来少有此句”,宰相张说手书“海日”一联于政事堂,示以能文之士为楷式。[②]

高适(约700—765),字达夫,则是盛唐后期的一位著名诗人,郡望出渤海蓨县(今河北景县),但实际居住地为梁宋一带,并没有固定地点。[③] 在他天宝八载(749)秋任汴州封丘尉以前,曾有较长时期寓居于梁宋一带,这期间也是其创作力最旺盛的高潮时期。其诗以风骨著称,以古体见长,尤以七古为胜,其七言歌行更具创造性,已成为一种酣畅淋漓、一泻千里的富有个性的抒情诗体,历来被认作诗中典范。高适还是唐代边塞诗派代表作家,与岑参齐名,世称“高岑”。

盛唐时期有新乐府运动的先驱鲁山(今属平顶山)人元德秀。元德秀(696—754),字紫芝,郡望河南(治今河南洛阳),世居太原(今属山西),后移居鲁山,进士及第。其名重当世,李华将他与萧颖士、刘迅合称“三贤”。《旧唐书》卷一百九十下《李华传》载李华撰《鲁山令元德秀墓碑》,颜真卿书,李阳冰篆额,与元德秀德行,后人号为“四绝碑”。[④] 元结是唐代乐府诗运动的先驱,白居易是新乐府运动的核心成员,而元结的诗歌创作受到了元德秀的直接影响,

---

① 唐芮挺章编《国秀集》作《次北固山下》:“客路青山外,行舟绿水前。潮平两岸阔,风正一帆悬。海日生残夜,江春入旧年。乡书何处达,归雁洛阳边。”

② 〔唐〕殷璠:《河岳英灵集》卷下,文渊阁《四库全书》版。

③ 傅璇琮:《高适年谱中的几个问题》,《唐代诗人丛考》,中华书局1980年版,第148页。

④ 〔后晋〕刘昫等:《旧唐书》,中华书局1975年版,第5048页。

白居易则将元德秀视为人生的楷模，其诗歌创作与元德秀步调高度一致。[①]

汝州鲁山(今属平顶山)人元结(719—772)也是盛唐著名文学家，其强调诗歌在政治上实用功能的理论，其所作关心民生疾苦诗篇，开中唐元、白诗论与诗风。洛阳人王季友(生卒年不详)工诗，殷璠《河岳英灵集》收其诗，杜甫称其“豪俊”。宋州(今商丘南)人崔曙(？—739)以《奉试明堂火珠》诗得名，殷璠《河岳英灵集》选其诗6首，称其诗言辞“要妙，情意悲凉，送别、登楼，俱堪泪下”；时人芮挺章于天宝三载(744)编成的《国秀集》选其诗5首。《河岳英灵集》亦收河内(治今焦作沁阳)人张谓(？—约778)诗6首，元人辛文房《唐才子传》称其诗“格度严密，语致精深，多击节之音”[②]。

洛阳人祖咏(生卒年不详)为盛唐田园山水代表作家之一。殷璠《河岳英灵集》评其诗“剪刻省静”“调颇凌俗”，严羽《沧浪诗话》将他与王维、韦应物、刘昚虚等人并列，称为“大名家”，名篇有《终南山望余雪》。洛阳贾氏贾至(718—772)诗，严羽《沧浪诗话》亦将其列为“大名家”。

唐代最卓越的诗人之一有盛唐时期的杜甫。杜甫(712—770)，字子美，河南府巩县(今郑州巩义西南)人，为唐代最伟大的现实主义诗人，与李白并称，谓之“李杜”。因其诗能全面反映当时政治、军事、社会情况，故世称“诗史”，后世亦尊称他为“诗圣”。他是一位集大成和承前启后的杰出诗人，开启了后代众多诗家、诗派。其诗千锤百炼，可为典则。他的诗歌类型极多，风格富于变化，五言、七言律诗和古体诗，在唐代都是一流的，七言绝句也自成一家。其中有三种类型特别具有独创性：第一类是用五言古体形式写成的自叙性诗篇，由辞赋体变化而来，带有明显散文成分，宋代诗歌中“以文为诗”倾向便是受其影响的；第二类是七律，他在声律上把七律推向成熟，使七律成为一种既工丽平整又开阖动荡，具有独特的艺术表现力的诗型；第三类是既有七言古体又有五言古体的叙事诗，虽是乐府民歌的流变，但他打破惯例，不用乐府古题而“即事名篇”(根据所叙事实命名)，这种创造性直接导引了中唐以元稹、白居易为首的新乐府运动，它在中国古代叙事诗发展过程中也占有重要地位。

盛中唐时的洛阳人孟云卿工五言古诗，元结《送孟校书往南海序》说他“名

---

① 柏红秀：《盛唐音乐文化与元德秀的歌辞创作及其贡献》，《江苏社会科学》2019年第4期。

② 〔元〕辛文房原著，李立朴译注：《唐才子传全译》，贵州人民出版社1994年版，第260页。

声满天下”[1]。时人高仲武所编肃、代两朝26位诗人的《中兴间气集》收其诗[2]，元结所编《箧中集》则选其诗最多，张为《诗人主客图》列他为“高古奥逸主”。辛文房《唐才子传》评云：“工诗，其体祖述沈千运，渔猎陈拾遗，词气伤怨，虽然模效，才得升堂，犹未入室，当时古调，无出其右，一时之英也。”[3]

大致为唐肃宗至德元载(756)至文宗大和元年(827)的中唐诗坛，河南文化圈大放光彩，出现了元稹、白居易等一大批著名诗人。代宗大历和德宗贞元年间诗坛上有刘长卿、顾况、韦应物及时称“大历十才子”的一批著名诗人。[4]刘长卿(？—约189)，字文房，河间(今属河北)人，早期实际居住地在洛阳一带，在登进士第(天宝中)之前曾长期居住在洛阳以南的嵩阳。[5] 他是中唐前期有特色的诗人，在肃、代时期诗名颇著，与钱起、郎士元、李嘉祐并称“钱郎刘李”。其诗各体皆工，尤善五律，被时人奉为文学宗匠的宰相权德舆称为“五言长城”。“大历十才子”之一的南阳人韩翃(生卒年不详)有诗名，长于七绝，《寒食》诗尤为人传诵，中唐高仲武所编《中兴间气集》对其诗评价很高。

洛阳(今属河南)人独孤及(725—777)，字至之，诗文为河南陆浑(今河南嵩县东北)人梁肃编成《毗陵集》20卷，现存诗歌87首，前期诗歌表现出沉雄劲健的盛唐精神，后期诗歌则表现出清丽妍雅的中唐风韵，而其以文为诗的现象给韩愈以文为诗作了探索和启迪。[6]

到元和年间，唐诗达到又一高潮，体现其主要成就的代表性创作有韩愈、李贺奇崛瑰丽的歌行，元稹、白居易平易流畅的乐府，刘禹锡、柳宗元情趣盎然的民歌体和清峻明丽的七律。这一时期的诗坛，可以说是河南文化圈的天下。

韩愈(768—824)，字退之，河阳(今焦作孟州南)人。中唐非常重要的文学家。他不仅有大量杰出的诗文作品，而且作为文坛、诗坛的领袖，在他周围聚集了不少志趣相投、风格相近的人，如卢仝、樊宗师、皇甫湜、刘叉、贾岛、李贺等，

---

① 〔北宋〕李昉等：《文苑英华》，中华书局1966年版，第3729页。

② 〔唐〕高仲武：《中兴间气集》，文渊阁《四库全书》版。

③ 〔元〕辛文房原著，李立朴译注：《唐才子传全译》，贵州人民出版社1994年版，第146页。

④ “大历十才子”指唐代宗大历年间(766—779)的李端、卢纶、吉中孚、韩翃、钱起、司空曙、苗发、崔洞(一作峒)、耿沣、夏侯审等10位诗人所代表的诗歌流派，其特点是注重诗歌技巧形式。

⑤ 傅璇琮：《刘长卿事迹考辨》，《唐代诗人丛考》，中华书局1980年版，第261页。

⑥ 郭树伟：《独孤及研究》，中州古籍出版社2011年版，第98、121—135页。

形成了以他为主将的一个文学集团,掀起了一个很有影响的新诗潮。他是唐代也是中国古代一个有独特风格的大诗人,其诗气魄宏大,想象丰富,语言、气象奇特、新颖。因与孟郊都尚古好奇,多写古体诗,时称“韩孟诗派”。天才诗人李贺(790—816),字长吉,福昌(今洛阳宜阳西)人,他才名早著,贞元末即蜚声诗坛,与李益齐名,称“二李”。他长于乐府诗,史称“其乐府词数十篇,至于云韶乐工,无不讽诵”①。其诗语言、意象新颖,构思跳跃性极大,尤其想象力新奇,熔瑰奇秘丽与幽峭凄清于一炉,于中国诗歌史上独树一帜,南宋严羽《沧浪诗话》称他这类乐府诗为“李长吉体”,稍后于他的李商隐、温庭筠受他的影响很深,形成唐代诗歌的一个流派,并为后世诗人不断模仿。洛阳(今属河南)人刘言史(？—812),工诗,风格近李贺,严羽《沧浪诗话》将他列为大历以后“吾所深取者”诗人之一。

与李贺齐名的郑州(今属河南)人李益(748—约829)则是中唐时期一位声名卓著的诗人,世称“文章李益”。元和十二年(817)令狐楚选《御览诗》,李益诗为集中之最,张为《诗人主客图》列其为“清奇雅正主”。其诗题材广泛,边塞诗尤佳,《征人歌》《早行篇》,“好事者画为屏障”,“‘回乐峰前沙似雪,受降城外月如霜’之句,天下以为歌词”。② 各体皆工,尤擅七绝,明胡应麟《诗薮》云:“七言绝,开元之下,便当以李益为第一。”③虢州弘农(今河南灵宝)人杨敬之(生卒年不详)工诗文,被张为《诗人主客图》列为“清奇雅正主”李益入室者之一。

卢仝(约775—835)是韩孟诗派中的一员,有诗名。他自号玉川子,年轻时隐居少室山,后长期寓居洛阳。其诗趋险尚怪,想象神异诡奇,多用奇言僻字及散文句法,力求生新拔俗,严羽《沧浪诗话》称之为“卢仝体”。其长达千言的《月蚀诗》最为人所称道,小诗亦平直浑厚,饶有风致。

同是洛阳人的李涉(生卒年不详),中唐人,则被列为“高古奥逸主”孟公卿之入室者,他工诗,长于绝句,为南宋严羽所“深取”,元人辛文房《唐才子传》卷五称其长篇叙事“如行云流水,无可牵制,才名一时钦动”。④

这一时期,以元稹、白居易为代表,形成了另一个新诗潮——新乐府运动。

---

① 〔后晋〕刘昫等:《旧唐书》,中华书局1975年版,第3772页。

② 〔后晋〕刘昫等:《旧唐书》,中华书局1975年版,第3771页。

③ 〔明〕胡应麟:《诗薮》,上海古籍出版社1958年版,第120页。

④ 〔元〕辛文房著,李立朴译注:《唐才子传全译》,贵州人民出版社1994年版,第304页。

它强调以新题乐府形式描写民生疾苦,针砭政治弊端,而语言平易浅切,意脉自然流畅。许州(治今许昌)人王建(约767—约830)是写新乐府较早的诗人之一,卒于大和中。[①] 他以诗名世,尤长乐府、宫词。其诗语言通俗平易,结构流贯,反映宫女生活的《宫词》一百首非常著名。他与张籍并称,世称"张王",他们的诗歌在元、白前就已表现了诗坛上不同于大历、贞元诗风的新变化,严羽《沧浪诗话》称之为"张籍王建体",以后他们又是以元、白为代表的新诗潮重要成员。元稹(779—831),字微之,河南(治今洛阳)人[②],和白居易齐名,世称"元白"。宫中乐色,常诵其诗,呼为"元才子"。所作乐府,最为警策,最有名的《连昌宫词》,"合并融化唐代小说之史才诗笔议论为一体而成"[③]。其作品中最好的是古今体艳诗和悼亡诗,这种艳丽而浅近的小诗和铺排延长的长律,在元和时风靡一时,被称为"元和体"诗,严羽《沧浪诗话》称其为"元白体",以"韵高而桂魄争光,词丽而春色斗美"[④]为选诗标准的《才调集》竟收入其诗59首之多。他首倡扬杜(甫)抑李(白)之说,于后世影响甚巨,其诗论对新乐府运动也有促进作用。

白居易(772—846),字乐天,虽为下邽(今陕西渭南北)人,但生于新郑(今属河南),大和三年(829)以太子宾客分司东都,自此定居洛阳,修香山寺,自号香山居士、醉吟先生,75岁时卒于洛阳,世称"白傅"或"白文公"。他以诗著称,早年与元稹齐名,称"元白";晚年与刘禹锡齐名,称"刘白"。白居易是新乐府运动中的领袖人物,成就最为突出,是继李白、杜甫后唐代诗坛上又一位大家。他强调诗歌的政治与社会功能,提倡"文章合为时而著,歌诗合为事而作",并有助于"补察时政""泄导人情"[⑤]。他与元稹一道以鲜明的理论和关涉政治的尖锐性及大量的新题乐府诗推进了新诗潮的发展,使新乐府运动真正形成。其诗包括讽喻、闲适、感伤、杂律四类,讽喻诗中以《新乐府》50首、《秦中吟》10首最为出色,感伤诗则以长篇叙事诗《长恨歌》《琵琶行》最为脍炙人口,闲适诗则对

---

① 卞孝萱、乔长阜:《王建的生平和创作》,《贵州大学学报(社会科学版)》1987年第3期。

② 《中国文学家大辞典·唐五代卷》认为元稹世居京兆万年(今陕西西安)。参见周祖譔主编:《中国文学家大辞典·唐五代卷》,中华书局1992年版,第66页。

③ 陈寅恪:《元白诗笺证稿》,上海古籍出版社1978年版,第61页。

④ 〔五代后蜀〕韦縠:《才调集·原序》,文渊阁《四库全书》版。

⑤ 〔唐〕白居易著,顾学颉校点:《白居易集》,中华书局1979年版,第960页。

后世士大夫影响很大。其诗通俗浅易，雅俗共赏，与元稹诗歌一起，成为所谓“通俗诗派”的一面大旗，确能继“盛唐”而再盛。张为《诗人主客图》称他为“广大教化主”，唐时“学者翕然，号元和诗”[①]。后世又将白居易与元稹“长庆长篇”七言歌行，或他们所有的“古体”及七言律诗，或他们浅切平易的诗风，称之为“长庆体”。[②] 其诗流传广泛，远播日本、朝鲜，对日本文学发展产生影响。家于洛阳（今属河南）的羊士谔诗文两擅，辛文房《唐才子传》谓其诗“造妙良选，作皆典重”，张为《诗人主客图》列其为“广大教化主”白居易入室者之一。

在韩、孟和元、白为代表的两大新诗潮外，中唐诗坛上有自己独特风格和独特建树的较为杰出的诗人还有刘禹锡、柳宗元。他们在扩展和加深诗歌内在意蕴方面有着特殊成就，在诗歌发展史上占有重要地位。刘禹锡（772—842），字梦得，洛阳（今属河南）人。其诗雄浑爽朗，节奏和谐响亮，时称“诗豪”，晚年与白居易齐名，合称“刘白”。其诗歌成就是多方面的，讽兴诗于社会问题痛下针砭，咏史诗十分为人称道，民歌体诗极为脍炙人口，对后来的词（如词牌名称、词的产生）有直接影响，其诗论对“意境说”之形成有一定影响。

缑氏（今洛阳偃师东南）人武元衡（758—815）也是中唐宰相诗人，尤工五言诗，“好事者传之，往往被于管弦”[③]，张为《诗人主客图》称其为“瑰奇美丽主”，而工诗善书的南阳（今属河南）人景审（生卒年不详）被列为他的及门。从河东（今山西永济西南）迁于东都洛阳的吕氏家族吕渭、吕温父子也有诗歌创作，吕渭参与了浙东、浙西诗歌联唱活动，吕温有文集 10 卷，现存诗歌 100 首左右，其诗在贞元年间（785—804）受到一定的重视。[④]

在中唐诗风向晚唐诗风转化中，姚合与贾岛是枢纽人物，后人常以“姚贾”并称。姚合（777—843）是武周、玄宗时名相陕州硖石（今三门峡陕州区东硖石镇西石门）姚氏姚崇曾孙。姚崇孙姚系、姚伦善诗。姚系诗情感真挚，语言流畅，情景交融；姚伦诗意境深远。姚合是中唐时期的知名诗人，也是多产诗人，

---

① 〔唐〕顾陶：《唐诗类选后序》，载〔北宋〕李昉等：《文苑英华》，中华书局 1966 年版，第 3687 页。据考证，该序作于唐大中十年（856）。参见孟国栋：《再论〈唐诗类选后序〉的撰作时间》，《学术界》2015 年第 11 期。

② 肖伟韬：《元和体、长庆体与元白体论析》，《江西社会科学》2014 年第 4 期。

③ 〔后晋〕刘昫等：《旧唐书》，中华书局 1975 年版，第 4161 页。

④ 董超：《唐代吕温家族与文学》，西北大学 2007 年硕士学位论文，第 52、59 页。

《姚少监诗集》10 卷有诗 500 多首。姚合早年寄家郏城，又曾隐居嵩山。姚合奖掖后人，能关心民生疾苦。他以诗名世，其诗自然质朴，其诗作称为“武功体”，内容偏向抒发个人孤寂凄清心境，表现闲适淡泊情趣，对现实有一定反映。艺术上则走向以五言律体为主，他与贾岛的五律写得纯熟，使五言律体的创作有了一些成熟的套路。张为《诗人主客图》列他为“清奇雅正主”李益之入室者。对晚唐诗人李频、郑巢，宋代“永嘉四灵”，明代竟陵派颇有影响。姚合曾编《极玄集》，汇集王维、祖咏、李端等 18 人诗篇，并首次提出“大历十才子”称号与人员，还撰《诗例》1 卷，就古人诗联意旨、体例阐释。洛阳人周质（生卒年不详），字南卿，工诗，与贾岛、无可齐名，[①]张为《诗人主客图》也将他与无可同列为“清奇雅正主”李益之入室者。

晚唐（约 827—907）诗以李商隐为代表，在盛唐诗、中唐诗之后，开创了唐体的第三重境界。李商隐（约 813—约 858），字义山，号玉谿生，怀州河内（今河南沁阳）人。他是晚唐著名诗人，与杜牧齐名，人称“小李杜”。他开创了诗歌上新的风格、新的流派，在艺术与技巧上对我国古典诗歌有所发展和丰富，是一位独具风格和很有艺术特色的诗人，其贡献主要展示了诗歌可以朦胧的形态表现复杂变幻的内心情绪，而近体诗尤其七律在他手中也更成熟。

### （二）文章

唐人文章包括骈文（唐人习称今文）、散文（唐人称为古文）和赋三种文体。唐代文章缤纷多彩，其成就绝不亚于诗歌，尤其是唐代的古文运动，在文章的演变上有着划时代的意义。在隋唐五代时期，特别是唐代，河南文化圈中名家辈出，成就非凡，地位凸现。

初唐时期，值得一提的有通晓文辞、曾代朝廷品评天下诗文的陕州陕县（今三门峡陕县老城）上官婉儿，“初唐四杰”中的洛阳杨炯、卢照邻，“文章四友”中的河南府巩县（今郑州巩义西南）杜审言以及“沈（佺期）宋（之问）”[②]等。杜审言的文才，宋之问《祭杜学士审言文》认为超越“初唐四杰”：“度越诸子，言必得俊，意常通理。”[③]“沈宋”的骈文，名重一时。洛州巩（今郑州巩义西南）人刘允

---

① 〔南宋〕计有功：《唐诗纪事》，上海古籍出版社 1987 年版，第 1104 页。

② 沈佺期，相州内黄（今安阳内黄西）人；沈之问，虢州弘农（今三门峡灵宝）人。

③ 〔清〕董诰等：《全唐文》，中华书局 1983 年版，第 2442 页。

济(生卒年不详,一作元济),博学善属文,与王勃齐名,垂拱四年(688)献《明堂赋》,武后手诏褒美。上官氏上官婉儿所拟诏书行文铺张、文采华丽。

卫州卫县(今属鹤壁浚县)人谢偃(?—643)善赋,时李百药工诗,时人称为“李诗谢赋”。尝为《尘》《影》二赋,甚工,唐太宗自为赋序。

唐高宗时宋州宁陵(今商丘宁陵东南)刘氏刘思立能文,《全唐文》卷一百五十三所收《谏农时出使表》《为河南王武懿宗论功表》《劾韦万石奏》等影响后世。其子刘宪善诗文,有集30卷,散佚,《全唐文》卷二百三十四录有《上东宫劝学启》《对坟树有甘露判》《大唐故右武卫将军上柱国乙速孤府君碑铭并序》。

郑州阳武(今新乡原阳东南)韦氏韦思谦长子韦承庆善文翰,如《谕善箴》《灵台赋》《则天皇后纪圣文》等,有集60卷,《全唐文》卷一百八十八、《全唐诗》卷四十六有收录。韦嗣立次子韦济也以文翰驰名。

盛唐河南文化圈中的洛阳人张说是当时最有权威和代表性的文章大家。他三居相位,朝廷重要文诰多出其手,时人以之与许国公苏颋并称为“燕许大手笔”。其文精壮,注重风骨,尤长于碑志,“当代无能及者”[①]。他所撰碑志数量很多,其中为卢思道、裴行俭、郭元振、姚崇、宋璟、僧神秀等人所作的尤其著名。其诗文表现了盛唐气象。而受其奖掖的文学后进达数十人,对唐代文学的发展意义重大,影响深远。[②] 唐新乐府运动的先驱鲁山(今属平顶山)元德秀亦善为文章,“与古同辙,自为名家”[③]。

唐代的古文运动影响深远,所谓“古文”,是韩愈等人针对魏晋以来形成,至初盛唐仍旧流行的骈体文而提出的一个概念,是先秦两汉时单行散句,没有规定形式的文体。古文运动虽到韩愈、柳宗元时才真正开了新局面,但继初盛唐之际的陈子昂之后,在河阳(今焦作孟州南)韩氏韩愈之前提倡古文的杰出的作者,河南文化圈中不乏其人,如元结、独孤及、贾平、梁肃等,他们也是韩愈古文运动的先驱。汝州鲁山元结散文“笔力雄健,意气超拔,不减韩(愈)之徒也,可谓特立之士哉”[④]。洛阳(今属河南)人独孤及,提倡古文,其文“宽而简,直而

---

① 〔后晋〕刘昫等:《旧唐书》,中华书局1975年版,第3057页。

② 陈祖言:《张说年谱·前言》,香港中文大学出版社1984年版。

③ 〔唐〕李华:《元鲁山墓碣铭并序》,载〔清〕董诰等:《全唐文》,中华书局1983年版,第3249页。

④ 〔北宋〕欧阳修:《集古录》卷七《唐元次山铭(岁月缺)》,文渊阁《四库全书》版。

婉，辩而不华，博厚而高明，论人无虚美，比事为实录”[①]。《旧唐书·韩愈传》亦云：“大历、贞元之间，文字多尚古学，效杨雄、董仲舒之述作，而独孤及、梁肃最称渊奥，儒林推重。愈从其徒游，锐意钻仰，欲自振于一代。”可见独孤及是唐代古文运动重要先驱人物之一，独孤及在古文运动中是萧（颖士）李（华）文学集团到韩柳文学集团的一个过渡。独孤及大量的文章创作，对韩愈等后来者来说都有导夫先路的探索之功；而他开帐讲学也为中唐古文运动培育了人才，这些文学创作活动和讲学活动都在当时产生了巨大影响，“作为文章，律度当世”，独孤及被誉为“有唐文宗”可谓实至名归，当之无愧。[②] 独孤及诗文为河南陆浑（今河南嵩县东北）人梁肃编成《毗陵集》20 卷，现存文 181 篇。[③] 梁肃（753—793），字敬之，是继李华、独孤及等之后，倡导古文，韩愈、李翱等皆师事之。其文“法于《春秋》，协于《谟训》”，“有文集三十卷，为学者之师式”。[④] 洛阳人贾至的诗文在当时颇负盛名，时人李舟《独孤常州集序》、梁肃《补阙李君（翰）前集序》[⑤]均把他与独孤及等相并比，作为韩、柳之前的古文作家。文章以怪奇著称的皇甫湜对其文推誉甚高：“贾常侍之文，如高冠华簪、曳裾鸣玉，立于廊庙，非法不言，可以望为羽仪，资以道义。”[⑥]贾至父贾曾以文辞著称，与苏晋号“苏贾”。

这期间比较知名的文章家还有吕温，杨凭、杨凝、杨凌三兄弟，乔潭，杨敬之等人。从河东（今山西永济西南）迁于东都洛阳的吕氏家族吕温，是古文运动中的一员干将，写出了不少优秀古文，这些散文有益于当时文体文风的健康发展。[⑦] 吕温操翰精富，文体赡逸，原有文集 10 卷，现存《吕衡州文集》载其文 8 卷，加上《全唐文》《文苑英华》等所存数篇，共有文 90 篇左右。[⑧]《旧唐书》卷一

---

① 〔唐〕梁肃：《常州刺史独孤及集后序》，载〔清〕董诰等：《全唐文》，中华书局 1983 年版，第 5260 页。

② 郭树伟：《独孤及研究》，中州古籍出版社 2011 年版，第 139 页。

③ 郭树伟：《独孤及研究》，中州古籍出版社 2011 年版，第 98 页。

④ 〔唐〕崔元翰：《右补阙翰林学士梁君（肃）墓志》，载〔清〕董诰等：《全唐文》，中华书局 1983 年版，第 5322、5323 页。

⑤ 〔清〕董诰等编：《全唐文》，中华书局 1983 年版，第 5261—5262 页。

⑥ 〔唐〕皇甫湜：《皇甫持正集》卷一《论业》，文渊阁《四库全书》版。

⑦ 董超：《唐代吕温家族与文学》，西北大学 2007 年硕士学位论文，第 27 页。

⑧ 董超：《唐代吕温家族与文学》，西北大学 2007 年硕士学位论文，第 59 页。

百三十七《吕渭传附子吕温传》载其所作《移博士书》《凌烟阁功臣铭》《张始兴画赞》颇获文士欣赏，清人李慈铭认为其铭赞方面的文章“置之韩（愈）、柳（宗元）集中，亦为高作”[①]。杨凭（生卒年不详）字虚受，杨凝（？—803）字懋功，杨凌（？—约790）字恭履，虢州弘农（今河南灵宝）人。兄弟三人皆有文名，号“三杨”。柳宗元《唐故兵部郎中杨君墓碣》称他们之文“东薄海、岱，南极衡、巫，文学者皆知诵其词，而以为模准；进修者率用歌其行，而有所矜式”[②]，《与杨京兆凭书》又称“天下号为文章家”[③]。同是虢州弘农人的杨敬之（生卒年不详），字茂孝，工诗文，所作《华山赋》深为韩愈、李德裕所赞赏，一时传遍士林，时人高彦休称其为文“有凌轹韩、柳意”[④]。梁（今河南开封）人乔潭（生卒年不详），字德源，也以辞赋文章名世。

继李白、杜甫之后开创了一个重要诗派的河阳（今焦作孟州南）人韩愈，在文章方面成就卓越。他是唐代古文运动的杰出领袖，大力提倡古文，主张文道合一，以道为主。他在《答李翊书》里主张的“惟陈言之务去”[⑤]、在《南阳樊绍述墓志铭》里提出的“文从字顺各识职”[⑥]等文体改革论，是他对唐文及至唐代文学的最大贡献，也是古文运动的主要成就。他也是一位杰出的古文家，彻底摆脱了六朝以来骈俪文的束缚，用纯净的散句单行的形式进行写作，扩大了同一体裁表现范围。其文雄浑壮阔，与柳宗元同为当时文坛盟主，世称“韩柳”，苏轼在《潮州韩文公庙碑》以“文起八代之衰，而道济天下之溺”誉之[⑦]。其佳作名篇甚多，其中《论佛骨表》《平淮西碑》《送李愿归盘谷序》《张中丞传后叙》《柳子厚墓志铭》《师说》《祭十二郎文》《毛颖传》等尤著名。

韩、柳古文运动中的重要人物有李翱、皇甫湜、樊宗师等。李翱（772—836），字习之，郡望陇西成纪（今甘肃静宁西南），陈留（今河南开封）人，为韩愈侄婿。他早年师从古文家梁肃，后从韩愈学古文，为“韩门弟子”。他以文章著称，其古文创作发展了韩愈“文从字顺”的文体观念，立意高卓，词旨浑厚，《祭吏

---

① 〔清〕李慈铭著，由云龙辑：《越缦堂读书记》，上海书店出版社2000年版，第895页。

② 〔唐〕柳宗元：《柳宗元集》，中华书局1979年版，第212页。

③ 〔唐〕柳宗元：《柳宗元集》，中华书局1979年版，第789页。

④ 〔唐〕高彦休：《唐阙史》卷上《杨江西及第》，文渊阁《四库全书》版。

⑤ 〔清〕董诰等：《全唐文》，中华书局1983年版，第5588页。

⑥ 〔清〕董诰等：《全唐文》，中华书局1983年版，第5706页。

⑦ 〔北宋〕苏轼著，孔凡礼点校：《苏轼文集》，中华书局1986年版，第509页。

部韩侍郎文》《高愍女碑》《解惑》《杨于陵墓志铭》《国马说》等均为力作，驰名当时。《来南录》叙日记事，开创后世日记体著作的先声。李翱文对宋文影响至巨。李翱的文学思想基本上承继韩愈，但他强调"文、理、义"三者的融会贯通，开清桐城派理论的先河。

与韩、柳同时的文章家有"诗豪"刘禹锡，其成就足以与韩、柳相抗衡。白居易《刘白唱和集解》云："彭城刘梦得，诗豪者也，其锋森然，少敢当者。"[①]李翱云，刘禹锡古文"则恣肆博辨，于昌黎、柳州之外，自为轨辙"[②]。《唐诗纪事》卷三十九亦载，刘禹锡"晚年与白傅（居易）友善，诗笔文章时无在其右者"[③]。其论说文成就尤为突出，具有因小见大、俏丽渊博、富于卓识等特点，渊源于刘向和班固，对宋代王安石、苏轼，明代刘基等产生重要影响。[④] 新乐府运动的杰出代表洛阳元稹和白居易的文章成就也可观。元稹擅散文，白居易兼擅词、文、书法。他们的文章不仅数量多，而且佳作比比皆是。

晚唐诗人怀州河内（今焦作沁阳）李商隐，亦是文章能手。早年著《才论》《圣论》，以古文知名；后师从骈文家令狐楚，又以"今体章奏"即骈文著名，并与温庭筠、段成式齐名，因三人皆行十六，故时号"三十六体"。其文风繁缛华丽，名篇有《为濮阳公檄刘稹文》《上河东公启》等。弘农（今三门峡灵宝）人杨夔（生卒年不详）也是唐末一位知名的文章家，他工诗文善赋体，尤以散赋《冗书》驰名。诗人郑谷称其"散赋冗书高且奇，百篇仍有百篇诗"。荥阳（今属郑州）人郑畋（825—883），字台文，在晚唐亦有文名。其文学优赡，尤擅制诰，《旧唐书》卷一百七十八《郑畋传》赞云："禁庭书诏旁午，畋洒翰泉涌，动无滞思，言皆破的，同僚阁笔推之。"[⑤]

**（三）小说**

唐代古典小说获得了重大的发展，它足可与唐代的散文并称，甚至在某些方面有胜过之处。因为在唐代出现了一种新型小说——传奇，它标志着中国古

---

① 〔清〕董诰等：《全唐文》，中华书局 1983 年版，第 6920 页。

② 〔清〕永瑢等：《钦定四库全书总目》卷一百五十，文渊阁《四库全书》版。

③ 〔南宋〕计有功：《唐诗纪事》，上海古籍出版社 1987 年版，第 603 页。

④ 吴汝煜：《论刘禹锡的散文》，转引自胡戟、张弓、李斌城等：《二十世纪唐研究》，中国社会科学出版社 2002 年版，第 648 页。

⑤ 〔后晋〕刘昫等：《旧唐书》，中华书局 1975 年版，第 4631 页。

典小说依附于子、史状态的结束，从此小说文体获得了真正的独立。因此唐人小说包括三个品种：传统形态的志怪小说（包括以志怪为主要内容的）、笔记体小说、传奇。唐五代河南文化圈在小说上也有不俗的成就，尤其是传奇小说，名人名篇为数不少。

笔记体小说作者主要有段公路、赵璘、刘崇远。段公路（生卒年不详），晚唐人，郡望临淄邹平（今属山东），徙居河南（治今河南洛阳）。撰有《北户录》3 卷，主要记述岭南风土物产，征引唐代以前有关岭南的著作甚多，颇有史料和文献价值。南阳（今属河南）人赵璘（生卒年不详），中晚唐人，所著《因话录》6 卷较为著名，书中记唐代朝野遗事及典章制度，关涉当时文人逸事甚多，史料价值较高。五代南唐时的河南（治今河南洛阳）人刘崇远（生卒年不详）撰有《金华子杂编》3 卷、《耳目记》2 卷。前者简称《金华子》，所记内容较广泛，以中晚唐间朝野遗事为主，有关文学家事迹记载尤多，史料价值较高；后者又称《刘氏耳目记》，故事性较强，主要记载唐末五代逸闻，间杂神异之说。

传奇作者主要有初盛唐洛阳张说，盛唐河内牛肃，中唐河南元稹、颍川陈鸿祖，晚唐蔡州朗山袁郊等。张说所撰的《梁四公记》是初唐传奇作品的代表作，主要叙述南朝梁时的 4 位奇人谒见梁武帝，向他介绍种种奇闻逸事，志怪气浓重，有志怪体向传奇体过渡的性质。另外，他还写过《绿衣使者传》和《传书燕》两篇有关人间情事的故事。

盛唐人牛肃（生卒年不详）著有小说集《纪闻》10 卷。牛肃原籍京兆府泾阳（今属陕西），徙居怀州河内（今焦作沁阳）。此书记唐代玄宗、肃宗朝怪异之事，以妖祥征应类故事为主，是唐人较早的传奇小说集，其中《裴伷先》《吴保安》《牛应贞》等篇，可说是盛唐传奇作品的代表作。

唐代非常著名的传奇作者是河南（治今洛阳）元稹，以“传奇”为小说作品之名，就始于他。他的名作《莺莺传》，原名《传奇》，宋人编选《太平广记》时改题今名，而“传奇”一名在宋元丰以后便专称唐人文言小说。《莺莺传》是唐代爱情小说中负有盛名的作品，于后世影响深远。时人李绅据其写有《莺莺歌》诗，宋人赵令畤把它谱成鼓子词《商调蝶恋花》，据其题材故事所写出来的剧本不胜枚举，先有金代董解元改编成的《西厢记诸宫调》，到元代王实甫发展创造为一部不朽剧作《西厢记》，成为家喻户晓的故事。

颍川（治今许昌禹州）人陈鸿祖（生卒年不详）所撰《东城老父传》是唐历史

传奇的代表作之一,记“神鸡童”贾昌一生由富贵而贫穷的变化,反映了唐朝盛极而衰的历史巨变。

晚唐蔡州朗山(今驻马店确山)袁氏袁郊能诗,尤以传奇为长。撰有《甘泽谣》,多记佛仙侠义之事,其中尤以《红线》篇最著名,明人梁辰鱼曾改编为杂剧。现存来自《太平广记》中的辑本。据《新唐书·艺文志》,袁郊另撰有《服饰变古元录》1卷、《二仪实录衣服名义图》1卷。

河南家族还成为唐代小说创作的题材。如中唐时期,下邽(今陕西渭南北)人白行简(776—826)所撰唐代传奇代表作之一的《李娃传》,所叙为荥阳(今属河南)公子与名妓李娃相爱之事,荥阳公乃当时五大姓(称海内第一高门)之一的郑姓,关涉河南大族婚宦。元石君宝《李亚仙花酒曲江池》、明薛近兖《绣襦记》二剧,情节即本于此。又如常州义兴(今江苏宜兴)人蒋防(生卒年不详)所撰著名爱情传奇《霍小玉传》中的男主角不仅与当时诗名卓著的郑州(今属河南)人“文章李益”同名,而且其人其事相近,撰者是受其触发铺写而成。

**(四)词**

词是唐代兴起的一种新的诗体,很早在民间产生出来,如敦煌曲子词,到中晚唐开始渐渐定型。唐代较早汲取民间词的表现形式来从事词作的知识分子型作家中,河南文化圈中有许州(治今许昌)王建,洛阳刘禹锡、白居易等,堪称词体文学的先驱者。如王建有《宫中调笑》,白居易有《忆江南》《长相思》,刘禹锡有《忆江南》等。其中白居易写词较多且较好。刘禹锡有些拟民歌的诗歌题目取之于乐曲名,后来变成了词牌的名称,如《纥那曲》《浪淘沙》,而长短句如《潇湘神》实际上已是文人词的滥觞。

五代后蜀广政三年(940),开封(今属河南)人赵崇祚(生卒年不详)[①]编了一部著名的词集《花间集》,此集10卷,选录了自唐开成元年至后晋天福五年(836—940)的词家温庭筠等18人词作共500首。它是我国最早的一部词集,也是千百年以来一直流行的地方性艳词选集,集中了晚唐五代一批重要词人的佳作,奠定了词作为一种新兴诗歌形态的体式规范,展现了“别是一家”的独特的美学价值,成功地开启了后代词史的发展道路。花间词派即因《花间集》而得

① 一作并州太原(今属山西)人。据房锐考证,其郡望天水(今属甘肃),开封人。参见房锐:《〈花间集〉编者赵崇祚考略》,《中华文化论坛》2015年第2期。

名。《花间集》为研究早期文人词保存了极为珍贵的资料，在我国词史上占有重要地位。

**（五）音乐**

隋时，集天下乐户于东京（今洛阳），举办大型乐舞活动。隋炀帝大业二年（606）十二月，太常少卿裴蕴迎合炀帝旨意，奏括天下周、齐、梁、陈的乐家子弟皆为乐户，擅长音乐者，六品以下至庶人都到太常（音乐机构）。于是四方散乐云集东京，隋炀帝在芳华苑积翠池召见他们，伎人各显其能，做了高超表演。伎人着锦绣缯彩，舞者鸣环佩，缀羽毛花饰。课京兆（今西安）、河南（治今洛阳）为乐人制衣服，两京（大兴、洛阳）锦彩为之空竭。隋炀帝作了很多艳情篇章，令乐正白明达造新声传唱，音极哀怨。隋炀帝沉浸在天下大同的乐声之中。大业六年（610）正月，隋炀帝以西域诸国酋长毕集洛阳，下令在皇城端门外大街盛陈百戏，戏场周围 5000 步，执丝竹者 18000 多人，声闻数十里。通宵达旦，火光冲天，月终结束。

盛唐时期新乐府运动的先驱鲁山（今属平顶山）元德秀积极参与歌辞创作，精心创作了唐代第一宫廷雅乐《破阵乐》和有着悠久历史的华夏民间古曲《于芳于》的歌辞等，不仅推动了唐代文人参与歌辞创作活动，还为他们提供了歌辞创作的高雅范式。①

《新唐书》卷五十七《艺文志》还载有洛阳吕氏吕渭撰《广陵止息谱》1 卷，说明吕渭对于音乐还有着相当的造诣。

**（六）书法**

荥阳郑氏郑万钧有“草圣”之称，洛阳圣善寺树立其所书《般若心经》碑；郑虔善书画，其诗、书、画被唐玄宗誉为“三绝”。洛阳白居易兼擅书法。中唐蔡州朗山（今驻马店确山）袁氏袁滋善书法。虢州弘农（今河南灵宝）人杨敬之（生卒年不详）擅翰墨，行草尤为著名。南阳景氏景审亦善书法。

**（七）绘画**

许州阳翟（今许昌禹州）吴氏吴道子，唐玄宗赐名吴道玄，善书画，尤以绘画称名，时人誉为“画圣”。张彦远《历代名画记》卷二《论顾、陆、张、吴用笔》云：“国朝吴道玄，古今独步，前不见顾（东晋画家顾恺之）、陆（南朝画家陆探微），

---

① 柏红秀：《盛唐音乐文化与元德秀的歌辞创作及其贡献》，《江苏社会科学》2019 年第 4 期。

后无来者，授笔法于张旭，此又知书画用笔同矣。张既号‘书颠’，吴宜为‘画圣’。”①《太平广记》卷二百一十二《吴道玄》说吴道子“画人物、佛像、鬼神、禽兽、山水、台殿、草木，皆神妙也”，为唐人评为“国朝第一”。② 吴道子在唐两京佛寺道观创作了大量让人惊叹的壁画作品。今所传《明皇受箓图》《送子天王图》《十指钟馗图》等作品皆为后世摹本。

五代十国艺术中绘画成就最大，山水、花鸟、人物、佛道、石窟藻绘等人才辈出，尤其是前后蜀、南唐，设立画院，名家荟萃，影响至深。陈传席指出，“中国山水画的成熟和壮大，却恰恰是五代北方的力量，宋初只是五代的延续而已”，“我们说五代宋初山水画高峰，宋初的高峰实是五代上升的惯性”。③

后梁荆浩、关仝，南唐董源、巨然 4 家，在唐代山水画基础上形成适于表现南北山水状态的皴法和风格样式，并称南北，对宋代山水画派影响重大。荆浩、关仝师法自然，笔墨均重，并称“荆关”山水；董源创“麻皮皴”画法，和巨然都擅长水墨淡色，淡墨轻岚，自成一体，并称“董巨”。花鸟画以南唐徐熙和前后蜀黄筌最为知名。徐熙创花卉画“没骨法”，水墨淡彩，气韵横生；黄筌精细工致，淡墨浓彩，时称“黄家富贵，徐熙野逸”。人物画名家济济，中原有赵嵒（或作赵岩，生卒年不详）、张图，南唐有顾闳中、周文矩、董源，还有善画佛道的陶守立，前后蜀有贯休、黄筌，吴越有李群、王道求等。顾闳中的《韩熙载夜宴图》更是传世名作。后蜀后主孟昶首创翰林图画院，南唐中主李璟也仿效设置，有力推动了绘画艺术的发展，亦为两宋宫廷画院制度的健全和完善奠定了基础。

怀州河内（今焦作沁阳）荆氏荆浩④，唐末五代人，五代时隐居太行山洪谷，自号洪谷子。善画山水，撰有《画山水赋》（原名《山水诀》）1 卷、《笔法记》1 卷，阐述了山水画笔法理论，认为画山水应该“有笔有墨”：“吴道子画山水有笔而无墨，项容有墨而无笔，吾当采二子之所长，成一家之体。”⑤吴道子、项容都是唐代著名画家。荆浩画技对五代关仝、李成，北宋范宽山水三大家影响巨大。北宋刘道醇《五代名画补遗》列他为山水门神品。

---

① 〔唐〕张彦远撰，承载译注：《历代名画记全译》，贵州人民出版社 2009 年版，第 82 页。

② 〔北宋〕李昉等：《太平广记》，中华书局 1961 年版，第 1623 页。

③ 陈传席：《中国山水画史》，江苏美术出版社 1988 年版，第 123、189 页。

④ 贾涛：《从北宋地理志看荆浩里籍归属》，《美术》2014 年第 1 期。

⑤ 〔北宋〕郭若虚：《图画见闻志》卷二《纪艺上》，文渊阁《四库全书》版。

后梁陈州(今周口淮阳)赵氏赵喦,唐末五代人,善绘画和鉴赏,特别是善画人物与马,喜收藏。画作今存有藏于台北"故宫博物院"的《八达春游图》和藏于上海博物馆的《调马图》(原题为赵幹画)。后梁河南(治今洛阳)于氏家族于兢善画牡丹;张图能作壁画,善泼墨山水,尤擅长人物画,其《紫微朝会图》就是将水墨放逸与精细勾勒妥善结合的道释人物画风画精品。后梁左千牛卫将军开封刘氏刘彦齐善画竹,尤精鉴赏,时称"唐朝吴道子手,梁朝刘彦齐眼也"①。后唐登封(今属洛阳)袁氏袁嶬善画鱼。后晋汝南宛丘(今周口淮阳)王氏王仁寿,先后学习王殷、吴道子画技,工佛道鬼神壁画,也擅长绘画鞍马,所画有吴道子风格。北宋刘道醇《五代名画补遗》列他为人物门妙品。其子王士元则学关仝画山水,善山水和界画。

## 四、天文历算的进步

隋建国后,《隋书》卷七十八《庾季才传》载庾季才与子庾质奉敕撰《垂象志》142卷行于世。隋文帝欲还都洛阳,庾季才陈玄象赞成之,文帝谓庾季才明察若神,至于庾季才子庾质,在大业初年拜太史令,每有灾异,必指事面陈。庾质子庾俭亦传父业,隋末为太史令,入唐更成为著名天文历算学家。②

## 五、宗教的曲折发展

隋唐五代,佛教兴盛,佛经翻译、流派创建、教义传习等方面人物众多。河南家族在推进佛教文化传播方面有着突出地位。初唐卫州黎阳(今鹤壁浚县东)王氏王梵志是初唐著名的化俗诗僧,他在礼佛参禅、研习佛家经典、参悟佛学精神的习佛经历和向民间传播佛家义理过程中,从佛教领域汲取创作灵感和

---

① 〔北宋〕郭若虚:《图画见闻志》卷五《故事拾遗》,文渊阁《四库全书》版。

② 王大良:《南朝新兴世族:南阳新野庾氏研究——南阳古代家族史系列研究之四》,《南都学坛》1993年第4期。

创作内容,采取通俗质朴的形式创作了大量带有浓厚佛学宗教色彩的白话诗,促进了佛教教义在民间的广泛流传,推进了佛教在中国的本土化发展。①

武周时期广置大云寺。天授元年(690)十月,武则天敕令东、西两京和诸州各置一座大云寺,藏《大云经》,使僧人升高座进行讲解;撰写注疏《大云经》的僧人文宣等9人,都赐爵县公,仍赐紫袈裟、银龟袋。长安四年(704)四月,武则天又向僧尼征税,用来在北邙山白司马坡(今洛阳市北邙山北麓)建造大佛像。因大臣劝谏,武则天罢役。

唐玄宗时,宰相陕州姚氏姚崇上《谏造寺度僧奏》,请朝廷抑制佛教发展,限制地方僧侣势力,于是唐玄宗敕令不得新建佛寺,严控旧寺的修葺,禁止王公贵戚、百官家属与僧道往来,禁止民间写经铸佛,并清理天下僧尼,使12000余名僧尼还俗。

后周世宗禁佛。为了增加劳动力和兵源及国家赋税收入,进一步整顿和巩固社会秩序,后周世宗于显德二年(955)五月颁诏禁佛,限制寺院势力的发展。对于诸道府州县镇村坊所在寺院,除皇帝批准建设的予以保留外,其余全都废毁,并对寺院的增创和戒坛的开置作了严格的限制,取消了寺院租税免纳特权,还严格出家为僧尼的条件及违禁惩处措施,以杜绝奸邪。对与之相关的自残肢体、还魂坐化等种种眩惑流俗,则严加禁绝。九月,又敕令销毁佛像等物铸钱。面对舆论压力,世宗坦然说:"吾闻佛说以身世为妄,而以利人为急,使其真身尚在,苟利于世,犹欲割截,况此铜像,岂有所惜哉?"②其年共废寺院30336所,仅保留寺院2694所,仍为僧尼者61200人,而还俗僧尼至少10倍有余,收效显著。后周世宗禁佛,是具有积极意义的历史事件,对当时历史的发展起了积极作用。

## 六、教育的推进

唐高宗时,宋州宁陵刘氏考功员外郎刘思立奏请科举考试增加明经帖、进士试杂文,由此明经科重经术、进士科重文辞得以实行,对选人和后世科举影响

① 马晓妮:《佛教背景下的王梵志诗歌》,《社会科学论坛》2010年第1期。

② 〔北宋〕欧阳修:《新五代史》,中华书局1974年版,第126页。

很大，也为盛唐政坛和文坛的繁荣储备了杰出人才。

唐中宗时，陕州陕县（今三门峡陕县老城）上官氏上官婉儿建议朝廷增加书馆，增录学士，《太平广记》卷二百七十一对上官婉儿在教育人才方面的贡献赞赏有加："至若幽求英隽，郁兴词藻，国有好文之士，朝希不学之臣，二十年间，野无遗逸，此其力也。"①

后唐明宗"举职"。后唐沿旧制设国子监，明宗时"政皆中道，时亦小康"，重视教育。天成三年（928），以宰相崔协兼判国子监，规定国子监每年只置监生200人，在此名额之内，不拘时期，如有报名即令学官考试，据其学业深浅确定录取或候补人员。200名监生中，艺业精博者可令考试，及格解送（应科举考试）礼部，及第后据空缺名额补充。又在诸道、州、府各置官学，如有乡党备诸文行可举者，录其实情申报监司审核，方可与监生先后解送。监生与诸道解送以每年10月30日为最后期限。但身为监生或太学书生，不得荫庇户门，即不能取公牒辄免本户差役。因监生只是挂名国子监以应科举考试，并不认真读书，长兴元年（930）又规定，凡现有及收补监生须令住在监中修学，并据所业逐季考试申奏，对那些学业荒疏或不赴试期的监生，亦令监司简点其姓名年月，一一分析申奏。同时规定监生及第后仍纳光学钱并由监司出给光学文抄，初补监生束脩钱和监生及第后所纳光学钱备监屯修葺公使。明宗时国子监生的解送及国子监学的制度等规定，史称"举职"。

---

① 〔北宋〕李昉等：《太平广记》，中华书局1961年版，第2133页。

# 第六章

# 宋金元时期河南官僚制家族的发展

伴随唐末五代时期庄园制的崩溃，门阀士族制度彻底衰亡，世家大族式家族组织解体。由于科举制的兴盛完备，宋代以来官僚制家族逐渐形成并成为主流家族形态。此间，宋明理学是宗法伦理的理论支柱，官僚士大夫群体是“敬宗收族”实践的主体。而且，赵宋宗室家族管理呈现新特点，文学艺术造诣非凡。

## 第一节 宋元时期河南官僚制家族的出现

在中国家族制度史上，唐末五代至北宋是除春秋战国之外的又一个关键时期。由于社会内部的政治经济条件发生了重大变化，东汉末年以来的世家大族式家族组织彻底瓦解，宋元时期形成了一种以祠堂、家谱和族田为主要特征的新型家族制度，是为官僚制家族。

### 一、唐末五代世家大族式家族组织的瓦解

追溯世家大族式家族组织瓦解的根本原因，大体包括经济上庄园制度的崩溃以及政治上门阀士族制度的衰亡。

#### （一）庄园制的崩溃

由于唐代前期百余年相对安定的社会环境，统治者采取了一系列发展生产的政策措施。经过广大劳动者主要是农民的辛勤劳动创造，到唐代中叶社会生产力尤其是农业生产力有了较大程度的提高，庄园制逐步变成生产力继续发展

的桎梏。此时,在庄园内劳动的庄客、庄户、佃客等身份不完全自由的农民,对提高生产力已经没有太大积极性,他们要求摆脱庄园主的控制,改变自身半农奴式的地位。原来,在庄园制经济下地主将庄园分成若干小块,强制同宗农民或招徕异姓农民耕种,庄田或由他们自己管理,或另派"傔仆"代管。这种组织形式越来越不适应生产的继续发展,因为他们及其代理人往往对农民的生产活动横加干涉,加之他们没有任何限制地强迫农民服徭役,从而造成对生产的破坏。庄园制的崩溃已成为历史发展的必然趋势。①

庄园制崩溃使世家大族式家族组织失去了赖以生存的经济基础。世家大族式家族组织是通过同宗小农向地主庄园的依附形成的,其形态结构的基本特点是作为经济实体的庄园。在唐末五代的战争中,庄园主(族长)们被成批消灭,族众摆脱了前者的控制,而且为躲避战乱纷纷外逃,即使暂时没有被消灭的族长们也无法继续控制他们。失去了经济上的凭借,世家大族式家族组织彻底瓦解了。

**(二)门阀士族制度的彻底衰亡**

门阀士族制度衰亡的过程可以追溯到唐代初期。经过隋末农民战争,旧的门阀士族受到了沉重打击,许多执掌政权的地主阶级新贵挤进士族行列,引起士族门第身份概念的变化,许多新士族已经不是严格意义上典型的门阀士族。一般说来门阀士族制度的真正衰亡始于唐代中叶,经过 200 年左右到五代时彻底消亡。由于作为门阀士族制度经济基础的庄园制崩溃,加上长期战争特别是唐末农民战争的打击,到唐末五代时,从魏晋以来继世数百年的许多著名士族多已经消亡,或者从历史舞台上销声匿迹,譬如东汉以来北方著名的崔、卢、李、郑以及二王,从北方逃到南方的王、谢、袁、肖,南方土著的顾、陆、朱、张,还有关中的韦、杜、裴、杨等士族,在唐朝还代有闻人、累世为官,可是到五代宋初已经"绝无闻人"了。② 同时,自五代以来祖孙父子累世为大官的家族越来越少,如宋太宗所言"大臣子孙皆鲜克继祖父之业"③。此外,随着门阀士族制度的彻底消亡,地主阶级内部士庶之间的身份差别界限趋于泯灭,到宋代时期其内部已

---

① 徐扬杰:《中国家族制度史》,武汉大学出版社 2012 年版,第 262 页。

② "唐末五代之乱,衣冠旧族多离去乡里,或爵命中绝,而世系无所考。"参见〔宋〕李焘:《续资治通鉴长编》卷一百零三,文渊阁《四库全书》版。

③ 〔宋〕李焘:《续资治通鉴长编》卷二十五,文渊阁《四库全书》版。

无士庶之分、门阀之别。①

## 二、宋代理学对家族伦理的重构

宋明理学是宋以后宗法伦理的理论支柱。张载、程颐、朱熹等理学家都有关于宗法的论述,成为封建社会后期宗法的思想来源,这是中国传统社会后期宗法不同于过去的显著特征。从宋朝开始封建社会进入后期,以世家大族或门阀为标志的身份性地主退出了历史舞台,而以寒素起家、由科第而拾青紫的非身份性地主掌握了左右政治的权力。宗法思想和宗法制度因而相应有了新变化。

讲论伦理纲常时,核心是把家庭关系中的规范论证为"天理",即先天应有之物。比较典型的是张载,他从天地一源、万物一气说起,用"乾坤父母"论证伦理纲常的合理性和必要性,归结出"事亲则事天"的结论,如其在《正蒙·乾称》中说:"乾称父,坤称母,予兹藐焉,乃混然中处。故天地之塞,吾其体;天地之帅,吾其性。民吾同胞,物吾与也。大君者,吾父母宗子;其大臣,宗子之家相也。尊高年,所以长其长;慈孤弱,所以幼其幼。圣其合德,贤其秀也。凡天下疲癃、残疾、茕独、鳏寡,皆吾兄弟之颠连而无告者也。于时保之,子之翼也;乐且不忧,纯乎孝者也。"其核心意思是说如果从一个小家庭来看,父母是儿女的父母。从整个社会来看,天地是全天下人的父母。家庭与天下相通,甚至可以看成一回事,因此"事亲"也就是"事天"。反之,不孝敬父母就是对天的不恭敬。所有的人都是天地所生,所有的人当亲如兄弟,应当天下一家亲。

迨至二程兄弟,仁、义、礼、智、信"五常"不仅是天理的具体化,而且是万物之性。不仅是人类有之,而且豺狼鹰犬也有之,人在表现为对祖先的祭祀的同时,更表现为对在世父母的孝敬。然而,"大抵人有身,便有自私之理,宜其与道难一",自私的念头可能会妨碍对父母的孝敬,所以二程又主张克服人的自私心理,顺从天理,不能让"人欲肆而天理灭"。所谓"存天理,去人欲",首先是对家庭关系而言的。

---

① 徐扬杰:《中国家族制度史》,武汉大学出版社2012年版,第264—266页。

朱熹集宋代理学之大成,阐发思辨的内容很多,多是从“振纲纪”讲起。所谓“纲纪”即三纲五常,认为这些都是“天之所以命我而不能不然”之事,否则就是违背天意。特别强调家庭关系中的孝悌是完全应该的,“亲者,我之所自出;兄者,同出而先我。故事亲而孝,从兄而弟,乃爱之先见,而尤切人”①。

## 三、宋代以来官方的大力倡导与扶助

宋代以来官僚家族制度是适应加强专制主义中央集权的社会基础,是适应地主阶级保持世代荣华的需要而产生的,甫一萌生即受到朝廷、官府的大力扶助。扶助的途径大致有三:精神上的旌表、物质上的奖励以及法律上的保护。②

精神上的旌表,即对有影响的封建大家族或者累世同居的“义门”,由皇帝或官府发布诏令进行表彰,为他们请诰封、立牌坊,推广强化其伦理纲常,实践尊尊亲亲、亲族团聚、同居共财、止讼息争的经验,号召人们向他们学习。从宋代以后正史中的“孝义传”及各种地方志中可以看到,被旌表的家族成千累万,无疑是官方对家族制度进行精神鼓励的证明。

物质上的奖励,指对那些有影响的家族赐给粟帛和免除赋役,使之在经济上得到好处,以此吸引别的姓氏仿效建立家族组织。宋以后,这种对家族组织或累世同居的大家庭赐给粟帛、免除赋役的记载,同样屡见不鲜。赐粟帛、免赋役,对富有的家族起着奖励和支持的作用,对濒临瓦解的家族则是物质上的雪中送炭。③

法律上的保护,首先表现为法律承认族长、家长对家族和大家庭的统治权,包括对族众的惩治权和有限的处死权。唐以后历朝的律例均详细规定了族长、家长的特殊权力,如果失职或行使不力则会受到法律的追究。其次,表现在法律对破坏家族制度的行为进行制裁,如祖父母、父母在而子孙谋分家析产、别籍异财者,渎乱家族内部的伦理纲常者,不敬尊长及不服族长、家长权威者,多视

---

① 〔宋〕朱熹:《四书或问·论语》卷六,文渊阁《四库全书》版。

② 徐扬杰:《中国家族制度史》,武汉大学出版社 2012 年版,第 277 页。

③ 徐扬杰:《中国家族制度史》,武汉大学出版社 2012 年版,第 277 页。

为违法犯罪,会受到严厉处罚。对教唆挑拨诱人子弟分家析产破坏家族制度的人,刑事处罚还特别苛重,如《宋史·真宗本纪》记载,宋真宗时就曾颁布诏令,对此类教唆犯要"擒捕流配"。

## 四、宋元时期官僚士大夫"敬宗收族"的实践

近世官僚家族制度形成的过程,是通过士大夫"敬宗收族"的实践最后得以完成的。

宋代理学家们不仅对于即将形成的新型家族制度进行了理论上的建构,同时对于其组织形式也提出了具体的规划。他们规划的家族组织形式归纳起来有两种:一是累世同居共财的大家庭,二是由许多个体小家庭聚族而居形成的家族组织。其中,前者累世同居共财的大家庭,是一种历史上遗留下来的家族组织形式。在这种大家庭里,一个祖先的几代甚至十几代子孙,数十百口以至数千口人同居共财,同爨合食,不分家,不析产,不异爨,始终没有发展成为在社会生活中占统治地位的家族组织形式。比较之下,聚族而居的家族组织是宋以后近代封建家族制度的基本形式。它是已经分裂成若干小家庭的一个祖先的子孙,聚居于一个村落,以血缘关系为纽带把这些个体小家庭组织起来,建立由族长、房长、家长构成的严密组织系统,由族长、房长控制各个小家庭,协助国家基层政权征收赋税,维持乡里治安,镇压族人反抗,巩固社会统治。团聚在聚族而居的家族组织之中的个体小家庭,在经济上是完全独立的,族众已向两极分化,富者良田千顷,贫者则无立锥之地,统治者多利用族中的地主,凭借其血缘关系去统治族中的贫苦农民。这种家族组织比起大家庭来虽然松散得多,但易于建立和维持,同样能起维护专制统治的作用。

"敬宗收族"是《礼记》中的一个提法,意思是说人的天性是亲亲的,所谓"亲亲",就是亲爱其所亲的意思。人们由亲亲而尊崇祖先,由尊祖而敬重同宗,由敬宗而团聚族人。宋以后官方倡导这个口号,是要利用人们的血缘关系,大力灌输血亲相爱、亲族团聚的观念,以达到团结一个祖先的子孙构成一种社会组织而不致溃散的目的。在宋以后的历史条件下,用什么方法来"敬宗收族"呢?实践证明,宋儒对这个问题的认识是逐步深化的。张载把"敬宗收族"的方

法归纳为两条：明谱系世族与立宗子法。然而，唐末五代时门阀士族制度已经彻底崩溃，维系世家大族式家族组织的谱牒也已彻底衰落，到北宋时，“谱系世族”又该如何去“明”？宗子法是古代宗法制度下的产物，到张载时已经亡佚了1000余年，又如何去“立”？显然，张载提出的“敬宗收族”的两个方案，脱离了社会实际情况，无法建立新的家族制度。到南宋初年，朱熹提出了另外两个途径，即建祠堂和置族田，后来人们还补充了修家谱，所以在实际上用来实践“敬宗收族”的方法有三，即建祠、置田和修谱。祠堂用以尊祖敬宗，族田、家谱用以收族。换而言之，祠堂、家谱从精神上团聚族人，族田从物质上团聚族人，形成聚族而居的家族组织，达到敬宗收族的目的。祠堂、家谱和族田三者恰恰是近代封建家族制度的主要特征。①

族田的购置、祠堂的建筑、家谱的撰修，既是官僚士大夫“敬宗收族”、团聚族人、重建家族制度的手段，又是他们“敬宗收族”实践的结果。它们在宋元之际相继普遍化，标志着近代封建家族制度的最终形成。实际上，宋代的宗族复兴运动就是在“敬宗收族”的口号下进行的。“敬宗”所包含的诸如宗法复兴、礼教改造、义学提倡就是宗族伦理的重构；“收族”中的义庄、义田等的兴建则是宗族经济根基的再造，经济与伦理本是宋代宗族的两大支柱。“敬宗”与“收族”在相辅相成和矛盾对立之中不断磨合。② 一方面，宗族经济的发展为“敬宗收族”的活动提供了物质保障，而宗族经济的载体如义庄、义田等也为伦理活动的开展提供了实验场地。同时，又如张载所言“宗法不立，既死遂族散，其家不传……今骤得富贵者，止能为三四十年之计”，没有宗法伦理的支撑，宗族经济也不过是一盘散沙而不能传之久远，因而宗族经济也需要宗法伦理给予精神支持，以形成一种凝聚力量。另一方面，经济个体独立性与平等性的要求又与宗族伦理的集体主义和等级秩序存在着尖锐的矛盾，导致在宋代及后世史籍中随处可见宗族内部争讼现象。

---

① 徐扬杰：《中国家族制度史》，武汉大学出版社2012年版，第278—282页。

② 马秋菊：《宋代宗族史研究的回顾与思考》，《西南林业大学学报（社会科学版）》2019年第1期。

# 第二节　北宋皇室家族

宗室是皇权政治的产物，在中国古代历史上一直是个颇为引人注目的特权阶层。由于宗室与帝王之间的血缘纽带，宗室问题常常关涉政权的存亡、王朝的兴替，并与宦官、外戚诸问题一样，相当敏感。宋代宗室管理在吸收唐、五代经验教训基础上，建立起独具特色的管理体系，是为明清宗室管理之滥觞。

## 一、宗室管理机构

宋代将所有子孙都纳入宗室体系，由此在宗正寺以外，又产生了大宗正司与外宗正司两个宗室管理机关。宗正寺主掌皇族谱牒编修和人口呈报等事务。大宗正司是两宋宗室管理的主要机关，执掌宋代宗室各项主要事务。外宗正司负责管理地方宗室事务。这种分工格局直接影响了明清宗室制度。

### （一）宗正寺

宗正寺作为宗室管理机关出现较晚，约到北朝魏、齐时才最终确立。唐代宗正寺与太常寺、光禄寺、卫尉寺等同为卿寺之一，掌管“九族六亲之属籍，以别昭穆之序，纪亲疏之列”①，设宗正卿一人，从三品上，位视列曹尚书，以宗室担任。赵宋立国之初，宗室人口尚少，加之百业待举，对宗室问题无暇顾及，仅循袭唐制，以宗正寺为宗室管理机关。但它在官员设置上仍有明显区别于前朝之处，主要表现于两个方面：第一，宋代宗正寺官员不专任皇族或者宗姓；第二，北宋前期宗正寺卿（正四品）、少卿（从五品）等有职无权，别用差遣官负责宗正寺事务。

宋代宗正寺主要职掌帝王宗庙陵寝的荐享祭祀以及修纂、保管皇族属籍等

---

① 〔唐〕张九龄等：《唐六典》卷十六，文渊阁《四库全书》版。

事务。徽宗崇宁三年(1104),朝廷曾诏令宗正寺长贰官员提举诸宫学,宁宗嘉定九年(1216)又以宗学隶宗正寺,故宗正寺在宫学、宗学等宗室教育方面有一定职掌,然皆非常制。综观两宋历史,宗正寺在宗室问题上主要承担属籍编修和人口管理,即"掌凡宗室赐名立名、生亡嫁娶注籍,纂修三祖(即太祖、太宗、廷美)下宗藩庆系文字"①。

**(二)大宗正司**

大宗正司始创于宋仁宗景祐三年(1036),一直延续到南宋灭亡,是两宋时期最主要的宗室管理机构。北宋真宗朝以前,宗室人口较少,又多是在位皇帝近属,宗正寺虽为名义上的管理机关,但其官员全部由外官典领,实际职权主要局限于人口与属籍管理方面,并没有太大权力来过问或处理其他宗室事务。经过六七十年的发展,到宋仁宗时,赵宋宗室人口繁衍日盛,宗室事务日益繁剧,皇帝无法再如先前那样做到事必亲裁,并且随着世系绵延渐渐出现了关系较远的宗属,迫切需要加强宗室内部的自我管理。景祐三年,朝廷初置大宗正司,以皇兄宁江节度使、濮王赵允让(太宗孙)知大宗正事,并由太祖曾孙赵守节同知大宗正事。②

大宗正司是宗正寺之外的一个独立机关,与宗正寺任用外官不同,作为表率之地,它在宗室皇属之内选择有德望有贤才者充当知宗。其后,位高属尊者改为判。元丰年间改革官制,诏大宗正司不隶于中央六曹,即不纳入尚书省六部及九寺五监体系之内,其垂属听中书省取旨差除。这一改变对后世影响极大。明清管理皇族事务的机构为宗人府,宗人府组织亦不在一般行政机构之内,此种制度显然滥觞于赵宋,与元丰以后大宗正司独立于中央行政机构密切相关。宋室南渡后,开封大宗正司随之迁徙,先经淮甸至江宁府(今江苏南京),后迁至洪州(今江西南昌)、广州、绍兴等地,最终移至临安府。当时在颠沛流离之中,大宗正司官员多为南班宗子,往往不得其人,"更事刻削,宗室皆患之"③,其后逐渐择用宗室贤者以为表率。在机构设置上,南宋大宗正司与北宋中后期基本相仿,用位高属尊者为判大宗正事,知及同知官同旧制。

① 刘琳等校点:《宋会要辑稿》,上海古籍出版社2014年版,第3563页。

② 何兆泉:《宋代宗室研究》,浙江大学2004年博士学位论文,第18—19页。

③ 〔南宋〕李心传:《建炎以来朝野杂记》甲集卷十二《知大宗正事》。

大宗正司作为宗室内部的主要管理机构,其具体职掌史料多见记载。《宋史·职官志四·大宗正司》记载:"凡南班宗室磨勘、迁转、袭封、请给,核其当否;嫁娶房奁、分析财产,酌厚薄多寡而订其议。凡宗室除合该赐名外,皆大宗正定名而后报宗正寺。其余迁授官资、支给钱米,考核以诏予夺。其不率教者以法拘之,岁久知悔,则除其过名。"综上所述,宋代大宗正司职掌可以概括如下:第一,表率宗室,纠合族属,日书、季奏、岁录其日常出入以为监督;第二,制定皇属内赏罚法令规式,审理违犯宗室,加以训诫惩处;第三,兼管宗室教育,劝勉宗室向学并廉察教授官;第四,负责宗室赐名授官、磨勘迁转、袭封赠官等任官事宜;第五,办理宗室陈乞请给、发放嫁娶房奁、赈恤孤遗贫乏、分析财产等各项经济事务。①

**(三)外宗正司**

相对而言,外宗正司出现较晚,始置于宋徽宗崇宁元年(1102),分为西外宗正司和南外宗正司,主要执掌地方宗室事务。倘遇重大事件,需通过在京大宗正司向皇帝呈报处理。

宋代前期太祖、太宗、秦王赵廷美名下所有子孙,不论世系远近,一律要求聚族居住在开封宫宅之内,不得任意迁徙,仁宗后归大宗正司统一管辖。迨至徽宗朝,随着人口繁衍,宗室子弟遍布都下,京城难以全部容纳,如随意迁居散处又多有风险。崇宁元年,宰臣蔡京向徽宗建议,将宗室疏属集中迁往西京河南府(今河南洛阳)、南京应天府(治今河南商丘南)等近辅之地,在两地分别创置西、南两个外宗正司,各于宗室成员中选择一人为知宗。靖康之难后,两个外宗正司辗转流徙,南外宗正司一支途经镇江等地,于建炎三年(1129)迁至泉州;西外宗正司一支则经扬州、泰州等地,于绍兴三年(1133)移司福州。南宋两外宗正司安定下来以后,"其纠合、检防、训饬如大宗正司",官属设置基本同于北宋建制,且多用太祖、太宗位下子孙充知外宗正司。由于南宋时宗室多散落全国各地,在临安的南班宗室人数极少。与之恰成对照的是,泉州、福州两地聚居宗室子孙则人数甚众。因此南宋时两外宗正司在宗室管理问题上有相当影响力,其地位之重要超过了北宋时期。

---

① 何兆泉:《宋代宗室研究》,浙江大学2004年博士学位论文,第21页。

## 二、宗室教育任用

有宋一代偃武修文，崇道重教。太宗性喜读书，亦常召经筵讲学。重视教育是赵宋祖宗家法之一，两宋历朝一直坚持未堕，不少皇帝本身学养深厚。

### （一）宫学与宗学

宋代建立了一套自小学至大学的宫学教育体系。宫学以诸王府宫院为单位分设教授，对聚居其中的宗室子弟施以教育。其存在时间相当长久，跨越北宋、南宋，尤其是北宋时期在宗室教育方面起了很大作用。从整体发展过程看，其兴衰轨迹大致可以分成三个阶段：太宗、真宗、仁宗三朝，是宫学发端与确立时期；英宗、神宗、哲宗、徽宗四朝，是宫学发展与兴盛时期，相关制度日益完备；南宋时期，宫学尽管得到恢复重建，却已不可避免地衰落下去，南宋宗学逐渐取代了宫学在宗室教育中的重要地位。①

宋代宗学和宫学是两种不同形式的宗室教育。两者主要区别在于：宫学以诸王宫为单位，每宫分设教授，对本宫子弟加以教育；宗学则于诸王宫之外别创学校，统招宗室子弟进行教育，不以王府宫宅或世系亲疏为限。如果说王府宫邸之学汉唐既有，那么宗学应该属宋代首倡。而且，两者在设置时间上也不尽相同，宋代宫学始于太宗设皇侄、皇孙教授，至仁宗时已基本确立。而宗学出现时间较晚，神宗允许宗室外居，打破原来宫宅聚居格局之后，才有人提出别创宗学的要求。

北宋时期东京开封的宗室教育始终以宫学为主，而宗学则始于崇宁初西京、南京敦宗院大、小学教授的设置。南宋承徽宗朝制度，泉州、福州敦宗院宗学教育始终存在。嘉定七年（1214），诏临安府建宗学，设宗学博士、宗学谕各一员。九年（1216），改宫学为宗学，诸王宫大、小学教授并改作博士，俸给、人从、赏典均依国子监体例。② 至此，宗学终于在南宋临安府正式建成并初具规模。宗学取代了北宋以来的宗室宫学教育，原隶宫学诸生以及内外疏属子弟，只要通过补试即能入学教养，宗室教育得以进一步发展。临安宗学规模超过了泉

---

① 何兆泉：《宋代宗室研究》，浙江大学 2004 年博士学位论文，第 65—66 页。

② 何兆泉：《宋代宗室研究》，浙江大学 2004 年博士学位论文，第 71—72 页。

州、福州两外宗学,制度上也更为严密。

## (二)选官任用

宋朝对待宗室的基本政策是“优之以爵禄,而不责以事权”①,即封高官予厚禄,但不让他们掌握实权。这一政策在北宋前期执行得很严格,北宋后期至南宋略有改变。② 作为天子宗属,他们一生下来便与庶民百姓有别。宋制规定,宗室子孙7岁开始赐名授官,而实际上往往“在襁褓者已有恩泽”③。当时,宗室迁官无定制,每“遇稀旷大庆,则普迁一官”。景祐二年(1035)始规定:宗室子孙初授官,皆授南班官。此后,宗室不但初授官阶高,而且升迁速度快,“近属自初除小将军,凡七迁则为节度使,遂为定制”④。从宋初至神宗朝,宗室虽然可以获得高官厚禄,按官阶高低定时参加朝会,却不得参加科举,不能出任实职差遣。

宋神宗时,内忧外患,国用紧绌,经过百余年繁衍,宗室人数比国初大为增加,每年新增人数都在400人以上,耗用日繁,他们的正常开支每月耗费70000余缗,远远高于京城百官月俸40000余缗之数。为了减轻财政负担,熙宁二年(1069)神宗下诏“别其亲疏,异其等杀”,根据服属,对宗室区别对待。此后,宗室五服以内亲属仍旧可以补官受禄,20岁以后还可以出任外职,而五服以外宗室子孙则“罢赐名授官”,只有通过科举考试取得名次,才能获得官阶与差遣。宗室中坐享爵禄的人数减少了,而担任实际职务者开始增加。

允许宗室担任外官以后,他们的任职范围受到种种限制。首先,“宗室不注缘边差遣”,北宋时,宗室不得担任河北、河东、陕西及四川之职。其次,“宗子不得为将官”,熙宁年间允许宗室出外任职后,宗室虽带武阶官名,但不注带兵将官。再次,“宗室不为执政”,宋徽宗朝以前,宗室不但不拜宰执,而且“未有为侍从者”;南宋时,宗室虽可任侍从官,但仍不拜宰执。最后,“宗室不差试官”,即宗室不得差充考试官,估计与他们出仕要求的标准低、水平有限有关,同时也是为了防止他们通过监试笼络士人,形成自己的势力。宋孝宗还曾下诏“宗室不许注学官”,这一限制在两宋时期基本上得到了执行。

---

① 撰人不详:《皇宋中兴两朝圣政》卷五十九。

② 苗书梅:《宋代宗室、外戚与宦官任用制度述论》,《史学月刊》1995年第5期。

③ 刘琳等校点:《宋会要辑稿》,上海古籍出版社2014年版,第101页。

④ 〔宋〕沈括:《梦溪笔谈》卷二,文渊阁《四库全书》版。

概括而言，宋王朝限制宗室子弟晋用有两个方面的深意。其一，“安全之”“防范之”。如果重用宗室，他们容易犯法，就很可能受刑罚，不如不用。更深的原因则是防范。其二，广开门路招揽贤才，扩大政治基础。宋太祖立国之初，即特别强调权贵子孙不可重用，须大力重用由进士出仕的文臣士大夫。限制宗室过多参与政事，有助于给广大的庶姓士大夫提供更多的出仕机会，从而扩大统治基础。[①]

## 三、宗室婚姻嫁娶

婚姻在中国古代社会是变更社会关系的基本途径，亦是社会流动的主要动因之一。宗室成员婚姻关系的缔结直接影响着宗室的势力与地位。统治者通过限定和规范宗室婚姻来防止宗室势力的扩张，维护天家子弟的地位，保证宗族支系的繁衍。故而婚姻管理是整个宗室管理中极为重要的一环。宋代统治者在处理宗室婚姻这一问题上，努力平衡着宗室的势力与尊严、权力与地位，以保证在防止宗室之乱的同时，维护宗室成员的最大利益。[②]

### （一）宋代宗室婚礼的基本特征

力求复古，不废六礼。宋代礼法，上承古礼，延续汉唐。唐代婚礼上至皇族、下到庶姓均依例完成六礼。唐末五代战乱频仍，统治者无暇于礼乐，民间六礼渐废。宋朝立国以来，在宗室婚姻制度上力求复古，六礼逐渐在皇族婚礼中恢复，并细化衍生出了更多的程序。如仁宗朝诏令，在公主出嫁前婿家须行五礼，甚至在皇族婚礼上无论驸马还是皇子均要遵从周制，行用雁行纳采之礼。徽宗时期，制《五礼新仪》，使士庶婚礼“并问名于纳采，并请期于纳成”，简化六礼为纳采、纳吉、纳成、亲迎四礼，希望将六礼由皇族向庶族普及，然而效果却并不理想，典雅复古、恪从六礼的皇家婚礼并未起到应有的示范作用。[③]

同服属宗女婚礼规格高于宗子。宋代，诸王迎亲仪仗为“涂金银装肩舆一，行障、坐障各一，方团掌扇四，引障花十树，生色烛笼十，高髻钗插并童子八人骑

---

① 苗书梅：《宋代宗室、外戚与宦官任用制度述论》，《史学月刊》1995 年第 5 期。张邦炜：《宋代对宗室的防范》，《北京师院学报（社会科学版）》1988 年第 1 期。

② 李音翰：《宋代宗室婚姻若干问题考略》，华东师范大学 2015 年硕士学位论文，第 1 页。

③ 李音翰：《宋代宗室婚姻若干问题考略》，华东师范大学 2015 年硕士学位论文，第 24 页。

分左右导扇舆”，而公主比诸王仪仗规格略高“掌扇加四，引障花、烛笼各加十”。[①] 公主出嫁乘坐厌翟车，其舆服比照皇太子妃。此外，公主嫁财数倍于诸王聘财。宗女之间依服属差降，婚礼规格与待遇自然高于同一服属的宗子。追根溯源，宋代有厚嫁之风，无论士庶都希望女儿嫁到夫家可以被高看一等，少受委屈，皇家更是如此。而且，通过提高宗女地位来抑制宗子的地位，似有统治者对宗子的防范之意。

吸取民间习俗。皇族婚礼受到民间影响，集中体现于两个方面。其一，以轿子作为迎亲工具。北宋，民间嫁娶轿子逐渐取代车子成为主要的迎亲工具。受这一民间习俗影响，公主下降也开始使用轿子，据《东京梦华录》记载，公主出嫁“乘金铜檐子”[②]，其装饰十分奢侈华丽。其二，婚礼开始用乐。古代认为婚礼是慎重而庄严的人生大事，不应有玩嬉的态度，婚礼多呈严肃的场面。而宋代民间嫁娶“婚礼多费，货财相交，婿以花饰衣冠，妇以声乐迎导，非所以谨夫妇严宗庙也”。民间婚礼用乐的风气之盛，逐渐影响了袭用旧制、婚不举乐的北宋皇族，哲宗大婚之时“众乐具举”，此后皇族婚礼也开始正式用乐。综上所述，本应成万民范式的皇族婚礼制度，对民间影响微乎其微，然而民间俚俗却可以影响并作用到皇族婚礼。此时，文化的流动呈现出从地方到中央、从民间到朝廷的上行趋势。这与宋以前朝代中央文化下行流动影响民间大相径庭。[③]

**（二）两宋时期宗室婚姻政策的演变**

北宋初期鼓励宗室与将门通婚。北宋建立后，为了避免五代王朝短暂的命运，在拉拢武将的同时又保证其远离核心权力，宋统治者选择了宗室成员与武将结亲的方式，以达到稳定政权的目的。皇室与将门通婚的情况绵延于北宋各个时期，形成了一种突出的现象。这种现象尤以北宋初期最为显著，源于宋初统治者的鼓励。以太祖赵匡胤为例，太祖有子四人，其中二人早夭，只有赵德昭和赵德芳长大成人。开宝八年(975)，赵德芳迎娶知河南府、右武卫上将军焦继勋之女焦氏为妻，随后德芳育有三子二女，又多与武将联姻，其中大女儿兴平郡主下嫁北宋开国名将曹彬之子曹玹，二女儿承庆郡主下嫁另一位北宋开国元勋

① 〔元〕脱脱等：《宋史》，中华书局 1977 年版，第 2732、2735 页。
② 〔宋〕孟元老：《东京梦华录笺注》，中华书局 2006 年版，第 400 页。
③ 骆晓倩：《两宋宗室文学研究》，四川大学 2007 年博士学位论文，第 25 页。

潘美之子潘惟熙。宋太祖另有六女,除三人早亡外,其余均嫁入武臣高门。长女昭庆公主下嫁大将王审琦长子王承衍,次女延庆公主下嫁位列开国功臣之首的石守信之子石保吉,幼女永庆公主下嫁枢密使魏仁溥之子魏咸信。迨至太宗朝亦是如此。查《宋史》所载,太宗诸子娶妃情况记载明确的只有三人,许王元僖、雍王元份和太子赵恒。元僖聘娶隰州团练使李谦溥之女,元份与崇仪使李汉斌之女结亲,太子赵恒则娶得潘美第八女潘氏。在太宗的七个女儿中,除一人早夭、两人出家为尼外,其余四人也都嫁与武官。①

北宋中晚期以后宗室配偶出身开始向文官倾斜,白身人渐趋增多。这一时期出身文官家庭的宗妇、宗婿占绝大多数。北宋中后期正是宋神宗制定一系列法令进行宗室改革的阶段,宗室配偶由武官家庭出身向文官家庭出身转变,一方面是国家法令对宗室婚姻的引导起了显著作用,同时也和逐渐形成的"重文抑武"的朝廷共识以及民间重视科举考试的风气有一定关联。从横向上来看,宗妇、宗婿出身于武官家庭的数字在北宋末期和南宋末期明显有两个低谷。这当与朝代更替时的战乱频发有关。无论是宗妇还是宗婿,随着时间的推移,白身人出身的宗室配偶越来越多,宗室通过婚姻与平民结合,其社会等级通过下行流动,呈现出平民化的态势。一部分宗室则不断与文官出身的家庭联姻,渐渐成为地方的士族乡绅。宋代宗室的发展开始两极分化,越来越趋于稳定,社会流动通过与不同出身的婚姻对象相结合来实现,并逐渐出现新的社会阶级。

**表 6-1 宗妇出身人数及百分比(按宗妇主要活动年代分组)**

| 时期 | 宗妇总人数 | 白身人数及比例 | 武官人数及比例 | 文官人数及比例 |
|---|---|---|---|---|
| 北宋初期 | 11 | 0,0% | 10,91% | 1,9% |
| 北宋中期 | 20 | 1,5% | 16,80% | 3,15% |
| 北宋末期 | 6 | 0,0% | 1,17% | 5,83% |
| 南宋初期 | 19 | 2,10.5% | 2,10.5% | 15,79% |
| 南宋末期 | 12 | 3,25% | 1,8% | 8,67% |
| 合计 | 68 | 6,9% | 30,44% | 32,47% |

资料来源:骆晓倩《两宋宗室文学研究》第35—36页,据《全宋文》墓志铭整理。

① 骆晓倩:《两宋宗室文学研究》,四川大学2007年博士学位论文,第33页。

表 6-2 宗婿出身人数(按宗婿主要活动年代分组)

| 时期 | 总人数 | 无官人数 | 举人人数 | 武官人数 | 文官人数 |
|---|---|---|---|---|---|
| 北宋初期 | 40 | 0 | 0 | 40 | 0 |
| 北宋中期 | 54 | 12 | 0 | 40 | 2 |
| 北宋末期 | 30 | 2 | 0 | 11 | 17 |
| 南宋初期 | 77 | 20 | 2 | 6 | 49 |
| 南宋末期 | 32 | 12 | 3 | 0 | 17 |
| 合计 | 233 | 46 | 5 | 97 | 85 |

资料来源:骆晓倩《两宋宗室文学研究》,第 35—36 页,据《全宋文》墓志铭整理。

南宋宗室婚姻的特点。两宋递嬗,偏安江南。南迁的宗室除部分流动到福州、泉州等宗室聚居地之外,另有一部分宗室成员留在当地,并与当地的士族乡绅结亲,并渐渐固定在新的地方,自我发展为一个小型宗族。南渡的宗室成员利用身份优势,通过与当地精英家族联姻,较快融入当地并逐渐站稳脚跟,几世之后成为当地享有声望的大族。虽然无法继续享受宗室支赐俸给,身份优势难以继续施展,然而通过对个体家族的认同,他们自生为一个个小的赵氏宗族,与其他宗族无异。①

## 四、宗室文学艺术成就

陈寅恪先生说:“华夏民族之文化,历数千载之演进,而造极于赵宋之世。”宋代重文抑武,“兴文教,抑武事”,逐步创造出一个“郁郁乎文哉”的黄金时代,宗室更是如此。宋代几乎每朝皇帝醉心文艺,笃好书画、音乐。这大大影响到统治阶层及上流社会的爱好、习尚,促成了宋代文学、绘画、书法、音乐艺术的大发展。

### (一)文学成就

宋初帝王多好学,喜为篇什,由此开有宋一代崇文之势,宗室在其影响下也多“善书翰”“好吟咏”,涌现出以赵令畤为杰出代表的一批大诗词名家,所谓

① 骆晓倩:《两宋宗室文学研究》,四川大学 2007 年博士学位论文,第 37—38 页。

“元祐时,宗室能词者众”。南北宋之交,宗室北虏南逃,国恨家仇寓发于文,出现了赵令衿、赵子湞等一部分“盛以词章鸣事”的宗室。南宋晚期,四灵诗派、江湖诗派迭起于文坛,更孕育出“一代宗师”赵师秀。宋亡入元,宋代宗室遗民似乎成了元代汉文化的捍卫者和重要的传承者,以赵孟頫等为典型代表。[①]

总之,两宋时期宗室文学成就斐然,清厉鹗所撰《宋诗纪事》收录有78位宗室诗人的诗作,《全宋词》中也收录了34位宗室的词作。据统计,宗室文人有文集传世的近80人、100多种。此外,宋代宗室还在诗话、诗文编著、注疏、诗人研究和文字音韵学等方面有13种著作,其中较有影响者如赵令畤《侯鲭录》、赵与虤《娱书堂诗话》以及赵孟奎《分门纂类唐歌诗》等。

**(二)艺术造诣**

宋代宗室的艺术成就首先集中表现在绘画方面。宋代是中国绘画艺术的成熟时期,也是文人画和画学南北宗形成的重要阶段。上至一代代文采流丽的“太平天子”,下至文人学士、布衣匠人,嗜画之风盛行朝野。宋代宗室画家更是人才辈出,据清彭蕴璨《历代画史汇传》记载,宗室善画而知名者达36人之多,正如苏轼在元祐时作诗赞云:“谁谓风流贵公子,笔端还有五湖心。”如赵令穰、赵令松兄弟是师法自然的名家,画风儒雅绚丽,与唐李思训父子相类,在当时独树一帜。嗣濮王赵宗汉、肃王赵光俨,是当时的花鸟杂画名家,作品雅逸而有文人墨戏之趣,将花鸟杂画带入到一个与宋代文人画勃兴比肩的新时代。赵伯驹、赵伯骕师法唐李氏父子,画风工致而格调高雅,尤其是赵伯骕的《江山秋色图》代表了宋代青山绿水图的最高水平。赵孟坚则是南宋末年文人画的重要代表人物,工画水墨兰蕙、梅、竹、水仙,画风清秀淡雅,在宗室善画者中最为人称道。

书法方面亦可圈可点。宋代书法艺术进入了书法发展的第三个繁荣阶段,书法也从此成了一种真正的文人艺术。宋代帝王皆善翰墨,并悉心督促宗室子弟苦练书艺,宗室中因此出现了一批“善翰墨”的书法名家,明陶宗仪《书史会要》记有宋代宗室书法家17人,而清倪涛《六艺之一录》中更有27人之多,书入神品者有赵惟吉、赵克继、赵頵、赵子昼、赵汝霖、赵孟頫等。其中,赵子昼时称

---

① 都樾:《宋代宗室的文化成就及其影响》,《中国典籍与文化》2000年第2期。骆晓倩:《两宋宗室文学研究》,四川大学2007年博士学位论文。

“过江篆字第一”;益王赵頵,《宣和书谱》称其“飞白篆籀皆造其妙……笔力神俊,非积学不能至此”。在书艺超群的同时,宋代宗室亦有为后人所称道的书论、书史著作以及闻名天下的制墨世家。

音乐、剧曲方面,宋代宗室往往工声律,日以读书鼓琴为事,有着较高的音乐素养。其中以精通音律知名当世者,北宋有赵克己、赵元雍、赵宗述、赵宗回、赵宗颜、赵允迪,南宋有赵汝遂、赵汝禀、赵士锜,更有因好琴而为权臣利用最终丢了皇位的太子赵竑。宗室赵希旷著有《琴书大全》,书中提出了“喝声、按谱,耳目不可偏废”的弹琴之法,不同于一般空论。另外,宗室赵令畤则在写下了《商调·蝶恋花》的同时,亲自配以管弦,使说唱者有弦索笙笛伴奏,突破鼓子词说唱艺术仅仅以鼓伴奏的简单形式,可谓是音乐戏曲史上的一大创举。①

**(三)自然科学成就**

除了各类文学艺术领域,宋代宗室在科技领域亦有所涉猎。医学方面,宋太宗在藩邸时就多留意医术,喜藏名方,多为后世宗室所袭学,譬如仁宗时赵宗辩“好书又嗜医方,所蓄方甚众,每躬自治药以振人之疾”②。神宗时赵頵编有《普惠乘闲集效方》,“以利物为意,多藏药石,亲视和剂,以拯病者”③。植物学、农学方面,有赵汝砺《北苑贡茶别录》、赵时庚《金漳兰谱》等。天文历法方面,元时宋宗室子赵友钦著有《原本革象新书》,后人称颂“其覃思推究,颇亦发前人所未发”。

总之,两宋是中国传统文化发展最为辉煌的时期,国学大师王国维曾对宋人在文化创造上的成就大为叹服,“天水一朝人智之活动与文化之多方面,前之汉唐,后之元明,皆所不逮也”④。赵宋宗室子弟在当时的文化发展进程中起到了推波助澜的作用,他们在文学、艺术、学术等各方面取得的成就也是宋代文化繁荣的重要组成部分。与明代宗室文化成就集中于诸藩王府迥然不同,宋代宗室文化呈现出更大的开放性和普遍性,上自亲王、下至远属都涌现出诸多文化素养较高之人,他们在各个领域所取得的成就相当辉煌。而且,宋代宗室文化在两宋 320 年的历史中具有明显的阶段性:北宋前一百年,宗室在文化上几无

① 都樾:《宋代宗室的文化成就及其影响》,《中国典籍与文化》2000 年第 2 期。
② 〔宋〕王安石:《王临川全集》卷二十四,(民国)扫叶山房版。
③ 《宣和书谱》卷二,文渊阁《四库全书》版。
④ 王国维:《王国维遗书》第五册《静安文集续编》,上海古籍书店 1983 年版,第 70 页。

多少作为；自北宋中后期之后，部分宗室开始在文化领域崭露头角；至南宋终成燎原之势。宋代宗室文化之所以呈现这样的阶段性，无疑与朝廷在教育、选试、任官等宗室政策上的调整相契合。①

## 五、宋元之际宗室仕元的心态史考察

宋代宗室高超的艺术造诣，到宋末元初孕育出一位杰出的集大成者——赵孟頫。赵孟頫，赵匡胤十一世孙，是中国艺术史上划时代的人物。赵孟頫诗文清邃奇逸，读之使人有飘飘出尘之想。在绘画上，他是元代文人画趋于成熟的代表人物、元初四大家之首，其传世作品和画技在后世备受推崇。书法方面，各种书体无不冠绝古今，明陶宗仪《书史会要》中评其书法“为国朝第一”。因其诗、书、画诸艺皆称，在当时被誉为“三绝名家”。音乐方面，赵孟頫也颇有造诣，史称其“得律吕不传之妙”②。然而，由于其以宋代宗室后裔身份仕元，每每被人以失节而诟病。对此，应将赵孟頫放在宋末元初特殊的历史环境中去评价，从人生阅历出发深入其思想，探究其异常矛盾复杂的内心世界。政治背景的特殊性与心理的矛盾性值得深入关注和探讨。

元朝初建时赵孟頫 17 岁，33 岁出仕元朝，已是颇具盛名的学者。在忽必烈尊孔崇儒、参用南人的政治背景下，作为怀着社会使命感与民族意识的儒生，在积极用世的态度和母亲“异于常人”的要求下，加之入元后生活的窘迫，使其趋近现实出仕新朝，竭尽全力实现其仁政思想。但作为宋室王孙，遗民的疵议、家国之思以及民族地位的不平等又成为其对官场的离心力。虽然腐败的南宋王朝没能让这个才华横溢的青年为其殉葬，但备受压抑的社会环境使得赵孟頫艰难地探寻新形势下的行为模式和心理平衡。不难想见，赵孟頫仕元时的心理当是异常矛盾的：一方面要尽力为新朝服务，另一方面又深深地自责和不安。同时，也有学者认为赵孟頫仕元是自然而又合乎情理之举，根据是他与南宋宗室关系的淡漠，对南宋末年黑暗政治的不满，加之元初统治者所采取的对汉族儒

① 何兆泉：《宋代宗室研究》，浙江大学 2004 年博士学位论文，第 130 页。

② ［明］宋濂撰：《元史》卷一百七十二《赵孟頫传》，中华书局 1976 年版，第 4022 页。

士及赵宋宗室的怀柔政策。①

## 第三节　一代宰辅韩琦家族

韩琦家族是宋代士大夫官僚家族的典型代表。韩琦(1008—1075),字稚圭,北宋相州安阳(今属河南)人。仁宗天圣五年(1027)进士,初授将作丞,后历任开封府度支判官、右司谏、陕西安抚使、枢密副使、门下侍郎兼兵部尚书。英宗治平元年(1064),迁右仆射,封魏国公。治平四年(1067)正月,神宗即位,拜为司空兼侍中。熙宁八年(1075)六月,韩琦去世,终年 68 岁。神宗"辍视朝三日,发哀于后苑",亲篆其碑曰"两朝顾命,定策元勋",谥忠献,赠尚书令。著有《安阳集》行世。② 韩琦一生历北宋仁宗、英宗和神宗三朝,参与了诸多重大历史活动,在北宋政治舞台上具有举足轻重的地位。研究韩琦家族史对于研究宋代政治史、家族史皆关系重大。

### 一、先祖世系

韩琦先祖居深州博野(治所即今河北蠡县),以宦学知名。八世祖韩朏为沂州司户参军。朏子沛为登州录事参军。沛子全隐居于博野,生三子:乂宾、文操、存。乂宾生韫辞、慎辞、定辞、昌辞。昌辞官至真定府鼓城令,即韩琦的高祖。曾祖璆,广晋府永济令。祖父构,仕宋为太子中允、知康州。父国华(957—

① 戴宪生:《赵孟頫仕元略议》,《四川大学学报(哲学社会科学版)》1989 年第 2 期。刘清扬:《论赵孟頫仕元的矛盾心境与他的书学主张》,《四川师范学院学报(哲学社会科学版)》1993 年第 1 期。钟家鼎:《赵孟頫仕元问题研究》,《贵州文史丛刊》2002 年第 3 期。姜锡东、魏彦红:《近二十余年来宋代宗室研究述评》,《中国史研究动态》2013 年第 4 期。

② 〔元〕脱脱等:《宋史》,中华书局 1977 年版,第 10221—10232 页。孔德铭等:《河南安阳市宋代韩琦家族墓地》,《考古》2012 年第 6 期。

1011)为太平兴国二年(977)进士,曾出使辽朝,累官至右谏议大夫、泉州知州。国华生有六子,球、瑄、琚、琉、璩、琦,均先后出仕,韩琦年龄最幼、地位最高。其后,韩氏家族子孙在韩琦的庇荫之下,在朝廷中也占有相当的地位。韩琦共有六子五女。除三子良彦及三个女儿早亡外,存活的共有子女七人。韩琦长子忠彦,进士,累官至徽宗朝尚书左仆射。次端彦,官至右赞善大夫。次纯彦,官至徽猷阁直学士。次粹彦,吏部侍郎,终龙图阁学士。次嘉彦,拜驸马都尉,终瀛海军承宣使。此外,韩琦的曾孙韩侂胄也做到了宰相之位,曾辅助高宗中兴,其六世孙女成为皇后。[①] 总体而言,韩琦家族保持了长达一百五六十年的兴旺地位。综上所述,相州韩氏家族世系图谱可概括如下:

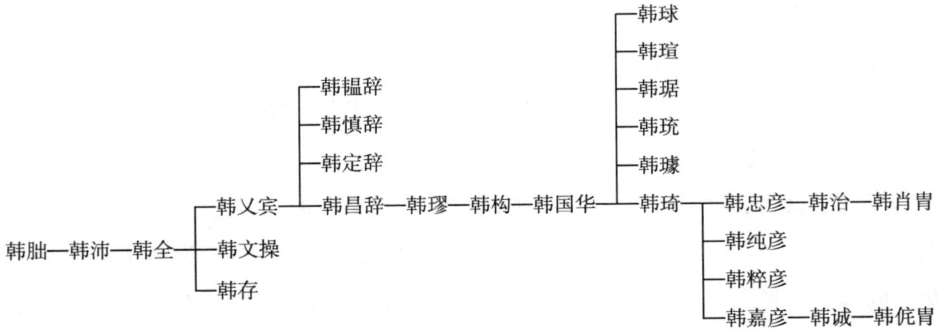


图 6-1　韩琦的家世

资料来源:张彦霞《人际网络与士人仕宦——北宋名相韩琦的主要社会关系及其政治影响》,第 17 页。特别说明:此表仅包括韩琦家族中大部分有仕宦的男性成员。

---

① 〔宋〕韩琦著,李之亮、徐正英校笺:《安阳集编年笺注》,巴蜀书社 2000 年版,第 1406—1408、1748 页。〔元〕脱脱等:《宋史》,中华书局 1977 年版,第 10221—10232 页。王曾瑜:《宋朝相州韩氏家族》,《新史学》1997 年第 8 卷第 4 期。仝相卿:《北宋韩琦家族先世相关问题辨析》,《宋史研究论丛》2008 年第 1 期。仝相卿:《墓志所见韩琦出身及婚姻关系述略——兼论北宋相州韩氏家族妾的封赠》,《中国社会历史评论》第 15 卷,天津古籍出版社 2014 年版,第 166—174 页。张彦霞:《人际网络与士人仕宦——北宋名相韩琦的主要社会关系及其政治影响》,河北大学 2004 年硕士学位论文,第 16 页。

## 二、婚姻嫁娶

韩氏家族兴旺期长达一百五六十年，之所以能长久地维持其门第，一定程度上与婚姻关系密切相关。概括而言，韩琦家族婚姻具有一些典型特征，如注重门第、世代通婚、同年家族联姻、与皇室联姻等。其中，注重门第是基本特征，互通婚姻、同年家族联姻以及与皇室联姻是次生性特征，政治联姻则是核心要义。①

### （一）注重门第

在传统家族社会中，门第是指家族的社会地位及其家庭成员的文化程度等，这里是指姻亲家族在现实社会中的地位。宋代名门望族择偶仍非常注重对方的门第，韩琦家族亦是如此。

韩琦之父韩国华正妻罗氏，系谏议大夫罗延吉之女，韩琦生母胡氏亦是“蜀士人觉之女”。在韩琦诸位兄长中，韩琚之妻李氏“生于名族”，为名士李忠恕之女。韩璩之妻陈氏本是“勋臣之裔”。② 就韩琦本人而言，妻崔氏是“蝉联珪组世为显著”的前代高门大族后裔，崔氏祖汝砺任左班殿直、赠兵部侍郎，崔氏父崔立以工部侍郎致仕。本来崔氏“与卢、李、郑数家相为婚姻，它族不得预。夫人曾祖母、祖母，犹皆卢、李二姓，故世高其门风”③。在韩琦子侄中，侄公彦妻乃韩城令贾昌符之女，再娶张氏乃职方郎中文昌之女④；直彦妻崔氏是韩琦妻兄大理寺丞勉之女⑤；正彦妻王氏，是仁宗朝宰相王曾的孙女，其父王绎系刑部郎中、

---

① 张彦霞：《人际网络与士人仕宦——北宋名相韩琦的主要社会关系及其政治影响》，河北大学2004年硕士学位论文，第17页。

② 〔宋〕韩琦著，李之亮、徐正英校笺：《安阳集编年笺注》卷四十六，巴蜀书社2000年版，第1421、1426页。

③ 〔宋〕韩琦著，李之亮、徐正英校笺：《安阳集编年笺注》卷四十六，巴蜀书社2000年版，第1432页。

④ 〔宋〕韩琦著，李之亮、徐正英校笺：《安阳集编年笺注》卷四十六，巴蜀书社2000年版，第1438页。

⑤ 〔宋〕韩琦著，李之亮、徐正英校笺：《安阳集编年笺注》卷四十六，巴蜀书社2000年版，第1430页。

秘阁校理①;忠彦妻吕氏,出身北宋名门吕氏家族,父吕公弼为尚书吏部侍郎,祖父则是名相吕夷简②;纯彦妻孙氏,系参知政事孙固之女③;粹彦妻陈氏,为资政殿学士陈荐之女。④

韩琦家族中,女子出嫁也多首选官宦之家。如兄长韩璩的四个女儿,"长适尚书职方员外郎王克存,次适大理寺丞王居正,次适太子中允、集贤校理李清臣,次适屯田郎中成黼,皆闻人材彦,士族钦瞩"⑤。韩琦诸子亦是如此,纯彦"女嫁左司郎中姚宗彦",韩粹彦诸女"伯嫁承议郎、徽猷阁待制、提举礼泉观蔡庄,仲嫁朝奉郎、军器监丞蔡监,次继庄之室。季嫁通直郎、充徽猷阁待制、提举万寿观、兼修使参详官蔡絛"。⑥ 蔡絛乃是蔡京之子,通过姻亲纽带,韩氏家族又与北宋晚期颇有权势的蔡京家族成为儿女亲家,韩氏家族姻亲中门第之盛可见一斑。⑦

韩琦家族婚配注重门第,与诸多宰辅之家有姻亲往来,可谓门当户对。韩琦长子忠彦两娶吕公弼之女,纯彦娶参知政事孙固之女,侄正彦娶宰相王曾孙女。在孙辈中,孙子韩治娶宰辅文彦博的孙女,众多孙女中一嫁宰相蔡确之子蔡庄,一嫁蔡京之子蔡絛、一嫁宰相吴充之后吴储。总之,注重门第是韩琦家族惜守的联姻原则,当然也是宋代大多数名门望族普遍的联姻原则。需要说明的是,这种门第婚姻与魏晋南北朝门第婚姻截然不同,后者名门大姓自矜高贵,标榜门庭,强调士庶之别,意在维护门第的庄严性和血统的纯洁性。而北宋时期门阀政治彻底解体,在科举选官制度基础上形成的官僚政治体制,不再注重个人的阀阅家史,却不能不考虑家族地位的维持和发展。此时名门望族择婚虽然强调门第,意在形成姻缘与政治相结合的集团势力,从而维护家族现有地位以

---

① 〔宋〕韩琦著,李之亮、徐正英校笺:《安阳集编年笺注》卷四十八,巴蜀书社 2000 年版,第 1511 页。

② 〔宋〕韩琦著,李之亮、徐正英校笺:《安阳集编年笺注》卷四十六,巴蜀书社 2000 年版,第 1513 页。

③ 〔宋〕赵鼎臣:《竹隐畸士集》卷十九,文渊阁《四库全书》版。

④ 〔宋〕赵鼎臣:《竹隐畸士集》卷十七,文渊阁《四库全书》版。

⑤ 〔宋〕韩琦著,李之亮、徐正英校笺:《安阳集编年笺注》卷四十八,巴蜀书社 2000 年版,第 1508 页。

⑥ 〔宋〕赵鼎臣:《竹隐畸士集》卷十七、十九,文渊阁《四库全书》版。

⑦ 似乎也有例外,韩琦长女之婿王景修在婚娶时仅是不入流的八品官,而且门第无足称道,只是到后来才做到"大理寺丞"。转引自张彦霞:《人际网络与士人仕宦——北宋名相韩琦的主要社会关系及其政治影响》,河北大学 2004 年硕士学位论文,第 20 页。

及潜在的政治经济利益。[①]

### （二）世代通婚

韩琦家族不仅与当朝名门望族联姻，而且讲求世代通婚，长期以来彼此盘根错节，形成若干牢固的政治集团。与韩家世代通婚的家族有崔氏、文氏和吕氏等。先是崔立之女嫁给韩琦，后来崔立子崔勉之女又嫁给韩琦三兄琚子直彦。[②] 韩家孙辈中韩治及其子肖胄之妻皆出自文氏。[③] 韩忠彦先娶执政吕公弼之女，吕氏病亡后又按"其遗言，为娶其妹"。[④] 在宋代，类似韩琦家族与数家世婚的家族还有很多，有学者专门做了详细考察，可资列表如下：

表 6-3 韩琦家族世代通婚概况一览表

| 主干家族 | 姻亲家族 | 通婚次数 | 主干家族 | 姻亲家族 | 通婚次数 |
|---|---|---|---|---|---|
| 李昉 | 曹彬 | 3 | 王安国 | 曾布 | 2 |
| 吕蒙正 | 马亮 | 3 | 司马光 | 张存 | 2 |
| 吕蒙正 | 王旦 | 3 | 范仲淹 | 张琬 | 2 |
| 吕蒙正 | 张昷之 | 2 | 苏颂 | 曾孝序 | 2 |
| 吕蒙正 | 鲁宗道 | 3 | 苏颂 | 欧阳修 | 2 |
| 吕蒙正 | 程琳 | 2 | 曾布 | 王畿 | 2 |
| 吕蒙正 | 李中师 | 2 | 曾肇 | 强至 | 3 |
| 丁谓 | 钱惟演 | 2 | 鲁宗道 | 张昷之 | 2 |
| 毕士安 | 寇准 | 2 | 宋绶 | 毕士安 | 2 |
| 王旦 | 韩亿 | 2 | 晁宗慤 | 王钤 | 2 |
| 王旦 | 范仲淹 | 2 | 苏轼 | 王弗 | 2 |
| 宋庠 | 庞籍 | 2 | 苏辙 | 黄寔 | 2 |
| 梁适 | 任中正 | 2 | 苏辙 | 范镇 | 2 |

① 张彦霞：《人际网络与士人仕宦——北宋名相韩琦的主要社会关系及其政治影响》，河北大学2004年硕士学位论文，第21页。

② 〔宋〕韩琦著，李之亮、徐正英校笺：《安阳集编年笺注》卷四十六，巴蜀书社2000年版，第1430页。

③ 〔宋〕文彦博：《潞公集》卷十二，文渊阁《四库全书》版。

④ 〔宋〕韩琦著，李之亮、徐正英校笺：《安阳集编年笺注》卷四十八，巴蜀书社2000年版，第1513页。

（续表）

| 主干家族 | 姻亲家族 | 通婚次数 | 主干家族 | 姻亲家族 | 通婚次数 |
|---|---|---|---|---|---|
| 韩琦 | 崔立 | 2 | 苏辙 | 王鬲兇 | 2 |
| 韩琦 | 吕夷简 | 2 | 黄履 | 张根 | 2 |
| 韩亿 | 范质 | 2 | 陆佃 | 唐介 | 2 |
| 韩亿 | 李若谷 | 3 | 吴廷祚 | 郭中令 | 2 |
| 韩亿 | 苏夷简 | 2 | 蔡挺 | 王涣 | 2 |
| 韩亿 | 蔡确 | 2 | 胡宿 | 周况 | 3 |

资料来源：姚兆余：《北宋宰辅家族婚姻研究》，山东大学 2001 年博士学位论文，第 96 页。

庞大姻亲网络的形成利弊相随，对北宋政局影响巨大。一方面有利于世家大族结成一体来参政、议政、持政，一定程度上削弱了皇权的专制统治，形成了宋代帝王“与士大夫治天下”的新政治格局，使宋代出现了相对宽松的政治社会环境。另一方面，世家大族结党营私，在官场上互为奥援，扰乱朝政。因而，宋朝统治者对此是严加防范的。①

### （三）与皇族联姻

韩琦家族不仅与同僚世代通婚，而且与皇室联姻成为外戚，进一步增加了家族政治资本。韩琦幼子嘉彦娶妻北宋神宗第三女唐国长公主，系神宗嘉许韩琦功德特意安排。② 南宋初年，韩琦家族继续与皇室为婚。嘉彦之子韩诚，娶高宗宪圣慈烈皇后吴氏之妹。韩诚之子韩侂胄乃宪圣慈烈皇后的姨侄，又娶了慈烈皇后的侄女。后来韩侂胄助吴太后垂帘，立宁宗，而宁宗韩皇后又是韩琦的六世孙女，即韩肖胄的孙女。韩皇后之父韩同卿又是韩侂胄的侄子。韩氏因此“贵震天下”，显赫家世令人倾慕，当时有诗曰：“路人莫作皇亲看，姓赵如今不似韩。”另外，韩肖胄之婿郑亿年也是外戚。其父郑居中与宋徽宗郑后攀上亲戚关系，很快升任宰相。韩、郑两家同为外戚，又互相联姻，而且以郑家为中介，韩家又与南宋前期的权臣秦桧结成间接的亲戚关系。③ 与皇室联姻不仅能给个人仕

---

① 张彦霞：《人际网络与士人仕宦——北宋名相韩琦的主要社会关系及其政治影响》，河北大学 2004 年硕士学位论文，第 23 页。

② 〔元〕脱脱等：《宋史》，中华书局 1977 年版，第 8780 页。

③ 〔元〕脱脱等：《宋史》，中华书局 1977 年版，第 8656、11103、13771—13778 页。

途发展带来良好的机遇，而且给家族发展带来很多实际利益。

质而言之，韩琦家族通过子女婚姻，与许多名门望族建立姻亲关系，这些姻亲之间又互相通婚，甚或继续向外延伸，结亲于更多的名门望族，从而形成一个庞大而复杂的多边姻亲网络。通过这些网络，相州韩氏迅速渗透于社会上层，成为宋朝的显赫家族。对于封建统治者而言，正如恩格斯所说，“结婚是一种政治的行为，是一种借新的联姻来扩大自己势力的机会，起决定作用的是家世的利益，而决不是个人的意愿”。宋代名门望族封闭式的婚姻圈，本质上是相互勾结、相互依赖、一损俱损一荣俱荣的政治集团。正是这些依托裙带关系结成的种种政治集团，把持着从地方到中央各级政权。这也是王朝政治无法克服的一个痼疾。①

## 三、相州韩琦家族祖茔

据载，相州韩琦家族主要有两座祖茔，一是新安茔，位于今安阳市水冶镇西，安葬其父、母、兄、嫂、侄、侄孙等人；一是丰安茔，位于今安阳市殷都区皇甫屯西地，安葬韩琦本人及其妻、子、孙等人。

根据《安阳集》记载，新安茔于北宋仁宗庆历五年（1045）二月韩琦迁葬家人开始使用，共分东、西两区，韩琦父母、兄、侄多人分别葬于两区的壬、丙、庚三穴。之后，嘉祐七年（1062）十一月和熙宁四年（1071）二月，韩氏家族又分别举行了两次大规模的迁葬活动，陆续葬入新安茔的韩氏族人有30余人。至此，自韩琦父母以下，除韩琦本支以外的韩氏家族成员，多数埋葬于相州新安茔。新安祖茔延续时间较长，在韩琦的苦心经营下，约从庆历五年一直使用至政和五年（1115）七月以后，使用时间长达70年之久。韩氏家族成员埋入新安茔人数虽多，但主要埋葬于“五音姓利说”的商音大吉位，墓穴位置安排始终遵循“五音姓利说”，具有一定的统一性及规划性。按照北宋时期流行于世的“五音姓利说”，韩姓属商音，壬、丙、庚三穴均属商音埋葬的最佳穴位，与韩氏家族成员集

---

① 张彦霞：《人际网络与士人仕宦——北宋名相韩琦的主要社会关系及其政治影响》，河北大学2004年硕士学位论文，第27页。

中埋葬于新安茔墓地的壬、丙、庚三穴情况相符。嫁入韩氏的外姓女子也随各自的夫君埋于韩氏祖茔,不因姓氏不同别葬他地。如妻子先亡,仍按“五音姓利说”商音吉位,埋葬于韩氏家族墓园中,待其夫亡并于一处,这种情况与巩义北宋皇陵大体一致,皇后与后妃虽非属赵姓,仍按赵姓所利方位埋入墓地。至于未出嫁而早亡的韩姓女子,或随父母同葬,或与同辈姐妹共同埋葬,都遵循商音大吉穴位埋葬,体现了“五音”墓地必以一姓之利向安排墓葬位序的特点。[①]

丰安茔埋葬韩琦及其妻子、儿孙多人,包括砖、石墓葬共9座。韩琦与其夫人崔氏的合葬墓位于墓地西北,为整片墓地的最高点,占据墓园的主要位置。其他家族成员埋葬于墓地西南及东南,向北没有越过韩琦夫妇二人墓葬而建的韩氏墓葬。这一做法正符合“五音姓利说”商音祖穴据西北壬穴为尊,其他墓葬都位于丙、庚等西南与东南方。韩琦家族墓地使用时间约从嘉祐七年(1062)十一月韩琦第一位夫人崔氏埋入开始,至北宋末废弃,废弃原因推测与金人侵占安阳有关。靖康之难后,北宋灭亡,大部分韩氏家族成员随宋室南渡,旅居浙江、福建一带,家族墓地的相关材料目前暂付阙如。

## 四、宋代韩琦家族史建构的典范意义

在《安阳集》中,韩琦较为详尽地记述了他和家人苦心寻找远祖的种种故事和机缘巧合,可谓是尽心尽力。在韩琦自己看来,相州韩氏自祖宗以来就是有名望的家族,“自唐以来,家世衣冠,著名河朔”。不可否认的是,通过他的不懈努力,相州韩氏的谱系在北宋中期得以完整呈现。然而,韩琦的叙述当中似乎也明显存在难以解释清楚甚至相互矛盾之处,因而很难确定位于博野的韩氏家族墓地就一定是相州韩氏的发源地。而此前的诸多研究成果几乎都毫无保留地相信了韩琦讲述的种种故事,以至于使一些并不确定的家族史变成了正式的历史。无疑,相州韩氏家族谱系的重新确立很大程度上要归功于韩琦。位高权重的韩琦具有举足轻重的重要地位。作为右谏议大夫、泉州知州韩国华的幼子,韩琦

---

① 金连玉:《试论北宋相州韩氏家族墓地的墓葬位序与丧葬理念》,《故宫博物院院刊》2015年第1期。

仕途进展相当顺利,30多岁便身居要职,朝廷内外诸多官员对他多有所求。或许正因为如此,韩琦得以调动各种公私资源找寻其祖先墓地,重构完整的先祖谱系。

韩琦的举动在宋代士大夫群体之中具有普遍代表性。有宋一代在中国古代家族发展史上是承前启后的阶段,经过诸多士大夫的不懈努力,从理论上丰富并发展了传统社会的家族理念,形成了有着宋代特色的关于宗族的系统论述,而且很多士大夫躬身笃行,在现实社会中践行并逐渐完善了宗族理论。此后,中国古代社会出现了崭新的宗族模式,并对中国社会产生了巨大而深远的影响。报本追源,尽可能厘清本家族的谱系在宋代士大夫的躬身示范下逐渐由上而下展开,民间较为普遍地出现了纂修家谱的行为。然而,由于不断侵袭的自然灾害以及兵燹祸乱,人口迁徙规模越来越大,不同宗族之间的杂居、融合成为不可回避的现实。此时,代代相传的祖先记忆成为宗族成员之间最为重要的血缘纽带,无论身在何处,也不论富贵贫贱,都是同一祖宗的后裔。相州韩氏家族历史的重构过程,无疑是宋代士大夫践行新型宗族理论的典范,在多次迁徙之后来到安阳并定居下来。为了维系韩氏地位与声望,以一代宰辅韩琦为代表的家族成员通过各种途径找到了他们共同的祖先,并将祖先陵墓建立起来,这些外在的形式成为他们重要的精神家园。①

## 第四节　宋元时期理学名士家族

两宋理学从诞生到兴盛,标志着传统儒学进入了一个新的复兴阶段。其间,邵雍和周敦颐、张载、程颢、程颐并称"北宋五子"。虽然他们的学说在理学阵营中各具特色、各成学派,却多与洛阳密切相关。面对金末元初北方近乎崩溃的社会秩序,河内名士许衡积极吸纳程朱之学,游说蒙古贵族统治者行汉法,大力恢复伦理与社会秩序,被誉为"元朝一人"。

① 游彪:《家族史的建构:宋朝士人阶层追寻的精神家园——以相州韩琦家族为例》,《北京师范大学学报(社会科学版)》2017年第1期。

## 一、北宋邵雍家族

邵雍(1011—1077),范阳(今河北涿州)[①]人,字尧夫,自号安乐先生、伊川翁等。卒谥康节,北宋前期著名哲学家、易学家和诗人,著有《皇极经世》《伊川击壤集》等。历宋真宗、仁宗、英宗和神宗四朝,主要活动于仁宗时期,这是宋代历史上文化教育最为昌明的时期。少随父徙卫州共城(今河南辉县),居城西北苏门山,刻苦为学。后出游河、汾、淮、汉,从易学大师李之才受《河图》《洛书》及象数之学。晚居洛阳,反对熙宁新政,与司马光、富弼、吕公著等重臣过从甚密。嘉祐及熙宁中,多次被召,坚辞不赴。

邵雍是宋明理学的创始人之一,为历代统治者和学者所尊崇,南宋时从祀孔庙,明代祀称"先儒邵子"。他一生潜心研究哲学,被后人尊为"易圣",在理学、易学、史学、诗学、象数、天文等领域都做出了不朽贡献,在中国思想史和学术史上占有重要地位。邵雍的学术经历与河南息息相关,40 岁以前主要生活在共城,之后一直生活在洛阳直到去世。

### (一)邵雍交游圈

目前,关于北宋邵雍的研究论著,多涉及他的学术思想(哲学思想、文学思想、美学思想、教育思想)、著作、交游等,少有研究其家族世系、婚姻往来者。的确,对于多次拒绝征召出仕的一代理学名士而言,不需要借助婚姻形成的盘根错节的裙带关系谋求官场利益,推动其学术思想形成、传播的主要动力多是同僚弟子而非家族中人。因此,对邵雍家族史的考察不能局限在世系考证、姻亲往来等有限的范畴,其思想和学术的交游圈同样甚至更为重要。

根据有关学者的专门考察,邵雍的交游圈划分为以下六个层面:(1)上层官僚群体。主要包括反对北宋熙宁变法的司马光、富弼、吕公著、王拱辰、韩绛、吕诲等朝廷重臣。邵雍与他们密切往来,彼此多有交流唱和,无形中对他们的生活态度、为人处世和价值取向上产生了重要影响。(2)理学同道。包括哲学领

---

① 亦有研究认为北宋范阳当为今河北衡水。参见胡恩堂、吴耀明:《出生在衡水的宋代文化巨擘——邵雍》,《衡水学院学报》2012 年第 2 期。

域极有建树的张载、程颐、程颢和司马光等人。黄宗羲说“周、程、张、邵五子并时而生，又皆知交相好，聚奎之占，可谓奇验”，司马光对宋代理学也有开创之功，朱熹还曾将司马光与“北宋五子”并称为“道学六先生”。这六人中，除未发现邵雍与周敦颐直接交往的史料外，邵雍与另外几位道学之尊均有密切的联系，他们之间的交游互动主要是围绕哲学问题展开。(3)中层官僚群体。该群体数量多、范围广，如王尚恭、范祖禹、王益柔叔侄、宋敏修、祖无择、姚奭等。正是在他们的积极帮助下，本来一无所有的邵雍拥有了洛阳履道坊住宅、河南延秋庄以及商州天柱山部分农田，大大改善了经济状况，也提升了社会声望。(4)故家大族。主要有张师雄家族、李景真家族、刘龙图家族、李复圭家族等。邵雍《伊川击壤集》中有大量与他们交游的诗作，《邵氏闻见录》中也有不少相关交游记载。(5)邵门弟子。邵雍的弟子可分为亲传弟子和私淑弟子，亲传弟子如王豫、张绪、张峋、吕氏兄弟、周长孺父子、洛中三贤等，他们师生交情深厚，且大多延为世交。私淑弟子如邢恕、章惇、晁说之、陈瓘、张行成、牛师德、王湜等，他们仰慕邵雍学问，总体成就高于亲传弟子。(6)洛阳百姓。邵雍曾说“尧夫自处道如何，满洛阳城都似家”，当地百姓对邵雍的追捧几乎达到狂热的程度。邵雍与洛阳市民的交游，一方面是宋代洛阳风土人情和文化氛围的反映，另一方面为洛阳民风民俗增添了崭新的内容。①

可以说，邵雍交游圈是有宋一代政治、经济、文化的综合反映，具体交游话题则与邵雍个人特质、宋代政治环境、洛阳文化氛围密切相关，涉及熙宁变法话题、辞官隐逸话题、闲适安乐话题、哲学话题和占卜逸事话题等，其中至为关键者当属哲学话题和熙宁变法话题，前者关系理学的发展兴盛，后者与北宋朝政时局休戚相关。其中，哲学话题主要在“北宋五子”之间展开，他们彼此之间往来密切，冯友兰先生曾说：“二程的父亲是周敦颐的朋友，张载的表兄弟。所以他们年少时受过周敦颐的教诲，后又常与张载进行讨论。还有，他们住的离邵雍不远，时常会见他。这五位哲学家的亲密接触，确实是中国哲学史上的佳话。”②邵雍与二程同住一巷近30年，程颐说与邵雍“世间事无所不论”，尽管他

---

① 邵明华：《话题与传播：邵雍交游圈的深度考察》，《西北师大学报(社会科学版)》2012年第3期。

② 冯友兰：《中国哲学史》，中华书局1961年版，第122页。

们分属于易学的义理派和象数派，观点存在分歧，然而他们关于哲学话题的探讨依然是异彩纷呈。

至于熙宁变法话题，是时富弼、吕公著等一批重臣因反对变法而相继被罢黜，不得已辞官归洛或致仕归洛。身居洛阳以安贫乐道著称、有相当社会影响力的邵雍，让这些身心疲惫、政治失意的朝廷要员感受到生命的些许轻松，他们开始与身处官场外的邵雍频繁交游：聚会燕饮，外出游赏，结社酬唱，学术探讨。这样可以避开党争的嫌疑，更能陶冶情操、涤荡心胸。邵雍交游圈关于熙宁变法话题的讨论，构成当时西京洛阳独有的文化气象。邵雍与反对变法的司马光、富弼、吕公著等人，共同成为熙宁时期洛阳士大夫的精神领袖和思想导师。① 正如葛兆光先生所言："宋代的洛阳不仅是贵族世家居住的地方，也是知识阶层集中的地方，北宋思想史特别是理学史上几个最重要的学者，如邵雍、程颢、程颐，都同时居住在这里，这些学者都与闲居在洛阳的司马光、文彦博、富弼有相当深的关系。于是，在洛阳渐渐形成了当时学术与文化的中心，形成了一个以道德伦理为标榜、以思想与学术为号召的知识集团，表达着当时知识、思想与信仰世界的另一种声音。"②

邵雍交游圈话题的传播方式主要有讲学传播、著述传播、组织传播和家族互动传播四种。就本书而言，我们特别关注家族互动传播形式。邵雍与诸多家族的良性互动，构成了邵雍交游圈的另一显著特点，同时也是交游圈话题传播的重要方式。这种家族式互动传播明显具有家族群体性特征，而且能够实现世代延续。具体可见下表：

**表 6-4　邵雍交游圈家族互动概括一览表**

| 家族互动 | 人物关系 |
|---|---|
| 邵雍、邵伯温—富弼 | 邵雍去世后，富弼对邵伯温尽长者教育之责 |
| 邵雍、邵伯温—司马光、司马康、司马植 | 邵雍去世后，司马光对邵伯温尽教育之责。邵伯温与司马光族子司马康善，司马康去世后，邵伯温承担教育其子司马植之责 |
| 邵雍、邵伯温—吕公著、吕希哲、吕希绩、吕希纯 | 邵雍与吕公著善，公著三子吕希哲、吕希绩、吕希纯均师从邵雍 |

① 邵明华：《话题与传播：邵雍交游圈的深度考察》，《西北师大学报（社会科学版）》2012 年第 3 期。

② 葛兆光：《中国思想史》第二卷，复旦大学出版社 2005 年版，第 186 页。

（续表）

| 家族互动 | 人物关系 |
| --- | --- |
| 邵雍、邵伯温—程颢、程颐、周纯明 | 二程对邵雍极尽长者之意，邵伯温师从二程；周纯明为邵雍弟子周长孺之子，长孺去世后，邵雍为其娶伊川侄女，周纯明既师从康节，又师从伊川 |
| 邵雍—周长孺、周纯明 | 周长孺、周纯明为父子。长孺去世后，邵雍对周纯明尽教诲之责，视如己出，并为其张罗婚事 |
| 邵雍—李育、李吁 | 李育、李吁为父子关系，均与康节先生保持良好关系。李吁是伊川门人 |
| 邵雍—邵不疑、杨贤宝、晁说之 | 邵雍与邵不疑善，邵不疑与杨贤宝为翁婿关系，杨贤宝为邵雍弟子，晁说之为杨贤宝弟子，私淑康节 |
| 邵雍—王豫、张峪、张峋 | 三人皆邵雍弟子，王豫是张峪和张峋的舅父 |
| 邵雍—王益柔、王慎言、王慎行、王慎术 | 王益柔与王慎言、王慎行、王慎术三兄弟为叔侄关系，皆与康节善 |
| 邵雍—贾昌朝、贾昌衡 | 两人为兄弟，皆与康节善 |
| 邵雍—吴充、吴传正 | 两人为父子，皆与康节善 |
| 邵雍—张师锡、张师德、张景伯、张景宪 | 张师锡和张师德为兄弟，张师锡与张景伯为父子关系，张师德与张景宪为父子关系 |

资料来源：主要辑录自《邵氏闻见录》《易学辨惑》《邵氏闻见后录》《宋史》《宋元学案》《二程集》《宋朝事实类苑》《司马光日记校注》等，转引自邵明华：《话题与传播：邵雍交游圈的深度考察》。

可以看出，邵雍交游圈涉及的家族为数不少，诸如司马光家族、富弼家族、二程家族、王益柔家族、张师德家族、邵不疑家族、吴充家族、王豫家族、李育家族、贾昌朝家族等。他们之间互动频繁，交游内容包括学术探讨、学术传承和生活上的相互帮扶等。这种家族式互动传播是极其有效的话题传播方式。一方面，家族间的频繁互动使交游话题不断在家族范围内传播，为外界知晓后又必然会形成广泛、持续的社会舆论。更重要的是，学术传承成为话题传播的重要途径。上述家族大多为学术世家，成员不同程度上存在师从邵雍的情况，师从关系的家族性和延续性，使邵雍交游圈的学术话题持续存在于诸多家族之中。①

总之，邵雍交游圈的存在，是宋代各种社会因素综合作用的结果，是北宋

① 邵明华：《话题与传播：邵雍交游圈的深度考察》，《西北师大学报（社会科学版）》2012 年第 3 期。

"举世重交游"风尚的缩影和范例,是邵雍个人特质和时代特征的真实映射。邵雍交游圈的话题与传播方式,赋予了宋代社会鲜活的时代内涵,进一步丰富和发展了宋代政治的文明化、理性化程度。

### (二)邵雍家训

邵雍得子较晚,45岁时才生下长子伯温,欣喜之情不难感知,专门写有《生男吟》:"我今行年四十五,生男方始为人父。鞠育教诲诚在我,寿夭贤愚系于汝。我若寿年七十岁,眼前见汝二十五。我欲愿汝成大贤,未知天意肯从否。"正因此故,邵雍对儿子的教育甚是上心,专门写有《诫子吟》《教子吟》多首。下文即是他谆谆告诫儿子"当为吉人"的教诲:

> 上品之人,不教而善。中品之人,教而后善。下品之人,教亦不善。不教而善,非圣而何?教而后善,非贤而何?教亦不善,非愚而何?是知善也者,吉之谓也。不善也者,凶之谓也。吉也者,目不观非礼之色,耳不听非礼之声,口不道非礼之言,足不践非礼之地。人非善不交,物非义不取。亲贤如就芝兰,避恶如畏蛇蝎。或曰不谓之吉人,则吾不信也。凶也者,语言诡谲,动止阴险,好利饰非,贪淫乐祸,疾良善如仇隙,犯刑宪如饮食。小则殒身灭性,大则覆宗绝嗣。或曰不谓之凶人,则吾不信也。传有之曰:"吉人为善,惟日不足。凶人为不善,亦惟日不足。"汝等欲为吉人乎?欲为凶人乎?①

以上"吉""凶"是贯穿全文的文眼,当为"吉人"而不为"凶人"是邵雍告诫子孙的苦心所在。邵雍借助浅显而准确的语言和排比句式做出了形象而深刻的描述,立下了判别"吉人"和"凶人"的尺度。另外,邵雍还有"鸡能警旦,马能代行,犬能守御,牛能力耕。人禀天地,万物之灵,妒贤嫉能,不如不生""有过不能改,知贤不肯亲。虽生人世上,未得谓之人"等教子箴言。可见,邵雍重视教子是一以贯之的。

邵雍之子邵伯温,字子文,自幼为乃父与当朝名士濡染。"伯温入闻父教,出则事司马光等,而光等亦屈名位辈行,与伯温为再世交,故所闻日博,而尤熟当世之务。"②后被河南尹与部使者推荐,任大名府(今属河北大名)助教,调潞

---

① 曾枣庄、刘琳主编:《全宋文》第46册,上海辞书出版社2006年版,第67页。

② 〔元〕脱脱等:《宋史》,中华书局1977年版,第12851页。

州长子县(今属山西)尉。哲宗绍圣初年,改任永兴军(今湖北阳新)铸钱监,后为环庆路帅府幕僚。徽宗即位,上书数千言,要求恢复祖宗制度,分君子小人,戒劳民用兵等,语气恳切。大观年间出监华州西岳庙,知陕州灵宝,徙芮城(今属山西),又任永兴军耀州三白渠公事。为避童贯,出知果州(今四川南充北)。后来又任过成都路刑狱、利州路转运副使等官职。卒年78岁。著有《河南集》《邵氏闻见录》等。①

## 二、两宋之际二程家族

### (一)世系传承

河南程氏家族并非名门望族出身,经历北宋后期党争与靖康之变,也未枝繁叶茂,前后却兴盛五代,与两宋相始终。家族的最大特色,自然是程颢、程颐兄弟以理学光耀门楣。

二程家族,先祖大致可以上溯至五代,为河北中山博野人,后居官于汴梁,高祖时定居河南府(今河南洛阳)。根据程颢为其叔程瑜所撰《程殿丞墓志铭》,“程氏居永宁之博野,土风浑厚,世以忠廉孝谨闻。少师贵重于朝,始赐第京师,为开封人”。程颐为其兄程颢所撰《明道先生行状》亦称,“先生五世而上居中山之博野,高祖赠太子少师讳羽,太宗朝以辅翊功显,赐第于京师,居再世,曾祖而下葬河南,今为河南人”。② 可见,二程承认祖上为河北中山博野所出,高祖时迁居河南(府),遂为河南(府)人。

二程之父程珦在《自撰墓志》中,具体记录了二程家族诸代人的名讳:“程姓,珦名,伯温字。姓源世系详于家牒,故不复书。曾王父尚书兵部侍郎赠太子少师,讳羽……王父尚书虞部员外郎,讳希振……考赠司空,讳遹……男六人:长应昌,次天锡,皆幼亡;次颢,承议郎、宗正寺丞,先卒;次颐,今为通直郎;次韩奴、蛮奴,皆夭……孙男五人:端懿,蔡州汝阳县主簿、监西京酒;次端中,治进士业;次端辅,早亡;次端本,治进士业;次端彦,郊社斋郎……曾孙六人:昂、昪、

① 程有为:《河洛文化概论》,河南人民出版社2018年版,第145页。

② 〔宋〕程颢、程颐:《二程文集》卷四、卷十二,文渊阁《四库全书》版。

昺、易、旻、暈。”①

二程族叔程琳对家族历史的追溯要稍远一些，追及唐末五代时期的始祖程秀。程琳（986—1054），曾任仁宗朝宰相，他在《宋故文明殿学士尚书兵部侍郎赠太子少师程公羽世录》中回顾了家族的早期历史：“五代祖秀，生二子，长即吾之高祖也，次俶，赠少府少监，生公。讳羽，字冲远。”②可见，二程家族有明确记载的最早祖先为程秀，二程为程秀的第六代孙，由此可以列出河南程氏家族简要的线性世系脉络：秀—俶—羽—希振—遹—珦—颢、颐。程羽生活在五代末至宋初，从时间上推测，其祖父程秀的生活年代应该在唐末或五代早期。③

纵观程氏家族开枝散叶的过程，如果以程秀为第一代，那么第三代程羽、程琳成为朝廷显宦是首个转折点。程羽在后晋时出仕，曾担任宋太宗在潜邸时的幕僚，“性淳厚，莅事恪谨”，太宗颇以长者待之。及至太宗正式即位，在首批任命的官员中就有程羽，授给事中、权知开封府，后以礼部侍郎为文明殿学士，专备太宗顾问。太平兴国六年（981），拜兵部侍郎，以老病致仕。雍熙元年（984）卒，赠礼部尚书。其弟程琳在宋仁宗时已经官至三司使、参知政事和使相，官位在程羽之上。除了这两位显宦外，程氏家族中出仕者亦属不少，而以科举中第者比例不高，在第四、五代中有以“举春秋”或以明经中第，亦有荫补居官者，在重文抑武、科举空前繁盛的宋代，远不如以进士出身者荣耀。

真正让程氏家族名扬后世者，并非作为显宦的程羽、程琳，而是第七代的程颢、程颐。程颢（1032—1085），字伯淳，程珦长子，举进士。熙宁二年（1069），程颢以秘书省著作佐郎权监察御史踏上仕宦之旅，其后历任镇宁军节度判官、监西京河洛抽税竹木务等官，余者大部分时间居住在洛阳，以授徒治学为主，颇得富弼、邵雍、司马光、吕公著等人的敬重和仰慕。程颐（1033—1107），字正叔，程颢之弟，被誉为“河南处士”。他既不曾博得科名，也未曾于熙宁、元丰时期出仕，且颇用心于研治和传授道学。此后，程氏子侄辈中似乎没有多少有影响的人物，二程之学多由其门人和再传弟子传授。

### （二）婚姻往来

有宋一代已无魏晋南北朝时期严格的门阀世族观念，然而婚姻问题上的门

---

① 〔宋〕程颢、程颐：《二程文集》卷十三，文渊阁《四库全书》版。

② 程敏政：《新安文献志》卷六十二上，文渊阁《四库全书》版。

③ 冯剑辉：《二程家族与徽州关系考》，《史学月刊》2011 年第 3 期。

第等级观念依然存在,程氏家族的婚姻关系亦不例外。

就第三代程琳而言,长子嗣隆之妻,系宰相庞籍三女。次子嗣弼先夫人杨氏系封崇德县君,河阳三城节度使、同平章事恭密公杨崇勋之女;后夫人贾氏系封寿安县君,丞相、魏国文元公贾昌朝之长女。三子嗣恭先娶王氏,忠武节度使、武恭公赵德用之女,复娶赵氏系参知政事康靖公赵概之女,再娶吕氏为学士吕公绰之女。① 可见,三兄弟所娶几乎都是名门闺秀。

二程之父程珦妻侯氏,"世为河东大姓",其父侯道济"始以儒学中科第"而出仕,其弟侯可博览群书,"声闻四驰,就学者日众","自陕而西,多宗先生之学"。侯氏与程珦堪称门当户对,是一位典型的贤妻良母。自 19 岁于归,"事舅姑以孝谨称","德容之盛,内外亲戚无不敬爱"。程颢妻为彭思永三女,"严正有礼,事舅以孝称,善睦其族",也是一位贤德夫人。②

对于寡妇改嫁,程颐的看法似乎广为诟病,认为男子"若取失节者以配身,是己失节也",女子即便是"孤孀贫穷无托者",也是"饿死事极小,失节事极大"。然而据考证,程氏家族也有两位寡妇再嫁。一是程颐的表姐妹由父亲安排再嫁,程颐认为此举"克己为义"。二是程颢儿媳再嫁,"章氏之子与明道之子,王氏婿也。明道子死,章纳其妇",即王氏女子改嫁姐夫或妹夫章家,程颐对此大为不满。可见,程颐并未对妇女改嫁确立固定不变的原则,他还同意"出妻令其可嫁"的古语,然而其言论却对后世产生了巨大的影响,应与时代条件和宗族状况有关。③

### (三)程颐的宗法思想

关于程颐的宗法思想,集中于其著作《伊川易传》家人、归妹二卦,被后世宗法家族奉为治家的准则,在族谱、家范、宗规等大量著作中作了明白的表述。

他强调封建宗法家庭的家长宁可治家严厉,也不要失于放肆,以致"妇子嘻嘻"。释"家人有严君焉,父母之谓也"云:"家人之道,必有所尊严而君长者,谓父母也。虽一家之小,无尊严则孝敬衰,无君长则法度废。有严君而后家道正。家者,国之则也。"按照习俗,一家的君长不是并指父母,而是独指父亲。释"上

---

① 程敏政:《新安程氏统宗世谱》卷一,北京图书馆藏明成化刻本。

② 《河南程氏文集》卷四,《华阴侯先生墓志铭》《故户部侍郎致仕彭公行状》。

③ 〔宋〕程颢、程颐:《河南程氏遗书》卷十八、卷二十二下《二程集》,中华书局 2004 年版。

九,有孚威如,终吉”,指出“治家者,在妻孥情爱之间,慈过则无严,恩胜则掩义。故家之患,常在礼法不足而渎慢生也。长失尊严,少忘恭顺,而家不乱者,未之有也。故必有威严,则能终吉”。程颐反复强调治家要严厉、严谨,要有威严、保持尊严。这种教义成为封建宗法家族治家的准则。①

程颐认为,治家要有防闲法度,就是说要有家法、家规。释“初九,闲有家,悔亡”,指出“治家者,治乎众人也,苟不闲之以法度,则人情流放,必至于有悔,失长幼之序,乱男女之别,伤恩义,害伦理,无所不至。能以法度闲之于始,则无是矣,故悔亡也”。宋以后,封建宗法家族的家法、家规大量出现,似与程颐的治家要有法度观点有关。程颐释“归妹”卦,除反复讲了“女从男”“女归于男”是“天地之大义”以外,又讲了妇女的两项神圣任务。一是“女之归男,乃生生相续之道”,要使宗法家庭“生息嗣续,永久其传”。就是说,妇女要完成生子传宗接代的任务。二是“妇者,所以承先祖、奉祭祀。不能奉祭祀,则不可以为妇矣”,“妇不能奉祭祀,则当离绝矣”。就是说,妇女又要承担奉祖先祭祀的任务。如果不能完成以上两项任务,就要导致夫妇“反目”,导致“离绝”,被宗法家庭所弃绝。②

另外,二程也有一些关于宗族的议论传世,简录于下:“管摄天下人心,收宗族,厚风俗,使人不忘本,须是明谱系、世族与立宗子法。”“宗子法坏,则人不自知来处,以至流转四方,往往亲未绝,不相识。今且试以一二巨公之家行之,其术要得拘守得须是。且如唐时立庙院,仍不得分割了祖业,使一人主之。宗子法废,后世谱牒尚有遗风。谱牒又废,人家不知来处。无百年之家,骨肉无统,虽至亲,恩亦薄。古所谓支子不祭者,惟使宗子立庙,主之而已。支子虽不得祭,至于斋戒,致其诚意,则与主祭者不异。可与,则以身执事;不可与,则以物助,但不别立庙为位,行事而已。后世如欲立宗子,当从此义,虽不祭,情亦可安。若不立宗子,徒欲废祭,适足长惰慢之志,不若使之祭,犹愈于已也。”“后世骨肉之间,多至仇怨忿争,其实为争财。使之均布,立之宗法,官为法,则无

① 邱汉生:《宋明理学与宗法思想》,《历史研究》1979 年第 11 期。

② 邱汉生:《宋明理学与宗法思想》,《历史研究》1979 年第 11 期。

所争。”①

### （四）宗族建设

在讲究敬宗收族的宋代，程氏家族与许多家族一样非常注重维护宗族成员之间的亲善关系。程颐曾言及乃父程珦厚待亲属的种种举动：“始公抚育诸孤弟，其长二人仕登朝省，二十余年间皆亡。长弟之子九岁，从弟之子十一岁，公复抚养，至于成长，毕其婚宦。育二孤皆再世，亦异事也。前后五得任子，以均诸父子孙。嫁遣孤女，必尽其力。所得俸钱，分赡亲戚之贫者。伯母刘氏寡居，公奉养甚至，其女之夫死，公迎从女兄以归，教养其子，均于子侄。既而女兄之女又寡，公惧女兄之悲思，又取甥女以归，嫁之。时小官禄薄，克己为义，人以为难。后遇刘氏之族子于襄邑，偶询其宗系，知姻家也。未几刘生卒，其子立之才七岁，公取归教养，今登进士第，为宣德郎矣。”②

此外，程琳之子嗣隆、嗣弼、嗣恭及嗣先“皆友爱笃睦”。伯兄嗣隆终尚书郎，却有伯道之悲，对此其弟嗣弼悉心选择族人之子为之承嗣，“使主丧，且言于朝而官之”。另外，嗣弼“奉兄丧葬，于洛”，其兄“惟一子，方病甚，不顾而行”，有人好心劝止，他对曰：“吾不忍吾兄之孤也。”③

## 三、“元朝一人”许衡家族

许衡（1209—1281），河内人④，字仲平，号鲁斋。元朝著名思想家、政治家、教育家。早年与姚枢、窦默等师友在苏门山讲习程朱理学，仕元任国子祭酒、中书左丞等职，参与议定朝仪官制，晚年主领太史院事。他是理学名宿，对于朱子

---

① 王曾瑜：《河南程氏家族研究》，《中国近世家族与社会学术研讨会论文集》，“中央研究院”历史语言研究所1998年版。〔宋〕程颢、程颐：《河南程氏遗书》卷六、卷十五、卷十七、卷十八《二程集》，中华书局2004年版。

② 〔清〕涂宗瀛：《河南程氏文集》卷十二《先公太中家传》，六安涂氏。

③ 范祖禹：《范太史集》卷三十八《朝议大夫致仕程公墓志铭》，文渊阁《四库全书》版。

④ 关于许衡的具体里籍稍有歧异，有河内说、新郑说和焦作李封村说。据学者综合考证，沁北当为祖籍地，焦作李封村为其故里，新郑是为出生地，三者皆在今河南境内。邢怒海：《“元朝一人”许衡家世生辰与籍贯墓葬研究综述》，《内蒙古农业大学学报（社会科学版）》2016年第6期。马世之：《许衡里籍问题探讨》，《焦作师范高等专科学校学报》2007年第1期。

理学思想的丰富和发展作出了重大贡献,在当时有"南有草庐,北有鲁斋"之称,时人赞誉许衡是"元朝一人",是"建皇极,立民命,继绝学,开太平者,万世犹一日也"的"不世之臣","圣学继者谁,本朝许文正"。皇庆二年(1313),元仁宗下诏许衡同周敦颐、程颢、程颐、张载、邵雍、司马光、朱熹、张栻、吕祖谦一同从祀孔庙。

## (一)家世谱系

据《许文正公世家谱》《许衡神道碑》《有元故潜斋先生许仲和墓志》和《大元故承务郎新济州脱脱禾孙副使许公墓志铭》等文献记载,结合民间传说,可知许氏源自山西,北宋时南迁定居河南沁阳北部,地方志记有许氏祖茔。许衡祖父为许成符,有三子,分别是许广、许通、许荣。许通为许衡之父,妻李氏,早年定居李封村,后因金末动乱迁居新郑,晚年归葬李封村,生有二子,即许衡、许衎。许衡妻敬氏,复生有四子师可、师逊、师孚、师敬。其弟许衎有二子师义、师贞,许衎曾拜窦默为师,学习儒学和医术,终身未仕,以医术行世。后来,许衡长子师可后裔约在元末明初迁往外地,具体情况已不可考。次子许师逊五世孙许普于明景泰元年(1450)迁往新郑旧里。现今河南焦作李封村多为许衡四子许师敬后裔。①

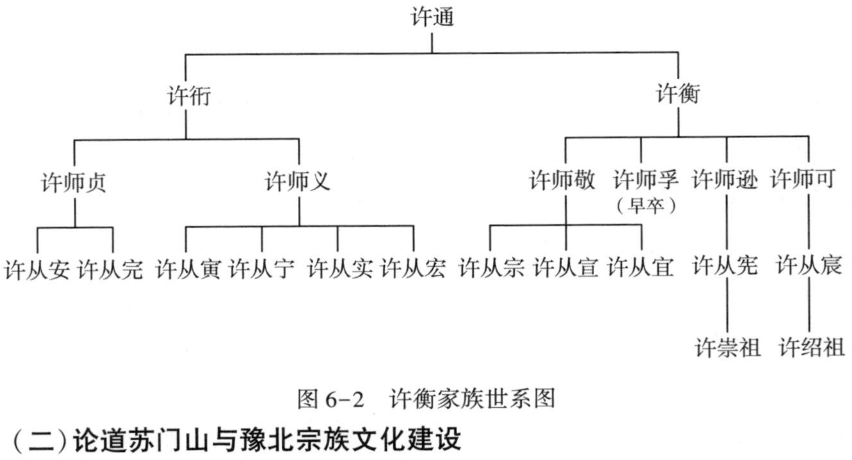


图 6-2　许衡家族世系图

## (二)论道苏门山与豫北宗族文化建设

在上述邵雍、二程等理学名士的思想形成、传播过程中,发挥关键作用的往

① 邢怒海:《"元朝一人"许衡家世生辰与籍贯墓葬研究综述》,《内蒙古农业大学学报(社会科学版)》2016 年第 6 期。马世之:《许衡里籍问题探讨》,《焦作师范高等专科学校学报》2007 年第 1 期。索全星:《许衎、许师义墓志跋》,《华夏考古》1995 年第 4 期。

往不是家族中人，而是同道师友，他们彼此影响唱和，促成宋代理学的形成与兴盛。因此对其家族史的考察，不应局限在家族中人的范畴，思想和学术上的朋友圈更需重视。“元朝一人”许衡亦是如此，姚枢[①]、窦默[②]与之亦师亦友，苏门山上百泉太极书院坐而论道，是为后来许衡继承道统、仕元经世致用的基础。他们在当地传播理学的同时，也身体力行地进行了祠堂、谱谍等宗族制度和宗族文化的初步构建。

宋以后的理学发展同宗族观念的兴起与发展密切相关，这也是社会史学界的共识。姚枢、许衡等大儒在豫北地区进行理学传播，促进了当地理学的社会化，在此背景下宗族观念获得了产生的内在基础，宗族建构活动此时也初见端倪。尽管金元时期的宗族建设活动还仅仅体现在这些大儒身上，但却意义深远，直接影响到了明清时期当地宗族的发展与兴盛。[③]

蒙古太宗（1229—1241）、元世祖（1260—1294）时期，北方大儒许衡曾为豫北当地的《邵氏宗谱》（系北宋大儒邵雍为所在邵氏宗族修撰的族谱）撰写了《邵氏家谱跋》，强调修撰谱牒的重要性，并对修谱以继祖宗之德的行为异常推崇与赞许，如其所言：“家之有谱，犹国之有史也。史以记存亡，而谱则系昭穆。昭穆之能明，则宗派焉得而紊哉！邵氏谱牒历数百年间而弗失。祖功宗德，开卷一览，上以见其源流，下以见其嗣继，非善继善述而能之乎？书此为万世勉。”[④]

与许衡亦师亦友的姚枢曾在隐居之所百泉苏门山提出了宗族组织化的初步建设思想：“作家庙，别为室奉孔子及宋儒周敦颐等像，刊经书，惠学者，读书鸣琴，若将终身。”可见，姚枢当时已经在豫北苏门山中修建了家庙。其“作家庙”的宗族实践活动已经有利用家庙祭祀祖先之心。许衡、姚枢以及后世子孙进行宗族构建活动的态度与行为在当地起到一定的榜样效应。金元以后，随着明末清初时期大儒孙奇逢在豫北地区的讲学，理学进一步社会化。其后世更是

---

① 姚枢，元柳城（今辽宁朝阳）人，后迁洛阳，字公茂，号雪斋、敬斋。与许衡、窦默交好，在苏门山（今河南辉县百泉）讲习程朱理学，仕元拜中书左丞等职。

② 窦默，元广平肥乡（今属河北）人，字汉卿。仕元任翰林侍讲学士等职，长于针灸，有名于世，著有《疮疡经验全书》《针经指南》等书。

③ 申红星：《金元以来豫北理学的社会化与宗族形态的显现》，《河南理工大学学报（社会科学版）》2010 年第 4 期。

④ 邵启荣：《古共邵氏宗谱》，民国十三年（1924）刊本。

积极地利用大儒们的文化象征资源，在不断强调豫北为文化礼仪之地的同时，继续在当地进行宗族构建活动，从而使豫北宗族建设不断得以发展。[①]

### （三）用心良苦诫子诗

中国古代历史上家训诗源远流长，从周公到近世曾国藩皆用以教育子侄。它是把训诫内容写成诗歌让子孙反复咏读，篇幅从几十至上百句不等，多为教子为学、节俭、为官道德、淡泊名利、诗书传家等内容，因便于吟咏、背诵往往能收到很好的教育效果。

作为"元朝一人"的许衡，在治学、居官之余，很是重视儿子们的人格教育。他认为，孟子的高尚人格、浩然正气能给儿孙以无穷的激励，是人格教育的好教材，因此特别推崇《孟子》，要求儿子专读《孟子》。而且，还通过写诗的形式来对孩子进行人格教育，专门作有《训子》诗："干戈恣烂漫，无人救时屯。中原竟失鹿，沧海变飞尘。我自揣何能，能存乱后身。遗芳藉远祖，阴理出先人。俯仰意悠然，此乐难拟伦。家无儋石储，心有天地春。况对汝二子，岂复知吾贫。大儿愿如古人淳，小儿愿如古人真。平生乃亲多苦辛，愿汝苦辛过乃亲。身居畎亩思致君，身在朝廷思济民。但期磊落忠信存，莫图苟且功名新。斯言殆可书诸绅。"诗中许衡告诫儿子要师法古人的廉洁、真诚、淳朴，辛勤耕作，不能苟且度日，无论在朝为官还是身居乡野，都要思考"致君"和"济民"的方略，以存留"磊落忠信"之名，而非徒有虚名，敷衍了事。

事实证明，许衡诸子在乃父的言传身教下也是可圈可点。长子许师可历任河东按察副使、怀孟路总管、通议大夫、广平路总管等职，死后赠礼部尚书，谥文简。次子许师逊未出仕。三子许师孚早卒。四子许师敬历任监察御史、吏部尚书、国子监祭酒、中书左右丞、御史中丞、光禄大夫等职，欧阳玄《许衡神道碑》载"明经务诚，学尚节概，肖父风"。另外，许衡孙辈也多有所成，如许从宣，历官福建按察使、工部尚书等；许从宗，历官河南按察使、礼部尚书等。

### （四）许氏墓葬祠堂

河内沁北是许氏祖茔地，李封村因迁居日久形成了一片墓葬区，具体位置在"怀庆府河内县东北青上乡李封村"，许衡父母即葬于此，是谓"先茔"。

---

① 申红星：《金元以来豫北理学的社会化与宗族形态的显现》，《河南理工大学学报（社会科学版）》2010 年第 4 期。

至元十八年(1281)三月,许衡病逝,葬于"(河内)县东北六十里",即今焦作市中站区李封村东南,墓地在李封祖茔正南偏西1公里处。许衡曾任元朝中书左丞、集贤大学士、国子监祭酒等职,官位显赫,故而单独营葬。按照许衡原意当以简朴为好,"死后慎勿请谥立碑",但后来朝廷不断封赏,规模逐步扩大。据《许文正公遗书·茔堂图》载,先是元世祖赐墓田130亩,敕建牌坊1座、享堂3间,坐落于河内县东北李封村之东南隅。至元元年(1335),元顺帝又赐神道碑树于墓前,名曰"大元故资善大夫中书左丞许公坟"。民间俗称"许坟""许家坟""许天官坟"。

许衡作为元代大儒,另有纪念祠堂多座。原籍河内县李封村有家庙3间,河内县景贤村有家庙3间。皇庆二年(1313),达鲁花赤虎都赤奉旨建造祠堂1座,位置在怀庆府城内河内县学之西,明代多次修缮,规模"大门三间、正祠三间、厢房九间、余房十二间"。至大二年(1309),敕建魏国公许文正公祠以祀功臣,在大名府故城中,后因城废而祠亦废。在许衡诞生之地新郑,有鲁斋祠3间,元明以来多次整修。①

① 邢怒海:《"元朝一人"许衡家世生辰与籍贯墓葬研究综述》,《内蒙古农业大学学报(社会科学版)》2016年第6期。

# 第七章

# 明清时期河南绅衿制家族的发展

经过唐末五代长期的农民起义和割据战争洗礼,魏晋以来以庄园制和门阀制为根基的世家大族式的传统家族彻底终结。宋元时期进入官僚制家族阶段,无论是张载、朱熹等理学家对于重构家族的顶层设计,还是各地尤其是江南士人致力于祠堂、族田和族谱等家族组织化建设的具体实践,均以士大夫阶层尤其是高级官僚为主体,并充分反映了其利益和愿望。明清以来,由于商品经济的继续发展和官方政策的影响,中国传统家族主体继续下移,进入以有功名、低官阶的中小绅衿地主为主体的时代,是为明清时期绅衿制家族时期。

## 第一节 河南绅衿家族的形成与组织化建设

绅衿,渊源于汉代以来的官学学生"弟子员",作为一种重要社会成分和强大社会力量的结合体,出现在明清时代。绅,本意是大带子,古代常用"峨冠博带"一词形容有身份之人的穿着,博带即指"绅"。衿,是上衣前片与后片连接部位,明朝政府规定秀才穿蓝绸料子青色衿边袍子,称作青衿①,所以泛指有功名的读书人为衿士,包括举人、贡生、秀才、监生(包括国子监监生、捐纳监生)以及没有做官的进士。综合而论,绅衿系指没有出仕的有功名的士人,或虽做过官但已不在职者。因此,他们不是官又非平民,是处于官与民之间的一种特殊社会阶层,具有特殊的政治地位。据清田文镜、李卫《州县事宜》记载,"绅为一邑

① 正如《诗经 · 郑风 · 子衿》刻画一位女子对心上人的思念:"青青子衿,悠悠我心",用"青衿"指代读书人的特殊身份。

之望，士为四民之首。在绅士与州县，既不若农工商贾势分悬殊，不敢往来。而州县与绅士，亦不若院道司府体统尊严，不轻晋接”。明清政府给官僚绅衿诸多特权，如减免粮石、人丁并享有司法特权，犯案要先革去功名，然后才可拘捕提审。他们散布在民间各地，主持地方公共事务，成为地方社会的支配力量，也是家族发展的中坚人物。①

## 一、明清时期的官方政策与家族平民化走向

明清时期，由于官方政策逐渐放松，品官和庶民祭祖权限和范围不断扩大，尤以家庙祭祖最为典型，具体包括祭祖权的下移、官民皆可祭祀始祖、官民常祭可以祭祀四代祖先、部分士人可以建家庙等方面。并且，官方对民间祭祖中普遍盛行的种种违礼逾制行为，往往采取默认的态度，促使宗祠（家庙）普遍化，是催生绅衿制家族不断发展的强大动力。②

明代的家庙令最早制定于太祖洪武年间，根据洪武三年（1370）成书的《大明集礼》之《宗庙·品官家庙》记载，明初士大夫普遍受朱熹《家礼》祠堂之制的影响。凡品官之家在正寝之东建立祠堂，可以祭祀四世之主。庶人则无祠堂，乃于居室的中间或他室祭祀二代神主。明朝政府鉴于家庙未涉及民间祭祖的现实情况，于是“权仿朱子祠堂之制”，规定品官祭祀高、曾、祖、父四代祖先，庶人祭祀祖、父两代祖先。洪武十七年（1384），将庶民祭祀两代祖先改为祭祀曾、祖、父三代，并将士大夫祭祀四代祖先牌位的顺序由自西向东一字排开而改为左昭右穆制。

嘉靖十五年（1536）的规定对明清两代家庙、祭祖制度影响最大。明正德十六年（1521），明武宗驾崩而无嗣，由堂弟朱厚熜继统，是为明世宗（年号嘉靖）。嘉靖初年朝政的中心是“大礼议”问题，世宗坚持己意，尊生父兴献王为皇考，将明武宗之父明孝宗尊为皇伯考，在宗庙制度方面进行了一系列改革。同年，礼部尚书夏言上《献末议请明诏以推恩臣民用全典礼疏》，提出“乞诏天下臣民冬

---

① 冯尔康：《中国古代的宗族与祠堂》，商务印书馆1996年版，第61—62页。

② 冯尔康等：《中国宗族史》，上海人民出版社2009年版，第222页。

至日得祀始祖议”“请诏天下臣工立家庙议”等建议并得到允准,十一月天子下诏“天下臣民得祀始祖”。值得注意的是,该诏令本来只允许臣民在冬至、立春节日祭祖,并不准在家庙、祠堂中设立牌位常祭。然而,允许祭祀始祖即等于允许各支同姓宗族联宗祭祖。与此同时,政府又要求官员建家庙,并允许在家庙设临时祭祀始祖、先祖的纸牌位,加上允许“以今得立庙者为世祀之祖,世祀而不迁焉”,则开启家庙祭始祖之先河。这就极易导致官员将始祖、先祖的临时性纸牌位改为常设始祖牌位。品官家庙祭祀始祖一旦成为大宗祠,民间联宗祭祖必然会仿效。事实上当时社会上已大量存在着祠堂违制祭始祖的情况,崇拜祖先是民间信仰风俗,嘉靖十五年的规定只能导致其进一步合法化,另外在外人不得进入的家庙中设置远祖牌位,政府不能也无必要核查,所以祭祀始祖、先祖必定成为普遍现象。总之,世宗诏令后,客观上造成了修建宗祠祭祀始祖的热潮,并延续到嘉靖朝以后,从而使宗祠祭祀始祖普遍化,这是中国宗族发展史上的重大演变。①

到了清代,清政府为缓和满汉隔阂与冲突,延续以孝治天下的传统理念,政府提倡建家庙,普通庶民的祭祖权限继续扩大。康熙帝颁布《圣谕十六条》,第一条即强调“敦孝弟以重人伦”,第二条倡导“笃宗族以昭雍睦”。雍正帝在此基础上大力颁行《圣谕广训》,提出为了笃宗族要“立家庙以荐蒸尝”,明确号召建家庙。成书于乾隆二十四年(1759)的《大清通礼》之家庙祭礼规定,在籍进士、举人以七品官资格,贡生以八品官资格建立家庙。进士一般出仕为官在籍者不多,未出仕而在籍的举人、贡生不少,允许他们建家庙,是把官员的权利给予士人,这是祭礼标准下移的表现,是继明代嘉靖十五年之后在家庙祭祖制度上又一次不小的变动。同时,不论官民,皆祭祀高、曾、祖、父四世祖先。事实上,民间祠堂祭祀始祖是整个清代普遍存在的现象,所以清人有“今民间宗祠祭自始祖”的说法。清代民间修宗祠祭祀始祖,是明嘉靖以来宗祠普遍化的延续。

---

① 冯尔康等:《中国宗族史》,上海人民出版社 2009 年版,第 226—227 页。

## 二、明清时期绅衿制家族社会的基本特征

从功能形态看,明清时代家族仍以祠堂、族谱、族田及族长家法为表现形态,是宋元时期家族形态的延续。与此同时,随着宗族的发展和明清社会特有的社会历史背景,呈现一些新的特征。①

第一,家族制度的民众化。宗祠民众化意味着普遍化。明代嘉靖十五年(1536)允许臣民祭祀始祖的诏令,导致了民间纷纷建立宗祠祭祀始祖。民间可以祭祀始祖,宗族规模不断扩大,宗祠的设置强化了宗族的凝聚力。清代家庙祭祖制度允许举人、贡生建家庙,又使这些士人的家庙祭祖合法化。据民国年间纂修的《云阳县志·族姓宗祠志》记载,该县清代宗族祠堂建置者多为无身份者,对有身份者的记载有 5 例,其中 4 例是贡生、1 例是廪生。可见士人和平民建立的家庙宗祠数量不少,与宋元建祠者多为大官僚相比,明朝嘉靖中叶以降建祠者士人化是一个特点。宗族祠堂的建置者降至平民和士人,这在整个宗族制度史上是一大变化。

第二,宗族群体结构性膨胀与组织化。宋元时代宗族制度一般讲求小宗法,虽然在元代出现了一些大宗祠,然而毕竟是少数。宗族受人口的繁衍规律制约,规模不是很大。迨至明前中期,伴随长时期的和平环境及宗族制的发展,宗族规模不断扩大,明后期以来随着宗祠祭祀始祖的普遍化,宗族由出了五服的同宗族人构成已是普遍现象,拥有上千丁男的宗族不在少数。众多的族人纳入多种层次的房支结构中,由于宗祠的普及而被组织化。

第三,宗族的政治化及与政权互相作用的加强。宗族的普遍化及结构性膨胀化,使之成为基层社会最重要的民间乡里组织,引起当时政权的高度重视。在中央集权体制下,政权对基层社会的控制势必同宗族组织发生互相作用。明清政权希望宗族用传统的儒家伦理来"齐家",成为政府的基层组织,以维持地方社会秩序。基于这种想法,明清政府坐视民间宗族违反礼制建立宗族祠庙,

---

① 冯尔康:《清代宗族制的特点》,《社会科学战线》1990 年第 3 期。冯尔康等:《中国宗族史》,上海人民出版社 2009 年版,第 287—289 页。

支持族长依据家法对宗族进行管理，提倡修撰族谱等。清代雍正时代甚至予以祠堂族长处死族人的法律权力，设立族正以此作为保甲制的一部分，乾隆时代又试图用族正制止宗族械斗。经济上，明清政府通过旌表提倡宗族设置族田，为族田立册存案，并且载于志书，给予执帖、勒石保护，禁止盗买盗卖义田。在一些正统士大夫的努力下，许多宗族的确没有辜负政府的希望，积极宣传教民谕旨，要求族人忠君守法、交纳赋税，成为政权的社会基础。另一方面，宗族作为血缘与地缘结合的基层社会组织，奉行家族和地方利益至上，要求族人绝对服从祠堂族长及族法，因此也有违反国家规定的情形，有时甚或抗欠赋税，把持乡里，对官方阳奉阴违，甚至走向对立面。于是，乾隆以降的清政府总结经验，将支持宗族的政策改为利用与限制并重并不乏打击的政策。

## 三、明清时期河南绅衿家族的组织化建设及其特征

一般认为，族谱、祠堂、族田是家族组织化建设的三大标志性符号。如早期宗族研究专家徐扬杰指出，“所有的聚族而居的家族组织，都由祠堂、家谱和族田三件东西连接起来，这三者是近代封建家族制度的主要特征，也是它区别于古代家族制度的主要标志”①。事实上，明清时期绅衿制家族上承宋元时代对祠堂、族谱和族田等家族基本要素的高度重视，中间历经王朝鼎革、兵荒马乱和自然灾害，家族的组织化建设是一个历时长久的动态发展过程，尤其是祠堂的建设往往需要积数代之财力和心血。在这个动态的过程中，综合把握祠堂、族谱、族田等与家族相关的要素，往往呈现出家族发展与地方社会、国家的多维交织关系。

明清时期河南绅衿家族族谱纂修具有浓厚的地域特色：第一，族谱特别强调族辈行字的设立。认为这是在宗族内明世系、收族众的首要条件。第二，族谱编撰多能做到寻求真实。这尤其反映在对于本族祖先历史的追述上，大多将始祖的历史追述于明朝初年，以始迁祖或始迁祖上一辈为其始祖，多能依照祖先的真实情况进行叙述，很少有攀附名贤高官的现象。第三，族谱内容高度重

① 徐扬杰：《中国家族制度史》，武汉大学出版社 2012 年版，第 293—294 页。

视族规的设立。族规内容广泛多样，包括族产管理、族众教化惩治等多方面的内容。采用谱例加族规的形式，将本族族规放入族谱卷首的族谱条例之中，不仅便利了族众知晓本族族规，也利于族众遵守族规，是控制族众、维护地方社会秩序的重要手段。

修建宗族祠堂是明清时期河南绅衿家族组织化建设的关键。此间，宗祠经历了一个由明代名贤专祠至宗族祠堂，再由宗族祠堂转变为地方学校的演变过程。宗祠的设置、管理以及祠堂祭祀礼仪等方面，均有着自己地域性的特点。至晚清以来，河南已经出现了“无论士庶，皆立祠堂”的现象。为配合祠堂的修建、维护并为祭祀提供支持，明清时期河南绅衿宗族也置有以祭田为主的族产。但由于河南经济发展等方面的原因，族产大多为象征意义，仅是为祭祀提供经济基础，在赡族、睦族等方面的救助作用并不十分突出。

## 四、河南绅衿家族的主要功能与区域社会

家族作为中国乡村社会中兼具地缘与血缘的社会团体，在现实生活过程中，出于利益、传统、习俗等各方面因素的影响，同地方社会以及国家政权有着千丝万缕的关联，成为国家和地方社会的中介。明清以来，河南绅衿家族既是国家控制乡村基层社会的代言人，同时又是地方社会利益的维护者。家族内的精英人物，凭借其在当地占有的物质和文化资源以及良好的社会声誉，在地方公共事务中积极发挥作用。而当地方发生动乱时，这些精英人物又积极响应政府号召，组织族人、乡民修建堡寨，进行自卫，在保护乡里、维护乡村秩序的同时，继续扩大自身影响，巩固了其在乡村社会的优势地位。

### （一）绅衿家族与基层政权组织

明清时期，在国家基层政策宏观环境之下，河南乡村基层组织也经历了相应的演变过程。同时，家族与官方在当地设立的乡村基层组织关系密切。它们在国家基层政策之下得以不断发展，反过来对于乡村基层组织也产生了深远影响。①

---

① 申红星：《明清以来的豫北宗族与地方社会》，光明日报出版社 2019 年版，第 147—158 页。

明清以降,河南同全国各地一样乡村基层社会组织以里甲制与保甲制为主,但由于河南地处皇权统治腹地,基层控制较南方地区更为严密。早在明初洪武年间,明政府编造赋役黄册的时候,河南各地就相继建立了里甲制度。明朝中后期,随着各地藩王以及各级官吏兼并土地行为加剧,人口流动日益频繁,土地占有关系不断变化,里甲的编审功能逐渐丧失,里甲制逐渐让位于保甲制。清军入关之初,为稳定乡村社会局势,仿照明代实行严密的保甲制。顺治元年(1644),清王朝通令其领辖的直隶、山西和山东推行保甲制度,以后扩大到了包括河南在内的各省。康熙年间,直隶巡抚于成龙在与河南临近的直隶各地施行保甲制度。雍正初年,田文镜任河南巡抚、总督,多次强调实行保甲制,并专门撰文《特揭保甲之要法以课吏治事》。[①] 乾隆初年,尹会一任河南巡抚,也特别强调在河南各地区实施保甲制度的重要性,其所著《抚豫条教》中专门提到了"饬行保甲"[②]。在推行保甲制的同时,清政府还仿照明代在基层社会实行里甲制,使之作为户籍编审、赋役征收的农村基层组织,从而形成了兼有保甲、里甲的二元基层统治体制。

家族是以血缘与地缘为纽带、由同一男性祖先后代组成的社会群体,是乡村社会的重要组成部分。由于聚族而居的特点,使得家族的居住形式同官方在基层的组织也出现了某种重合与交错,即血缘组织与地缘组织的重合。明清以来河南家族对族众的管理与约束,也在一定程度上意味着对乡村村民的管理。也就是说,官方的社会基层组织必须借助于家族组织,才能行使其管理控制地方社会的职能。明清各级统治者也已经意识到家族在乡村基层管理中所起到的重要作用,因此通常会采取各种措施,支持并保障宗族的发展,使其更加正统化、官方化,希望通过家族以及以士绅为代表的家族代理人来实现对基层社会的管理和对民众的控制。各级官员一般都乐于表彰累世同居的"义门"家庭以及各地的孝子贤孙,普遍支持家族制定并完善本族族规,接受以族长为代表的家族管理本族族人。明清政府支持家族最突出的表现是清朝雍乾年间谕令试行族正制。清朝统治者希望通过在家族内部设立族正,将对家族的管理纳入官

---

① 〔清〕田文镜:《抚豫宣化录》卷二,中州古籍出版社 1995 年版,第 103—105 页。

② 〔清〕尹会一:《抚豫条教》,载〔清〕田文镜:《抚豫宣化录》,中州古籍出版社 1995 年版,第 301—326 页。

方的控制范围，即一定程度上为家族管理族人增添了更多合法性因素。到了咸丰、同治年间，由于各地动乱不断，政府更是放开了对乡村社会的自治权力，家族的自治权力也就更大了。需要说明的是，统治者对于家族的支持，是官方在基层组织势力不能贯彻或不能完全贯彻到地方社会情况下的无奈之举，并且政府对于家族的支持也是建立在不威胁自身统治基础条件下的。如果家族与国家政权产生了冲突，对社会稳定构成了威胁，甚或影响到了其统治地位，统治者则会毫不客气地予以打击。

家族与地方基层组织的密切关系，还反映在官方基层组织中里长、保长的任命问题上。在明清地方社会中，里长、保长一般是由宗族内的士绅充任，或是在很大程度上受到家族的影响与控制。譬如，居住于清代卫辉府（治今新乡卫辉）定国村的郭氏宗族是村内大姓，遂由族内成员充任当地基层组织的领袖。据咸丰朝编撰的《郭氏族谱》记载："吾郭氏地亩数百顷，公议阖族五门，除第三门领率一家总理官务外，四门轮膺里长，周而复始。"可见郭氏族人一直由族内四门轮流在当地担任里长，负责在村内收取赋税、管理乡里。再如清代卫辉府辉县徐氏家族，因所居村落大多为徐氏族人，遂将本族事务等同于村落事务。正如美国学者杜赞奇所言："宗族首领利用官府赋予保甲组织的权力进一步巩固和扩大其对村庄的控制。"①

此外，家族还同乡约等其他基层组织形式相结合，通过家族乡约化将其置于乡约之中，典型者如清代豫北新乡县张氏宗族。咸丰五年（1855），知县祝垲颁布了《通禀举行乡甲约文》，要求在新邑实行乡约，与保甲兼而行之。② 而新乡张氏族人照丙凭借"读书文明远播"，加上张氏宗族在当地的威望，得以在乡里担任约长，宣讲乡约。在民国《张氏族谱》下卷《族贤列传》中记载："陕西祝爽亭（知县祝垲）先生以名进士来宰鄘，甫下车即布德政，立乡约所，令举有学问之人宣讲圣谕。公（照丙）应其选，得保举为约正。"由此可见，当地政府有意将张氏宗族引入保甲、乡约当中，使得宗族同保甲、乡约等日益融合。这不仅有利于地方政府通过家族对基层社会进行管理，也在一定程度上加强了家族的组织

① ［美］杜赞奇著，王福明译：《文化、权力与国家：1900—1942 年的华北农村》，江苏人民出版社 1996 年版，第 94 页。

② 韩邦孚：《新乡县续志》卷三《艺文》，民国十二年（1923）刊本。

化建设,提高了家族在当地的声望与地位。

## (二)绅衿家族与地方社会公共事务

绅衿家族不仅对本族族人与内部事务进行具体管理,而且也不可避免地肩负着管理地方社会公共事务的责任。事实上,为了提高本宗族的声望与地位,最大限度获取在地方社会中的话语权,以士绅为代表的族人也相当乐意去处理地方公共事务,造福桑梓。作为家族管理者和代言人的士绅对此表现更为突出。作为地方社会与国家政权的中介,士绅和官方关系密切,并在一定程度上代表了官府朝廷在地方上的存在。正如瞿同祖先生所言:"士绅是与地方政府共同管理当地事务的地方精英。与地方政府具有的正式权力相比,他们属于非正式的权力。两个集团相互依存,又各自以不同的方式行使着自己的权力。"① 士绅在地方社会中享有的非正式权力往往与家族组织紧密联系,两者相互依存、相互转化。

家族以及作为其代表的士绅根植、生活于地方社会,出于增强自身及家族地位声望的考虑,加之自身财力较为丰厚,往往能够对地方公共事务多有贡献,包括一般性地方事务以及本地文化教育事宜。

### 1. 士绅对一般性地方事务的贡献

自古以来,扶危解困、轻财好义一向为人所称道,尤其是在中国这样的乡土社会,更将其作为道德高尚的评价标准。以士绅为代表的家族组织,在地方社会一般性事务中常常发挥主要作用,包括济世救人、协助地方政府收缴赋税、解决乡民纠纷、维护社会秩序、参与地方社会建设等。

明清时期,豫北卫辉府郭氏家族作为当地望族,在救济乡邻方面起到了导向作用,为乡人所称道。早在明末清初,郭氏第九世郭澋"每春出粟豆,分给乡邻,不责其偿"。这种行为不仅为郭氏后人继承善行树立了榜样,而且也扩大了郭氏家族在当地的声望。据光绪朝《郭氏族谱》记载,郭氏第十世郭士标"立心宅厚,凡遇饥荒,即发粟赈济,存活多人。无论族人外姓,凡有贫穷不能婚葬者,解囊相资,通邑称为义士",并记载了众多其扶危解困的事迹。在明清鼎革、兵荒马乱之际,有兵丁掳掠山东一名妇女,将其卖给了郭氏。士标知晓后即问此妇的地址,当得知其为山东高密县生员李旭之妻后,便派遣家人将其护送回家,

---

① 瞿同祖:《清代地方政府》,法律出版社2003年版,第282页。

使夫妻两人得以团圆。郭氏第十一世郭遇熙也继承了祖、父的优良传统，时刻以解危济困为己任，据《郭氏族谱 · 乡贤》中载，遇熙“性喜施与，凡遇亲党婚葬不足者，乐于助之”，又载“有河阳流民范得正，贫苦鬻妻。（遇熙）力阻售主，偿以买价，恤以衣食，夫妻得全”。此类助人济困的事情，最容易为传统乡村社会所接受。而能够得到义士相助最终使得夫妻大团圆，最能在乡民中得到共鸣，也最为乡民所津津乐道，自然郭氏获得了极大的敬重和赞颂，在当地的影响也会愈来愈大。①

家族在乡里的种种义举，为其顺利介入当地乡土秩序的管理赢得了资本，再加上独有的宦望以及文化优势，家族内的代表人物得以充当乡民纠纷的调解者。仍以豫北卫辉府郭氏家族为例。郭氏第十二世郭培乾，乃上文郭遇熙之子，“性孝友，好持大义”，在当地社会中有着相当高的声誉，乡里许多纠纷多是由其出面而得以圆满解决的。当地有一庠生名三德，其母本为赵氏之女，“幼失父从母，改适李氏，既笄而嫁，生三德，及卒从赵姓，而李氏争之，成讼。邑令陈公断以礼制，姓氏宜从父不从母。李复生控，本郡竟依，子改母姓李，饬罚赎，需八十金，檄比严切”。此事在当地引起议论，“公论不能平”，于是乡绅共同推举郭培乾出面，培乾“以名教所关，慨然携诸绅士力白之，卒正其事，三德感佩终身”②。此事表明，郭氏在维护当地伦理道德秩序方面起到了重大作用。

在某些特定历史时期，当地官方甚至需要借助士绅的力量，以便更好地处理地方事务，维护社会秩序。据民国版《张氏族谱》中张缙彦撰《别驾公行述》记载，其父张问仁在当地威望甚高，“邑中有大事，长吏每虚以洽询，无不中肯”。其长兄张缝彦也曾以类似于地方政府代理人的身份，协助处理地方事宜。明万历己卯年（1579）当地发生饥荒，“上发币金赈济，公（缝彦）代长吏，调划有法，煮粥施药，活数万人”。清乾隆二十二年（1757），当地又发生灾异，官方特地委派张氏族人负责赈灾事宜，乡民均得实惠，广为称颂。能够协助官方在紧急情况下处理地方公务，可见张氏在当地影响之大。张氏有时还能代表乡民上达民意，为乡民谋利益。张氏第十六世张应荣平日在乡里多有威望，乡中有邢某以

---

① 申红星：《明清以来的豫北宗族与地方社会》，光明日报出版社 2019 年版，第 159—160 页。

② 赵开元：《新乡县志》卷三十三《义行》，乾隆十二年（1747）刊本。

孝顺闻名，应荣出面为其向官府请求旌表，在官民之间起到了媒介和桥梁作用。[①]

家族在管理族人、乡民以及收缴赋税方面也有相当突出的作为。相当多的族规族约本身就具有管理族人日常生活的性质，除了要求族人安分守己，往往还鼓励族人按时缴纳赋税、承担各种徭役。如前文新乡郭氏族规，其中便有"戒抗粮"的规定，要求族人要以完纳朝廷粮税为先。譬如清代豫北获嘉县贺氏家族《约祖俚言》强调"耕地必须纳粮"。晚清彰德府(治所在今安阳)马丕瑶家族《马氏祠堂条规》指出，"庶民得安乡里，皆官法有以镇守保护者也，宜何如尊敬奉守。若拖欠钱粮、躲避差徭、匿漏契税及贩卖硝黄、私盐、私钱，皆为犯规"，要求族人首先要完纳钱粮。同时，绅衿家族中亦不乏族人精通医术，时常治病救人，颇受乡民感念。此外，家族特别注重对庙宇的维护修葺，从而为乡民的宗教信仰活动提供种种便利，并成为当地信仰活动的维护者和组织者，不断扩大家族声望和影响。

**2. 士绅对地方文化教育的贡献**

由于绅衿家族的代表人物士绅们大多是拥有中低级功名的读书人，因此他们更热衷于利用士人身份，在与其日常生活密切相关的地方社会中，热心修建教育文化场所、兴建学校，并且倡导以儒家理念为导向的风俗习惯，进行移风易俗教育。

倡建(修)书院义学。各类官学及民间书院、义学是地方官民培养人才之所，其结构多为木质，需要定期修缮甚或重修，耗资往往不菲。在明清时期地方公费时常捉襟见肘的情况下，经官方倡导，读书出身、身家丰厚的士绅往往是修缮、重修学校的中坚力量，族谱中此类记载常常是薪火相传，不绝于缕。康熙三十五年(1696)，豫北新乡郭氏族人郭遇熙发动当地"绅士社甲之好义者"，共同翻修了邑内义学德化书院。在此之后，郭遇熙之子郭培墉也竭力效仿其父，积极协助当时新邑县令时正修缮了梓潼祠。同邑张氏族人中，张资汉与新乡县前后两任知县关系都颇为融洽，在知县修建本县各种文化教育设施时，当时身为生员的张资汉都得以参与并具体负责。张氏的义举，不仅使邑内士子受益颇多，并且在读书人中间获得更多的赞许声，此举无形之中也扩大了张氏宗族在

① 田芸生等:《新乡县续志》卷五《人物》，民国十二年(1923)刊本。

当地的声望。在清末光绪、宣统年间,张氏族人积芝在当地启迪民风、兴办教育方面起到了积极作用。光绪年间,朝廷实行"新政",废除科举制度,开设新学堂。积芝在地方积极响应,热心本县教育事业。光绪二十三年(1897),积芝当选为新邑第五区劝学员,得以深入所辖各村进行劝导,推广教育。

参与方志纂修。县志编纂乃一地之重大文化事业,士绅积极参与其中。就豫北新乡县史志的编撰而言,郭氏、张氏作为当地的名门望族,也都积极参与进来。据乾隆朝《新乡县志》前言之"旧修姓氏"中记载,从明朝到民国,几乎每次《新乡县志》的修纂都有郭氏、张氏族人参与。据记载,明万历己卯(1579)志,郭氏族人郭从可纂;明万历甲午(1594)志,郭氏族人郭淓、郭磐与张氏族人张问善采集;明崇正庚辰(1640)志,郭淓与张问仁、张缙彦参阅,郭士标与张缝彦采集;清顺治己亥(1659)新志,张缙彦纂,郭士标与张欲含参校;清康熙癸酉(1693)续志,郭晋熙参正;清乾隆丁卯(1747)志,郭均、郭泓、郭堧、郭洲与张来震分编;民国十二年(1923)续志,郭锦林与张星耀采访。从中可见郭氏与张氏族人对历次编纂《新乡县志》都颇有贡献,为地方文化史料的保存起到了一定的作用。①

大力移风易俗。明清时期河南绅衿家族在倡导风俗、移风易俗方面也起到了积极作用,主要表现为士绅们以儒家伦理道德感化乡民,尤其是在世风日下的情况下,士绅们所起到的作用尤其突出。

### (三)家族势力对地方社会的破坏作用

由于局限于本族小团体的范围,家族难免带有封闭性与保守性这些固有的习性,一定程度上难免同地方和国家利益发生矛盾。因此,他们在促进地方社会建设与发展的同时,特定情境之下难免可能对地方社会发展造成一定障碍,甚或同地方基层政府发生某些矛盾与冲突。

族内司法权的滥用。家族利用族规、祠堂等对族人的管理,固然可以减少官方行政成本与开销,提高办事效率,然而,如果政府任由家族在族内行使"司法权",一味姑息容忍,难免同国家法律发生冲突,甚至影响到国家对基层社会的统治地位。正如德国学者马克斯·韦伯所说"事实上,氏族拥有为其成员立法的权力,此一权力不仅具有超越法律的效力,而且在某种情况下,甚至在宗教

① 申红星:《明清以来的豫北宗族与地方社会》,光明日报出版社 2019 年版,第 166 页。

礼仪问题上，还具有抗拒法律的效力”①。在清代，中国南方地区经常发生家族首领处死族人的事件，从而引起统治者对此问题的重视与讨论。北方地区包括河南的家族对族人的管理，虽不如南方强大，但也都强调族内的事情一般在宗族内部讨论与解决，禁止通过官府解决。如前述张氏宗族族规有“立家长以统族众”一条，明确规定“不孝不弟以及游荡、赌博、滥酒、武断得罪公论者，送入祠堂，听家长教戒。即彼此争竞，亦必先诉家长，不得遽词至官”。这表明族内之事一般应由族长等处理，只有当家族首领不能处理时，才会告官处置。当然这其中能否处理之标准，乃是由家族首领根据家族利益决定的。

家族中心主义的危害。家族在处理同其他家族的关系时，大多是以本家族的利益为核心，这就不可避免地同其他家族发生矛盾，不利于地方社会的安宁与稳定。尽管在河南的地方文献中较少出现像南方那样家族间大规模械斗的记载，但族人拼斗、欺凌小族、横行乡里、出入官府的现象应当还是较为普遍的。例如，在雍正五年(1727)，河南巡抚田文镜所颁行的告示《再行劝谕愚民惩忿戒斗、保全身命事》中，明确指出：“豫省民俗强悍，好勇斗狠，或因尺寸之土而即兴戎，或因升合之粮而即截杀，或一言不合而拳棍交加，或细事不和而刀枪并举，或邻居世好偶因童妇而成仇，或聚处集场多因一醉而拼命。”②可见，河南地方社会中，有关不同家族之间的矛盾还是存在的，有时这种冲突还相当剧烈，后果也相当严重。

家族与地方政府直接冲突。在一些特定情况下，绅衿家族的代表士绅们还会同官府朝廷产生剧烈的冲突，从而酿成震惊全国的大事件。其中最突出的事例，莫过于雍正二年(1724)在豫北封丘县发生的学子罢考事件。此事在当地愈演愈烈，士绅们能够进行较大规模的串联，能够团结到众多的士绅参与其中，这应当同家族势力的支持不无联系。事后，河南地方政府也认识到了当地士绅的巨大能量，如果任其发展蔓延，会严重危害到官方在当地的统治地位以及社会的稳定。因此，在田文镜出任河南巡抚后，不仅对当地士绅的势力刻意加以限制，而且还积极采取措施对当地某些豪强劣绅加以严惩，以防微杜渐。在封丘罢考事件过后，已经署任河南巡抚的田文镜便于雍正二年十月，于全省范围颁

① ［德］马克斯·韦伯著，洪天富译：《儒教与道教》，江苏人民出版社1995年版，第95页。
② 〔清〕田文镜：《抚豫宣化录》卷四，中州古籍出版社1995年版，第280页。

布告示《严禁势恶土豪藐法殃民等事》。[①]

以上对绅衿家族的利弊分析多是基于社会安定的常态。在社会失序、动荡不安的情况下，北方绅衿家族虽整体实力逊于南方强宗大族，然而整体上能够在家族领袖带领下，以保卫乡里为首要任务，积极参与镇压叛乱，成为维护地方安宁稳定的关键角色。战乱虽然给地方社会带来极大灾难，并影响家族的长期稳定发展，但也为家族发展提供了意料之外的新契机，成就其在新舞台上的新作为。一些家族或许在战乱打击之下走向衰亡，如曾经“富甲三省、船行六河”的豫商典范巩义康百万家族由盛转衰的重大事件“大河沉船”，起因就是太平天国、捻军起义导致清廷政策的收紧。与此同时，一些家族或许在新契机下急遽崛起并登上历史舞台，近代以来项城袁氏家族的发迹即是典型例证。

## 第二节　明清时期河南绅衿家族内部机理

本节将重点剖析明清时期河南绅衿家族的内部机理，包括祖先渊源、耕读传家之道、婚配承嗣、墓葬祠堂家规以及特殊家族形式——义门等等。研究对象不仅包括遗存文献甚为丰富的巨家望族，同时关注史料偶有涉及的普通平民甚至佣工谋生者，以期呈现全景模式下明清传统家族内部构成。使用的主要史料是现存碑铭、方志、家谱以及文集等，由于相关材料以清代居多，故相关介绍阐释相应也以其为重点。

### 一、祖先渊源

长期以来传统家族繁衍发展特别强调祖先庇佑，讲求报本追源。对于明清

① 〔清〕田文镜：《抚豫宣化录》卷四，中州古籍出版社 1995 年版，第 237 页。转引自申红星：《明清以来的豫北宗族与地方社会》，光明日报出版社 2019 年版，第 170—172 页。

河南众多家族的先祖渊源，往往说是明初迁自山西洪洞，从而形成普遍性的大槐树祖先认同，恰如华北民间长期广泛流传的谚语所说“若问老家在何处，山西洪洞大槐树；祖先故居叫什么，大槐树下老鸹窝”，其中虽不乏明初大规模官方移民的史实基础，然而更多是晚清以来的祖先记忆和家园象征。①

从明清时期以来河南方志、家谱和碑铭资料看，普遍情形确实如此（其中多数又是大而化之说来自山西洪洞②，个别则明确指出来自山西某县某村），却又不尽然如此。因之在明代官方政策性移民以外，有圣贤后裔早在明代之前业已迁居河南者，还有明清时期多种或因公或因私性质的移民，因公者如文武官员异地征伐、督垦、任职期满就地占籍，还有一种特殊的情况是跟随来豫就藩。因私者诸如逃荒、游学、经商等。与此对应，家谱碑铭中的祖籍除山西洪洞及周边府县外，还有江苏、浙江、福建、四川、江西等多个省份。移民在进入河南某地后，有就地定居繁衍者，亦有因生存环境等故在河南省内一再迁居者，情形不一而足。

**（一）圣贤后裔，明代之前业已迁居河南**

清代南阳方城孟克荣碑铭显示，其家族系亚圣孟子之后。先祖在北宋朝廷居官，南渡后落籍方城，历经金、元、明诸朝，屡遭兵燹之灾而家乘失守，七世祖宗楷公从军十余年，清初归乡。之后传六世，五人出任地方教职，号称地方望族。③ 其侄孟继孔墓志对先祖渊源交代更为明晰，“据谱系，为亚圣流裔。旧隶山东籍。南宋时，由邹入裕，遂家焉。自有明以来，为方城望族”④。类似情况还有商丘夏邑孟孙绳家族，“原籍山东邹县，亚圣裔。祖处士公讳渭，始迁于

① 马长寿：《洪洞迁民的社会学研究》，《社会学刊》1933 年第 4 期。赵世瑜：《祖先记忆、家园象征与族群历史——山西洪洞大槐树传说解析》，《历史研究》2006 年第 1 期；《从移民传说到地域认同：明清国家的形成》，《华东师范大学学报（哲学社会科学版）》2015 年第 4 期。另见《中国移民史》《山西移民史》《洪洞古大槐树志》《说不尽的大槐树》等著作。

② 如鹤壁浚县《赵氏祖茔碑》所言，“我赵氏，本晋洪洞籍。自前明洪武初年，迁于浚之前寺庄，迄今四百余年”。参见王兴亚等：《清代河南碑刻资料》第 5 册，商务印书馆 2016 年版，第 221 页。

③ 王兴亚等：《清代河南碑刻资料》第 3 册，（方城）《清诰授奉直大夫钦赐蓝翎候选知州华堂孟公（克荣）墓志铭》，商务印书馆 2016 年版，第 342 页。

④ 王兴亚等：《清代河南碑刻资料》第 7 册，（方城）《清孟公（继孔）洙泉墓志铭》，商务印书馆 2016 年版，第 380 页。

夏”①。

### （二）姓氏渊源的长期追溯

明清时期河南家族普遍对始迁祖记录较为忠实，少有攀附，然而方志家乘显示一些家族在姓氏起源上极力上溯，有些甚至追溯到上古炎、黄二帝时代。

（通许）昔张氏自黄帝以来，其第五子因职为姓，历有年矣。厥后贤哲辈出，相承至今，犹为巨族。……相传迁自山西洪同［洞］县。时兄弟六人，例迁其半。三公迁怀庆，四公迁鄢陵，迁于此者为六公，遂家于斯而葬于斯。②

（长葛）神农氏生姜水，即以姜姓。用火德王，故号炎帝。都陈，迁曲阜，传七世至节茎，不在帝位。又七世而生垂。垂于尧时共工水官，生伯夷。伯夷在虞舜时为秩宗，佐四岳，又以佐禹治水有功，舜封为吕侯。侯河南汲郡伯子，遂以国为吕氏。仲子官太岳，即为岳氏。……我岳氏自忠武王，历近三百，宗支之繁，族脉之明，德业之盛。③

（尉氏）孙氏之称望族也，由来已久。溯自昔康叔之后，爰有孙氏，历代相传多有奇士伟人。④

巩义孙氏始祖碑铭亦追溯渊源较远，估计与联谱有关，同时承认始迁祖出自山西洪洞："皇清雍正三年三月念三日清明之吉，罗状、清易、漫流三村孙氏合族，瑑碑于我始祖之墓次，为之记曰：呜呼！此我始祖之墓也。粤稽古昔周之康叔名乐安氏，吾家世系盖基于此。自周之后，历秦、汉至六朝以及唐、宋，代有伟人，史不胜书。而乡贯里居，皆一一可考。然其望出太原籍隶洪洞者，我始祖则其苗裔也。"⑤

---

① 王兴亚等：《清代河南碑刻资料》第6册，（夏邑）《山西冀宁道孟孙绳墓志铭》，商务印书馆2016年版，第100页。

② 王兴亚等：《清代河南碑刻资料》第2册，（通许）《张氏祖茔碑记》，商务印书馆2016年版，第371页。

③ 王兴亚等：《清代河南碑刻资料》第6册，（长葛）《岳氏受姓图》，商务印书馆2016年版，第350页。

④ 王兴亚等：《清代河南碑刻资料》第2册，（尉氏）《创建孙氏祠堂碑记》，商务印书馆2016年版，第466页。

⑤ 王兴亚等：《清代河南碑刻资料》第2册，（巩义）《孙氏始祖墓碑》，商务印书馆2016年版，第38页。

### （三）详细说明迁自山西何处地方

与大多数家谱中对祖先渊源大而化之的“山西洪洞说”不同，清代河南一些碑铭详细说明先祖具体迁自山西某县某村，个别甚至详细说明保甲归属。祖籍有隶属山西洪洞者，也有不少隶属附近的山西州县（如解州、壶关等）的情况。

（鹤壁刘氏）吾刘氏世居山西壶关县福头村，于明初奉旨迁林州市洪河村。①

（鲁山赵致远）先世山西解州南扶村人。八世祖讳继先者，始迁河南，卜居于鲁治之东南三十里许，因名其地曰赵家楼。②

（内黄王氏）山西洪洞县枣林村，乃余家祖居地也。自永乐建于燕，高祖王、温高祖母始迁于州西邢固村焉。③

（林县刘晴岚）先世自山西壶关迁林之石阵村。④

（荥阳马氏）大清国河南开封府郑州河阴县西十五里许马家寨，马门始祖，原系山西洪洞县铁里堡三甲册籍。父老相传吾祖自明太祖年间迁移河邑，卜占是茔，迄今合族追忆先祖，建立此碑。⑤

### （四）文武官员因公移居河南，或任职期满占籍定居

除官方大规模政策性移民外，也有文武官员及其属员因公性质的移民，如武职军事征伐、驻防、督垦，文官任职期满就地占籍等不同情况。考其时间，以明清时期来豫者居多，亦有宋金时期已然来豫就职而期满占籍定居者。

（鹤壁陈氏）我陈氏世号义门，系浙江宁波府人。有明一代，我始祖讳管三随永乐皇帝征北而来，遂隶籍安阳，居住县西南乡陈家湾。⑥

---

① 其后又迁至今鹤壁市将军墓村，有碑铭留存，参见王兴亚等：《清代河南碑刻资料》第 5 册，（鹤壁刘氏）《创建家祠碑记》，商务印书馆 2016 年版，第 112 页。

② 王兴亚等：《清代河南碑刻资料》第 7 册，（鲁山）《鲁阳维宁赵先生（致远）墓志铭》，商务印书馆 2016 年版，第 42 页。

③ 王兴亚等：《清代河南碑刻资料》第 5 册，（内黄）《王氏祖茔碑》，商务印书馆 2016 年版，第 366 页。

④ 王兴亚等：《清代河南碑刻资料》第 5 册，（林县）《候选直隶州州同晴岚刘君墓志铭》，商务印书馆 2016 年版，第 428 页。

⑤ 王兴亚等：《清代河南碑刻资料》第 2 册，（荥阳）《河阴马家寨马氏始祖墓碑》，商务印书馆 2016 年版，第 138 页。

⑥ 王兴亚等：《清代河南碑刻资料》第 5 册，（鹤壁）《陈氏祠堂碑记》，商务印书馆 2016 年版，第 117 页。

(新野江氏)始祖原籍福建泉州府晋江县,于康熙年间屯田斯邑,迄今八世。①

(方城余氏)原籍福建漳州府漳蒲县铜山所人。由行伍受札副总,于康熙七年,奉旨同慕义伯黄公带领官兵,移驻河南南阳府裕州督垦。②

(鲁山叶氏)叶公梅村为我鲁簪缨第……先世籍浙之丽水,前明□祖北迁,有指挥兵马府总旗讳琛者,分泛鲁阳,遂卜居焉。③

(民权焦氏)其先安丰人。以二世祖官授武略将军、锦衣卫指挥、镇抚豫州于考城,遂家焉。为斯邑望族,代有文人。④

(巩县李氏)始祖大将军讳智,祖居山右平阳府潞洲长子县。明初,知巩县事务,任满,遂世居焉,至今数百年矣。⑤

(巩县张氏)始祖盐监公,金季令于巩,遂家焉。⑥

因公移居河南,还有一种极为特殊的情况,即跟随藩王来豫就藩。明朝定鼎之初,太祖朱元璋为实现江山永固,从现实政治出发并充分汲取历史经验,在蒙元宗王出镇制度基础上,逐渐探索建立了一套极具特色的宗藩制度。从洪武三年(1370)起,陆续分封24个儿子就藩全国各地。河南是有明一代分封藩王的重镇。在明朝270多年的历史中,先后有周王、唐王、伊王、赵王、郑王、卫王、秀王、崇王、徽王、汝王、潞王、福王等12个藩王分封河南,其中除卫王外余者先后在河南就藩。河南各地藩府林立,有"中州地半入藩府"⑦之说。藩王来豫就藩,往往有大量文武官员及家丁随行,他们世代定居繁衍,在藩王终结后形成自

① 王兴亚等:《清代河南碑刻资料》第7册,(新野)《清寿江氏始祖墓碑》,商务印书馆2016年版,第311页。

② 王兴亚等:《清代河南碑刻资料》第7册,(方城)《镇国将军余添墓碑》,商务印书馆2016年版,第372页。

③ 王兴亚等:《清代河南碑刻资料》第7册,(鲁山)《皇清诰赠中宪大夫晋赠中议大夫梅村叶公(之屏)墓志铭》,商务印书馆2016年版,第62页。

④ 王兴亚等:《清代河南碑刻资料》第6册,(民权)《明岁进士焦瓒字含英传略》,商务印书馆2016年版,第270页。

⑤ 王兴亚等:《清代河南碑刻资料》第2册,(巩县)《创建祠堂迁巩原由志碑》,商务印书馆2016年版,第38页。

⑥ 王兴亚等:《清代河南碑刻资料》第2册,(巩县)《清特授修职佐郎例貤封文林郎慎轩张公墓志铭》,商务印书馆2016年版,第52页。

⑦ 〔清〕汪介人:《中州杂俎》卷一,民国十年(1921)安阳三怡堂排印本。

己的家族。下文两个例证是跟随郑王移居怀庆府、跟随潞王移居卫辉府的家族：

(沁阳刘氏)稽我始祖原籍北京。嘉靖年间，随郑藩王至覃怀，遂托籍于邘邰镇焉。于今第八世矣。[①]

(卫辉王氏)其先卜居于顺天，为锦衣卫世袭正千户。永乐初，始祖随亲军大将军朱能征讨，建有奇绩，得授此职。后叔祖讳先者，依潞藩分土至卫。[②]

**(五)游学、经商、逃难等个人原因移居**

普通黎民百姓在官方政策性移民外，多是因私性质的个人移民，其中有明清鼎革之际因躲避战乱来豫者，亦有因个人游学、经商而主动来豫者，抑或兼而有之。特别引人注目的是，游学定居者中多系外乡学子，因其学业优秀而被业师赏识、招为东床快婿，正如论语中所说"可妻"[③]也。下文柘城王氏即是典型例证。

(鲁山孙氏游学)君原籍洛阳，自始祖庠生百川公游学于鲁，遂家焉。[④]

(襄城万氏游历)万氏旧为江西南昌著姓，自民表客游于襄，乐其风土，遂迁居焉，始为襄城人。[⑤]

(柘城王氏游学兼入赘)先世太原。五世祖福，自晋洪洞迁睢阳之河堤岭，因家焉。……公七岁而孤，初就馆舍，皆沈潜颖异，有声称。柘人何公双溪品骘人物，有许劭月旦风，心器重之，以女字公，复设帐延于家，自是遂

---

① 王兴亚等:《清代河南碑刻资料》第 3 册，(沁阳)《刘氏世系序》，商务印书馆 2016 年版，第 561 页。

② 王兴亚等:《清代河南碑刻资料》第 4 册，(卫辉)《清故待赠儒林郎前锦衣卫世袭正千户隆寰王公(腾凤)府君暨元配马孺人墓志铭》，商务印书馆 2016 年版，第 426 页。

③ 《论语·公冶长》有两个事例，事例中的主人公都是孔子的弟子，皆因德行方正，孔子遂以女儿、侄女相许。一个是公冶长，"'虽在缧绁之中，非其罪也'。以其子妻之"。一个是南宫适，"'邦有道，不废；邦无道，免于刑戮'。以其兄之子妻之"。参见杨伯峻:《论语译注》，中华书局 2006 年版，第 46—47 页。

④ 王兴亚等:《清代河南碑刻资料》第 7 册，(鲁山)《皇清敕授修职佐郎孙君(荣先)仁菴墓志铭》，商务印书馆 2016 年版，第 71 页。

⑤ 王兴亚等:《清代河南碑刻资料》第 6 册，(襄城)《茂才耀南万公墓志铭》，商务印书馆 2016 年版，第 421 页。

隶柘籍。[①]

(民权逃难)先世祥符人,谱牒散佚,世系不可考。明季遭李自成乱,其祖应时逃难至考城,遂家焉。[②]

(鲁山沈氏经商)先世居洛阳。自高祖克让负其父言志之神主,经商于鲁,爱瀼溪山水之秀,遂家焉。[③]

**(六)辗转多次迁居**

明清时期,一些家族由外省移民河南某一府县后,有就地定居繁衍者,亦有出于种种原因生活艰辛而继续迁居者,有跨府县长途迁徙者,有在某地不同村镇之间短途迁居者,亦有兼而有之者,但都仍在河南省(布政司)范围内,尚未见到家族整体迁出河南的记载,只有个别后世某一子孙个人移居外省的情况发生。

(登封张氏)本姓氏族,自山西洪洞县迁居河南中岳嵩山南麓登封县东一带,于清顺治七年,迁居禹州西顺店张翁店。康熙二十九年,迁居三峰山南杜家庄。[④]

以上张氏家族先是明初从山西洪洞移民至河南开封府登封县,清顺治年间又从登封前往同属开封府的直隶州禹州,后又在禹州境内迁往他处定居。而宝丰县的程氏家族则在本地辗转迁居多次,从程家庄到响潭营,从响潭营再到打磨沟,起因多是生活窘困被迫迁徙,这似乎也符合"人挪活,树挪死"的俗语,几经折腾家境稍微有些起色,中间亦饱尝腾挪迁徙之苦,如其所言:

(宝丰程氏)世居宝邑城东程家庄,祖业微薄,备尝辛苦。雍正元年,迁居响潭营,家道仍属艰窘,转徙之苦,有不可为外人道者。至壬子年,复迁居打磨沟,地僻土瘠,努力营业,难困不减昔。而厥居始真数载后,年丰岁

① 王兴亚等:《清代河南碑刻资料》第6册,(柘城)《王雪园侍御墓志铭》,商务印书馆2016年版,第144页。

② 王兴亚等:《清代河南碑刻资料》第6册,(民权)《太学生金悔斋先生盛德碑》,商务印书馆2016年版,第277页。又见民国《民权县志》卷十二《金石志》。

③ 王兴亚等:《清代河南碑刻资料》第7册,(鲁山)《国子监生厚菴沈先生(西铭)暨德配胡孺人墓志铭》,商务印书馆2016年版,第54页。

④ 王兴亚等:《清代河南碑刻资料》第1册,(登封)《皇清始祖甄公考讳济守妣孺张氏合葬之墓碑》,商务印书馆2016年版,第203页。

稔，家道亦少少兴起矣。①

## 二、耕读传家之道

中国传统家族社会，农为邦本，士为四民之首，耕读是农耕文明的基因。在宗法制的传统乡村中，亦耕亦读是根深蒂固的日常状态，是一以贯之的传家之道，以“耕”养生保家，以“读”修齐治平，实现了域与乡、家与国的良性互动，正所谓“耕读传家久，诗书继世长”。自隋唐确立科举制度以来，读书出仕逐渐成为阶层上升最为重要的途径，“耕读传家”愈发成为小康农家努力追求的理想生活图景，书香门第被视为家族兴旺最可靠的凭借。② 以河南为代表的中原地区是中国传统农耕文明的发源地与核心，耕读传统源远流长，明清以来尤其是清代河南众多家谱、碑铭和方志显示，河南更是普遍奉行耕读传家之道，而且耕读传家是一个需要数代以至十几代逐渐积累、由耕而读的渐变过程。

### （一）“家无读书子，不可以为家”

清代雍正朝密县《洪山庙张氏先茔碑》详细叙述了本族由耕而读、后世多有功名并出任官职的历程：“念始祖本洪洞人也，因迁民而至东洪山处，他无所营，以农为业……传至二世、三世，咸推为乡饮耆宾焉；迟延四世、五世，家业颇冒，习知义礼焉。迨历六世、七世，而入文庠者有二人焉；至八世、九世入文庠者二，入武庠者二，共四人焉；及今有堂兄由廪贡而训导于正阳焉。旗祖典□蓝山族侄，又以经历而待铨选焉。堂弟又入文庠，堂侄登园桥焉。至于父，阖邑绅士公举贤良方正，奉旨恩赐正八品爵，职荣身焉。……凡值追荐之期，相与拜奠于墓下，既奠尊卑长幼名叙列坐次，其长者顾少者而告之曰：‘凡在此，丧葬必赴，冠娶必告，少而孤苦则老者扶之，贫而无归则富者收之。’其教子孙也，以耕读其持家道也，以勤俭待族人，笃亲爱之情，处乡里敦和睦之道，存心务要忍耐，行事亦

① 《皇清显考程公讳国义妣贺氏合葬墓》，碑存宝丰县程庄，参见《河南辅阳程氏续谱》。

② 徐雁：《“丹桂有根，独长〈诗〉〈书〉门第”——从“耕读传家”“书香门第”到“藏书世家”》，《图书情报研究》2019 年第 2 期。彭兆荣：《乡村振兴战略中“新耕读传家”的家园遗产》，《贵州社会科学》2019 年第 5 期。

须公平，不然者，吾族人之所共责也。”①

由此可见，耕读传家演进的基本路线图为：先是谋生所迫纯粹务农，没有供给本人和子孙专心业儒应考的条件；经过几代积累家境略为小康，逐渐习知义礼，具备培养专心读书人才之基础，正所谓“仓廪实而知礼节”；而后家境继续殷实，入学读书子孙基数不断增加，各代陆续有少数考中以至出任官职者，光耀门楣，不仅扬名乡里，又可为后辈子侄读书、应考、出仕提供更好的环境，让家族不断兴盛。“万般皆下品，唯有读书高”，其要义在于在传统农耕社会中读书是取得功名、光宗耀祖的康庄大道。所以，张氏碑茔最后复行强调，祭祀祖先时一再教谕子孙，务必以耕读为持家之道。

与此相反，同样出自清代密县的道光朝《创建松浯公祠堂碑记》则指出，百年来家族式微的原因就在于谋生者多而读书人少，如其所言：“我黄氏，由后汉中业，历魏、晋、五代，而唐、宋，而元、明，自文强公，至松浯公，虽经累代流离播迁，而诗书簪缨，蝉联不绝，可不谓盛欤。夫何自松浯公而降，延及国朝，列仕籍者，仅学博四人而已。呜呼，我黄氏亦稍陵夷衰微矣。然独有人也。近百年来，族众率多贫困，以奔走衣食为务。不惟登科第者无人，即读书识字，名隶胶庠者，亦复寥寥无几。呜呼，我黄氏之陵夷衰微为已极矣。兹者既建松浯公祠堂于此，尚望登斯堂者，抚今追昔，德业相劝，过失相规，父诏其子，兄勉其弟，凛凛乎如松浯公临之在上，督责而鞭扑之也，以继书香，以系世德。”②故而该族在建立祠堂之际，念念不忘告诫族人父子兄弟严加课读，以继书香，以告先祖。

汜水县《清授登仕郎王坤元先生墓碑》则讲述了先祖多有功名、中衰复兴后又重视子孙课读的故事：“先生始祖天寿，自晋之洪洞迁汜虎牢关。二世让，三世庠生政，四世廪膳生璐，五世太学生全，六世聪，七世太学生彦章，八世鼎，九世庠生国卿，十世庠生俭，十一世增广生元起，十二世价。累世有清德……及祖河，家中落。先生父忠信公，往来梁垣，为谋生计。先生十四岁，游大梁，基父旧业，经营数十年，始克复前人恒产。输粟，授从九品职衔。命长子化纯，次子化

---

① 王兴亚等：《清代河南碑刻资料》第1册，（密县）《洪山庙张氏先茔碑》，商务印书馆2016年版，第262—263页。

② 王兴亚等：《清代河南碑刻资料》第1册，（密县）《创建松浯公祠堂碑记》，商务印书馆2016年版，第328页。

善，入学习举子业。化纯屡试童子军，在梁垣彝山书院肄业，试辄冠其曹。”①

以上从正反事例一再说明了耕读传家的正统性。正如现存三门峡卢氏的《原任山东馆陶知县济川王公墓志铭》一再告诫子弟：“人不知书，不可以为人。家无读书子，不可以为家。”②亦如清末廉吏马丕瑶故居马氏庄园（位于今河南安阳）楹联反复强调，“一等人忠臣孝子，两件事读书耕田”“处事无他莫若为善，传家有道还是读书”。

**（二）封赠父祖，光耀门楣**

如果说耕读传家是传统家族社会持家之道，那么光宗耀祖、封妻荫子则是此一道路最令人期待神往的光环，尤其封赠父祖是回报木本水源之恩的不二选择。封赠是中国古代皇帝给予官僚及其家室、祖先以官爵或名号的荣典。汉魏以来历有废设沿革，至明清发展到顶峰。

清朝品官凡十八等，各有相应之阶称，命妇（即官员夫人或母亲）亦依九品而各有称号。职官若遇覃恩诏旨，可依阶称和命妇之号得受封典。封典依品级不同而有诰授、敕授之分，有封赠代数之别，具体办法是：“职官恭遇覃恩得应封典，均如其品秩给以诰敕，并推恩于其先。五品以上授诰命，六品以下授敕命。一品封赠三代（存者曰封，殁者曰赠），二品、三品及二代，四品至七品一代，八品、九品只封本身，不封父母。命妇视夫、若子之品封赠（命妇但论品级，不分正从）。若命妇视夫封赠，七品以上得封赠。八品、九品不封赠其妻。惟貤封者，乃封赠其母。凡封妻者，嫡妻、继妻皆封焉；封母者，嫡母、继母、生母皆封焉。”③

根据以上内容，结合武职封赠规定，可综合列表如下：

**表 7-1　清代文武官员封赠级别一览表**

| 品级 | 文官阶称 | 武职阶称 | 命妇称号 |
|---|---|---|---|
| 正一品 | 光禄大夫 | 建威将军 | 一品夫人 |
| 从一品 | 荣禄大夫 | 振威将军 | |

① 王兴亚等：《清代河南碑刻资料》第 2 册，（汜水）《清授登仕郎王坤元先生墓碑》，商务印书馆 2016 年版，第 191 页。

② 光绪《卢氏县志》卷十六，《艺文志》。

③ 参见《钦定大清会典》卷十二，《钦定吏部验封司则例》卷二。以上转引自艾永明：《清朝文官制度》，商务印书馆 2003 年版，第 140 页。

（续表）

| 品级 | 文官阶称 | 武职阶称 | 命妇称号 |
| --- | --- | --- | --- |
| 正二品 | 资政大夫 | 武显将军 | 夫人 |
| 从二品 | 通奉大夫 | 武功将军 | |
| 正三品 | 通议大夫 | 武义都尉 | 淑人 |
| 从三品 | 中议大夫 | 武翼都尉 | |
| 正四品 | 中宪大夫 | 昭武都尉 | 恭人 |
| 从四品 | 朝议大夫 | 宣武都尉 | |
| 正五品 | 奉政大夫 | 武德骑尉 | 宜人 |
| 从五品 | 奉直大夫 | 武德佐骑尉 | |
| 正六品 | 承德郎 | 武略骑尉 | 安人 |
| 从六品 | 儒林郎（吏员出身者宣德郎） | 武略佐骑尉 | |
| 正七品 | 文林郎（吏员出身者宣议郎） | 武信骑尉 | 孺人 |
| 从七品 | 徵仕郎 | 武信佐骑尉 | |
| 正八品 | 修职郎 | 奋武校尉 | 八品孺人 |
| 从八品 | 修职佐郎 | 奋武佐校尉 | |
| 正九品 | 登仕郎 | 修武校尉 | 九品孺人 |
| 从九品 | 登仕佐郎 | 修武佐校尉 | |

资料来源：艾永明《清朝文官制度》，商务印书馆 2003 年版，第 141 页；胡绍华主编《档案馆工作研究文选》，河南人民出版社 1994 年版，第 742 页。

在清朝封赠制度中允许貤封，即官员将自己应受之封号呈请移至父祖等前代，移至存者曰封，移至殁者曰赠："若貤封，各以其情请焉，得旨则停其身与妻之封而予之。凡貤封，不逾制，八品、九品官皆令貤封父母焉。"

所谓"凡貤封，不逾制"，指貤封也应遵循封赠的一般规定。若八品、九品官本应只封本身，若貤封则只许封至父母；四、五、六、七品官本应封赠一代，若貤封则只许封至祖父母，依此类推。封赠（包括貤封）作为文武官员的一项重要权利，迎合和满足了他们光宗耀祖的传统心理要求，反映了宗法思想对职官制度的影响。[①]

封赠父祖光耀门楣，有不同品级和层次之分。最理想者，莫如本人读书进学高中进士，宦海沉浮官居一品，貤赠父祖，封妻荫子。清代河南仪封籍高官张

---

① 艾永明：《清朝文官制度》，商务印书馆 2003 年版，第 140—142 页。

伯行即是典型例证。张伯行，字孝先，号敬庵，康熙二十四年（1685）进士，累官至江苏巡抚，号称“天下清官第一”，清世宗雍正元年（1723）迁礼部尚书，特恩晋一品，追赠三代，赐之匾曰“礼乐名臣”。其曾祖父、祖父、父三代皆累赠光禄大夫、礼部尚书，曾祖母、祖母、母三代及妻室俱赠一品夫人，次子张师载以举人身份荫补员外郎。正如朱轼、张廷玉等名臣在其神道碑、墓志铭中所言：“其先出上蔡，明洪武中，始祖彦实徙仪封，因家焉。曾祖讳自新，廪膳生，累赠光禄大夫、礼部尚书。曾祖妣戴氏、扈氏，累赠一品夫人。祖讳醇，邑庠生，有隐德，有司表其闾，累赠光禄大夫、礼部尚书。祖妣傅氏，累赠一品夫人。考讳岩，以太学生考授州司马，好义乐施，乡党称之，封征仕郎、中书科中书舍人，累赠光禄大夫、礼部尚书，祀于乡。妣郭氏、梁氏，累赠一品夫人。继母耿氏，未封。梁太夫人实生公也。……配王氏，累封一品夫人。次王氏，赠宜人，实生二子：长师栻，候选知州；次师载，丁酉科举人，一品荫生候补员外郎。”①

对于普通耕读之家，更多士子是久困场屋，屡试不中，即使高中进士多年沉浮也多是州县小官，但毕竟取得了封赠父祖的资格。另外，也有一些家境殷实的士子通过捐纳途径取得某些低品级文官职衔，虽然级别较低，但毕竟取得了封赠父祖的资格，并且随着有清一代捐纳制度的放开而逐渐走向泛滥。

清代南阳府裕州进士出身的王濆取得河南按察司经历（正七品）头衔后，获得敕封父祖的资格，祖父、父貤封文林郎，祖母、母貤封孺人，并于光绪二十四年（1898）专门立碑以彰荣宠，并且其封赠敕文颇有代表性，属于封赠父祖的一般格式和措辞：

奉天承运皇帝制曰：考绩报循良之最，用奖臣劳；推恩溯积累之造，以彰祖泽。尔王作霖，乃按察司经历衔进士王濆之祖父。锡光有庆，树德务滋。嗣清白之芳声，泽留后世；衍弓裘之令绪，祜笃肯堂。兹以尔孙，遵例急公，貤赠尔为文林郎，锡之敕命。於戏！聿修念祖，膺茂典而益励新猷；有谷贻孙，发蒙养而丕彰潜德。

制曰：册府酬庸，聿著人臣之懋绩；德门积庆，式昭大母之芳徽。尔尹氏，乃按察司经历衔进士王濆之祖母。箴诚扬芬，瑜璜表德；职勤内助，宜

① 王兴亚等：《清代河南碑刻资料》第2册，（仪封）《太子太保礼部尚书张清恪公伯行神道碑》，商务印书馆2016年版，第396—398页。

家久著。其贤声泽裕后昆，锡类式承乎嘉命。兹以尔孙，遵例急公，贻赠尔为孺人。於戏！播徽音于彤管，阃范弥光；膺异数于紫泥，宠庥允劭。

奉天承运皇帝制曰：资父事君，臣子笃匪躬之谊；作忠以孝，国家宏锡类之恩。尔廪生王道南，乃按察司经历衔进士王溍之父。善积于身，祥开厥后。敦子著义方之训，传家裕堂构之遗。兹以尔子，遵例急公，赠尔为文林郎，锡之敕命。於戏！殊荣必逮于所亲，宠命用光夫有子。钦兹优渥，长茈忠勤。

制曰：奉职在公，嘉教劳之有自；推恩将母，宜锡典之攸隆。尔卢、姚、张氏，乃按察司经历衔进士王溍之母。阃范宜家，夙协承筐之徽；母仪贻谷，载昭画荻之芳。兹以尔子，遵例急公，赠尔为孺人。於戏！著淑德于不瑕，式荣象服；膺宠命之有赫，允贲泉垆。①

清制，按察司经历系正七品文官，故祖父、父貤封文林郎，祖母、母貤封孺人封号。文林郎，隋文帝开皇六年（586）置，为从九品上散官。隋炀帝大业三年（607）罢，又于秘书省另置为职官，掌撰录文史、检讨旧事，从八品。唐高祖武德七年（624）复置为文散官，从九品上。宋初因之。宋神宗元丰三年（1080）废。宋徽宗崇宁二年（1103）复置为选人阶官，取代旧官留守、节度、观察推官及军事判官，从八品。金、元为第三十五阶文散官，金正八品上，元正七品。明、清沿置，以授正七品文官。② 孺人，外命妇封号。宋徽宗政和二年（1112）定，用以封赠通直郎以上至承议郎之妻。元命妇中无此封号。明用以封赠七品官之妻，清用以封赠七至九品官之妻，武职八旗八品以下、绿旗营七品以下妻无封，后改绿旗营正七品妻亦封孺人。

嘉庆年间河南怀庆府博爱县著名的寨卜昌王氏十六世王绍业则因为捐职布政司理问（从六品），先祖封赠级别晋升为儒林郎和安人。③ 有意思的是，后

---

① 王兴亚等：《清代河南碑刻资料》第7册，（裕州）《诰封碑文》，商务印书馆2016年版，第382页。

② 张政烺：《中国古代职官大辞典》，河南人民出版社1990年版，第232—233页。

③ 王兴亚等：《清代河南碑刻资料》第4册，（博爱）《御敕王仪文》，商务印书馆2016年版，第48页。儒林郎，隋文帝开皇六年（586）置，为文散官，正九品上。隋炀帝大业三年（607）罢。改于秘书省置，员十人，正七品，掌明经待问，唯诏所使。唐朝置为正九品上文散官。北宋前期置，宋神宗元丰三年（1080）废。宋徽宗崇宁二年（1103）改置为选人新阶官，从八品，取代旧阶官节度掌书记，观察支使，防御、团练判官。金朝置，以授从七品下文官。元朝改从六品，敕授。明朝为从六品之升授。清朝为从六品之封赠。参见张政烺：《中国古代职官大辞典》，河南人民出版社1990年版，第1041页。

来因为王绍业之孙王启泰捐官从五品武职守御所千总，道光年间王绍业本人被敕封武德左骑尉。因为是武职封赠，其措辞与文官略有不同，但格式仍大体相同：

奉天承运皇帝制曰：策勋疆圉，昭大夫之恩勤，锡赉丝纶，表皇朝之沾泽。尔王绍业乃捐职守御所千总王启泰之祖父，敬以持躬，忠能启后，威宣阃外，家传韬略之书，泽沛天边，国有旌常之典。兹以尔孙克襄王事，貤赠尔为武德左骑尉，锡之诰命。於戏！我武惟扬，特起孙枝之秀。赏延于世，益征遗绪之长。

制曰：树丰功于行阵，业著文孙，锡介福于庭帏，恩推大母。尔李氏乃捐职守御所千总王启泰之祖母，壶仪足式，令闻有昭，振剑佩之家声，徽流奕世，播丝纶之国典，庆衍再传。兹以尔孙克襄王事，貤赠尔为宜人。於戏！翟第用光，膺宏庥于天阖，龙章载焕，锡大惠于重泉。①

迨至光绪年间，王绍业又因曾孙王大温指分山东试用道加三级的身份，被敕赠通奉大夫，其妻敕赠为夫人。②

河南怀庆府寨卜昌村南为沁河平原，北近太行山脉。相传周武王伐纣时途经此地，占卜得曰“昌”，故得其名。寨卜昌村的王氏家族于明清之际逐渐成为地方大族，创有怀庆著名商号“泰顺号”，远近闻名。泰顺号靠贩卖铁锅一步步累积财富，至同光年间岁已然入百万两。值得注意的是，自泰顺号创立开始，王氏家族中“有身份”的成员逐渐增多。汇总《王氏宗谱》以及碑铭所得，该时期身有功名者有 11 人，父祖所受之“敕赠”多因本人或子孙“遵例急公”“克襄王事”，所授多为虚衔，并无实职。通观寨卜昌王氏家族连绵不断封赠敕文，不但光宗耀祖，也为怀庆地方社会提供了一条经济资产向政治资本转化的新途径，该家族向怀庆地方国家政治权力的渗透也逐渐增强。③

### （三）生存压力下的多元化选择

传统家族社会，在耕读传家的社会大传统下，子孙能读书考中、封赠父祖或

① 王兴亚等：《清代河南碑刻资料》第 4 册，（博爱）《御敕王绍业文》，商务印书馆 2016 年版，第 56 页。

② 王兴亚等：《清代河南碑刻资料》第 4 册，（博爱）《御敕王大温文》，商务印书馆 2016 年版，第 80 页。

③ 吴逸飞：《明清时期家族兴衰与地方社会的整合——以寨卜昌村王氏家族为典型个案》，《中国文化研究》2008 年第 4 期。

封妻荫子当然是每个小家庭、大家族梦寐以求的无上荣光。然而，诚如上文所言，仓廪实方能知礼节，一众子孙读书进学是需要在解决温饱基础上坚持十几年甚或几十年旷日持久的相当耗费银钱之事，并非每个家庭都能长期承受。因此，多数家境并不宽裕甚至相当贫苦的家庭在生存压力下子孙发展呈现出多元化道路：或者本人体恤家境窘困、父母艰辛主动弃学而务农持家、习武从军、经商贸易、充当衙役，或者家长根据子孙不同的资质和秉性因材施教，子孙或文或武或商。这样，首先解决大家庭谋生温饱之要务，在此基础上相互调剂配合，或许又能发挥振兴家业的作用，正所谓“耕读治家，文武储材”，这样也符合现代经济学理论中一揽子交易分散风险的原理。

晚清怀庆府博爱县魏守贞家族堪称各因其材培养子弟的典型例证。其倡导“顺其天资而善栽培之，必成有用之器”，“子弟多者，使各执一业，以互相调剂则家必兴”。实践中，三个儿子分别走上了务农、经商、读书的不同人生道路，“长长发，业农；次长安，简易师范学堂毕业生；季长龄，业商”。因此，其墓志铭有这样的评价：“是君栽培子弟以起家业，洵足为后世模范。”①南阳唐河李方城一家五子，亦是或治家，或士或农，或商或贾，是以子孙昌隆盛炽，家道殷实和平。②

晚清光绪朝巩县翟家的子孙多元化发展模式则明确延续到了第三代。在家境逐渐宽裕可以为诸子延师课读的情况下，翟氏家族仍坚持因材施教，各精其业，各展其长，“长子凤仪、四子凤翥，郡试均列前茅……次子凤翔，力于农事，深知稼穑艰难”。翟维翰本人则留心武备，拳勇可敌数十人，并且引导三子凤苞习学武术，父子在咸丰、同治朝曾抵御流寇，远近称颂。这种多元化发展模式在孙辈中也有明显体现，“长孙云亭素刀学，名噪艺林；次孙德润，武庠生，精于弓马；其余或横经或负耒，类皆循规蹈矩，不失公之家法”。③

光绪宣统之际，陕州陕县（今三门峡陕县老城）刘万善家族则更进一步，分

① 王兴亚等：《清代河南碑刻资料》第4册，（博爱）《皇清处士魏君作幹德配梁氏合葬墓志铭》，商务印书馆2016年版，第102页。

② 王兴亚等：《清代河南碑刻资料》第7册，（唐河）《李方城墓碑》，商务印书馆2016年版，第359页。

③ 王兴亚等：《清代河南碑刻资料》第2册，（巩县）《皇清例授登仕郎翼周翟公墓表》，商务印书馆2016年版，第122页。碑存今巩义市西村镇罗口村（孙宪周勘）。

设文武两馆教育子弟。刘万善本人命运多舛，十三岁父亲早逝，弟弟更是年幼，孀母独自拉扯兄弟成人。待到壮年家境好转后，专门分设文武两馆培养子弟。在六个儿子中，“次与六，应文试；长与三、四、五，应武试”。从日后诸子的人生境遇看，这种多元化的分布确实显示了分散风险、相互调剂的优势，“次滞于小试，中年不禄。六、长应考，蒙新政，免试宏开学堂。俟入，长家冗不遑，报捐从九品。四弓马娴习，屡试未捷，中年不禄。三与五，俱入武庠”。刘家的经历再次证明了“耕读治家，文武储材”的道理。①

乾隆朝渑池县赵乙祥则是因家贫而弃学，先是充当衙役，期满后又经营煤窑，“幼业儒，贫未能业。嗣充县户掾”。官差期满后经营煤窑三十多年，其间颇多波折，最后挣得家业，“田及八顷，房修数图”②。其漫漫人生经历，再次证明谋生是人生不容选择的第一要务。

郑州荆秉方（乾隆朝至道光朝）是作为长子因家贫而辍学走上学徒、经商之路，养家糊口、孝敬父母之余条件逐渐宽裕，帮助两个兄弟成家养育子女，并且还帮助二弟捐纳从九品官衔，帮助三弟援例入监。其经历说明长子在养家糊口、照顾家人方面肩负更大的责任和压力。③

密县《皇清特授虞城汛分府以守府用晋昭武都尉贞夫蔡公墓志铭》显示，由于家中变故难以糊口，蔡公无奈走上习武从军之路，最后成为武职正六品千总。“父与长兄相继而亡，家业淡泊，寸土俱无，困苦艰难，公备尝之。后愈困愈艰，无奈，舍诗书，谋生涯，以糊其口。是年至弱冠，公奋志习武，以府元入庠。”由于处世精明，上司颇多倚重。道光二十八年（1848），以外委把总（武职正七品）委用。道光三十年（1850），赴署广西行营投效。咸丰五年（1855），官居归德营虞

---

① 王兴亚等：《清代河南碑刻资料》第3册，（陕州）《晴波刘翁（万善）夫妇合窆墓志铭》，商务印书馆2016年版，第350页。

② 王兴亚等：《清代河南碑刻资料》第3册，（渑池）《户掾赵公墓碑》，商务印书馆2016年版，第485页。

③ 王兴亚等：《清代河南碑刻资料》第1册，（郑州）《皇清例授武略骑尉隅菴荆公（秉方）暨德配尹安人合祔墓志铭》，商务印书馆2016年版，第51—52页。长子虽多有养家的责任，然而情况不尽然如此。三门峡陕县张紫衢虽系家中长子，却是不用操心的有福之人，“少之时，父在为子；中年，手足可藉；及其老也，儿女尤能养志。故公得以优哉游哉，聊以卒岁。我镇人皆称公为福享第一也”。一生虽专意读书，却未有任何功名，故其碑铭称之“公性浑噩，唯书是读”。出自（三门峡陕县）《皇清敕授登仕郎小东张公（紫衢）墓志铭》，参见王兴亚等：《清代河南碑刻资料》第3册，商务印书馆2016年版，第341页。

城汛千总（武职正六品）。[①]

光绪朝南阳新野县乡耆方永书则是因家贫辍学充当木工，虽然不能与千总官职相提并论，却因手艺精湛广收学徒，一众徒弟们凭借所学手艺也多能自谋生计。徒弟们受其恩泽，在师傅古稀之年立德寿碑，“以志其德教，并纪其德寿”。参与立碑者包括门徒于文、吴永光、杨兴顺、于全、刘振荣、张临旭、白炳军、贾喜龙、张平顺、郭成禄、屈安、常有德等十二人，并且碑文开篇对其手艺多加称誉，“古之人多才多艺者尚矣，其化则一才一艺，苟能业精于勤，亦足以训当时而传后世”，其间虽不乏徒弟对授业师父的感恩溢美之词，也从侧面证明读书之外以手艺立身成己成人之德。[②]

## 三、婚配承嗣

### （一）门当户对以读书居官为荣的男婚女嫁

传统家族社会，男女婚配讲求门当户对。[③] 士为四民之首，明清河南绅衿家族多讲求与有功名的读书之人或官宦之家联姻，钟鸣鼎食之家更是如此。一般乡绅以至普通百姓也以联姻士子为荣，这些在家谱、碑铭中非常普遍、明显。

清代康熙朝名臣商丘人宋荦夫人家世及其子女婚配状况。宋荦是顺治朝内翰林国史院大学士宋权之子，曾伯祖父为明万历年间吏部尚书。顺治四年

---

① 王兴亚等：《清代河南碑刻资料》第1册，（密县）《皇清特授虞城汛分府以守府用晋昭武都尉贞夫蔡公墓志铭》，商务印书馆2016年版，第351—352页。

② 王兴亚等：《清代河南碑刻资料》第7册，（南阳新野）《皇恩钦赐乡耆方公讳永书德寿碑》，商务印书馆2016年版，第306页。

③ 不独中国传统社会如此，在中西历史上皆有普遍性，社会学称之为“同类婚姻”，指人们往往与具有同类特性的人结婚。这类模式往往是两大主要步骤的产物。一大步骤存在于婚姻市场之中，人们期望找到更理想的伴侣和自己的实际市场价值这两者之间相互作用的具体产物。另一步骤是由社会压力和个人评价促成的，即人们都断定自己所属群体的举止、情趣、宗教或种族是最优越的。……尽管上述标准无非都是一种种族中心主义，即认为自己的群体最优越，但这类标准还包括人们广泛接受的信念，即认为同样的文化背景、同等的教育水平、同样的生活方式或地位会使婚姻更美满。因为在这种情况下，相互适应比较容易，而且在政治上或家庭内容上所产生的争议也会少一些。［美］威廉·J. 古德著，魏章玲译：《家庭》，社会科学文献出版社1986年版，第86—87页。

(1647),年仅14岁的宋荦应诏以大臣子列侍卫。第二年通过考试,被选为通判。康熙朝累迁至江苏巡抚、吏部尚书,被誉"清廉为天下巡抚第一"。其夫人亦出自商丘望族叶氏,系前明兵部左侍郎叶廷桂之女。随着宋荦官职的不断升迁,叶氏陆续被封为安人、恭人、淑人、一品夫人,可谓夫贵妻荣。通观其子女孙辈婚配,也多是门当户对,娶(嫁)对象俱为官宦之家。其中六个儿子娶妻家庭至少是七品知县(主事),六子宋筠更是娶妻武英殿大学士吏部尚书之女,估计宋筠婚娶时间当在宋荦出任江苏巡抚或者吏部尚书前后,堪称完全意义上的门当户对:

> 子男子六:基,直隶保定府同知,娶张氏,兵部车驾司主事宗哲女,皆前卒;至,副榜贡生,好古,以诗文名,娶刘氏,慈溪县知县勋女;陆,郡庠生,前卒,娶崔氏,户部主事抡奇女;著,邑庠生,娶李氏,中书舍人芳广女,皆前卒;致,贡生,初娶刘氏,安平县知县士仙女,继娶王氏,沧州知州羽女,皆淑人出;筠,郡庠生,聘李氏,武英殿大学士吏部尚书天馥女,副室薛出。
>
> 女子六:一适理藩院知事侯方至,贡生忭子;一适元氏县知县王组,江西提学道震生子;一适廪监生侯方复,贡生勤子;一适南阳县学训导刘□□,江南提学道士龙子;一适世袭二等阿达哈哈番高洪满,镇守□□等处总兵官左都督第子;一适贡生汤沆,工部尚书□子。俱淑人出。
>
> 孙男六。基出者二:如金,候选中书□,娶李氏,理藩院院判会生女,继娶侯氏,贡生方揆女;岐金,郡庠生,前卒。至出者一,华金,聘窦氏,翰林院检讨克勤女。陆出者一,吉金,临沂县学教谕,娶李氏,候选州同知□生女。著出者二,韦金,邑庠生,娶叶氏,候选通判增英女。致出者一,禹金,未聘。①

六个女儿亦如宋荦墓志铭中所言,"女六,皆归名族,为士妻"②。

宋荦兄妹的婚配也是典型的门当户对。兄弟四人中,除宋荦本人及一人早亡之外,宋炘荫中书科中书舍人,娶监察御史之女。宋炌,荫官监生,初聘太子少保兼刑部尚书之女(未娶而殇),后娶中书科中书舍人梁公遂女。姊妹三人,

---

① 王兴亚等:《清代河南碑刻资料》第6册,(商丘)《皇清诰封淑人宋(至)母叶夫人墓志铭》,商务印书馆2016年版,第25页。

② 王兴亚等:《清代河南碑刻资料》第6册,(商丘)《光禄大夫太子少师吏部尚书宋公荦墓志铭》,商务印书馆2016年版,第33页。

一适明太常寺卿之子，一适明光禄寺署丞之子，一适商丘同乡、顺治举人、“雪苑后六子”之一徐作肃[①]次子。[②]

康熙年间登封籍考选内阁中书舍人左而师虽三次未考中举人，因家世[③]赴部考选，其后不久27岁因病早逝，本人和子女婚配却很是般配，多系业儒出身而居官者，可谓往来无白丁：“淑配王夫人，为提督山东学政按察司佥事孟津王公鑨女。生男一，曰枡。才学有父风，廪贡，官扶沟县教谕。娶禹氏，汜水县岁进士任归德府永城县儒学训导禹公讳都女。孙男一，烺。聘洛阳庠生来公讳颋女。女三：长适甲戌进士任陕□西宁兵巡道沈公讳加显男附监生候选州同知梦周。次未字，早卒。次适癸丑进士兵部尚书谥忠节吕公讳维祺孙，己亥进士福建道御史吕公讳兆琳子，选贡候选教谕复恒。”[④]不仅婚配门户相当，其墓志撰文、书丹者俱是名士出身。撰文冉觐祖是康熙三十年（1691）进士，翰林院庶吉士、检讨，书丹者吕履恒是山西汾州府宁乡县知县。需要说明的是，吕履恒出自登封附近新安吕氏家族，是远近闻名的文化世家，其弟吕复恒正是左家幼女之婿。

顺治年间开封祥符籍龙阳县令孟明台出身于官宦之家，系工部侍郎孟琦之孙、江宁太守孟元之子、兵部尚书孟明辅之兄，原配杨氏系士人杨朝柱之女。其四个女儿“一适孝廉常伟子，一适贡士曹克家子，一幼……一适进士万泰子”，总之“婿皆少年佳士而勇于进者”。[⑤]

与上述官宦之家不同，清代陕县牛曰仁虽被御赐“耆老”称号，然终究属于

---

① 徐作肃，字恭士，商丘人，顺治八年举人，也是宋荦之父——宋权墓志铭的作者，以善书名，著有《偶更堂诗稿》《偶更堂文集》等，参见郑州大学中文系资料室：《元明清中州艺文简目》（1984年内部资料），第99页。“雪苑后六子”除徐作肃外，余者为侯方域、贾开宗、宋荦、徐邻唐、徐世琛。

② 王兴亚等：《清代河南碑刻资料》第6册，（商丘）《太子太保国史院大学士赠少保谥文康宋公（权）墓志铭》，商务印书馆2016年版，第9—11页。

③ 祖父以恩贡官苏州郡丞，父吏部司务，叔父中两人为进士、武进士，一由翰林院编修出督浙江粮差，一官保安卫守备。参见王兴亚等：《清代河南碑刻资料》第1册，（登封）《□□□□□□□□□□考选内阁中书舍人左启傅公（而师）墓志铭》，商务印书馆2016年版，第124页。

④ 王兴亚等：《清代河南碑刻资料》第1册，（登封）《□□□□□□□□□□考选内阁中书舍人左启傅公（而师）墓志铭》，商务印书馆2016年版，第125页。

⑤ 王兴亚等：《清代河南碑刻资料》第2册，（祥符）《龙阳令孟君明台墓志铭》，商务印书馆2016年版，第209页。

普通百姓之家，“世居陕之山庄头村，系马二里十甲民籍”，婚配亦是门户相当。虽仍以与读书出仕之家联姻为荣，但由于社会阶层较低，联姻层次较低，少有官宦之家。其本人妻室俱是出身义翁、耆老之家，“元配申孺人，赞里村申择义翁之五女，无出。次配马孺人，马家庄耆老马国璋翁之次女”。两个儿子中，长子荣甲，庠生，配会兴镇国学生张学贤翁之五女；次子春芳，配马家坡马逢兰翁之长女。①

### （二）无子继嗣的种种特殊情形

中国传统家族是以男性祖先为起点、以男子为中心代际传承而形成的血缘共同体。宗祧和财产继承在诸子之间进行，并有严格的嫡庶之别、长幼之分，从《唐律疏议》到《大清律例》均有明确的“立嫡违法”专条。虽然社会伦理特别讲求“不孝有三，无后为大”，然而现实生活中尤其是社会中下层总有乏嗣之家，时人称为“伯道之悲”，此说出自《晋书·邓攸传》。

邓攸（？—326），字伯道，两晋之际平阳襄陵（今山西临汾东南）人，少时以仁孝著称，历任太子洗马等职。西晋怀帝永嘉年末，邓伯道被石勒俘虏，其间趁机带着妻儿和侄子逃亡。危难之际由于无法两全，舍弃自己的亲生儿子而带着侄子逃生，以使早亡的兄弟后继有人。后来他辗转逃到江东，历任东晋侍中、吏部尚书、护定将军、太常等职，却不再有自己的子嗣。人们感念他的仁德，抱憾地说“天道无知，使邓伯道无儿”，后人遂用“伯道无儿”“伯道之悲”指代家庭不幸无子承嗣。即使遭遇无子承嗣的特殊危机，家族血脉终究需要延续，当事人及其家族在生前死后有何应对之道？透过清代河南海量碑刻、方志史料，不仅有大量过继、兼祧事例，也有富家大户面对暂时无子境遇的“救济”之策，更有普通百姓尤其是贫苦人家的种种无奈，呈现出丰富鲜活的社会生活图景。

#### 1. 生前暂时无子的救济之策

面对妻室无出、无子或者有子夭折、意外亡故等情况，清代河南传统家族往往采用两种“救济”方式：家境殷实者多会纳娶年轻的侧室繁衍子嗣甚或一再续娶，而拜佛求子则是各个阶层普遍的心理安慰和行为选择。

纳娶侧室繁衍子嗣在一定程度上得到国家法律的支持。明律对男子纳妾

---

① 王兴亚等：《清代河南碑刻资料》第3册，（陕州）《牛翁（曰仁）暨元配孺人申氏次配孺人马氏墓志》，商务印书馆2016年版，第326页。

年龄有限制,《户律·婚姻·妻妾失序》规定,“其民年四十以上无子者,方听娶妾。违者,笞四十”,清代于清乾隆五年(1740)废除。在大量清代碑刻中常常可以看到,不少男丁是父亲晚年纳娶侧室所生,故多系年幼父亡。如清代乾隆朝洛阳偃师国子监生李镔系父亲晚年纳妾所生,“父坦,附监生,晚无子,因置侧室景孺人,始举君及弟锐,故君七岁而孤”①。

光绪朝范县②王泰来家族有兄弟两人,其为兄长。此公先是娶妻王氏,生女四人。弟贵来,有一子成立。王氏死后,亲族建议立胞侄成立为嗣,此公不允,又娶继配陈氏,不料几年后陈氏复无出,仍未立嗣子,直到他亡故。最后是亲族不忍长门宗支断绝,与其继配陈氏商议后方才确定胞侄成立为嗣子,并且一支双祧。③

康乾朝开封府通许县杜谦为传宗接代,更是先后娶妻妾五人,生三女,然终究无子,“公元配常氏,邑庠生常克让之长女,无出。媵妾□氏,生女大姐,适廪生王昌遏。续弦莫氏,邑庠生莫光斗之三女,生女二姐,适廪生莫广。三娶李氏,陕郡庠生李元善之五女,生女三姐,字桃林太学生王帝命之次男业儒王绵世。又有侧室王氏,无出”。无怪乎其墓志铭曰,“天道无知,不免邓伯道之悲”,可见生前并无子嗣安排。但是其碑铭落款为“孝男业文、孝侄业广”,不知此处“业文”是否为其死后亲族商议后代为立定。④

以上是本人为家族赓续而不断婚娶,在碑铭记载中甚至有不少热心资助亲族中乏嗣之人娶妾生子者。康熙朝怀庆府范印心读书业儒,曾官居户部员外郎、补河东道,死后崇祀乡贤。其为人乐善好施,扶危济困者无算。叔父无嗣,在知晓祖母对此颇为忧虑后,主动为叔父买妾安慰,并且推宅让产。⑤ 又如同治

① 王兴亚等:《清代河南碑刻资料》第3册,(偃师)《国子监生李君合葬墓志铭并序》,商务印书馆2016年版,第72页。

② 范县,清代属山东曹州府濮州。1949年10月,属平原省濮阳专区。1964年,国务院为解决河南、山东两省交界地区水利问题,将原属山东的范县县城及附近村镇划归河南省安阳地区。1983年,安阳撤地设市,转隶濮阳市至今。

③ 王兴亚等:《清代河南碑刻资料》第5册,(范县)《清故王公讳泰来字坦然暨德配王陈氏合葬墓碑》,商务印书馆2016年版,第539页。

④ 王兴亚等:《清代河南碑刻资料》第2册,(通许)《清故通许学博杜公(谦)孺人常氏莫氏李氏合葬墓志》,商务印书馆2016年版,第355—356页。

⑤ 王兴亚等:《清代河南碑刻资料》第4册,(温县)《范印心墓表》,商务印书馆2016年版,第219页。

朝汝州武生樊金山扶危济困，“处世轻资财，重礼义，赒贫乏，济艰危。乡党中莫不感德焉”，典型者莫如资助本里陈姓一家买妾生子，“陈姓无子，欲买妾无财。公慨然给钱文，令其买妾，毫无吝情”。[①]

当然，在方志碑铭中亦能见到少数原配去世后坚决不再续弦者，如乾隆朝宝丰桥水先生，原配赵氏先于其去世三十五年，“先生年甫四十，请继室者接踵。先生坚不再娶”。然而通读其墓表，发现存在一个重要前提，即原配赵氏已经生养两个儿子，不想再娶妻妾增加子女负担，如其所言“吾以巾栉故，遗儿女他日忧乎”[②]？

为赓续后代，拜佛求子者古往今来也是绵延不绝，尤以浚县大伾山送子菩萨堂香火最旺。求子者还往往结众捐资立碑。乾隆朝《浚东大高村二郎庙所高村营立碑》额题即为“求子有应”，并专门言及此菩萨堂甚为灵验，“祷嗣云集，有应者，十有九人；弗感者，百止二三”，求子之信众往往集体捐资立碑，不同姓氏的参与者将近二十人。[③] 现存浚县大伾山观音寺西厢房的《送子菩萨圣会碑记》，同样立于清代乾隆朝，碑文开篇就特别强调“人生以有子为足，神功以启后为大”，参与立碑的二十多人（会首三人、副会首二十人）皆因子嗣缺乏，“祷祝于神前，既而又约同志虔修圣会，每岁二月十九日、六月十九日两次进香，以迓神庥。由是至诚所感，同会二十余人立子者大半”，因此立碑还愿并希望此后子孙绵延兴盛。[④]

**2. 生前或死后侄辈兼祧**

兼祧，亦称“一门双承”，是指一个嗣子承嗣至少两家的宗祧，充当两个家庭的宗祧继承人。清代于乾隆四十年（1775）将允许兼祧写入《大清律例》，同时亦有严格限制，“如可继之人亦系独子，而情属同父周亲，两相情愿者，取具合族甘结，亦准其承继两房宗祧”。原则上只有满足上述条件，兼祧行为才具有合

---

① 王兴亚等：《清代河南碑刻资料》第 7 册，（汝州）《皇清武生松斋樊公（金山）墓志铭》，商务印书馆 2016 年版，第 11 页。

② 王兴亚等：《清代河南碑刻资料》第 7 册，（宝丰）《宝丰桥水先生墓表》，商务印书馆 2016 年版，第 77 页。

③ 王兴亚等：《清代河南碑刻资料》第 5 册，（浚县）《浚东大高村二郎庙所高村营立碑》，商务印书馆 2016 年版，第 192 页。

④ 王兴亚等：《清代河南碑刻资料》第 5 册，（浚县）《送子菩萨圣会碑记》，商务印书馆 2016 年版，第 194 页。

法性。

光绪朝南阳府新野县王修经生前养有两女，因田宅有限无力过继儿子。亡故后亲族公议，胞侄一门双承。此公生前不过继嗣子主要是经济能力限制，因此多有不安，如其墓志所言，“公以勤俭为生，劬力以养二女，俱以适□，有心取继承祧，自又揆己之不能”，其过世后仅“遗地一亩”，也证实其经济能力的确有限，毕竟生前过继儿子是需要给予田宅等成家立业之资的。因此亲族公议，取胞弟修道之子名香桂为一门双承，墓碑最后立碑人亦是“双承孝□男香桂奉祀”。① 又如上文范县王泰来家族也是生前没有嗣子，亡故后亲族公议胞侄一门双承。不同之处在于，成立(王泰来嗣子)之子在六十年后专门立碑表示永远承嗣，旨在避免一门双承因时间推移而引起的远族纠纷。②

光绪朝新野县胡其昌墓碑显示，其作为胡氏家族曾祖，由于伯高祖乏嗣，亦属于一门双承，并且高祖、伯高祖各为其娶妻生子，“高祖为祖娶于氏，生子二：长国璧，随葬于此；次国彦，从曾祖母葬于高祖之茔，去此不及百武。伯高祖为祖娶于王，生子二：长国章，次国文，俱随曾祖母葬于此茔之东南，相去约有百武”③。

由上可见，兼祧是在传统宗法制度下，一个男子同时继承两家宗祧，旨在传宗接代。兼祧人不脱离原来家庭的裔系，兼做所继承家庭的嗣子。兼祧时常发生于兄弟之间嗣子较少的情况(如两兄弟只有一个嗣子)，如果嗣子较多则往往选择过继。

**3. 生前过继侄辈或死后族人公议过继**

《大清律例》明确规定了无子立嗣在五服之内由近及远选择嗣子的原则：“无子者，许令同宗昭穆相当之侄承继。先尽同父周亲，次及大功、小功、缌麻。如俱无，方许择立远房及同姓为嗣。”从大量清代碑刻来看确实如此，过继对象以亲兄弟之子即胞侄为首选，如无合适者可选择堂侄抑或族侄、义子。同时，亦

---

① 王兴亚等：《清代河南碑刻资料》第7册，(新野)《王修经墓碑》，商务印书馆2016年版，第318页。

② 王兴亚等：《清代河南碑刻资料》第5册，(范县)《清故王公讳泰来字坦然暨德配王陈氏合葬墓碑》，商务印书馆2016年版，第539—540页。

③ 王兴亚等：《清代河南碑刻资料》第7册，(新野)《胡其昌墓碑》，商务印书馆2016年版，第297页。

存有个别过继嗣子后复得己子的特殊情形。

咸丰朝新野县胡国显墓碑显示，其家族有兄弟四人，唯独四子胡国显乏嗣无子，于是生前过继长兄第三子胡谟承嗣，因其信奉“侄犹子也”。因此最后立碑人是“男谟”，后面的孙、曾孙辈亦为胡谟一脉。[①] 与此类似，光绪朝新野人张文密先后娶原配王氏、继配陈氏，均无子，故生前取长门文柏之次子然为嗣，墓碑显示奉祀者为“然”及其子孙。[②]

如果没有本家亲兄弟之间的胞侄可以过继，可以向上追溯一代过继堂侄。如清代嘉庆朝洛阳嵩县刘承志就是被过继之堂侄：“祖弟兄三人。公祖讳瑜，伯祖讳琮，叔祖讳珍。父弟兄二人。伯父讳来聘，伯母闫氏，无子。父讳来璧，自康熙六十年始迁嵩焉。为人忠厚，勤俭治家，元配王氏，继配卢氏，亦无子，取堂侄承继，即公也。公生父讳来贡。系长门琮公之子，迁居南召。”从祖辈而言，兄弟三人，由于二门乏嗣，过继对象为长门之孙。从父辈而言，过继对象为外迁堂兄弟之子，是为堂侄。最后立碑人显示是被过继刘承志之子思谦、鸣谦。[③]

当然，也有过继子嗣后复得己子的特殊情形发生。乾嘉道时期焦作孟州韩金堂（1790—1849）因家给不足而舍儒就商，往来陕西、河南两省 40 余年，颇多善行，忠厚待人，并且家有余资捐衔国子监太学生。娶妻妾四人均无子，于是过继堂兄次子承先为嗣。不料过继后又复得己子庆，众人皆以为是其常年积德的福报。随后，不想嗣子承先娶妻汤氏后早亡无嗣，后来庆所生之子春来过继给汤氏，春来是为承重孙。[④]

光绪朝新野县陈继康生前亦无嗣，系死后兄弟族人议定长门次子承继。缘陈继康兄弟四人，唯其无子乏嗣。夫妇相继去世后留有家业，却并未立定嗣子。于是，众兄弟和族人不忍其断绝子嗣，议定由长门次子玉富承继，余者二门和四

① 王兴亚等：《清代河南碑刻资料》第 7 册，（新野）《胡国显墓碑》，商务印书馆 2016 年版，第 279—280 页。

② 王兴亚等：《清代河南碑刻资料》第 7 册，（新野）《张文密继配陈孺人墓碑》，商务印书馆 2016 年版，第 300 页。

③ 王兴亚等：《清代河南碑刻资料》第 3 册，（嵩县）《皇清处士刘公暨王孺人合葬墓志铭》，商务印书馆 2016 年版，第 161—162 页。

④ 王兴亚等：《清代河南碑刻资料》第 4 册，（孟州）《韩金堂墓志铭》，商务印书馆 2016 年版，第 209—210 页。

门皆无异议,因此最后立碑人亦为"承继男玉富"[①]。

光绪朝新野县高存过继情形更为特殊,系死后亲族代为过继义子,故由义子立碑奉祀。缘高存系穷困出身,娶妻李氏无子,经常与人佣工过活,晚年方才治田十余亩,无子承继。殁后,堂弟文与堂侄三合、三义、三才及堂孙全发共同商议,以安魁为义子承继,同时为避免世远年湮,专门勒石说明。[②]

按照情理,虽有亲属关系,出继之子应更多专意嗣父之家,以免嗣父和生父家庭之间发生不必要的矛盾。现实生活中,还是存有一些特殊情况,或出继之子对生父本家兄弟多加照顾提点,或生父家庭对出继之子颇多照应。

禹州候选守御所千总杨云祥(1790—1834),两岁出继伯父,受父托孤,悉心照顾、提点本家兄弟,不仅延请塾师严加课读,而且在后者屡试不中的情况下又为其出资捐职兵马司正指挥,更复考虑到弟弟在京师生活成本高昂,暗中多有资助,前后多计万金,如其墓志所言:"君讳云祥,字呈五,号怡亭。为学博怀野公长子。生二岁,即出嗣伯父泽普公。泽普公早卒……怀野公病革,呼君语之曰:汝有肝胆,为他人任重多矣。吾亦有一事,今以托汝。汝季弟年幼不羁。吾没后,恐其失教而比匪人也。汝虽出嗣析居,当为吾约束之。君泣受命。怀野公捐馆逾月,君即为仪九择名师,闲置家塾中。夜辄往察其勤惰,五日一验其课程。如是者三年。命应童子试,获入泮。数年,适部中奏开事例。君谓仲氏曰:季弟三赴乡试不售,不如借径以图上进,庶少慰先人于地下。而仲氏以宦途险巇,恐累生计,执不可。君乃慨然独任。为仪九捐授兵马司正指挥,拣发中城,历调四城。京师食用昂,君为资助,前后计万金。又恐家人有违言,每暗为设措,俾无乏。呜呼!其可风也已。"[③]出继之子本应专意嗣父家庭以免纠葛,这里杨云祥一例的特殊情况在于嗣父(伯父)早亡,避免了兄弟矛盾,而后生父病重之际又有托孤之请,故而在已有余力的情况下,对本生父母兄弟多有照顾、提点。

与此不同,道咸年间襄城县敕授儒林郎、布政使司经历、诰封奉直大夫盛勋

① 王兴亚等:《清代河南碑刻资料》第7册,(新野)《陈继康墓碑》,商务印书馆2016年版,第295页。

② 王兴亚等:《清代河南碑刻资料》第7册,(新野)《高存墓碑》,商务印书馆2016年版,第303页。

③ 王兴亚等:《清代河南碑刻资料》第6册,(禹州)《皇清例授武德佐骑尉候选守御所千总怡亭杨君(云祥)墓志铭》,商务印书馆2016年版,第387页。

则属于多方帮助已出继之弟。“乾行(即二弟)出继旁房,早卒,遗二子,家中落。公给以田亩,赡其饔飧,又推大宅居之。”这种友爱天性不是偶然的,对于未出继的三弟廪膳生居贤,更是援例为其补滑县训导,并且延展到家族大计上,“输田百廿亩于家庙,以隆孝享。又度地村南里许,鸠匠师建学舍,置地三百六十余亩,为生徒膏火资”。[①]

**4. 有子早亡,孙辈承嗣**

清末新野人张宗贵,原配徐氏、继配杨氏皆无所出。又娶王氏,生有三子,不幸相继而亡,所幸子孙峥嵘,计有孙辈三人、曾孙七人、元孙一人。因杨氏、王氏去世另葬,其与原配徐氏卜茔于张庄东南隅。一众孙辈操办衣棺殡葬事宜,并勒石纪念,显示奉祀者为长门曾孙应东、元孙知宾。[②]

道咸之际豫西卢氏县段克己的过继对象为承重孙。按照中国古代宗法制度,如长房长子早亡于父母,那么长房长孙在其祖父祖母死后丧葬时要代替自己的父亲(即长房长子)做丧主,是为承重孙。段克己原本儿女双全,女儿已经嫁给城东刘名甲,儿子廷献娶妻姚氏。不料儿子三十六岁因疟疾无嗣而卒,儿媳姚氏尚在,生养一个女儿已经嫁人。卢克己于是召集亲族商议,取本族同辈段克恭之孙、廷士三子“继长,出嗣廷献,以为承重孙”。同时,考虑到本门子嗣不旺,两个叔父汝保、汝辅皆无出,于是又过继女婿刘名甲之次子(更名继兴)为期服孙。[③]

**5. 绝嗣,胞侄立碑奉祀或族人公立墓碑**

如果乏嗣者生前殁后其亲族均未安排兼祧或过继事宜,是为绝嗣。亡故后,如有侄辈往往代为立碑纪念,是为“叔犹父,侄犹子也”。如无近亲,则多系族人公立墓碑。

清代光绪朝新野县张承平及其妻杨氏墓碑明显由胞侄代立,因之为“清寿显伯考张公讳承平妣杨孺人合葬之墓”,考为父,伯考即伯父也。亦如碑文所

---

① 王兴亚等:《清代河南碑刻资料》第6册,(襄城)《敕授儒林郎布政使司经历诰封奉直大夫盐运司运副盛公(勋)墓志铭》,商务印书馆2016年版,第429—430页。

② 王兴亚等:《清代河南碑刻资料》第7册,(新野)《张宗贵徐氏墓碑》,商务印书馆2016年版,第309—310页。

③ 王兴亚等:《清代河南碑刻资料》第3册,(卢氏)《皇清例授登仕佐郎段公(克己)墓志铭》,商务印书馆2016年版,第461—462页。

言,“吾伯父生子一,未嗣而亡,所遗田产宅屋,可备后日祭用。凡我族人,皆不得年专此”。可见,胞侄并未继承其家产,伯父遗留田宅在办理殡葬之余作为日后祭祀之用,并专门立碑说明族人不得侵占。①

同治朝新野县乡耆张同德寿碑显示,其亦属无子而终、胞侄立碑。其兄弟三人,本人行二,原配乔氏生有一女,继娶葛氏生男早亡。七十岁时钦赐“乡耆”称号,七十六岁寿终正寝,无子承嗣。幸有胞侄星河立碑,以便后人知晓叔父虽乏嗣,亦有胞侄春秋致祭。② 光绪朝新野县《万氏墓碑》则是胞侄为无嗣之叔母所立。缘叔父原配万氏有子早亡,叔父继配董氏亦无出,叔父与董氏亡故后业已合葬。此时叔母万氏亡故葬于祖陵,胞侄田富及其子恒清立碑奉祀,以免年久不知。③ 同样是光绪朝新野县,民人闫可清有子早夭,此前其长兄亦未娶而夭,闫可清殁后留有地亩,族人共议其堂侄经营衣棺事宜,同时亲族勒石以兹纪念,并且说明其遗留地亩的数量(仅有四分)和四至范围,然并未说明其地亩归属问题,估计仅有的四分地也仅敷春秋致祭之需。④ 同时期同县朱汉斌兄弟两人俱亡无子,遗地四亩,亲族本欲为其取继,无奈业不顾养,故立定近族林一收其田产,以备后世香烟之赀,林一遂勒石纪念。⑤

同时,也有绝嗣者亡故,亲族公立墓碑、遗留地产归为族产祭田者。典型者莫如光绪朝新野《焦兴家墓碑》所载:“(清显故焦公讳兴家孺人廖氏墓碑)公□□□时之子也,赋性教友,居心质朴,其行事亦足为家乘增辉光焉。惜艰育乏嗣,承祧无人。及物故归兆,从堂弟兴成友谊难忘,命子扛幡不计,毫利不侵。亲族不忍,议给地一亩奖劳慰幽。余有地四亩,作为祭田,分给兴顺、兴成、兴旺耕种,备治祭费,永不准私自支费。因特竖石与公行,并传来许云。大清光绪伍

① 王兴亚等:《清代河南碑刻资料》第7册,(新野)《张承平杨孺人合葬墓碑》,商务印书馆2016年版,第305页。

② 王兴亚等:《清代河南碑刻资料》第7册,(新野)《钦赐乡耆张公讳同德寿藏碑》,商务印书馆2016年版,第286页。

③ 王兴亚等:《清代河南碑刻资料》第7册,(新野)《万氏墓碑》,商务印书馆2016年版,第295页。

④ 王兴亚等:《清代河南碑刻资料》第7册,(新野)《闫可清墓碑》,商务印书馆2016年版,第308页。

⑤ 王兴亚等:《清代河南碑刻资料》第7册,(新野)《朱汉斌墓碑》,商务印书馆2016年版,第313页。

年十月初一日谷旦。”[①]可见,绝嗣者亡故遗留田产归为族产后,其地亩收入也主要是用于日后祭奠之需。

此外,南阳新野县另有不少绝嗣亡故、族人公立墓碑者:

(清显考田公讳永兴之墓)公讳永兴,田氏之绝茔也。现有孤坟五座,坟地一□,东至田姓,西至沟底,南至田姓,西至祖茔。族人田铎与众族公议,同愿立碣,以为不没于后云。众族同立。大清咸丰八年仲春月吉日立。[②]

(清显乔公讳士友孺人杜氏之墓)公世居新野城北老白河之侧,家贫无子,务农为生。道光年间,因病即世。孺人杜氏,寿延六旬有七,卒于同治三年六月。同族诸人因公无人奉祀,恐年久无以为志,爰立石以记。同族诸人公立。大清同治三年仲秋谷旦。[③]

6. 绝嗣,女婿以女儿名义勒石纪念

道光朝登封县《崔万顺夫妇墓碑》显示,两人仅有四女,绝嗣,后由两个女婿以两个女儿名义代立墓碑,并将原来分别葬于荒丘的父母装殓棺椁合葬于祖茔:“昔父母生吾姊妹四人,遇凶年,大姐、二姐失灭无踪。今吾姊妹两人,念父殡于荒丘,母葬于荒郊,两地睽违女心伤痛。今各遵夫命,仅备衣衾棺木,启父母合葬于祖莹(茔),既不致父有睽孤之伤,又不致母有冷略之憾,稍慰双亲之灵,报亲恩于万一乎,于理为顺,于心始安,聊陈数语,以表寸哀。婿例贡常儒林、范显德、甥范□榜立石。道光二十五年二月二十九日吉旦。”[④]

总之,碑刻的内容是人亡故后的盖棺定论,不仅显示了当事人的生平事迹、妻室儿女信息,亦折射出传统宗法社会中时人面临无子承嗣危机的种种应对之道。其中有多女而无子者,有生子而夭折或成年后意外亡故而无子者,对此清代社会中因家庭经济状况、家族兄弟子嗣情况不一而呈现不同的应对之道。较

---

① 王兴亚等:《清代河南碑刻资料》第 7 册,(新野)《焦兴家墓碑》,商务印书馆 2016 年版,第 295 页。

② 王兴亚等:《清代河南碑刻资料》第 7 册,(新野)《田永兴墓碑》,商务印书馆 2016 年版,第 282 页。

③ 王兴亚等:《清代河南碑刻资料》第 7 册,(新野)《乔士友墓碑》,商务印书馆 2016 年版,第 285—286 页。

④ 王雪宝编著:《嵩山、少林寺石刻艺术大全》,光明日报出版社 2004 年版,第 225 页。

为殷实的绅衿家族甚或巨家望族往往纳娶侧室繁衍子嗣甚或一再续娶，仍然无嗣时多本着由近及远的原则，在本人生前或殁后由亲族商定，在五服中选择昭穆相当的男丁过继、兼祧，家族男丁较多时常过继专门承嗣，男丁较少时多兼祧多支，此外亦有立定义子、承重孙等特殊情形发生。相形之下，普通百姓尤其是穷苦之家的选择范围较小，除拜佛烧香的精神安慰外，纳娶侧室、过继嗣子均须以一定田宅家产为依托。稍有资财者或勉力为之，一些贫苦家庭则因心余力绌而绝嗣，或亡故后胞侄代为立碑，或族人不忍而代为立碑、少量家产转归家族春秋祭奠，亦有个别女婿以女儿名义立碑纪念者。如此种种，不一而足，不仅是有清一代更是中国传统宗法社会的缩影。

## 四、墓葬、祠堂与家规

中国古代家族发展有“古代北盛于南，近世南盛于北”的说法。南宋以后中国汉族居住区的家族聚居南盛于北，以东南地区聚居程度最高，而且是愈南愈盛，愈北愈衰。明清时期，北方地区河南绅衿家族亦是如此，祠堂等外在物化标志或者说起功能性作用的家族特征普遍较弱，建设祠堂往往历时数代、十几代，辗转需要百年历程。相对祠堂而言，家族更侧重墓祭，祖先去世往往勒石纪念以防年久湮没，坟茔排列讲求昭穆之制、嫡庶之别。子孙最初在祖茔附近居住以便春秋致祭，后来墓穴增多、祖茔坟地容纳不下时则不断外迁，在屡次外迁之际更是勒石说明，说明祖先渊源或附以家族族谱，防止后世子孙年久不知。

### （一）墓葬

#### 1. 家族初期聚坟而居

清初豫西陕州侯子文因不忍离开先祖坟墓逃亡，被催粮者折磨致死。此公声言“舍先人坟墓而远去，于心何安”，正是坚守聚坟而居的典型写照：“兵燹之后，朝廷诏民复业，地方官以招徕劝课为职，率由垦田升科，得蒙升赏。于是，贪污之吏虚冒地亩，悬坐钱粮，民乃不胜其害。……民苦征求，或死或逃，辄数十里杳无人烟。侯氏之族，固无留者。公时亦起家，行约二里许，恻然曰：‘舍先人坟墓而远去，于心何安。吾宁止此耳。’径归，未至家，遇催租者，促入州城，受拷掠不胜，遂殒命。”[①]

清代南阳府新野县《梁弘式墓碑》显示，双亲葬于儿孙屋宇附近以便祭祀：“盖逮存之日奉养缺典，儿辈各抱隐痛，因妥亲灵于屋宇之右，庶儿辈得效时食之荐。而吾亲精神意气，亦常与儿辈接也。”[②]

**2. 祖茔排列讲求昭穆之制、嫡庶之别**

昭穆指中国古代宗法社会中宗庙的排列次序，延伸到民间多指家族祠堂神主牌位的摆放次序以及祖茔墓穴的排列位序。一般始祖居中，以下子孙分列左右，左为昭，右为穆。如此以来，父子异列、祖孙同列。正如《礼记·祭统》所说：“夫祭有昭穆，昭穆者，所以别父子、远近、长幼、亲疏之序而无乱也。”清代河南传统家族的墓葬排列亦大体遵循昭穆之制。

如清代南阳府新野县邢怀宗墓文虽然比较简单，然而明确说明祖茔墓穴排列讲求昭穆之制，如其所言：“祖，乃吾曾祖讳国凰之次子也。诞吾父一人，讳尚义，已按昭穆次葬祖父左侧。”[③]相较而言，清代浚县《泊头村郭氏祖茔碑》的说明更为详细具体：“爰育三子，皆善继善述，家声益以克振，长讳梅，迁葬东茔。二讳栋，三讳楫，皆葬父前。梅子二人，长讳金，二讳堂，葬新茔父前之左右。栋子三人：长讳玉，二讳满，傍父迁葬；三讳玺，迁葬于祖之东。楫子二人：长讳全寿，迁葬于王家庄北；二讳全福，迁葬于祖茔之东北。列叙既明，乃知梅、栋、楫，濬之子也，金玉满堂寿福玺，濬之孙也。”[④]

祖茔墓穴排列还有明显的嫡庶之别。嫡庶制度是古代宗法社会中婚姻制度的核心内容。在特权阶层及富裕家族中实行一夫多妻制，嫡是指正妻及其子女，庶则指姬妾及其生养的子女，嫡庶之间在社会地位、财产与身份继承、丧葬等方面往往有云泥之别。在女性的墓穴位次安排上更是如此，多讲求以左为尊，一般原配在左，继配（侧室）在右。清代林县候选直隶州州同刘抱珍先后有

---

① 王兴亚等：《清代河南碑刻资料》第 3 册，（陕州）《子文侯公墓表》，商务印书馆 2016 年版，第 333 页。

② 王兴亚等：《清代河南碑刻资料》第 7 册，（新野）《梁弘式墓碑》，商务印书馆 2016 年版，第 256 页。

③ 王兴亚等：《清代河南碑刻资料》第 7 册，（新野）《邢怀宗墓碑》，商务印书馆 2016 年版，第 265 页。

④ 王兴亚等：《清代河南碑刻资料》第 5 册，（浚县）《泊头村郭氏祖茔碑》，商务印书馆 2016 年版，第 163 页。

妻室三人，原配张恭人、继配徐恭人、再继张恭人，埋葬时原配为尊居左，“墓在牛家冈，为窀三，张恭人居左，徐恭人居右”①。清代内黄县知县后补四川成都府资县张沐墓葬系同穴合葬，原配刘氏居左，继配张氏居右，以左为尊。② 这种分布格局大体符合中国古代“以左为尊”的礼制传统。《老子》说，“君子居则贵左，用兵则贵右”“吉事尚左，凶事尚右”。《礼记》有载，“尊者以酌者之左为上尊”“凡与客入者，每门让于客……主人入门而右，客入门而左”“执主器，操币圭璧，则尚左手，行不举足”“车上贵左，故仆在右”“男子设弧于门左，女子设帨于门右”等等，不一而足，宴饮、祭祀、车马、男女等多以左为尊。③

### 3. 子孙繁衍坟茔不断外迁

明清时期河南坟茔分布在讲求昭穆之制、嫡庶之别的同时，透过碑铭方志我们更多看到的是，因子孙不断繁衍、去世，原来的祖茔坟地狭小无法容纳，故而不断选择吉地外迁安葬，并且勒石说明，以防年久失修子孙遗忘。

> （新野）《徐宁墓碑》：自祖之殁也，以祖茔墓多地狭，乃卜墓于兹，及吾伯父殁，遂附葬焉。及今孙父殁，而亦附葬焉。④
>
> （新野）《焦公李氏孺人墓碑》：夫妇之伦，理应合葬，但因祖茔狭而迁此，故立石以志之。则后世子孙可以知其迁所由来矣。⑤

---

① 王兴亚等：《清代河南碑刻资料》第 5 册，（林县）《候选直隶州州同晴岚刘君墓志铭》，商务印书馆 2016 年版，第 428 页。

② 王兴亚等：《清代河南碑刻资料》第 7 册，（上蔡）《清文林郎原任直隶内黄县知县后补四川成都府资县张公（沐）墓志铭》，商务印书馆 2016 年版，第 445 页。

③ 以上分别参见《老子》第三十一章，《礼记》之《少仪第十七》《曲礼上第一》《曲礼下第二》以及《内则第十二》等篇。然而，必须承认的是由于历史长河的演变，尊左还是尚右仍是一个存有争议的问题。在古籍记载中，有言及尊左者，但亦又见尚右者，似无一定之规。有学者提出，秦汉以前主要是以右为尊的，因之符合人体以右为主的生理特点。秦汉以后，又有所变化。在官制上，汉以右为上，右丞相高于左丞相。可是在以后的一些朝代里，却反了过来，如左右仆射、左右丞相、左右司、左右曹等，皆以左为尊。由于历史、社会的发展变化，各个民族之间文化的融合，尊右尊左的特殊习尚的色调也随之日趋浅化。参见常林炎：《尊右、尊左辨》，载《北京师范大学学报》1989 年第 5 期。所言尤其是秦汉以前因顺应人体生理特点而尚右的说法似乎不无道理，然而《礼记·礼器第十》同时有云“礼也者，反其所自生”。又见魏淑民：《河南传统衙署法律文化引论》，载《中州学刊》2017 年第 11 期。

④ 王兴亚等：《清代河南碑刻资料》第 7 册，（新野）《徐宁墓碑》，商务印书馆 2016 年版，第 267 页。

⑤ 王兴亚等：《清代河南碑刻资料》第 7 册，（新野）《焦公李氏孺人墓碑》，商务印书馆 2016 年版，第 315 页。

比较而言，清代浚县《赵氏祖茔碑》记述子孙不断繁衍、坟茔不断迁葬的过程更为详细具体，并且强调了外迁之后勒石说明的重要性。自从始祖从山西迁至此处，八世祖、父都是另择吉地迁葬的拐点，并且由于其父迁葬，又引起了其堂伯、堂叔、从堂叔等人两次迁葬："我赵氏，本晋洪洞籍。自前明洪武初年，迁于浚之前寺庄，迄今四百余年。始祖以下，皆葬于村东祖茔，至八世祖，始迁葬新茔。祖以下皆衬葬焉。道光癸未春，鳞谋葬先考唯皇公以□□地隘，卜地于村东南，更立新茔。堂伯敷公、堂叔□□、从堂叔振极公亦皆先后迁葬，今惟堂伯□公、堂叔会□公，从堂叔连极公、巫极公未迁。鳞念地已不能多容，势必至于皆迁，倘皆迁之后，无碑以志之，则古墓为田，松柏为薪，虽我赵氏子孙将有不知祖宗坟墓在者矣。因谋诸族人，思欲刊碑，修志其详。"①

一般规律下总有特殊样态。清代新野县魏氏孺人在祖茔尚有余地的情况下，临终前专门叮嘱自己的儿子择地另葬，而不与其夫、先逝之徐氏合葬，"祖茔现在渠西，儿父讳汉远与前母徐氏俱葬其中，又欲生母亦葬于此。孰意母常属之曰：'吾死之后，另选茔地。'"孝子在碑文中特别强调"此是母心唯儿知之"，让人读来总觉意味深长，不禁猜测或许魏氏是继配或侧室，生前多有委屈甚或受辱之处，故而与其夫或是前逝之徐氏关系不睦。②

**4. 祖茔维护管理**

祖茔是安葬先祖遗骸的庄严肃穆之所，一般止践踏、禁戕伐，以序子孙之孝思，以妥先人之灵爽。③ 同时，禁止启土开窑，以免有碍风水。清代彰德府（今安阳）秦有山、秦信等人，为此专门勒石警告勿得启土开窑，不仅开列明确的四至范围，而且对不听劝阻者罚银一两。④

清代南阳唐河某家族《护坟地记》则显示，因为有一定的族产（护坟地和菜园），祖茔管理有明确的分工和制度，租佃族田者有课户和园户之分，两者课租

① 王兴亚等：《清代河南碑刻资料》第5册，（浚县）《赵氏祖茔碑》，商务印书馆2016年版，第221页。

② 王兴亚等：《清代河南碑刻资料》第7册，（新野）《魏氏孺人墓碑》，商务印书馆2016年版，第279页。

③ 王兴亚等：《清代河南碑刻资料》第5册，（浚县）《始祖讳朝用字铮拔齐公之墓》，商务印书馆2016年版，第224页。

④ 王兴亚等：《清代河南碑刻资料》第5册，（安阳）《禁止启土开窑碑记》，商务印书馆2016年版，第302页。

主要供每年祭扫使用,并且规定家族内各房轮流管理课租、祭扫事宜:“始祖墓旁护坟地四段,菜园一所,共约八亩余。合族公议,留一园户,作课钱二十二串正。因住址系草房五间,每年除修房屋钱两串正,除地方官事钱二百文,至交课时,园户该出钱十九串八百文。按清明节前三日,合族俱至茔前,园户将课租一并交纳,不许拖欠分文,以作祭扫之费。茔前树木,课户照管,不许毁伤。大补井在园主,小补井在园户。未课时,先同人言明,交借头钱二十串正予备,园户拖欠课租,即以此借头钱作抵。此钱若存谁手,谁即拿出,以备祭扫。辞佃于正月二月先说知,八月交佃,十月腾房。予备信牌一面,族中五房,每房各派首事二人,按年轮流收执。园户见牌交租。执牌者,亦不得怠缓误期,致碍祭扫。”①

**(二)祠堂族产**

较之南方地区,明清时期包括河南在内的北方省份家族拥有的祠堂、族田、族学等家族外在表征数量少、时间晚,形式亦不甚完备。这是就一般情形大而化之的说法。透过明清时期河南众多家谱、碑铭和方志,发现存有多种具体而微的不同情形。如孔孟、二程等圣贤不仅有官方定期祭拜的专祠,而且地方政府还代为广置祭田并采取多种举措优待其后裔。由于圣贤光大道统的特殊影响,其祠堂、祭田、义学等组织化建设和收族活动很大程度上是由官方特别代理的。又如一些河南显宦之家建立祠堂的时间并不早,有的迟至清代康乾时期才建立祠堂,对于进一步扩大祭田更好收族方面也存有心余力绌之处。此外,普通士绅和百姓家族祠堂修建普遍较晚而且过程颇多波折,然而亦有明代已有家庙而在清代不断重修者。鲜活的史料一次次地提醒我们,历史研究切不可大而化之,一概而论。

**1. 明清时期河南圣贤专祠、祭田及后裔所享尊崇礼遇**

由于承继崇儒重道之风,明清时期对孔孟等圣贤仍专祠供奉、春秋致祭并颁布专门的祭祀规制,还广置祀田或学田,通过世袭头衔、另载贤籍、豁免差徭等不同形式优待其后裔。可以这样说,由于圣贤光大道统的特殊影响,其祠堂、祭田、义学等组织化建设和收族活动在很大程度上是由官方特别代理的。以河南洛阳人二程即程颢和程颐为例,两人系宋明理学的奠基者,“道宗孔、孟,学启

① 王兴亚等:《清代河南碑刻资料》第7册,(唐河)《护坟地记》,商务印书馆2016年版,第358页。全部碑文如上,暂时无法判断家族姓氏,存疑待考。

朱、张，表彰六经”，身殁卜葬于洛阳城南。此后，历代在嵩县等地供奉二程夫子专祠，颁赐春秋二祭，并且优待程氏后裔，世袭翰林院博士头衔，流寓他乡者豁免差徭。明清时期，程氏后裔亦是尊崇有加，屡蒙恩荣。明朝弘治二年(1489)，程氏后裔改民籍为贤籍。万历年设置祭田，令程氏后裔世供蒸尝。清代康熙三十七年(1698)，程氏后裔亦编入贤籍，照例免充差徭。[①] 明清时期二程专祠亦有专门祭祀规制，如康熙四十一年(1702)，经河南巡抚徐潮奏报，专祠每年祭银四十两，从当地地丁正项银两名目下动支。同时，二程专祠拥有大量祭田、学田，而且多系地方官员捐置。二程专祠历有祭田十五亩、学田一百余亩，由程氏后裔世袭博士经营，以资祭品及义学修补之用，并设庙户两人，岁给银十二两。迨至道光年间，地方官又恐经费及义学用地不敷，遂在重修专祠余银之外复捐养廉银，两者合计一千九百余两，购地一百三十七亩，招户佃种，其田官为经理，租息随时入库，每届岁修由县勘佑。不仅如此，程氏后裔子弟入学给银八两、乡举给银十六两、进士给银三十两，乡试路费给银四两、会试路费给银十两，均申报动支。[②]

**2. 明清时期河南官宦之家的祠堂建设及其族产**

翻阅方志碑铭，发现明清时期河南官宦之家建立祠堂的时间并不早，有的迟至清代才建立祠堂，逐级完善祭田、义学等族产谋求收族。以康熙朝名宦宋荦为例，宋氏在商丘素称望族。曾祖伯庄敏公宋纁官居明万历朝吏部尚书，父文康公宋权为明崇祯朝、清顺治朝国史院大学士，宋荦本人十四岁应诏以大臣子列侍卫，康熙朝累迁至江苏巡抚、吏部尚书，三次接待康熙南巡。然而，宋荦家族直到康熙朝晚期其本人休致回乡才建立“宋氏先贤祠”，规定只有位列三公者才有入祠得到子孙奉祀的资格，否则不分嫡庶只能祭于寝，又置祭田百亩以备每年祭祀之需，并希望日后子孙能够广置祠田，以便更好地尽敦亲宗族之谊。

吾商邱宋氏之先，始开之者为庄敏公，畜而未究。厥施者为王父福山公，继而大之则显考文康公，顾未有特祠。文康公常欲成之，致政归，未期遽弃宾客，志不克就。自惟荦不肖德薄能鲜，以文康公荫，窃禄四十年，遭

① 王兴亚等：《清代河南碑刻资料》第1册，(登封)《程周倓程周锡记历代皇帝朝臣恩典碑记》，商务印书馆2016年版，第152页。

② 王兴亚等：《清代河南碑刻资料》第3册，(嵩县)《嵩县二程夫子祠堂增置田亩碑记》，商务印书馆2016年版，第165页。

逢圣天子知遇之隆，握节千里，秩三品，微前人庥庇，曷致是？今年春，乃率犹子起莹超祷，捐公宅一区，新之为祠。

谨按：庄敏公于文康公为从祖祖父，祠建于荦，而首祀庄敏公，不忘始也。次福山公，次文康公，成先志也。祠必有祭，乃捐田百亩为祭田。遣次子至自江南归，经纪其事。既成，颜曰宋氏先贤祠。而告于族之人曰：凡我宋氏子孙，有立身居官，无愧三公者，乃祔主于祠。不则亡论宗子支庶，皆祭于寝，毋或干也。祠之祭，吾子孙世世恪守，宗子主之，介子助之。凡牲牢酒醴黍稷之共，于田乎是资。后人苟能斥而大之至千亩，或数百亩，则以其余赡族人之婚丧，如范文正公遗意。是则荦有志焉，而力未逮者也。其能无望后之人也夫。[①]

而宋荦女婿兄弟家王緟家族碑铭显示，祭田租课在奉祀有余的前提之下用于收族，"以羡余助婚葬及衣食不给者"[②]。

商丘柘城窦克勤家族也是当地著姓望族，族大人多，更创立朱阳书院，窦氏三世讲学闻名海内，"中州自夏峰（孙奇逢）、嵩阳（耿介）外，朱阳学者称盛矣"。窦克勤本人是康熙十七年（1678）进士、翰林院检讨，其子容邃官至直隶忻州知州，到这一代窦氏家族方建立祠堂，考其时间当在康熙朝晚期抑或更晚。无独有偶，除创建宗祠外，窦容邃对亲族故旧颇多友爱，经营婚嫁丧葬不遗余力。[③]

### 3. 明清时期河南绅衿家族建造祠堂的不同情形

由于家族传统和经济能力限制，明清时期河南绅衿家族组织化建设修谱盛于修祠。一般而言，祠堂修建普遍较晚甚至有延至晚清者。若从明代移民河南算起，往往需要数百年时间，有些家族从倡议修祠开始到最终落成竟然跨越数代历时近百年。然而，翻阅方志碑铭，亦有明代已有家庙而在清代不断重修者。其创建或翻修经费来源，除少数系族中精英慨然捐助外，多系全族成员按户口、田亩捐助，或者祖茔周围伐树之资不断积累，或者拆除老旧宗祠建筑后可用材

① 王兴亚等：《清代河南碑刻资料》第6册，（商丘）《宋氏先贤祠祭田记》，商务印书馆2016年版，第13页。

② 王兴亚等：《清代河南碑刻资料》第6册，（睢州）《故江南按察使司按察使王公緟墓志铭》，商务印书馆2016年版，第250页。

③ 王兴亚等：《清代河南碑刻资料》第6册，（柘城）《直隶忻州知州樗村窦公墓志铭》，商务印书馆2016年版，第174—175页。

料折银而来,抑或兼而有之。

清代巩县《孙氏东祠堂碑记》显示,孙氏自明初迁居河南以来,经历 400 余年方才建成祠堂。并且祠堂从康熙初年最初筹划到乾隆中期最后建成前后将近百年,如其所言:“孙氏出自晋,明初迁巩之罗庄,始祖娶经氏。罗之孙氏咸祖之,约传五七世不可纪。其可纪者,乃各别茔于旧茔之南,有讳一、讳进两祖墓,与余所出八世祖,皆以维为行,当非远兄弟。相传精、一、进、昌,昆季四,其二失传。本朝康熙初,一祖之曾孙之道,进祖之曾孙更奇、愈奇、钟奇,同买地,谋建祠,而未就。至乾隆十一年,进祖之六世孙作锐、作栋,七世孙无偏,始为之基。二十年,六世孙作辕、作柱、作敬,七世孙庚辛乃赞成祠。又数年,锐子廷弼、辕子铣、敬子孟居、柱子无怠、辛子梦松,更助为门宇焉。祠三楹,中祀始祖,东祀一祖,西祀进祖。夫始祖以下不可纪,则孙氏大宗阙如矣。于是乎一祖、进祖,各得一小宗,配其出自一祖、进祖者,各宗其所宗,可也。必远追世祖者,重始迁也。孙氏自始迁至今四百余年,族颇繁衍,由是建祠以尊祖,别宗以统属,时祀以教敬,合食以敦睦,则族大而人知相亲也,世远而人不忘本也,野处而咸知礼也。”①

清代咸丰朝濮阳渠村乡郑氏自明代迁居以来,多年墓祭连绵不断(有祭田四十亩),直到道光年间始修家谱、倡修祠堂,咸丰年间终于建成祠堂。其资金来源则是在已有祭田基础上,全族成员依据贫富不同情况量力捐助。②

与上不同,清代南阳邓州丁氏早在明代嘉靖年间已有家祠两间,清代乾隆年间重修,道咸年间又不断扩建修缮。丁氏家族系明洪武二年(1369)由江西迁邓州城内,明嘉靖时创建祖祠,但规模较小,仅有大门及屋宇两间,清代乾隆朝时被水灾严重毁坏,六年后族众捐资重修。又百年后“栋桷蠹蚀、瓦蜕墙垂”,族人意欲重修,无奈土木耗资巨大,祭田租金不敷给用,幸有族人德祥、德昂兄弟挺身而出,慨然承担,曰:“家祠之修,此吾为后裔者分内事也。”“道光二十四年重修大门,二十六年重修正祠两楹卷棚两楹,增修东西厦各一间,三十年于正祠后,创修学舍六楹,咸丰四年创修拜亭月台。”总之,数年以来种种兴作,无者增

① 王兴亚等:《清代河南碑刻资料》第 1 册,(巩县)《孙氏东祠堂碑记》,商务印书馆 2016 年版,第 544—545 页。

② 王兴亚等:《清代河南碑刻资料》第 5 册,(濮阳)《创修祠堂记》,商务印书馆 2016 年版,第 501 页。

之,有则撤旧更新。每年阳春,族众聚集祠堂设馔致奠,正是尊祖敬宗、联亲睦族之意。①

清代武陟某氏家族也是在明代已有家谱和家祠,明清鼎革之际毁于战火,后于乾隆年间按户捐金重修祠堂,最终于乾隆五十三年(1788)落成,其大致布局如下:“祠南向也,广两亩七分有奇,垣门不□。其□前为塾□,北为堂,堂楹间五,辟其间之三以妥神,余为夹室。左贮祭器,右贮遗书。”②

怀庆府博爱县毋氏祠堂创建于康熙四十四年(1705),嘉庆二十四年(1819)阖族捐资一百五十五千左右,重治修理而使祠堂焕然一新,并勒石纪念,碑文显示参与捐资者有 142 人(包括会首毋士林等 14 人)。碑文不仅详细说明了重修祠堂的砖、木、油工等种种花费,而且载明了保护祠堂的种种规定,如不许毁瓦画墁、不许呼鸡喝庐、不许乱放物件、祠堂内物件不许擅自拿取、入祠堂不许胡言乱语等,违者重罚。③

清代嘉庆朝焦作博爱李氏祠堂重修,则是在变卖原有祭田基础上加之会首捐助而成。“嘉庆十一年春,议欲重修之,而资无所出,因将所余祀田庄基尽行变易,得银三百八十一两二钱三分,以为重修之资。又会首李大坤存钱三千一百五十文,亦入其中公用。遂革去其故,复建祠堂三间,更广大其规模,创修门房三间,东西厂房六间。”可见,修缮后祠堂规模更大,功能更完备。值得注意的是,该家族原来应该还有义学,因族中延请塾师费用原来皆出自祀田租课,只是“年久费用不给”。④

光绪年间温县慕氏《重修家祠碑记》记载其重修祠堂则是一波三折,兼用老旧祠堂材料作价、大户出资、各家按地派捐出资等不同方式:“我慕氏旧有祠堂三间,代远年淹,墙屋倾颓,砖瓦尽废,木植仅存。族中有大杰者,目击心伤,慨然有重修之志,因纠合数十同心商议谋划,将所遗旧房料凑钱不足二千文,殷勤调理,滋生余息,数年之间,积银百两,乃于十八年春,鸠工庀材,重建祠堂三间。

① 丁声恒:《邓州丁氏家谱·重修丁氏祠堂碑记》,邓州丁氏家谱续修委员会 2001 年版,第 44 页。

② 王兴亚等:《清代河南碑刻资料》第 4 册,(武陟)《修祠谱序》,商务印书馆 2016 年版,第 126 页。原文俱以第一人称叙述,无姓氏信息,存疑待考。

③ 王兴亚等:《清代河南碑刻资料》第 4 册,(博爱)《重修祠堂碑志》《重修毋氏祠堂碑记》,商务印书馆 2016 年版,第 50—51 页。

④ 王兴亚等:《清代河南碑刻资料》第 4 册,(博爱)《第一次复修家祠碑》,商务印书馆 2016 年版,第 46 页。

主房甫成,财用已匮。大杰施钱十七千文,重建门楼一间,正宜修其垣墙,绘画丹青。奈资财空乏,诸执事犹以功亏一篑为憾。然族繁户众,继志述事,实繁有徒,因再为筹度,照地派捐,积钱百有余串。于是,勒其垣墉,涂其丹臒,金饰辉煌,焕乎有章。"从竣工勒石来看,重修祠堂意义不仅在于承前,更在于启后,子孙常怀慎终追远之心,祖祠常新,祭祀不衰,"子孙见春露而栗惕,感秋霜而凄怆,常怀祖宗虽远,祭祀惟诚之心,则子复传子,孙复传孙,而亿斯万年,庙貌常新,蒸尝勿替,前可以慰先灵于九泉,后可以承祭祀于百代"。[①]

乾隆朝孟津辛氏修建祠堂的花费主要源自祖茔卖树收入多年累计加之族人捐助。辛氏祖居山西洪洞县,"因避元乱,移居孟津"。随着子孙不断繁衍,家族日盛,有族人倡议建修祖祠,苦于费用无出,商定售卖始祖坟茔柏树数株得银四十余两,不料二门分走一份银两,剩下长、三、四、五门等轮流经营,十年后于乾隆三十年(1765)建修祠堂,族众不分大小、贫富各自捐助,工程告竣,共计花费二百五十余两。在勒石碑文中,不仅记述了前后经过,而且详细列出了主持、参与此事的族众名单,包括主建一人、营理二人、襄事五人、合族捐资者 34 人。[②]

乾隆朝密县黄氏创建家庙,主要源于祖茔砍树之资,并且阐述了此举的合理性:"前辈长老,久欲建立家庙。而功繁资薄,事皆中止。壬子岁,合族公议,祖莹(茔)树木过密,岁时拜扫,几无焚奠之所,是宜攘剔疏通,以清墓道。所除之树,鬻白金若干两。乃于洧水之阳,择地以立庙。"[③]

除了祠堂,祭田等族产亦有一定收族作用。明清时期河南祭田规模相对南方较小,或无祭田,或开种墓间隙地勉力为之,租课用作春秋致祭。如有赢余,方可再谋收族义举。方志碑铭中,也可见到少数有几十亩、上百亩祭田的情形。清代南阳南召褚氏祀田碑铭显示,该家族有祭田五十亩,位置在始祖坟茔半里左右。其祀田的收族影响集中体现于两个方面:第一,族大人多,平素各自忙于生计,可在祭祀祭扫时得以相见。"原始祖生六子,二子无出,四子递衍派分二

---

① 王兴亚等:《清代河南碑刻资料》第 4 册,(温县)《重修家祠碑记》,商务印书馆 2016 年版,第 251 页。

② 王兴亚等:《清代河南碑刻资料》第 3 册,(孟津)《建祠堂后序》,商务印书馆 2016 年版,第 285 页。

③ 王兴亚等:《清代河南碑刻资料》第 1 册,(密县)《创建黄氏家庙碑记》,商务印书馆 2016 年版,第 296 页。

十四小支。……其在二十四支中，贫苦实夥，各为谋生重本计。昌又不能时时见冀，惟寒食之前日，礼俗皆具，祭馔扫先茔，可合全族长幼尊卑等，会于始祖之兆前。"第二，祭田租课在奉祀之余，可援助无力婚娶、殡葬及病重乏银之族人。"愈益广祭器祭仪外，或有余资，凡吾族人力不能葬，葬之；病不能医，医之；成人不能婚，婚之。"①

此外，更有一些宗祠、祀田、族学并举的情况，多系族中"富而好礼"的殷实大户捐助。典型者如清代孟州李福根素性豪爽，颇多义行。继承先人遗志，与诸兄及子侄创建宗祠，置祀田，设义塾，使得享先有地，祭先有资，并且族中贫乏子弟得以入学诵读，族人感念其功德。② 又有清代襄城敕授儒林郎、布政使司经历盛勋，天性友爱，实现乃父祭田宜广、学塾宜建的夙愿，捐助数百田亩广置宗祠、祭田、族学："先是太翁先生好行其德于乡，尝语家人曰：'士无田不祭。我家庙中祀田仅若干亩，牲牷何由肥腯，飨祀何由丰洁。倘亡者馁而求食，恐不异若敖之鬼也。则祭田宜广。后生小子成才难得，贫者艰束修之费，远者无肄业之所，虽佳子弟能成者鲜。则学塾宜建。此两者皆吾之志，未暇蒇事也。'属纩时久言之。及太翁殁，丧葬毕，公商于居贤曰：'吾父虽捐宾客，遗命犹在。及今不自勉励，闳先德不著，罪戾滋甚。'乃输田百廿亩于家庙，以隆孝享。又度地村南里许，鸠匠师建学舍，置地三百六十余亩，为生徒膏火资。卅余年来，登贤书游黉序者盖彬彬矣。礼部尚书王莲府先生摘陆机语题门额曰：诵芬书院。邑沈明府亦表之曰：承先乐育，嘉善继述也。"③

### （三）从家规族训到乡规民约

"家有祠堂，所以妥神灵，序昭穆，亦即所以仪型子孙者也"，祠堂不容亵渎毁坏，故定有种种戒律，用以保护祠堂、教化子孙。清代咸丰朝郑州《路氏宗祠戒律》不仅涉及宗祠保护的种种规定，而且还有规范子孙言行的八条戒律，违者交族长严惩，情节严重者送交官方惩治，如其所言："宗祠之修，原以安先灵，而

① 王兴亚等：《清代河南碑刻资料》第7册，（南召）《褚氏祀田立石文》，商务印书馆2016年版，第388—389页。

② 王兴亚等：《清代河南碑刻资料》第4册，（孟州）《李福根墓志铭》，商务印书馆2016年版，第212—213页。

③ 王兴亚等：《清代河南碑刻资料》第6册，（襄城）《敕授儒林郎布政使司经历诰封奉直大夫盐运司运副盛公（勋）墓志铭》，商务印书馆2016年版，第429—430页。

展孝思也。此地总宜清□洁净,不许目为公地,任意出入。如读书一节,乃光前裕后,为天地间一善事。第异姓先生在宗祠中坐诵,未免视为闲所,而轻乎先灵矣。只许本族人在宗祠中读书设教,至若经布、安机、扎罩、念经、乘凉、睡卧、避寒、烘火、待客、宿人、唱戏、寄箱、藏器、放木、盛□、积柴、耍拳、学棒、踢介、打飞、吃酒、着棋、掷□、抹牌,诸恶风俗,切当禁止。至于花木之类,只宜添修,不许毁坏。若有不可约束者,或族长敕管,或同族处罚,或送官究责,慎勿视为等闲,各宜凛遵。路氏家族八则:一戒不孝杖四十,二戒不弟杖二十,三戒行淫杖八十,四戒戏言杖一十,五戒为匪杖四十,六戒赌博杖一百,七戒唆讼杖一十,八戒行凶杖一百。以上条规,有人犯者,禀族长正同处,或族长正因私□不理,同族人无论老幼,共许禀官。"①

光绪朝新野某氏家族《合族公议碑》载明,议定"不许争讼,如有家务账债、田边地界、口角相争,遵祖长分说。如有人不遵规犯法者,合族送官究治"②。清代南阳镇平王氏祠堂规矩规定,祠堂周围、祖茔老树不得"偷盗损伤",族户无论大小不得"糊挞乱骂",否则"合族到祠堂罚猪羊以祭"。③

由于家族在村社中往往聚族而居,所以家规族规和村规乡约多有相通之处,而且可以从家规族规扩展到村规乡约,它们往往都规定不得偷盗、酗酒、赌博、窝娼等,旨在劝善惩恶,教化乡民。如清代嘉庆朝登封《后河村规矩碑》严格禁止七种不良行为,违者严惩不贷:

一、犯坏人坟墓及诬人坏坟墓者,乡约邻人察实处明外,罚钱一千整。

二、犯酗酒滋事者,处明罚钱五百文。

三、犯赌博,罚开赌人钱一千;罚赌者五百文及本地方人诬赌诬盗者,察明罚钱一千。

四、犯窝娼及驾土妓讹人者,察明罚钱五百文。

五、犯盗人物件者,察明将所盗物件包出外,罚钱五百文。

---

① 王兴亚等:《清代河南碑刻资料》第 1 册,(郑州)《路氏宗祠戒律》,商务印书馆 2016 年版,第 57—58 页。

② 王兴亚等:《清代河南碑刻资料》第 7 册,(新野)《合族公议碑》,商务印书馆 2016 年版,第 297 页。原文未显示具体姓氏。

③ 王兴亚等:《清代河南碑刻资料》第 7 册,(镇平)《王氏祠堂规矩序》,商务印书馆 2016 年版,第 368 页。

六、犯收进外来混徒滋生事端者，处明罚钱五百文。

七、犯一切讹诈等事者，乡约邻人察实察明外，罚钱五百文。

以上数条有不认罚者，俱送官法处，至于所罚钱文，本年乡约经营，以备公用。①

同治朝鲁山县北来河里社规矩碑，则严行禁止下地偷盗庄稼、不法窃取嫩芽、强行乞讨、赌博等不法行为。同时，鉴于赌博的严重危害，亦有专门勒石禁赌者，甚至具体划定禁赌范围：

（道光朝登封孙桥庄《立石断赌碑记》）从来富贵由于耕读，贫贱出于赌博。人自应以耕读为业，赌博为戒。想嘉庆十八荒年以前，匪类甚多，开场留赌，村中极受牵累。荒年以后，匪类死亡、逃走，村中甚是清净。恐下辈再生匪类，因立石断赌，永垂不朽。孙桥庄地内俱不许赌博，如有犯者，每人罚钱二千，开赌人加罚充公。倘不遵罚约，许村人付知乡地人等禀官，按法究治。②

（嘉庆朝巩县《永禁赌博碑》）东至东岭大路，南至南岭，外至大堰，西至西岭，北至北岭大路，四至内，赌博者罚钱五千。若不遵者，合村人等禀官不恕。③

有惩恶必有扬善，清代光绪朝南阳新野六合寨专门立有《轻财重义碑》。言及六合寨地处新野、唐河之中，系东西往来孔道，富商大贾必经之地。光绪二十二年（1896）春，有客商遗失布匹十匹，值金数十串，“拾者不一家，且不一姓，经寨中首事人偏加讯问，竟能丝毫无损，如数归还。酬之钱文，不受。与以酒宴，不赴。佥曰，是区区者，焉用谢焉”。客商不得已勒石鸣谢，称赞六合寨是“义乡仁里”。④

---

① 王兴亚等：《清代河南碑刻资料》第1册，（登封）《后河村规矩碑》，商务印书馆2016年版，第193页。

② 王兴亚等：《清代河南碑刻资料》第1册，（登封）《立石断赌碑记》，商务印书馆2016年版，第207页。

③ 王兴亚等：《清代河南碑刻资料》第2册，（巩县）《永禁赌博碑》，商务印书馆2016年版，第23—24页。

④ 王兴亚等：《清代河南碑刻资料》第7册，（新野）《轻财重义碑》，商务印书馆2016年版，第312—313页。

## 五、义门荣耀与分家现实之间

义门是累世同居共财的大家族，是宋以后形成的近世家族制度的重要形式。它是一个男性祖先的子孙几代甚至几十代同居共财、同爨合食的大家族。在宋代以后的农村社会生活中，累世同居共财、同爨合食的大家族是一种非常普遍的社会现象，江州德安陈氏就是最著名的一个。陈氏大家族经历唐末、南唐和北宋三个朝代，累世同居共财长达200余年，到宋仁宗嘉祐八年（1063）分居前，已十三代同居，共有3700余人合爨。其规模之大，在历史上也是十分罕见的。[①] 明清时期河南家族发展整体弱于南方，因此义门个案数量少，规模也相对更小。明代河南有十一世、二百余口同居的洛阳杨氏（杨琮）家族，清代河南方志碑铭家谱中确实也可以看到个别家族因八世、十世同堂而受到朝廷旌表的记录，然而更多的是分家的现实选择，或者在同居和析产之间来回摇摆。

清代康雍年间，河南省开封府祥符县儒生刘朝佑自祖父以来五世同堂，“家庭雍睦，食指众多至百余，服属缌麻矣，犹不异烟，故五叶会居，声称啧啧夷门”。因此，他本人被乡邻公推为孝廉，适清世宗雍正皇帝即位之初，诏令各府县荐举孝廉以备任用，因此被赐以六品顶戴，特授湖南酃县知县。[②]

乾隆五十四年（1789），河南巡抚梁肯堂奏报，本省鲁山县生员傅麟瑞七世同居，子孙150余人，乾隆皇帝亲自赋诗一首，并赐“敦睦传家”匾额，其诗云：“中州夙号民风古，麟瑞今闻实可嘉。七世同居如许氏，百人共爨胜杨家。雍雍敦睦倡乡里，蔼蔼致祥表近遐。敢曰休征因泰运，安民调化敬惟加。”[③]

清代同光年间孟州《杜正谊墓志》显示，早在其父永龄时代即因八世同堂奉旨建坊，并崇祀当地忠义祠。碑文显示其家境丰裕，因此易于保持累世同居状

---

① 徐扬杰：《中国家族制度史》，武汉大学出版社2012年版，第338—339页。

② 在知县任上，因其生性耿直，为政多执古法，多忤上官意，未几罢归。王兴亚等：《清代河南碑刻资料》第2册，（康雍年间开封府首县祥符）《孝廉方正湖南酃县知县刘君朝佑墓表》，商务印书馆2016年版，第274页。

③ 《御制赐傅麟瑞七世同居诗并序》，碑存洛阳龙门石窟寺（王兴亚勘）。另见《钦定四库全书·御制诗五集》卷四十八。

态,祖父为太学生,父捐职布政司理问头衔,都是需要相当经济基础的。迨至杜正谊一辈,其兄更是高中同治壬戌科进士,官居户部郎中。[①]

乾隆朝偃师顾县镇任天笃家族更是因九世同居而受到天子旌表,赐以诗章匾额,方志中《偃师市顾县镇民任天笃九世同居记》也由郡太守刘文徽亲自撰写。任氏家族九世同堂,“男妇蕃衍至一百六十余口仍合爨,历百余年如一日”,世人皆啧啧称赞,因此乾隆四十九年(1784)经河南巡抚何裕城奏报得以旌表。有司询问其不分家析产的奥妙,对曰“不忍”,恰好与“九世同居”之唐人张公艺所书“百忍”有异曲同工之妙。郡守刘文徽适其家攀谈,任天笃出示家训四条:“一曰婚姻为人伦之始,二曰孝弟为风化之源,三曰杜私为正家之要,四曰勤俭为持家之法。”家训系天笃祖父开昌时代所立,同时立有永不析产文书。同时,任氏家族教化子弟、妇女颇有章法:“朔望日,聚子弟中堂,讲《孝经》《小学》,次日以《孝经》《女训》训妇女,紬绎毋惮劳。以故妇女毋私馈,毋私假,毋饰容观,毋适私室,以交勖礼义。或不终所天,毋再适,人称完节焉。其闲子弟之法,毋逐末,毋入城市,毋呰窳媮生,耕读外,惟学医济人,毋索谢。不能者,执百工之业,自食其力。毋废人,毋见尊长僭慢,毋口斥人,非其居室,分昭穆以环中堂,毋紊。”[②]

明清时期的河南,累世同居合爨受到官方旌表当然是众多家族梦寐以求之殊荣,然而不少中小力农之家面对地亩数量有限而后辈子孙人数不断增多、食指日繁(即生之者寡,食之者众)的现实,在数代同居后选择分家析产,让子孙各谋生计。即使是号称“素封”的殷实之家,也时常在同居合爨与分家析产之间摇摆。

清代豫西陕州张百朋家族世居侯家村,自高祖、曾祖以来家境殷实,号称“素封”。至乾隆朝其父灵园公时代,因总管合里粮项赔累甚多而家道中落,育有百朋等兄弟五人。待到兄弟们陆续长大成家、生儿育女,食指益繁,无力供给,无奈之下依照父命分炊谋食。百朋同原配张氏移家于莘原杜村,白手起家,择瘠土而处,张氏病逝后又与继配崔氏省吃俭用,逐渐过上了小康生活。[③] 由此

① 王兴亚等:《清代河南碑刻资料》第4册,(孟州)《杜正谊墓志》,商务印书馆2016年版,第214页。

② 王兴亚等:《清代河南碑刻资料》第3册,(偃师)《偃师市顾县镇民任天笃九世同居记》,商务印书馆2016年版,第69页。

③ 王兴亚等:《清代河南碑刻资料》第3册,(陕州)《大监元锡堂张先生暨德配崔张太孺人懿行序》,商务印书馆2016年版,第337页。

可见，从同居合爨到分家析产，一定程度上类似于新中国历史上从集体公社制到包产到户，细分生产单位，最大限度调动每户（每房）的谋生积极性。

清代道光朝伊川窦魁鼎，世居当地大安里。原系数世同居，家本殷富，分爨后稍苦不足，于是本人放弃仕进，躬身率领童仆力耕务农以求自给，而且侍奉父母“色养兼尽”。[①] 同县乾隆朝汪芸亭家族三代则时常在析产与同居之间摇摆。第一轮先是祖父时代三个大儿子分家，两个小儿子随父母同居，结果分家者生活拮据。缘其祖父有子五人，长子、次子、三子皆分居。四子凤龙（芸亭之父，复有六子，芸亭行三）、五子凤翔年纪较小，仍与父母同居，“其析居也，薄田敝庐，仅足以供膳粥、蔽风雨而已。而两先生一权子母，一善理家务，岁入常数倍，日积月累，遂致殷富”。第二轮是芸亭时吸收上辈教训坚不析产。原来叔父凤翔无子承嗣，遂过继芸亭为后。不久，父凤龙、嗣父凤翔相继去世，丧葬完毕，一众兄弟以食指日繁为由，提出分家析产，被芸亭正色喝止，“诸伯父以分居贫，吾家以同居富，此后车鉴也”。第三轮是芸亭诸兄弟年岁增长皆能自谋生计，在长兄提议下终究分家。其四弟文魁入武庠，五弟文宏成监生，六弟文韶补博士弟子，长兄已部选温州府乐清县丞，于是提议“吾弟勤劳有年，今诸弟俱已成立，力能持家，不如析之”。科地三千余亩，芸亭因承嗣叔父凤翔应独得一半，坚持不受，“皆同胞也，吾何忍独厚”，遂以五分均焉，邑侯李公旌其门曰“义士”。[②]

## 第三节 明代河南藩王家族兴衰与明朝政局

明朝定鼎之初，太祖朱元璋为实现江山永固，从现实政治出发并充分汲取历史经验且在蒙元宗王出镇制度基础上，逐渐探索建立了一套极具特色的宗藩

---

① 王兴亚等：《清代河南碑刻资料》第 3 册，（伊川）《雪庵窦公墓铭》，商务印书馆 2016 年版，第 295 页。

② 王兴亚等：《清代河南碑刻资料》第 3 册，（伊川）《汪芸亭先生墓表》，商务印书馆 2016 年版，第 296—297 页。

制度。[①] 从洪武三年(1370)起,陆续分封24个儿子就藩全国各地。藩王在各地享有尊崇待遇,授金册金宝,建造王府,王府配置官属,每岁俸禄在万石以上,其冕服、车旗、邸第规制仅次于皇帝,但是"分封而不锡土,列爵而不临民,食禄而不治事"。从明太祖朱元璋第一次分封诸子到崇祯末年的270多年中,先后有62名皇子被封为亲王,其中受封建藩就国的约有50个,多分布于河南、陕西、湖南、湖北、江西、山西、山东、甘肃、宁夏、四川、广西、浙江、云南等地。有明一代宗藩制度相与始终,对其政治、经济、军事、社会等各方面产生了深刻影响。[②]

河南位居天下之中,承东启西、汇通南北,历来是兵家必争之地,故有"得中原者得天下"之说。[③] 尽管自北宋后河南多遭兵燹之灾,政治、经济地位大不如前,但由于优越的地理位置,明王朝十分重视对河南的经营,河南由此成为有明一代分封藩王的重镇。在明朝270多年的历史中,先后有周王、唐王、伊王、赵

---

① 明太祖分封的总体原则是"分封而不锡土,列爵而不临民,食禄而不治事",具体制度包括:(1)子孙后代的传承等级。"皇子封亲王,授金册金宝,岁禄万石,府置官属。护卫甲士少者三千人,多者至万九千人,隶籍兵部。冕服车旗邸第,下天子一等。公侯大臣伏而拜谒,无敢钧礼。亲王嫡长子,年及十岁,则授金册金宝,立为王世子,长孙立为世孙,冠服视一品。诸子年十岁,则授涂金银册银宝,封为郡王。嫡长子为郡王世子,嫡长孙则授长孙,冠服视二品。诸子授镇国将军,孙辅国将军,曾孙奉国将军,四世孙镇国中尉,五世孙辅国中尉,六世以下皆奉国中尉。"并且,严格实行嫡长子继承制度。(2)宗室俸禄制度。俸禄以明洪武二十八年(1395)为准,"亲王万石,郡王二千石,镇国将军千石,辅国将军、奉国将军、镇国中尉以二百石递减,辅国中尉、奉国中尉以百石递减,公主及驸马二千石,郡主及仪宾八百石,县主、郡君及仪宾以二百石递减,县君、乡君及仪宾以百石递减。自后为永制"。(3)品级制度。洪武年间定制,亲王为一品,郡王为二品,镇国将军为三品,辅国将军四品,奉国将军五品,镇国中尉六品,辅国中尉七品,奉国中尉八品。明成祖朱棣靖难之役之后为笼络宗室,遂加镇国将军从一品,辅国将军从二品,奉国将军从三品,镇国中尉从四品,辅国中尉从五品,奉国中尉从六品。以上参见《明史》卷一百一十六《诸王列传四》、卷八十二《食货志六》等,另参司恒斌:《明代河南宗藩与地方社会》,福建师范大学2012年硕士学位论文,第9—10页。

② 张民服、徐晶:《明代河南宗藩浅述》,《商丘师范学院学报》2002年第1期;苏晋予:《河南藩府甲天下:明代河南藩王述论之一》,《史学月刊》1991年第5期;司恒斌:《明代河南宗藩与地方社会》,福建师范大学2012年硕士学位论文。

③ 例如,清初著名历史军事地理学家顾祖禹在其《读史方舆纪要·河南方舆纪要序》中有云"当取天下之日,河南在所必争",又云"河南阃域中夏,道里辐辏。……'……故自古号为天下之咽喉。'夫据洛阳之险固,资大梁之沃饶,表里河山,提封万井,河北三郡足以指挥燕、赵,南阳、汝宁足以控扼秦、楚,归德足以鞭弭齐、鲁,遮蔽东南,中天下而立,以经营四方,此其选矣"。参见〔清〕顾祖禹著,贺次君、施和金点校:《读史方舆纪要》,中华书局2005年版,第2083、2132—2133页。

王、郑王、卫王、秀王、崇王、徽王、汝王、潞王、福王等 12 个藩王分封于河南，其中除卫王外余者先后在河南就藩。而在河南就藩的 11 位藩王中，建藩时间超过百年者有 6 个（周王、唐王、伊王、赵王、郑王、崇王），其中周王府的存在时间更是长达 260 多年，几乎和整个大明王朝相始终。明代约有 50 个藩府，其中与明王朝共同告终的共有 28 个，河南就有 7 个（周王府、唐王府、赵王府、郑王府、崇王府、潞王府、福王府），占与明王朝共同告终的藩府总数的 25%。[①] 河南各地藩府林立，“中州地半入藩府”[②]。明代河南藩府数量之多、宗室人口之众、存在时间之长、影响力之广，是其他省份无法比拟的，无怪乎明人徐学谟感叹“是天下藩封之多，未有如河南者”[③]。宗藩是皇权在地方的延伸，相关藩王就藩河南后，以“天潢贵胄”身份不断递嬗衍化，成为有明一代河南地方特殊的家族群体并影响重大。

## 一、明代河南藩府分布概况

明代河南置承宣布政使司，其下共设有八府、一个直隶州、一个属州和九十六个县。其中，除归德府和汝州直隶州没有封王建藩外，其余七府都建有藩王府，其中开封府建有周王府和徽王府，汝宁府建有秀王府和崇王府，怀庆府建有卫王府和郑王府，河南府建有伊王府和福王府，卫辉府建有汝王府和潞王府。具体情况详见下表：

表 7-2 明代河南藩王分布概况表

| 始封王 | 身份 | 分封时间 | 封地 | 就藩时间 | 封除时间 | 备注 |
|---|---|---|---|---|---|---|
| 周王橚 | 太祖第五子 | 洪武三年 | 开封府 | 洪武十四年 | 明末 | 橚先封吴王，洪武十一年改封周王 |
| 唐王桱 | 太祖庶二十三子 | 洪武二十四年 | 南阳府 | 永乐六年 | 崇祯十四年 | |

① 司恒斌：《明代河南宗藩与地方社会》，福建师范大学 2012 年硕士学位论文，第 1 页。

② 〔清〕汪介人：《中州杂俎》卷一，民国十年（1921）安阳三怡堂排印本。

③ 〔明〕陈子龙选辑：《皇明经世文编》卷三百四十一，《题酌议宗藩事宜疏》。

（续表）

| 始封王 | 身份 | 分封时间 | 封地 | 就藩时间 | 封除时间 | 备注 |
| --- | --- | --- | --- | --- | --- | --- |
| 伊王㰘 | 太祖庶二十五子 | 洪武二十四年 | 河南府 | 永乐六年 | 嘉靖四十三年 | |
| 赵王高燧 | 成祖嫡三子 | 永乐二年 | 彰德府 | 洪熙元年 | 崇祯十七年 | |
| 郑王瞻埈 | 仁宗庶二子 | 永乐二十二年 | 怀庆府 | 宣德四年 | 崇祯中因罪封除 | 先封地为凤翔府,正统九年移怀庆府 |
| 卫王瞻埏 | 仁宗庶十子 | 永乐二十二年 | 怀庆府 | | | 未就藩，无子封除 |
| 秀王见澍 | 英宗庶五子 | 天顺元年 | 汝宁府 | 成化六年 | 成化六年 | 无子封除 |
| 崇王见泽 | 英宗嫡六子 | 天顺元年 | 汝宁府 | 成化十年 | 崇祯十五年 | 亡于李自成起义军 |
| 徽王见沛 | 英宗庶九子 | 成化二年 | 钧州 | 成化十七年 | 嘉靖三十五年 | 因罪封除 |
| 汝王祐梈 | 宪宗庶十一子 | 弘治四年 | 卫辉府 | 弘治十四年 | 嘉靖二十年 | 无子封除 |
| 潞王翊镠 | 穆宗嫡四子 | 隆庆五年 | 卫辉府 | 万历十七年 | 崇祯十七年 | 潞王常淓逃离卫辉后,顺治二年降清 |
| 福王常洵 | 神宗庶三子 | 万历二十九年 | 河南府 | 万历四十二年 | 崇祯十四年 | 李自成陷洛阳,常洵被杀 |

资料来源:司恒斌《明代河南宗藩与地方社会》,福建师范大学 2012 年硕士学位论文,第 11 页。

## 二、开封周王家族

在河南诸藩中,开封周王家族分封最早、衍化最众、影响最大。

**1. 第一代周王朱橚受封就藩**

明洪武三年(1370)朱元璋封五子朱橚为吴王,洪武十一年(1378)改封周王,洪武十四年(1381)就藩河南开封。洪武二十二年(1389)朱橚因擅自离开封地而获罪,被迁往云南,不久获准返回封地。建文帝削藩时被贬为庶人再次徙云南,明成祖朱棣即位恢复其爵位后再次回到封地开封。周王共历十一世十一王，世系递嬗依次是周定王朱橚、周宪王朱有燉、周简王朱有爝、周靖王朱子垕、周懿王朱子埅、周惠王朱同镳、周恭王朱睦㮮、周庄王朱朝堈、周敬王朱在铤、周端王朱肃溱、末代周王朱恭枵。崇祯十五年(1642)，李自成农民起义军围攻开封并以黄河水灌城，末代周王朱恭枵出逃彰德府后病死，周王府至此终结。后世周王子孙多分封于河南新安、永宁、汝阳、镇平、宜阳、遂平、封丘、罗山、内乡、胙城、原武、鄢陵、河阴、项城、颍川、临汝、沈丘、商城、柘城、修武、汝宁、彰德、仪封、洧川等地。[①]

**2. 后世周王家族不断衍化**

周王藩府是有明一代繁衍最多的藩府，号为“天下第一大藩”，明人王士性曾说：“周藩最为蕃衍”[②]。除 11 位亲王外，周王府于 264 年间共繁衍郡王 73 人，分别为汝南王、顺阳王、新安王、永宁王、汝阳王、镇平王、宜阳王、遂平王、封丘王、罗山王、内乡王、胙城王、固始王、原武王、鄢陵王、河阴王、项城王、泌阳王、颍川王、义阳王、汝阴王、临汝王、沈丘王、上洛王、鲁阳王、临湍王、堵阳王、河清王、新会王、义宁王、平乐王、崇善王、海阳王、定安王、曲江王、博平王、聊城王、汾西王、鲁山王、信陵王、邵陵王、莱阳王、东会王、富阳王、会稽王、浦江王、丽水王、应城王、益阳王、奉新王、南陵王、京山王、华亭王、宝坻王、汤溪王、瑞金王、商城王、临安王、柘城王、修武王、安吉王、汝宁王、彰德王、顺庆王、保宁王、仪封王、安昌王、遂宁王、洧川王、宁乡王、安乡王、永寿王、仁和王。整个明代各王府共封郡王 481 人，仅周王府一处就占郡王总数的 15%左右。[③] 据《如梦录》记载，即使到了明末开封仍有郡王府 40 余处。[④]

明代的开封，亲王府、郡王府及各种将军、中尉、仪宾府遍布城内各主要地段。嘉靖时，开封一城郡王 66 人，郡王子孙镇国、辅国、奉国将军，镇国、辅国、奉国中尉达 2244 人。其中镇国将军 180 人、辅国将军 464 人、奉国将军 690 人，镇国中尉 725 人、辅国中尉 185 人，无奉国中尉。郡主、县主及郡君、县君、乡

---

① 张民服、徐晶：《明代河南宗藩浅述》，《商丘师院学院学报》2002 年第 1 期。

② 王士性：《豫志》，转引自王晟：《明代开封周王府》，《河南大学学报(社会科学版)》1986 年第 1 期。

③ 司恒斌：《明代河南宗藩与地方社会》，福建师范大学 2012 年硕士学位论文，第 12—13 页。

④ 范沛潍：《周王与明代开封》，《史学月刊》1994 年第 4 期。

君、仪宾共2295人。[①] 据明人徐学谟统计,“周府宗仪众至五千余位,岁支禄银数至二十二万余两”。到了明朝末年,虽然在神宗时实行“限宫媵”,并规定“亲王无旁推之恩,群从继世者,郡封绝再袭之例”。除绝嗣、有罪削封者以外,汴城计有“七十二家王子”,将军、中尉、宗戚更众。加上宫眷、郡王、将军、中尉府人口,估计在两万人以上。若再加上侍从官员、护卫人员、服侍人役等,其规模更是不可胜数。而且相较而言,周藩一族超过了当时整个河南其他藩封的总和,即使在全国范围内而言也是藩王群体中子孙繁衍最为旺盛者。万历年间首辅申时行也不禁感叹“今天下宗室之多,无过周府”,明末清初作为大梁本地人的王紫绶亦曾感慨“天下藩封数汴中”。

**3. 王府建制及其对开封城市的影响**

王府仿照两京制度,位于开封城正北,向南通向南薰门,庄严肃穆,象征着它主宰开封甚至河南。王府建基于宋金故宫基础之上,包括内外两座城垣,由明初大将军、宋国公兼周王朱橚岳父冯胜督修于洪武十二、十三年间。明初距金亡只有一百余年,当年开封宋金皇宫的废苑残壁尚存,精巧合理的布局依稀可见。冯胜督修周王府时,巧妙利用了这些条件。王城“周围三里三百九步五寸,东西一百五十丈二寸五分,南北一百九十七丈二寸五分”。城高五丈,四周围以城壕。设有四座城门,正南端礼门“三瓮三开,金钉朱户,红花涂墙,立砖铺地”。王城外有九里十三步、高二丈九尺五寸的萧墙环绕,筑有午门、后宫门、东华门、西华门四门。王城内建有银安殿、存信殿、配殿、夜殿、白虎殿,还有东书堂和后宫。萧墙内左庙右社,又有内府官舍。同时,周王府中还有豪华的园林。此外,与王府有关的建筑还有位于街道上的王府牌坊及王府医官、王府冰窖、王府炭厂、王府官厂、王府避水楼、宗正府、宗学、高墙、香火院等。王府以及与之有关的建筑星罗棋布,形成开封城市建筑的一大特色。[②] 除周王府外,各个郡王府亦是“金钉朱户,琉璃殿宇,宫中皆有内景,郊外皆有花园”。各级王府的密集,大大刺激了开封戏曲、舞蹈的繁荣发展。明代著名文学家李梦阳诗中所说“空中骑吹名王过,散落天声满汴州”(《汴中元夕》),“齐唱宪王春乐府,金梁桥外月如霜”(《汴京元夕》),就是描写开封在月白霜清之夜演唱戏曲的盛况。当

---

① 范沛潍:《周王与明代开封》,《史学月刊》1994年第4期。

② 范沛潍:《周王与明代开封》,《史学月刊》1994年第4期。

时开封和金陵、云中并称全国北曲、软舞中心，而且这里的剧本、路歧散乐还流行到全国各地。①

周王府的建成，对开封城市布局产生了巨大影响。王府前的东西大街，东通曹门（东门），西通西门。以此街为标志，把开封城分割为南、北两部分，北部主要是周王府区，南、东、西三面组成居民区、商业区。王府正南大街直通南门，大体上成为开封城的中轴线。由于周王府居中、居北，造成开封城的南门不能与北门直通，成为"五门不对"的城市，城内也没有严格意义上的十字大街。②

**4. 周王府人才辈出，多贤明之士**

第一代周王朱橚好学，善吟诗作赋，曾作元宫词百篇，尤其在医药、植物学上贡献突出，其《救荒本草》在我国古代救荒著作史上具有里程碑意义。其子周宪王朱有燉博学善书，在杂剧创作中成就非凡，被誉为"明代杂剧第一人"。又如镇平王朱友爌好学，善于作诗，曾有诗文传世。南陵王朱睦楧敏达有识，曾上书进言宗室事务，多被采用。镇国中尉朱睦㮮覃精经学，是明代河南宗室中杰出的文人、藏书家、著书家、目录学家，被尊为"西亭先生"，并系周王府第一任宗正。但因周王府人口繁衍之盛，到明朝中后期宗禄多不能按时供给，造成周王府宗室多有不法行为，严重影响地方秩序。③

## 三、洛阳福王家族

福王虽然是河南众多藩府中就藩最迟者，然为害极大，一度引起整个明王朝的震动。

**1. 第一代福王朱常洵受封及世系递嬗**

朱常洵系明神宗朱翊钧第三子、明思宗朱由检叔父，第二代福王、南明皇帝朱由崧之父，神宗宠妃郑贵妃之子。万历二十九年（1601），朱常洵15岁即受封为福王，藩属洛阳，"以帝室至亲，享有大国，著声藩辅"。由于神宗宠爱郑贵妃，

---

① 王晟：《明代开封周王府》，《河南大学学报（社会科学版）》1986年第1期。
② 范沛潍：《周王与明代开封》，《史学月刊》1994年第4期。
③ 司恒斌：《明代河南宗藩与地方社会》，福建师范大学2012年硕士学位论文，第13页。

故对朱常洵疼爱有加,朱常洵虽受封福王然长期不就藩,一直在京城居住。万历四十二年(1614),28岁的福王朱常洵始就藩于洛阳。他在洛阳27年,倚仗皇恩,霸占良田沃土,除万历皇帝赐给他"庄田四万顷"之外,"中州腴土不足,取山东、湖广田益之",福王仍不满足,"又奏乞故大学士张居正所没产,及江都至太平沿江荻洲杂税,并四川盐井榷茶银以自益",并整日沉湎于声色犬马之中,"日闭阁饮醇酒,所好惟妇女倡乐",以致洛阳民众食不果腹、流离失所,天灾人祸,民不聊生。[①] 当时,洛阳民间盛传"皇帝耗天下以肥王,而洛阳福王富于皇上"。崇祯十四年(1641)正月,李自成率兵攻陷洛阳,火烧福王府,活捉朱常洵并将其处死。关于朱常洵尸首下落,长期以来稗史和民间传说有"福鹿宴"的说法,说是起义军将肥头大耳、重360余斤的福王与鹿肉一起煮食。然而,志、史两相印证事实并非如此。1924年出土的《大明福忠王圹志》[②]言及"崇祯十六年正月初八日,葬于邙山之原""祭葬从优,一切丧礼视诸藩倍"。《明史》又载福王被杀后,"两承奉伏尸哭,贼捽之去。承奉呼曰:'王死某不愿生,乞一棺收王骨,虀粉无所恨。'贼义而许之。桐棺一寸,载以断车"。以上互证福王被义军处死后尸体仍存,"福鹿宴"之说系属无稽之谈。[③]

明代洛阳福王家族历二世两人,即福忠王朱常洵及其子朱由崧,另有颍上郡王一位。朱常洵被杀两年后(1643),崇祯帝下诏令其子朱由崧袭封福王爵位。明崇祯十七年、清顺治元年(1644)五月,朱由崧在南京被拥立为帝,建立弘光政权,在位仅八个月。次年清军兵临江南,南京城门大开,朱由崧逃亡芜湖后被押往北京,翌年被清军处死。

**2. 洛阳福王府建筑格局**

福王府位于现在洛阳青年宫广场一带。东至原县前街,西至十字街北,南至察院街,北至莲花寺,四周丈高围墙,建有内宫、外宫,并建有四座府门楼,南有正华门,西有西华门,东有东华门,北有望京门。其建筑布局与北京皇宫相

---

① 〔清〕张廷玉等:《明史》,中华书局1974年版,第3649—3650页。

② 1986年,孟津县文管会征集到《大明福忠王圹志》一合,志高、广各79厘米,厚10厘米,楷书,21行,满行25字。四边线刻飞龙纹,撰文者为福王朱常洵之子朱由崧,盖为盝顶,篆书"大明福忠王圹志"。该志系1924年被盗出土,地点在孟津县南麻屯镇庙槐村南约500米处,现收藏于孟津县龙马负图寺。

③ 李献奇、张钦波:《明福王朱常洵圹志》,《中原文物》1987年第3期。黄明兰:《出土墓志与明藩洛阳王(下)》,《河洛春秋》2002年第1期。

仿,规模和豪华程度十倍于常制,在当时藩王府中首屈一指。清军占领洛阳后,对福王府内宫进行修建,改为河南府衙署。民国时期,系民国洛阳政府所在地,其间河南省政府曾两度在此办公。1949 年后,这里先后建成了青年宫、人民会堂等公共建筑。

需要说明的是,洛阳原有伊王藩府,第一代伊王朱㰘(明太祖第二十五子)始封于洪武二十四年(1391),永乐六年(1408)就藩。伊王家族历经伊厉王朱㰘、伊简王颙炔、伊悼王朱諟钒、伊定王朱諟銒、伊庄王朱訏淋、伊敬王朱訏淳、伊哀王朱典楧诸代。除亲王外,另繁衍郡王五位,分别是光阳王、方城王、西鄂王、万安王、安乐王。伊藩多出恶王,第一代伊厉王朱㰘好武,常纵马伤人,为害一方,其子伊简王朱颙炔亦时常纵容府中人员为害地方。最后一代伊王朱典楧更是因为淫暴导致民怨沸腾,于嘉靖四十三年(1564)被削除爵位,禁锢高墙,其余家属安置开封。福王就藩洛阳,府邸就是在原伊王府基础上扩建而成的。[①]

## 四、南阳唐王家族

南阳古称“宛”,是豫西南的政治、经济、文化中心,西通关中,东达江淮,南蔽荆襄,北控汝洛,自古为交通要冲、军事重镇。明兴之初就将南阳设为重藩。洪武二年(1369)在南阳设卫,洪武四年(1371)置南阳卫指挥使司(隶属河南都指挥司),从此南阳成为“北拱神京”的南都屏障。20 年后,明太祖朱元璋又分封唐定王朱桱于南阳,意在通过子孙世代霸居,以达永久统治之目的。

**1. 第一代唐王朱桱受封就藩及世系递嬗**

唐王朱桱,明太祖朱元璋庶二十三子,洪武二十四年(1391)受封,永乐六年(1408)就藩南阳府,永乐十三年(1415)薨。崇祯九年(1636)唐王朱聿键因倡议勤王,被降罪废为庶人并幽禁凤阳,由其弟朱聿𨱇继承唐王位。崇祯十四年(1641)李自成攻陷南阳,末代唐王朱聿𨱇被杀,明代唐藩在南阳的统治宣告结束。崇祯十七年(1644)福王朱由崧称帝后,赦免朱聿键。朱聿键后被郑鸿逵、郑芝龙、黄道周等人拥立于福州称帝,年号隆武,最终兵败死于福州。朱聿键称

① 司恒斌:《明代河南宗藩与地方社会》,福建师范大学 2012 年硕士学位论文,第 14 页。

帝后曾封其弟朱聿鐭为唐王，朱聿鐭后在广州被杀，唐藩宣告彻底灭亡。

明代唐藩在南阳共历九世十一王，统治南阳长达230余年之久。唐王世系递嬗如下：唐定王（朱桱）—唐靖王（朱琼炟）—唐宪王（朱琼烴）—唐庄王（朱芝址）—唐成王（朱弥鍗）—唐敬王（朱宇温）—唐顺王（朱宙栐）—唐端王（朱硕熿）—唐王（朱聿键）—唐王（朱聿鐭）。[①] 除亲王外，唐藩共繁衍16位郡王，分别是新野王、三城王、新城王、汤阴王、承休王、淅阳王、文城王、郾城王、卫辉王、福山王、清源王、安阳王、宝庆王、永兴王、永寿王、德安王，多封于河南的新野、汤阴、郾城、卫辉、安阳等地。

**2. 王府建制及其对南阳城市的影响**

唐王府[②]始建于朱桱就藩之前的永乐二年（1404），地址在南阳城内通育街（今和平街），由南阳卫改建而成，在南阳城中布局相对独立。王府城高两丈九尺，城周三里三百九步五寸，东西一百五十丈二寸五分，南北一百九十七丈二寸五分。有高大的四城门，南曰"端礼"，北曰"广智"，东曰"体仁"，西曰"遵义"。王府城内亲王居住的正殿，基高六尺九寸，前殿名"承运"，中殿名"圜"，后殿曰"存心"，后面还有前、中、后三套宫室各9间，99间厢房分列宫门两侧，再加上典籍所、典膳所、仪卫司、堂库等附属机构，总计宫殿屋室800余间，总面积占整个南阳城的四分之一以上。[③] 需要特别说明两点：其一，王府没有萧墙。明代的西安秦王府、太原晋王府、北京燕王府、开封周王府、成都蜀王府等都设有萧墙、砖城两重城墙，而南阳唐王府以及襄阳的襄王府、大同的代王府等并没有设置完整的萧墙。其二，王府规模较小。王府规模为东西约230米（合明代72.1丈），南北约390米（合明代122.3丈），占地面积约合明代147.6亩，不到规制中亲王宫城大小的三分之一。以上两个特点，究其根源，客观上受限于明代南阳城池狭小，城内用地紧张。明初修筑的南阳城周长约为六里二十七步，规模甚小，为河南布政司属下八座府城中城池规模最小的一座。如果按照明代亲王府宫城尺度来修建唐王府，其规模当东西150丈2寸5分（合300步2寸5分），南北190丈2寸5分（合1里20步2寸5分），面积约492.6亩，用地大小接近

---

① 〔清〕张廷玉等：《明史》，中华书局1974年版，第2805—2808页。

② 清代唐王府改为南阳府学，至今保留有府学大成殿，现在王府唯一遗存是后花园的假山，俗称"王府山"。

③ 任义玲：《明代南阳的唐藩及相关问题》，《中州今古》2001年第4期。

明代南阳城城池的一半,若居中布置,几乎占据了整个城池,所以最终王府只是在原南阳卫的基础上扩建,占地面积不到定制的三分之一。然而,更深刻的政治背景在于明洪武朝分封亲王的王府基址规模,随分封时间的先后呈现出减小的趋势。①

随着唐王子孙的递嬗繁衍与袭封,郡王、公主的府邸不断增加与扩延,使得本来不大的南阳城更加拥挤。据光绪年间《南阳县志》记载:"世以嫡长袭而封,诸子为郡王,亲王岁禄万石,府置官属、护卫万人,备非常冕服、车旗,邸第下天子一等,郡王皆居同城,不之封,故南阳城中邸第相望,将军中尉百数,宗室半居民。"为了保持王城严整肃穆的布局与氛围,南阳城内普通百姓的日常活动空间受到严重排斥与压制,到了明代中后期,随着人口的增长、商业贸易的发展,南阳城内及其周边居民的日常活动范围出现逐步向城外迁移的趋势。②

**3. 南阳紫山唐王家族陵园**

明代唐王家族的墓葬群位于南阳城北紫山南麓,当地人习惯称之为"朱王坟"。相传紫山是南阳的"地气"所在,而"紫气"又是吉祥如意之象征。此外,紫山是众河之源,南阳白河水系均发源于紫山之麓,故有源源不断福荫后代之意蕴。因此,唐王家族将紫山视作风水宝地,修建王府陵园,从而使紫山阳坡成为其家族墓地。《明一统志》言及"唐定王墓、唐靖王墓、唐世子墓俱在府城北紫山",《明嘉靖南阳府志校注》亦载唐王府的定王、靖王、宪王、庄王、顺王、成王、端王、裕王等诸王墓均在紫山。明代藩王陵墓的建造规模巨大,格式也极其讲究,尤其是明永乐八年(1410)为唐定王朱桱建造的陵墓规模最大。③ 据《明会典》记载:定亲王坟墓有享堂7间,广10丈9尺5寸,高2丈9尺,深4丈3尺5寸;中间3间,广4丈5尺8寸,高2丈1尺,深2丈5尺5寸;外门3间,广4丈1尺9寸,高深与中门同。另有神厨5间,神库、东西厢及宰牲各3间。另设焚帛亭方7尺,高1丈1尺;祭器亭方8尺,高于焚帛亭;碑亭方2丈1尺,高3丈4尺5寸。围墙长290丈,墙外建奉祠等房舍12间。唐王祭祖时相当隆重,相传每年清明时有无数船只满载供品,沿梅溪逆流而上,两岸拉船纤夫号声不绝,南

---

① 李炎:《明代南阳城与唐王府初探》,《华中建筑》2010年第5期。

② 李炎:《明代南阳城与唐王府初探》,《华中建筑》2010年第5期。

③ 任义玲:《明代南阳的唐藩及相关问题》,《中州今古》2001年第4期。

阳百姓也将此视作一大景观争相观看。[①]

## 五、卫辉潞王家族

### 1. 第一代潞王朱翊镠受封就藩及世系递嬗

朱翊镠是神宗万历皇帝朱翊钧唯一的同母兄弟。生于隆庆二年(1568),四岁即册封为潞王,由于深受李太后宠爱居京师20年,万历十七年(1589)始就藩卫辉府[②],死于万历四十二年(1614),谥号"简",故称潞简王。朱翊镠既是穆宗时代唯一封藩之王,又是万历皇帝唯一同胞之弟,因而备受两代皇帝恩宠,其权势地位特别显赫,婚丧嫁娶、土地财产亦格外丰盛,并多有逾制。婚娶方面,《明神宗实录》引《大明会典》载,"亲王定亲礼物,金止五十两,珍珠十两"。而潞王定亲时,"除金花银五百万外,增进过买办金珠银九十万两",婚娶之时又要"各色金三千八百六十九两,青红宝石八千七百块,各样珍珠八万五千余颗,珊瑚珍珠二万四千八百余颗",逾制岂止千倍!土地财产方面,潞王当时拥有四万多顷土地,主要分布在河南卫辉、怀庆、开封,湖广承天、德安、黄州、汉阳、荆州、武昌等九府二十五个州县。[③] 潞王是明代占地最多的藩王,从而使以前景王所开的"掠田恶例"在潞王时期进一步扩大,并被后来的福王、瑞王、惠王、桂王等人依照延行,致使明后期统治者已陷入绝境的财政、宗室禄给等各种危机加剧,更加激化了明朝末期的阶级矛盾和社会矛盾,同时也加速了朱明王朝倒台的进程。

潞藩传两代,简王朱翊镠死后由其子朱常淓嗣位,于万历四十六年(1618)袭封并藩居卫辉府。朱常淓享受地位、特权和其父基本相同,但他一生风尚高

---

① 任义玲:《明代南阳的唐藩及相关问题》,《中州今古》2001年第4期。

② 卫辉府治所在地为汲县(今卫辉西南),所辖范围大致为今河南新乡与鹤壁。

③ 据《明神宗万历实录》《康熙荆州府志》《顺治孝感县志》《康熙武昌府志》《康熙开封府志》《康熙汲县志》等文献统计,转引自傅山泉:《两世明藩潞王的生活环境及思想差异》,《河南师范大学学报(哲学社会科学版)》1997年第6期。

雅,“习文翰、嗜古玩、通释典”[①],与其父简王有着较大的区别。清军入关后,朱常淓曾随军南渡流寓杭州,时值弘光帝被清军俘获之际,他被马士英等人拥戴监国并与清军和谈。后被清军押送入京,因“金印案”被杀于北京,潞藩宣告终结。此外,潞藩有一位郡王即长垣王。

**2. 潞王府建筑**

潞王府坐落于汲县城东半部,整个王府建筑群规模宏大、雄伟壮丽。王府方圆三里,墙高三丈。宫殿巍峨,红墙绿瓦,飞檐翘角,雕梁画栋,约140余座。在庞大的潞王府内属有三司六部及珍宝库等十几个机构为其服务。[②] 据史料记载,建造潞王府的预算为六十七万七千八百两白银[③],而所需石料皆采自湖广、四川等地,所用人工众多,并且“拆儒学,并民居,拓城池”。当时河南巡抚臧惟一出于无奈,不得不奏请河北道参戴光启改驻卫辉,以完成潞王府的建造工作。[④]

**3. 潞简王陵墓**

潞简王陵墓现坐落于河南省新乡市北郊凤凰山南麓,是我国目前保存最好、占地面积最大的明代藩王陵墓,系全国重点文物保护单位。它由东墓区(潞简王墓)、西墓区(次妃赵氏墓)和神道三部分组成,共占地四百余亩。其整体建筑几乎全部采用青石和白石,被当地百姓称为“中原石头城”。其建筑形式之恢宏同北京十三陵之定陵(神宗万历皇帝之墓)相仿,营造布局大大突破了制度等级森严的明王朝陵寝规定,尤其值得注意的是神道两旁石兽的数量。按照明代

---

① 朱常淓是明代杰出的音乐家和书法家。他在绘画、音律、书法等方面造诣颇深,有作品流传至今。清人徐鼎赞颂他“工书画,好古玩,通释典……素有贤声”。他编纂有《古音正宗》一书,且制琴数百,所制之琴被称为“潞琴”。其书画作品也颇有名气,今卫辉尚存《月外兰》图刻石,画中兰草用笔与造型很有功力。另外,乾隆《汲县志·艺文》中辑有朱常淓所撰《述古书法纂序》,是他辑录前人书法成果的一部著作。详参傅山泉:《两世明藩潞王的生活环境及思想差异》,《河南师范大学学报(哲学社会科学版)》1997年第6期;傅山泉:《论二世潞王朱常淓的文化成就及其影响》,《新乡师范高等专科学校学报》2001年第4期。

② 傅山泉:《两世明藩潞王的生活环境及思想差异》,《河南师范大学学报(哲学社会科学版)》1997年第6期。

③ 另一说为白银40余万两,参见傅山泉:《两世明藩潞王的生活环境及思想差异》,《河南师范大学学报(哲学社会科学版)》1997年第6期。

④ 吴志远:《从潞王就藩河南看宗藩的危害》,《郑州航空工业管理学院学报(社会科学版)》2009年第2期。

皇陵规制,帝王陵前应设置石兽六种,如朱元璋在南京的孝陵、朱棣在北京的长陵,都只列狮、麟、象、驼、獬、马六种石兽。但是潞简王的王陵神道两旁石刻仪仗群共设石兽十四种,不但远远超过了祖制,同时也是秦汉以来历代帝王寝陵镇墓瑞兽的大集合,为潞王陵所独有。此外,地宫的门钉也采用了九路,即九纵九横共计八十一颗,亦是中国封建社会门户装饰中的最高规格。① 1998 年,王陵已经被辟为新乡市潞简王墓博物馆。

## 六、沁阳郑王家族

**1. 第一代郑王朱瞻埈受封就藩及世系递嬗**

永乐二十二年(1424),明仁宗庶二子朱瞻埈被封为郑王,宣德四年(1429)就藩凤翔府。正统九年(1444)移居河南怀庆府②,正式在河南建藩。郑王世系历经郑靖王朱瞻埈、郑简王朱祁锳、郑康王朱祐枔、郑懿王朱祐橏、郑恭王朱厚烷、郑靖王朱载玺等。崇祯年间郑世子朱翊钟因罪赐死,国除。除亲王外,郑藩共繁衍 14 位郡王,即新平王、泾阳王、朝邑王、孟津王、东垣王、河阳王、信阳王、宜章王、繁昌王、庐江王、丹阳王、真丘王、德庆王、崇德王。

**2. 郑藩家族中的天潢异人**

郑藩第五代郑恭王朱厚烷世子朱载堉(谥号“郑端清世子”),是明代著名的律学家、历学家和数学家。据清代康熙三十二年(1693)《河内县志》记载:“朱载堉儿时即悟先天法,稍长,学无师授,辄能累黍辨黄钟。”他年轻时就立志要“述家学,承父志”,后在父亲和外舅祖何瑭熏陶教育下,精心研究学问。最终,其发现的十二平均律堪称音乐学和音乐物理学的一大革命,也是世界科学史上的重大发明,为近代音乐的发展奠定了坚实基础。此外,他历经十五年七次上疏“让国”的事迹,亦在明代宗室和民间传为佳话。

需要说明的是,明代分封到怀庆府的藩王还有卫王朱瞻埏,明仁宗庶十子,

---

① 吴志远:《从潞王就藩河南看宗藩的危害》,《郑州航空工业管理学院学报(社会科学版)》2009 年第 2 期。

② 怀庆府治河内县(今河南沁阳),明清时期所辖范围约为今河南省焦作市、济源市和新乡市的原阳县所辖地域。

永乐二十二年(1424)封,孝谨好学,以贤良闻名。然幼年多病,未及就藩,于正统三年(1438)薨,无子,国除。卫王是封藩河南中唯一一个建府未就藩的藩王。

总之,有明一代尤其是明代中后期,河南藩王家族林立,大量王府、王陵的修建,加之王府平时的衣食供给,成为中原地区平民百姓挥之不去的沉重负担。而且,就藩河南的各个宗藩家族凭借“天潢贵胄”的特殊身份,横行乡里,肆无忌惮,严重扰乱了河南地方正常的政治秩序。官员处理相关案件时,时常处于两难境地并选择保持沉默,即使有挺身而出为民伸张正义者,最后也常因得不到君上支持而以失败告终。此外,宗藩还凭借特权渗透到地方日常的工商业活动中,使得本已不堪重负的百姓生活雪上加霜。同时,也有少部分河南藩王家族成员如朱橚、朱常涝以及朱载堉等,不甘沉沦,风尚高雅,潜心文艺音律,从而成为明代历史上不同寻常、璀璨夺目的“天潢异人”。

## 第四节　明清时期河南主要科举家族

科举制度是隋唐以来中国封建社会选拔人才、任用官员的基本途径,它与君主专制制度、官僚体制相互表里,共同构成中国古代社会的基本政治制度。科举家族,指在传统宗法社会和科举制度之下,世代聚族而居、从事举业人数众多、多人取得举人或者五贡以上功名,抑或有两名及以上进士,在全国和地方有重要影响的家族。[①] 隋唐科举制度的确立,加之隋末农民战争对世家大族的有力冲击,使魏晋以来盛极一时的门阀地主走向灭亡。宋元时期,以“敬宗收族”为目的的家族组织广泛存在,至明清时期逐渐形成了遍布全国各地的科举家族。

---

① 五贡,即岁、恩、拔、优、副五种贡生,是经过地方府州县学选拔或各种考试,取得进入京城国子监读书资格的生员。这里,“科举家族”的概念主要参考张杰先生的表述,尤其是多人“取得举人或者五贡以上功名”这一核心标准。同时,参阅其他研究科举家族的论著,发现为了具体统计的便利,也多采用“拥有两名及以上进士”的标准。因此,本节“科举家族”的概念将两个标准都列出来。张杰:《清代科举家族》,社会科学文献出版社 2003 年版,第 24 页。

## 一、明清时期河南科举进士及其家族的整体分布特征

在明代 89 次会试、殿试中,河南共取中 1690 名文进士。在八府、一直隶州(合有 108 县)中,进士人数居前五位的是开封府、汝宁府、河南府、归德府以及南阳府。这些地区不仅进士基数大,而且拥有一甲五名,其中两名状元均为开封府杞县人。榜眼两人,南阳府新野人马之骦于万历三十八年(1610)考中,信阳人何瑞徵于崇祯元年(1628)考中。探花一人,开封府祥符县人邢一凤于嘉靖二十年(1541)考中。①

有清一代,自顺治三年(1646)丙戌科始至光绪三十年(1904)甲辰恩科止,共举行文科常科考试 112 次,总计 112 科 114 榜 26849 名进士,其中河南共取中进士 1701 名,约占进士总数的 6.34%。除去河南各卫所进士 13 人,清代河南各府(州)进士共计 1688 人,府(州)平均进士数约 130 人。在区域分布方面,各府(州)中位列前四名的是开封府、归德府、光州直隶州、怀庆府。上述四府(州)进士总数占清代河南进士总数的 56.79%,可以说是清代河南科甲最鼎盛的地区。② 据统计,清代河南有 39 个科举家族(拥有 2 名及以上进士),其中排名前四的是开封府、光州、归德府、怀庆府,这 4 个府(州)同时也是拥有科举大家族(拥有 5 名及以上进士)最多的地区。③ 就各州县(厅)而言,进士数量居前十位的依次为祥符县、河内县、睢州、商丘县、固始县、商城县、洛阳县、光州直隶州、夏邑县和光山县,约占河南进士总数的 35.27%。

由此可见,明清两代河南进士及相关科举家族分布具有明显的不均衡性和集聚特征,多集中于各级官署驻地、靠近河流或者其他在地理交通上有优势的地区,抑或人文积淀深厚、教育环境良好的地区,而且三者之间多有重合。总体说来,影响区域进士群体基数以及科举家族数量的因素包括以下几个方面。

其一,政治方面,省、府衙署驻地进士基数及科举家族数量高度集聚,而且

---

① 据《明清进士题名碑录索引》及《河南通志·选举志》(乾隆元年本)等统计,转引自赵广华:《明代河南科举与人才的消长》,《河南大学学报(社会科学版)》1992 年第 1 期。

② 程伟:《清代河南进士地理分布特征及其成因》,《教育评论》2014 年第 10 期。

③ 方芳:《清代科举家族地理分布的特点及原因》,《济南大学学报(社会科学版)》2009 年第 5 期。

往往和自然地理优势、人文教育优势多有交叉。以政治考量为出发点的科举制度,旨在为治理国家的官僚体系提供相应的后备人才。故而进士数量在地理格局上的分布,也必然折射出相应区域的政治层级。明清两代河南皆以开封为首府,其进士群体基数和科举家族数量在省内一直遥遥领先,占据绝对优势。各个府级行政区内,首县(府治所在地)的进士数量往往占极大比例,显示出政治地位对文化发展的深刻影响。在同一个府级行政区下,进士数量分布呈现相应的聚集,即以治所为中心,周围县逐渐减少。[①] 清代河南 13 个府(州)中,就有 8 个府治所在地是该府进士数最多的州县(厅),包括开封府的祥符县、怀庆府的河内县、归德府的商丘县、河南府的洛阳县、光州直隶州、彰德府的安阳县、南阳府的南阳县以及汝州直隶州等,清代河南科甲十强县中一半是各府(州)治所所在地。这些地方不仅拥有丰富的社会公共资源,而且便于获得相对快捷有效的信息资源,这恰恰是科举应考所必需的条件。这一点尤以河南通省首县祥符县最为典型,作为明清两代河南省治和开封府治所在地,仅清代就取中 149 名进士,占全府进士总数的 43.44%,远超全省其他各州县。在明清时期科举制度从属于中央集权政治制度的大背景下,某一政区行政等级和地位的高低,直接决定了地方进士数量的多少,这也充分反映了科举制度的政治和行政意义。

其二,自然地理方面,科举家族往往集中于大河沿岸、平原地区以及其他地理优势突出的区域。这些地区地势平坦,交通便利,土地肥沃,商品经济较为发达,如黄河沿岸的开封府系“天下之冲,四通八达之郊。舟楫车马,商贾辐辏,为一大都会”,地处豫东平原的归德府“南控江淮,北临大河,徐城距其东,汴国连于右”。可见,科甲鼎盛与其优越的地理环境大有关联。而陕州、南阳、汝州三府(州)地处豫西和豫西南地区,多山地,土地贫瘠,交通不畅,信息闭塞,在一定程度上影响了当地科甲的兴盛。如地处豫西南的淅川县,地势险要,山峦起伏,使该县“秋榜久虚,士林减色”,终清一代竟无一进士取中,无怪乎该县县志亦感

① 武强:《基于空间计量方法的明清时期河南进士地理格局演变分析》,《中国历史地理论丛》2016 年第 3 期。程伟:《清代河南进士地理分布特征及其成因》,《教育评论》2014 年第 10 期。

慨“人文之盛衰或关乎地运”。①

参照谭其骧主编的《中国历史地图集》(第八册),清代河南进士集中分布于黄河沿岸的开封府、怀庆府、河南府和卫辉府,豫东平原的归德府和淮河沿岸的光州地区,其次是豫北的彰德府和豫东的陈州府。与此相对,豫中南的许州、汝宁府进士数相对较少,豫西及豫西南的陕州、汝州和南阳府进士数最少。② 就全国而言亦是大体如此,清代江苏科举家族几乎都分布在长江以南和长江以北的沿运河一带;浙江几乎都是在浙北杭州湾一带;四川除首府成都外,也均沿长江分布;湖北亦是主要沿长江分布;山西除了南部沿黄河分布外,其余科举家族几乎都是沿汾河分布。③

其三,物质支撑方面,区域经济发展水平一定程度上影响河南各府(州)进士数量,然而并非决定性因素。恩格斯指出:“每一历史时期主要的生产方式与交换方式以及必然产生的社会结构是该时代政治和精神的历史所赖以存在的基础。”④而且,士子读书应考是一项历时几十年、耗资巨大的事业,需要相当的经济基础,区域经济发展水平在一定程度上影响了进士的地理分布。譬如,分析嘉庆二十五年(1820)河南各府(州)额征田赋数,发现进士群体较为集中的开封府、怀庆府、河南府、卫辉府、彰德府均是清代河南经济发展水平较高的地区,无论从户均纳银数还是亩均纳米数来看均位居前列。然而需要特别注意的是,经济发展水平并不是进士取中数量的决定因素,两者之间并不存在必然的因果关系,典型例证是光州、归德府及陕州额征田赋数与其进士数之间的关系。光州和归德府拥有的进士总数名列前茅,然而光州户均纳银数却跌落榜尾,归德府户均纳银数和亩均纳米数都处于相对靠后的位置。陕州虽然户均纳银数

---

① 〔明〕《嘉庆重修一统志》卷一百九十一,《开封府·形势》,中华书局 1986 年版,第 9131 页。〔明〕李嵩等:《归德志》卷一《舆地志·形胜》,嘉靖刻本。〔清〕徐光第修,王官亮纂:《淅川厅志》卷三《选举志》,成文出版社 1976 年版,第 477 页。转引自程伟:《清代河南进士地理分布特征及其成因》,《教育评论》2014 年第 10 期。

② 程伟:《清代河南进士地理分布特征及其成因》,《教育评论》2014 年第 10 期。

③ 方芳:《清代科举家族地理分布的特点及原因》,《济南大学学报(社会科学版)》2009 年第 5 期。另一方面,清代科举家族在山东、安徽、江西中北部和直隶(今北京、天津、河北)的分布则相对比较均匀。

④ 《共产党宣言》1888 年英文版序言,转引自赵广华:《明代河南科举与人才的消长》,《河南大学学报(社会科学版)》1992 年第 1 期。

高居第二名,取中的进士总数和其隶属的州县(厅)均进士数却在倒数之列。①

其四,人文积淀、教育环境方面也是影响明清时期进士数量及其家族分布的重要成因。科举的目的在于取士,教育的目的在于养士,取士与养士互为依存、相互影响。教育环境是影响进士地理分布的内在因素,包括社学、私塾、府州县学以及各级书院的规模与质量。据《河南通志》统计,科甲文风较为兴盛的开封、怀庆、河南、卫辉、彰德各府,其社学和义学总数分别为 16 所、26 所、28 所、25 所、24 所。而科甲相对落后的南阳、汝宁、汝州、陈州、许州,其社学和义学总数分别为 14 所、15 所、8 所、8 所、13 所。② 由此可见,社学和私塾的教育规模和质量在某种程度上影响了清代河南进士地理分布特征的形成。

在此基础上,清代各府州县学(通称"儒学")作为地方官学,在教学和考试方面基本上科举化。因此,各府(州)儒学发达与否势必对清代河南进士地理分布产生影响。清代河南儒学规模较大的府如开封、卫辉、河南、归德、彰德、怀庆等地,取中进士数相对较多,而儒学规模较小的府如陈州、许州、汝州、陕州,取中进士数相对较少。同时,进士数量亦取决于各地儒学教育的质量。如光州儒学生员仅 75 名,其进士数却位居第三名;而南阳府和汝宁府儒学生员分别为 201 名、149 名,位居各府(州)儒学规模前列,但进士数却处于相对靠后的位置。此外,随着明清以来书院官学化程度逐渐加深,地方书院发达与否势必影响当地科甲文风之兴衰,有学者统计归纳了清代河南各府书院数量与进士数量的相关性,发现两者相关系数高达 0.8935,同时又受到办学时间、占地面积、院舍、经费、藏书等具体因素的影响。③

## 二、明清时期河南首府开封众多科举家族

开封是明清两代河南布政司、河南巡抚衙署所在,是为河南首府,并且是明代周藩驻地,经济文化发达。明代开封府进士数量占全省的三分之一,而且明

① 程伟:《清代河南进士地理分布特征及其成因》,《教育评论》2014 年第 10 期。

② 〔清〕王士俊修:《河南通志》卷四十三《学校下》,文渊阁《四库全书》版。

③ 程伟:《清代河南进士地理分布特征及其成因》,《教育评论》2014 年第 10 期。

代河南的 2 名状元[①]均出自开封府治下(杞县),清初王士禛曾将此作为“谈异”记录下来。[②]

### (一)明代祥符县进士家族

明代祥符县是河南通省首县,既是河南布政司所在地又为开封府府治所在地,经济发达、文化昌盛,进士数量居全省之冠。经考订,明代祥符县有文、武进士 142 名左右,其中文进士 128 名左右。如果将拥有 2 名及以上进士的家族定义为进士家族,则涉及 9 个家族、22 人,居全省之冠,并且涌现出李梦阳、何景明、王廷相等杰出文学家。到了清代,祥符县取中 149 名进士,占开封府进士总数的 43.44%,远超全省其他州县。[③]

表 7-3　明代祥符县进士家族表

| 科次 | 姓名 | 家族关系 |
|---|---|---|
| 景泰五年(1454)甲戌 | 王　豫 | |
| 成化十四年(1478)戊戌 | 杜　明 | |
| 成化二十三年(1487)丁未 | 王　纬 | 王豫之子 |
| 弘治九年(1496)丙辰 | 李　钺 | |
| 正德三年(1508)戊辰 | 杜　昌 | 杜明之子 |
| 正德九年(1514)甲戌 | 郭凤翱 | |
| 正德十二年(1517)丁丑 | 李　惠 | 李钺之子 |
| | 李士允 | |
| 嘉靖二年(1523)癸未 | 高叔嗣 | |
| | 王　琇 | |
| 嘉靖五年(1526)丙戌 | 高仲嗣 | 高叔嗣之兄 |
| | 郭凤仪 | 郭凤翱之弟 |
| 嘉靖十四年(1535)乙未 | 李　蓁 | 李士允从子 |
| 嘉靖二十六年(1547)丁未 | 郭　中 | 郭凤翱之子 |

① 即明朝景泰五年(1454)甲戌科的孙贤和崇祯七年(1634)甲戌科的刘理顺。

② 参见〔清〕王士禛著,靳斯仁点校:《池北偶谈》,中华书局 1982 年版,第 596 页。转引自武强:《基于空间计量方法的明清时期河南进士地理格局演变分析》,《中国历史地理论丛》2016 年第 3 期。

③ 程伟:《清代河南进士地理分布特征及其成因》,《教育评论》2014 年第 10 期。

（续表）

| 科次 | 姓名 | 家族关系 |
|---|---|---|
| 隆庆二年(1568)戊辰 | 王中逵 | 王琇之子 |
| | 杨时宁 | |
| 万历二年(1574)甲戌 | 杨时馨 | 杨时宁之弟 |
| | 杨四知 | 杨时宁之子 |
| 万历八年(1580)庚辰 | 张有德 | |
| 万历二十年(1592)壬辰 | 张同德 | 张有德之弟 |
| 万历二十六年(1598)戊戌 | 王正志 | 王琇之孙,王中逵之子 |
| 天启四年(1624)乙丑 | 张元佐 | 张有德之子 |

数据来源:《祥符县志》《开封府志》《河南通志》《鄱阳县志》等,转引自王上刚:《明代祥符县进士考论》,河南大学2012年硕士学位论文,第63—64页。

时间方面,明代祥符县9个科举家族中最早的为王豫家族,王豫于景泰五年(1454)甲戌中进士。最晚者为张有德家族中的张元佐,于天启四年(1624)乙丑中进士。明代祥符县进士家族集中出现于明代中期,前后共持续170年,其前期的86年和明代末期的20年共计106年间均无进士家族出现。

代际方面,明代祥符县9个科举家族主要分为上下代和同代两种,其中单纯涉及上下代关系者5家(王豫、杜明、李钺、李士允4家为父子两代,王琇为祖孙三代),单纯涉及同代者2家(高叔嗣、杨时宁),同时涉及上下代、同代者2家(郭凤翔、张有德)。无论是何种类型,其形成过程多有共同之处。一方面取决于家族禀赋遗传的条件,然而这仅仅是部分外因。那些父子、兄弟先后金榜题名的家族,更多是由于父子、兄弟之间一人先中进士、光耀门楣,对后来者形成巨大的示范带动效应,并造成一定甚或是较大的心理压力。比如高仲嗣,在弟弟高叔嗣中进士之后,他本人在受到巨大鼓舞之余,作为兄长必然也要承受巨大的压力。同理,杨时宁的成功之于其弟杨时馨、其子杨四知也是双重影响。这种双重影响也在很大程度上成就了祥符县进士家族的马太效应,即进士家族造就下一位进士的概率更高,正所谓"龙生龙,凤生凤,老鼠生儿会打洞"。最典型者莫如祖孙三代皆进士的王琇家族:

王琇,字元玉,祥符人。宣武卫籍,生而能言,既长无书不读,师事李梦阳,而与高叔嗣友。嘉靖癸未举进士,累官南台御史,迁武德。道贼曹获二道群盗劫之,杀贼曹,琇捕得群贼尽毙杖下。胡守忠弃媚得幸世庙,先是守忠过琇据上坐,琇恚而绝之,由是憾琇。世庙南巡过武定为守忠所绐廷杖,遂病,寻迁天津道,卒于官。琇性廉介,居官十六年,篚中赢金三斤,付长子为业。病革谓家人曰:诸属尚有羡锾,我死慎无利之。既卒,郡使来馈诸子竟弗受,子中逵另有传。①

王中逵,字道卿,祥符人琇子。九岁孤家贫受学于兄,举隆庆戊辰进士,授山东黄县知县……子正志另有传。②

王正志,字淑明,黄县令中逵子。举万历戊戌进士,授陕西富平县知县,为治明肃,邑中权贵及大猾皆心慑,不敢犯……正志读书不辍,著有定性诸书,系三年卒。法郡守刘某欲宽之,令持资谒,正志卒不受。人有过面折亡所容读书至忠臣烈士即泣下,私心向之,其志操坚定,皆由学问中出,所谓贫贱不移威武不屈之大丈夫也与。③

由以上资料可见王琇作为家族第一代进士,为官清正廉明、恪尽职守、不媚上官,以至因受廷杖而病死后家贫如洗。他以家中仅有之金交付长子读书,可见非常重视教育,这应是其家族三代皆为进士的重要原因。其子王中逵,在父亲早逝家贫如洗的情况下,受学于兄。有其父事迹的影响加之兄长的言传身教,成为家族第二代进士。王中逵居官继承乃父遗风,为官恪尽职守、兢兢业业、清正廉明,退居乡里,依然家贫如洗。王中逵之子王正志受父、祖两代影响,为官、为人更是有过之而无不及,《明史》卷二百三十七有载。

然而值得注意的是,祥符 9 个进士家族中只有 1 个家族为持续三代者(王琇—王中逵—王正志家族),其他家族则都为两代或兄弟,而在其他地方则出现连续四代甚至更多代进士的现象。个中原因何在呢?

首先,祥符县所在的位置决定其不能形成庞大的家族。祥符县交通便利,地理位置优越,人口流动性相对较大。由于元末明初战争的影响,祥符县多为外来人口,他们在明代前期较短的时间内不能形成庞大的家族。即使后期较为庞大的家族逐渐形成,又因其便利的交通条件、优越的经济条件而受到较大的

---

① 〔清〕李同亨、张俊哲纂修:顺治《祥符县志》卷五,据顺治十八年刻本影印本。转引自王上刚:《明代祥符县进士考论》,河南大学 2012 年硕士学位论文,第 65 页。

② 〔清〕鲁曾煜、张淑载纂修:乾隆《祥符县志》卷十四,清乾隆四年刻本。

③ 〔清〕鲁曾煜、张淑载纂修:乾隆《祥符县志》卷十四,清乾隆四年刻本。

冲击，人口流动频繁。相反，在那些相对于闭塞处发达且相对于发达处又闭塞的地方，更容易形成较大且文化雄厚的家族。这些家族再以其长期形成的文化传统、固定的优越婚姻条件，为科举考试不断提供高智商、高水平的人才。

其次，一个进士家族的长期维持需要诸多条件的共同作用：具有一定条件能够成长为进士的潜在人才的存在；自身后天的努力和恰当的教育；成为进士的社会条件。其中，满足条件一的士子大量存在，关键在于条件二和三。前代已经成为进士的家族，对于其二代来说条件二中的“恰当的教育”也基本能做到，但“自身后天的努力”则因人而异，他们甚至还不如贫寒子弟。当然，祥符县的王琇家族正是在“自身后天的努力”这一点上更出众而得以三代相传的。条件三中的“社会条件”是一个共同的东西，它对于单个进士家族的出现总体来说是有利的（对于家族继续出现进士可以提供一定的帮助）。就明代总体来说又是不利的，明代中后期的社会环境，尤其是政治环境和商品经济环境，对人们的冲击很大。祥符县的地理和政治位置决定了其受到的冲击会比相对闭塞的地方更大。古语云“千里去做官，为了吃和穿”，那些能够在商品经济中获得利益的家族，便不再完全依靠艰难的科举之路而维持发展。何况明代正常的科举进士家族，是无法靠清正廉洁的收入来维持家族辉煌发展的（王琇三代皆贫困即为此例）。故而在明代尤其是像祥符县这样经济、政治相对发达的地方，对于进士家族来说，由于家族自身和社会双重条件的影响，是很难得以长期持续发展的。

**（二）明代周藩科举家族**

明代宗室进士登科，始于天启二年（1622），天启、崇祯两朝共有 13 名进士，其中宁藩 6 人、代藩 3 人、周藩 2 人、晋藩 1 人、蜀藩 1 人。[①] 明代河南藩王家族的进士皆出自开封的周藩，包括崇祯十三年（1640）庚辰科的朱在鉚和朱朝壵。

开封为朱元璋第五子朱橚的封地，称周藩。周藩从洪武十一年（1378）建藩，至崇祯十五年（1642）完结，计 264 年，几乎与明王朝相始终。周藩在开封的 200 多年宗枝繁茂、人才济济，然而明代前期宗室是不允许参加科考的，后期才有所放松，且出现了一些进士，朱在鉚、朱朝壵便是其中的代表。他们既为周藩或者周府中人，也应该算作祥符县进士。

---

① 陈长文：《明代宗科进士辑考》，《鲁东大学学报（哲学社会科学版）》2009 年第 3 期。

表 7-4 明代周府、周藩进士表

| 科次 | 姓名 | 名次 | 备注 |
| --- | --- | --- | --- |
| 崇祯十三年(1640)庚辰 | 朱在铆 | 三甲 111 名 | 博士,周藩籍 |
| 崇祯十三年庚辰 | 朱朝埑 | 三甲 118 名 | 行人,周府籍 |

参考王上刚:《明代祥符县进士考论》,河南大学 2012 年硕士学位论文,第 28 页;陈长文:《明代宗科进士辑考》,《鲁东大学学报(哲学社会科学版)》2009 年第 3 期;王兴亚、马怀云:《河南历史名人籍里研究》,中州古籍出版社 2002 年版,第 453—454 页。

据载,朱在铆,明代书法家。朱朝埑,约万历四十八年(1620)生,周王府宗籍,河南开封府祥符县人,治《诗经》。崇祯十二年(1639)己卯科乡试第 32 名,崇祯十三年癸未科会试第 152 名,殿试三甲第 118 名。后为礼部观政,崇祯十五年授行人司行人。曾祖诰封镇国将军,祖诰封辅国将军,父诰封奉国将军,宗学生员。[①]

## 三、甲于全豫的洛阳新安吕氏科举家族

新安吕氏家族是明清时期中原地区名噪一时的科举家族、文学世家。该家族在明末万历年间名望突起,至清代乾隆时期 100 多年中,科举功名显赫,崇理学、倡忠孝,不仅以其清风亮节和书香门第名贯中州,而且世传儒雅,代有闻人,在文学艺术上取得了一定的成绩,成为河南著名的文化世族。据统计,从明末吕维祺到清乾隆年间新安吕氏家族历 5 代,共有 35 人成为著名学者、诗人,22 人考中举人,9 人中进士。明、清两代新安县仅中进士 25 人,吕氏一族超过三分之一。[②] 清人程晋芳曾评价说:"由明以来,河南甲族推新安吕氏。"[③]《中州诗钞》曰:"新安吕氏为中原望族,学术之醇,科第之盛,甲于全豫,而诗学尤有薪传。"[④]清代新安县共有 16 名进士,其中吕兆琳一族就占了 5 个名额。根据《河南府志》、民国三年(1914)和民国二十七年(1938)《新安县志》等方志中所记选

---

① 陈长文:《明代宗科进士辑考》,《鲁东大学学报(哲学社会科学版)》2009 年第 3 期。

② 李振刚、郑贞富:《洛阳通史》,中州古籍出版社 2001 年版,第 304 页。

③ 〔清〕谢聘、洪亮吉修:《重修固始县志》卷二十六,清乾隆五十一年(1786)刻本。

④ 〔清〕杨淮辑,张中良、申少春校勘:《中州诗钞》,中州古籍出版社 1997 年版,第 458 页。

举史料,结合《增补明清进士题名碑录》,条列新安吕氏家族成员参加科举取得功名、出仕简表如下:

表 7-5 新安吕氏家族科贡出仕简表

| 人物 | 秀才 | 举/贡 | 进士 | 官衔 |
| --- | --- | --- | --- | --- |
| 吕维祺 | | 万历三十四年(1606)丙午副贡,万历四十年(1612)壬子举人 | 万历四十一年(1613)癸丑 | 兖州推官、吏部主事、太常少卿、南京户部右侍郎、南京兵部尚书 |
| 吕维祜 | | 选贡(明为选贡,清为拔贡,民国《新安县志》等书误作"拔贡",下同) | | 乐平知县 |
| 吕兆璜 | | 崇祯朝选贡 | | 广东化州知州 |
| 吕兆琳 | | 顺治十六年(1659)已亥举人 | 顺治十八年(1661)辛丑 | 陕西西乡知县、福建道监察御史 |
| 吕兆瑜 | | 拔贡 | | |
| 吕兆琚 | 附生 | | | |
| 吕赍恒 | | 岁贡 | | 武昌知县 |
| 吕履恒 | | 康熙十七年(1678)戊午举人 | 康熙三十三年(1694)甲戌 | 宁乡知县、广西道监察御史、奉天府丞兼学政、都察院左佥都御史、宗人府府丞、总督仓场户部侍郎、户部右侍郎 |
| 吕谦恒 | | 康熙三十二年(1693)癸酉举人 | 康熙四十八年(1709)己丑 | 河南道御史、户部给事中、刑科掌印给事中、光禄寺正卿 |
| 吕复恒 | | 康熙二十五年(1686)丙寅拔贡 | | 仪封教谕 |
| 吕继曾 | 监生 | | | |
| 吕绪曾 | | 贡生 | | |
| 吕缵曾 | 生员 | | | |
| 吕统曾 | | 雍正元年(1723)癸卯恩科举人 | | 武城知县 |
| 吕宪曾 | | 康熙四十七年(1708)戊子举人 | | 溆浦知县 |
| 吕宣曾 | | 康熙五十三年(1714)甲午举人 | | 湖南永兴知县、靖州知州 |

（续表）

| 人物 | 秀才 | 举/贡 | 进士 | 官衔 |
| --- | --- | --- | --- | --- |
| 吕守曾 | | 雍正元年(1723)癸卯恩科举人 | 雍正二年(1724)甲辰 | 完县知县、宣化知府、四川盐驿道、浙江金衢严道、杭嘉湖道、甘肃按察使、山西布政使 |
| 吕承曾 | | 康熙五十九年(1720)庚子副榜，雍正二年(1724)甲辰举人 | | |
| 吕光曾 | | 康熙四十七年(1708)戊子举人 | | 陕西清水知县 |
| 吕耀曾 | | 康熙四十四年(1705)乙酉举人 | 康熙四十五年(1706) | 礼部主事员外郎、江西袁州知州、四川按察使、鸿胪寺少卿、大理寺少卿、奉天府尹、吏部右侍郎 |
| 吕法曾 | | 康熙五十二年(1713)癸巳恩科 | | 祥符教谕 |
| 吕循曾 | | 雍正三年(1725)乙巳举人 | | |
| 吕仰曾 | | 岁贡 | | 山西介休知县 |
| 吕衍高 | 廪生 | 乾隆二年(1737)举孝廉方正 | | 赐六品服 |
| 吕严高 | | 雍正十三年(1735)乙卯举人 | | |
| 吕馨高 | 监生 | | | 淆川教谕 |
| 吕肃高 | | 康熙五十九年(1720)举人 | | 长沙知府 |
| 吕公路 | | | | 县丞、广西太平同知、苗疆知州 |
| 吕公滋 | | | 乾隆三十七年(1772)壬辰 | 山西介休知县 |
| 吕公溥 | 监生 | | | 江苏直隶州知州 |
| 吕公诒 | | 乾隆六年(1741)辛酉举人 | | |
| 吕公焕 | | 附贡 | | 直奉大夫，晋中宪大夫 |

（续表）

| 人物 | 秀才 | 举/贡 | 进士 | 官衔 |
|---|---|---|---|---|
| 吕公泽 | 监生 | 乾隆元年（1736）举孝廉方正 | | |
| 吕嗣文 | | 拔贡 | | 延津教谕、知县 |
| 吕嗣关 | | 乾隆五十四年（1789）己酉举人 | | 直隶顺天府东路同知 |
| 吕嗣许 | 监生 | | | 中宪大夫 |
| 吕嗣阁 | | | | 湖北云梦知县 |
| 吕嗣温 | | 贡生 | | 鄢陵教谕、湖北枣阳知县 |
| 吕燕微 | | | | 县丞 |
| 吕燕昭 | | 乾隆三十六年（1771）辛卯举人 | | 江苏知县、通州知州、江宁知府 |
| 吕燕标 | | 乾隆四十八年（1783）癸卯举人 | | 山西直隶代州知州 |
| 吕燕谋 | | 例贡 | | 陕西咸阳知县 |
| 吕蕴辉 | | 乾隆三十六年（1771）辛卯举人 | | 教谕 |
| 吕　翻 | | | | 灵宝教谕 |
| 吕　申 | | 岁贡 | | 滑县教谕 |
| 吕嗣荣 | | 贡生 | | |
| 吕秉钧 | | 乾隆五十九年（1794）甲寅举人 | | |

资料来源：杜培响《明清之际新安吕氏家族及文学研究》，福建师范大学2012年博士学位论文，第41—43页。

总结表7-5具体内容，可以发现新安吕氏符合科举家族的典型特征。

第一，新安吕氏家族参加科举人数众多。吕氏家族数代皆以举业为重，进士计有7人，举人（含中举后复中进士者）21人，其余尚有为数不少的贡生和秀才，他们也是经过严格考试取得头衔的，虽最终没有金榜题名，然亦可窥见整个家族对学业应考之重视。同时，表格所列仅仅是已知吕氏家族中参加科考并出仕者，此外应该尚有不少其他应试或得中者，所以吕氏家族读书应考的基数应该更大。值得注意的是，家族中出现了多人同榜中举的情况，如吕统曾、吕守曾同登雍正癸卯恩科，吕宪曾、吕光曾同为康熙戊子科举人，应该也称得上“衣冠盛事”了。

第二，新安吕氏家族五代皆有进士。其家族成员考中进士者人数众多，计有吕维祺、吕兆琳、吕履恒、吕谦恒、吕守曾、吕耀曾、吕公滋等 7 人。家族成员考中进士对于古代诸多家族尤其是明清时期的科举家族来说，也许并无特别之处，但是科甲蝉联“五代七进士”的盛事却是可遇不可求。

第三，新安吕氏家族借由科举出仕者人数众多。表格显示，新安吕氏家族小至地方教谕，大至朝廷要员，大大小小出仕为官者不下 35 位。学优登仕、摄职理政，成为广大士子由学到官的基本途径，亦是获得社会认同、光耀门楣的通途大道。对于家族发展来说，士子出仕从政既是实现从耕读传家到地方望族飞跃的必要条件，也是维持家族地位经久不衰的强劲动力。出仕人数越多、官职越高，家族地位越高、影响越大，由此新安吕氏家族的发展也达到了鼎盛，成为中州地区卓有影响的望族。[①]

在明清时期吕氏家族发展过程中，吕维祺等人是考中进士、官阶较高、文学成就突出因而社会影响较大的关键人物。

吕维祺（1587—1641），字介孺，号豫石。万历四十一年（1613）进士（26 岁），是明清之际吕氏家族第一位进士，之后授兖州（今山东兖州）推官，擢升吏部主事。吕维祺自步入仕途，先是担任兖州推官，后历任太常少卿，督四夷馆；擢南京户部右侍郎，总督粮储；生前官居南京兵部尚书，可谓位极人臣、功名显赫。崇祯十四年（1641），李自成攻洛阳，吕维祺分守洛阳北城，城破后于洛阳城周公庙延颈就刃而死，时年 55 岁。[②] 吕维祺不仅凭借其官职使得吕氏家族声誉日隆，还兴学助教，广招门徒，延揽后生，中州学者多从之，一时成为中州理学倡导者。吕维祺一生著述丰厚，作品有《明德堂文集》《孝经本义》《孝经翼》《节孝义忠集》等，涉及经学、理学、文学等，《明史》有传。

吕维祺有二子：长子兆璜、次子兆琳。其中，次子兆琳为顺治十六年（1659）己亥举人，顺治十八年（1661）辛丑进士，初官陕西西乡知县，行取福建道监察御

① 杜培响：《明清之际新安吕氏家族及文学研究》，福建师范大学 2012 年博士学位论文，第 40—44 页。

② 〔清〕张廷玉等：《明史》，中华书局 1974 年版，第 6820—6822 页。杜培响：《明清之际新安吕氏家族及文学研究》，福建师范大学 2012 年博士学位论文，第 25 页。

史。吕兆琳复有四子,不仅各有事功,而且在文学上的声名皆超过父辈,《新安县志》《中州先哲传》中皆列四兄弟于“文苑”,尤以吕履恒、吕谦恒较为突出。兄弟两人感情至深,诗歌多有酬唱,时人多以“新安二吕”并称。

吕履恒(1650—1719),字元素,号月岩、坦庵,别号青要山樵,清康熙三十三年(1694)进士,初授山西汾州府宁乡县知县,行取广西道监察御史,后历官奉天府丞、宗人府府丞、都察院左副都御史、总督仓场户部侍郎、户部右侍郎等,亦曾任云南、江南等省乡试典试官。吕履恒著述颇丰,诗、文、词、曲皆有涉猎,尤以诗文、戏曲成就最为突出,堪称吕氏文学世家之翘楚。正如清人所言,“王世禛、陈廷敬于诗皆推履恒,《冶古文》简练有法,最契王源《左》《孟》《庄》《骚》《国策》《史记》六宗之说”。①

吕谦恒(1653—1728),字天益,号涧樵。自幼聪颖好学,曾在家乡青要山苦读四十余载,久困场屋,年近花甲始中进士,年老致仕,可谓大器晚成。康熙四十八年(1709)中进士,康熙至雍正间曾为山东、湖广、浙江典试官,顺天乡试同考官,并先后担任过河南道御史、户部给事中、刑科掌印给事中、光禄寺正卿。吕谦恒工诗,著有《青要集》十二卷。②

新安吕氏科举家族第四代为“曾”字辈,子嗣增多,家族成员兄弟排行 40 多人,可谓枝繁叶茂。他们继续走先辈诗书传家科举兴家之路。其中,吕耀曾当属文学事功集大成的人物。

吕耀曾(1679—1743),字宗华,号朴岩,吕谦恒幼子。康熙四十五年(1706)进士,考中进士时间早于大器晚成的父亲吕谦恒三年。初官中书舍人,寻迁礼部主事员外郎、户部郎中,外放为江西袁州知州,复迁湖北武昌道,再迁四川按察使,署布政使,补鸿胪寺少卿,转大理寺少卿,晋左佥都御史,再出为奉天府尹。乾隆元年(1736),转吏部右侍郎,旋再转左侍郎,寻调仓场侍郎。服官三十余年,颇有政绩,且食不兼味、生绝嗜好,曾云“忠孝之外无品行,廉洁之外无节操,仁恕之外无心术,诚敬之外无工夫”③。

在历经恒、曾两代功名、诗书盛况后,新安吕氏到第五代吕公溥兄弟已不复

---

① 张钫修,李希白撰:《新安县志》卷十一《人物志》,民国二十七年(1938)石印本。

② 邱峩修:《新安县志》卷八《乡贤》,民国三年(1914)石印本。

③ 李时灿:《中州先哲传》卷二《名宦》,民国二十四年(1935)经川图书馆校刊本。

往日之辉煌。第六代家族生员事迹生平多已不详,除吕燕昭稍有名气之外,事功文学已少有显赫者。吕燕昭,字仲笃,乾隆三十六年(1771)乡试中举,官江苏某县知县,擢通州知州,累迁江宁知府,决狱如神,修《江宁府志》,重刻吕坤《呻吟语》《实证录》《小儿语》《闺诫明职》诸书,袁枚诗话多录其诗,著有《福堂诗文集》。[①]

至燕昭兄弟后,新安吕氏家族成员已少有显名,虽并非无足道者,然整个家族却很难再以显赫的姿态荣耀一方,家族辉煌逐渐成为历史的记忆。纵观这一过程,诚然符合"君子之泽,五世而斩"的基本原则,然而新安吕氏逐渐走向衰微的主要原因则是与明清时期科举对家族兴衰、尊卑变化的影响有关。家族成员若能科举出仕,便能"一举成名天下知",正所谓"一士登甲第,九族光彩新"。但是,家族中并非人人都能科场折桂,更多人则是久困场屋。一个家族倘若几代无人高中科榜,家族便很快衰落下去,因此家族盛衰的命运便与家族成员科场是否得意紧紧相连。新安吕氏家族从第五代吕公溥时代开始,在科举和仕宦两方面逐渐走向低迷。除了第五代吕公滋为进士、第六代吕燕昭为举人,其余无声名显赫者,其中科举方面以秀才、贡生、举人居多,仕宦方面则多是职位较低的地方官,诸如知县、教谕等,很难与之前科甲蝉联、人才辈出的飞黄腾达同日而语,式微之势已相当明显。[②] 实际上,走向式微的家族并非新安吕氏一家,伴随着清政府由盛而衰的历史进程,许多像新安吕氏这样的家族大多走向没落,世家大族科举辉煌、文化灿烂之景观也逐渐留在历史之中。

## 四、清代河南唯一状元固始吴其濬家族

吴其濬(1789—1847),字瀹斋,又字季深,清代河南南汝光道光州直隶州固始县人,清嘉庆二十二年(1817)状元。他先后任翰林院修纂,江西、湖北学政,兵部侍郎,并官至湖南、云南、福建、山西等省巡抚(总督)。吴其濬宦游南北,酷爱植物,著有《植物名实图考》等书,堪称中国传统植物学发展的巅峰,并具有近

---

① 杜培响:《明清之际新安吕氏家族及文学研究》,福建师范大学2012年博士学位论文,第36页。

② 杜培响:《明清之际新安吕氏家族及文学研究》,福建师范大学2012年博士学位论文,第37页。孙红梅:《新安吕氏家族及其藏石考略》,《中原文物》1998年第3期。王永宽:《明末至清代新安吕氏家族世系与支派考略》,《中州学刊》2012年第1期。

代植物学萌芽意义。吴其濬的传奇之处不仅在于他是一位突破四书五经束缚、颇具科学家色彩的状元,更在于他是清代河南唯一一位状元,而且其祖、父、兄、侄等五代九人都是进士,是久负盛名的科举大家族。

**表 7-6 清代固始县吴其濬家族科举及任职情况一览表**

| 姓名 | 与吴其濬关系 | 进士 | 官职 |
| --- | --- | --- | --- |
| 吴廷瑞 | 祖父 | 乾隆三十一年(1766) | 广东粮储道,广东按察使 |
| 吴湳(吴邦治) | 伯父 | 乾隆四十六年(1781) | 山西武乡县知县、汾阳县知县 |
| 吴烜 | 父亲 | 乾隆五十二年(1787) | 兵部、吏部左、右侍郎,礼部右侍郎 |
| 吴其彦 | 胞兄 | 嘉庆四年(1799) | 礼部侍郎,兵部右侍郎 |
| 吴其浚 | 堂兄,伯父吴湳之子 | 嘉庆十三年(1808) | 翰林院庶吉士,历掌教颍州府、商城县、滑县书院 |
| 吴其濬 | 本人 | 嘉庆二十二年(1817) | 兵部、户部左侍郎,湖南巡抚、浙江巡抚、云南巡抚、云贵总督、福建巡抚、山西巡抚 |
| 吴其泰 | 堂弟 | 嘉庆二十五年(1820) | 江苏、江西按察使 |
| 吴元炳 | 侄子,堂兄其浚四子 | 咸丰十年(1860) | 湖北、安徽、江苏巡抚,两江总督,两淮盐政 |
| 吴烈 | | 光绪二十九年(1903),经济特科 | 大总统府内史秘书,天津海关监督 |

资料来源:《固始吴氏家谱》《固始吴氏一线谱》。

固始吴氏家族是明清时固始县的望族,有 4 个支系,其中“城关吴”是吴姓首户,系吴其濬本家。吴其濬祖父吴廷瑞是清代固始城关吴氏第一位进士,于乾隆三十一年(1766)考中进士,官至广东粮储道、广东按察使等职,有《清芬书屋文稿》传世。

吴廷瑞有三个儿子:吴湳(榜名,又名吴邦治)、吴烜、吴墱,其中两人中进士。长子吴湳系乾隆四十六年(1781)进士,嘉庆元年(1796)任山西武乡县知县,嘉庆四年(1799)调汾阳县知县,嘉庆十八年(1813)引疾归里,掌教临淮书院,著有《卧云山房文稿》二卷、诗一卷。道光三年(1823)病逝,山西士民为之建祠纪念。次子吴烜,即吴其濬的父亲,系乾隆五十二年(1787)进士,官至兵部、吏部左、右侍郎,礼部右侍郎,著有《中州文献考》《读书笔记》等。幼子吴墱没有科举功名,由工部司务兼屯田清吏司事,迁甘肃宁夏水利同知。

第三代中更有四名进士,且均在嘉庆年间。最早的吴其彦是吴其濬的胞兄,于嘉庆四年(1799)考中进士,官至礼部侍郎、兵部右侍郎等职,著有《藤花书屋遗稿》等。紧随其后的吴其浚是吴其濬的堂兄,系吴其濬伯父吴湳之子,嘉庆十三年(1808)考中进士,翰林院庶吉士,授刑部奉天清吏司主事,候补中郎,诰授奉政大夫,后辞官归里,先后掌教颍州府、商城县、滑县书院等。吴其濬就生长在这样一个世家望族中,祖父兄皆为进士,母亲许氏是翰林院庶吉士许家齐之女。嘉庆十五年(1810),21 岁的吴其濬参加顺天乡试,中庚午科第三十一名举人。嘉庆二十二年(1817),参加会试,考中第一百三十一名进士,殿试中一甲一名进士,是年 28 岁,成为有清一代河南全省唯一的状元,依例授翰林院修撰。吴其濬中状元时,恰是吴氏家族最为鼎盛时期。是时,其父吴烜署工部右侍郎兼管钱法堂事务,其兄吴其彦充内阁学士、礼部侍郎。吴其濬蟾宫折桂后,嘉庆皇帝曾御笔亲赐"状元"匾额。吴其濬一家父子三人皆供职朝廷,一时传为佳话,如其所言"臣父、臣兄备员卿贰,岁蒙恩赉,臣供奉南斋时叠承优锡"。然而祸福无常,当年秋天其父吴烜病逝于京城,吴其濬与胞兄吴其彦一道奉柩归里。几年后其母许氏、胞兄吴其彦相继去世,吴其濬居家丁忧八九年,就是在此期间买田家乡史河东岸置建"东墅植物园",并潜心读书著述,为后来完成《植物名实图考》奠定了坚实基础。吴其泰,吴其濬堂弟,系吴其濬三叔吴熷长子,嘉庆二十五年(1820)庚辰会试第一百三十四名进士,历署江南、广东、湖广、山东各道御史,任职江南苏松太兵备道,江苏、江西按察使,传载《江西通志》《江苏名宦志》。

吴家第四代中有两名进士。吴元炳,吴其濬堂侄,系其堂兄吴其浚幼子,咸丰十年(1860)庚申科会试第一百四十八名进士,曾署湖南布政使,任湖北巡抚、安徽巡抚、江苏巡抚、两江总督、两淮盐政等,兼署钦差大臣办理南洋通商事务。吴烈,吴其濬侄辈,光绪二十九年(1903)癸卯科经济特科[①]进士,曾任定兴县、

---

① 经济特科,始于光绪二十四年(1898)贵州学政严修之请。二十六年(1900)庚子之乱后,时局紧张,急需破格求才,以资治理。二十七年(1901),因诏举经济特科,命各部院寺堂官正卿及各省督抚学政保荐,有学问淹通洞达中外时务者,悉心延揽。二十九年(1903),内外臣工奏保者三百七十余人,政务处议定考试之制如廷试例。最后,取一等江苏三人,云南、安徽、湖北、山东、浙江、直隶各一人。二等江苏、湖南各四人,河南三人,浙江二人,福建、云南、满洲、广东、湖北各一人。商衍鎏:《清代科举考试述录》,故宫出版社 2014 年版,第 181—182 页。

雄县等县知县，特保即补知府。民国时期，授任大总统府内史秘书、京师左右翼税务监督、天津海关监督，著有《丙午东游日记》《宝云山房诗钞》等。

归根溯源，固始吴氏能够在有清一代成就一门五代九进士的传奇，原因有三：

首先，系耕读出身，学优登仕后重视以家学、祠田等形式激励子弟奋进。吴氏原籍江西，后迁居固始城西铁佛寺，其中一脉逐渐形成固始城关吴家。吴家原为耕读之家，到吴其濬曾祖（吴梦渭、吴梦岩）时代，吴梦渭于康熙四十七年（1708）中举，曾任江西知县。吴梦岩则教书课子，使得其子吴廷瑞于乾隆三十一年（1766），考中丙戌科试第十七名进士，成为固始吴家第一代进士。后来，吴廷瑞捐俸银买地创建“吴氏世大夫祠”，并置祠田、义田，赈济、激励同族子弟奋进，为后来吴氏一族多人高中进士奠定坚实基础。而且，长门吴湎及其子吴其浚在摄职从政后，均辞官归里掌教书院，并悉心课读族中子弟，吴其濬幼时就是在临淮书院拜伯父吴湎为师的。

其次，父兄多人皆为进士的家族大环境熏陶。近朱者赤，近墨者黑，在吴其濬考中进士之前，吴家已有祖、父（伯父、父亲）、兄（胞兄、堂兄）五人高中进士并出仕为官，五子登科、光宗耀祖的荣光无疑是巨大的示范效应，无形中也形成一定压力。而且，吴其濬随父兄常年居住京城，信息通达，并与朝中大员有往来走动，这是他能够顺利通过乡试、会试、殿试成为状元的独特优势。

最后，是固始县和光州地理、人文大环境的影响。清代固始县属于南汝光道光州直隶州（明代隶属汝宁府），南依大别山，北临淮河，地处河南、安徽两省交界地带，受到中原文化、江淮文化交叉辐射，文风昌盛，人才辈出。据《明清进士题名碑录索引》记载，仅清代固始就有 55 名进士金榜题名，在清代河南十大进士强县中排名第六。放在更大的范围来看，固始所在的光州直隶州地处南北地理、文化交界带，也是明清时期进士群体和科举家族集聚区，清代光州进士数量在河南各府（州）中排名第三，甚至是最盛产拥有五人以上进士的科举大家族的地区。其实，早在明末，已有时人指出，“汝宁府惟光州所属光、固、商、息为南五县，通淮河，稍集商旅，聚南货，觉文物与诸县差殊，人才亦辈出”。与此相应，现代学者在统计清代科举家族地理分布时，也发现科举家族在省境交界区域的分布十分密集,交界处的科举家族星罗棋布,形成了独特的人文现象。[①]

除了吴其濬家族,清代固始的科举大家族还有祝氏一族。祝氏始祖祝真,为元朝元统初年进士,官光禄大夫、浙江行省中书平章政事,自元化镇迁居固始。此后500多年,祝氏家族世居城内大街。祝氏六世祖祝昌,顺治六年(1649)进士,官至湖南辰沅永靖兵备道。祝昌之弟祝期,中康熙十二年(1673)进士。根据其族人祝兢朱卷履历记载,截至道光十九年(1839),祝氏家族就有祝云仁、祝云栋、祝庆承、祝庆蕃、祝庆扬、祝孝凭、祝孝溶、祝林、祝曾等九人考中进士。其中,祝庆蕃系嘉庆十九年(1814)甲戌科一甲二名进士,俗称"榜眼",祝氏遂成为固始县著名的科举家族。[②]

## 第五节　豫商典范巩义康百万家族

中原地区自古以来是我国商人、商业和商文化的重要发源地。我国最早有史书记载的商业活动,就是夏朝中期殷人"肇牵车牛,远服贾",居住于今河南商丘的商始祖王亥带领商族人"做服牛""以为民利",以帛和牛作为货币在部落间进行交易,"商人"一词由此得名。南阳的范蠡和濮阳的吕不韦堪称"时代商雄",范蠡以计然为师将商业理论发展到一个新的高度,"情商"吕不韦筹划完成了"货天下"的宏图大业。除了优秀的商业精英,汉唐时代的洛阳、北宋的都城汴京,不仅是全国的政治、文化中心,也是当时世界上最大、最繁荣的商业都市。北宋以后,虽然全国经济中心南移,但中原大地的开封、洛阳、商丘等地仍然是繁华的商埠重镇。[③]

明清以降,巩义康百万家族是豫商中最具代表性的商业家族。该家族纵跨

---

① 方芳:《清代科举家族地理分布的特点及原因》,《济南大学学报(社会科学版)》2009年第5期。程伟:《清代河南进士地理分布特征及其成因》,《教育评论》2014年第10期。

② 乾隆《固始县志》卷二十,光绪《光州志》卷七,《清代朱卷集成》第222册,第63—65页。转引自张杰:《清代科举家族》,社会科学文献出版社2003年版,第31、123—124页。

③ 刘斐:《豫商精神与晋商、徽商之比较》,《读书》2010年第9期。

明、清两代及民国时期，富裕十二代，历经四百多年辉煌。鼎盛时期，富甲豫、鲁、陕三省，船行洛、黄、运、泾、渭、沂六河，土地多达十八万亩，两次悬挂“良田千顷”金字招牌，成为中原一大富豪。1900年八国联军攻占北京期间，康家曾为慈禧太后、光绪皇帝在黑石关修建行宫、架设浮桥、铺设御道，还向朝廷奉献百万银两，被慈禧太后赐封“神州富甲康百万”，从此民间早已流传的“康百万”誉称因慈禧太后金口玉言而名扬天下。日本经济学界称其“家运隆盛，可谓极矣”。今天的康百万庄园就是保留下来的康百万家族部分故居及庭院，包括33个庭院、53座楼房、73孔窑洞、97间平房，建筑面积64300平方米，整体规模相当于山西乔家大院的19倍，与四川刘文彩庄园、山东牟二黑庄园并称全国三大庄园，并且在时间跨度、占地规模上均居首位，名闻天下，声震中原。①

需要特别说明的是，“康百万”并非特指某一个人，而是对自明初由山西迁居河南府巩县（今巩义西南）桥西村（后名康家店）的以康应魁为首的康氏家族的统称。若从始祖康守信算起，康氏家族纵跨明、清、民国，传承十八代，其中六世康绍敬、十二世康大勇、十四世康应魁、十七世康建德（康鸿猷）、十八世康庭兰等几位重要人物都被称作“康百万”，他们都在自己所属的特定时期抓住了历史机遇，一次次壮大家族财富和声望，在康氏家族发展史上具有至为关键的里程碑意义。

## 一、明初始祖康守信从山西迁居巩县康店

据康氏祠堂祭殿所立的康氏族谱碑文记载，始祖康守信原系山西洪洞县人，明初随母赵氏迁居河南府巩县，卜居于康店镇。守信生两子，长子康贵，次子康祥（据传迁居开封），是为康家二世。后来的康百万家族即长门康贵子孙，康贵复生四子：长俊、次英、三安、四雄，是为康家三世。康安生超士（四世），超士生杰（五世），杰生绍敬（六世）。

需要特别说明的是，除康家始祖康守信在明初迁居河南府巩县外，他还有另外六个兄弟一同迁居河南其他府县，即“伯从、伯亮、伯昌、伯聚、伯盛五人俱

① 张民服、戴庞海主编：《豫商发展史》，河南人民出版社2007年版，第343页。

在本籍(禹州顺店),伯敬迁舞阳”,这是同治六年(1867)康氏族人根据家族口传在经商贸易之余到禹州亲自查访后特意记录的文字,以防后世子孙年久不知。①

兄弟七人同迁,为什么只有巩县康氏一支能够绵延四百余年、成就财富传奇且天下皆知呢?大多公认是天时、地利与人和综合作用的结果,此言自然不虚,相对而言地利的影响更大。天时主要是国家时局、官方政策,兄弟七人虽地处不同府县,然而“溥天之下,莫非王土;率土之滨,莫非王臣”,面对的天时是相同的,比如明朝刺激经济发展而实行的盐业官督商办的“开中法”、清代康熙皇帝重视漕运、川陕白莲教起义,但能否利用得上这种普遍的“天时”、顺时而动有所作为,不同的区位则大相径庭,由此巩县康店的地利优势不断彰显出来。

巩县地处洛阳和开封之间,自古就有“东都锁钥”之称,历来是兵家必争之地。康店依邙面洛,是当时郑、汴通往古都洛阳的要道,也是伊洛河进入黄河的重要码头,从康店乘船进入黄河不过半个时辰。进入黄河后,更是可以“上溯陕西,下浮济南,时或远达海口,南入江淮”。在现代铁路未修通之前,水运是巩县最为重要的对外交通运输方式。② 事实证明,后来康家能够“大河行船”造就“富甲三省,船行六河”“头枕泾阳、西安,脚踏临沂、济南”的庞大商业帝国,就是源于充分利用了这一得天独厚的地利优势,航运业是康家崛起的基础产业以及后来康家鼎盛的支柱产业。另一方面,后来康家的衰落(以“大河沉船”为标志),也和水运优势的消失以及铁路运输的兴起密切相关。

独特的地利优势,在很大程度上造就了河洛康家的人和优势。宏观方面,康店地处河洛文化核心区,正统的儒家思想在这里有着极深的积淀。康家世代读孔孟之书,行孔孟之礼,即使进入商界指导他们行为的仍是根深蒂固的正统文化。在康百万庄园中随处可见的匾额、楹联就是窥斑见豹的见证,既有谦虚礼让、正直清廉的“留余”“端节退让”,又有修身养性、处世中庸的“居贵敬”“省贵简”,还有倡导团结和睦的“花楼重晖”“知所止”等。这些无不彰显出豫商根植于中原大地而崇尚中庸、勤俭为本、乐善好施、诚信义利的文化品格。所不同

---

① 转引自毛葛:《巩义三庄园》,清华大学出版社 2013 年版,第 220 页。另外,康氏族谱还特意说明了本族与同县附近的大平头、康沟康氏并无族属关系,但彼此有往来走动,关系较好。

② 刘莲青、张仲友等纂修:《巩县志》卷八《民政·交通·舟舶》,成文出版社民国二十六年(1937)印行。

的是，在他们的商业实践中，把儒家文化的内涵与外延阐发得更加具体实际。①微观方面，一世康守信和开始几代子孙于耕读之余，在洛河边开了一家饭店和简易旅店合一的店铺，生意兴隆，常年接触三教九流各色人等，而且也时常要和官署差役周旋交往。这种特殊环境逐渐促成了康家人的开阔视野，增强了人情练达的交往能力以及敏锐捕捉商机的独特眼光，经过长期积累沉淀，在无形之中内化为独特的家族基因。这一点也能在某种程度上解释，为什么面对同样的天时、地利因素以及宏观人文环境，唯独康店的康氏家族能够在巩县脱颖而出。

## 二、六世康绍敬出仕引领康家走上官商结合之路

从始祖康守信到六世康绍敬是康百万家族的财富原始积累时期。明代康家初兴始于康绍敬时代。康绍敬幼时读书出仕②，考取功名担任官职，曾任淯川（今河南尉氏县西南）驿丞和山东东昌府（治所在今山东聊城）大使，主要职务是管理地方的水陆交通和官盐、税务、仓库。

明朝虽然仍以农为本，但是也认识到商业的重要性，为了推动地方经济发展，颁布过许多刺激性的经济政策，“开中法”就是其中之一，即以盐为中介推动边防与内地的重要物资运输。盐业从汉代开始就由国家专营，到了明代经营权变为官督商办。盐业原本是暴利行业，康绍敬敏锐觉察到其中商机，利用自身作为大使直接主管盐业的职务之便，带动居住在洛河之畔、享有得天独厚地利优势的整个康氏家族走上官商结合之路。一方面把山东的盐及海产品运销河

---

① 王振和、李春晓：《走进康百万庄园》，学苑出版社 2007 年版，第 112—113 页。

② 世人普遍认为康氏家族中率先出仕居官者是六世康绍敬，他先后出任河南府淯川驿丞和山东东昌府大使，管理地方的水陆交通和官盐、税务、仓库，亦官亦商，成功奠定了康家兴盛十二代四百余年的家族基业。其实，放在更大的家族史视野中，康氏家族的第四代康伟（即三世长门康俊的第四子，康绍敬出自三世三门康安）是康百万家族任官第一人，由孝廉出任隆庆府知州。而且，康伟的孙子即与康绍敬同辈的康绍光亦出仕出任昌黎知县。而且，在六世“绍”字辈子孙中有功名者居多，据统计堂兄弟 14 人中有功名者 7 人，除了绍敬、绍光，还有绍先出任内黄、滑县知县，绍登、绍第为邑庠生，绍裔任耆宾等。虽然尚且不能考查除绍敬、绍光外这些堂兄弟究竟出自哪一门，然而他们的功名与身份却充分表明康家耕读传家的儒商传统。刘莲青、张仲友等纂修：《巩县志》卷十二，《人物志上》，成文出版社民国二十六年（1937）印行。王振和、李春晓：《走进康百万庄园》，学苑出版社 2007 年版，第 84 页。

南,另一方面又将河南的粮、棉、油等物品运销山东,来回都不跑空。身处盐矿资源丰富的山东,上有朝廷的盐业政策,再加上自身亦商亦官,康绍敬已经占尽了天时、地利、人和。山东自此也成为康家历代经商所到之地,航运业成为康家崛起以及后世康百万家族的支柱产业。到明朝后期,康家在洛水边上已经拥有了大量的土地和店铺,初步完成了兴旺发达的前期积累。①

## 三、十一世康惠与福王落难孙女"康朱联姻"

康百万家族自六世康绍敬之后,从七世时谦、八世国禄到九世兴隆三代皆为单传,到了十世方才有所好转。十世有复吉、迓吉、云吉②三子。十一世人丁更为兴旺,有恭、宽、信、惠四子,然而更大的事件是康氏与前明洛阳福王的孙女朱氏联姻。明末,李自成农民军攻克洛阳、杀死福王之后,康家收留逃难的福王儿媳李妃,后与其女朱氏婚配,锦上添花,富上加富,并得到南明福王小朝廷以及中原士大夫的青睐,经济、社会地位都大大提高。

翻阅目前几乎所有关于康百万家族的论著,发现一个有趣的问题:"康朱联姻"虽然属实,然而究竟是发生于十世康复吉身上还是十一世康惠时代却各有说法。"豫商发展史与豫商案例研究"丛书之《豫商发展史》《康百万庄园兴盛四百年的奥秘》以及相关学位论文认为是十一世康惠。③ 而《康百万家族与庄园》及《走进康百万庄园》两本书均认为发生在十世康复吉身上。④ 在目前看到

---

① 孙学敏、周修亭:《康百万庄园兴盛四百年的奥秘》,河南人民出版社 2007 年版,第 36 页。

② 三子"云吉"在一些论著中写作"允吉"。据康百万庄园碑刻显示当为"云吉","兴隆子三:次迓吉,三云吉,长讳复吉,即公高祖也"。碑文中云为"雲",由此也可以排除因"云"与"允"字形相近而抄错的可能性。

③ 张民服、戴庞海主编:《豫商发展史》,河南人民出版社 2007 年版,第 345 页。胡丝佳:《清代豫商康百万》,郑州大学 2012 年硕士学位论文,第 12 页。周岩:《明清河南巩义康百万家族盛衰研究》,延安大学 2014 年硕士学位论文。

④ 王振和、李春晓:《走进康百万庄园》,学苑出版社 2007 年版,第 104 页。贺宝石、康靖:《康百万家族与庄园》,大连出版社 2004 年版,第 17—18 页。

的家谱中,也并未标注朱氏,只写明康复吉配王氏、康惠配李氏[1],朱氏很可能是原配过世后续弦的继室。经过反复考证琢磨,我们倾向于第一种观点,即"康朱联姻"发生于十一世康惠时代。

首先,史实层面。李自成攻破洛阳是在崇祯十四年(1641),李氏逃难到康店嫁女是十余年后的事情,从这时候算起到十二世康大勇利用康熙皇帝削藩、漕运、治河三大政的有利天时而弃学经商大有作为也就是二三十年的时间,基本上是一代人即康惠长子大勇从出生、读书成长到弃学经商、积累经验练就独到战略眼光的时间。如果"康朱联姻"的对象是十世复吉,那么中间至少还要加上二十年的时间,即复吉第四子康惠出生(至少五六年)以及康惠成长娶亲生子(至少十五年)。第二,就李氏年龄而论,即使逃亡时很年轻只有二十多岁(携子女逃亡),十多年后嫁女给复吉时三十多岁,等待十一世康惠出生娶妻生子则五十多岁。而现在康百万庄园中她送给康家十二世即康惠三个儿子大勇、大椿、大鉴三座豪华壮观的窑楼是确定的,而且很有可能是在他们相对长大接近婚娶时赠送的,那时的李氏至少六七十岁了,按照当时的平均寿命李氏是否健在未为可知,即使家境优渥寿命较长,仍存有较大的不确定性。第三,从人情事理上讲,嫁女生子送给三个外孙厚礼是可以理解,若再隔一辈人送给曾外孙则大大出乎常理之外。

## 四、十二世康大勇弃儒经商开创"大河行船"新时代

康大勇系十一世康惠长子,是康百万家族从初兴走向兴盛的关键人物,也是康百万庄园的奠基人。

当时,社会经过明清易代的战乱,到清朝顺治、康熙时期逐渐安定下来,政府开始劝课农桑,恢复国力。此后 20 年康家的财富因为社会的安定再一次迅速增加积累,土地已达到 4000 多亩,并且康家重视对子女的教育也随之成为康

---

① 张民报、戴庞海主编:《豫商发展史》,河南人民出版社 2007 年版,第 64—65 页。王振和、李春晓:《走进康百万庄园》,学苑出版社 2007 年版,第 104 页。贺宝石、康靖:《康百万家族与庄园》,大连出版社 2004 年版,第 106—107 页。

家兴盛的一大法宝。康大勇和其他兄弟俱是读书出身,大勇"例授登仕佐郎",其二弟大椿系"太学生赠文林郎",三弟大鉴也是"太学生"。登仕佐郎、太学生以及文林郎均不是出任实缺官职并且品级较低,例如文林郎在清朝时期多授予正七品官员,然而康家却是颇有声望的地方士绅,此时的康家可谓身家殷实,富甲一方。

中国传统社会"重农抑商",奉行"士不经商"。康大勇虽是读书出身,却有不同寻常的勇气和魄力,抓住当时康熙皇帝重视漕运的有利时机,放弃功名、弃学从商,不但大张旗鼓做生意,而且开创了康百万家族四百余年的辉煌时代。

**(一)兴建康百万庄园**

康大勇创业之初,曾结识风水先生邵潜,后者为其选定了一块风水宝地作为宅院之所,就是现在的康百万庄园所在地。正是康大勇的精心选址和庄园建设的百年规划,成就了今日气势恢宏、规模宏大的康百万庄园。今天遗存的康百万庄园是华北地区黄土高原封建堡垒式建筑的代表。它背依邙山,面临洛水,有"金龟探水"的美称。庄园秉承"天人合一、师法自然"的原则,靠山筑窑洞,临街建楼房,濒河设码头,据险垒寨墙,建成了一个各成系统、功能齐全、布局谨慎、等级森严,集农、官、商为一体的大型地主庄园。

**(二)开创康家"大河行船"新时代**

在完成了庄园建设第一步并走入正轨之后,康大勇开始了第二步商业计划——造大船。康家初涉水运行业时只有三艘普通船,而据《巩县志》载"巩以河洛交流,故船户特别多;又以民艰生计,故榜人(撑船人)特多,创始不可考,有清季全县商船共七八千艘,帆樯林立,往来如织"①。可见,当时康家船队并非一家独大,更谈不上拉帮结派建立自己的庞大集团体系。多年从商的经验使得康大勇深知,无论是船帮还是堂口,都会忌惮官府,所以想在漕运上立足并长久发展做大,必须结交官府并且以官府做靠山才能无往而不利。因此康大勇利用自己的官衔,寻找门路结交东河总督府官员,拜会当地码头、船帮以及江湖人士,通过种种努力,康家的船顺利加入漕运队伍。

此时,初期的三艘船已经不能满足需要,康大勇大展宏图谋划造大船,将生意从洛河扩大到黄河。当时的洛河上没有桥梁,船只往来穿梭,顺河而下不出

---

① 李述武、张九钺:《巩县志》,乾隆五十四年(1789)刻本。

半个时辰便能进入黄河，在那个陆路运输费用昂贵、陇海铁路尚未开通、东西交通依赖水运的时代，有了船就等于有了摇钱树。康百万庄园紧邻洛河，临河建有自家的专用码头、仓库，大大便利了水上运输。康家的船只也是经过特别设计制造的，船底平整，内部容量大，行船稳定，一船可装载粮食十八万斤，相当于今天的一百余吨，在当时的内河航运上这样的载重已经很可观了。由此，康大勇扩大商业版图，将生意扩展到山东地区，广开商号（康家称之为“栈房”），在山东临沂、兰水等地广置田产，并以“崇德公”为堂号。①

总之，经过康大勇一生努力，康家的经济势力版图扩大到鲁南广大地区和黄河下游、淮河的沿河一带。栈房的生意一直向下延续到 1937 年日本侵华后，完成其历史任务退出。山东民间流传有“先有康崇公，后有兰水城”的说法，虽有夸大之嫌，也反映了康大勇在此地域发展中所起的巨大作用。康大勇成为康百万庄园的奠基人，也同时奠定了康氏家族百年发展的基础。

康大勇之子十三世康云从子承父业继续发展，开拓了河南禹县、栾川和卢氏等地，禹县有“药材之都”的美名，自古出产中药材，而栾川地处山区，有大量的木材可供打造船只，建造住宅。“康百万”这个名号也是在这一时期逐渐被叫响的。因为康家特制的太平船装得多、跑得稳，因此生意越做越大。民间传言，康家太平船每次运回的银子以万两计，沿河船只和码头上的人，只要看到太平船就会称之为“康百万”家的船。② 无奈，康云从自幼身体孱弱，也许因此而影响读书应考，自十九岁起应试童子试起，一直到四十一岁也没有任何功名，后又奔赴开封府应试，却因为没有按照要求答卷而名落孙山，刺激之下一病不起，四十三岁故去。继任者为其独子康应魁。

## 五、十四世康应魁迎来康家全盛时代

清乾隆至咸丰时期是康氏家族的全盛时期，此间代表人物即是十四世康应魁。康应魁出生于 1773 年，同年其父康云从获封清廷赐予的“良田千顷”的匾

① 周岩：《明清河南巩义康百万家族盛衰研究》，延安大学 2014 年硕士学位论文，第 5—6 页。

② 孙学敏、周修亭：《康百万庄园兴盛四百年的奥秘》，河南人民出版社 2007 年版，第 30 页。

额。相对于乃父康云从,康应魁显然更像其祖父康大勇那样精明,终其一生主要完成两件大事,迎来康家"富甲三省,船行六河"的全盛时代。

康应魁斩获清廷平定白莲教所需棉花、布匹等军需的十年供应大单。据《清史稿》列传一百三十一记载"(乾隆)六十年,勒保调云贵总督。湖南、贵州苗疆不靖,福康安督师进讨,勒保赴军,安抚正大、铜仁、镇远降苗,并治军需",说明当时勒保掌握后勤军需。至于这张供应单是怎样得到的,说法并不相同,也没有直接证据,有人说是由于康家的诚信和名望,也有人说是康应魁巨额贿赂清廷将领勒保,拿下军队的棉花、布匹等军需物资的供应单。也许两者兼而有之,正是这一千载难逢的机遇成就了康应魁毕生的功业。

拿下十年军需供应大单之后,康应魁又成功扩展了陕西泾阳的棉花市场。泾阳地区处于关中,自然经济条件优越,土地肥沃,有天然灌溉之利、交通之便,渭河自西向东流过,又有泾河、北洛河等支流,自古就是中国农业最富庶的地区之一,郑国渠的兴修更使此地成为富饶的风水宝地。陕西泾阳在当时是西北地区最大的布匹批发市场,商铺众多,竞争激烈,康家几代都在陕西泾阳开有不显山露水的店铺。到十四世康应魁时代,利用其雄厚的财力,在短时间内将大量的布匹运往泾阳,以至于运进量远大于整个泾阳市场的布匹需求量,并低价出售,其他大商家以为康家要抛货撤退,立即全部吃进,结果越吃越多,导致资金链断裂,康家就此拿下泾阳市场。泾阳棉花优质低价,就地取材加工,可以减少长途运输的环节,又占据大量市场份额,让康家的棉花具有巨大的市场竞争力。①

完成拿下军需订单和泾阳市场这两件大事之后,康应魁带领康家进入了鼎盛时期。鼎盛时期的康家,土地累计已有18万亩,"富甲三省,船行六河","头枕泾阳、西安,脚踏临沂、济南;马跑千里不吃别家草,人行千里尽是康家田"。此时的康家已经是全国有影响的富商巨贾。民间把沈万三、康百万、阮子兰尊为三大活财神,印成年画,盛极一时。

---

① 孙学敏、周修亭:《康百万庄园兴盛四百年的奥秘》,河南人民出版社2007年版,第41页。

## 六、十七世康鸿猷接驾,“康百万”家族名扬天下

咸丰至光绪年间是康氏家族的渐落期,但康家仍然属于巨富行列,“子女或适或字,各系名门”,但由于这一时期社会矛盾开始尖锐,太平天国运动爆发,战火波及巩县地区。咸丰三年(1853),“北伐军攻克河南归德府,至刘家口无船渡河,西至汜水口渡过黄河”。咸丰末年太平军再次攻入巩县,最近者已攻打至庄园南面的黑石关村,距康百万庄园不足十里,康家出钱倾力抵抗。自此以后,同治元年(1862)至五年(1866)间,太平军多次攻入巩县。战乱加之天灾人祸的共同影响,康家开始由鼎盛期转入渐落期。

清朝末年国运衰败,康家外部已是危机四伏。1861 年,“捻军窜汜水、巩县”,太平军经龙门入偃师,来势凶猛。1862 年前后,清政府封锁黄河、运河等河道,并烧毁、凿沉河流之上所有运输船只,希望以此来阻止太平军进攻步伐,遏制太平军活动。康家的航运船队自然首当其冲,或被烧毁,或被凿沉。康家船队主要靠来回运输盈利,“大河沉船”使康家靠航运盈利的路断绝了,对康家来说不啻致命打击,可以看作是康家由盛转衰的重大转折。所幸前人留下的大量土地支撑着康家的经济来源,但土地创造利润的数量和速度已经无法和运输经商相提并论,康家此时已如强弩之末,衰败的命运似乎已经无可避免。①

接驾慈禧太后名扬天下是康百万家族的回光返照。1901 年,慈禧太后、光绪皇帝西狩回京路过巩县,康氏家族十七世康鸿猷出钱监工修造黑石关行宫和“龙窑”,迎驾慈禧太后和光绪皇帝,之后又向慈禧太后贡献白银一百万两,前后花费约两百万两。1903 年慈禧赐金字匾“神州富甲康百万”。事实上,此前民间屡屡有“康百万”的誉称,康家也不以为然,此次借慈禧的金口玉言而名扬天下。康家接驾一事虽然尽人皆知,但是查阅民国《巩县志》,发现当时官方的接驾记录,并无任何有关康建德(鸿猷)以及康家的记载:“(光绪二十七年)秋九月二十四日,清德宗暨慈禧太后回銮,驻跸县城。前年义和拳肇乱,八国联军入

---

① 周岩:《明清河南巩义康百万家族盛衰研究》,延安大学 2014 年硕士学位论文,第 7—8 页。

京师,两宫走西安,至是议和成,回銮道经巩县,县备三行宫,黑石关、县城、官店,行不戒严,绅民跪道左右贡献。”①

而且,当时《巩县志》中知县史宜咏的传记曾言及此事,也是大而化之说地方士绅多有参与贡献,“清帝回銮,县境筑行宫三,差务之大,亘古未闻。宜咏率士绅筹备,智周计密,功成而里巷不扰”,亦未提及康家人的名字。为什么呢?虽然康鸿猷作为士绅代表,积极出钱出力修建行宫、贡献百万银两实际功勋巨大,但在官方看来还属于徒有不入流官衔的“民”,接驾差事圆满完成功绩在“官”,若在史书中记录康鸿猷个人的名字难免有喧宾夺主之嫌。而且,虽然康鸿猷如此处心积虑、大费周章,最后只得了个不入品的赏戴蓝翎“汝南教谕”的虚衔,在近世民族和阶级矛盾尖锐、战乱频繁的时代大局下,本已衰落的康家更是雪上加霜,不可避免地逐渐走向覆亡,这在康家十八世诸子弟时代更为典型。

## 七、十八世康庭兰力挽危局与“康百万”家族的覆亡

“康百万”家族十八世有兄弟二十五六个,时值民国初期,战乱纷杂,康家已经到了家道艰难的地步。虽有康庭兰发愤图强,以郑州为中心,利用铁路、水路将生意做到了天津、上海地区,堪称康家最后一代“康百万”,然而不久就因为日寇的入侵和商业内讧导致衰败。康家子弟在这一时期也大多不成才,吸食鸦片、吃喝嫖赌,挥霍家业,另一部分康家青年则离开家族,走上了革命的道路。

康庭兰系接驾慈禧太后的康鸿猷之弟康建忠的独子,出生于19世纪末,因康建忠早亡,跟随伯父康鸿猷、康建勋生活。康鸿猷对侄子康庭兰也是照顾有加,将其送到开封接受新式教育,学习西方商业,希望能由此使康家商业重新焕发生机。戊戌变法之后实业救国的号召响起,现代工商业萌生。对于一直坚持农本思想的传统商人“康百万”家族来说,在民族工业迅速发展的时代,农本思想已显示了越来越多的局限性,因为经营土地会占用大量的资本,并且经营周

① 刘莲青、张仲友等纂修:《巩县志》卷五《大事纪》,成文出版社民国二十六年(1937)印行。转引自魏淑民:《巩义康百万家族谱系新论》,《寻根》2018年第6期。

期长、投入产出比低。此时的康庭兰面对新契机，需要解决两个关键难题：一是水路运输没落，以航运兴家的康家很难在水路重现昔日光彩；二是资金周转困难，接驾慈禧太后、贡献银两让康家元气大伤，剩余的资金又大多占用在土地上，经济状况捉襟见肘。康庭兰思来想去将眼光瞄向了旁边的郑县（今郑州）。当时的郑州是卢汉、陇海两条铁路的交会处，交通畅达，康庭兰力排家族众议，并带头变卖家中土地凑钱，在郑州的德化街建立大兴公花行，主要经营棉花、布匹，这一战略转移迅速见到成效，百年德化街直到今天都是郑州最繁华的商业街。1920 年河南省议会决定开辟郑州为商埠，与此同时郑州还是全国棉花交易中心，大兴公花行便成为有名的商号。康庭兰更是贷款数十万银元兴建两个棉花打包厂，并由自家土地、栈房提供棉花，经营成本要低很多，生意兴旺一度扩展到上海、天津乃至日本，当然这一阶段也是中国民族资本发展的短暂春天。康家似乎也迎来了复兴的春天，但康庭兰的全力以赴对于延续了四百多年财富神话的康家，更像是个耄耋老人的回光返照，转瞬又跌入低谷。抗日战争爆发，众多民族实业资本遭受沉重打击，康家也不例外，交通断绝导致运输不畅，运往天津、上海的棉花被抢被烧，银行更是催讨贷款，内忧外患之下，康庭兰不久病逝。此后，这个延续四百多年的商业家族，再也没有重现昔日辉煌。剩下的康氏家族子弟，除一部分勉强维持祖业，坐吃山空，另一些纨绔子弟因沾染恶习，家业挥霍殆尽，少数子弟如康子昭则走上革命道路。由此，康氏后人也已落得与常人无异，一代传奇豫商就这样退出了历史舞台。

## 八、以“康百万”家族为代表的豫商与晋商、徽商的比较

综上所述，“康百万”家族以河运发家，靠土地致富，因贡献得官，形成了农、官、商三位一体的经营模式。以“康百万”家族为例，可以大体归纳出豫商和晋商、徽商在经营思想、经营方式、经营地域、人才任用、文化理念、财富使用、创业等方面的诸多差异。

从经营思想上看，晋商重钱不重官，“学而优则贾”（山西常氏家训），全心做生意，从小就教育孩子如何赚钱；徽商重官不重钱，有极重的“官本位”思想，追逐财富只是手段，求功名做官才是归宿，从小就教育孩子做官；而豫商往往

处变不惊、深藏不露，克服了根深蒂固的“学而优则仕”“尊儒黜商”的传统观念，推崇文化，兼容并蓄，亦儒亦农亦商，真正做到了扬诸商之长、避诸商之短。

从经营方式上看，晋商从小买卖起家，精打细算，以经营票号、高利贷为主，兼营北方所需的粮、棉、盐、茶叶、布、丝绸等，以关公之“义”在经商处广建会馆，开辟了“走西口”模式，开创了我国的早期金融业；徽商崇尚文化与政治，主要以钱庄典当为主，经营盐、茶、木材，亦儒亦商，与政治极力结缘，或投机取巧，或以丝绸、粮食等谋取大利，足迹遍天下，有“无徽不成镇”之说；豫商地处中原，认为土乃五行之中，土生万物，信守“土能生白玉，地可发黄金”的传统思想，守中虚外，因而以土地经营为主，兼营盐、木材、粮食、棉花、布匹、丝绸、药材等业，土地的拥有量居全国商人之冠。

从经营地域上看，晋商的主要经营范围是通过走西口，以耐风沙干旱的骆驼为主要运载工具，向晋北、内蒙古发展；徽商则主要在两淮、江浙或长江中下游地区，以船队为主要运载工具，有时顺运河甚至走海路北上至京津地区；豫商中“康百万”家族则以黄河中下游为主线，通过黄河、泾河、渭河、洛河、运河、沂河等水路辐射周边，西部最远至兰州，东部最远北至京津，南达沪杭等地，运载工具既有敢于在险峰恶浪中行驶的船队，又有适宜长途贩运的骡马“高脚队”。

从人才任用上看，晋商多“用乡不用亲”，即选择同乡、同村但最远不超越本省的知根知底的人，而不任用自己的亲人，避免因宗族人情影响经营。而以“康百万”家族为代表的豫商却更多是用人唯贤不避亲。各地开设的栈房，徒弟、伙计和康家老板不是雇员和东家的关系，而是一种更加传统的类似于师傅和徒弟的关系，甚至是干亲关系。这些徒弟、伙计又大多是出自同宗、同族或者同乡，较为知根知底，相对于外人而言更能取得历任东家的信任，所以“康百万”用人明显区别于晋商“避亲不用”的原则，反而是往往重用同乡同族的贤能之人。同时，注意吸收提拔社会上其他有才能之人，内部升迁也一般遵循相公、小相公、大相公、老相公的晋级顺序，这一点也区别于晋商由大掌柜安排人事的习惯。①

① 周岩：《明清河南巩义康百万家族盛衰研究》，延安大学2014年硕士学位论文，第23页。

从文化理念上看，晋商信奉“学而优则贾”，让家族中一二流子弟经商，三四流子弟参加科举考试，用一流的人才、一流的经营头脑缔造晋商队伍，从而使其异军突起；徽商贾而好儒，喜欢以文会友，由儒而商，由商做官，官商互济，喜好买书、刻书、买画、听戏、建书院、建园林；豫商居天下之中，经济交通发达，文化源远流长，豫商深受河洛文化、儒家文化影响，并吸取了法、兵、道诸家文化思想，以农为本，亦农亦商亦儒，读书、经商、务农三位一体。

从财富使用上看，晋商发达之后，在家乡建立起宽阔的宅院、城堡式建筑。徽商则无外乎两条路，或者在家乡盖豪宅、别墅、园林和戏楼，购买土地，悠游天下，建牌坊、造祠堂；或是让自己的子孙读书、应考、居官。豫商则把自己积累的财富购买大量土地，并构筑起庞大的地主庄园。作为豫商代表的康百万，有良田数万亩，建起了占地二百四十多亩、由十九个独立区域组成的犹如一个小型社会的庄园，关起门来便可以自给自足、自产自销。

从创业方面看，晋商以小胜大，往往从小商贩开始，精打细算，通过不断滚雪球渐成气候。徽商则以观察入手，投机取巧，互相联合，形成商帮。康家采用的是诚信经营、勤俭持家、多种经营、制度取胜。康家认为金银财宝都属于“浮财”，容易一朝散尽，因此靠河运发财，靠土地致富，靠贡献得官，形成农、官、商三位一体的经营模式。①

① 刘斐：《豫商精神与晋商、徽商之比较》，《读书》2010年第9期。张民服：《豫商历史及其贡献概述》，《中州学刊》2007年第3期。高树印：《从古豫商精神看新豫商文化》，《协商论坛》2007年第8期。张占仓：《豫商的四大特点》，《科学时报》2006年第8期。

# 第八章 民国以来河南平民化家族时代

近代以来,尤其是1912年清朝末代皇帝溥仪逊位以后,等级制消失,中国家族发展进入典型的平民化时代。到20世纪后半叶我国香港、台湾地区以及海外华人社会的宗族演化成宗亲会。宗亲会在组织原则上同传统的家族组织具有明显差异,不再强调家族血缘关系而以同姓为结合对象,不再以家庭为单位而是以个人身份自愿入会,不再延续传统的族长制管理原则而实行会员大会制和理事会、监事会制。以上这些,使得近世以来的宗亲会成为传统家族的变异形态,不仅使家族真正成为近代民间团体,而且也使其朝着脱离血缘群体的方向演变。

虽然就普遍性而言,近代以来河南家族进入平民化时代,但回顾历史却不难发现,最能反映并影响近代中国政治走向和学术文化发展的还是一些久负盛名的大家族,如项城袁世凯家族、安阳马丕瑶家族和南阳唐河冯友兰家族。如果转换视角、放宽视野,不难发现近代河南大家族开枝散叶的历程恰恰折射了中国传统家族的基本发展阶段,最典型者莫过于项城袁氏家族,从普通平民的耕读传家逐步发展成为绅衿性质的科举家族,进而借助时局成为举足轻重的官僚家族甚至中国第一家族。同时,其家族种种风波也更深刻地折射出中国传统宗法社会的种种基本属性,如嫡庶之别、门当户对及宗祧继承等。

## 第一节　民国以来中国家族发展进入平民化时代

中国传统家族3000余年的沿革史,同时也是不断民间化的历史。从少数贵族的政治性组织,领导权不断下移,成员范围不断扩大,渐次演变成为普罗大众普遍参与的社会性组织。晚清以来,作为家族制度经济基础的自给自足的自然经济逐渐解体,加之太平天国、捻军等农民起义的打击,理论上家族制度趋于衰落解体。然而,由于河南地处内陆,所受冲击较之沿海和经济发达地区不甚显著,多数农村地区更是如此,所以家族制度在冲击中仍继续存在,并逐渐走向全面平民化时代。然而,在全国大势的裹挟下,家族制度的衰亡之势也在酝酿、发展。

## 一、中国家族发展史上的民间化趋势

作为中国历史上存在时间最长、流布最普遍的社会组织,家族有 3000 余年的历史。在不断演化发展的过程中,大体经历了六个阶段的兴替:原始社会末期父权家长制家族—夏商西周时期宗法制家族—魏晋时期士族制家族—宋金元时期官僚制家族—明清时期绅衿制家族—民国以来的平民化家族。这种前后沿革兴替的过程,同时也是中国家族不断民间化的过程。

西周的宗法制家族是宗族制的典型形态,后世将其奉为"尊祖敬宗收族"的典范。其间,宗法制与分封制结合,宗统与君统合一,天子既是国家首脑又是宗族领袖——宗子,此时宗族是少数贵族的政治组织,天子以下从诸侯到卿、大夫、士,各级贵族有其各自的宗族。个别的平民可能也有宗族组织,但在社会上没有地位,先秦时期是纯粹贵族宗族制时代。

春秋战国时代,社会大变革破坏了大宗法制,宗族遭到毁灭性打击,中经两汉时期的恢复,魏晋南北朝时代形成士族家族制。世家大族以家族为单位,拥有门荫权和免役权,并有政治上的九品中正制与经济上的庄园制作为保障,还拥有世袭贵族的某些特权。此时,豪强宗族虽有较大发展,但仅仅是地方层面有影响的社会势力,并无政治权力,故而士族宗族成为中古宗族制的代表。

隋唐时期社会经济形态的变革,使士族制在历史上消失,宗族再次沉沦。宋元时代,随着科举官僚制的发展,官僚建立起自身的家族,并通过建设义庄、祀田、族学来巩固家族组织,成为同时并存的各种类型家族的代表,但只有官僚本人及其小家庭享有某些特权,其大家族则无法定特权。尽管此时皇族、贵族家族仍然存在,但家族组织以官僚家族为主体。此一时期的宗族从总体上说已进入无特权时代。

明清时期进入绅衿制家族时代,官僚君主制虽继续发展并强化,绅衿阶层规模和影响扩大,然政治特权却渐次缩小,清代衿士仅有本身的免役权,从法律上讲其个人小家庭也不能随之减免,更不用说庞大的家族了。他们为弥补丧失的特权,谋求社会权益,在地方上举办公益事业,而更重要的是组织带动家族发展壮大,因而使家族在民间得到较大的发展。

进入近代以后,特别是清朝灭亡后,等级制消失,家族也随之进入平民化时代。到20世纪后半叶,我国台湾、香港地区以及海外华人社会的宗族演化成宗亲会。宗亲会在组织原则上同传统的宗族大相径庭,以同姓为结合对象而不再强调家族血缘关系,以个人身份自愿入会而不像过去那样以家庭为单位,实行会员大会制和理事会、监事会制而放弃了传统的族长制管理原则。这些不仅使家族真正成为近代民间团体,而且也使它朝着脱离血缘群体的方向演变。改革开放以后,祖国大陆的家族活动有所复苏,在广东、福建等家族传统深厚的经济发达地区甚至风生水起,不少姓氏文化研究会也有宗亲会的性质。

以上历时性的形态交替,进一步彰显了家族领导核心与活动范围渐次下移、日益民间化的走向和趋势。其一,性质上逐渐由少数贵族的专有组织演变为普遍参与的民间组织,平民性日趋增强。这里的"民间化"是相对皇族而言的,皇族以外的家族皆为民间家族。先秦的家族是贵族精英特有的组织,并且宗法制与分封制相表里,因此又进一步区分出不同层级的天子、诸侯、大夫以及士的家族,而庶民家族甚是少见,逐渐地,后世官宦之家和普通平民也获得建设家族的权力,并且家族数量越来越多。清朝灭亡后,等级制消失,进入彻底的平民制家族时代。由此可见,民间化的走向意味着宗族地位的渐次下移,也意味着宗族组织及其成员数量的不断扩大。其二,领导层面上从宗子到绅衿,宗族领导阶层的社会层次一步步下移。其三,参加成员上从以贵族为主体、基本没有平民,到平民逐渐增多以至占绝大多数。其四,社会地位上家族特权越来越小。由家族享有特权,发展到基本失去等级性,或者不再需要以等级观念来衡量家族社会性。在宗法制和士族制家族时代,特权家族内的各个家庭成员因家族的社会地位而享有相应的权利,包括出仕权和赋役减免权,是家族、家庭及其成员具有的同一性。宋元以后,除贵胄家族外,民间家族的社会身份性减弱,区分家族的不再是等级身份。家族成员的身份主要决定于其自身情况,而与宗族无关。因为除了皇族,都成了非特权家族。其五,功能上从以政治功能为主转换到以社会功能为主。家族在宗法制、士族制时代是政权的重要帮手,对政治生活影响比较大。家族与特权分离以后,虽然在政治上仍然维护政权,但它以兴办家族义庄、族学、祀田等多种形式,倡导家族互助、赈贫恤老,增强了其社会功能。到了平民家族时代,更是以发挥社会功能、文化功能为活动主旨。总之,宗族形态的每一次变化,都是向民间化方向发展,使它从少数贵族的组织,演变成广大民众参与的社会群体。这些变化说明中国传统家族有应变能力,能够根据社会的变革,调整自身的组织原则、内部结构、活动方式和社会角色,以适应环境的变化并得以继续存在,其韧性和适应性使它能够几千年维持下去。①

## 二、民国河南家族发展的平民化时代

### (一)晚清以来中国传统家族制度逐渐衰落

明代中叶以后,由于商品经济的发展和资本主义的萌芽,传统家族制度开始呈现出衰落的征象。鸦片战争以后,由于资本主义的迅速发展和社会经济结构的变化,传统家族制度一步步走向衰落。第一,作为传统家族制度经济基础的自然经济结构逐渐松懈。明中叶以后,尤其是鸦片战争以后,社会生产力的提高和商品经济的发展,影响到部分农村,尤其是城镇附近的农村出现了农产品生产商品化和专业化的现象。一些农民开始摆脱几千年来男耕女织、自给自足的经济模式,广泛种植以出售为目的的某些农产品,诸如江浙的桑、蚕、棉花,广东的甘蔗、蒲葵,两湖、河南的棉花、烟草,福建的茶叶等,这些经济作物都不是农民家庭自己能够消费的,有的农户甚至大面积种植某一种农产品,显然是准备作为手工业原料而投入市场的。农产品商品化是农业生产水平提高的结果,是农业和手工业进一步分离带来的必然现象。第二,族众开始流入劳动力市场,造成家族的离散。资本主义的发展需要广阔的劳动力市场,明中叶以后

① 冯尔康等:《中国宗族史》,上海人民出版社 2009 年版,第 287—289 页。冯尔康:《中国古代的宗族与祠堂》,商务印书馆 2013 年版,第 85—87、269 页。冯尔康、阎爱民:《宗族史话》,社会科学文献出版社 2012 年版,第 1—4 页。

由于统治者的残酷剥削和鸦片战争以后外国资本主义的侵蚀,大批农民和手工业者破产,离开祖祖辈辈聚族而居的村落,大量涌入城镇进入劳动力市场。大批农民脱离世代聚居的村落而外出做工或者流落城镇,传统家族势力无法控制这部分族众,随着时间推移他们同家族的联系逐渐弱化以至断绝,血缘谱系也逐渐模糊,因而造成了家族的离散。第三,商业资本和高利贷资本侵蚀农村,引起家族成员的迅速分化。“一族之人,或父贵而子贱,或祖贱而孙贵,或嫡贱而庶贵。”①家族内部贫富两极的族众越来越对立,家族的统治愈来愈不容易维持。

近代革命斗争对家族制度的持续打击。鸦片战争以后,伴随外国资本主义的侵入,西方的科学文化和资产阶级民主思想也传入中国,促使传统阶级斗争的内容和形式开始发生根本性变化,从旧式单纯的农民战争,发展成具有资产阶级民主革命色彩的革命斗争。近代农民革命斗争一般能够拿起资产阶级民主思想的武器,向宗法思想和家族制度进行自觉不自觉的批判与冲击,加速了传统家族制度的衰落过程。

太平天国运动对家族制度的打击。反对祖先崇拜、反对祠堂祭祖,太平军所到之处,往往焚寺庙、毁神像,“无庙不焚,无像不灭”,并且没收族产公田,消灭家族制度的物质基础。正如《天朝田亩制度》规定,“凡天下田,天下人同耕”,意味着对地主、家族、寺院土地所有权的否定,太平军在南方安徽、江西、湖北一带还“查索”僧道、香火、祠祭及民间公产,或将庵观、寺院田产充公。②

捻军起义对家族团练的镇压。在太平天国起义时,捻军作为友军主要活动在淮河两岸。较之太平军,捻军具有更多的旧式农民起义特点,较少受到西方资本主义思想的影响,因而其与家族势力的关系是时而打击,时而利用,对抗时给予打击,归附时加以利用。当捻军起义时,河南(包括位于豫皖交界地带的项城袁氏家族,征剿捻军正是袁氏家族崛起的有利时机)、淮北等地的大家族,如同江南各省对付太平天国一样,也纷纷组织家族团练来围剿、堵截捻军,从而大批地被捻军杀死。

辛亥革命时期对家族制度和宗法思想的批判。辛亥革命是由民族资产阶

---

① 〔清〕秦蕙田:《五礼通考》卷一百四十六,《嘉礼十九·饮食礼》,文渊阁《四库全书》版。徐扬杰:《中国家族制度史》,武汉大学出版社 2012 年版,第 417 页。

② 邓之诚、谢兴尧等:《近代中国史料续编·太平天国资料》第 4 册,文海出版社 1976 年版,第 642 页。

级和小资产阶级领导的较为完全的资产阶级民主革命。其思想武器主要是从西方吸收的资产阶级民主思想，如天赋人权、民主共和、自由平等博爱等，因此对家族制度、宗法思想、封建伦理道德的批判，比以往历史上任何一次革命斗争都更为系统和深刻。资产阶级革命派在宣传民主共和思想、批判封建专制主义的同时，对三纲五常等封建伦理道德展开了猛烈的抨击，尤其对存在了几千年的家族制度进行了有史以来最猛烈、最直接的攻击，提出了家庭革命和家族革命的时代呐喊。他们指出家族制度是“万恶之首”，要推翻清王朝的专制统治，揭开“社会革命”的序幕，必须从家族革命开始做起。[①] 同时，批判祖先崇拜，主张“祖宗革命”，认为崇拜祖先是一种地地道道的迷信，是反科学的愚昧行为，主张“平坟墓、火神牌”，将“修祠也，立碑也，祭祀也，厚葬也”等统统废掉，铲除祖先崇拜的种种凭借。有些主张尽管只是口头上的号召，但对家族制度和宗法思想的冲击可想而知。[②]

### （二）河南因地处内陆传统家族向平民化继续发展

晚清以来，由于自然经济的逐渐解体和近代农民起义的不断打击，虽然理论上家族制度趋于衰落解体，然而河南由于地处内陆，所受冲击不甚显著。首先，由于地处中原腹地，河南不是传统商品经济发达地区，自然经济有衰落解体之势，却不是普遍现象。其次，河南不是广州、厦门、福州、宁波、上海等通商口岸，外国资本主义的侵蚀较之沿海地区不甚明显。最后，河南不是太平天国、捻军等近代农民起义的主体冲击区，虽然也有家族、民众受到捻军冲击的记载，但整体上受到扫荡、打击的程度较轻。在广大农村地区更是如此，所以河南家族制度在冲击中继续存在，并呈现出全面平民化时代。根据清代方志、碑刻记载，晚清甚至光绪、宣统年间，河南不少家族祠堂在长期积累后方告建成，或有族众捐置祠田。

---

① 张枬、王忍之编：《辛亥革命前十年间时论选集》第二卷下册，生活·读书·新知三联书店 1963 年版，第 916—917 页。

② 徐扬杰：《中国家族制度史》，武汉大学出版社 2012 年版，第 420—421 页。然而值得注意的是，孙中山对家族与革命关系的观点。他沿袭中国的传统观念，把家族看作国家的基层团体，由家族而宗族而国族，合群图强然后才能讲民族主义，而只有先恢复民族主义才能讲世界主义。参见孙中山：《孙中山选集》，人民出版社 1981 年版，第 691 页；章开沅：《章开沅文集》第三卷，华中师范大学出版社 2015 年版，第 128 页。并且孙中山认同传统家谱的价值，写有《合肥阚氏重修谱牒序》《五修詹氏宗谱序》等，参见丁凤麟：《略论孙中山的谱牒观》，《近代中国》2015 年第 00 期。

道光年间巩县李氏家族创建祠堂。李氏祖籍山西,明初因先祖任巩县知县,任期届满遂占籍定居。由于岁时荒歉加之外人盗伐,先祖坟茔周围松柏多有遗失,春秋致祭时目睹多有不忍,所以合族公议修建祠堂。伐树积钱,轮流经管,历时二十余年,迨至道光十年(1830)最终建成。① 道光十年,恰是鸦片战争前十年。同样是在巩县,姚氏家庙大殿落成,一块石碑上记载了捐助油漆银钱的族众名单,落款是光绪六年(1880)。② 另有荥阳孙氏,自明初迁居以来已逾四百年,其太高叔祖一支已立宗祠,而其本支尚未建有宗祠,于是在道光二十三年冬,买郝氏地基一亩三分,第二年建成祠堂三楹,面南背北,月台、照壁、门楼一应俱全,外有围墙,并有族众公捐的祭田,供应每年春分、夏至、秋分、冬至的祭祀需费,祠堂落成立碑时间为清道光二十四年(1844),石碑撰稿人为曾任山东禹城知县的族人孙树之,他辞官归里后热心建宗祠、置祭田、修族谱、设义塾,同治十年(1871)辞世后为其撰写墓志的是清代中兴名臣曾国藩。③ 道光年间,亦有开封府尉氏县孙氏建成祠堂。④ 该族先是在祖茔前捐买祀田数十亩,又于道光二十八年(1848)新建祠堂一座,每年春秋致祭,祠堂落成立碑时间为道光三十年(1850)。

光绪年间新郑刘氏祠堂宣告完全建成。虽早在明初刘氏已然自江苏沛县迁至新郑城东,创建家庙自裔孙刘殿甲开始,然仅是"筑室三楹,并无墙垣",似乎不成事体。后来由于学田管理有方、租课增加并存入铺户生息,遂逐渐有财力用于祠堂。光绪年间,先是费钱八十余串,修筑祠堂围墙,几年后又费钱二百四十余串增修广梁头门以及内墙。⑤ 至此,刘氏祠堂方才宣告完全建成。

宣统年间新郑欧阳氏祠堂捐置祀田。欧阳氏先祖自文忠公系敕葬新郑,赐田千余亩,无奈时间推移,多数被人侵占,祀田所剩无几。每逢春秋致祭,所需

---

① 王兴亚等:《清代河南碑刻资料》第 2 册,《创建祠堂迁巩原由志碑》,商务印书馆 2016 年版,第 38 页。

② 王兴亚等:《清代河南碑刻资料》第 2 册,《姚氏家庙油功志》,商务印书馆 2016 年版,第 111—112 页。

③ 参见《孙氏宗祠记》《山东禹城县知县果堂孙府君家传》《孙禹城碑文》。

④ 王兴亚等:《清代河南碑刻资料》第 2 册,《创建孙氏祠堂碑记》,商务印书馆 2016 年版,第 466 页。

⑤ 王兴亚等:《清代河南碑刻资料》第 1 册,《刘氏祠堂广梁大门碑文》,商务印书馆 2016 年版,第 429 页。

经费不足,临时筹办多有不便,故而合族公议,族众捐置祀田五十亩,以备祭仪之需。并且为防止再次被侵占,专门立碑镌刻地亩的尺弓坐落。[①] 值得注意的是,立碑时间为宣统三年(1911)阴历夏四月,正值辛亥革命前夕。更有意思的是,荥阳马氏合族公议,开辟祖茔墓间隙地为祭田,以作春秋致祭之用,并立碑详细标明祭田的东西南北四至,时间是民国元年(1912)阳历十二月,在辛亥革命爆发之后,而且参与立碑的族众中还有新式学堂的学生,如中学毕业、师范毕业、法政学堂毕业以及警察学堂毕业学生等。[②]

然而,在全国大势的裹挟下,家族制度的衰亡之势同时也在酝酿、发展,首先可以透过清末民初的《通许县新志》记述并大加赞颂夏二公的事迹窥斑见豹。夏二公,通许本地人,年少家贫生计艰难,遂到省城开封府的制绳工厂当学徒,学成出徒充当该厂技师,仍然收入微薄仅敷糊口。夏二公志存高远,决心独自经商创业。他以开封为大本营,从南边的六安、固始进货,广泛行销河南、河北、山西、山东等省,其恒隆麻店逐渐在开封崭露头角,并发展成为省城开封经营麻制品的巨贾富商。恒隆麻店地处开封繁华的曹门大街一带,店面宽敞气派,货品齐全充裕,邑人常常交口称赞。

夏二公从乡野贫苦少年跃身成为省城开封富贾巨商的传奇故事,不仅进入了《通许县新志》,而且更是被放在经商富国、促进民族自强的高度大加称许、赞扬,并认为他能孤身一人白手起家,比起西方合众人之力、多方招股的托拉斯模式更胜一筹,如其所言:"夫世界近百年来,商战剧烈,欧美民族以商战优胜强其国,支那民族以商战劣败弱其种。华人短于经商,几为世界所公认矣。关若夏二公者,可谓长于经商者,非耶?不假尺寸,凭借以穷困而成巨贾,视彼西人先招多额股本,方能建设托竦斯者,其才贻又过之矣。"[③]

夏二公的事迹反映了传统宗法社会"重农"思想向近代民族危亡之际"重商"思想的转变。在农为邦本、重农抑商的传统宗法社会中,倡导耕读传家,学

① 王兴亚等:《清代河南碑刻资料》第1册,《欧阳氏祠堂捐入祀田碑记》,商务印书馆2016年版,第431页。

② 王兴亚等:《清代河南碑刻资料》第2册,《杨五楼马氏祖茔碑记》,商务印书馆2016年版,第161—162页。

③ 王兴亚等:《清代河南碑刻资料》第2册,《清故贡生夏二公墓志铭》,商务印书馆2016年版,第366页。

而优则仕,子女婚配以业儒、居官为荣,经商的成就根本不能与之相提并论,并有“商人重利轻别离”的社会舆论。在这种大势之下,夏二公的事迹几乎没有可能入选当地方志。可是晚清以来,西方资本主义列强凭借坚船利炮接踵而来,划分势力范围,大肆倾销商品,国人面临“数千年未有之大变局”。对此,国人在挨打之余也在不断寻求出路,从求富求强的洋务运动到谋求制度变革的维新变法,一次次运动失败之余,人们尤其是知识分子的观念却在西学东渐的大潮下逐渐转型,“重商主义”思想登上历史舞台。正是在新的时代背景下,开封通许人夏二公从乡野小子到开封富商的传奇故事才得以进入方志的记载,并被大加称颂。这种称颂态度的背后,不仅彰显了国人谋求民族富强的迫切愿望,而且通过夏二公白手起家商业模式与西方托拉斯模式的对比,多少也蕴含了某种中华民族曾经高度保有、近代以来苦苦追寻又时常求之不得的民族自信。

值得注意的是,民国《通许县新志》中记述的夏二公个案,所体现的转型不是一种“猛回头”式的剧烈变化,而是一种温和、渐进的过程。行文在高度赞颂夏二公商业救国的同时,又不时刻画了他身上传统的一面,如不忘乡里、周济宗族,“梓里置田数百亩,家族沾其余润者,盖数十口云”。又如,热心地方治河要务。清同治年间,黄河严重决口,政府派员筑堤阻塞,需要大量供应麻制品,夏二公的恒隆号慷慨接济,河工得以速成,众多男女老少得以幸免于滔滔河患。文中“政府”虽是新时代的新名词,然热心修路、修桥、治河等无不是传统乡绅的作为。

洛阳宜阳创建高等小学堂的传统色彩。创办新式学堂是近代中国废科举、兴西学的新兴事物,位于中原腹地的洛阳宜阳创建高等小学堂亦是如此,并因此建设了崭新的校舍而非沿用传统书院旧址。然而,值得注意的是,这所“崭新”的高等小学堂却充满了传统色彩。其一,创办目的。虽然称之以新式名称,但不是遽然以传授知识、陶冶情操为主要目的,仍如同传统各级官学以发挥仕途台阶升转之用,如其所言“考高等官小学堂,为蒙养毕业生升转之途”。其二,经费来源。同以往创办修缮传统书院、义学一样,买地建造学舍之资源于官捐商筹,如其所言,“嗣余同幕友捐艮五百两,富绅张恒太捐艮一千三百两,又另筹艮二百二十余两,共二千零二十余两”。[①]

---

① 王兴亚等:《清代河南碑刻资料》第 3 册,(宜阳)《创建高等小学堂碑记》,商务印书馆 2016 年版,第 197 页。

民国时期开封道许候选知县马阶平夫妇的墓碑风格为传统与现代交融。清代夫妇合葬的墓表往往有固定格式，如《公弼刘公暨配宜人张氏墓表》《清故待赠儒林郎前锦衣卫世袭正千户隆寰王公（腾凤）府君暨元配马孺人墓志铭》。从形式上看，民国通许县方志中马阶平夫妇的墓表已经使用了近代新名词“夫妇”，如其所言“候选知县阶平马公夫妇墓碑记”。然而通读墓志全文，又无处不在传统之内。首先，开篇引用“男政位外，女政位内，内外交修”，指出男女有别均要素位而行。如候选知县马阶平修书院、建文庙、筑城凿池、积谷发仓，种种善政无一不是传统乡绅作为。又如其妻王氏，“事翁姑以孝闻……相夫子以顺称”，无疑属于称誉贤良淑德妻室的普遍特征和一般用语，有意思的是文中对王氏的称呼就是传统用语，“其德配王氏之淑媛”。[①]

虽然近代的种子已经萌发，有些地方体现出现代与传统的交融，有些则继续一仍其旧。譬如，宣统三年（1911）南阳新野《乔国瑞与王李氏合葬墓碑》，碑额仍题为“清寿显祖考乔公讳国瑞妣孺人王李氏合葬之墓”[②]。同县《张正业墓碑》，虽然落款实际上是进入 20 世纪的 1907 年，却如墓碑所言时间“光绪三十三年”一样，仍是农耕社会以土地为本、耕读传家的思路，记述其先辈如何辛苦劳作，把 20 多亩土地变成了 100 多亩。曾祖时兄弟分家，仅有田产 20 余亩。传至祖父时代，坚持耕读传家的路线，由于祖父本人生平勤俭、竭力耕田，加之曾祖母教导有方，故家道蒸蒸日上，故而晚年已然治田百亩有余。[③]

## 第二节　项城袁氏家族对近代中国政治格局的影响

项城位于豫东黄淮平原南端，属于中原文化与江淮文化交叉辐射带，孕育

---

① 王兴亚等：《清代河南碑刻资料》第 2 册（通许）《候选知县阶平马公夫妇墓碑记》，商务印书馆 2016 年版，第 370—371 页。

② 王兴亚等：《清代河南碑刻资料》第 7 册（新野）《乔国瑞与王李氏合葬墓碑》，商务印书馆 2016 年版，第 336 页。

③ 王兴亚等：《清代河南碑刻资料》第 7 册（新野）《张正业墓碑》，商务印书馆 2016 年版，第 320 页。

了不少历史上卓有影响的大家族，诸如战国后期"世世为楚将，封于项"并以此为姓氏的项羽家族，三国魏晋时期兴盛近三百年的应氏家族、袁氏家族等。明清以来，项城有四大家族堪称汝南望族，即袁氏（袁甲三、袁世凯）家族，张氏（张镇芳、张伯驹）家族以及以科举闻名的高氏、赵氏①家族等。其中，当以袁氏家族影响最大，袁甲三是与曾国藩齐名的清室功臣，袁世凯更是影响近代中国政治格局、妇孺皆知的重要政治人物。

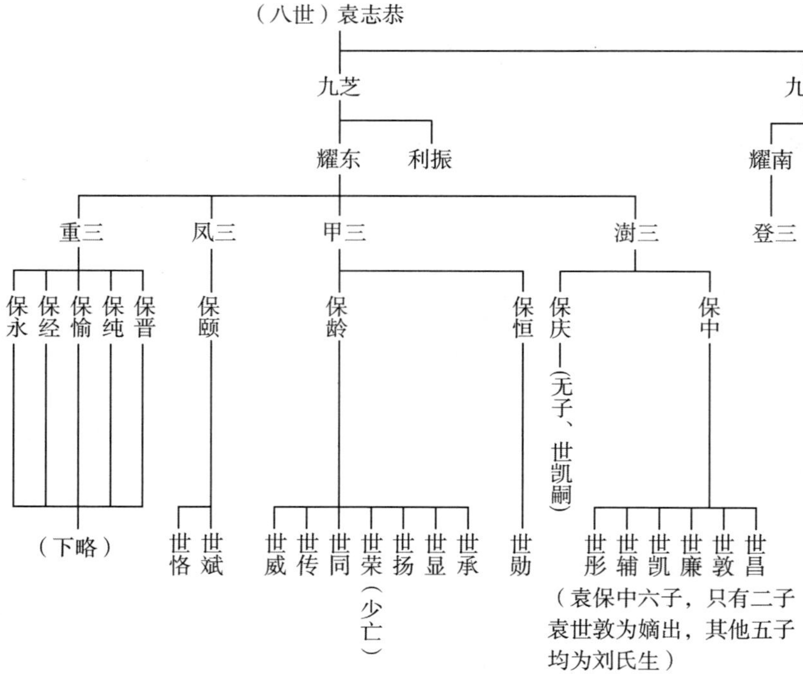


图 8-1　袁氏家族谱系

资料来源：项城市政协编《百年家族：项城袁氏家族资料汇辑》，河南大学出版社 2012 年版，第 572 页。

---

① 项城进士门第最盛者当属高氏家族，连续三代六位进士，即高崃云与二子高钦中、高钊中，以及高积勋（钦中次子）、高积政（钦中三子、钊中嗣子）、高积健（高敏中子，钦中侄）。尚店赵家也是进士门第，明崇祯十六年（1643）培养出第一位进士，清代又有乾隆十三年（1748）进士赵垣、道光二十七年（1847）武进士赵凤彩，此外另有举人多名。席军主编：《项城文史资料·项城姓氏》（总第 22 辑），中国人民政治协商会议项城市委员会 2011 年版，第 113 页。

**表 8-1 项城袁氏家族概况一览表**

| 姓名 | 与袁世凯关系 | 科举、任官情况 | 婚配对象、子女情况 |
|---|---|---|---|
| 袁耀东 | 曾祖父 | 秀才,明代以来袁家第一位秀才,三十六岁早亡 | 妻郭氏,系陈州望族、赠奉政大夫郭如珽之女,寿享百岁,同治御书“百龄衍庆”,系袁氏百年家族奠基第一人。子四,澍三、甲三、凤三、重三 |
| 袁澍三 | 祖父 | 庠生,曾与袁甲三执教本县进士高崃云、望族赵金铭家塾十年。晚年任开封训导 | 妻王氏。子二,保中、保庆 |
| 袁甲三 | 从祖(行二) | 道光十五年(1835)进士,漕运总督,祀陈州、临淮、淮安专祠,河南乡贤祠、淮安名宦祠,谥“端敏” | 原配陈氏,本县太学生、赠翰林院庶吉士陈兴文之女;继配陈氏,商丘太学生、赠翰林院编修陈照之女。子二,保恒、保龄 |
| 袁凤三 | 从祖(行三) | 廪贡生,捐实缺禹州训导,赏五品衔候选同知 | 子一,保颐,因伯父袁甲三荫授户部主事,后以知府衔随袁保龄督办海防,随刘铭传入台帮办军务(加三品衔)。复生子二,长子世斌为湖北知府 |
| 袁重三 | 从祖(行四) | 贡生,后打理家政 | 子五:长保晋,安徽候补通判、署寿州知州;次保纯,郡庠生,山东莒州、德州知州;三保愉;四保经;五保永,庠生,保举知县 |
| 袁氏 | 姑母 | | 嫁项城进士门第赵家(明进士一人,清进士两人,举人多名),甲三兄弟曾执教于此,后袁家又解其捻军之围 |
| 袁保中 | 父亲 | 附贡,捐同知 | 子六,原配刘氏生世敦;侧室刘氏生世昌、世廉、世凯、世辅、世彤等五子,以子世凯贵,赠一品诰命夫人,亡故后慈禧赐葬银三千两,赐建“教义坊” |
| 袁保庆 | 从叔,嗣父 | 咸丰八年(1858)举人,随袁甲三剿办捻军,因功保举光禄寺署正(从六品),捐纳郎中(正五品),后被保举山东知府、江宁盐法道 | 妻牛氏生五女,无子,过继袁世凯为子 |

（续表）

| 姓名 | 与袁世凯关系 | 中式、任官情况 | 婚配对象、子女情况 |
| --- | --- | --- | --- |
| 袁保恒 | 从叔，甲三长子 | 道光三十年(1850)进士，四部侍郎(礼户吏刑)，赏一品顶戴，谥“文诚” | 子世勋，户部员外郎 |
| 袁保龄 | 从叔，甲三次子 | 同治元年(1862)举人，随父剿办捻军多年。内阁中书、内阁侍读，纂修实录有功赏知府衔，赏二品顶戴，赠内阁学士 | 子七：长世承，山东候补直隶州知州；次世显，江苏候补同知；三世扬，附贡，分省通判；四世荣(少亡)；五世同，廪贡生，湖北候补知府；六世传，附贡，候补四品京堂；七世威，候选布政司理问 |
| 袁世敦 | 嫡兄，袁保中原配刘氏嫡出 | 捐盐大使，后保举山东知府、二品道员 | 子二，长克复，庠生 |
| 袁世昌 | 长兄，袁保中侧室刘氏庶出 | | 妻项城阎楼张氏，其兄为张镇芳，系光绪壬辰(1892)进士，历任天津河间兵备道、长芦盐运使、湖南提法使、署理直隶总督等。中华民国成立后，任河南都督兼民政长。其嗣子张伯驹与袁克定、袁克文交好 |
| 袁世廉 | 三哥，袁保中侧室刘氏庶出 | 庠生，捐职理问，保举知县，候补道员，徐州兵备道二品道员 | 子二，长克城，次克义 |
| 袁世辅 | 五弟，袁保中侧室刘氏庶出 | 江苏候补知府，二品道员 | |
| 袁世彤 | 六弟，袁保中侧室刘氏庶出 | 庠生，工书画，曾出使英、法、美、比等国，归国以二品道员用，后返乡隐居 | |

资料来源：项城市政协编《百年家族：项城袁氏家族资料汇辑》，散见相关人物传记。

## 一、明清以来项城袁氏家族的发展历程

袁氏家族在项城的始迁祖是袁持衡。明初袁氏从汝南郡汝阳(今商水县西北)迁至项城年湾村,后来几经迁徙,袁持衡的孙子袁步月率领两个儿子袁学诗、袁学礼迁至秦波村(今属项城永丰乡)。袁学诗去世后,其子孙举家迁至袁阁。经过几代人的努力,到袁持衡的第八代孙袁志恭时代,袁氏家族才逐渐成为殷实的小康之家,《项城袁氏家谱》的记载即源于八世袁志恭。袁志恭曾孙袁甲三发达后,又举家迁至项城水寨南五里的骡马张村(后因袁氏迁入更名袁张营村)。[①] 此间,袁家亦耕亦读,耕读传家,直至十世孙袁耀东于清代嘉庆朝考中秀才,是为袁氏家族自明初以来四百余年考中黉学秀才的第一人。

### (一)从耕读传家迈向科举家族

袁耀东(1780—1816),字海门,是漕运总督袁甲三之父、民国大总统袁世凯的曾祖父。乾隆四十五年(1780)前后,生于项城袁张营村袁家大院,35岁即嘉庆二十年(1815)入泮食饩(即进入县学读书成为秀才,每月发给膳食费三两银子),这是袁氏家族自明初以来四百余年间考中黉学秀才的第一人。但由于常年苦读身体羸弱,袁耀东不幸于次年病逝,年仅36岁。虽然袁耀东止步于秀才,却为项城袁氏从传统的耕读之家迈向科举家族以至官宦之家走出了宝贵的第一步。

袁耀东去世后,其孀妻郭氏为袁氏家族迈向科举家族实现百年兴盛做出了巨大贡献。郭氏出身名门,是陈州望族、赠奉政大夫郭如珽之女,聪慧颖达,熟读经书,深明义理。袁耀东去世时,郭氏只有39岁,长子澍三虚岁16,次子甲三11岁,三子凤三8岁,四子重三仅5岁左右,小女儿尚在襁褓中。虽是孤儿寡母,但郭氏魄力非凡,为鼓励儿女读书成才、实现乃父未竟夙愿,“典钗珥,延名师,晚自塾归,灯火课读,恒夜分不辍,如是者十余年”,四个儿子陆续入庠食饩,品学兼优,名震乡里。[②] 道光十五年(1835),次子袁甲三29岁考中进士,乃父袁

---

① 张华腾:《项城袁氏大家族》,《寻根》2012年第1期。

② 项城市政协编:《百年家族:项城袁氏家族资料汇辑》,河南大学出版社2012年版,第7—10页。

耀东的春闱之梦终于实现。十五年后，袁甲三长子袁保恒又中进士成为天子门生，父子双公，满门荣耀。此外，袁保庆、袁保龄以举人出身，官至二品。另有袁凤三、袁重三、袁保中为贡生。根据前文科举家族的概念，项城袁氏完全符合在传统宗法社会和科举制度之下，世代聚族而居、从事举业人数众多、多人取得举人或者五贡以上功名，抑或有两名以上进士，在全国和地方有重要影响的标准，是为典型的科举家族。

**（二）从科举家族到官宦世家**

项城袁氏实现由耕读传家到科举家族的突破，成为汝南望族。然而，并未停留于科举家族的层面，而是继续发展成为在全国有重要影响的官宦家族。此间，袁甲三、袁世凯是前后相继的核心人物。

袁甲三（1806—1863），字午桥，自幼聪慧，读书刻苦。14 岁与长兄袁澍三同补县学中秀才，后同在项城望族进士高峡云、赵金铭家充任塾师十年。道光十五年乙未科进士，以主事分发礼部，道光二十年（1840）补官，道光二十三年（1843）充军机章京，道光三十年（1850）擢江南道监察御史。太平天国起事后，协助工部侍郎吕贤基赴安徽会办团练防剿事宜。在镇压太平天国及捻军起义中屡立战功，升任安徽署理布政使。咸丰十一年（1861）率军全力平定捻军，被任命为钦差大臣、漕运总督，同治二年（1863）病逝，祀陈州、临淮、淮安专祠以及河南乡贤祠、淮安名宦祠，谥号“端敏”（袁氏家谱、家集称之“端敏公”）。他是与曾国藩齐名的清室功臣，是稳定大清半壁江山的江北柱石，“袁甲三服官中外二十余年，平日刚正不阿，体用兼备，虑事精详，驭军严正……将士用命，屡战皆捷”。曾国藩曾亲自为其撰写墓志铭，说自己之所以能够取得平定太平军的胜利，多承袁甲三镇守临淮免除自己后顾之忧的功劳。①

袁甲三对项城袁氏成为官宦世家起着承上启下的作用，“承上”是指其上三代均因此得到封赠，曾祖父袁志恭、祖父袁九芝、父亲袁耀东都被朝廷追封为一品，其母郭氏等也被追封为一品诰命夫人。“启下”的辐射带动影响更大，集中体现于对“保”“世”等辈子侄的抚养、教育尤其是仕途提携方面，可以不夸张地说，袁保恒、袁保龄、袁保庆等人几乎都是在袁甲三帐下多年平定太平军、捻军的不断征战中得到历练并崭露头角的，即便后来有子侄辈在他处因功被不断保

---

① 张华腾：《项城袁氏大家族》，《寻根》2012 年第 1 期。

举以至累官至二品大员,和袁甲三在朝廷上下的人脉背景也不无关系。而袁保恒、袁保龄、袁保庆等人在袁甲三的带动提携下不断考中举人、进士并且出仕,不仅继续推动了袁氏官宦世家的兴盛,又为袁世凯等后辈子侄的崛起提供了良好的平台和机遇。如此,三代人不间断的代际传递,造就了项城袁氏高门望族的地位,而且在民国时期袁世凯家族成为举国关注的第一家族。

袁甲三的两个儿子袁保恒、袁保龄自不待言,长子袁保恒在乃父提供的良好教育、应试条件下成为项城袁氏家族的第二位进士,庶吉士散馆后在袁甲三行营协助剿贼,虽是儒生出身,亦英勇善战、所向披靡,并得到御赐"伊勒图巴图鲁"称号。袁甲三病逝后,袁保恒蒙恩由詹事府右庶子升任翰林院侍讲学士,后来当过李鸿章淮军翼长,亦曾协助左宗棠西征办理粮草事宜,最后累官至四部侍郎、一品顶戴,是袁氏家族"保"字辈中官职最高者。[①] 次子袁保龄以举人出身,随父剿办捻军多年,乃父病逝后蒙恩赏任内阁中书,后因纂修实录、玉牒有功擢升内阁侍读。随兄袁保恒回河南办理赈灾事宜后,经河南巡抚涂宗瀛、直隶总督李鸿章(袁保庆曾长期协助李鸿章办理北洋海防)等不断保举,累官至二品顶戴内阁中书侍读。

侄辈袁保庆等亦受到袁甲三的较多提携,并且与袁保恒、袁保龄一起,为嗣子袁世凯(保庆无子,故长兄袁保中四子世凯 8 岁出继叔父保庆)最终成为左右近代中国政治走向之风云人物提供了至为关键的人脉基础(前期是吴长庆,后期是李鸿章)。袁甲三因为父亲袁耀东早亡,多受长兄袁澍三照料,并且兄弟两人曾同在项城望族高家、赵家充任塾师十年,感情深厚,如其所言"吾辈少孤,赖吾兄教养成立"。因此,在长兄袁澍三 43 岁中年亡故后,袁甲三对两个侄子袁保中(袁世凯之父)、袁保庆颇多照顾、提携。袁保中因系长门长孙主司家族事务[②],所以其弟袁保庆更多跟随叔父。袁保庆系咸丰八年(1858)举人,后随叔父袁甲三剿办捻军,骁勇善战,同年因攻克安徽六安城有功,被授副都统衔、帮办河南军务胜保荐举为光禄寺署正(从六品)。后因"督带团练,历著战功",经河南巡抚张之万、加左副都御史衔督办河南团练毛昶熙、两江总督马新贻等保

---

① 张华腾:《项城袁氏大家族》,《寻根》2012 年第 1 期。

② 袁保中除作为长门长孙主持家族事务外,遇有地方不靖时负责筑寨堡、练乡团。同治十三年(1874),在从弟袁保恒的支持下,主持编修袁氏家族搬迁项城后的第一部家谱,并铸成铁牌镶嵌于袁氏家祠中,此即著名的"铁牌家谱"。

举，累官至江宁盐法道（赏二品顶戴）。[①]

袁保庆49岁卒于江宁任所后，袁保恒、袁保龄接过其父照料提携族人的使命，把袁保庆嗣子袁世凯接到北京府邸抚育，并且在学业上管束颇严。光绪三年（1877）前后，袁世凯随叔父袁保恒回河南赈灾，获封内阁中书。光绪七年（1881），袁世凯前往山东登州投奔嗣父袁保庆的至交吴长庆[时任浙江提督、广东水师提督（未赴任），帮办山东军务]，吴长庆视袁世凯若子侄，十分厚待，安排其在帮办军务的同时继续读书，不误科举正途。袁世凯两次乡试落第（光绪二年、五年）后，跟随吴长庆出兵朝鲜平定壬午兵变，虽然耽误了光绪八年的第三次乡试而抱憾终生，却通过十余年驻军朝鲜的经历得到人生的第一桶金，而且其中多有吴长庆的成全，并由此逐步得到原本与袁保恒、袁保龄两位从叔熟识的疆臣李鸿章的赏识提携，更受到慈禧太后、光绪皇帝的重用，成为迅速上升的政治明星以至封疆首吏、当朝首辅。原来在平定朝鲜壬午之变后，吴长庆于光绪十年（1884）调任回国，留下副营交给袁世凯管带，北洋大臣李鸿章奏请委派其为总理亲庆营务处会办朝鲜防务。是年，朝鲜发生甲申事变，在事发突然、得不到国内及时指示的情况下，袁世凯果断出兵捍卫朝鲜韩王，平定局势，因此很受李鸿章赏识。光绪十一年（1885），经李鸿章提拔，清廷任命袁世凯为“驻扎朝鲜总理交涉通商事务”，相当于清廷派驻藩属朝鲜的国家代表，时年袁世凯仅26岁。总之，通过嗣父袁保庆至交吴长庆的大力提携，袁世凯在朝鲜经营十余年初步崭露头角，进一步得到北洋大臣李鸿章赏识，进而获得慈禧太后和光绪皇帝的重用，仕途坦荡，扶摇直上，由同知而知府，再到二品衔实缺温处道道员。到光绪二十五年（1899），又由工部侍郎擢升山东巡抚，跻身封疆大吏之列。两年后，李鸿章去世，袁世凯继任直隶总督兼北洋大臣，成为封疆首吏，致力于清末新政的实施与推行，数年之内直隶成为全国推行新政的典范。光绪三十三年（1907）秋，清廷又上调袁世凯为军机大臣兼外务部尚书，成为当朝首辅。[②]

此后经过两三年的洹上隐居，袁世凯在辛亥革命后复出，成为当时左右中国政局的关键人物。袁世凯成为中华民国大总统后，项城袁氏进入官宦家族的

---

① 项城市政协编：《百年家族：项城袁氏家族资料汇辑》，河南大学出版社2012年版，第39—41页。

② 项城市政协编：《百年家族：项城袁氏家族资料汇辑》，河南大学出版社2012年版，第55—58页。

鼎盛时期,袁世凯及其妻妾子女组成的大家庭也成为当时中国万众瞩目的第一家族。然而,由于这一阶段袁世凯逆历史潮流而动,废除临时约法甚至复辟帝制,项城袁氏家族辉煌的顶峰随着袁世凯的病逝而宣告结束,后世子孙如袁克文的满腹才情、袁家骝的科学贡献也就只能作为谢幕之后的余音了。

总结项城袁氏从传统耕读传家到成为官宦家族的百年历程,既有三个前后相继的造就传统意义上名门望族的基本要素(读书应考、出仕居官、代际帮带),更有袁氏身处近代中国特殊时代和环境而衍生的特殊元素。其一,军功在家族崛起、发迹过程中至关重要。晚清以降,国内外各种矛盾交织缠绕,太平天国运动、捻军起义、义和团运动揭竿而起、此起彼伏,西方列强步步紧逼、长驱直入,清廷几近焦头烂额、束手无策。在此背景下,袁氏家族以袁甲三为核心,在科举出仕的基础上,凭借长期平定捻军、太平军的重大军功,不仅自身成为光耀门楣的朝廷大员,而且在长期征战过程中带动进士、举人出身的袁保恒、袁保龄、袁保庆等人在军营中迅速成长发展,这些子侄能够累官至一二品大员也多是源于军功,并且又发挥中转站作用帮带袁世凯崛起发展。袁世凯的武将和军功色彩最为突出,非举人、进士出身,驻军朝鲜十余年屡次平叛得到人生第一桶金,小站练兵奠定其人生最大政治资本并造就后来北洋军事集团。其二,适逢帝制解体,民国大总统家族继之成为举国关注的第一家族。在传统帝制时代,即使封疆首辅家族无论如何也不可能成为天下第一家族。1912 年,宣统帝逊位,民国肇立,后来袁世凯出任中华民国大总统,成为国家政治首脑,虽然昙花一现,其家族却得以填补原来的皇族地位空白,成为举国关注的第一家族,这也是项城袁氏家族后来备受关注最重要的背景。

### (三)袁氏家族与项城及省内外其他望族的密切往来

项城袁氏家族与项城以及河南省内外其他望族的密切往来,多以姻亲为基本纽带,并伴随同窗之谊、充任塾师、相互荐举、临危救助等其他形式。青年男女婚配对象亦多系望族出身,符合中国传统宗法社会门当户对的普遍特征。

袁氏家族第一位秀才、袁世凯曾祖父袁耀东娶妻郭氏,郭氏系陈州望族、赠奉政大夫郭如珽之女,后来的事实也充分证明郭氏在丈夫早逝后对培养子女读书成才、奠定袁氏百年家族基业居功至伟。

袁氏家族第一位进士袁甲三在高中进士之前,曾与长兄袁澍三一起在项城进士门第高峡云家、赵金铭家做塾师十年,关系密切,后来侄女又与赵家结亲。

袁甲三两位陈氏夫人也都是出身名门、家学渊源深厚,原配陈氏系本县太学生、赠翰林院庶吉士陈兴文之女,继配陈氏系商丘太学生、赠翰林院编修陈照之女,并且促成两个儿子科举应试多有建树,长子袁保恒是袁家第二位进士(后累官至四部侍郎,赏一品顶戴,谥号“文诚”),次子保龄亦是举人出身(后累官至二品顶戴,赠内阁学士)。

袁世凯长兄袁世昌娶妻项城阎楼张氏,张氏兄为张镇芳,系光绪壬辰进士,历任天津河间兵备道、长芦盐运使、湖南提法使、署理直隶总督等。中华民国成立后,任河南都督兼民政长。其嗣子张伯驹与袁克定、袁克文是莫逆之交。袁世凯本人原配于氏,是陈州府治淮阳首富于贯一之女。

女性婚嫁方面,袁世凯的姑母(袁保中、袁保庆大姐)嫁与项城进士门第赵家(即上文所言赵金铭家),后袁甲三等人亦曾帮助赵家解捻军之围。① 袁世凯二姐袁让自幼定亲于河南省武陟县名门毛家,公爹毛亮熙进士出身,伯父毛昶熙官至工部、吏部尚书,兼翰林院掌院学士、总署大臣、督办河南团练大臣,袁保庆曾在其帐下听用,因剿灭亳州捻军有功被荐举赏四品衔并赏戴花翎。可惜的是,毛家郎君身体孱弱,在袁让尚未过门之时不幸病故,袁让后长居娘家协助打理家务,并与四弟袁世凯感情深厚。②

以婚姻为纽带的望族往来及其彰显的传统宗法社会婚配门当户对的强烈惯性,在袁世凯子女一代更为典型,并且已经走出项城,扩大到全国范围内的前清督抚、民国要员和富商巨贾。虽然当时即将或者已经迎来20世纪的初曙,一些进步青年已然大胆开始追求自由恋爱,然而在袁世凯及其妻妾子女组成的第一家庭中,门当户对的观念仍然根深蒂固。具体情况,将在第三部分“袁世凯子女的教育与婚娶”中详细介绍。

---

① 项城市政协编:《百年家族:项城袁氏家族资料汇辑》,河南大学出版社2012年版,第17页。

② 项城市政协编:《百年家族:项城袁氏家族资料汇辑》,河南大学出版社2012年版,第420—421、146—148页。

## 二、袁世凯人生轨迹背后的家族故事

### （一）伴随仕途经历而生的妻妾群体

袁世凯一生有妻妾10人，生育子女32人。自民国起至今，世人说起袁世凯的妻妾群体，或是作为茶余饭后猎奇的香艳谈资，或是作为封建社会三妻四妾的批判对象。事实上，从一妻九妾陆续进门的顺序及其管理方式，可以清楚折射出其仕途重要节点、新旧参半的仕途轨迹以及浓郁的武将色彩。

原配于氏，袁世凯17岁时娶于项城老家。这一年袁世凯第一次参加乡试落第，同时奉"父母之命、媒妁之言"娶妻于氏——淮阳首富于贯一之女，这是一桩典型的门当户对的传统婚姻。于氏生子克定，是为嫡生长子。于氏虽生有嫡子袁克定，然因为与袁克世凯长期感情不和，仅仅是名义上的正妻。

在一众如夫人中，首推大夫人沈氏。结识于袁世凯22岁到山东登州投奔嗣父至交吴长庆军营之前、在上海谋事浪荡之际，系苏州人，青楼名伶，可谓袁世凯发迹前的红颜知己。沈氏虽系青楼女子，然慧眼识才，规劝袁世凯不可沉湎于温柔乡不思进取，要做敢作敢为有担当的大丈夫，须早日离开上海另谋出路，并且资助袁世凯路费，事后自己出钱赎身搬出青楼，等待袁世凯有朝一日能功成名就。后来，袁世凯随吴长庆赴朝果然有所作为，站稳脚跟后立即将其接到朝鲜，并以大太太的身份相待。沈氏一生无出（未生育子女），后过继三夫人金氏之子袁克文为嗣子。

二夫人白氏（一说为吴氏）、三夫人金氏、四夫人季氏（一说为闵氏）均为袁世凯驻扎朝鲜十余年间所纳，朝鲜人。其中三夫人金氏是朝鲜王妃的表妹，白氏和季氏是其陪嫁丫鬟。袁世凯在朝鲜是李鸿章外交政策的坚定执行者，曾有功于朝鲜，所以韩王将李王妃的表妹金氏许其为妾。金氏嫁时，带有两个陪嫁姑娘，袁世凯后来一并收她们为姨太太，并按照主仆三人年龄大小，排定白氏为二夫人，金氏为三夫人，季氏为四夫人，她们也会说汉语，但不大流畅。①

---

① 中国人民政治协商会议河南省安阳县委员会文史资料委员会编：《安阳县文史资料》第9辑，1999年，第131页。

五夫人杨氏是天津宜兴埠人，纳于袁世凯1895年抵达天津小站练兵前后，其父是经营棉花棉布工厂的商人。袁世凯在小站练兵，亟须大量物资，军需官常往返于小站与宜兴埠，与杨氏的父亲熟识。杨父是一个精明的生意人，带着儿子和年幼的女儿经营自己的棉花厂，杨氏从小心灵手巧，头脑灵活，帮助父亲把生意打理得井井有条。袁世凯经常带杨氏出头露面，让她和大夫人沈氏负责管家。袁世凯后来的九夫人刘氏即是五夫人杨氏的贴身丫鬟。① 余者六、七、八夫人与袁世凯仕途发展关系不大，不再赘述。

作为一个历史转型时期的代表人物，袁世凯的仕途经历具有明显的半新半旧痕迹。他既是前清时代的封疆大吏，又是中华民国大总统；既是种种新政的积极倡导者和践行者，又是意欲复辟帝制的独裁者。所以，表现在家庭方面也是新旧交叠，既有传统妻妾成群的一面，也有与时俱进注重妻女教育的一面。袁世凯认为，女子教育是“家庭教育之根源，培植人才之基础”，在直隶总督任内创办了中国最高级别的现代女子教育机构。在家里，则延请女教师给女儿和一众如夫人上课，并给每位如夫人起了一本正经的学名，譬如五夫人叫志学，六夫人叫勉学，八夫人叫潜学，九夫人叫勤学。这些看起来无疑是迈向文明和现代的一大步，虽然她们退回闺阁仍是封建大家庭的如夫人。②

袁世凯的家庭管理，又体现出浓郁的武将色彩。众所周知，袁世凯以武功起家、发达，而且他的名字也是源于出生时从祖袁甲三剿捻凯旋的消息传到了项城袁家大院。作为一个典型的武将和军人，其治家和治军有异曲同工之妙。军人以服从为天职。按照袁家家规，妻对妾有绝对领导权。妻为管家主妇，妾无权参与，妻可管妾，妾待妻如尊长。在袁世凯的大家庭中，由于原配于氏已然形同虚设，家庭管理实际上是由大夫人沈氏和头脑灵活、善于经营的五夫人杨氏负责。如夫人们严格按照先来后到的次序编号，后进门的如夫人要服从先进门者管教。所有礼法仪节、起居言谈、忌讳等琐事，均由先进门的如夫人随时

---

① 王碧蓉：《百年袁家：袁世凯及杨氏夫人后裔百年家族史》，广西师范大学出版社2013年版，第23—24页。

② 王碧蓉：《百年袁家：袁世凯及杨氏夫人后裔百年家族史》，广西师范大学出版社2013年版，第26页。

指点。[①]

### （二）葬母风波背后根深蒂固的嫡庶之别

时人多以“袁项城”称呼袁世凯，然而吊诡的是“袁项城”曾发誓永不回项城，而且后来因短暂政治受挫而隐居及死后安葬之处确实皆不在项城老家。详细计算而言，袁世凯在发誓永别项城之前，待在老家的时间并不长。袁世凯虽然出生在袁家大院（后来迁居袁寨），但 8 岁出嗣叔父袁保庆后，多随之宦游于济南、扬州、江宁等地，袁保庆病逝后随嗣母牛氏寓居陈州府城淮阳，后又被堂叔袁保恒、袁保龄接到北京府邸，22 岁投奔吴长庆驻扎朝鲜多年，回国后尤其是出任封疆大吏后更是少有机会回到项城。造就永不回项城之“袁项城”者，正是袁世凯出任山东巡抚、直隶总督之后的葬母风波，虽有封疆大吏之尊崇、慈禧御赐之荣光，作为孝子为了能把生母与父亲合葬在一起，与嫡兄袁世敦多有争执，丧事诚然办得很是排场风光，却未能如愿以偿，袁世凯从此发誓不再踏入项城老家一步，由此也折射出传统宗法社会根深蒂固的嫡庶之别。

原来，袁世凯之父袁保中明媒正娶的原配夫人是刘氏，婚后 10 年未曾生子。后来袁保中纳 19 岁的年轻女子刘氏（即袁世凯之母）为侧室，作为侧室的刘氏生于项城南顿一个秀才家庭，小丈夫 9 岁，不久便生下长子袁世昌。而原配刘氏此后竟也突结珠胎，生下排行老二的嫡子袁世敦。侧室刘氏后又连续生下三子世廉、四子世凯、五子世辅、六子世彤。于是，袁保中房头便有了“长门不长，二门不二”“长门说了不算，二门说一不二”的纠葛。这正是传统宗法社会嫡长子继承制“立嫡以长不以贤，立子以贵不以长”的具体写照。长门袁世昌虽为老大，却是偏房庶出。二门世敦虽排行老二，系正房嫡出，在项城袁氏家族中地位尊崇，对家族事务更有发言权。这种嫡庶之别造成的错位，为袁世凯发达之后的葬母风波埋下了伏笔。

百善孝为先，袁世凯很孝顺自己的母亲，包括亲生母亲刘氏和后来的嗣母牛氏。在朝鲜站稳脚跟后，便把母亲接来同住。出任山东巡抚后环境优裕，更是百般尽孝。据后来袁世凯次子袁克文回忆，“先祖母刘太夫人在日，每晨，先公秉烛趋庭，伫于寝外，必俟先祖母既寤，躬叩安好，始出堂治事。及午，复入侍

---

① 王碧蓉：《百年袁家：袁世凯及杨氏夫人后裔百年家族史》，广西师范大学出版社 2013 年版，第 25—26 页。

先祖母食，食讫复出。夕，政事处毕，乃又入，或言家事，或述新语，先祖母辄顾而乐之；先公更调羹和蔬以进，且躬视衾帏，试量温寒，必侍先祖母入寝后，始退归已室。终岁如一日，未尝或间焉”①。清光绪二十七年(1901)四月，袁世凯生母刘氏在其山东巡抚官署病逝，享年70岁。时逢国难当头，山东、直隶爆发义和团运动，八国联军盘踞北京、天津，慈禧太后、光绪皇帝出逃西安。袁世凯一再电禀回籍葬母，初得旨“赏假百日在署治丧”。复又接旨，“俟大局定后再行赏假”。乱局稍定，袁世凯让胞兄世廉将生母灵柩先行奉椂还籍，待卜安葬。同年七月，《辛丑条约》签订，十一月圣驾返京，李鸿章病逝，袁世凯移督直隶兼北洋大臣，可谓封疆首吏，权倾朝野。光绪二十八年(1902)八月，袁世凯再次上疏请求回乡葬母。九月，慈禧太后赐假40天、祭一坛，敕封刘氏一品夫人，建坊题褒，复赏赐国库帑银三千两，并饬河南巡抚张人骏致祭。袁世凯作为朝廷重臣，带着御赐皇封，于九月底率官兵浩浩荡荡出发，十月上旬衣锦还乡，到达原籍项城袁寨。②

封疆首吏奉种种御赐皇封衣锦还乡、安葬生母，却遇到了意想不到的阻力和风波。孝子袁世凯意欲把生母刘氏与逝去的父亲袁保中合葬。而按照嫡庶有别的原则，袁世凯的生母刘氏生前是侧室，死后不能入祖坟正穴，也不能与正妻夹棺并葬，只允许葬在祖茔外。袁世凯虽在朝地位尊崇，多次就此与嫡兄袁世敦商量甚至求情，而袁世敦以嫡子身份毫不退让，坚持认为其嫡母刘氏与父袁保中早卒且已合葬，庶母刘氏不能开棺合葬。袁世凯同母五兄弟拗不过袁世敦一人阻拦，只得请来风水先生另寻风水宝地，将生母葬于谷河之畔红冢洼。刘氏出殡之日甚至嫡庶反目，袁世敦着红袍而不穿孝衣。一品诰命夫人刘氏无法与丈夫同穴，只能孤茔独眠，由神道石羊石马相伴。从此，袁世凯发誓再不回项城，并且从此再未踏入项城老家一步。③

**(三)永别项城隐居(安葬)洹上**

清光绪三十四年(1908)末，也就是袁世凯上调军机大臣兼外务部尚书成为当朝首辅的第二年，慈禧太后和光绪皇帝相继驾崩，宣统帝初立，摄政王载沣以

---

① 袁克文：《辛丙秘苑》(民国史料笔记丛刊)，上海书店出版社2000年版，第44页。

② 项城市政协编：《百年家族：项城袁氏家族资料汇辑》，河南大学出版社2012年版，第403页。

③ 项城市政协编：《百年家族：项城袁氏家族资料汇辑》，河南大学出版社2012年版，第15、403页。

足疾为由,下谕袁世凯"开缺"免职,令其"回籍养疴"。此后,直至宣统三年(1911)辛亥革命爆发,袁世凯韬光养晦,闭门教子,捕捉重新出山的时机。

袁世凯隐居"养病"期间,确实没有再回项城老家一步,而是先居住于事先在汲县买就的以备致仕后使用的府第,然甚不满意,认为"居近市廛,颇嫌嚣杂""庐舍窄少,人烟稠杂,不宜养疴"。适逢姻亲何炳莹(四子袁克端娶天津盐商何仲瑾之女)在彰德府以宅第一区相赠,遂决定迁居彰德,开始了他的隐居生活。同时也在辉县经营别墅作为消夏之地,后因对彰德新居甚为满意,就未再着意经营辉县的别墅。袁世凯彰德新居即"洹上村",面积约 13.3 公顷,袁世凯以慈禧太后赐给他的"养寿"二字命名,称为"养寿园"。园中以"养寿堂""谦益堂"为正堂和主要建筑,二堂均以慈禧太后赐书命名,并亲自为"谦益堂"跋以题记曰:"光绪辛丑季冬,皇太后御书'谦益'二字赐臣某。圣意深远,所以勖臣至矣。园居成,以名堂,俾出入瞻仰,用循自省云。"可见,其闭门思过、借慈禧以自保的用意也是十分明白的。[①]

1916 年 6 月袁世凯去世,北京政府依照其"扶柩回籍,葬我洹上"的遗愿,在安阳洹上村东北的太平庄北侧建造了一座帝陵式的大型陵墓,世称"袁林","袁项城"彻底作别项城。

## 三、袁世凯子女教育与婚娶

### (一)子女教育

袁世凯是近代新式教育的积极倡导者和践行者。袁世凯对诸子女的教育,既延续了项城袁氏家族对子女严厉督课的传统,又在西学东渐的新形势下注重新学,并精心安排子弟出洋留学开阔视野。

袁世凯对儿子们的传统教育很是严厉。在山东任巡抚期间,袁世凯一直将长子袁克定留在身边管教,同时也没有忘记对其他子女的教育。他曾给只有 10 岁的次子袁克文写信,开列非常详细的立身课程,"早起:黎明即起,醒后勿贪恋

---

① 项城市政协编:《百年家族:项城袁氏家族资料汇辑》,河南大学出版社 2012 年版,第 290—291 页。李永胜:《袁世凯罢职后到回籍前活动轨迹考辨》,《史林》2015 年第 3 期。

衾裯。习字：早餐后习字五百，行楷各半。读经：刚日读经[1]，一书未完，勿易他书……"还有其他读史、作文、静坐、慎言、运动、省身、写日记等，成为教育其他孩子的范本。后来，七子袁克齐曾这样回忆："父亲对我们兄弟的教育是认真的，请了各科老师来教育我们。先请任课的老师吃饭，饭后交戒尺一个，并说，如果孩子们不听话，就用此尺打他们的手心，不要宽纵。"[2]可见，还是传统的棍棒底下出孝子、不打不成才的理念。袁世凯对儿子们有时候动用家法，甚至用皮鞭或木棍抽打，即使已经结婚成家的儿子也不能免于责打。

即使是在袁世凯政治受挫、隐居洹上时，也时刻不忘子女进学读书。他在寓居之地设立了家塾，除长子袁克定仍留京供职外，其余诸子皆来此就学读书，女儿们也同时延师教读。对此，袁世凯还手定《袁氏家塾训言》十一条严厉督课：

一、求学贵乎力行，敦品重于文艺。若举止不端、言语不信，最足以败坏品行。纵能博学亦归无用。当引为深戒。

一、为学当期远大，偶有一得，慎勿自喜自足。必须争强竞胜，乃可曰：进无疆。若甘居人后，不耻不若人，便是廉耻丧去，将何以觍居士林。

一、学问有益于身心，虽父兄师友，亦不克分其益，应视为独擅之利益，以实心实力经营之。切勿粉饰自欺，致失其益，自误终身。

一、骨肉间刺以微物，便觉疼楚不安。诸生非手足即至戚，一须亲睦，一须推爱，倘因薄物细故互生口角，何异以他物刺入骨肉，于心何安？于情何忍？尤足贻人讥笑。

一、入堂上班，严师当前，敬师即所以尊道。必须整肃端位，静心听讲。切不许彼此接谈，互相嬉笑，喧嚷争吵，亵慢师道，扰误功课。

一、同学诸生，宜赏奇析疑，互换知识，折衷所学。其小说诸书，易乱心曲，切忌寓目。凡阅涉嗜好之物，如烟、酒等类，亦切忌入口，以重卫生。

一、诸生上班下班，必须按定钟点，不得移动时刻，先后参差。上班时不许托故出斋。

---

[1] 中国古人有"刚日读经，柔日读史"的说法。刚日、柔日原则上按照干支纪日法划分，亦有依据心性修养灵活调整之分。

[2] 袁克齐：《回忆父亲二三事》，参见吴长翼编：《八十三天皇帝梦》，文史资料出版社 1985 年版，第 88 页。

一、每日上午、下午下班后，除随诸师赴各处运动外，只可在堂院内游息。无论早晚，如无事故，不准私出二门。其放学时，须各班汇齐，鱼贯徐行，不许随便嬉戏，紊乱无序。

一、头二班诸生，各立日记一册，将逐日所习功课及晚饭后自修所读阅各书，别有心得之处，详细记载。届星期六呈阅一次，藉觇志趣而稽勤惰。

一、头班诸生，现为出洋预备，所有汉文、洋文及应用各科学，尤当按照课表，切实讲求，不可顾此失彼，亦不可因循自误。

一、诸生遇有疾病请假，须请医诊视，给予凭单，方可停课。

以上各条，务望切实遵守，奋勉力行，历久弗懈。诸教师皆品学兼优，热心教育，受余重托，必当严加管束，尽心诱导，以期有成。勉之，勉之。①

后来袁世凯全家入驻中南海，他为子女们聘请的家庭教师，是中国近代史上著名的教育家、南开大学之父严修。② 袁世凯不仅要求孩子们熟读四书五经，谨守儒家伦理纲常，而且坚持中西合璧、中体西用，开设数学、物理等“西艺”课和外语课。③

其长子袁克定曾到德国留学，德文、英文和日文皆佳。1913 年，袁世凯又送五子克权（16 岁）、六子克桓（15 岁）、七子克齐（14 岁）游历欧洲各国，由严修领队。他们一路游历了俄国、德国、比利时、意大利、英国、法国和瑞士，几乎参观了每个地方的博物馆、雕塑、油画、瓷器。1913 年 9 月袁家三兄弟选择位于英格兰的齐顿汉姆公学读书，该学院具有深厚的英国皇家军事学院背景，袁世凯的初衷是希望他们通过学习陆军知识，便于日后协助管理军队，从军事上来继承父业。兄弟三人在齐顿汉姆公学待了一年三个月，虽然没有取得正式文凭，但也达到了游历见世面的目的。1914 年 8 月，第一次世界大战全面爆发，为安全考虑 12 月三人辍学回国。此时，袁世凯已是民国第一任正式大总统，袁世凯全

---

① 项城市政协编：《百年家族：项城袁氏家族资料汇辑》，河南大学出版社 2012 年版，第 171—172 页。

② 严修（1860—1929），字范孙，原籍浙江慈溪，1860 年出生于天津，是中国近代著名教育家、学者，也是革新封建教育、推进教育现代化的先驱。严范孙早年入翰林，后出任贵州学政、学部左侍郎等职。戊戌变法失败后辞职返乡，但仍坚持认为中国需要改革。后来与张伯苓一起创办了南开学校，1919 年又创办了南开大学，被称为“南开之父”。

③ 王碧蓉：《百年袁家：袁世凯及杨氏夫人后裔百年家族史》，广西师范大学出版社 2013 年版，第 29—34 页。

家也搬入中南海。袁世凯将北海静心斋作为外交部宴请宾客的地方，设有教育专馆男馆，诸兄弟们继续在北海静心斋读书。

### （二）子女婚娶

与项城袁氏先辈一样，袁世凯诸子女的婚姻毫无疑问仍然严格遵循门当户对的原则。然而不同的是，随着发誓永不回项城的“袁项城”成为封疆大吏、当朝首辅以至民国总统，政治地位急遽上升，子女们的婚配对象早已突破先前的项城或者周边河南望族的局限，常常与前清督抚、民国要员以及一些富商成为姻亲。袁世凯往往一两句闲话间就决定了儿女的终身大事，从某种意义上来说，子女结亲有的是政治联姻，是袁世凯试图扩展自己势力的一种方式，也有的是袁世凯与老友知恩图报的一种交情。这些联姻几乎涉及了当时各个领域的要员、豪门和名门，袁世凯还在满汉通婚开禁之后与满族权贵订立了姻亲。①

长子袁克定娶前清湖南巡抚吴大澂之女，次子袁克文娶天津候补道员刘尚文之女，三子袁克良娶前清邮传部尚书张百熙之女，四子袁克端娶天津盐商何仲瑾之女，五子袁克权娶前清两江总督端方之女，六子袁克桓娶前清江苏巡抚陈启泰之女，七子袁克齐娶民国内阁总理孙宝琦之女，八子袁克轸娶前清直隶总督周馥之女，九子袁克久娶民国副总统黎元洪之女，十子袁克坚娶民国陕西督军陆建章之女，十一子袁克安娶天津富商李士铭之女，十二子袁克度娶天津富商罗云章之女，十三子袁克相娶前清大学士那桐孙女，十四子袁克捷娶山东祝家之女，十五子袁克和娶天津“铁门张家”张调宸之女，十六子袁克藩夭折，十七子袁克有不详。女儿方面，长女袁伯祯嫁前清两江总督张人骏之子，次女仲祯嫁前清驻英法比意四国公使薛福成之子，三女叔祯嫁前清直隶总督杨士骧之侄，五女季祯嫁前清吏部尚书陆宝忠之子，六女箓祯嫁民国内阁总理孙宝琦之子，七女复祯嫁前清陆军部大臣荫昌之子，十女思祯嫁日伪时期北京宪兵司令邹文凯，十三女仪祯嫁苏州陆状元家，十四女怙祯嫁民国大总统曹锟之子。②

出自父母之命、媒妁之言门当户对的婚姻尤其是政治婚姻是否幸福，只有

① 王碧蓉：《百年袁家：袁世凯及杨氏夫人后裔百年家族史》，广西师范大学出版社 2013 年版，第 35—36 页。

② 项城市政协编：《百年家族：项城袁氏家族资料汇辑》，河南大学出版社 2012 年版，第 581—582 页。个别子女婚娶情况与王碧蓉《百年袁家：袁世凯及杨氏夫人后裔百年家族史》有出入，这里以项城市政协编的《百年家族：项城袁氏家族资料汇辑》为准。

当事人如鱼饮水，冷暖自知了，典型者莫如袁世凯九子袁克久和黎元洪次女黎绍芳的经历。1913 年 10 月，袁世凯被选为正式的民国大总统，黎元洪是民国副总统兼湖北都督，1913 年年底黎元洪举家离鄂进京。一般认为，两家联姻是袁世凯为了获得副总统黎元洪的支持，但是从另外一个角度来说也未尝不是黎元洪所愿，他进京初来乍到人生地不熟，在北洋系密布的京师同袁家结成亲戚，黎家的安全系数大大增加了。据黎元洪长女黎绍芬在《黎元洪事略》中所讲："一九一四年春，袁世凯请我们一家到他家做客。袁世凯把他的儿子、女儿都叫出来，见我父亲。袁说：'我们两家要交换，你给我一个女儿做儿妇，我也给你一个。'我父说：'我先给你一个吧！'并问他要那一个。袁表示不计较，只要是黎家的女儿就行，我父遂决定以大妹黎绍芳许配给袁的九子袁克久。"①

此时，袁克久 11 岁，黎绍芳仅 8 岁。大总统与副总统结成了亲家，在民国史上空前绝后。订婚两年后，袁世凯辞世，然而这门政治婚姻却未就此取消。黎绍芳自幼聪明伶俐，但体弱多病。随着年岁增长对婚事很不满意，终日郁郁寡欢，念书也没有精神，读南开大学预科一年就辍学了。姐姐黎绍芬劝妹妹到美国读书换换环境，她也没有兴趣。此间，黎绍芳也试图反抗命运，找父亲商量能否退婚，却遭到其父黎元洪的断然拒绝。袁世凯那边，在世时是绝对不允许儿女悔婚的，一直坚持要兑现婚姻承诺。直到 1930 年黎绍芳已经 24 岁，袁家来催婚，黎家无奈告知袁家：黎绍芳整日精神恍惚，看上去有点不正常，袁家是否还要迎娶？袁家坚持按照既定的婚约迎娶。袁克久虽然在美国留学 10 年，但骨子里仍坚持传统的父母之命、媒妁之言，于是对黎绍芳的姐姐黎绍芬说："我是为我的父亲才答应和令妹结婚牺牲我自己的。"1934 年，袁克久与黎绍芳完婚。不久，黎绍芳被送进了北京香山精神病疗养院，1945 年病故于医院。

## 四、袁世凯家族后人

袁世凯的儿子为"克"字辈，孙子为"家"字辈。公众较为熟知的包括从政

---

① 中国人民政治协商会议天津市塘沽区委员会文史研究委员会编：《塘沽文史资料辑》第 2 辑，1988 年，第 122 页。

的长子袁克定、满腹才情的次子袁克文、经营实业的六子袁克桓。孙辈中,成就最为突出者基本上多出自这三房。

长子袁克定,母袁世凯正妻于氏,是为嫡长子。幼年随袁世凯宦游各地,清末荫候补道员,后升任农工商部参议、右丞。辛亥革命爆发后拉拢汪精卫,并鼓吹帝制帮助其父袁世凯复辟。袁世凯去世后,他隐居天津,曾任开滦矿务总局督办。抗日战争期间,他坚守气节,拒绝出任日本在华北的伪政权要职。中华人民共和国成立后,曾出任中央文史馆馆员,1955 年病逝于表弟张伯驹家中,时年 77 岁。其独子袁家融(1904—1999)是我国著名地质学家。1904 年生于河南安阳洹上村,后迁居北京。1921 年,由清华大学留学预备班派往美国留学,获哥伦比亚大学地质学博士学位。回国后,先在开滦煤矿任工程师,后任教于北京大学农学院、北京师范大学博物系。新中国成立后,为勘探开发矿产资源,不辞劳苦踏遍祖国南北各大山脉。我国三大钢铁基地之一的宝钢也和他的汗水心血息息相关。1999 年,以 95 岁高龄辞世。①

次子袁克文,母三夫人金氏,后过继给大夫人沈氏。精通诗词歌赋,喜好古玩收藏,并酷爱京剧和昆曲,是享誉南北的"民国四公子"之一。② 袁世凯去世后,他常住上海加入青帮,并在上海、天津等地开堂授徒。1931 年病逝于天津。其三子袁家骝(1912—2003)是世界著名高能物理学家。1912 年出生于河南安阳洹上村,1932 年毕业于燕京大学物理系,师从著名理论物理学家谢玉铭攻读硕士,后赴美国加利福尼亚州立大学做高能物理研究,并获得博士学位。袁家骝长期在美国布鲁克海芬国家实验室工作,在高能物理研究领域硕果累累,曾当选纽约科学院院士、美国物理协会会员。袁家骝夫人吴健雄也是著名的科学家,两人志同道合,成就斐然,被称为"中国的居里夫妇"。③ 1973 年,袁家骝夫妇回国省亲受到周总理热情接见。

六子袁克桓,母五夫人杨氏,近代实业家。毕业于南开大学、天津新学书

---

① 项城市政协编:《百年家族:项城袁氏家族资料汇辑》,河南大学出版社 2012 年版,第 463 页。

② 无独有偶,另一位民国公子张伯驹也是项城人(袁世凯长兄袁世昌妻兄张镇芳嗣子),并且和袁氏子弟尤其是袁克文过从甚密,常常在一起读书论学、应和诗文、登台演剧,号称"中州二云"。

③ 项城市政协编:《百年家族:项城袁氏家族资料汇辑》,河南大学出版社 2012 年版,第 66—70 页。

院,1913 年到英国留学,后辍学回国经营实业,曾任启新洋灰公司的总经理,还参与创办了江南水泥厂、华新南辰溪水泥厂、北京琉璃水泥厂等企业。袁克桓有二子五女,其中四女袁家菽是著名建筑师,曾主持设计天津南市食品街、旅馆街等大型工程。最小的女儿袁家芯,一直在天津市从事教育工作。其孙辈袁弘哲,曾任天津市政府驻纽约办事处主任,2007 年曾回项城省亲。

时至今日,袁世凯后人及项城袁氏后裔分布非常分散。留在国内者除河南项城原籍外,主要居住在天津、郑州、开封等城市,还有一部分袁氏后人生活在港澳台地区;走出国门的主要定居在美国、加拿大、日本等国家。他们的职业涉及广泛,有科学家、建筑师、教育家、艺术家、商人等,其中不少人还成了行业精英和社会名流。①

## 第三节　从传统走向现代的安阳马丕瑶家族

清末民初,诸多传统大家族(包括康百万家族)随着封建王朝的衰亡而终结,亦有一些家族由此而生,此间不仅有起步于科举、成名于军功的项城袁氏家族,亦有鼎鼎大名的安阳马氏家族。该家族既有颇具洋务色彩的清廷大员马丕瑶,又有从候补道员到近代河南民族实业家的马吉森(马丕瑶长子)、从清末翰林到民国总统府秘书的马吉樟(马丕瑶次子)、从"一品诰命夫人"到进步革命家的马青霞(马丕瑶幼女),亦有出国学有所成、为祖国矿业发展多有贡献的马载之(马丕瑶孙辈),被誉为"一门双进士(马丕瑶、马吉樟)、三代(丕、吉、恒辈)五英杰(马丕瑶、马吉森、马吉樟、马青霞、马载之)"。其家族百年历程,恰是近代中国从传统走向现代的生动写照和典型缩影。

---

① 徐春燕:《项城袁氏》,《寻根》2009 年第 3 期。

## 一、安阳马氏渊源

安阳,位于河南省最北部,地处河南、河北、山西三省交界处。现位于安阳中西部的蒋村马氏家族,明初自山西洪洞迁居而来,扶风马氏后裔,据《马氏宗谱》载"自赵奢封马服君而因以为氏"①。当时只有胞兄弟两人,一个是现今在《马氏东西支祠堂条规》中所述的蒋村始祖清甫公,另外一人则是条规中介绍的东乡北屋村膺甫公,两村行辈有序,相处和睦。膺甫公的后裔后因故迁至他处,而清甫公自迁至安阳蒋村后一直保存有完整的东西两支系的记录,连祖为东门世系,江祖为西门世系,两门均一脉相承,传至安阳马氏家族已有 20 余世。属于清甫公之后的东系马氏家族为其十六世,派字依次为丕、吉、恒、怀、敬;西支十六世派字依次为麟、昭、昌、泰、世。本节重点介绍的马丕瑶家族是为其后裔。马氏家族所处的安阳蒋村山清水秀,毗邻太行山,是当地有名的耕读世家。②

## 二、马丕瑶:颇具洋务色彩的清廷大员

马丕瑶(1831—1895),河南彰德府安阳县西蒋村人,系始迁祖清甫公十六世孙,曾跟随理学大师倭仁、李棠阶问学。同治元年(1862)进士,历任山西平陆、永济知县,解州、太原知府,山西按察使、布政使,贵州按察使、布政使,广西布政使,广西、广东巡抚兼兵部侍郎、都察院右副都御史衔。光绪二十一年(1895)九月,病逝于广东巡抚任上。他为官 30 多年,勤政务实,恪尽职守,忠心爱民,政绩卓著,深受百姓爱戴和清廷倚重,老百姓尊称他为"马青天",清廷褒奖其"鞠躬尽瘁""百官楷模",诰封"光禄大夫""威武将军"。③ 著有《奏稿》四卷、《书牍》二卷、《文集》一卷、《杂著》一卷、《珠溪存稿》一卷、《解州清丈地粮

① 马吉樟修:《安阳蒋村马氏宗谱八卷》,光绪二十五年(1899)刻本,第 7 页。

② 韩红英:《马丕瑶家庭教育研究》,河南大学 2016 年硕士学位论文,第 9 页。

③ 马吉森、马吉樟编:《马中丞遗集 · 国史本传》,《近代中国史料丛刊》第 58 辑,文海出版社 1973 年版,第 9—16 页。

章程》一卷(附图说),后人辑为《马中丞遗集》十卷。

### (一)出仕居官:勤政爱民和洋务实践兼备

马丕瑶不仅是传统意义上勤政爱民、政声卓著的循吏,在晚清时局危亡之际,他主政两广时配合洋务运动颇多新政,其影响和地位虽不及奕䜣、曾国藩、李鸿章、左宗棠、张之洞等洋务派名流,也是一位不容忽视的洋务大员,并且其洋务思想颇具特色。

1889 年出任广西巡抚后,马丕瑶创办书局(桂垣书局),倡办蚕桑,开设机坊,建设育婴堂、栖流所、医药局。1895 年任广东巡抚后,其洋务思想及实践更为系统成熟。同年六月,向清廷上《敬陈管见及时奋兴折》,提出要在保持中学精髓的前提下,学习西方先进的文化、思想、教育、风俗、生产技术和商业经营方法,“守中学而屏西学见拘于墟,尚西学而薄中学道失其正。惟当博采群书,取其有裨治道者”[①]。还提出要设立报馆广开言路,以资治理。1896 年八月,马丕瑶又上《遵旨覆陈时务折》,进一步提出要广制造,认为中国经济落后,是因为设厂制造太少,生产上斤斤墨守,不能自成新器。为此,要“严定章程,汰其冗滥,其有谙于制器、明于各学者,广为延致,厚给廪糈,令其多制造”[②]。同时,要大办铁路,如此不仅有利于商货流通,而且对巩固国防大有裨益。同年,他还上有《密陈筹策折》,阐述了对清廷外交政策的看法,认为甲午战争后,清政府应“说合英、法、俄各国同心合力,联邦交和睦之谊,或伐倭使分其地,或责倭使阻其兵,利害兼等,彼三国当必乐从”。[③]

需要特别强调的是,马丕瑶作为中国近代史上出现较晚的洋务思想家,并非完全重复此前洋务派“求富求强”的一般论调,而是从“安民求治”的角度出发,对洋务思想进行了新的创造和发展。譬如在“求富”问题上,除了主张广制造、开矿山、建铁路外,明确指出要大力发展农业生产,提高农产品的商品化程度。从 1890 年开始,他在广西发动了全省性的植桑养蚕运动,认为植桑养蚕可

---

① 马吉森、马吉樟编:《马中丞遗集·奏稿》卷四《敬陈管见及时奋兴折》,《近代中国史料丛刊》第58辑,文海出版社 1973 年版,第 412 页。

② 马吉森、马吉樟编:《马中丞遗集·奏稿》卷四《遵旨覆陈时务折》,《近代中国史料丛刊》第 58辑,文海出版社 1973 年版,第 447 页。

③ 马吉森、马吉樟编:《马中丞遗集·奏稿》卷四《密陈筹策折》,《近代中国史料丛刊》第 58 辑,文海出版社 1973 年版,第 388—389 页。

使百姓丰衣足食，从而做到“礼义兴，教养通”。更重要的是，“粤西通南海，达重洋，蚕事畅行，利倍他省。凡我同寅尽一分心，民受一分惠，为闾阎开乐利之源，即为朝廷培边荒之元气，而循吏之子孙亦将食报于无穷也”。[①] 为了推动植桑养蚕运动顺利进行，他积极寻找各种养蚕之书，如《养蚕提要》《养蚕实济》等，分发广西各地，同时采取官办和民办相结合的形式，开办蚕桑学校和蚕业讲习所、传习所共20余处，使植桑养蚕家喻户晓。又请求清廷给积极参与的士绅和官吏以七、八、九品顶戴。[②] 结果运动取得了很大成效，仅仅1891年，“西丝出（北海）关五千四百余斤，他处行销尚不在此数”。另据称，广西全省种桑、织绸价值，合计约每年五六十万金。[③]

马丕瑶何以能够形成和发展以“安民求治”为中心的洋务思想呢？追根溯源，早在其39岁刚出仕不久，他就立下了“尔之学，务求实用之归；尔之治，勿为虚誉之钓”[④]的誓言，并且始终按此行事，深受百姓爱戴。[⑤] 而且，在人生最后几年担任巡抚成为封疆大吏之前，他长期是中下级官吏，正直清廉，对民间疾苦有着深刻的认识，愿意为百姓做实事，并且深受传统重农思想的影响，深信要有效维持统治，必须使国富民安，而国富民安的关键又在于发展农业经济。其实，植桑养蚕并不是他到广西后才倡行的，此前在山西任知府时他已然在劝课蚕桑、开设机局了，只是当时纯粹“为农而农”且范围不大，始终没有超出自然经济的水平。走上洋务道路后，他仍重视农业，却摆脱了“为农而农”的思想局限，不再以农抑商，而是以农促商、为商而农，使农业生产的目的和作用发生了根本性变化。[⑥]

### （二）教育子女：传统经典和经世致用并举

马丕瑶共有四子三女，其中长子马吉森、次子马吉樟、三子马吉梅以及除马

---

① 《马中丞遗集·文集》，《养蚕实济序》，《近代中国史料丛刊》第58辑，第591—592页。

② 《马中丞遗集·奏稿》卷二、卷三，《酌保蚕桑出力员绅折》《请奖蚕桑出力员绅顶戴片》《择保蚕桑著有成效出力员绅折》等，《近代中国史料丛刊》第58辑，第263、282、306页。

③ 《马中丞遗集·奏稿》卷三，《酌保蚕桑出力员绅折》，《近代中国史料丛刊》第58辑，第266页。

④ 《马中丞遗集·杂著》，《自题三十九岁小照》，《近代中国史料丛刊》第58辑，第953页。

⑤ 唐凌：《一位不容忽视的洋务思想家——马丕瑶》，《广西师范大学学报（哲学社会科学版）》1988年第3期。

⑥ 唐凌：《一位不容忽视的洋务思想家——马丕瑶》，《广西师范大学学报（哲学社会科学版）》1988年第3期。

青霞之外的两个女儿为嫡母所出，四子马吉枢及幼女马青霞系侧室呼延氏所生。马丕瑶对子女的教育，一方面格外重视传统文化的继承，另一方面又随着近代经世致用思潮的高涨以及西方思想的逐渐传入而彰显着时代的演变特点。

经济方面，鸦片战争以后，很多经世思想家不仅开始萌发重商主义意识，而且提出了发展民族工矿业的主张。孙燕京在《晚清知识层的差异及士人的边缘化》一文中提到："事实上，'读书无用'风气源于晚清，谋生、发展之路在一定程度上有所拓宽。废科举以后，社会评价标准发生了相当大的变化。人们不仅可以从商事贾，另外还有学新学新知、选择新谋生出路的可能。"[①]这一点在马丕瑶对子女的教育影响中多有体现，中国传统家庭多保留着耕读传家的传统，但在晚清时期，参加科举考试已不再是众人的唯一选择，马丕瑶当时也深刻认识到时事的微妙变化，通过一系列带有实业思想的实践活动对子女进行着潜移默化的影响，为其子女在民国初年开展的实业活动奠定了重要思想基础。

文化方面，随着晚清社会学术的转型，被长期视为经学正统的以性理解经的"宋学"以及以训诂名物解经的"汉学"，遭到以包世臣、魏源为代表的经世思想家的批判，人们更加注重"学以致用"，要求经学联系实际，有意识地思考并解决治国安民的重大问题。马丕瑶处于晚清社会转型期，其家庭教育内容除传统儒学经典、家训家规外，进一步强调了子女应为如何适应社会、改造社会而努力。

思想方面，晚清西方自由、平等的思想逐渐传入中国，进而引发社会各方面发生变化。在家庭教育方面，人们对中西方在教育子女方式上的差别也开始有所认识，尤其是对女性教育问题。旧时女子多习女工、家政，不需要识字和掌握技能。而马丕瑶的小女儿马青霞之所以被后人称为"女中豪杰"，与马丕瑶的开明教育直接相关。马青霞自幼知书明理，能诗善画，颇具才华。同时，因她是家中年龄最小的女儿而受到特别宠待，这又使她形成了不甘于逆来顺受的个性。总之，正是在父亲开明的家庭教育熏陶中，马青霞养成了独立健全的人格与开放的思想，同时也为其追求变革、寻求真理，以至之后涉足社会、投身革命奠定了坚实基础。[②]

---

① 孙燕京：《晚清知识层的差异及士人的边缘化》，《史学理论研究》2006 年第 3 期。

② 韩红英：《马丕瑶家庭教育研究》，河南大学 2016 年硕士学位论文，第 15—16、71 页。

因此,身处晚清民族危亡、社会急遽变革时期并积极投身新政的朝廷大员马丕瑶,对于子女教育兼收并蓄,以传统儒家经典为主,又注重经世致用思想的传递,同时注意中西教育思想与方式的交融。

传统经典理念教育方面,一方面,马丕瑶不惜重金聘请名师让子弟严格课读儒家经典。延请自己的业师郑芸笥教授子弟孔孟经典,并专设读书楼严格课读。为了督促子弟、族人认真读书,马丕瑶专门建立"读书楼",并请光绪皇帝的老师翁同龢题写楼名,要求一众子孙 13 岁以后须到读书楼学习。读书楼当时没有楼梯,而是用一个专门的木梯,把孩子送上去后撤走。如果当天的学业没完成,绝对不允许下楼。另一方面,注重以家训家规、楹联等形式对子弟进行传统文化理念的濡染,如《马氏家庙禁约》《马氏四种条规》《马氏家训》都是马丕瑶为了教育子女而专门撰写的家规,如"不辱其身,不羞其亲;致爱则诚存,致悫则著;孙世德,笃宗祊,宜家人,宜兄弟;多行善举;慎重交友"等,所涉及的内容浓缩了马丕瑶丰富的人生经验,所表达的情感包含深厚的亲情,具有深远而广泛的教育意义。又如以《易经·家人卦》男女正位、老幼有序为要义的家训(马氏庄园中区二门),"家人,女正位于内,男正位于外""男女正,天地之大义也"。另外,庄园中随处可见的楹联如"一等人忠臣孝子,两件事读书耕田"等,意在告诫教育子孙居家为子要孝敬父母,在朝为官要忠于朝廷,做人要忠孝两全。①

传承经世致用方面,这是马丕瑶对子女教育成功的重要表现,同时也是地方官宦阶层在社会变革期自觉或不自觉适应社会循序渐进过程的呈现。从家庭教育来看,马吉森、马吉樟、马青霞等从其父辈所接受的传统教育中包含了很多经世内容,这与晚清时期新学的发展、西学的传入相融合,成为马氏家族家庭教育中新形式、新内容的主要来源。可以这样说,后来马吉樟与马青霞开设新式学堂的实践以及马吉森在煤铁矿事业上的成功开拓都深受马丕瑶的影响。

## 三、长子马吉森:从候补道员到近代河南民族实业家

马吉森(1857—1912),字子明,曾任翰林院待诏、直隶候补道等官职,是河

① 杨春富主编,安阳县文化局编纂:《马氏庄园》,安阳县文化局印制 2007 年版,第 6 页。

南近代民族实业创始者之一，也是马氏家族成员在新旧社会交替过程中演变的缩影。

鸦片战争后，目睹列强以坚船利炮打开中国大门并以商品倾销掠夺中华的现状，激发了马吉森实业救国的决心。他认为，中国的落后除了政治原因，实业不振也是重要因素之一。年轻时，他积极发动民众疏凿北天平渠，兴修水利，发展农业，以后则集中精力，致力于发展民族工业。马吉森一生创办了不少厂矿企业，最为著名的有安阳六河沟煤矿（今属河北邯郸）、安阳广益纱厂（今安阳豫北棉纺织厂前身）。

六河沟煤矿开办于光绪二十九年（1903），后经清政府批准，成立了“六河沟煤矿股份有限公司”。经过六年的开发，生意十分兴隆。到宣统元年（1909），清政府决定在六河沟加大煤矿的开发力度，用公开招标形式再创建一处新煤矿以补政府财力之不足。在其妹马青霞及其他股东的鼎力资助下，马吉森以180万两白银中标，击败了由英商查尔暗中支持的安阳商人周益以及日商青井暗中支持的安阳商人赵大发，一举夺得了六河沟新煤矿的开采权，从而大涨了中国人的志气，其爱国壮举一直为后人所称颂。[①] 新矿先后直接经办大小矿井30余座，煤炭的年产量最初仅有几万吨，到1936年原煤产量已达到59.7万吨，总资本达600余万元，是当时全国十大煤矿之一。

安阳广益纱厂创办于光绪二十七年（1901），兴盛时拥有纱锭2.5万枚，工人达2000人，是当时河南规模最大、创办时间最早的纺织企业，至今还在发挥着巨大的效益。

马吉森在当时河南以至全国工商界享有崇高威望，曾任安阳商会会长等职，清廷亦曾委任他办北洋官矿。民国元年（1912）不幸病逝。

## 四、次子马吉樟：从清末翰林到民国总统府秘书

马吉樟（1859—1931），字积生，号子诚，晚年号坚壮翁。少小聪慧，五岁能诵《毛诗》《尚书》，人称“神童”。十一岁随父“宦晋”，从师习文，文才出众，其父

① 杨春富主编，安阳县文化局编纂：《马氏庄园》，安阳县文化局印制2007年版，第26页。

亲马丕瑶亦曾断言:“此儿异日当为文人。”光绪五年(1879)中举,光绪九年(1883)考中进士并选为庶吉士,曾任清末翰林院编修、国史馆协修、会典馆总校、侍讲、侍读、日讲起居注官、湖北按察使及湖北提法使等职。辛亥革命后,曾任袁世凯总统府内史、北洋政府总统府秘书。袁世凯称帝后,当即辞官不做。①

马吉樟热心教育事业,尤其是创办新式学堂。光绪三十一年(1905),清政府废止科举,全国各省纷纷兴办新式学堂。马吉樟与其妹马青霞积极联合河南籍显官袁世凯、张邵予等,商议筹办北京河南学堂,定名曰“豫学堂”,并筹集巨资兴建。8 月底正式举行了开学典礼,由马吉樟任学堂监督(校长)。豫学堂传播了许多新观念,培养了许多仁人志士。为兴办新式教育,马吉樟还奏请朝廷赴国外考察学务,被任命为赴日本考察学务公使。光绪三十一年,马吉樟偕妹马青霞东渡日本。甫一抵达日本,就受到河南留日学生的热烈欢迎,他勉励各位青年同乡刻苦学习,早日学成归国,拯救斯民于水火之中。

其妹马青霞后来能够冲破夫家刘耀德家族束缚、毅然走上革命道路,马吉樟功不可没。马吉樟带领马青霞东渡日本,令马青霞开阔了眼界,接触了革命思想,并对留日学生创办革命刊物《河南》等事业多有贡献。另外,马吉樟虽然身为政府官员,不能公开支持胞妹的种种大胆革命行动,却多在马青霞危难之时鼎力相助。当马青霞先后两次被举报私通革命党、从事革命活动被捕入狱时,都是兄长马吉樟热心营救才得以脱离险境。②

马吉樟“嗜古笃学,谨于为文”,学识渊博,工于书法,去职后寓居北京,精研金石,潜心著述。1931 年病逝,有《益坚壮斋稿》遗世。

## 五、幼女马青霞:从前清“一品诰命夫人”到近代中国女革命家

清末民初马氏家族虽因朝廷大员马丕瑶的宦职、民族实业家马吉森的产业、才子马吉樟的文采不断发展壮大,然而家族中最有传奇色彩的却是小妹马

① 方策、王幼侨:《续安阳县志》卷十六《人物志 · 乡宦》,北平文岚簃古宋印书局民国二十二年(1933)铅印本,第 11—12 页。杨春富主编,安阳县文化局编纂:《马氏庄园》,安阳县文化局印制 2007 年版,第 27 页。

② 杨春富主编,安阳县文化局编纂:《马氏庄园》,安阳县文化局印制 2007 年版,第 28 页。

青霞,从闺阁千金、前清"一品诰命夫人"逐步成长为近代中国女革命家。其人其事,颇多传奇,时有"南秋瑾,北青霞"之说。

### (一)"门当户对"的尉氏首富刘耀德之妻

清末民初,河南民间盛传有这样一句民谣"东刘、西张,中间夹个老康",历数了近代豫人中的名门豪富。其中"东刘"系指清末尉氏县首富刘氏家族。刘家在七世以前,以农耕为主,兼做卖豆腐的小本生意,生活颇为贫苦,地位寒微。自乾隆十三年(1748),放牛娃出身的八世祖刘致中破天荒高中进士,后累官至直隶大名道,刘家才开始发迹。但对刘氏家族发展兴旺影响最大者,首推十一世刘鸿恩。刘鸿恩(1821—1887),道光乙巳年(1845)进士,历任陕西延榆绥道储道、陕西按察使。太平军进入陕境,逼近省城西安,刘鸿恩亲自带兵前往支援,太平军围攻八昼夜未果,清廷下旨赏刘鸿恩加布政使衔,并赏戴花翎,赐予大量金银。刘家靠科举出仕发家,财产长久积累,终于成为雄踞一方的豪门富户。然而,刘家鼎盛后期亦潜藏着衰败的危机。后辈子孙依仗家势家财,不学无术,挥霍无度,居官者亦是凭借银两捐职。至十二世时,"德"字辈的 28 个弟兄更逊一筹,偌大家业已在他们手中明显败落。尽管如此,在当时的河南刘家仍家大业大,不失为巨富之一。

刘耀德是刘氏家族第十二世"德"字辈子孙。此时刘家共分五门,刘耀德一门系数代单传,独门独支,因此他一人就独占刘氏家族五分之一的财产。当时刘家已广有资产,占有良田 20 余万亩,门前悬挂"双千顷"牌,人称"刘半县"。刘耀德常年雇工数百人,依靠佃农耕种农田,过着衣来伸手、饭来张口的奢侈生活。与此同时,刘家还熟谙经商之道,开设了 150 多个钱庄、当铺,号称"七十二茂,八十二盛"。另外还有数以百计的商店货行等铺面,这些生意字号遍布开封、南京、北京、上海、天津、武汉几十个府州县镇,可谓日进斗金、显赫一时,号称"南京到北京,不饮别家水,不宿别家店"。[①] 刘耀德是一个不学无术、挥金如土的纨绔子弟,虽然他以万金捐了一个陕西试用道的职衔,也只是徒有虚名,并

---

① 徐有礼主编:《近代豫商列传》,河南人民出版社 2007 年版,第 10—12 页。中国人民政治协商会议尉氏县委员会文史资料研究委员会编印:《尉氏文史资料》第 2 辑(刘青霞女士史料专辑),1987 年版,第 3 页。

无实缺。[①]

光绪二十九年(1903),受父母之命,17 岁的马青霞嫁给中州巨贾、尉氏首富刘耀德为妻,所以后人也称她为刘马青霞或刘青霞。[②] 安阳马氏家族的千金与省城开封尉氏的首富刘耀德婚配,看起来无疑是一个“门当户对”的望族姻缘。

**(二)乐善不倦的“一品诰命夫人”**

据载,马青霞“家道素殷,乐善不倦,声名早达于乡闾”。追根溯源,其父马丕瑶,兄长马吉森、马吉樟均悉心赈济宗族、乡里,做过很多有益于百姓的事,马青霞“乐善不倦”的品德无疑受到娘家马氏优良家风的濡染。

婚后,马青霞曾独自出银 4 万两重建刘家祠堂,一举奠定了其在刘家的地位。随后又捐地 15 顷,附设义学一所,凡刘氏子弟均可免费就学。丈夫去世后,作为孀妇的马青霞出资 8 万两,在尉氏县城内仿照娘家建筑模式修建了“师古堂”,专门腾出一座有 30 多间房屋的院落,收养刘氏家族中无依无靠的寡妇。同时,捐出良田 15 顷,仿照马氏庄园设立“刘氏义庄”,专门赈济鳏寡孤贫之人,凡 60 岁以上的老者,每月皆可到义庄免费领取小麦 3 斗(约合 75 市斤),还定于每年的腊月初八开仓放粮以赈年荒。此外,每遇饥荒年馑,便开仓济贫,颇受乡里百姓欢迎。

创修歇马营青石桥是马青霞投身公益的集中体现。歇马营村位于尉氏县庄头乡,村东北方向新贾鲁河上原有一座土木桥,后被洪水冲塌,因而尉氏至开封的行路被中断,给当地百姓带来很大不便。马青霞也常路过于此,目睹父老乡亲过河非常不便,光绪三十年(1904)遂决意兴建一座青石桥。从备料到动工修建历时 4 年,工程巨大,用银浩繁,尤其在当时交通并不发达的情况下,马青霞并没有因此而退缩,而是坚持从襄县、郏县等地运来青石,最终该桥于光绪三十四年(1908)建成,“桥长十二丈,宽两丈五尺,一共五空”。为铭记马青霞筑建青石桥的功劳,后人曾为此编了一首民歌:“青石桥啊青石桥,宏伟壮观双路

---

① 这是多数论著中的普遍观点,亦有学者经考证认为并非如此,认为其为人宽厚、思想开明,并对爱情非常忠贞,参见李玉洁:《刘马青霞之夫刘耀德传说的质疑与察传》,《开封大学学报》2010 年第 3 期。

② 徐有礼主编:《近代豫商列传》,河南人民出版社 2007 年版,第 12 页。一说光绪二十年(1894),马青霞嫁给刘耀德为妻。

道。刘家贤绩垂青史，万民同济乐逍遥。”①

总之，马青霞乐善不倦，种种义举不胜枚举。光绪皇帝闻报，感其德绩，特诰封她为“一品夫人”，赐“一品夫人”服饰，世人称其为“一品诰命夫人”。

此外，马青霞和其兄马吉樟一样，对近代教育颇多建树。清廷废止科举制度后，她慷慨捐银3万两，与兄马吉樟等人在北京创办了“豫学堂”。为支持省府发展教育事业，她一次就捐款5万元。光绪三十四年（1908），她在尉氏县自家花园创办了河南第一所私立女校——华英女校。为发展尉氏的桑蚕业，复又捐地30亩，创办了一所蚕桑学校，并在校内开辟实习桑园。为资助尉氏高等小学堂和省城中州女学堂及中州公学，她先后拿出白银3000两。此外，她亦曾为京师女子师范学校和北京女子法政学校资助1万元，并担任了北京女子法政学校校长。②

**（三）东渡日本初步接触革命思潮的进步女青年**

光绪三十二年（1906年），她毅然决然地冲破传统礼教的束缚，随二哥马吉樟东渡日本考察实务。在日期间，她结识了孙中山、黄兴、鲁迅、宋教仁、陈其美、何香凝、康有为、梁启超、张钟端等一代旅日名流。并且，拜见了孙中山先生，使她大开眼界，思想锐进，加入了同盟会，从此追随孙中山走上了“驱除鞑虏、恢复中华”的革命道路。在日本，她捐款6600元，与友人燕斌创办了革命刊物《中国新女界》；同时捐款1.6万元，支持河南籍留日学生出版了《河南》杂志。鲁迅先生一直是该杂志的主要撰稿人之一，她由此有幸结识了鲁迅先生，并与之结下了深厚的革命友谊，被鲁迅先生赞誉为才貌双佳的中国女杰。③

**（四）在刘氏家族羁绊中不断前行成长的女性革命家**

马青霞回国后迅即秘密建立同盟会河南支部联络机关。为此，她花费白银2.6万两买下了省城开封的一座房屋，定名为“大河书社”。不久，孙中山、黄兴在国内发动起义，她即刻捐资2万元。同年，孙中山发动镇南关起义，马青霞遂捐重金购置武器弹药。1911年夏，同盟会骨干河南同乡张钟端从日本回国，筹备河南起义，马青霞又通过时任湖北提法使的二哥马吉樟，安排其到幕府任职

---

① 阮志生：《刘青霞创修歇马营青石桥》，《尉氏文史资料》第2辑，1987年版，第89页。

② 杨春富主编，安阳县文化局编纂：《马氏庄园》，安阳县文化局印制2007年版，第30页。

③ 杨春富主编，安阳县文化局编纂：《马氏庄园》，安阳县文化局印制2007年版，第31页。

以兹掩护。年末,张钟端决定在河南省城开封起义,又由马青霞负责筹集起义经费,她首先捐银1万两,起义爆发后又冒着生命危险营救革命党人。

1912年,民国肇建,声望颇高的马青霞被河南各大团体公选为河南国民捐总理。同时,京津地区妇女要求参政的运动高涨,鉴于她在北京妇女界的重大影响,又被推选为北京女子参政同盟会会长和北京女子学务维持会会长。正当马青霞雄心勃勃为新生的民国奔波时,袁世凯姻亲张镇芳就任河南督军,大肆镇压革命党人。面对张镇芳的倒行逆施,她毅然辞去国民捐总理职务,并在《自由报》上郑重发表了《辞职书》。马青霞爱憎分明的举动,受到了革命志士及社会各界的高度赞誉。

1913年年初,马青霞两次赴上海拜见时任全国铁路督办的孙中山先生,表示愿将全部家产献给国家,作为修筑铁路之费用。孙中山感动不已,挥毫为她题写了"天下为公""巾帼英雄"八个大字,赞扬其爱国之举。后因南北分裂,捐款愿望未能实现。1916年,为支持"讨袁护法"运动、策应上海起义,马青霞捐资5万元大洋。1919年,五四运动爆发,她与北京女子学务维持会的同事们共同参加了爱国学生的大游行,抗议北洋政府,要求释放陈独秀和爱国学生。

由于马青霞一次又一次为社会公益慈善事业、教育事业及革命大业捐献巨款,激怒了刘氏族人,刘氏族人一再诬告马青霞,先是说她"私通革命党人",后又告她名义上捐款修筑铁路,实际上暗中支持国民党反对北洋政府。结果,马青霞两次被清朝政府及北洋政府逮捕入狱,皆因其兄马吉樟从中周旋方得脱险。1922年,冯玉祥入主河南,任河南督军,她毅然将自己数百万的家产悉数捐献给国家,了却多年夙愿。同年九月初八是乃父马丕瑶祭日,马青霞终于又回到了娘家安阳县蒋村。当年的大家闺秀已经淬火重生,成为一名历经风霜的革命志士,除了随身的几套衣裳,已是一无所有。由于她长期身处逆境,坎坷不平,加之为社会慈善教育事业及革命事业艰难奔波、历经风险,身体每况愈下。回到娘家的第二年便一病不起,尚未来得及治疗就与世长辞,终年仅47岁。[①]

回顾马青霞的一生,作为我国著名的资产阶级民主革命家、教育家、社会活动家、辛亥革命女志士,其人其事,正气凛然,荡气回肠,一波三折,后人中肯地

---

① 李玉洁:《辛亥女革命家刘马青霞评传》,科学出版社2012年版。杨春富主编,安阳县文化局编纂:《马氏庄园》,安阳县文化局印制2007年版,第32—33页。

评价说“南有秋瑾,北有青霞”,她是当之无愧的女中豪杰、巾帼英雄。

## 六、马氏庄园折射出的家风家训

马氏庄园即前述马丕瑶家族故居,建于清光绪至民国初年,前后历时 40 余年,现存基本完整,位于今河南省安阳市安阳县蒋村镇西蒋村。庄园总占地面积 20000 平方米,建筑面积 7000 平方米,由北区、中区、南区共三部分、六路组成,计有厅、堂、楼、廊等 308 间。其中北区一路,由两个四合院组成。中区四路,除西三路为住宅区外,每路前后又均建四个四合院,每条中轴线上各开九道门,俗称“九门相照”;东一路为马家家庙,前后两个四合院。南区一路,其中轴线上也是九门相照格局,前后由四个四合院组成。在三区周围还有马氏义庄、文昌阁、马氏祠堂等建筑,北、中、南还有三个花园。整个建筑布局严谨,主次分明,错落有致,气势宏伟,被誉为“中州大地绝无仅有的封建官僚大型府第”“中州第一名宅”。①

马氏庄园不仅是典型的官僚府邸,而且还是马氏家族文化尤其是家训家规的缩影。马丕瑶旧居留存有自己亲撰的“澹远楼”“修身堂”匾额和“一等人忠臣孝子,两件事读书耕田”楹联,集中反映了其家族文化的精髓,即以读书耕田为要务,居家尽孝,友爱宗党,为国尽忠。马氏家庙,不仅供奉着四代祖先的牌位,而且在家庙内设有“东塾”“西塾”,是专门供马氏子孙读书的学堂。家庙东西门洞上面是读书楼,凡是马家子女成绩佼佼者需在此苦读,以备科举考试。作为官僚大家族,马氏很重视家族教育,制定有马氏家训,并刻在中区中路二门内的门扇上,其大意是:女主内,男主外,老幼有序;家长对家人要严格要求,不失法度;全家人都要诚信庄重,各尽其职,各尽其道,和睦相处,充分体现了儒家的思想。在马氏庄园的中街北区之西,有马丕瑶专为救济鳏寡孤贫而修建的马氏义庄,大门两侧有一对楹联写道:“万支本是一身,田制鱼鳞,聊赡我亲疏族党;富贵敢忘微贱,清分鹤俸,先给他鳏寡孤贫。”

① 张家泰、左满常主编,河南大学古建园林设计研究院编:《中国营造学研究》第 2、3 辑,河南大学出版社 2012 年版,第 208 页。杨春富主编,安阳县文化局编纂:《马氏庄园》,安阳县文化局印制 2007 年版,第 1 页。廉朴:《踏寻安阳马氏的辉煌历史》,《寻根》2010 年第 2 期。

据载,光绪十一年(1885)马丕瑶“创建马氏家庙、祠堂、义庄、义塾,依次落成,命吉枢详订规条,参酌范文正公及清代彭、潘、方诸家成规,悉心厘定成册,名曰‘马氏四规’”,后人称之为《马氏四种条规》。① 其中,《家庙条规》一册因“昔朱文公有家礼,近陈恭公有宗规,仿而行之”,主要内容为告诫马氏子孙本孝悌之义、行慈善之举,同时要懂得尊老爱幼,抚恤孤贫子弟,共有三十条禁约,宗旨在于“明德”。《祠堂条规》一册的宗旨在于“新民”,有祠规十余条,“告诫谆切,非仁孝诚敬之至者不能为也”。《义庄条规》一册,初衷则是希望马氏子孙时刻秉持“仁爱”原则。即“凡财散于族,犹之财散于民,仁也,亦义也。民以财保,族以财收,家国一理也”。

《马氏四种条规》为马丕瑶精心修订,希望马氏家族能在这些纲举条规的规范下有条不紊地发展,进而达至子孙“可以报本追远,可以达材成德,可以睦姻任恤,其为法易知而易行,其为道历久而无弊也”。马丕瑶治家有法,所设立的规条多继承了古训精华,也为当时乡间邻里树立了模范。秦焕(1813—1892,曾任广西按察使兼布政使)在为《马氏四种条规》所作后序中称誉:“人能以公之爱亲,各自爱其亲,则天性敦。人能以公之睦族,各自睦其族,则风俗厚。人能以公之教子孙,各自教其子孙,则治化纯、世泽延。”②

由于良好的家风家训,马丕瑶孙辈也人才辈出,其中尤以马载之最为知名。马载之,系马丕瑶三子马吉梅之子,名恒融,字载之,生于清光绪二十五年(1900),宣统三年(1911)考取北京清华学堂。1918 年秋被选送到美国留学,在密苏里矿业学院攻读采矿专业。1921 年回国后,先后任教于河南焦作福中矿务大学(今中国矿业大学前身)、兰州西北工学院等,是我国工矿学界先驱。③

---

① 方策、王幼侨:民国《续安阳县志》卷十六《人物志·文学》,北平文岚簃古宋印书局民国二十二年(1933)铅印本,第 46—47 页。方策、王幼侨:民国《续安阳县志》卷十四《艺文志》,北平文岚簃古宋印书局民国二十二年铅印本,第 5 页。

② 方策、王幼侨:民国《续安阳县志》卷十四《艺文志》,北平文岚簃古宋印书局民国二十二年(1933)铅印本,第 6 页。

③ 吕何生编著:《安阳名人传》,中州古籍出版社 1993 年版,第 157 页。

## 第四节　南阳唐河冯氏家族对现代中国学术文化的影响

河南省唐河县，位于南阳盆地东南部，资源丰富，物产丰饶，人杰地灵。唐河南部的祁仪镇，自清代道光朝以来的历史进程中，孕育了一个享誉国内外的文化世家——冯友兰家族。这个家族历经晚清、民国、新中国三个不同的历史时期，既有蜚声于世的大哲学家，又有著名的文学家、地质学家。它典型而深刻地彰显了中华民族进入近代社会以来文化传承方面形式和内容的变化，代表了旧民主主义、新民主主义、社会主义不同历史时期的知识分子风貌。[①]

### 一、唐河冯氏家族渊源

冯友兰的祖父冯玉文，字圣征，号梅村。其大家庭有 1500 多亩田地[②]，并且经常有二三十口人吃饭。冯玉文是道光咸丰年间的布衣诗人，虽然自己终身未参加科举考试，却非常注重对后世子孙的培养。功夫不负有心人，三个儿子果然不负父望，长子冯云异（字鹤亭）和幼子冯汉异（字爽亭）均是考入县学的秀才，二子冯台异（字树候，1866—1908）则功名最高，考中光绪二十四年（1898）戊戌科进士，后来担任过湖北武昌“方言学堂”会计庶务委员、勘测粤汉铁路的“弹压委员”以及湖北崇阳县知县。此时，冯家成为唐河县祁仪镇的书香之家，进入了“耕读传家”的行列。[③]

冯家有尊师重教的好传统。按照这个传统大家庭的规矩，男孩子从 7 岁起

---

① 张辉：《唐河冯友兰文化世家研究》，《商丘师范学院学报》2002 年第 3 期。

② 据《三松堂自序》说明，这在南阳唐河那一带还不算大地主。“在清朝末年，我们那一带土地很集中，大地主有两万多亩土地。有几千亩土地的地主很不少。”参见冯友兰：《三松堂全集》第 1 卷《三松堂自序》，河南人民出版社 2000 年版，第 6 页。

③ 冯友兰：《三松堂全集》第 1 卷《三松堂自序》，河南人民出版社 2000 年版，第 5 页。

上学,出重金延请有名的新野举人赵一士教授子弟《三字经》《论语》《孟子》《大学》《中庸》等经书,女孩在 7 岁后一同就学,但 10 岁后结束。教书先生在冯家的地位很高,每顿饭都必须有家里一个主要人物陪同用餐。冯友兰之父冯台异继承乃父尊师重教之风,与妻子吴清芝(1862—1944)一起更加注重对子女的教育。在武昌“方言学堂”①任职时,冯台异就把妻子吴清芝、长子冯友兰、次子冯景兰和小女冯淑兰接到武昌。在不便延请家教的情况下,冯友兰三兄妹就跟着母亲在家学习。在出任湖北崇阳知县条件改善后,又给三兄妹请了一位从日本回国的留学生做“教读师爷”,讲授古文、算术、写字及作文。② 在衙署里,冯台异仍把孩子们的“教读师爷”奉为上宾,每顿饭都陪着他在上房吃。冯台异还很重视外文,但他认为在学新知识之前,必须先把中文学好,没有一个相当好的中文底子,学什么都不行。冯友兰兄妹在上述方面都打下了扎实的根基。

1908 年 4 月冯台异去世后,知书达理、处世明敏且深谙教育之道的吴清芝带着子女扶柩回到唐河老家,继承夫志,以“耕读传家”为己任,倾心教育子女。刚一到家,就重金延请名师教授子女。③ 吴清芝还支持子女外出求学,不让其为家事分心。吴清芝在冯氏文化世家中有光前裕后之功。

冯家的教育比较开明,可以说是新旧兼备。在冯家私塾中,学生读“四书”不背朱注,不记诵那些作八股文、试贴诗用的典故、辞藻。与此不同,学生可以阅读一种讲地理的普及读物《地球韵言》,而地理在当时算是“新学”。冯友兰随父母在崇阳县署时,在跟着“教读师爷”学习国文、算学之余,常到父亲办公的地方翻看新旧书籍,尤其是喜欢看其中关于世界知识和国际情况的文章,从中受到了新思潮的影响。④

---

① “方言”即“外语”之意,系清末外国语文学堂的通称,当时京师同文馆、广州同文馆、上海广方言馆、武昌自强学堂等均属于方言学堂。1902 年,武昌自强学堂由三佛阁迁至东厂口,同时改名为方言学堂,开设地理、历史、算术、公法、交涉等课程。首任监督为梁鼎芬(兼任武昌知府),首任会计庶务委员(总务长)为冯友兰之父冯台异。冯友兰:《三松堂全集》第 1 卷《三松堂自序》,河南人民出版社 2000 年版,第 8 页。

② 冯友兰:《三松堂全集》第 1 卷《三松堂自序》,河南人民出版社 2000 年版,第 8—20 页。

③ 冯友兰、冯景兰:《先妣吴太夫人行状》,毛德富主编:《百年记忆:河南文史资料大系》社会生活卷,中州古籍出版社 2014 年版,第 109—112 页。

④ 张辉:《唐河冯友兰文化世家研究》,《商丘师范学院学报》2002 年第 3 期。何柳:《论冯氏家族文化对冯友兰的影响》,《商丘师范学院学报》2015 年第 4 期。

冯友兰的祖、父辈都有很高的文学素养，犹喜为诗，其祖父今存有《梅村诗稿》一卷，冯云异、冯台异分别有《知非斋诗集》《复斋诗集》留世。冯汉异擅长书法，又是一名地方志学者，曾编撰《唐河县志》。冯家经过两代文人的文化积淀，终于崛起了冯友兰兄妹等享誉国内外的一批大学者和文学家。

## 二、哲学家冯友兰的成长轨迹和学术贡献

冯友兰（1895—1990），字芝生。出生时，冯家已然是唐河南部颇负盛名的书香之家。从1901年起，冯友兰开始接受家庭范围内新旧知识兼备的早期教育，从而为以后学术上的发展打下了坚实的基础。

1910年冯友兰考入县立高等小学，很快转入开封中州公学，开始了正规的学校教育。1912年考入上海第二中学，1915年暑假毕业后，又考上了北京大学。1918年北大哲学系毕业，在开封创办《心声》杂志，宣传新文化。1919年赴美留学，进入美国哥伦比亚大学研究院哲学系系统学习西方哲学，1923年获哲学博士学位后回国。

从1923年到冯友兰去世前，他先后担任中州大学、中山大学、燕京大学、清华大学、西南联合大学和北京大学哲学教授，并任中州大学、清华大学、西南联合大学文学院院长以及清华大学校秘书长、代理校务会议主席等职。新中国成立前夕，他主持清华大学日常工作，迎接解放。此外，他1934年赴英讲学。1946年赴美讲学，任薛文尼大学和夏威夷大学客座教授。1947年被美国普林斯顿大学授予名誉文学博士学位。1952年被印度德里大学授予名誉文学博士学位。1982年被美国哥伦比亚大学授予名誉文学博士学位。①

冯友兰是第一个把中国哲学和西方哲学进行比较研究的学者，也是较早把中国哲学介绍到西方世界的学者。他的哲学思想在中国现代史上占有极重要的地位，在国内外都有极大影响。他是中国近现代史上少数学贯中西的能够建

---

① 冯友兰：《三松堂全集》第1卷《三松堂自序》，河南人民出版社2000年版，第35—305页。张辉：《唐河冯友兰文化世家研究》，《商丘师范学院学报》2002年第3期。何柳：《论冯氏家族文化对冯友兰的影响》，《商丘师范学院学报》2015年第4期。

立自己体系的哲学家之一。

在冯友兰一生60多年的哲学生涯中,著作等身。1926年出版的《人生哲学》是他20世纪20年代比较、研究东西文化的一部比较有影响的学术专著,把中西文化的比较研究系统地延展到了哲学的层面。1934年上、下两卷《中国哲学史》的出版,标志着冯友兰成为一位名副其实的哲学史家。这部著作代表了20世纪30年代中国哲学史研究的最高水平,推进了中国哲学史研究方法的科学化,也确立了冯友兰作为中国哲学史这门学科重要奠基人的地位,该书后来被译成英、日文在国外出版,一直是西方各大学讲授中国哲学史的通用教材。在抗日战争时期颠沛流离的生活中,冯友兰写下了《新理学》(1939年出版)、《新事论》(1940年出版)、《新世训》(1940年出版)、《新原人》(1943年出版)、《新原道》(1944年出版)和《新知言》(1946年出版)等六本书。作者把这六本书统称为"贞元之际所著书",其主要内容是对中华民族传统精神生活的反思。通过这套著作,冯友兰创立了自成一家之言的新理学哲学体系——融合中西客观唯心主义正统哲学的哲学体系。新理学的流传,使冯友兰成了抗战时期中国影响最广、声名最大的哲学家。1947年,冯友兰在美讲学期间,曾用英文写了一部《中国哲学小史》,出版后在西方广为流行。这部书与英、日文的《中国哲学史》成为外国人了解中国哲学的主要著作,也使冯友兰作为一个哲学家为世界所公认。1949年以后,冯友兰接受了马克思主义哲学,进行了自觉的思想改造,主要著作有自传体回忆录《三松堂自序》和用马克思主义立场、观点及方法重新修订的七卷本《中国哲学史新编》。冯友兰的哲学思想最终转向了马克思主义。[①] 1985年起,陆续出版了十四卷本《三松堂全集》,共计600万字,向世人完整地展现了冯友兰的哲学思想体系及其学术贡献。此外,冯友兰作为一个哲学家,一如其祖、父辈长于写诗作词,有《三松堂诗词集》《西南联大纪念碑文》等存世,文采丰腴,情感激越,命意深沉,气势磅礴,彰显出深厚的文学造诣。

鉴于其享誉中外的学术声望和社会影响,冯友兰1954年被评为一级教授,当选为中国科学院哲学社会科学部委员。同时,还是第二、三、四届全国政协委员,第六、七届政协全国委员会常务委员会委员,第四届全国人大代表,并且是

① 冯友兰:《三松堂全集》第1卷《三松堂自序》,河南人民出版社2000年版,第168—264页。张辉:《唐河冯友兰文化世家研究》,《商丘师范学院学报》2002年第3期。

第四届人大主席团成员。1990 年 11 月 26 日,冯友兰病逝于北京,享年 95 岁。

## 三、地质学家冯景兰

冯景兰(1898—1976),字淮西,我国著名的地质学家。1904 年和兄妹一起随母亲赴武昌,1916 年考上北京大学预科,1918 年又考上美国科罗拉多矿业大学。1921 年毕业时获探矿工程师学位。同年转入哥伦比亚大学研究院做研究生,学习矿床学、岩石学与地貌学,1923 年获硕士学位后回国。

冯景兰先后担任河南中州大学教授,两广地质调查所技正,北洋大学教授,清华大学教授、地质系主任等。抗战期间随校南迁,任西南联合大学教授。1943—1945 年间兼任云南大学工学院院长和采矿系主任。抗战胜利后任清华大学教授,1952 年 10 月任北京地质学院教授,后任武汉地质学院教授直到去世。

作为一名地质学家,冯景兰 1927 年任两广地质调查所技正时,对两广进行了区域地质调查,提出了"丹霞地"的命名,为国内外地质学界所普遍承认并沿用至今。

冯景兰从事地质教育 50 年左右,培养出大批地质人才。他学识渊博,治学严谨,留下了丰厚的文化遗产。主要论著有《开封附近沙丘之成因及分布》《地质与矿产之关系》《川康滇铜矿纪要》《矿床学原理》《关于成矿控制及成矿规律的几个重要问题的初步探讨》等。①

## 四、文学家冯沅君

冯沅君(1900—1974),原名冯淑兰,字德馥,笔名淦女士、沅君、易安、大琦、

① 参见冯友兰:《三松堂全集》第 1 卷《三松堂自序》,河南人民出版社 2000 年版,第 5—304 页。赵金钟:《霞散成绮——冯友兰家族文化史》,长江文艺出版社 2000 年版,第 56—65 页。张辉:《唐河冯友兰文化世家研究》,《商丘师范学院学报》2002 年第 3 期。

吴仪等。从4岁起随同兄长友兰、景兰在武昌、崇阳学习。父亲去世后，在母亲指点下刻苦自学。冯友兰在北大学习时，经常去听黄侃讲《文选》和《文心雕龙》。黄侃善于读诗念文章，冯友兰放假在家也常吟诵诗文，沅君听了很喜爱，就叫哥哥教她。哥哥照着黄侃的路数，选些诗文给她讲念。聪明的沅君很快就掌握了大量古典文学方面的知识，特别是古代抒情小赋及诗词，她不但会讲会念而且会写。1917年，冯沅君考取国立北京女子高等师范学校文科专修班。她思想活跃，成绩优异，积极参加五四爱国运动。1921年为反抗封建家长制统治，和同学一起把古诗《孔雀东南飞》改成话剧，搬上舞台。1922年，在北京女子高等师范学校毕业后又考取北京大学研究生，学习中国古典文学并开始文学创作，1925年毕业。①

1925—1932年，冯沅君先后在暨南大学、北京大学等校任教并从事古典文学研究。1932年和丈夫陆侃如同赴法国留学，1935年夏取得博士学位。同年回国后，先后执教于燕京大学、中山大学、东北大学和山东大学。

冯沅君一生的著述，可分为现代文学创作与古文学论著两大类。早在北大做研究生时，冯沅君就开始了小说创作，如短篇小说《隔绝》《旅行》《隔绝之后》《慈母》等，后合集为《卷葹》，由北新书局出版。1926年被鲁迅先生编入“乌合丛书”，给予了肯定评价，谓之“实在是五四运动直后，将毅然和传统战斗，而又怕敢毅然和传统战斗，遂不得不复活其‘缠绵悱恻之情’的青年们的真实的写照”。鲁迅曾对书名解释曰：卷葹“是‘拔心不死’的草名”。冯沅君1926年出版短篇小说集《春痕》（北新书局出版），这是她第二本小说集，以一位女子寄给情人的50封信为内容，真实地讲述了女主人公从勇猛无畏到精神沉郁的心理变化。她的作品在当时影响很大，成为我国现代文学史上著名的女作家之一。在古文学论著方面，1929年她与陆侃如合著《中国诗史》，是继王国维《宋元戏曲史》和鲁迅先生《中国小说史略》之后又一部具有开创意义的中国文学史专著。1936年与陆侃如合编的《南戏拾遗》以及新中国成立初期合著的另一部文学史《中国文学简史》，都是颇有学术价值和影响的著作。1947年冯沅君所著

① 参见冯友兰：《三松堂全集》第1卷，《三松堂自序》，河南人民出版社2001年版，第36—38页。赵金钟著：《霞散成绮——冯友兰家族文化史》，长江文艺出版社2000年版，第66—107页。张辉：《唐河冯友兰文化世家研究》，《商丘师范学院学报》2002年第3期。

《古剧说汇》一书以及《古优解》等文章是她独自在学术上做出的贡献。新中国成立初期受教育部委托，她与中山大学王起教授共同编写《中国文学史教学大纲》，又与北大林庚教授合作编选《中国历代诗歌选》，为大学中文系中国古典文学课程提供了教学依据和系统教材，可以说在中国古典文学的教学和研究领域里，冯沅君为新中国做出了开拓性的贡献。

冯沅君是第一、二、三届全国人大代表，山东省人民政府委员，山东省文联、妇联副主席，1963 年被任命为山东大学副校长。1974 年 6 月，冯沅君因病去世，享年 74 岁。

## 五、冯氏后裔

宗璞，原名冯钟璞，冯友兰幼女。1946 年 5 月毕业于西南联大附中。1951 年 5 月自清华大学外文系毕业，分配到政务院文教委员会宗教事务处工作，同年末调至全国文联。自 1957 年起，先后在《文艺报》《世界文学》和外国文学研究所、英美文学研究所长期从事外国文学的编辑与研究工作。1943 年发表第一篇散文，1948 年开始发表小说，1957 年小说《红豆》的发表使宗璞一举成名。1996 年四卷《宗璞文集》出版，包括小说、散文、童话、诗歌、文学评论及译作共 120 多万字。

宗璞的作品，充溢着中西文化交融的气息，不仅拥有高雅的格调和艺术品位，而且蕴含着东方的传统道德与西方人文主义相结合的一种独特的精神内涵，从而使宗璞拥有了特殊的艺术气质和个性，也使她成为中国当今富于个性并有高度文化修养的学者型女作家。1986 年起，她被列入国际名人录和国际著名作家名人录。她的作品曾被选入各种选本和教材，还被译成多种文字。宗璞的丈夫蔡仲德是中央音乐学院教授。①

冯钟辽，冯友兰的大儿子，早年留学并旅居美国，从事机械专业。

冯钟越（1931—1982），冯友兰的小儿子、宗璞的弟弟。1952 年毕业于清华大学，是我国航天工业部主任工程师，著名的飞机设计师。

---

① 赵金钟：《霞散成绮——冯友兰家族文化史》，长江文艺出版社 2000 年版，第 192—206 页。

冯景兰的大女儿冯钟芸,为北大中文系教授,出版有《中国古代文学作品选》等作品,丈夫任继愈是北大哲学系教授、国家图书馆馆长、世界著名的哲学家。

冯友兰的叔父、伯父家也是文风昌盛、名士如云。叔父的女儿、冯友兰的堂妹冯让兰,毕业于北京女子师范大学,曾执教于天津南开中学,丈夫张岱年也是北大哲学系教授、当代著名的哲学家。伯父的女儿冯良兰的儿子冯宝兴,是中国人民大学经济系教授。①

总之,冯家五代人中,有一名进士、两名秀才、两位女作家、六位博士、十几名教授(包括研究员和高级工程师)、两位中科院学部委员,堪称是一个重教能文、人才辈出、群星灿烂的文化世家。而冯友兰、冯景兰和冯沅君三兄妹是冯氏文化世家中光彩夺目的三星,是冯家辉煌的“一代天骄”。冯氏后人或从文从教,或子承父业,可谓人才济济,异彩纷呈。

① 张辉:《唐河冯友兰文化世家研究》,《商丘师范学院学报》2002 年第 3 期。何柳:《论冯氏家族文化对冯友兰的影响》,《商丘师范学院学报》2015 年第 4 期。

# 结语

## 一、中国家族演进过程中的南北地域差异及其成因

长期以来，大凡言及家族，人们包括学界往往会有“南强北弱”的一般印象和说法。自南宋以来，随着中国古代经济重心转移的完成，家族发展呈现南强北弱态势自然不虚。然而，纵观中国古代家族发展上自三代、下讫近代的完整历程，家族演进的地域差异应该是一种分段函数意义上的全面理解和表述，即“古代北盛于南，近世南盛于北”。

就历史渊源而言，聚族而居的家族组织原本发源于北方，周代已然形成于中原地区。当时，确立了嫡长子继承制，实行宗法式的家族制度，君统与宗统合一，家国同构。然而，是时只有少数贵族享有宗族组织，平民依附于贵族。春秋战国时期，随着宗法制度的解体，在“编户齐民”后，大量贵族宗族分解，小家庭变成了社会基本单位。中经两汉四百余年和平环境的培育，豪强大族逐渐兴起。魏晋南北朝时期，北方宗族聚居格局达到了全盛状态。

在魏晋南北朝时代以河南为主体的中原地区，世家大族在相对和平时期，聚居一处，经营财产，兼并土地，吸纳部曲，出仕为官，不断壮大家族势力。遇有战乱，或构建坞堡，聚结自保，或举族流亡，迁移他乡，抑或投靠更大的武装集团，其精英成员成为一朝一国的文臣武将。当时的中国北方，世家大族聚族而居者比比皆是，如《晋书》所言，“百姓因秦晋之弊，迭相荫冒，或百室合户，或千丁共籍，依托城社，不惧熏烧”①。战乱时，则坞堡遍布，由北向南迁移的家族队伍不绝于途。这类聚居、屯聚或举族迁徙者人数常达数千乃至数万，故《通典》

① 〔唐〕房玄龄等：《晋书》，中华书局 1974 年版，第 3170 页。

有云“至若瀛、冀诸刘,清河张、宋,并州王氏,濮阳侯族,诸如此辈,一宗近将万室,烟火连接,比屋而居”[①]。相形之下,当时南方的家族聚居则远不如北方盛行。魏晋南北朝时期,在意识形态、思想感情上,也是北方人更重视血缘、宗族关系。《南史·王懿列传》载:“北土重同姓,并谓之骨肉,有远来相投者,莫不竭力营赡。若有一人不至者,以为不义,不为乡邑所容。”[②]

魏晋南北朝时期,随着北人南迁,南方社会经济逐渐发展,也逐渐开启了中国古代经济重心南移的过程,家族聚居的南北地域差异也随之发生变化。但直到唐代,甚至在北宋时期,北方的华北、中原地区仍然存在不少较大规模的家族聚居,具有较强的家族凝聚力和家族势力。北宋末年,北方强族尚多,金人入侵时,家族性军事组织的抵抗活动也相当多。而在两宋交替之际,经济重心南移过程已经完成,家族聚居的地域差异态势也随之逆转,由“北强南弱”转向“南强北弱”。此后,北方便很少有家族的大规模聚居。元代北方人口进一步减少,明朝北方人口恢复,但家族势力一直未再兴起。明清鼎革之际,中原已很难找到单姓村。与南方一些省份比较,北方村落尽管有不少以姓氏命名,却是以杂姓村居多。清军入关时,北方已无较具规模的有组织的民间抵抗活动,这也是以流民为主体的李自成军及清军能够迅速席卷北方全境的一个重要因素。[③]

这种宗族聚居南强北弱的转向在明清之际已然引起时人关注。顾炎武在《日知录》中曾写道:“杜氏《通典》言:‘北齐之代,瀛、冀诸刘,清河张、宋,并州王氏,濮阳侯族,诸如此辈近将万室。’《北史·薛胤传》:‘为河北太守,有韩、马两姓各二千余家。’今日中原北方虽号甲族,无有至千丁者,户口之寡,族姓之衰,与江南相去夐绝。”[④]清人朱轼等也曾谈及这一现象:“燕晋士大夫,不能言五世以上祖,而吾乡田夫野老动曰:吾宋祖某,唐祖某,周秦汉祖某某。”近代萧公权和其他学者指出,华南许多地区中单姓村比较普遍,譬如江西高安县 1291 个村子中,有 1121 个村(87%)是单姓村。而广东花县有 40%的村庄是单姓的。1928 年,毛泽东调查井冈山根据地的湘东赣西几县后说,农村“社会组织是普遍

---

① 〔唐〕杜佑:《通典》,中华书局 1988 年版,第 62 页。

② 〔唐〕李延寿:《南史》,中华书局 1975 年版,第 672 页。

③ 刘军、王询:《中国南北方汉族居住区宗族聚居的地域差异》,《东北财经大学学报》2007 年第 2 期。

④ 〔清〕顾炎武著,〔清〕黄汝成集释:《日知录集释》,岳麓书社 1994 年版,第 814 页。

地以一姓为单位的宗族组织”[①]。就此,历史学家吕思勉得出结论说:(家族)聚居的情况南北方有所不同。南方人聚居的规模大,时间久,地区广,且具普遍性。南方望族、庶族均聚居,北方则庶族凝聚性小些。南北聚居的差异,并非自清代始。“聚居之风,古代北盛于南,近世南盛于北”[②]。

南宋以后中国汉族居住区的家族聚居南盛于北,以东南地区聚居程度最高,而且是愈南愈盛,愈北愈衰。以各省为单位而论,岭南地区的广东、福建两省最盛,江西、湖南及浙江南部与闽、粤相去不远,湖北、安徽、浙江、江苏弱于上述各省,四川的家族聚居则更弱一些。在北方,山西、山东家族聚居较强,但仍弱于长江流域各省,河南、河北、陕西又弱于晋、鲁,东北三省则是全国汉族聚居区中家族聚居最弱的省份。在各省范围内家族聚居也存在一定的差别,例如原本属于北方省份的河南,其南部则存在较多的家族聚居情况。而南方省份安徽省的北部,其家族聚居情况却是更接近于北方。在属于南方的所谓江南地区,家族也不甚发达。[③]

南北相较,北方家族在宗族的外在物化标志方面,如祖坟规制、祠堂、祖先牌位、族谱、坟田、族田、私塾等,比较少见或设置简单,即起功能性作用的家族特征普遍较弱,而强烈显示意识形态性的家族特征,如祭祖仪式、家堂、谱图、行辈字、同族相恤等则较为突出。因此,北方家族与南方家族那种共财、聚居、庞大族属规模等相比,显著呈现出文化性的、表达性的家族特征。

中国古代家族发展为什么会出现“南强北弱”的转向呢?英国人类学家弗里德曼认为福建、广东家族发达的原因在于政治因素,即东南地区远离中央集权的中心地带,而且从事稻作农业需要水利灌溉,只有结成协作性的群体,才能满足这两种需求。事实上,政治控制诚然是成因之一,起决定作用的还是经济因素。方志文献证明,“世家大族、缙绅之家是努力实现朱子家礼的,即使没有力量,也勉力实现‘同堂异龛’的祭祀条件”[④]。此外,就河南而言,地理位置得天独厚,历来是兵家必争之地,长期以来有“得中原者得天下”的说法,故多遭兵

---

① 毛泽东:《毛泽东选集》第1卷,人民出版社1991年版,第68页。

② 吕思勉:《中国制度史》,上海教育出版社1985年版,第395页。

③ 刘军、王询:《中国南北方汉族居住区宗族聚居的地域差异》,《东北财经大学学报》2007年第2期。

④ 兰林友:《论华北宗族的典型特征》,《中央民族大学学报》2004年第1期。

燹之灾,导致大量人口的非正常死亡及连绵不断的流民,无疑严重影响了家族的代际繁衍和长期聚居。

中华人民共和国成立后,家族作为一种制度虽然已被消灭,其个别符号和要素在特殊情况下仍有所反复,出现某种家族活动。20 世纪 50 年代末,农村社会生产力遭到极大破坏,农民生活水平急剧下降,国家处于经济困难之中。这就给那些没有改造好的家族势力和宗法思想严重的人以可乘之机,他们鼓吹宗法思想,恢复家族活动,因而出现了新中国成立以后第一个宗法思想和家族观念比较活跃的时期,不少地方出现建祠堂、续家谱的活动。据当时河南、湖北、湖南三省揭发出来的材料,农村中修祠堂、续家谱的活动相当普遍,据河南 90 个县的统计,续家谱的案件 1 万多宗,偃师县缑氏公社郑窑大队董姓的家谱续成后,还唱戏三天、宰猪四头,全族聚会,敬祭祖宗。个别地方的家族还选举了族长,全族群众包括干部要向族长跪拜磕头。随着国民经济的迅速好转,这种现象很快被刹住了。①

## 二、近代以来家族制度的覆亡及其现代转型

近代以来的人民革命斗争,给予家族制度极其沉重的打击。土地改革在废除地主土地所有制的同时,废除了家族祠堂的土地所有制,彻底消灭了家族制度赖以存在的物质基础。农村民主政权建设的完成彻底摧毁了传统家族组织,标志着在中国社会生活中存在了几千年的家族制度彻底灭亡,中国社会和中国革命发展到了一个新阶段。②

1978 年改革开放以后,伴随国家经济实力不断增强、传统文化日益受到重视以及海外华人纷纷回乡寻根谒祖、投资兴业,各地尤其是南方经济发达地区家族活动出现了复苏迹象,以福建、广东为甚,江西、安徽、湖南、湖北、江苏、浙江等省也较为明显,其发展程度、组织水平和活动频率普遍高于北方,主要表现

---

① 《中共中央关于目前农村工作若干问题的决定(草案)》,1963 年 5 月 20 日附件一、二、四,转引自徐扬杰:《中国家族制度史》,武汉大学出版社 2012 年版,第 433 页。

② 徐扬杰:《中国家族制度史》,武汉大学出版社 2012 年版,第 431 页。

在三个方面：一是重建祠堂、培修祖墓、续修家谱之风盛行。有的家族向同姓群众集资派款，或重新修建祠堂，或整修早已移作他用的祠堂。同时，大规模地培修远祖祖坟，续修家谱的现象也比较多。二是联宗祭祖、聚族扫墓等大型家族活动也时常发生，规模也有越来越大之势。三是恢复或重建家族组织的现象也时有发生。家族活动的某种复苏，自有其积极作用。它为族众提供了精神归属和情感满足的家园，缓解了社会转型期的社会矛盾和焦虑；同时，发挥集体互助功能，组织参与公益事业。另一方面，个别地区的家族组织及其活动，对农村基层政权和社会秩序有一定冲击与影响。

我国农村家族从被摧毁、抑制到恢复、重建的历程表明，汉人特别是中国农民，对家族有一种本体性的需求——历史感、归属感、道德感和责任感，集体力量可以转移或者压抑这种需求，却不能替代或者取消这种需求。作为中国历史上长期存在、发展的一种社会关系形态，中国农村的家族既不会被人为地以简单的方式消灭掉，也不会因为外在环境的改变而完全丧失其生存依据，家族的生存依据与人们的居住条件、日常生活过程中的亲属联系、社会传统造就的心理习惯以及宗教需要有关，唯有家族活动的频率高低与外界环境允许与否直接相关。①

作为历史上存在时间最长、流布最普遍的社会组织，现代社会中传统家族能否在以工商业文明为基础、以民主自由精神为价值取向的现代化过程中延续下去？马克思和恩格斯在一百多年前已经指出，工业化是一股所向披靡、不可阻挡的历史潮流。传统家族生存所需要的相对封闭的外部环境、自给自足的经济基础和一定数量的稳定人口资源，将在工业化和商品化的强大冲击下逐渐分离、瓦解，甚至连农村和农民本身也在现代化的洪流中面临消亡、转型的前景，而且家族的内部机制也面临严重危机。任何一种文化规范体系要获得持续生存和发展的机会，需要具有不断自我调整以适应外在自然环境和社会环境的能力。文化变迁的方式有创新和传播两种途径。创新并不是断然地否定已有的形式和内容，而是一种内在的扬弃。家族能否实现现代转型，关键在于有无内生的创新机制。家族成员对自身历史感、归属感、道德感和责任感的自觉追求，构成了汉人宗族内在的创新动力。

---

① 钱杭：《宗族的传统建构与现代转型》，上海人民出版社 2011 年版，第 239—240、252 页。

目前,海内外家族组织及其活动主要以宗亲会、姓氏研究会以及其他姓氏联谊组织形式存在。海外宗亲会目前主要分布在新加坡、菲律宾、马来西亚、印度尼西亚、泰国、日本、韩国、越南、缅甸、老挝、美国、加拿大、墨西哥、哥伦比亚、古巴、秘鲁、委内瑞拉、澳大利亚、南非以及欧洲的一些国家和地区。据台湾宗亲谱系学会1985年编印的《谱系与宗亲组织》记载,新加坡有200个宗亲会,菲律宾有110多个宗亲会,马来西亚有4000个以上的华人宗祠和会馆。宗亲会在组织原则上同传统的家族组织具有明显差异,不再强调家族血缘关系而以同姓为结合对象,不再以家庭为单位而是以个人身份自愿入会,不再延续传统的族长制管理原则而是实行会员大会制和理事会、监事会制。

综观现在世界上许多华人宗亲社团的宗旨,多为弘扬祖德、敦亲睦族、资助教育、奖掖后进、服务社会。其担负的基本职能包括:一是厘清本姓氏源流,筹备、撰写、出版大族谱,这是所有宗亲会共有的基本职能;二是调解纠纷,解决争端,保护和支持同族成员,保持彼此间的融洽相处、精诚团结;三是济贫恤寡、育幼养老、筹集慈善福利款项,帮助同族人渡过难关,主办会员婚丧喜庆及各种聚会;四是完成祖墓的修葺,建立宗祠,定期组织祭祖仪式,尊祖祭祀,联络宗谊;五是定期举行聚会活动,作为世界各地同姓氏族人的联络中心,商讨宗亲会物业、公产经营,以维系其运作和发展,保持文化的延续传递,开展音乐、戏剧、武术等文体活动,组织庆祝中国的传统节日,弘扬中华传统文化;六是返回祖籍地寻根谒祖,省亲观光,办厂经商,设立奖项资助奖掖英才,支援家乡经济、文化、教育事业,在改革开放之后,宗亲会的这个职能得到了增强。①

研究和事实表明,在当代中国现有社会制度下,中国特色社会主义的意识形态内容,可以用一种恰当的方式介入到对家族观念的更新和改造过程中。农民一般并不反对这一点,也不会把两者对立看待,他们要求的只是将对家族传统的尊重纳入到社会主义法治与核心价值观所规范的社会生产生活方式中。在江西中部农村家族问题的调查中发现,家族观念已经成为被当地社会所认可的一种社会关系观念,一些重建的家族正在努力寻找其合适的形式,以便实现与社会秩序的衔接,而非采取截然对立的姿态。尤其在与基层政权的关系上,家族谋求彼此间的合作与相互协调。在相当多的家族组织中,基层政权领导人

---

① 孙先伟:《"宗亲会"的性质及历史渊源》,《经济研究导刊》2011年第18期。

也直接参与进去，担当某些重要职务，他们对宗族在合乎法治的轨道上活动有重要作用。中国农村家族和东南亚众多宗亲会的实践表明，家族的组织形式、祠堂、谱牒和内在机制，可以通过自身调整，逐步与社会的现代化进程契合。当然，不可否认，仍有一些地方农村宗族在其重建过程中表现出了一定程度的破坏性和与现存社会秩序的不协调性。①

## 三、改革开放以来河南的姓氏宗亲活动及其走向

河南是中华文明和华夏民族的重要发祥地，根亲文化资源丰富厚重。以河南为代表的中原地区，有着优越的地理位置。自夏商至宋金，在长达3500年间一直是中国的政治、经济与文化中心，有200多位帝王定都或迁都在河南，在中国八大古都中，河南有洛阳、开封、安阳、郑州四个。可以说，中原文化是中国传统文化的核心与缩影，根亲文化资源非常丰富厚重。以姓氏文化为例，《中华姓氏大典》记载的4820个汉族姓氏中，起源于河南的有1834个，所包含的人口占汉族总人口的85%。李、王、张、刘、陈这中华五大姓氏均起源于河南。在2007年公安部公布的中国当代百家大姓中，有80个姓氏起源于河南或其中一支起源于河南。在当今以人口多少排序的300个大姓中起源于河南的姓氏为171个，郡望在河南者98个。不难看出，河南堪称全国姓氏文化资源第一大省，海内外华人的祖根大半在河南。②

改革开放尤其是新世纪以来，河南的家族组织及其活动主要以姓氏研究会、姓氏联谊组织为载体。据河南省姓氏文化研究会统计，截至2018年3月，

---

① 钱杭：《宗族的传统建构与现代转型》，上海人民出版社2011年版，第255、263页。

② 张新斌：《河南寻根文化资源开发的战略思考》，《黄河科技大学学报》2006年第3期。陈建魁：《中国传统家族文化的当代价值》，《河南日报》2017年5月10日。

共有82个姓氏委员会、5个团体会员单位。[①] 近年来，河南省姓氏文化研究会和80多个姓氏研究会、联谊组织开展进行了多方面的工作：

**（一）开展学术研讨活动，研究水平日益提升**

积极主办、承办与姓氏文化相关的学术研讨会，参与国内外姓氏文化研讨活动，并出版了一批姓氏文化资料性图书和相关研究著作。在搜集整理史、志、经、传、野史、札记、族谱等文献典籍以及碑铭墓志、家传契约文书、照片、图像等的基础上，形成了内容丰富的研究成果。自20世纪90年代以来，陆续出版了《中原寻根：源于河南千家姓》、《中华姓氏河南寻根》（四卷本）等书。后又出版了《河南常氏》《汝阳常氏大观园》《汝阳常氏家谱》《杰出的思想家贾谊》《河南登封尚志堂贾氏宗谱》《马文升诗集》《潘安的传说》《潘岳文集》《潘岳研究》《上官均传》《姚崇研究文集》《苑氏通谱》《张姓始祖源濮阳》，整理编撰了《何氏得姓源起十六说》《何氏24孝》《中华何氏60名人传》《河南连姓志》《河南连氏通谱》《新密刘氏传记》《中华马氏寻亲宝典》《华夏茹氏通谱》《尹姓文化探源》《中华望族郑氏祖地——荥阳》《中华钟氏总谱》《中华孙氏大宗谱》《中华张姓之根》等。

**（二）开展交流联谊活动，文化联系更加紧密**

一方面，积极参加国内外各种姓氏文化交流活动，同时多次接待海内外姓氏文化组织的联谊来访，并且坚持“走出去”开展姓氏文化走访活动。仍以2017年为例，董姓委员会组织30余人的代表团赴菲律宾参加了全球董杨童第

---

① 河南82个姓氏委员会包括：于姓委员会、上官姓委员会、马姓委员会、王姓委员会、牛姓委员会、毛姓委员会、方姓委员会、尹姓委员会、孔姓委员会、石姓委员会、卢姓委员会、申姓委员会、白姓委员会、冯姓委员会、邢姓委员会、毕姓委员会、朱姓委员会、任姓委员会、刘姓委员会、许姓委员会、阮姓委员会、孙姓委员会、苏姓委员会、杨姓委员会、连姓委员会、步姓委员会、吴姓委员会、邱姓委员会、何姓委员会、余姓委员会、张良委员会、张姓委员会、陈姓委员会、苑姓委员会、周姓委员会、庞姓委员会、郑姓委员会、单姓委员会、项姓委员会、赵姓委员会、郝姓委员会、茹姓委员会、钟姓委员会、皇甫姓委员会、侯姓委员会、姜姓委员会、姚姓委员会、秦姓委员会、袁姓委员会、校姓委员会、贾姓委员会、钱姓委员会、倪姓委员会、徐姓委员会、高姓委员会、郭姓委员会、蚩姓委员会、姬姓委员会、黄姓委员会、梅姓委员会、常姓委员会、琚姓委员会、彭姓委员会、董姓委员会、韩姓委员会、傅姓委员会、焦姓委员会、鲁姓委员会、曾姓委员会、靳姓委员会、楚姓委员会、阙姓委员会、褚姓委员会、裴姓委员会、熊姓委员会、樊姓委员会、潘姓委员会、薛姓委员会、戴姓委员会、魏姓委员会，另有两个专业委员会即国际文化交流中心、家谱委员会。

二十届恳亲大会，组织20余人团队赴河北雄安参加雄安董姓文化研究会相关研讨活动。曾姓委员会参加了山东平邑县曾子文化园建设招商活动、中国曾子文化委员会温州论坛、山东嘉祥曾子庙祭拜活动，应邀到香港、台湾、广东、福建、江西、湖南、贵州、广西、内蒙古等省区参加文化研讨和联谊恳亲活动。连姓委员会与港、澳、台和新加坡进行了连姓文化交流活动，受到中国国民党荣誉主席连战的接见。朱姓委员会参加了在新加坡举行的世界朱氏宗亲大会，并赴马来西亚世界朱氏联合会开展文化交流活动。邢姓委员会参加了在迪拜举行的"'乘一带一路之东风，架豫阿友谊之桥梁'——开放的河南欢迎您"活动。与此同时，接待了温州董姓文化研究会会长等多位省外董姓宗亲来河南交流，接待了琼、浙、湘、沪、赣、皖、豫等省市的数十位许氏宗亲到登封箕山和许昌寻根谒祖。郑姓委员会接待了台湾、香港、浙江、广东、安徽等地寻根访问团12批300多人，包括台湾"河洛郎"返乡记采访团、台湾社团与政党领袖干部考察团等。张姓委员会接待了包括来自我国港、澳、台地区以及东南亚等国家和地区的海内外来宾130批900多人次。

**（三）开展传承家风活动，优秀文化持续弘扬**

一是连续举办三届中华家谱展评暨文创产品交流大会。其中，2017年来自全国24个省市区的400多名家谱专家、家谱主编以及家谱爱好者参加第三届大会，参展家谱共计1658部、3500多册。二是在保护中发挥家族文化遗存的积极作用。2017年，启动了曾姓祖根地方城曾姓始祖大宗祠（古缯国博物馆）二期工程和古缯国遗址公园的一期建设；济源姓氏文化委员会考察了全市76家现存古建祠堂和新建祠堂；茹姓委员会筹措资金修葺茹氏祠堂，重立始祖纪念碑。三是组织传承家训家风活动。举行了中华家谱馆开馆剪彩仪式、《商城倪氏宗谱》颁谱暨商城倪氏宗亲联谊成立大会、中华庞氏好家风发展论坛。裴姓委员会召开了"家国情怀、世代传承"的家风家教文化活动，弘扬裴氏良好家风。四是开展评比和表彰工作，通过评选"孝悌楷模"、"突出贡献"个人并颁发奖牌，延续和弘扬了中华民族的家国文化，涵养新时代的良好家风，发挥了凝魂聚气、促进和谐的重要作用。

**（四）开展公益慈善活动，凝心聚力效果彰显**

敬宗收族、扶危济困是传统家族的基本功能，尤其是在家族发展逐渐平民化的趋势下，成为新时期家族组织社会功能的基本表现形式。2017年，河南姓氏文化研究会各单姓委员会在社会公益慈善事业方面做了许多卓有成效的工作。一是开展关爱老年群体活动。通过赠送衣物、亲情座谈、共同聚餐等不同形式,让老人们感受到了大家庭的温暖。二是筹集善款资助青少年成才。曾姓委员会共扶持考入重点院校的本姓贫困学子 76 人;商城何姓委员会为本县八名考入一本的何氏学子每人发放 1000 元奖学金;连姓委员会开展了奖学助学活动,奖学 160 名、助学 20 名;秦姓委员会在安阳助学 30 多人,助学资金 6 万多元;苑姓委员会组织了全国第三届苑氏青少年夏令营。三是扶危助困,救助特殊困难群体。靳姓委员会组织为因病、因残、因伤、因学等致贫致困的本姓个人和家庭捐款捐物,协助黑龙江、山东、内蒙古的三支宗亲在河南找到了亲人;孔姓委员会结对帮扶困难农户 36 家,扶贫济困财物 40 余万元,为因残致困家庭筹集善款 12350 元;等等。①

姓氏文化的旨归是根亲文化。进入中国特色社会主义新时代,河南作为全国有影响力的文化大省,应围绕增强社会主义文化自信,通过创造性转化和创新性发展,充分深入发挥中原根亲文化资源优势,构建全球华人根亲文化圣地。对此,要在请进来、走出去中继续深化姓氏文化研究交流、着力打造姓氏文化主题基地基础上,继续依托新郑黄帝故里、周口太昊陵、内黄颛顼帝喾陵、商丘燧皇陵、桐柏盘古之乡、泌阳盘古圣地、西华女娲城、濮阳帝舜故里等根亲文化遗迹,提升新郑黄帝故里拜祖大典、中原(固始)根亲文化节、嵩山论坛、中国洛阳河洛文化旅游节等重大根亲节会的影响力,通过开展寻根拜祖文化活动,发展根亲文化主题旅游,建设根亲文化主题基地,确立一批中华优秀传统文化符号,彰显老家河南魅力,形成"河洛是故乡""寻根到中原"的文化认同,使河南成为中华民族精神家园和心灵故乡的主要承载地,增强民族凝聚力和向心力,促进中华民族的伟大复兴。

---

① 以上具体资料和姓氏文化活动主要参考河南省姓氏文化研究会工作报告(2017、2018),特此说明并致谢。

# 参考资料

一、古代历史文献

1.〔春秋〕孔丘著，杨伯峻译注:《论语译注》，中华书局 1980 年版。

2.〔春秋〕孔丘等编，程俊英译注:《诗经译注》，上海古籍出版社 1985 年版。

3.〔春秋〕左丘明撰，上海师范大学古籍整理组校点:《国语》，上海古籍出版社 1978 年版。

4.〔西汉〕司马迁:《史记》，中华书局 1963 年版。

5.〔东汉〕班固:《汉书》，中华书局 1964 年版。

6.〔西晋〕陈寿:《三国志》，中华书局 1959 年版。

7.〔西晋〕杜预:《春秋经传集解》，上海古籍出版社 1978 年版。

8.〔南朝宋〕范晔:《后汉书》，中华书局 1965 年版。

9.〔南朝宋〕刘义庆著，余嘉锡撰，周祖谟、余淑宜整理:《世说新语笺疏》，中华书局 1983 年版。

10.〔南朝梁〕萧子显:《南齐书》，中华书局 1972 年版。

11.〔南朝梁〕沈约:《宋书》，中华书局 1974 年版。

12.〔北齐〕魏收:《魏书》，中华书局 1974 年版。

13.〔唐〕令狐德棻等:《周书》，中华书局 1971 年版。

14.〔唐〕李百药:《北齐书》，中华书局 1972 年版。

15.〔唐〕徐坚等:《初学记》，中华书局 2004 年版。

16.〔唐〕孙过庭:《书谱》，文渊阁《四库全书》版。

17.〔唐〕林宝:《元和姓纂》,中华书局 1994 年版。
18.〔唐〕李林甫等:《唐六典》,中华书局 1992 年版。
19.〔唐〕皇甫湜:《皇甫持正集》,上海古籍出版社 1993 年版。
20.〔唐〕柳宗元著,曹明纲标点:《柳宗元全集》,上海古籍出版社 1997 年版。
21.〔唐〕白居易著,丁如明、聂世美校点:《白居易全集》,上海古籍出版社 1999 年版。
22.〔唐〕张彦远撰,承载译注:《历代名画记全译》,贵州人民出版社 2009 年版。
23.〔唐〕魏徵、令狐德棻撰:《隋书》,中华书局 1973 年版。
24.〔唐〕房玄龄等:《晋书》,中华书局 1974 年版。
25.〔唐〕李延寿:《北史》,中华书局 1974 年版。
26.〔唐〕欧阳询:《艺文类聚》,上海古籍出版社 1982 年版。
27.〔唐〕张彦远辑,洪丕谟点校:《法书要录》,上海书画出版社 1986 年版。
28.〔唐〕高彦休:《唐阙史》,清乾隆知不足斋丛书本。
29.〔唐〕王梵志著,张锡厚校辑:《王梵志诗校辑》,中华书局 1983 年版。
30.〔唐〕王梵志著,项楚校注:《王梵志诗校注》,上海古籍出版社 1991 年版。
31.〔唐〕杜佑撰,王文锦、王永兴、刘俊文等点校:《通典》,中华书局 1988 年版。
32.〔五代〕王定保:《唐摭言》,中华书局 1959 年版。
33.〔五代后晋〕刘昫等:《旧唐书》,中华书局 1975 年版。
34.〔五代后蜀〕韦縠:《才调集》,上海古籍出版社 1993 年版。
35.〔北宋〕欧阳修原著,邓宝剑、王怡琳注:《集古录跋尾》,人民美术出版社 2010 年版。
36.〔北宋〕姚铉编:《唐文粹》,上海古籍出版社 1994 年版。
37.〔北宋〕苏轼著,傅成、穆俦标点:《苏轼全集》,上海古籍出版社 2000 年版。
38.〔北宋〕王钦若等编:《册府元龟》,中华书局 1960 年版。
39.〔北宋〕朱长文:《墨池编》,文渊阁《四库全书》版。
40.〔北宋〕司马光:《资治通鉴》,中华书局 1956 年版。
41.〔北宋〕李昉等:《太平御览》,上海古籍出版社 2008 年版。
42.〔北宋〕乐史:《太平寰宇记》,中华书局 2007 年版。
43.〔北宋〕李昉等:《太平广记》,中华书局 1961 年版。
44.〔北宋〕李昉等编:《文苑英华》,中华书局 1966 年版。

45.〔北宋〕欧阳修:《新五代史》,中华书局1974年版。
46.〔北宋〕欧阳修、宋祁:《新唐书》,中华书局1975年版。
47.〔北宋〕薛居正等:《旧五代史》,中华书局1976年版。
48.〔北宋〕王溥:《五代会要》,上海古籍出版社1978年版。
49.〔北宋〕王溥:《唐会要》,上海古籍出版社2006年版。
50.〔北宋〕张方平:《乐全集》,文渊阁《四库全书》版。
51.〔北宋〕韩琦撰,李之亮、徐正英笺注:《安阳集编年笺注》,巴蜀书社2000年版。
52.〔北宋〕王安石:《王临川全集》,(民国)扫叶山房版。
53.〔北宋〕赵鼎臣:《竹隐畸士集》,文渊阁《四库全书》版。
54.〔北宋〕文彦博:《文潞公集》,文渊阁《四库全书》版。
55.〔北宋〕孟元老:《东京梦华录笺注》,中华书局2006年版。
56.〔北宋〕佚名著,范红娟点校:《宣和书谱》,人民美术出版社2011年版。
57.〔北宋〕程颢、程颐撰:《二程遗书》,线装书局2014年版。
58.〔南宋〕李心传:《建炎以来朝野杂记》,中华书局2000年版。
59.〔南宋〕朱熹撰,黄珅点校:《四书或问》,上海古籍出版社、安徽教育出版社2001年版。
60.〔南宋〕杨仲良编:《续资治通鉴长编纪事本末》,北京图书馆出版社2003年版。
61.〔南宋〕李焘:《续资治通鉴长编》,中华书局2016年版。
62.〔南宋〕佚名撰,孔学辑校:《皇宋中兴两朝圣政辑校》,中华书局2019年版。
63.〔南宋〕计有功辑撰:《唐诗纪事》,上海古籍出版社2008年版。
64.〔南宋〕郑樵:《通志》,中华书局1987年版。
65.〔南宋〕严羽著,郭绍虞校释:《沧浪诗话校释》,人民文学出版社1961年版。
66.〔元〕脱脱等:《宋史》,中华书局1977年版。
67.〔元〕辛文房:《唐才子传》,古典文学出版社1957年版。
68.〔元〕苏天爵辑撰,姚景安点校:《元朝名臣事略》,中华书局1996年版。
69.〔明〕张溥著,殷孟伦注:《汉魏六朝百三家集题辞注》,人民文学出版社1963年版。
70.〔明〕胡应麟:《诗薮》,上海古籍出版社1958年版。

71.〔明〕陶宗仪:《书史会要》,文渊阁《四库全书》版。
72.〔明末清初〕王夫之:《读通鉴论》,中华书局1975年版。
73.〔清〕顾炎武著,周苏平、陈国庆点注:《日知录》,甘肃民族出版社1997年版。
74.〔清〕王鸣盛:《十七史商榷》,凤凰出版社2008年版。
75.〔清〕叶昌炽:《语石》,辽宁教育出版社1998年版。
76.〔清〕严可均校辑:《全上古三代秦汉三国六朝文》,中华书局1958年版。
77.〔清〕严可均辑:《全晋文》,商务印书馆1999年版。
78.〔清〕严可均辑:《全梁文》,商务印书馆1999年版。
79.〔清〕赵翼著,王树民校证:《廿二史札记校证》,中华书局1984年版。
80.〔清〕彭定求等编纂:《全唐诗》,中华书局1960年版。
81.〔清〕李慈铭著,由云龙辑:《越缦堂读书记》,上海书店出版社2000年版。
82.〔清〕王先谦:《庄子集解》,中华书局1987年版。
83.〔清〕孙诒让:《周礼正义》,中华书局1987年版。
84.〔清〕孙星衍:《尚书今古文注疏》,中华书局1986年版。
85.〔清〕林昌彝著,王镇远、林虞生标点:《射鹰楼诗话》,上海古籍出版社1988年版。
86.〔清〕董浩等编:《全唐文》,上海古籍出版社1990年版。
87.〔清〕张廷玉等:《明史》,中华书局1974年版。
88.〔清〕顾祖禹著,贺次君、施和金点校:《读史方舆纪要》,中华书局2005年版。
89.〔清〕徐松撰,刘琳等校点:《宋会要辑稿》,上海古籍出版社2014年版。
90.〔清〕王士禛撰,靳斯仁点校:《池北偶谈》,中华书局1982年版。
91.〔清〕秦蕙田:《五礼通考》,文渊阁《四库全书》版。
92.〔清〕田文镜、李卫:《州县事宜》,文渊阁《四库全书》版。
93.〔清〕田文镜:《抚豫宣化录》,中州古籍出版社1995年版。
94.〔清〕吕谦恒:《青要集》,雍正十五年(1737)刻本。
95.〔清〕汪介人:《中州杂俎》,民国十年(1921)安阳三怡堂排印本。
96.〔清〕杨淮辑,张中良、申少春校勘:《中州诗钞》,中州古籍出版社1997年版。
97.〔清末民初〕赵尔巽等:《清史稿》,中华书局1977年版。
98.〔清末民初〕缪荃孙:《续碑传集》,宣统二年(1910)江楚编译书局刻本。

## 二、方志族谱资料

1.〔明〕《卫辉府志》,万历三十一年(1603)刻本。
2.〔清〕王士俊修:《河南通志》,文渊阁《四库全书》版。
3.〔清〕李同亨、张俊哲纂修:顺治《祥符县志》,顺治十八年(1661)刻本影印本。
4.〔清〕鲁曾煜、张淑载纂修:乾隆《祥符县志》,乾隆四年(1739)刻本。
5.〔清〕李述武、张九钺:《巩县志》,乾隆五十四年(1789)刻本。
6.〔清〕朱续志修,吕鼎祚等纂:《偃师县志》,乾隆十一年(1746)刻本。
7.〔清〕张道超修,马九功纂:《重修伊阳县志》,道光十八年(1838)刻本。
8.〔清〕李炘修,侯眉复纂:《重修卢氏县志》,乾隆十二年(1747)刻本。
9.〔清〕郭光澍修,李旭春纂:《重修卢氏县志》,光绪十八年(1892)刻本。
10.〔清〕张为旦等修,张延福等纂:《项城县志》,乾隆十一年(1746)刻本。
11.〔清〕谢聘、洪亮吉修:《重修固始县志》,乾隆五十一年(1786)刻本。
12.〔清〕陈之熉纂修:《南召县志》,乾隆十一年(1746)刻本。
13.〔清〕潘守廉修:《南阳县志》,光绪三十年(1904)刻本。
14.〔清〕杨修田修:《光州志》,光绪十二年至十三年(1886—1887)刻本。
15.〔清〕赵开元纂修:《新乡县志》,乾隆十二年(1747)新乡县署刊本。
16. 刘莲青、张仲友等纂修:《巩县志》,民国二十六年(1937)印行。
17. 张登云等纂:《汜水县志》,民国十七年(1928)上海世界书局铅印本。
18. 张士杰、侯崑禾纂修:《通许县新志》,民国二十三年(1934)铅印本。
19. 韩邦孚:《新乡县续志》,民国十二年(1923)铅印本。
20. 裴希度纂:《续安阳县志》,民国二十二年(1933)北平文岚簃古宋印书局铅印本。
21. 张镇芳修:《项城县志》,宣统三年(1911)石印本。
22. 张钫修,李希白纂:《新安县志》,民国二十七年(1938)石印本。
23. 欧阳珍修,韩嘉会纂:《陕县志》,民国二十五年(1936)铅印本。
24. 王秀文等修,张庭馥等纂:《河南省许昌县志(一)》,成文出版社 1968 年版。
25. 安阳蒋屯《马氏家谱》,光绪二十五年(1899)刻本。
26. 封丘县《边氏族谱》,道光十二年(1832)封丘贻谋堂刻本。
27. 滑县《张氏族谱》,民国八年(1919)刻本。
28. 辉县、林县《辉林邑任氏族谱》,2005 年印刷本。

29. 辉县、林县《任氏族谱》,1992 年印刷本。
30. 辉县东夏峰村《黄氏家谱》,1993 年印刷本。
31. 辉县东夏峰村《孙氏族谱》,民国二十六年(1937)年刻本。
32. 辉县东夏峰村《孙氏族谱》,1998 年印刷本。
33. 辉县东夏峰村《王氏族谱》,民国二十五年(1936)年刊本。
34. 获嘉县《李氏族谱》,光绪三十年(1904)增修本。
35. 汲县《李氏家谱》,民国十二年(1923)抄本。
36. 林县《阎氏族谱》,道光十八年(1838)刻本。
37. 林县《李氏家谱》,1987 年印刷本。
38. 新乡县定国村《郭氏族谱》,光绪二年(1876)重修本。
39. 新乡县定国村《郭氏族谱》,1986 年重修本。
40. 新乡县小宋佛村《张氏族谱》,嘉庆二十三年(1818)续修本。
41. 新乡县小宋佛村《张氏族谱》,民国五年(1916)续修本。
42. 延津县《申氏族谱》,同治十一年(1872)刊本。
43. 彰德府《朱氏家谱》,光绪三十二年(1906)刻本。

## 三、现当代人著作

1. 艾永明:《清朝文官制度》,商务印书馆 2003 年版。
2. 白寿彝:《中国通史》第六卷《中古时代·隋朝唐朝时期》,上海人民出版社 1997 年版。
3. 本书编委会编:《中国近代史料丛刊·太平天国》,上海人民出版社 1957 年版。
4. 岑仲勉:《隋唐史》上册,中华书局 1982 年版。
5. 岑仲勉:《唐史馀瀋》,上海古籍出版社 1960 年版。
6. 曾运乾:《尚书正读》,中华书局 1964 年版。
7. 常建华:《宋以后宗族的形成及地域比较》,人民出版社 2013 年版。
8. 常玉芝:《商代周祭制度》,中国社会科学出版社 1987 年版。
9. 陈建魁:《中国姓氏文化》,中原农民出版社 2008 年版。
10. 陈絜:《商周金文》,文物出版社 2006 年版。
11. 陈絜:《商周姓氏制度研究》,商务印书馆 2007 年版。

12. 陈梦家:《殷墟卜辞综述》,中华书局 1988 年版。
13. 陈明:《儒学的历史文化功能——以中古士族现象为个案》,中国社会科学出版社 2005 年版。
14. 陈爽:《世家大族与北朝仕宦》,中国社会科学出版社 1998 年版。
15. 陈欣:《南汉国史》,广东人民出版社 2010 年版。
16. 陈义初主编:《近代豫商列传》,河南人民出版社 2007 年版。
17. 陈义初主编:《豫商发展史》,河南人民出版社 2007 年版。
18. 陈寅恪:《金明馆丛稿初编》,生活·读书·新知三联书店 2001 年版。
19. 陈寅恪:《隋唐制度渊源略论稿·唐代仕宦史述论稿》,生活·读书·新知三联书店 2001 年版。
20. 陈寅恪:《唐代政治史述论稿》,上海古籍出版社 1982 年版。
21. 陈寅恪:《元白诗笺证稿》,上海古籍出版社 1978 年版。
22. 陈寅恪:《金明馆丛稿初编》,生活·读书·新知三联书店 2001 年版。
23. 陈支平:《近五百年来福建的家族社会与文化》,中国人民大学出版社 2010 年版。
24. 程维荣:《中国继承制度史》,东方出版中心 2006 年版。
25. 程毅中:《唐代小说史话》,文化艺术出版社 1990 年版。
26. 程有为、王天奖主编:《河南通史》,河南人民出版社 2005 年版。
27. 程有为、卫绍生:《中原文化通史·魏晋南北朝》第四卷,河南人民出版社 2019 年版。
28. 程有为:《河南史纲》,河南人民出版社 2019 年版。
29. 程有为:《河洛文化概论》,河南人民出版社 2018 年版。
30. 崔向东:《汉代豪族地域性研究》,中华书局 2012 年版。
31. 崔向东:《汉代豪族研究》,崇文书局 2003 年版。
32. 丁山:《甲骨文所见氏族及其制度》,中华书局 1988 年版。
33. 丁振铎辑:《项城袁氏家集·端敏公集》,宣统元年(1909)亥夏清芬阁编刊。
34. 杜文玉主编:《中国历史大事年表》,商务印书馆国际有限公司 2017 年版。
35. 方北辰:《魏晋南朝江东世家大族述论》,文津出版社 1991 年版。
36. 冯尔康:《18 世纪以来中国家族的现代转向》,上海人民出版社 2005 年版。
37. 冯尔康:《中国古代的宗族和祠堂》,商务印书馆 1996 年版。

38. 冯尔康:《中国宗族制度与谱牒编纂》,天津古籍出版社 2011 年版。
39. 冯尔康等:《中国宗族史》,上海人民出版社 2009 年版。
40. 冯友兰:《中国哲学史》,中华书局 1961 年版。
41. 冯友兰:《三松堂全集》,河南人民出版社 2001 年版。
42. 傅璇琮:《唐代诗人丛考》,中华书局 1980 年版。
43. 葛兆光:《中国思想史》,复旦大学出版社 2005 年版。
44. 广东省中山市孙中山研究学会编:《孙中山文集》,团结出版社 1997 年版。
45. 郭沫若主编、胡厚宣总编辑:《甲骨文合集》,中华书局 1979—1982 年版。
46. 郭胜强:《韩氏的源流和相州韩氏》,中国社会科学出版社 2019 年版。
47. 郭树伟:《独孤及研究》,中州古籍出版社 2011 年版。
48. 郭预衡:《中国散文史》,上海古籍出版社 2011 年版。
49. 韩国磐:《隋唐五代史纲》,人民出版社 1979 年版。
50. 韩巍:《黄土与青铜——先秦的物质文明》,北京大学出版社 2009 年版。
51. "河南出土商周青铜器"编辑组:《河南出土商周青铜器》第 1 册,文物出版社 1981 年版。
52. 河南省地方史志编纂委员会编纂:《河南省志》第三卷,河南人民出版社 1994 年版。
53. 贺宝石、康靖:《康百万家族与庄园》,大连出版社 2004 年版。
54. 胡戟、张弓、李斌城等:《二十世纪唐研究》,中国社会科学出版社 2002 年版。
55. 胡戟:《武则天本传》,三秦出版社 1986 年版。
56. 胡适:《白话文学史》,上海新月书店 1928 年版。
57. 淮建利等:《许衡集》,中州古籍出版社 2009 年版。
58. 黄宽重:《宋代的家族与社会》,国家图书馆出版社 2009 年版。
59. 黄明兰:《洛阳北魏世俗石刻线画集》,人民美术出版社 1987 年版。
60. 贾先文:《农村宗族与农村社区建设研究》,经济科学出版社 2018 年版。
61. 金滢坤:《中晚唐五代科举与社会变迁》,人民出版社 2009 年版。
62. 凯祥编著:《中国家族文化》,百花洲文艺出版社 2009 年版。
63. 李斌城:《唐代文化》(全三册),中国社会科学出版社 2002 年版。
64. 李浩:《唐代关中士族与文学》,中国社会科学出版社 2003 年版。
65. 李浩:《唐代三大地域文学士族研究》,中华书局 2002 年版。

66. 李时灿:《中州先哲传》,民国二十四年(1935)经川图书馆校刊本。
67. 李玉洁著:《女革命家刘马青霞评传》,科学出版社 2012 年版。
68. 李振刚、郑贞富:《洛阳通史》,中州古籍出版社 2001 年版。
69. 辽海引年集编纂委员会主编:《辽海引年集》,和记印书馆 1947 年版。
70. 林耀华主编:《原始社会史》,中华书局 1984 年版。
71. 刘玉娥:《〈诗经〉与周代社会》,内蒙古大学出版社 2006 年版。
72. 柳春新:《汉末晋初之际政治研究》,岳麓书社 2006 年版。
73. 卢云:《汉晋文化地理》,陕西人民教育出版社 1991 年版。
74. 逯钦立辑校:《先秦汉魏晋南北朝诗》,中华书局 1983 年版。
75. 罗新、叶炜:《新出魏晋南北朝墓志疏证》,中华书局 2005 年版。
76. 罗振玉:《三代吉金文存》,中华书局 1983 年版。
77. 吕何生编著:《安阳名人传》,中州古籍出版社 1993 年版。
78. 吕思勉:《秦汉史》,译林出版社 2016 年版。
79. 吕思勉:《先秦史》,天津社会科学院出版社 2016 年版。
80. 马宝记:《两汉颍川太守研究》,人民出版社 2017 年版。
81. 马吉樟、马吉森编:《马中丞遗集》,文海出版社有限公司 1970 年版。
82. 马世之:《中原古国历史与文化》,大象出版社 1998 年版。
83. 马正林:《宋运河论述》,载唐宋运河考察队编:《运河访古》,上海人民出版社 1986 年版。
84. 毛德富主编:《百年记忆:河南文史资料大系・社会生活卷》,中州古籍出版社 2014 年版。
85. 毛葛编著:《巩义三庄园》,清华大学出版社 2013 年版。
86. 毛汉光:《两晋南北朝士族政治之研究》,中国学术著作奖助委员会 1966 年版。
87. 毛汉光:《中国中古社会史论》,上海书店出版社 2002 年版。
88. 蒙思明:《魏晋南北朝的社会》,上海人民出版社 2007 年版。
89. 孟庆祥:《战国策译注》,黑龙江人民出版社 1986 年版。
90. 钱杭:《宗族的世系学研究》,复旦大学出版社 2011 年版。
91. 钱穆:《中国学术思想史论丛》,台湾东大图书有限公司 1993 年版。
92. 乔象钟、陈铁民:《唐代文学史》,人民文学出版社 1995 年版。

93. 秦燕、胡红安:《清代以来的陕北宗族与社会变迁》,西北工业大学出版社2014年版。
94. 瞿同祖:《清代地方政府》,法律出版社2003年版。
95. 任克礼、葛纪谦、王兴亚:《中州名人传略》,中州古籍出版社1999年版。
96. 阎爱民:《汉晋家族研究》,上海人民出版社2005年版。
97. 商衍鎏:《清代科举考试述录》,故宫出版社2014年版。
98. 上海书画出版社、华东师范大学古籍整理研究室编:《历代书法论文选》,上海书画出版社1979年版。
99. 申红星:《明清以来的豫北宗族与地方社会》,光明日报出版社2019年版。
100. 史凤仪:《中国古代的家族与身份》,社会科学文献出版社1999年版。
101. 宋国祯、周显才:《中华望族——荥阳郑氏》,中州古籍出版社1990年版。
102. 苏绍兴:《两晋南朝的士族》,联经出版事业公司1987年版。
103. 孙学敏、周修亭:《康百万庄园兴盛四百年的奥秘》,河南人民出版社2007年版。
104. 太平天国历史博物馆编:《太平天国史资料丛编简辑》,中华书局1962年版。
105. 唐力行:《徽州宗族社会》,安徽人民出版社2005年版。
106. 唐宋运河考察队主编:《运河访古》,上海人民出版社1986年版。
107. 唐长孺:《九品中正制度试释》,《魏晋南北朝史论丛》,生活·读书·新知三联书店1955年版。
108. 唐长孺:《汪钱隋唐史论稿》,中国社会科学出版社1981年版。
109. 唐长孺:《魏晋南北朝史论拾遗》,中华书局1983年、2011年版。
110. 唐长孺:《魏晋南北朝隋唐史三论》,武汉大学出版社1992年版。
111. 田昌五、臧知非:《周秦社会结构研究》,西北大学出版社1996年版。
112. 田昌五:《华夏文明的起源》,中国书籍出版社2015年版。
113. 田成方:《东周时期楚国宗族研究》,科学出版社2016年版。
114. 田廷柱:《隋唐士族》,三秦出版社1990年版。
115. 田余庆:《东晋门阀仕宦》,北京大学出版社2012年版。
116. 童书业:《春秋左传研究》,上海人民出版社1980年版。
117. 王碧蓉:《百年袁家:袁世凯及杨氏夫人后裔百年家族史》,广西师范大学出版社 2013 年版。
118. 王东洋:《魏晋南北朝考课制度研究》,社会科学文献出版社 2009 年版。
119. 王贵民:《先秦文化史》,上海人民出版社、上海书店出版社 2013 年版。
120. 王国维:《殷周制度论》,《观堂集林》卷十,中华书局 1959 年版。
121. 王磊编著:《两宋大家族的登场与谢幕》,中国发展出版社 2008 年版。
122. 王力平:《中古杜氏家族的变迁》,商务印书馆 2006 年版。
123. 王人恩编著:《古代家训精华》,甘肃教育出版社 2012 年版。
124. 王蕊:《齐鲁家族聚落与文化变迁》,齐鲁书社 2008 年版。
125. 王善军:《宋代宗族和宗族制度研究》,人民出版社 2018 年版。
126. 王树林主编:《中国文化世家・中州卷》,湖北教育出版社 2004 年版。
127. 王天奖、李绍连主编:《中州文化》,河北教育出版社 2010 年版。
128. 王晓毅:《中国文化的清流》,中国社会科学出版社 1991 年版。
129. 王鑫义:《淮河流域经济开发史》,黄山书社 2001 年版。
130. 王兴亚等:《清代河南碑刻资料》,商务印书馆 2016 年版。
131. 王伊同:《五朝门第》,中华书局 2006 年版。
132. 王永平:《六朝江东世家大族之家风家学研究》,江苏古籍出版社 2003 年版。
133. 王振和、李春晓编著:《走进康百万庄园》,学苑出版社 2007 年版。
134. 卫惠林:《社会人类学》,台湾商务印书馆,1982 年版。
135. 中国人民政治协商会议尉氏县委员会文史资料委员会编印:《尉氏文史资料》第 2 辑(刘青霞女士史料专辑),1987 年。
136. 魏峰:《宋代迁徙官僚家族研究》,上海古籍出版社 2009 年版。
137. 闻一多:《唐诗杂论》,中华书局 2009 年版。
138. 巫鸿主编:《汉唐之间的视觉文化与物质文化》,文物出版社 2003 年版。
139. 巫鸿主编:《汉唐之间的宗教艺术与考古》,文物出版社 2000 年版。
140. 吴长翼主编:《八十三天皇帝梦》,文史资料出版社 1985 年版。
141. 吴宗国:《唐代科举制度研究》,辽宁大学出版社 1992 年版。
142. 夏炎:《中古世家大族——清河崔氏研究》,天津古籍出版社 2004 年版。
143. 项城市政协编:《百年家族:项城袁氏家族资料汇辑》,河南大学出版社 2012 年版。

144. 项城市政协编:《项城文史资料·项城姓氏》(总第22辑),中国人民政治协商会议项城市委员会2011年版。
145. 谢维扬:《周代家庭形态》,黑龙江人民出版社2005年版。
146. 徐扬杰:《中国家族制度史》,人民出版社1992年版。
147. 徐扬杰:《中国宗族制度史》,武汉大学出版社2012年版。
148. 徐震堮:《世说新语校笺》,中华书局1984年版。
149. 徐宗元:《帝王世纪辑存》,中华书局1964年版。
150. 薛安勤、王连生注译:《国语译注》,吉林文史出版社1991年版。
151. 阎爱民:《凑聚之道:古代的家族与社会群体》,天津古籍出版社2012年版。
152. 阎爱民:《汉晋家族研究》,上海人民出版社2005年版。
153. 阎爱民:《宗族》,长春出版社2016年版。
154. 杨伯峻:《春秋左传注(修订本)》,中华书局2009年版。
155. 杨春富主编:《马氏庄园》,安阳县文化局2007年版。
156. 杨东晨:《秦汉区域文化新论》,三秦出版社2014年版。
157. 杨复竣:《中国文化之根——中国本源文化伏羲文化·中国姓氏史》,上海大学出版社2010年版。
158. 杨宽:《西周史》,上海人民出版社2003年版。
159. 杨联陞:《东汉的豪族》,商务印书馆2011年版。
160. 伊沛霞:《早期中华帝国的贵族家庭——博陵崔氏个案研究》,上海古籍出版社2011年版。
161. 尹建东:《两汉魏晋南北朝时期关东豪族研究》,四川大学出版社2007年版。
162. 尹全海、余纪珍、乔清忠编:《中原与闽台渊源关系研究三十年(1981—2011)》,九州出版社2012年版。
163. 袁行霈:《中国文学史》,高等教育出版社1999年版。
164. 袁克文:《辛丙秘苑》(民国史料笔记丛刊),上海书店出版社2000年版。
165. 张程:《权力家族——中国历史上的权力世家》,崇文书局2009年版。
166. 张光直:《青铜挥麈》,上海文艺出版社2000年版。
167. 张家泰、左满常主编,河南大学古建园林设计研究院编:《中国营造学研究》第2、3辑,河南大学出版社2012年版。

168. 张杰:《清代科举家族》,社会科学文献出版社2003年版。
169. 张锡厚:《王梵志诗校辑》,中华书局1983年版。
170. 张应桥:《隋唐荥阳郑氏家族墓志疏证》,中州古籍出版社2018年版。
171. 张枬、王忍之编:《辛亥革命前十年间时论选辑》,生活·读书·新知三联书店1960年版。
172. 张政烺:《中国古代职官大辞典》,河南人民出版社1990年版。
173. 章开沅:《章开沅文集》,华中师范大学出版社2015年版。
174. 章培恒、骆玉明主编:《中国文学史》(中卷),复旦大学出版社1996年版。
175. 赵超:《新唐书宰相世系表集校》,中华书局1998年版。
176. 赵金钟:《霞散成绮——冯友兰家族文化史》,长江文艺出版社2000年版。
177. 赵沛:《两汉宗族研究》,山东大学出版社2002年版。
178. 郑州市文物考古研究所编著:《郑州大河村》(上),科学出版社2001年版。
179. 中国历史大辞典编写组:《中国历史大辞典》,上海辞书出版社2000年版。
180. 中国人民政治协商会议河南省安阳县委员会文史资料委员会编:《安阳县文史资料》第9辑,1999年。
181. 中国人民政治协商会议天津市塘沽区委员会文史研究委员会编:《塘沽文史资料辑》第2辑,1988年。
182. 中国社会科学院考古研究所、河南省文物考古研究所编著:《灵宝西坡墓地》,文物出版社2010年版。
183. 中国社会科学院文学研究所编:《中国文学史(二)》,人民文学出版社1982年版。
184. 中国唐史学会主编:《唐史学会论文集》,陕西人民出版社1986年版。
185. 周绍良主编:《全唐文新编》,吉林文史出版社2000年版。
186. 周绍良主编:《唐代墓志汇编》,上海古籍出版社1992年版。
187. 周绍良主编:《唐代墓志汇编续集》,上海古籍出版社2001年版。
188. 周振鹤:《中国历史文化区域研究》,复旦大学出版社2007年版。
189. 周祖譔:《隋唐五代文学史》,福建人民出版社1958年版。
190. 周祖譔主编:《中国文学家大辞典·唐五代卷》,中华书局1992年版。
191. 朱凤瀚:《商周家族形态研究》,天津古籍出版社2004年版。
192. 朱继栋、曹长春主编:《汉兴史论选编》,中华诗词出版社2006年版。

## 四、外籍学者论著

1. [德]恩格斯:《家庭、私有制和国家起源》,《马克思恩格斯选集》第 4 卷,人民出版社 1972 年版。

2. [德]马克思:《摩尔根〈古代社会〉一书摘要》,人民出版社 1965 年版。

3. [德]马克斯·韦伯著,洪天富译:《儒教与道教》,江苏人民出版社 1995 年版。

4. [法]安德烈·比尔基埃等主编:《家庭史》,生活·读书·新知三联书店 1998 年版。

5. [美]柏文莉著,刘云军译:《权力关系:宋代中国的家族、地位与国家》,江苏人民出版社 2015 年版。

6. [美]杜赞奇著,王福明译:《文化、权力和国家:1900—1942 年的华北农村》,江苏人民出版社 1992 年版。

7. [美]姜世彬(David G. Johnson):《世家大族的没落——唐末宋初的赵郡李氏》,载芮沃寿、杜希德等著,陶晋生等译:《唐史论文选集》,幼狮文化事业公司 1990 年版。

8. [美]摩尔根:《古代社会》,商务印书馆 1977 年版。

9. [美]谭凯(Nkolas Tackett)著,胡耀飞、谢宇荣译,孙英刚审校:《中古中国门阀大族的消亡》,社会科学文献出版社 2017 年版。

10. [日]池泽滋子:《吴越钱氏文人群体研究》,上海人民出版社 2006 年版。

11. [日]宫崎市定著,韩昇、刘建英译:《九品官人法研究——科举前史》,中华书局 2008 年版。

12. [日]井上徹著,钱杭译:《中国的宗族与国家礼制:从宗法主义角度所作的分析》,上海书店出版社 2008 年版。

13. [日]内田泉之助著,徐东琴译:《中国文学史》,东京明治书院 1959 年版。

14. [日]神田喜一郎著,徐公持译:《敦煌学五十年·敦煌学近况(二)》,东京二玄社 1960 年版。

15. [日]矢野主税:《张氏研究稿——张良家の历史》,长崎大学学芸学部《社会科学论丛》1955 年第 5 期。

16. [英]崔瑞德:《剑桥中国隋唐史(589—960)》,中国社会科学出版社 1990 年版。

## 五、国内学者论文

1. 亳州市博物馆:《安徽亳州市发现一座曹操宗族墓》,《考古》1988 年第 1 期。

2. 安徽省亳县博物馆:《亳县曹操宗族墓葬》,《文物》1978 年第 8 期。

3. 安群:《十年来国内门阀士族研究综述》,《中国史研究动态》1990 年第 2 期。

4. 安阳县文教局:《河南安阳县清理一座北齐墓》,《考古》1973 年第 2 期。

5. 安阳县文教卫生管理站:《河南安阳县发现一座北齐墓》,《考古》1972 年第 1 期。

6. 柏红秀:《盛唐音乐文化与元德秀的歌辞创作及其贡献》,《江苏社会科学》2019 年第 4 期。

7. 卞孝萱、乔长阜:《王建的生平和创作》,《贵州大学学报(社会科学版)》1987 年第 3 期。

8. 曹社松、焦建辉、刘洵:《龙门古阳洞杨大眼龛雕凿年代考察》,《中原文物》2016 年第 2 期。

9. 曹汛:《北魏宁想石室新考订》,载王贵祥主编:《中国建筑史论汇刊》第 4 辑,清华大学出版社 2011 年版。

10. 陈建军、王莉萍、余冰:《北魏洛阳永宁寺塔基遗址新出土的彩绘泥塑造像》,《文物天地》2018 年第 10 期。

11. 陈建魁:《两汉世家大族兴衰规律探析》,《中州学刊》2019 年第 11 期。

12. 陈爽:《近 20 年中国大陆地区六朝士族研究概观》,《中国史学》2001 年第 11 卷。

13. 陈爽:《垒壁与交集:中古士族研究中的历史人类学借鉴》,《史学月刊》2019 年第 3 期。

14. 陈爽:《世家大族与北朝政治》,北京大学 1995 年博士学位论文。

15. 陈习刚:《陈元光研究述略》,载杨崇汇主编:《河洛文化与闽南文化》,河南人民出版社 2014 年版。

16. 陈习刚:《后晋重臣桑维翰论析》,《中州学刊》2003 年第 4 期。

17. 陈习刚:《论武则天时期关津的职能及其兴废》,《中州学刊》2007 年第 5 期。

18. 陈习刚:《隋唐五代河洛文学成就述略》,载陈义初主编,河南省河洛文化研究中心编:《根在河洛——第四届河洛文化国际研讨会论文集》,大象出版社

2004 年版。
19. 陈习刚:《唐五代时期的固始》,载张新斌、金平、崔振俭主编:《固始与闽台渊源关系研究》(中国河洛文化研究会等主办的“固始与闽台渊源关系研讨会”论文集),人民出版社 2009 年版。
20. 陈习刚:《唐五代时期的许州与忠武军》,《唐都学刊》2007 年第 4 期。
21. 陈习刚:《赵犨兄弟与唐末陈州》,《唐都学刊》2006 年第 1 期。
22. 陈雁:《东汉魏晋时期颍汝、南阳地区的私学与游学》,《文史哲》2000 年第 1 期。
23. 陈耀东、陈思群:《干宝籍贯考》,《嘉兴学院学报》2005 年第 2 期。
24. 陈长琦:《魏晋九品官人法再探讨》,《历史研究》1995 年第 6 期。
25. 陈长琦:《魏晋南朝的资品与官品》,《历史研究》1990 年第 6 期。
26. 陈长文:《明代宗科进士辑考》,《鲁东大学学报(哲学社会科学版)》2009 年第 3 期。
27. 程刚:《北魏初至北周中的司马楚之家族兴替》,《中南大学学报(社会科学版)》2014 年第 3 期。
28. 程伟:《清代河南进士地理分布特征及其成因》,《教育评论》2014 年第 8 期。
29. 程应镠:《四世纪初至五世纪末中国北方坞壁略论》,《上海师范大学学报(哲学社会科学版)》1979 年第 1 期。
30. 仇鹿鸣:《魏晋之际的政治权力与家族网络》,复旦大学 2008 年博士学位论文。
31. 仇鹿鸣:《士族研究中的问题与主义——以〈早期中华帝国的贵族家庭——博陵崔氏个案研究〉为中心》,《中华文史论丛》2013 年第 4 期。
32. 仇鹿鸣:《制作郡望:中古南阳张氏的形成》,《历史研究》2016 年第 3 期。
33. 崔建英:《中古士族简论——基于数理统计方法》,《统计与管理》2014 年第 2 期。
34. 董超:《唐代吕温家族与文学》,西北大学 2007 年硕士学位论文。
35. 杜培响:《明清之际新安吕氏家族及文学研究》,福建师范大学 2012 年博士学位论文。
36. 范沛潍:《周王与明代开封》,《史学月刊》1994 年第 4 期。
37. 方芳:《清代科举家族地理分布的特点及原因》,《济南大学学报(社会科学版)》2009 年第 5 期。
38. 房锐:《〈花间集〉编者赵崇祚考略》,《中华文化论坛》2015 年第 2 期。
39. 冯尔康:《清代宗族制的特点》,《社会科学战线》1990 年第 3 期。
40. 付开镜:《曹操父子与司马懿之关系及历史走向的黑暗化》,《理论月刊》2018 年第 10 期。
41. 付开镜:《司马懿父子的卑劣人格:晋王朝松软的立国根基》,《许昌学院学报》2005 年第 6 期。
42. 傅山泉:《两世明藩潞王的生活环境及思想差异》,《河南师范大学学报(哲学社会科学版)》1997 年第 6 期。
43. 傅山泉:《论二世潞王朱常涝的文化成就及其影响》,《新乡师范高等专科学校学报》2001 年第 4 期。
44. 高光晶:《商代的王位继承与宗法制》,《湖南师范大学社会科学学报》1992 年第 1 期。
45. 高敏:《北魏"宗主督护"制始行时间试探——兼论"宗主督护"制的社会影响》,《广州大学学报(社会科学版)》2002 年第 1 期。
46. 高敏:《李延寿与〈南北史〉》,《学习与探索》2000 年第 2 期。
47. 高敏:《论李延寿〈南、北史〉的规律性删削失当》,《史学史研究》2002 年第 2 期。
48. 高树印:《从古豫商精神看新豫商文化》,《协商论坛》2007 年第 8 期。
49. 高贤栋:《〈魏书·李冲传〉"旧无三长,唯立宗主督护"辨析》,载中国魏晋南北朝史学会、武汉大学中国三至九世纪研究所编:《魏晋南北朝史研究:回顾与探索——中国魏晋南北朝史学会第九届年会论文集》,湖北教育出版社 2009 年版。
50. 高星斗、许文秀:《旷世的人才群落　功业彪炳千秋——评曹操家族及其对中华民族历史的贡献》,《滁州学院学报》2013 年第 6 期。
51. 顾景云、张丽华:《精思味古　锐意创新——钟繇书法艺术探源》,《文艺生活(艺术中国)》2011 年第 6 期。
52. 顾凯:《论庾氏家族与东晋政治》,华中师范大学 2013 年博士学位论文。
53. 顾乃武、冯华:《北朝山东四大士族家风的地域文化特点及影响——门阀士族兴衰的地域文化因素之个案考察》,《学理论》2010 年第 20 期。

54. 郭峰:《隋唐五代运河演变与开封城市发展互动关系研究》,陕西师范大学2007年硕士学位论文。
55. 郭建邦:《北魏宁懋石室和墓志》,《中原文物》1980年第2期。
56. 郭运功:《唐代科举考试中的山东名门望族》,曲阜师范大学2009年硕士学位论文。
57. 韩红英:《马丕瑶家庭教育研究》,河南大学2016年硕士学位论文。
58. 韩昇:《魏晋隋唐的坞壁和村》,《厦门大学学报(哲学社会科学版)》1997年第2期。
59. 郝家兴:《略论北魏孝文帝改革对鲜卑族的影响》,《才智》2018年第28期。
60. 郝松枝:《全盘汉化与北魏王朝的速亡——北魏孝文帝改革的经验与教训》,《陕西师范大学学报(哲学社会科学版)》2003年第1期。
61. 何德章:《北魏孝文帝朝的改革》,《文汇报》2017年4月7日。
62. 何柳:《论冯氏家族文化对冯友兰的影响》,《商丘师范学院学报》2015年第4期。
63. 何青春:《三曹对中国诗体的贡献》,河南师范大学2011年硕士学位论文。
64. 何兆泉:《宋代宗室研究》,浙江大学2004年博士学位论文。
65. 何忠盛:《魏晋南北朝世家大族对子弟文学才能的培养和揄扬》,《绵阳师范学院学报》2002年第6期。
66. 贺西林:《北朝画像石葬具的发现与研究》,巫鸿主编:《汉唐之间的视觉文化与物质文化》,文物出版社2003年版。
67. 洪卫中:《魏晋政权的演变与颍川地区士族及人才的发展——兼论九品中正制的影响》,《江汉论坛》2016年第10期。
68. 侯东菊:《晚明书家对钟繇楷书的崇尚》,《文史杂志》2015年第4期。
69. 胡宝国:《汉晋之际的汝颍名士》,《历史研究》1991年第5期。
70. 胡宝国:《魏西晋时代的九品中正制》,《北京大学学报(哲学社会科学版)》1987年第1期。
71. 胡适:《白话诗人王梵志》,《现代评论》1927年第6期。
72. 胡思佳:《清代豫商康百万》,郑州大学2012年硕士学位论文。
73. 黄明兰:《出土墓志与明藩洛阳王(下)》,《河洛春秋》2002年第1期。
74. 黄明兰:《从洛阳出土北魏石棺和石棺床看世俗艺术中的石刻线画》,《中原文物》1984 年第 1 期。
75. 黄明兰:《洛阳北魏画象石棺》,《考古》1980 年第 3 期。
76. 黄明兰:《洛阳北魏元邵墓》,《考古》1973 年第 4 期。
77. 黄细平:《北魏政权中的汉族士大夫研究》,湖北大学 2013 年硕士学位论文。
78. 贾涛:《从北宋地理志看荆浩里籍归属》,《美术》2014 年第 1 期。
79. 焦琳:《帝后礼佛图研究》,中央美术学院 2015 年博士学位论文。
80. 晋文:《阮咸的家族与家庭》,《许昌学院学报》2016 年第 1 期。
81. 靳喜来:《颍川三钟》,《开封教育学院学报》1997 年第 3 期。
82. 景红艳、刘冬妮:《论虢国家族的政治品质和文化精神》,《山西师大学报(社会科学版)》2018 年第 6 期。
83. 景有泉:《近年来九品中正制研究综述》,《中国史研究动态》1999 年第 8 期。
84. 孔祥军、李朱平:《荥阳郑氏与北魏政治》,《兰台世界》2010 年第 3 期。
85. 李炳勋、杨树:《中国诗歌学上的第一座丰碑——评钟嵘的诗歌理论》,《福建学刊》1988 年第 5 期。
86. 李德方:《伊洛地区新石器时代薄葬习俗述考》,《黄河科技大学学报》2010 年第 2 期。
87. 李东岳:《五代中原王朝绘画后世评价变迁研究》,河南大学 2016 年硕士学位论文。
88. 李光霁:《简论山东旧士族》,载中国唐史学会编:《唐史学会论文集》,陕西人民出版社 1986 年版。
89. 李花宇、刘爽:《魏武帝曹操的历史影响及功过评说》,《内蒙古农业大学学报(社会科学版)》2011 年第 5 期。
90. 李建华:《唐代山东士族与文学》,南京师范大学 2007 年博士学位论文。
91. 李剑国:《干宝考》,《文学遗产》2001 年第 2 期。
92. 李俊恒:《曹操用人之道与曹魏“九品官人法”的关系》,《南都学坛》2008 年第 4 期。
93. 李力:《北魏洛阳永宁寺塔塑像的艺术与时代特征》,载巫鸿主编:《汉唐之间的宗教艺术与考古》,文物出版社 2000 年版。
94. 李丽莉、刘晨:《试论汉魏两晋时期颍川荀氏家族的文化贡献》,《漯河职业技术学院学报》2012 年第 6 期。

95. 李凭:《论北魏宗主督护制》,《晋阳学刊》1986 年第 1 期。
96. 李泉:《东汉官吏籍贯分布之研究》,载《秦汉史论丛》(第 5 辑),法律出版社 1992 年版。
97. 李献奇、张钦波:《明福王朱常洵圹志》,《中原文物》1987 年第 3 期。
98. 李祥俊:《"钟繇三体"视阈下的晋唐行书演进态势》,《衡水学院学报》2016 年第 2 期。
99. 李炎:《明代南阳城与唐王府初探》,《华中建筑》2010 年第 5 期。
100. 李艳:《从文献学角度看唐李延寿之〈南北史〉》,《宁德师范学院学报(哲学社会科学版)》2019 年第 4 期。
101. 李毅婷:《20 世纪以来九品中正制研究综述》,《中国史研究动态》2011 年第 1 期。
102. 李音翰:《宋代宗室婚姻若干问题考略》,华东师范大学 2015 年硕士学位论文。
103. 廉朴:《踏寻安阳马氏家族的辉煌历史》,《寻根》2010 年第 2 期。
104. 梁中效:《三曹与洛阳述论》,《湖北文理学院学报》2017 年第 10 期。
105. 刘斐:《豫商精神与晋商、徽商之比较》,《读书》2010 年第 9 期。
106. 刘华祝:《试论两汉豪强地主坞壁》,《历史研究》1985 年第 5 期。
107. 刘节:《曹操对于改造社会制度方面的贡献》,《中山大学学报(社会科学版)》1959 年第 3 期。
108. 刘静夫:《颍川荀氏研究——魏晋南北朝士族门阀个案研究之一》,《南充师专学报》1987 年第 3 期。
109. 刘军:《北魏于神恩墓志所见鲜卑勋臣于氏家族之盛衰——基于阀阅流品视角的考察》,《常州大学学报(社会科学版)》2019 年第 5 期。
110. 刘溶:《我国古代卓越的文学理论家——钟嵘》,《南都学坛》1987 年第 1 期。
111. 刘仕慧:《浅议汉末三国两晋南北朝时期宗族与家庭的关系》,《电子科技大学学报(社科版)》2003 年第 1 期。
112. 刘顺安、欧阳春:《从郑虔撰文墓志探郑氏家族根源》,《史学月刊》1994 年第 6 期。
113. 刘太祥:《南阳汉文化的特色及形成原因》,《南都学坛》1997 年第 2 期。

114. 刘希为:《隋开通济渠与汴水改流考辨》,《徐州师范学院学报》1985 年第 4 期。
115. 刘啸:《论汉末名士到魏晋士族的复杂历程——以汉末颍川荀、陈、钟三家为中心》,《许昌学院学报》2005 年第 6 期。
116. 刘心健:《从唐代墓志谈郑氏家族》,《中原文物》1994 年第 2 期。
117. 刘增贵:《汉魏士人同乡关系考论》,载《台湾学者中国史研究论丛·社会变迁卷》,中国大百科全书出版社 2005 年版。
118. 柳春新:《曹操霸府述论》,《史学月刊》2002 年第 8 期。
119. 柳春新:《曹操政权中的谯沛集团与颍川集团》,《魏晋南北朝隋唐史资料》,2001 年第 00 期。
120. 鲁庆中:《阮咸:一个才情卓异、行为骇俗的魏晋风度的个案》,《殷都学刊》2009 年第 2 期。
121. 洛阳博物馆:《河南洛阳北魏元乂墓调查》,《文物》1974 年第 12 期。
122. 洛阳市第二文物工作队:《富弼家族墓地发掘简报》,《中原文物》2008 年第 6 期。
123. 骆晓倩:《两宋宗室文学研究》,四川大学 2007 年博士学位论文。
124. 马晓妮:《佛教背景下的王梵志诗歌》,《社会科学论坛》2010 年第 1 期。
125. 毛汉光:《从士族籍贯迁移看唐代士族之中央化》,载《中国中古社会史论》,上海书店出版社 2002 年版。
126. 毛汉光:《唐代大士族的进士第》,载《中国中古社会史论》,上海书店出版社 2002 年版。
127. 毛汉光:《中古山东大族著房之研究》,载《中国中古社会史论》,上海书店出版社 2002 年版。
128. 毛婷:《从〈东观余论〉看黄伯思对钟繇传统的接受》,《书法》2015 年第 12 期。
129. 孟繁冶:《颍川谋士群体与曹操政权》,《郑州大学学报(哲学社会科学版)》1994 年第 6 期。
130. 孟繁冶、李昱皎:《试论汉魏时期颍川士风的时代特征》,《郑州大学学报(哲学社会科学版)》1997 年第 4 期。
131. 孟国栋:《再论〈唐诗类选后序〉的撰作时间》,《学术界》2015 年第 11 期。

132. 孟祥娟:《汉末迄魏晋之际文学家族述论》,吉林大学 2005 年硕士学位论文。
133. 牛贵琥:《南朝世家大族衰亡论》,《山西大学学报(哲学社会科学版)》1994 年第 4 期。
134. 彭超:《北魏勋臣八姓家族文化演变考》,《古籍整理研究学刊》2016 年第 5 期。
135. 齐文榜:《百年爬梳　百年开掘——〈王梵志诗集〉散佚整理与辑集研究回眸》,《汉语言文学研究》2010 年 2 期。
136. 钱国祥:《北魏洛阳永宁寺塑像的初步研究》,《中原文物》2005 年第 1 期。
137. 秦草:《书法家的政治谋略——钟繇经略关中》,《唐都学刊》2012 年第 1 期。
138. 裘锡圭:《关于商代的宗族组织与贵族和平民两个阶级的初步研究》,《文史》第 17 辑,中华书局 1983 年版。
139. 任群英:《汝颍名士论争的深层蕴含》,《许昌学院学报》2005 年第 3 期。
140. 任玮:《南北朝时期河南省的姓氏分布与世家大族》,《殷都学刊》2011 年第 2 期。
141. 任义玲:《明代南阳的唐藩及相关问题》,《中州今古》2004 年第 4 期。
142. 任颖卮:《北朝时期荥阳郑氏宗室婚姻的特征与影响》,《齐鲁学刊》2012 年第 4 期。
143. 舒乙:《隋唐大运河:地下的辉煌》,《瞭望》2008 年第 3 期。
144. 容建新:《80 年代以来魏晋南北朝大族个案研究综述》,《中国史研究动态》1996 年第 4 期。
145. 少目、程壮丽、吕建明:《北魏永宁寺出土的泥塑像》,《上海文博论丛》2013 年第 3 期。
146. 沈天鹰:《曾经辉煌终遗珍——北魏永宁寺及其泥塑造像艺术》,《文博》2004 年第 6 期。
147. 石振平:《汉末魏晋时期颍川荀氏家族文化述论》,《凯里学院学报》2011 年第 1 期。
148. 司恒斌:《明代河南宗藩与地方社会》,福建师范大学 2012 年硕士学位论文。

149. 宋国桢:《郑氏祖地荥阳》,《寻根》2004 年第 3 期。
150. 宋杰:《从邺城到许、洛——曹魏军事重心区域的转移》,《许昌学院学报》2017 年第 6 期。
151. 苏晋予:《河南藩府甲天下——明代河南藩王述论之一》,《史学月刊》1991 年第 5 期。
152. 孙国栋:《唐宋之际社会门第之消融——唐宋之际社会转变研究之一》,载《唐宋史论丛》,上海古籍出版社 2010 年版。
153. 孙红梅:《新安吕氏家族及其藏石考略》,《中原文物》1998 年第 3 期。
154. 孙燕京:《晚清知识层的差异及士人的边缘化》,《史学理论研究》2006 年第 3 期。
155. 孙章峰:《形神兼备　风采依然——北魏永宁寺泥塑作品赏析》,《中原文物》2000 年第 4 期。
156. 唐凌:《一位不容忽视的洋务思想家——马丕瑶》,《广西师范大学学报(哲学社会科学版)》1988 年第 3 期。
157. 唐长孺:《九品中正制度试释》,载《魏晋南北朝史论丛》,生活·读书·新知三联书店 1955 年版。
158. 唐长孺:《魏晋南朝的君父先后论》,载《魏晋南北朝史论拾遗》,中华书局 2011 年版。
159. 田廷柱:《关于唐代门阀士族势力消长问题的考察》,载中国唐史学会编:《唐史学会论文集》,陕西人民出版社 1986 年版。
160. 万绳楠:《曹魏政治派别的分野及其升降》,《历史教学》1964 年第 1 期。
161. 王车、陈徐:《洛阳北魏元乂墓的星象图》,《文物》1974 年第 12 期。
162. 王春芳:《汉晋之际汝颍人物的流布及作用》,安徽大学 2001 年硕士学位论文。
163. 王大良:《南朝新兴世族:南阳新野庾氏研究——南阳古代家族史系列研究之四》,《南都学坛》1993 年第 4 期。
164. 王大胜:《汉晋时期的颍川士人集团》,《许昌师专学报》1996 年第 1 期。
165. 王莉娜:《汉晋时期颍川荀氏研究》,上海师范大学 2013 年博士学位论文。
166. 王善军:《比较视野下唐宋官宦世家的个案与群体研究》,《史学月刊》2019 年第 3 期。

167. 王善军:《唐代高门士族入宋后裔考略》,《社会科学》2015 年第 8 期。
168. 王晟:《明代开封周王府》,《河南大学学报(社会科学版)》1986 年第 1 期。
169. 王晓毅:《钟会——名法世家向玄学转化的典型》,《中国史研究》1997 年第 2 期。
170. 王新利:《郑道昭其人其事述略》,《鸡西大学学报》2014 年第 4 期。
171. 王星光、王长春:《郑氏文化研究的丰硕成果——〈荥阳郑氏研究丛书〉评价》,《中州今古》1997 年第 1 期。
172. 王永宽:《明末至清代新安吕氏家族世系与支派考略》,《中州学刊》2012 年第 1 期。
173. 王永平:《论曹操的政治举措、文化品格及其历史影响》,《江苏科技大学学报(社会科学版)》2010 年第 1 期。
174. 王永平:《论荀彧——兼论曹操与东汉大族的关系》,《扬州大学学报(人文社会科学版)》1997 年第 3 期。
175. 卫绍生:《阮咸著述考论》,《河南师范大学学报(哲学社会科学版)》2010 年第 2 期。
176. 魏美智:《司马懿故里博爱县孝敬村考》,《焦作大学学报》2018 年第 1 期。
177. 吴桂兵:《北朝墓葬壁画星象图与信仰》,《南京大学学报(哲学·人文科学·社会科学版)》2019 年第 6 期。
178. 吴海燕:《魏晋南北朝乡村社会及其变迁研究》,郑州大学 2003 年博士学位论文。
179. 吴江、刘顺安:《〈开封县郑胡铭〉墓志砖考——兼谈荥阳郑氏祖源在开封》,《开封教育学院学报》2013 年第 3 期。
180. 吴孟灏:《曹操家族世系新考》,《史学月刊》2018 年第 8 期。
181. 吴霓:《论魏晋九品中正制与私学的关系》,《华东师范大学学报(教育科学版)》1996 年第 1 期。
182. 吴逸飞:《明清时期家族兴衰与地方社会的整合——以寨卜昌村王氏家族为典型个案》,《中国文化研究》2008 年冬之卷。
183. 吴志远:《从潞王就藩河南看宗藩的危害》,《郑州航空工业管理学院学报(社会科学版)》2009 年第 2 期。
184. 吴宗国:《唐代士族及其衰落》,载中国唐史学会编:《唐史学会论文集》,陕西人民出版社 1986 年版。
185. 武强:《基于空间计量方法的明清时期河南进士地理格局演变分析》,《中国历史地理论丛》2016 年第 3 期。
186. 谢文学:《钟嵘家世考》,《河南师范大学学报(哲学社会科学版)》1991 年第 1 期。
187. 谢文学:《钟嵘家世新证(上)》,《许昌学院学报》2003 年第 3 期。
188. 谢文学:《钟嵘家世新证(下)》,《许昌学院学报》2004 年第 3 期。
189. 谢文学:《钟嵘生年再考及其他》,《许昌师专学报(社会科学版)》1990 年第 1 期。
190. 邢铁:《家学传承与唐宋时期士族的更新》,《中华文史论丛》2012 年第 2 期。
191. 邢学敏:《近年来汉唐之间荥阳郑氏家族研究综述》,《中国史研究动态》2006 年第 3 期。
192. 邢学敏:《世家大族与中古社会——以荥阳郑氏为中心的解读》,南开大学 2006 年博士学位论文。
193. 邢学敏:《隋唐时期的荥阳郑羲房》,《唐史论丛》第十一辑,2009 年。
194. 邢学敏:《隋唐时期荥阳郑氏家族洞林房考述——以墓志为中心》,《中国社会历史评论》2011 年第 1 期。
195. 邢学敏:《唐代士族的"国婚"问题——以山东荥阳郑氏为例》,《广西民族大学学报(哲学社会科学版)》2009 年第 4 期。
196. 徐伯勇:《荥阳郑氏家族散论》,《中原文物》1994 年第 2 期。
197. 徐春燕:《项城袁氏》,《寻根》2009 年第 3 期。
198. 徐津:《美国纳尔逊博物馆藏北魏孝子石棺床围屏图像释读》,《中国国家博物馆馆刊》2019 年第 10 期。
199. 阎文儒:《隋唐汴河考》,载辽海引年集编纂委员会编:《辽海引年集》,和记印书馆 1947 年版。
200. 阎勇、崔天勇:《新发现的北魏郑道昭刻石及相关问题探讨》,《烟台师范学院学报(哲学社会科学版)》2002 年第 2 期。
201. 杨海鲛:《钟繇论》,《美与时代》2012 年第 2 期。
202. 杨泓:《"影塑"和"塔柱"——北朝佛教艺术札记之一》,《美术》1982 年第

2 期。
203. 杨际平、李卿:《李显甫集诸李开李鱼川史事考辨——兼论魏收所谓的太和十年前"唯立宗主督护"》,《厦门大学学报(哲学社会科学版)》2003 年第 3 期。
204. 杨硕:《洛阳地区汉晋及北魏墓葬出土陶俑研究》,郑州大学 2018 年硕士学位论文。
205. 杨望舒:《北魏宁懋石室花木山林研究》,四川美术学院 2018 年硕士学位论文。
206. 杨锡璋:《安阳殷墟西北冈大墓的分期及有关问题》,《中原文物》1981 年第 3 期。
207. 杨晓东:《司马懿崛起之路试析》,《理论月刊》2009 年第 2 期。
208. 杨艳敏:《隋唐荥阳郑氏的衰落问题研究——以房系、仕宦和政风为对象的考察》,河北大学 2016 年硕士学位论文。
209. 杨耀坤:《有关司马懿政变的几个问题》,《四川大学学报(哲学社会科学版)》1985 年第 3 期。
210. 姚诗聪:《唐代荥阳郑氏北祖连山房考述》,《长江文明》2017 年第 2 辑。
211. 姚兆余:《北宋宰辅家族婚姻研究》,山东大学 2001 年博士学位论文。
212. 叶妙娜:《东晋南朝侨姓高门之仕宦——陈郡谢氏个案研究》,《中山大学学报(哲学社会科学版)》1986 年第 3 期。
213. 叶妙娜:《东晋南朝侨姓世族之婚媾——陈郡谢氏个案研究》,《历史研究》1986 年第 3 期。
214. 叶平:《五代墓志所见士族大姓仕宦与婚姻的变迁》,《河南师范大学学报(哲学社会科学版)》2014 年第 5 期。
215. 叶万松:《史前五帝时代中原地区开始进入文明时代》,《黄河科技大学学报》2016 年第 4 期。
216. 尹建东:《两汉魏晋南北朝时期关东豪族研究》,四川大学 2002 年博士学位论文。
217. 应一平:《传统山水画中的设计思想——以荆浩的〈匡庐图〉为例》,《装饰》2014 年第 7 期。
218. 余曼:《论西晋统一政权的封闭性——以河南河北士人政治分野为中心》,

武汉大学2008年硕士学位论文。
219. 余少华:《北魏孝文帝改革述论》,《历史教学问题》2000年第3期。
220. 詹婷:《春秋时期郑国罕氏家族政治世袭考论》,《西安文理学院学报(社会科学版)》2015年第1期。
221. 詹鄞鑫:《商代继统法新探》,《文史哲》2004年第5期。
222. 张碧波:《中华天文星象学在北方民族中的传播与发展——北魏、辽、西夏和吐鲁番天文星象图的比较研究》,《北方文物》2006年第1期。
223. 张从军:《荥阳郑氏与郑道昭生平思想考略》,山东石刻艺术博物馆、中国书法家协会山东分会编:《云峰诸山北朝刻石讨论会论文选集》,齐鲁书社1985年版。
224. 张从军:《郑道昭书法历史地位之浅见》,山东石刻艺术博物馆、中国书法家协会山东分会编:《云峰诸山北朝刻石讨论会论文选集》,齐鲁书社1985年版。
225. 张寸:《荥阳郑氏与魏晋南北朝政治研究》,天津师范大学2016年硕士学位论文。
226. 张丹:《〈左传〉及楚简所见彭氏家族人物考》,《社会科学论坛》2011年第8期。
227. 张华腾:《项城袁氏大家族》,《寻根》2012年第1期。
228. 张辉:《唐河冯友兰文化世家研究》,《商丘师范学院学报》2002年第3期。
229. 张丽萍:《先秦至南北朝家训研究》,西北大学2016年博士学位论文。
230. 张民服、徐晶:《明代河南宗藩浅述》,《商丘师范学院学报》2002年第1期。
231. 张民服:《豫商历史及其贡献概述》,《中州学刊》2007年第3期。
232. 张庆民:《干宝生平事迹新考》,《文学遗产》2009年第5期。
233. 张卫东:《略谈唐代荥阳郑氏的兴衰》,《寻根》2007年第4期。
234. 张卫东:《唐代荥阳郑氏的出仕途径》,《史学月刊》2004年第10期。
235. 张卫东:《唐代荥阳郑氏个案研究》,陕西师范大学2003年硕士学位论文。
236. 张武军:《郑邕墓志铭考——兼论荥阳郑氏祖茔在开封》,《殷都学刊》2010年第4期。
237. 张新朋:《敦煌本〈王梵志诗〉残片考辨五则》,《敦煌学辑刊》2009年第4期。

238. 张旭华:《关于曹魏九品中正制的几个问题》,《郑州大学学报(哲学社会科学版)》1991 年第 3 期。
239. 张旭华:《试论西晋九品中正制的弊病及其作用》,《郑州大学学报》1999 年第 6 期。
240. 张彦霞:《人际网络与士人仕宦——北宋名相韩琦的主要社会关系及其政治影响》,河北大学 2004 年硕士学位论文。
241. 张应桥:《隋唐荥阳郑氏北祖连山房墓志与谱系构建》,《洛阳考古》2017 年第 4 期。
242. 张永刚、杨天荣:《汉魏之际颍川多奇士的原因探究》,《乐山师范学院学报》2006 年第 8 期。
243. 张永刚:《汉晋之际的颍川奇士》,华中师范大学 2007 年硕士学位论文。
244. 张悦:《三曹诗品之我见》,《北方文学》2017 年第 9 期。
245. 张占仓:《豫商的四大特点》,《科学时报》2006 年第 8 期。
246. 赵广华:《明代河南科举与人才的消长》,《河南大学学报(社会科学版)》1992 年第 1 期。
247. 赵克尧:《论魏晋南北朝的坞壁》,《历史研究》1980 年第 6 期。
248. 赵林:《论商代家族的亲属结构关系》,《中国史研究》2006 年第 2 期。
249. 赵燕:《汉魏六朝颍川庾氏家族与文学》,厦门大学 2007 年硕士学位论文。
250. 赵燕:《颍川庾氏文学创作中的玄佛思想》,《平顶山学院学报》2007 年第 1 期。
251. 郑宏卫:《商代王位继承之实质——立壮》,《殷都学刊》1991 年第 4 期。
252. 郑慧生:《从商代的先公和帝王世系说到他的传位制度》,《史学月刊》1985 年第 6 期。
253. 郑慧生:《中古时代的门第与婚姻》,《史学月刊》2011 年第 3 期。
254. 郑明月:《汉魏之际中原世家大族文化活动探析》,《郑州航空工业管理学院学报(社会科学版)》2007 年第 4 期。
255. 郑欣、杨希珍:《论司马懿》,《史学月刊》1981 年第 6 期。
256. 郑岩:《北朝葬具孝子图的形式与意义》,《美术学报》2012 年第 6 期。
257. 钟坤杰:《汉晋南朝之豪强地主世家大族与门阀制度》,《曲靖师范学院学报》2001 年第 4 期。

258. 周楠:《唐代山东四姓政风问题研究》,河北大学2014年硕士学位论文。
259. 周岩:《明清河南巩义康百万家族盛衰研究》,延安大学2014年硕士学位论文。
260. 朱大渭、梁满仓:《魏晋南北朝宗族组织试探》,《中国史研究》2009年第4期。
261. 朱亮、李德方:《洛阳孟津北陈村北魏壁画墓》,《文物》1995年第8期。
262. 朱子彦:《曹魏政权内两大政治集团的产生与竞争》,《上海大学学报(社会科学版)》2002年第4期。
263. 朱子彦:《司马懿拒辟与狼顾相考辨——兼论司马篡魏观念的滥觞与形成》,《社会科学战线》2019年第2期。
264. 邹衡:《关于夏商时期北方地区诸邻境文化的初步探讨》,《夏商周考古学论文集》,文物出版社1980年版。
265. 邹清泉:《图像重组与主题再造——“宁懋”石室再研究》,《故宫博物院院刊》2014年第2期。
266. 邹逸麟:《隋唐汴河考》,《光明日报》1962年7月4日第4版。
267. 邹逸麟:《唐宋汴河淤塞的原因及其过程》,《复旦学报》1962年第1期。

# 后 记

本书为2016年河南省社科规划项目《河南家族史研究》的结项成果，同时也是河南省社会科学院推出的“河南专门史大型学术文化工程丛书”中的一本。全书的设计、统稿以及绪论、第一章、第二章、第三章主要由陈建魁负责；第四章、第五章主要由陈习刚负责撰写；第六章、第七章、第八章、结语主要由魏淑民负责撰写；参考资料由上述三人合力完成。

河南是中国历史的缩影，长期在中国历史的发展中处于领先地位，同时也涌现出许多在全国极有影响的世族大家。本书注重对河南历史上家族发展形态结构的梳理，亦注意对各个时代河南的大家族进行个案研究。

河南历代大家族众多，在研究对象“大家族”的选择上，我们主要侧重两点：一是有代表性的家族，能够代表这一时期河南家族发展的水平和影响，如东汉的南阳邓氏和颍川陈氏；二是有延展性的家族，这些家族在历史上播迁甚广，如荥阳郑氏，在西汉开始起势，到魏晋南北朝乃至隋唐，一直是全国有影响的大族和全国郑姓的播迁和发展中心，以至有“荥阳郑氏遍天下”之说。

本书在写作过程中，曾得到河南省社会科学院程有为、任崇岳、马世之、赵保佑、卫绍生等诸位先生提出的写作意见。本书初成后，亦承蒙郑州大学文学院教授王保国先生提出修改意见，还得到丛书执行主编、河南省社会科学院历史与考古研究所张新斌先生校阅，并提出修改意见，在此一并致以衷心的感谢。

由于本书历史跨度大,涉及范围广,加之作者知识结构不足、写作风格不同及写作水平所限,虽经多次磨合,屡次研讨修改,但全书仍有许多不尽如人意之处,敬请学界朋友批评指正。

陈建魁

2020 年 11 月 30 日